中国近代
思想家文库

◎

王先谦
叶德辉
卷

王维江　李骛哲　黄田　编

中国人民大学出版社
·北京·

总　序

　　对于近代的理解，虽不见得所有人都是一致的，但总的说来，对于近代这个词所涵的基本意义，人们还是有共识的。一个国家、一个民族走入近代，就意味着以工业化为主导的经济取代了以地主经济、领主经济或自然经济为主导的中世纪的经济形态，也还意味着，它不再是孤立的或是封闭与半封闭的，而是以某种形式加入到世界总的发展进程。尤其重要的是，它以某种形式的民主制度取代君主专制或其他不同形式的专制制度。中国是个幅员广大、人口众多、历史悠久的多民族国家，由于长期历史发展是自成一体的，与外界的交往比较有限，其生产方式的代谢迟缓了一些。如果说，世界的近代是从 17 世纪开始的，那么中国的近代则是从 19 世纪中期才开始的。现在国内学界比较一致的认识，是把 1840 年到 1949 年视为中国的近代。

　　中国的近代起始的标志是 1840 年的鸦片战争。原来相对封闭的国门被拥有近代种种优势的英帝国以军舰、大炮再加上种种卑鄙的欺诈打开了。从此，中国不情愿地加入到世界秩序中，沦为半殖民地。原来独立的大一统的中央集权的君主专制国家，如今独立已经极大地被限制，大一统也逐渐残缺不全，中央集权因列强的侵夺也不完全名实相符了。后来因太平天国运动，地方军政势力崛起，形成内轻外重的形势，也使中央集权被弱化。经历第二次鸦片战争、中法战争、甲午战争、八国联军入侵的战争以及辛亥革命后的多次内外战争，直至日本全面侵略中国的战争，致使中国的经济、政治、教育、文化，都无法顺利走上近代发展的轨道。古今之间，新旧之间，中外之间，混杂、矛盾、冲突。总之，鸦片战争后的中国，既未能成为近代国家，更不能维持原有的统治秩序。而外患内忧咄咄逼人，人们都有某种程度"国将不国"的忧虑。

　　"天下兴亡，匹夫有责"，读书明理的士大夫，或今所谓知识分子，尤为敏感，在空前的危机与挑战面前，皆思有所献替。于是发生种种救亡图存的思想与主张。有的从所能见及的西方国家发展的经验中借鉴某些东西，形成自己的改革方案；有的从历史回忆中拾取某些智慧，形成某种民族复兴的设想；有的则力图把西方的和中国所固有的一些东西加以调和或结合，形成某种救亡图强的主张。这些方案、设想、主张，从世界上"最先进的"，到"最落后的"，几乎样样都有。就提出这些方案、设想、主张者的初衷而言，绝大多数都含着几分救国的意愿。其先进与落后，是否可行，能否成功，尽可充分讨论，但可不必过为诛心之论。显而易见，既然救国的问题最为紧迫，人们所心营目注者自然是种种与救国的方案直接相关的思想学说，而作为产生这些学说的更基础性的理论，及其他各种知识、思想，则关注者少。

围绕着救国、强国的大议题，知识精英们参考世界上种种思想学说，加以研究、选择，认为其中比较适用的思想学说，拿来向国人宣传，并赢得一部分人的认可。于是互相推引，互相激励，更加发挥，演而成潮。在近代中国，曾经得到比较广泛的传播的思想学说，或者够得上思潮的，主要有以下几种：

（一）进化论。近代西方思想较早被引介到中国，而又发生绝大影响的，要属进化论。中国人逐渐相信，进化是宇宙之铁则，不进化就必遭淘汰。以此思想警醒国人，颇曾有助于振作民族精神。但随后不久，社会达尔文主义伴随而来，不免发生一些负面的影响。人们对进化的了解，也存在某些片面性，有时把进化理解为一条简单的直线。辩证法思想帮助人们形成内容更丰富和更加符合实际的发展观念，减少或避免片面性的进化观念的某些负面影响。

（二）民族主义。中国古代的民族主义思想，其核心是"非我族类，其心必异"，所以最重"华夷之辨"。鸦片战争前后一段时期，中国人的民族思想，大体仍是如此。后来渐渐认识到"今之夷狄，非古之夷狄"，"西人治国有法度，不得以古旧之夷狄视之"。但当时中国正遭受西方列强的侵略和掠夺，追求民族独立是民族主义之第一义。20世纪初，中国知识精英开始有了"中华民族"的概念。于是，渐渐形成以建立近代民族国家为核心的近代民族主义。结束清朝君主专制，创立中华民国，是这一思想的初步实现。第一次世界大战爆发，中国加入"协约国"，第一次以主动的姿态参与世界事务，接着俄国十月革命爆发，这两件事对近代中国的发展历程造成绝大影响。同时也将中国人的民族主义提升到一个新的层次，即与国际主义（或世界主义）发生紧密联系。也可以说，中国人更加自觉地用世界的眼光来观察中国的问题。新生的中国共产党和改组后的国民党都是如此。民族主义成为中国的知识精英用来应对近代中国所面临的种种危机和种种挑战的一个重要的思想武器。

（三）社会主义。社会主义作为一种模糊的理想是早在古代就有的，而且不论东方和西方都曾有过。但作为近代思潮，它是于19世纪在批判近代资本主义的基础上产生的。起初仍带有空想的性质，直到马克思和恩格斯才创立起科学社会主义。20世纪初期，社会主义开始传入中国。当时的传播者不太了解科学社会主义与以往的社会主义学说的本质区别。有一部分人，明显地受到无政府主义的强烈影响，更远离科学社会主义。直到五四新文化运动兴起之后，中国人始较严格地引介、宣传科学社会主义。但有一段时间，无政府主义仍是一股很大的思想潮流。中国共产党的成立，从思想上说，是战胜无政府主义的结果。中国共产党把在中国实现社会主义乃至共产主义作为自己的奋斗目标。此后，社会主义者，多次同各种非科学社会主义思想的信仰者进行论争并不断克服种种非科学社会主义思想的影响。

（四）自由主义。自由主义也是从清末就被介绍到中国来，只是信从者一直寥寥。直到五四新文化运动兴起，具有欧美教育背景的知识精英的数量渐渐多起来，自由主义始渐渐形成一股思想潮流。自由主义强调个性解放、意志自由和自己承担责任，在政治上反对一切专制主义。在中国的社会条件下，自由主义缺乏社会基础。在政治激烈动荡的时候，自由主义者很难凝聚成一股有组织的力量；在稍稍平和的时候，他们往往更多沉浸在自己的专业中。所以，在中国近代史上，自由主义不曾有，也不可能有大的作为。

（五）激进主义与保守主义。处于转型期的社会，旧的东西尚未完全退出舞台，新的东西也还未能巩固地树立起来，新旧冲突往往要持续很长的时间，有时甚至达到很激烈的程度。凡助推新东西成长的，人们便视为进步的；凡帮助旧东西排斥新东西的，人们便视为保守的。其实，与保守主义对应的，应是进步主义；与顽固主义相对的则应是激进主义。不过在通常话语环境中人们不太严格加以区分。中国历史悠久，特别是君主专制制度持续两千余年，旧东西积累异常丰富，社会转型极其不易。而世界的发展却进步甚速。中国的一部分精英分子往往特别急切地想改造中国社会，总想找出最厉害的手段，选一条最捷近的路，以最快的速度实现全盘改造。这类思想、主张及其采取的行动，皆属激进主义。在中共党史上，它表现为"左"倾或极左的机会主义。从极端的激进主义到极端的顽固主义，中间有着各种程度的进步与保守的流派。社会的稳定，或社会和平改革的成功，都依赖有一个实力雄厚的中间力量。但因种种原因，中国社会的中间力量一直未能成长到足够的程度。进步主义与保守主义，以及激进主义与顽固主义，不断进行斗争，而实际所获进步不大。

（六）革命与和平改革。中国近代史上，革命运动与和平改革运动交替进行，有时又是平行发展。两者的宗旨都是为改变原有的君主专制制度而代之以某种形式的近代民主制度。有很长一个时期，有两种错误的观念，一是把革命理解为仅仅是指以暴力取得政权的行动，二是与此相关联，把暴力革命与和平改革对立起来，认为革命是推动历史进步的，而改革是维护旧有统治秩序的。这两种论调既无理论根据，也不合历史实际。凡是有助于改变君主专制制度的探索，无论暴力的或和平的改革都是应予肯定的。

中国近代揭幕之时，西方列强正在疯狂地侵略与掠夺殖民地和半殖民地，中国是它们互相争夺的最后一块、也是最大的资源地。而这时的中国，沿袭了两千年的君主专制制度已到了奄奄一息的末日，统治当局腐朽无能，对外不足以御侮，对内不足以言治，其统治的合法性和统治的能力均招致怀疑。革命运动与改革的呼声，以及自发的民变接连不断。国家、民族的命运真的到了千钧一发之际，危机极端紧迫。先觉分子救国之心切，每遇稍具新意义的思想学说便急不可待地学习引介。于是西方思想学说纷纷涌进中国，各阶层、各领域，凡能读书读报者，受其影响，各依其家庭、职业、教育之不同背景而选择自以为不错的一种，接受之，信仰之，传播之。于是西方几百年里相继风行的思想学说，在短时期内纷纷涌进中国。在清末最后的十几年里是这样，五四时期在较高的水准上重复出现这种情况。

这种情况直接造成两个重要的历史现象：一个是中国社会的实际代谢过程（亦即社会转型过程）相对迟缓，而思想的代谢过程却来得格外神速。另一个是在西方原是差不多三百年的历史中渐次出现的各种思想学说，集中在几年或十几年的时间里狂泻而来，人们不及深入研究、审慎抉择，便匆忙引介、传播，引介者、传播者、听闻者，都难免有些消化不良。其实，这种情况在清末，在五四时期，都已有人觉察。我们现在指出这些问题并非苛求前人，而是要引为教训。

同时我们也看到，中国近代思想无比的多样性与复杂性呈现出绚丽多彩的姿态，各种思想持续不断地展开论争，这又构成中国近代思想史的一个突出特点。有些论争为我们留下了非常丰富的思想资料。如兴洋务与反洋务之争，变法与反变法之争，革命与改良之争，共和与立宪之争，东西文化之争，文言与白话之争，新旧伦理之争，科学与人生观之争，中国社会性质的论争，社会史的论争，人权与约法之争，全盘西化与本位文化之争，民主与独裁之争，等等。这些争论都不同程度地关联着一直影响甚至困扰着中国人的几个核心问题，即所谓中西问题、古今问题与心物关系问题。

中国近代思想的光谱虽比较齐全，但各种思想的存在状态及其影响力是很不平衡的。有些思想信从者多，言论著作亦多，且略成系统；有些可能只有很少的人做过介绍或略加研究；有的还可能因种种原因，只存在私人载记中，当时未及面世。然这些思想，其中有很多并不因时间久远而失去其价值。因为就总的情况说，我们还没有完成社会的近代转型，所以先贤们对某些问题的思考，在今天对我们仍有参考借鉴的价值。我们编辑这套《中国近代思想家文库》，希望尽可能全面地、系统地整理出近代中国思想家的思想成果，一则借以保存这份珍贵遗产，再则为研究思想史提供方便，三则为有心于中国思想文化建设者提供参考借鉴的便利。

考虑到中国近代思想的上述诸特点，我们编辑本《文库》时，对于思想家不取太严格的界定，凡在某一学科、某一领域，有其独立思考、提出特别见解和主张者，都尽量收入。虽然其中有些主张与表述有时代和个人的局限，但为反映近代思想发展的轨迹，以供今人参考，我们亦保留其原貌。所以本《文库》实为"中国近代思想集成"。

本《文库》入选的思想家，主要是活跃在 1840 年至 1949 年之间的思想人物。但中共领袖人物，因有较为丰富的研究著述，本《文库》则未收入。

编辑如此规模的《文库》，对象范围的确定，材料的搜集，版本的比勘，体例的斟酌，在在皆非易事。限于我们的水平，容有瑕隙，敬请方家指正。

《中国近代思想家文库》编纂委员会

目 录

王先谦卷

叶德辉卷

导　言

在改良和革命成为时髦思潮和洪流的时代，王先谦、叶德辉成为反面角色；在晚清和北洋政府时期，他们因站在改良和革命的对立面而反复被钉在历史的耻辱柱上。时至今日，改良和革命不再时髦，那么，回过头来重新审视王先谦和叶德辉，我们自身的认识视角和评判标准是否需要检讨呢？

一、王先谦事略

晚清的湖南人，说名儒必提及"二王"（王先谦和王闿运），说劣绅必不忘"二麻"（王先谦和叶德辉都是麻脸）。无论怎么说，王先谦都榜上有名。

他生于《南京条约》签订的那一年，祖籍江南上元（今南京市），一个桐城派古文家辈出的地方。先祖明代封官岳州府时迁居长沙。后家道衰落，其父王锡光只能课徒自给，并对三岁发蒙的王先谦以"扶世翼教"相期。父卒，十九岁的王先谦"糊口无资"，曾三次佐幕于军营，直到1865年中进士。而后二十余年官运亨通，1885年补国子监祭酒，后放江苏学政。其间屡有建言，既想保和局，又不愿辱国体，流露出徘徊于洋务和保守间的两难心境。忽而以劾李连英获直声，又迅速以生病为借口辞官。在长沙筑居葵园，著述自娱，并主讲于思贤讲舍、城南书院和岳麓书院。

王先谦崇拜曾国藩，他承袭了曾国藩合汉、宋的学术主张，因而他的大量著作具有既重义理又不轻视考据的特色，《续古文辞类纂》、《东华续录》、《皇清经解续编》、《荀子集解》、《合校水经注》及《汉书补注》都是这类名作。晚年他刻印了《日本源流考》、《外国通鉴》和《五洲地理图志略》，又赢得了通儒的声誉。

王先谦在做京官的得意岁月里，妻妾所生两男六女皆殇。或许是自怜影只，或许是伤于世变，隐居的王先谦纵情于声色，友人王闿运说他家"门多杂宾"，"人以为侈"。1904年，友人费某三饮于王宅，六十二岁的王先谦身边始终有"雏伶侑酒"，费某将王比为李渔和袁枚，王颇不快。所谓"惟把书度日"的真相被人窥破了。

1898年前后，王先谦认定梁启超等"志在谋逆"，率门生苏舆、叶德辉、宾凤阳等呈递《湘绅公呈》，要求禁遏维新言论，以端学术。1906年，门生梁鼎芬奏请擢用乃师，王以"名心素淡"辞。次年，王因头眩而跌跤，宣布闭户谢客，但仍身膺湖南学务公所议长职，以致颇想取而代之的王闿运背地里讥责其"贪居议长"。1908年，王被礼部聘为礼学馆顾问，被朝廷赏以内阁学士衔，随即又任湖南谘议局筹办处会办。王自称一向不愿干预官事，这些职衔都是怎么也推托不掉的苦差。而旁观者则发现，王先谦好请托有头脸的门生，还受人钱财。

1910年长沙抢米风潮起，王先谦栽了跟头。湖广总督瑞澂奏劾王领衔电请更换湘抚，有挟饥民压官府之嫌，王被降了五级。王声称从未参与其事，湘籍京官亦联名为他辩诬，未果。这一年，恰是他的虚岁七十寿辰。

辛亥革命后，王先谦改名为"遯"，此字今作"遁"，意为逃避。这很鲜明地表达了他对社会变革的态度和立场。为了逃避，他更换了多处寓所。但他终无法逃过疾病，1917年，七十五岁的王先谦死于凉塘寓所。

以上所录为我的旧文，原标题为《晚年改名的王先谦》，载于1996年1月4日《新民晚报》，为该报专栏"名流寻踪"之一种，字数限于一千之内，未注引文出处。记得当时栏目的策划者兼编辑张晓敏先生谓其他名流都是正面形象，从王先谦开始刊出反面人物。

十八年之后，检视相关研究成果，可谓今非昔比，仅硕士、博士学位论文就蔚然壮观。但可信度和深度呢？是否从一个极端跳到了另一个极端？对王先谦政治思想的评断，从"湖南顽固派之魁首"，到"温和保守派"，再到"处于维新与保守之间的中间地段"；肯定其"有一定的爱国主义"，又"始终停留在封建的水平上"。而对王先谦学术思想和成果的研究，近年更趋之若鹜，既有对王先谦整体学术的探究，也有对其专门著作的研判。其头上的桂冠，已叠加到"一代杰出学人"、"汉学大师"。

这样的研究，是否从相反的方向得出了同样经不起历史检验的结论？限于篇幅，前引小文只是点出了王先谦在历史关键处的选择和自身的矛盾，当然也限于史料，无法揭开其谜底。困扰于胸的一些问题，也并未因为近年的相关研究成果而得以解惑。正好借此机会，提出以下问题，以请教于高明。

一、在苦尽甘来、仕途一片光明之际，王先谦为什么决意辞归？

时至王先谦的父亲一辈，家道衰落不堪，其祖父为县学生出身，以课徒为生，"不善治生"；两个伯父或无能或败家，家中事唯有其父王锡光担当，终日劳碌，"四壁萧然"。家族振兴的希望，寄托在子女身上。王锡光育有四男四女，本来复兴有望，孰料长子、次子在咸丰年间二十多岁病故，幼子后亦在同治十年（1871）亡故，大女、三女、幺女皆未逾岁而夭折。长子一表人才，学问亦好，早熟顾家，是给诸弟上课的小老师。王先谦一岁出痘疹，成为麻脸。无奈的王锡光把宝都押在王先谦身上，三岁发蒙，期许于"扶世翼教"云云，那是功成名就后的追忆，镶嵌在政治正确的光环里。直截了当地说，他实际肩负的是光宗耀祖的重任。

王先谦长相不如其大哥，但资质一流，秀才、举人、进士，都一试而过，且后两项连捷而就。可惜王锡光未及看到儿子金榜题名和洞房花烛的这一天，在王先谦十九岁时病故，年五十一。

1865年二十三岁中进士，王先谦可谓少年得志，扬眉吐气。而父亲没有等到这一天，无疑让王先谦深感遗憾。更令人感叹的是，一年之后，王先谦妻子、周寿昌侄女难产，与双胞胎女儿同亡，王先谦在《悼亡诗》中写道："十日之内，三口并殒。家难之剧，不可为言。"

在整个19世纪60年代，仕途畅顺与家庭巨变交织，但并未影响到王先谦的从政志向。即使其弟在1871年病故之后，老母无人照料，王先谦续弦后一月，即偕妻子和老母一同北上，"余家老者、幼者、疾者、亲戚贫者，皆率以行"。这表明，此时的王先谦丝毫没有退隐的想法，在仕途起步之际，他也不可能退隐，否则回籍之后的生计无以维持。

一大家子居京城不易，王先谦更揪心的是无后的恐惧：1874年，两岁四女殇。翌年，长子出生，王先谦喜极而泣，"每怀先泽宜昌后，及到中年转自疑"。未料长男一年后夭亡。1877、1878年，三岁的五女和两岁的七女相继夭折。1879 年，一岁的次子再离人世。王先谦如何自处，更难的是如何面对他的老母？我们的历史学家有过同情的理解吗？

与家庭惨剧相对应，王先谦仕途可谓一帆风顺。按照十年一个阶段算，前一个十年从编修升到翰林院侍讲（从正七品升到从四品），后一个十年再到国子监祭酒、学政（仍是从四品），但再往上走，就进入高官行列，起码位至从二品。而外放过学政且在学政位上获得优秀政绩者回籍之后，至少能轻易在省城书院占据一介教席。王先谦是在弹劾"清流"和大太监李连英之后辞职，他既获得了敢言的声誉，又头戴著名学政的光环，此时辞官回籍，等待他的不只是一介教席，而是书院山长。这个位置上的收入远远高过京城的正一品大员。在膝下无后、老母为此近乎精神崩溃之际，辞职回乡，难道不是合情合理的选择吗？

二、在"清流"人物行情见涨之际，与其见解并非南辕北辙的王先谦为什么挺身抨击？与康、梁的对垒，是出于政见的分歧？还是维护自身的利益？

王先谦首次在言路发声，是在 1879 年，即"清流"人物开始活跃之际。而此前三年，王先谦一方面儿女连续夭折，另一方面本职和兼职政绩优异，皇帝降旨表彰，并赏加四品衔。而王先谦此时上折，称"言路宜防流弊"，指责同僚张佩纶"迹涉朋比"，实为罕见。在最小女儿夭亡之后，王先谦已是"强颜破涕以慰老母，然肝肠寸断矣"。随后王先谦又上一折，痛斥刚签订丧权辱国条约的崇厚，其见解则与同样攻击崇厚的"清流"人物并无二致。接下来的王先谦奏折，聚焦于洋务弊端、军务废弛，痛斥贪腐，讲求外交策略和船舰机器制造，都切中时弊，他应该是"清流"的同调。那么，他对"清流"的抨击，就不是观点之争，他只是看不惯他们的做派。而家事不幸，让他脾气变坏。

这些言论说明王先谦并非头脑不清的冬烘先生，而是勇气和见识兼而有之的政坛后起之秀。替换崇厚的赴俄交涉大臣曾纪泽看中王先谦，实在是水到渠成之事。但正好王先谦老母去世，他不必再强装笑颜，也失去了光宗耀祖的动力。加上自身身体出现问题，"脑后虚惊晕眩之症"，他婉拒了出使差事。这一时期的王先谦既不保守，也不顽固，而是引人注目、冉冉升起的政治明星。

王先谦比"清流"幸运，躲过了中法战争之劫。所谓不幸中之万幸，他因母丧而在籍守制。这两年多时间，他在乡编文集，刻史书，初尝文人的乐趣，或许从中发现了度过余生的有效手段。丧期过后，王先谦仍然按期返京，他知道等待自己的是什么。三年学政，隐形的收入至少过万，多则三四万。（参见何刚德：《春明梦录　客座偶谈》，49页，上海，上海古籍书店，1983）有了这笔钱，王先谦后半生不仅衣食无忧，而且还可雇人著述、刻书。

1888年，三年学政期满。返京的王先谦再次因上折名震京师，奏折不长，只有三百余字。弹劾的是慈禧身边的红人、太监总管李连英。有关王先谦此举的动因当时就有多种猜测，在我看来，他需要制造一个体面离开官场的事件和借口。

1888年，四十六岁的王先谦返回长沙，随后被乡贤、主张西化的郭嵩焘聘为思贤讲舍的主讲，年薪六百，这收入是京城一品大员的三倍。次年在地方大员力邀下接任城南书院院长。到1894年，转入湖南最著名的岳麓书院，担任山长。在戊戌变法之前，王先谦并没有显露出守旧的态度，相反，他是与时俱进的。后来处于舆论风暴中的长沙时务学堂，其创始人实际上是王先谦，时在1897年。而创办这一新式学堂的动机，是为自己的宝善成机器制造公司培养人才。计划上报后获巡抚陈宝箴批准，陈为学校取名为时务学堂，并改为官办。后来熊希龄任总理，聘请谭嗣同、黄遵宪，梁启超则任中文总教习，都是从这里开始的。王先谦并非西学的门外汉，否则曾纪泽、郭嵩焘没有理由对他频施青眼。对王先谦来说，他对康、梁的敌视，一开始也不是"主义"之争。看着自己的创意被人拿走，变了样，王先谦心情能好吗？当然，同行相轻，都是吃张口饭的教习，少年梁启超在长沙的风靡一时，对年老的王先谦是不是一种威胁呢？

与叶德辉相比，王先谦不太喜欢抛头露面，政治敏感度也远不及叶德辉。在自定年谱中，王先谦坦言，他一开始积极参与湖南的维新运动，听陈宝箴的演讲，自己也登台宣讲，他是维新事业的追随者、参与者。如果不是叶德辉的提醒，他真不知道康、梁的用心："叶奂彬吏部以学堂教习评语见示，悖逆语连篇累牍，乃知其志在谋逆。"到了这时，王先谦才与叶德辉联手。要说顽固、保守，也是始于此时。

二、叶德辉事略

叶德辉长得不好看。从1915年湖南教育会出版的《经学通诰》所载五十一岁的叶德辉"小景"看，脸上麻子不明显，反而是一口龅牙喧宾夺主。古话说，"丑人多作怪"，说明古人就懂相貌与心理之间的连带关系。今网民说，"不作不死"，更凸显后现代式的调侃和嘲讽。行事高调、言辞犀利的叶德辉或许就是因这两句话而死吧。

仅仅把叶德辉的"作"归结为相貌，当然不靠谱。与王先谦相比，叶德辉的家族连衰落的资格都不具备，这是从科举做官的角度讲。一直到叶德辉中进士为止，上溯六代，无一人金榜题名，也无一人留下著述。换句话说，无论是在祖籍地苏州，还是在迁居地长沙，叶家都算不上耕读之家，其父祖辈的官衔多为捐来的。1911 年，叶德辉编族谱，"其笔下的祖上变成了诗书史家，世代簪缨，从未间断。这种闪烁其词的描述，反映出他对家庭背景及出身异常敏感"。

叶家于道光末年避乱而迁长沙，迅速致富。据《郋园先生年谱》，富了之后的叶家"豪侠好义，又喜藏书"。身处民风彪悍的湘中，前者当然有收买人心的用意，后者则无疑是向诗书人家靠拢。在那个时代，仅仅有钱是不好意思拿出来炫耀的。

叶德辉生于 1864 年，号焕彬，又号直山，别号郋园。为长子，两岁"患痘症几殆"，捡回一条命，脸上却落下麻子。四岁发蒙，显露顽童特性，叶德辉回忆，"顾性好侮长，无论其为亲、为师，皆侮之"。除了秉性，这也与母亲宠惯有关。一直到十三岁，以读书为天下至苦。十四岁忽然开窍，"试为文，亦颇成章段。持以质前塾师，极称誉"。

1884 年，叶德辉娶长沙九芝堂劳家二小姐为妻，显示出叶家财富的激增和在省城富室大户中的地位。次年二十一岁中举。1891 年，其妻因生产而患痧症亡，从此叶德辉未再续弦，这殊为罕见。叶德辉后来种种与女优、妓女间的交往纠葛，自然与他的单身相关，不可一概以道德名义骂倒了事。1892 年二十八岁中进士，同年中有屠寄、张元济和蔡元培等人。时隔七年才科举如愿，对别人属于正常，自负如叶德辉，一定嫌来得迟缓。名列二甲，不仅未能入翰林院，且朝考后以主事用，签分吏部，这样的龙门更像是鸡肋。高调的叶德辉从此再也不提这一段经历。日后叶德辉以"叶吏部"闻名，在他人是尊称，在他自己则是调侃和嘲讽。中试后约一月，其长子五岁而殇。叶德辉随即乞养回籍，其原因，实无必要猜测。仕途开局不利，殇子之痛，都给他提供了回家的理由，家资之富，藏书之丰，当然对嗜书如命的叶德辉更有吸引力。

这一年，叶德辉只有二十八岁。但在长沙，他俨然以湖南第一藏书家自傲，同时也以目录学家、版本家、刻书家称雄。不仅省城的名绅大儒争相交结，就连湘抚也不敢忽视。也是巧合，叶德辉回家不久，新任巡抚竟是江苏同乡、金石版本名家吴大澂，官学名流，"从容游燕"，"谈文考古"，"极一时缟纻之欢"。晚两年接湖南学政篆印的江苏同乡江标也是名士，擅长旧学，且与叶德辉学术兴趣相近。"佣书卖字总寒酸，太息沿门托钵难。散尽千金仍作客，更无书札到长安。"这是江标抵任后次月叶德辉赠其扇上的题字，颇堪玩味，自谦自嘲之下，是财富的自雄和对权力的漠视。两位高官既是同乡，又是学问雅人，这时的叶德辉运气真好！为吴大澂鉴画，助江标出书，都是官学交往的佳话，难怪那位同时期同样博学而怪诞的名士王闿运在日记中以"噪妄殊甚"评论叶德辉，实在是嫉妒得可爱有趣。酒桌上称兄道弟，无人处恨不得取而代之，凸显出的正是年少得志的叶德辉在湘省学界和政坛的深厚人脉和强大影响力。

1896年，京师刷新政治的氛围浓厚，叶德辉为谋进会典馆而进京活动，该职最后给了另一个湖南人萧文昭，他是康有为保国会成员且懂西学，有人推断这是叶德辉后来"白眼新政的原因之一"。

此次在京逗留并非一无所获，首善之区的京剧热，传染给了叶德辉，促使他回湘后投资湘剧，进军娱乐业，成立剧团，培养演员，凭借其雄厚财力、人脉和学术素养，十余年之后，叶德辉成为该领域的龙头老大，其与伶人关系之密切也令人侧目。戊戌维新之后，叶德辉更显浪荡无忌，弦歌诗酒终日，湘剧名角侍陪。史家常以此痛斥叶德辉生活腐化，其实有厚污古人之嫌。捧角乃同光间京师流行风尚，自慈禧太后至潘祖荫、翁同龢甚至不得志的李慈铭都热衷于此，王文韶抚湘时所欣赏之红角曾随其入京达半年之久，然后以厚赀遣回。既不违纪，更不犯法，在位者尚且如此，为何要责备闲居在家、自掏腰包消费的叶德辉呢？而他确实是戏曲行家，曾指导日本留学生写出博士论文。至于说他在年近六十带弟子在上海宿娼染疾之类，终究是孤证。当然，叶德辉自称隐身平康北里，意在断绝官方往来的韬晦之举，显然也是自我拔高之词。

叶德辉遭恶评，当然不只是因为生活作风问题。其在湖南维新运动中的表现，当时就被批为"保守"、"守旧党"、"顽固"。"主义"之争属于人各有志，只要是出于己见，不曲学阿世，应该获得后人的尊重。今日凭情而论，倒是康、梁难逃以学术附会政治之讥。叶德辉与主张维新的新巡抚陈宝箴起初关系并不坏，陈三立与叶德辉甚至走动频繁。梁启超初到长沙，"新旧各派人物一致欢迎，叶德辉亦常与文燕聚首"。江标倡西学，并未影响其与叶德辉的友谊。宗今文学的皮锡瑞与叶德辉也时有过从，尽管有过不快，但友谊得以终生维持。

如前所述，叶德辉与湘省官方一向关系融洽，由此而有"权绅"之目。1898年做《〈輶轩今语〉评》，向时任学使徐仁铸开战，并非私人之怨、意气之争。徐仁铸在1892年"分校礼闱"，又是江苏宜兴人，既是同乡，又是叶德辉承认的师辈，早有交往，两人实无交恶的理由。以叶德辉的脾性，事关"主义"和湘省学子的未来，便不妥协。本来唇枪舌剑，往复辩论，乃叶德辉的强项，用王闿运的话说，"叶焕彬声名甚盛，以能折梁启超也。梁之来此，乃为叶增价耳"。有风度地争论，非叶德辉所擅长，于是趋于人事冲突，《湘绅公呈》便脱离了理性的辩论。连一直忍让的皮锡瑞此时也失去了耐性，斥王先谦和叶德辉为"两麻"。维新失败之后，叶德辉借苏舆之名编《翼教丛编》，名重天下。这一年，叶德辉只有三十四岁。

1900年，革命军兴，反洋教起。奉湘抚俞廉三命，叶德辉编成《觉迷要录》，辟康、梁保皇，斥唐才常党人。朝旨驱外国传教士，叶德辉建议湘抚谨慎从事，并嘱湘潭县令保送传教士出境。由此可见叶德辉并非不了解西方。1903年日本人来湘创办汽船会社，开拓长江航运，得到叶德辉的帮助。叶德辉所宣称的不与官方往来，绝不可信。

叶德辉的厄运于十年后降临。此时的湘抚为广西人岑春蓂，长叶德辉一岁，颇为彪悍，与保守湘绅不洽。1910年春长沙爆发抢米风潮，王先谦和叶德辉的名字都列于湘绅联名驱岑信中，湖广总督、满人瑞澂上奏，称叶德辉"性情狂妄，武断乡曲，包庇倡优，行同无赖"。旨下，叶德辉革去功名，交地方官严加管束。这样的结局，叶德辉一直喊冤，因为他本人并未具名，系他人冒用。但他也深知冰冻三尺非一日之寒，自承"顽皮，所谓煮不烂也"。因言而招祸。

但叶德辉秉性难改。武昌起义前一月，新任湘抚余格诚、布政使郑孝胥来访，转述瑞澂好意，为其谋开复。叶德辉不领情，竟笑言："吾辈归田之人，家居无异革职，是何足惜？窃恐不出二三年，中原官吏皆革职矣。"此话极具洞察力，不幸而言中。但在湘省大员面前戏言，终令人不快。

进入民国后，各省首脑多为武人出身。叶德辉再口不择言，性命危矣。这一点，连他的日本弟子盐谷温也看了出来，极力劝其东渡。叶德辉不无得意地说，革命党里的浙江人章太炎说过，"湖南有叶焕彬，不可不竭加保护。若杀此人，则读书种子绝矣"。1912 年，叶德辉因父丧阻挠湘剧艺人前往江岸迎接荣归故里的黄兴，反对将长沙闹市的街道以"黄兴"命名，都是极为危险之举。翌年，反对捐护国寺建女校，被人称为"惯痞"。又作《光复坡子街地名记》广为散发，讽刺当道，遭都督府军政部部长唐才常之子唐蟒逮捕。乘隙逃脱，又得章太炎等说项，躲过一劫。1913 年，新任都督汤芗铭有意罗致叶德辉为督府顾问，叶不仅坚拒，且致信湘籍京官，揭露汤督不法行径。此信在报上披露后，汤大怒，发兵抓人。叶逃脱，躲在京、沪。到 1914 年春，叶德辉以为风头过去，返乡途中，在汉口被密捕，押回长沙。在京湘籍官员出力营救，终得袁世凯援手，很快获释。叶德辉未屈服，星夜赴京，再控汤芗铭，要求政府践行"军民分治"。叶德辉入民国后的言论更趋无忌，在于他对民国的言论环境的认识，他不止一次在致友人函中提到民国有"言论自由"。

就在获得人身自由不久，叶德辉被长沙商绅推举为长沙、善化两县总团总，湘岸淮湘公所所长，盐业公会会长。1915 年，又被选为湖南教育会会长。再次凸显叶德辉在商、学两界的影响力。同年，因《二十一条》而引发的反日风潮也波及长沙，叶德辉被推为排日会会长，他将自家房舍作为排日会总部，免费提供饭食。当然，这年夏他还被推为筹安会湖南分会会长，据说是为了报答袁世凯的救命之恩。

叶德辉对待新文化运动和五四运动的态度，似没有第一手文献可征。此时湖南省长为张敬尧，在湘名声不佳，却很受叶德辉青睐。1920年，叶德辉在自己的照片上题字："少年科第，为湘劣绅。谤满天下，人故鬼新。贞元进士，庆元党人。自作新末，颇拟于伦。"自比"贞元进士"，表明其反对白话文的立场；以"庆元党人"自居，则为自己因维护"道学"屡遭迫害而鸣冤。

20 世纪 20 年代的政治风云诡异多变，叶德辉仍口无遮拦，1924年，他反对湖南自治，主张取消省宪，被人抢白为"帝制余孽，不配讨论省宪"。1927 年，是叶德辉生命的终点。年初，二十九岁的长沙导盲学校校长陈子展为筹款而前往郎园拜访叶德辉，问他是否知道铲除土豪劣绅的宣传，叶德辉答道："知道的。我是书豪，不是土豪。我是痞绅，不是劣绅。"像是对自己的盖棺定论。这年的三月七日，叶德辉被农协会会员执获，三天后被杀。刑前问自己的书如何处置，答曰放在图书馆里。叶德辉连道三个谢，从容就死。两年后，叶家标价三万欲将藏书卖给长沙中山图书馆，省主席鲁涤平只批了三千元，结果绝大部分书籍被日本人购去。1930 年，入藏长沙的叶德辉精品藏书因战火而尽毁。

三、王先谦、叶德辉异同论

王先谦比叶德辉长二十二岁，属于两代人。即使自负诡异如叶德辉，晚年行文仍谦称王先谦的"门下晚生"，坦言："余田居三十余年，与长沙王阁学太夫子葵园先生过从最密。"此话自然不错，但两人风谊绝非亦师亦友，私下叶德辉并不佩服王先谦的学问并屡有非议。这些非议颇值得追究，从中可了解王先谦做学问的方式和水平，可惜历史学家并未措意，仍然闭眼夸赞王先谦为"大师"云云。

两人的共同点，都是自江苏客居长沙的移民，而祖居地的思想与文化对两人的政治态度和学问取向都有重要影响。王先谦深受桐城派的梅曾亮、管同和中兴名臣曾国藩的影响，其门生陈毅在乃师文集序言中称其"一以姚氏宗旨为归"，"主持正学"，另一门生苏舆亦引此为同调。而 1882 年，王先谦因母丧回乡守制，刊印的第一本书便是《续古文辞类纂》，王先谦在《例略》中称："学者将欲杜歧趋，遵正轨，姚氏而外，取法梅、曾足矣。"这既是王先谦的学术取向，也是他的政治取向，学生陈毅和苏舆对其师的评价是准确的，无论是强调"正学"，还是赞其"卫道爱国"，都是对其政治和学术"正确"的双重肯定。

但若问王先谦的代表作是什么？恐怕难以回答。"续纂"、"续编"之类的大部头著作难以称之为研究，而"集解"、"集注"之类的汉学类著作又难以确定成之于王先谦一人之手，他在其大部分著作中所起的作用类似于今天的"主编"。

而叶德辉是拿得出过硬的学术专著的，而且都是成于一人之手。只举《书林清话》、《藏书十约》两种，他便以目录学家和藏书家而傲视同侪。故王先谦和叶德辉的文字此次虽编在一书，两人的思想有相同之处，但两人的学术则不可同日而语。

　　这就要说到两人的不同之处。从家庭背景看，王先谦生于破落的耕读之家，考中进士之前，父亲亡故，"家徒壁立"。叶德辉则出生于富裕的商人之家，家中藏书丰富。从为官经历讲，王先谦在朝二十四年，从编修到祭酒再到江苏学政，四十七岁退出官场，熟知朝廷的教育、文化体制运作，尤其是在江苏学政任上组织编纂《皇清经解续编》，让他通晓集资、组织编写人员从而众手成书的全过程，这种经验无疑复制他在长沙的编书、刻书事业里。

　　王先谦于1888年年末回籍修墓，次年请湖南巡抚代为奏陈开缺，三月获批。而此时的叶德辉则忙于会试，两人正好行进在相反的方向。1892年中进士并辞官返乡之后，叶德辉才与王先谦定交，王先谦极为欣赏叶德辉，说服他加入自己的著述"团队"，并介绍他认识名流黄自元、孔宪教等人。叶德辉遂参与到王先谦所主持的校勘、出版事务中，"逐渐熟悉长沙刻书工匠及刻书工序"。翌年，叶德辉与皮锡瑞也开始交往，交谈中，叶德辉"不甚以二王为然"，而皮锡瑞竟然表示赞同。连王闿运都看不上，王先谦当然不在话下。

　　第一次见面，叶德辉便以王先谦为第二知己，同时又不甚佩服其学问。王、叶之间，除了学术上的合作，还有生意上的竞争。从1895年起，叶德辉介入出版业，生意迅速扩大，与苏州、上海印书机构都有合作。王先谦对此有何反应？其年谱只字不提，深可玩味。而作为藏书家和学问家，叶德辉的名声也远远超过了王先谦，此时的外国门生，除了一批日本人，还有英国人、德国人。更难得的是，叶德辉没有任何的头衔和教职，"一生不作书院山长，不就学堂监督，亦从不就府县志局之聘"，这并非他没有资格，无人招揽，而是他严词坚拒。而王先谦一直在长沙最有名的书院如思贤、城南和岳麓任职——这是他的饭碗。值得注意的是1917年叶德辉给缪荃孙的信中写道："葵园老人刻书必附以己注，注又未必高，甚或以其族人王先慎、门下苏厚庵之注参入，其人均不知注古书之法，纯乎俞曲园之应课材料。"此话也有话外之音，因为王先谦所注《水经注》、《世说新语》、《汉书》等，大量采用叶德辉的研究成果，再者，叶德辉认为王先谦并未遵守刻书的"古式"。王先谦在自定年谱中绝口不提与叶德辉学术上的往来，而叶德辉晚年所撰回忆则正好相反，极为有趣。如1900年，京城大佬瞿鸿禨商之王先谦，劝叶德辉复出为官，未料王先谦反对："叶某是吾之行秘书，吾所著书，非经叶某参校，不敢自信。叶去，则吾书不成矣。"半真半假之言，却不乏实相。1917 年，王先谦去世，叶德辉在给缪荃孙的信中，还是道出了真话："田居廿余年，与此公共事讲学，时复参差，然矜而不争，和而不同，实无愧古君子之谊。"两人的"不争"和"不同"，更多的是在学术方面。

论世要知人，论人的思想观念也要知人。从政治史的角度看，王先谦、叶德辉无疑保守，但并非一直保守，再说保守并不等于顽固和反对；从学术史的角度看，王先谦、叶德辉无疑是反对今文学派的，但反对今文学派不等于泥古不化、拒斥西学。在那样一个政治风云变幻不定的时代，王先谦和叶德辉的变与不变，需要详细梳理，多方解读。本书所提供的文本，希望能为这样的梳理和解读提供方便。而了解王先谦和叶德辉的身世、经历和交往，无疑有助于对他们思想行为的梳理和解读。

四、版本与校勘

本书"王先谦卷"，除《〈尚书孔传参正〉序》选自光绪三十年虚受堂刊本外，文集选自光绪二十六年刻本《虚受堂文集》，奏议选自光绪三十四年长沙王氏刻本《王先谦自定年谱》，书札选自光绪三十三年刻本《虚受堂书札》。以梅季标点《葵园四种》（长沙，岳麓书社，1986）为校本，偶有参考其他版本者，则随文注出。原文中所有引文都核对了出处并加以校勘。

本书"叶德辉卷"选自《翼教丛编》的篇目据光绪二十四年刻本标点，选自《郋园论学书札》的篇目据光绪二十四年长沙叶氏刻本标点，《藏书十约》据宣统三年长沙叶氏观古堂刻本标点，《经学通诰》据民国四年湖南省教育会活字本标点，选自《郋园北游文存》的篇目据民国十年财政部印刷局活字本标点，选自《郋园山居文录》的篇目据民国十一年长沙叶氏刊本标点，选自《观古堂文外集》的篇目据民国二十一年刻本标点。部分上述文本中未收的序跋从他人文集里辑出标点。另据《叶德辉集》（王逸民主编，北京，学苑出版社，2007）、《叶德辉年谱》（王逸明、李璞编著，北京，学苑出版社，2012）补入 6 篇文章、54 通书札。原文中所有引文都核对了出处并加以校勘。

"王先谦卷"的点校工作由李鹜哲先生承担，"叶德辉卷"由黄田先生承担，最后由我汇总核对。感谢他们的不倦努力，为我减轻了工作量。当然，标点和注释中的谬误，理所应当由我一人承担。

最后必须感谢中国人民大学出版社王琬莹女士的联络和督导，我一再拖延而她从未失去耐心，让我深感钦佩并坐立不安。

衷心期待着方家的批评指正。

王维江

2014 年 12 月 29 日于沪上

王先谦卷

文集

科举论上^①

　　光绪丁酉、戊戌间，时文之敝极矣。群议变科举法，予亦戁之，作《科举论上》。

　　一统之天下之士，以制艺造之；列国之天下之士，不可以制艺造之。今之世论海内则一统，合环球为列国。然而设科校艺，儀仍前政，用时文取士，而罔识变通，殆未抉其弊也。

　　自宋明以来，制御臣下之道既得，倒持末大之患不生。故上之计虑，惟在于民。考选之法，禁约之方，视唐世而递加密，俾士人抟心奋志，求合有司，餍其宠荣，不生佚志，魁桀俯首而趋入吾彀。椎愚者，固知其无能为，君上息偃于深宫，而常有鞭笞万里之势。然逮及末造，积弱势成，外侮凭陵，群熟视而无策。为下者虽有忠义之气，手足如被桎梏，徒瞋目张胆，效死以殉，前事昭然可睹已。所以然者，知束缚其民之为利，而不暇计及其民不足用之为害，狃于一成，而不知变化，以至此也。

　　国朝因明之旧，乡、会试一场承用四书文，二、三场为经文、为策。二百数十年中，得人盛矣。民之服事国家，其收效与宋明无异也。而天子施德于民者，积厚而未有已。果无外惧，百世不易可也。道、咸之际，知有海国矣，情事未灼也。同、光以来，知列国所以驾吾上者，端绪可究矣，而势弗棘也。朝廷之上，振兴商务。封疆之吏，习勒海军。吾财弗外流，而势足自振。由其道而人才日出乎其间，虽不改制科无害也。自日本之役，国威不张，列邦劫持，财力殚竭，岌岌如不终日。我国家属望者，惟在人才。而所以造进之者，犹无异乎束缚其民之为，苟以救时活国为心，不待反复辨难，而决其不可矣。

　　然则试士当奈何？曰："宜以策论代。"难者曰："本朝康熙间，废制艺，用策论矣，未几而复旧。乾隆中，廷臣请改策论矣，而仍试制艺。子谓策论之视制艺，果有以相高乎？"曰："唯唯，否否！文之为道，所以化成天下，历千万祀不变也。而用于试士者，今有数端：经艺以存经学，试律以存诗学，试赋以存赋学，楷字以存书学。虽去深至者绝远，而不失为从人之途，此无论矣。独制艺自明至今，名其家者可偻

---
　　① 此文录自光绪二十六年刻本《虚受堂文集》。

指，而陈言相因，无穷期也。幸而取科目，入仕途，唾弃如刍狗；不则牵率因循，头童齿豁，弗能决舍。而远大之学业，或终身未能梦见。上之人睹通才辈出，不以为早达历练而成，而归其效于科目。至于深山困饿，把卷穷年，饮恨入地，不知几千万人，使生附志士之列，而死蒙鄙儒之称，谁之咎也？况今之时文，决裂横溃，其体已不能自立。昔人谓代圣贤立言者，去之弥远。吾为士人议废此者，专欲啬其精神，优其日力，多读有用之书而已。若夫策论，以存古文之学，则亦不能废也，岂谓与制艺较优绌哉？"

难者曰："国家以制艺试，则人皆读四子书。四子书，士人立身之根柢也。子不且以废制艺者废四子书乎？"曰："奚为其然也？用四书之题目，易策论之体裁，如宋王安石创始之作，虽废犹不废也。充之子史，以博其趣；推之时务，以观其通。试不一题，本末赅贯，使上下其议论，而求才之道备焉。今也以时文为名，而杂家后世之言，纷然间出。几不辨其为何体，以彼较此，不犹愈乎？"

难者曰："是则然矣。然国朝文试屡变，先有性理论及表判矣。乾隆二十二年，去乡试表判，与会试俱用律诗。四十七年，移论二场改诗于一场文后，旋去论不用。今子以为宜用策论，策又三场所固有也，存者宜于复，重而去者不邻于妄议乎？"曰："性理之说，有穷者也；经、史、诸子、时务，无穷者也。论无穷之与有穷，固有间矣。三场策近考据之文，殿廷策取对扬之义，视散文为策，抑又不同。夫策论，统词耳。合订其章程，而审思其损益。有主者在，非吾敢议也。"

难者曰："光绪乙亥，合肥李公有请废制艺之疏。子时典试江西，为《乡试录序》，以为不必轻议。而今自僭之邪？"曰："吾前固云云矣。所谓不必轻议者，非当时之急务也。当时之要，惟在商务、海军，事理至明，吾词非遁也。今万不得已而求转机于异日之人才，吾亦非谓策论即兴起人才之本也，思先避制艺之害而已。虽然，以李公当日言之，而吾不谓然也，又恶知吾言出，不有人焉尚以为不必然者邪？"

科举论下①

光绪戊戌夏，奉旨废制艺，试策论，已而康有为逆案事觉，新

---

① 此文录自光绪二十六年刻本《虚受堂文集》。

政复旧，作《科举论下》。

或曰："甚哉！论事之不可喜新也。以朝廷数百年之成法，遵奉之唯恐或失，一旦视若弁髦，乃欲并制艺废之，乱党之设心亦巧矣！子非力攻乱党者乎？何立说之相似也？"予曰："是未可以概论也！夫康党立心背畔，议改制度，以炫乱天下耳目。其欲变衣冠，更宪法，断不可行者也。自我朝开国以来，官制非不时有损益，彼既裁冗职，复请设散卿，自相违覆，此大谬也。至于制艺，则豪俊有志之士，类不乐为。章句所困，而庸庸者因之束书不观，人才消耗，半由于此。又其体实已灭裂、群激而为废之之言，非乱党之创论，彼攘其说以自鸣焉尔。既奉旨废去之，天下之士喁喁然也。今以乱党倡言之故，而复其旧，则亦非吾辈所敢议矣。"

曰："子明制艺之害，而未明其益。闻天下之士之以废为乐，而未闻其以为苦也。"予曰："制艺之益，予固言之矣。然必以人才兴起之益，专归之四子书与制艺，彼康有为之徒，皆习四子书由制艺出身者，又何说也？夫其心已悖乱，虽日诵其文而精其技，未见果有益也。且所谓苦其废者何？"

曰："以制艺试，贫士家有十千钱书，可以成名。易策论，虽什倍于此而不足供周览，其不便实甚。"予曰："子诚爱士！将欲其多读书以成才乎？抑徒悯其贫而不思诱进之道也？吾闻立政者，以育才为亟，不闻教学者以恤贫为先。子何论之卑也！"

曰："今科举已复旧矣，子言太切，吾惧子且得罪。"予曰："相时宜为张弛者，国家化成之妙也，抒至言以备采择者，臣民献纳之诚也。若子谀媚之词，则非吾所愿闻也。今天下所当究图者甚众，徒各执其咫闻隅见，胶固于心胸，而莫能相发，此人才所以日乏而世运所以不振也。且制艺之宜更定，舒赫德、杨述曾言之于乾隆时，李相国言之于光绪初。朝廷虽不从，未尝加谴也。今之时，诚急于舒赫德、杨述曾、李相国言事之时矣。使子而在高位，视吾之言果有异于舒赫德、杨述曾、李相国之言邪？"

海军论①

呜呼！自海军之兴，迄今二十年。功既不成，而议论犹莫能相壹。

---

① 此文录自光绪二十六年刻本《虚受堂文集》。

吾是以叹中国之事，堕坏于浮言者多也！

夫立事必有其本，谋虑是矣；虑远，则谋从而远；虑短，则谋从而短。凡事皆然，何况行军？是故海军之设，志在于战，然后可守，未有志仅在守而遂能自固者。矪张皇耳目，徒侈其名！志之不存，何有于守且战？

或曰："子将率中国之人而与外邦海战乎？国家不勤远略，此古圣之谟训也。子岂未之闻乎？"予曰："吾论其志尔，不必有其事也。今夫作室者，惧寇贼之警，则固其扃键；虑风雨之摧，则勤其垣墉。若兴造未几，而倾毁随之，其谋之不臧决矣。彼外邦所以教练其军师，摩厉其器械者，举可考见。吾事事取给外人，苟且涂饰，草具形模，又群以为不急之务而訾笑之，一旦有事，乃责其不能为一战之用，不亦远于事情乎！人之言曰：兵可百年不用，不可一日不备。此世俗不通之论也。天下岂有百年不用之兵哉？果不用，至于百年虽备，犹不备也。吾之为兵，必日日如临敌，故虑密而神定，寇至则借以厉吾军锋，而增益所未到。是以士气不竭，而国威常张。日本之效西法也，海军既成，试之于生番，又试之于朝鲜，可以悟其理矣。当雄邦环伺之秋，纵不欲称兵海上，亦当思患于未然，而储材于不匮。乃偃然自足，不复为深远可恃之图，岂所谓善为国者乎？"

或曰："海军者，外人之长技。吾师其长，适形其短，奚为其必取法乎？弃濒海地数十里，深沟高垒以待之，此制胜之策也。"予曰："五方均是人也，习贯自然，岂真彼长而此之短邪？中国受列圣涵育，物炽而丰，濒海皆民产，谁能弃之？且环海七千里而遥，所弃多矣，能必胜乎？譬之一家，然闻御盗于户外，不闻招盗入室而斗之也。"

或曰："如子言，海军其终不废乎？"予曰："今时事孔亟，海澳形胜之区，半为敌据。虽有海军，将焉置之？而以空言相持者，嚣然未已也。自甲午日本之役，无事者且四年，此真国家闲暇之时，孟子与周公所兢兢致意者也。徒以筹偿国责①为事，于所以固吾圉者，不一及焉。乃曰：吾自是不与外邦开衅，而人之环伺吾侧者，则以为彼志在通商耳，它非所图也。噫嘻！其果无它图也邪？"

---

① "责"，古同"债"。

工商论①

工与商之相需也，犹子母之相生而相养也。中国无工政，则不必有商政，然而商政可已而不得已，工政则不可已而已。

昔在成周之世，工商并任，而工之为政，载籍特详，事集众长，故官府之董劝亟焉。惟技巧淫奇，则有禁，王道所以居正也。今之工，推泰西诸国。就其中析言之：轮船、铁轨，地球一统之舟车，此万古不废者也。火器相竞而益精，亦军政所取资也。其无益而蠹中国之财者，莫如饮食、器用之属。彼来而我购，在上者不能禁也，于是有南北洋通商之官。海道四达，衢市阗溢，愿者骇观，侈者竞美。辇去亿万，而官取其毛耗。盖不数十年，中土之财，将尽入于外邦。虽欲不为其奴仆牛马，而不可得矣。夫吾民非甚愚也，公输、王尔之徒，非绝迹于世也。贫贱无由集巨赀，而秀异不愿能鄙事。故非朝廷特辟一进身之途，又得悲天悯人之官长，相与扶助奖成之，无望有工善其事之一日也。

或曰："古圣之所禁，而今导之，无乃不可乎？"曰："非常之变，盖非常理所能制驭。虽古圣处今日，其法不能不变也。果工政争胜外人，则彼之货自沮，而吾之财不流。行之一省，则保一省；行之天下，则保天下。富藏于民，然后上之取不穷，而事毕举，日本其明验已。然则朝廷所以进之，奈何？曰宜仿唐百工伎巧领于少府监，差其等以待能者，庶几其相劝乎！虽然，吾之私议云尔。今之人言制造以火器为先，而工政与军政不辨；言变法以乱党为戒，而忠谋与邪谋不辨。视国计民生，如秦越肥瘠之不相涉焉。徒思快其口舌，而不悟患之已迫于肌肤也，可哀也夫！"

天地论②

或曰："古言天地合，有诸？"曰："奚为其能合也？""然则何以有开辟？"《春秋元命包》云："天地开辟，至春秋获麟之岁。"曰："此从其后言之耳，非由合而开之谓也。清阳薄靡，岂重浊之所能附著哉？""《淮南子》言天先成而地后定，何与？"曰："天一成而不易，故先；地有时而

---

① ②　此文录自光绪二十六年刻本《虚受堂文集》。

不定，故后。何以明其然也？元黄既剖，阴阳煦育，万物森布，人列其中。物本无处不有，人亦无乎不在。西书言先生物，后生人，先生植物，而后生动物，且推衍至数千万年之久。然则物之萌芽于何启？人之种类又于何蚤乎？斯必无之理也。卵形黄白，球说权舆，五洲既通，事归实验。其虚悬而勿坠，则气之为也。阴阳之交不固，或火焉而厌于飞灰，或震焉而陷为冰海。其事备见于前史。《庄子》云：阴阳错行，则天地大绖。地球倾覆之机，必由于此。其有孑遗于山阿水澨者，复相与出浑沦之中，为开辟之祖，此可决知者也。环球未通以前，孰知其所终始？今五洲和会，已为亘古不变之局。彼洲没，则此洲记之矣。"或曰："倾覆之灾，古有征乎？"曰：《高僧传》云：汉武穿昆明池底得黑灰，后竺法兰至，人追问之，兰云：世界终尽，劫火洞烧，此灰是也。吾以此知之。""孑遗之事有征乎？"曰："《梁书》云：毗骞国王自古不死，知将来事，其子孙生死如常人。吾以此知之。"

群　论①

天下之大患，曰"群"。夫子言"君子群而不党"，明非君子而群必有党而为祸烈也。又言"群居终日，言不及义"，明终日为群，弊必至是。而不义之言，其害不可胜穷也。"然则敬业乐群，非与？"曰："以业相群，即以文会友之义。唯敬，故乐，否则殆矣。是故群者，学之蠹也。且夫今古之人心处常不静之势。三代邈矣，秦汉以还，往迹可睹。明主在上，皆屈于宰制之具。一失驭，而奋起竞争之局成。师之出不律则嚣，市之聚无平则哄，唯群故耳。人才者，国家之元气也，养于学而后成。国之为学，贵中正平实，易知易从，足以共由而遍给。庠序之内，务令其气常聚而势常散。措置苟或失宜，忠信者失所冯依，奸诡者据为窟穴，迨至中人以下，为异说所簧鼓。群之害成于学，则人才丧其泰半，虽诛锄及之，而元气从此伤矣。汉之世，举幡救鲍司隶者，太学生；上书颂王莽功德者，亦太学生。宋之世，乞留李纲卫社稷者，三学生；请贾似道督师者，亦三学生。好事一倡，云属风靡，徒取快意，不问黑白。然其声气，足慑一时；其议论，足淆众听。明季，几、复社兴，遂以害政倾国。群之为祸，不尤昭然矣哉！国朝力惩前弊，列圣以

来，以社会与朋党二者为世切戒。故朝野清明，为往古所未有。光绪初，中朝士夫颇有清流品目，朋党萌芽焉。赖天子圣仁，旌别得宜，消释无迹。至于学校诸生，类能谨敕自守，无复胜国嚣张旧习，迄今而奏牍上陈，竞称社会，若不知有前此禁令也者。防之二百余年，而决之于一旦，问何以故？曰：法外洋也。然则大圣人涣群元吉之训，尚不为后代永法邪？噫！"

《国史河渠志》序①

自神禹作贡，河不为患七百余载。周定王时，河徙，渐失故道。汉武帝元光中，决瓠子，注巨野，通淮、泗，自此河、淮始通。唐以前，河北入海。宋太宗时，决温县、荥泽、顿邱，泛澶、淮、曹、济诸州，至彭城入淮。神宗时，分趋东南，一合泗入淮，一合沛入海，河始夺淮、沛道。金明昌中，北流绝而全河入淮矣。元至元中，开会通河，通运道，于是河、运相维，言治河必先保运。明洪武初，开济宁西塌场口，引河入泗济运。二十四年，决原武，至寿州正阳镇入淮，会通河淤。永乐九年，浚河故道，兼浚会通河，改从南旺，分水遏汶，北合漳、卫；遏泗，南入沂、淮。漕事大定，于是言通运尤亟治河。大抵有明二百余年，河屡徙决，皆入淮。其时治河者，或蓄淮敌黄，或分黄导淮。章疏迭陈，功效互著。大旨归于济运，然国用民力浸耗竭矣。

国家定鼎燕京，岁漕东南，粟供天庾，淮、黄、运道，致功尤急。世祖奄定区宇，即轸念河患，遣大臣经理。圣祖神灵天纵，底绩安澜。世宗御极，川渎澄清，黄沁以谧。高宗数幸南服，驻跸河干，亲授方略，同符圣祖。仁宗、宣宗，式缵旧服，永享成功，圣治光昭，旷古所未有也。咸丰以来，河北行，贯大清河入海，以时方多故，挽粟转海，以济京畿。而河丁弗讫，运道未畅，论者有深忧焉。

臣维水道分合，古今异宜。至行水之法，未有能外古圣人之意者，亦顺水之性而已。黄、淮合，济运当借以为资；黄、淮分，济运必筹所未备。未至之患，所宜豫防；已然之迹，不容终泥。伏见乾隆中，尚书孙嘉淦、嵇璜先后请开减河，导黄入大清河。命廷臣筹勘不行，以河未北徙也。臣意河未入大清河，导使北行，其势难；既入大清河，因而治

① 此文录自光绪二十六年刻本《虚受堂文集》。

之，其事顺。今不可强而南，犹昔不可强而北也。或者欲挽复淮徐故道，岂通论乎？当淮、黄交汇时，扬、豫岌岌。列圣宵旰区画，贤臣如靳辅、张鹏翮、齐苏勒、嵇曾筠、高斌辈，皆仰契庙谟，丕著成绩。然溃决之事，往往而有。高宗闻河势北徙，喜动天颜，见之明谕，可以知当时圣意矣。昔刘定公观河雒，而叹禹德之远。今东南濒水，污下之区，安田庐，乐生事，多不识当日震惊漫溢为何状者，讵知国家圣圣相承，忧勤擘画，成允成功有造于社稷民生者？如是其大且远也。

爰述自顺治以来二百余年，订谟切议，并著于篇。它若海塘，若永定河，若直省水利，上烦列圣咨儆二三贤大臣，修防疏浚之力者，亦附载焉。作《河渠志》。

史馆旧有《河渠志》稿，迄于雍正八年，光绪元年增修，并黄、淮、运河为一门，张兰轩同年编修清华任提调，属改为此序。时黄河入大清河未久，间有溃决，迄未大修，至今日而工费之巨，什伯曩时矣。足见事变之来，非合全局，而策其终始不可也。光绪十二年正月自记。

《云南乡试录》后序^①

同治九年庚午，臣先谦奉命副臣汪叙畴往司滇试。既竣，择文尤雅者进呈御览。臣谨稽首缀言简末曰：

自回民弗谌，滇不举乡试十五年。衣冠之士，流离转徙，厥身家之不皇恤，壤地辽远，怀观光利宾之诚，而莫能自致。负粮担簦，走数千里，与试于京兆者，期不四十人。抱负瑰异、蕴思醇粹之徒，荩邑惨懔，终老户牖，不得阶尺寸者比比而是。皇上眷焉南顾，实用矜恤，昃食宵衣，申厉疆臣日求咸序悦欣之道。督臣刘岳昭、抚臣岑毓英，宣德同力，大厎螽狨，属戎事有闲，亟以考官请。

盖自咸丰以来，锋镝四集，日月其稔，天下率试不如期。至是滇闱与各直省同时并举，其殆天时之转机，而人文之嘉会乎！昔有虞之世，苗民阻固，禹益交赞，七旬爰格。今兹回民，无异苗顽。皇上治体，远规姚室，疆吏思敷文之功，以赞神武之用，使滇人知皇庆攸兴，求才劝学如是其急，然后士类之气大伸，而人心得所系属，柔回民桀骜之习，

---

① 此文录自光绪二十六年刻本《虚受堂文集》。

而动以诗书冠带之荣，则干戈之灾不涤而自净，其裨益岂一手足之烈云尔哉！

自明杨慎以古学倡于滇，人知尊尚经术。恭逢盛世右文，益之磨濯。嘉道以还，台衡踵武，风流斯畅。今以十数年不举之大典，耆儒异等，争挟利器孟晋，迨群景应而云集。皇情延属，至切至殷。甄拔之任，责之臣等，殚精穷晷，思勉厥职，綮此多士，对扬于廷。宜有盛览，兰茂其人。应期挺出，为邦家光。是又臣区区之心所夙夜仰望者矣！

《江西乡试录》前序①

皇上御极之元年，举行恩科，命臣先谦偕副考官臣潘衍桐典江西试。时监临某官臣某等进学政臣某所录士，扃闱三试之。臣与臣衍桐率同考官臣某等，详慎去取，得士如额。择其文尤雅者恭呈御览，臣例得扬言简端。

臣维文与时为变通，而制艺取士，前古莫尚之良法也。圣贤之微言奥理，备于四子书。学者正心修身，推而至于平天下，舍是无由。自朱子集《论语》注，又从《礼记》中摘《大学》、《中庸》为章句，配以《孟子》，题曰《四书》。苟无制艺，则其书与诸子等耳。上好刑名，人师申、韩；崇虚无，人讲庄、老；进诗赋，人习潘、谢、曹、马。以制艺取士，《四书》命题，然后斯世尊奉一致，口复心研，不能自已。其智者随所之而入道，鲁者缘习生悟，亦能驯致义理之途。达则穷事变，充器识，为国家纯臣；穷抱遗经，亦不失为乡里好修之士。而科目出身，仕途所重，士虽儿齿宣发，皆思得一第为荣。束天下豪杰于追章琢句之中，以柔其犷悍横逸不驯之气，其为功岂可一二数哉！国朝制艺设科，实沿明旧。康熙中改用论策，后弊益甚，仍复其初。乾隆时舒赫德、杨述曾等有更定文体之请，卒从廷议而罢。流及今日，论者渐忘前事，又激于风气日卑，复有以制艺为可废者。臣愚谓法屡更，则国是纷；教不一，则民志惑。我朝圣圣相承，凡有创垂，极之细微，无不再三精审。矧制科大典，苟有可易，岂待后来？故今日之要，务在求才，不在变法。且寇乱以来，勋臣半出科目，朝廷收制艺之效，而未受其

---

① 此文录自光绪二十六年刻本《虚受堂文集》。

弊。此其不必轻议，断可识矣！

江西鸿生巨儒，炳铄往代。即以制艺论，王安石肇其端，文天祥备其体，四隽五家畅其流。谈斯事者，必用江西为称首。其人文章行谊，咸卓然表见于世，曷尝为制艺掩邪？我朝薰陶涵育，二百余载，庐山赣水，旁薄而郁积者，疑必有发见焉，以其时考之则可矣。将复有魁奇闳达者出，以应圣代文明之运乎？

臣等忝与试事，甄拔必严，选录尤慎，期以昭示先民矩矱，此则职所当勉者。多士生长名邦，果抗心前哲，感奋兴起，不以制艺自画，是圣天子作人之泽也，臣与荣焉。维时官斯土者某某等，例得备书。

《浙江乡试录》后序①

光绪二年丙子，臣王先谦奉命副臣潘斯濂典浙江试。事峻，录其尤进于朝。谨拜手稽首缀言简末。

臣伏睹龙兴之初，秀水朱氏、鄞县万氏诸人，承明旧学，用文采彬雅，倡于乡二百余年。承流向风，天下通材，称浙最盛。寇乱起咸丰，初逾江湘，穴金陵，凭陵大吴，以窥全越。郡邑残破，人文散失略尽矣。然乙丑而后，举科凡六，每试应者万余，得士数百。奇才宿儒，骈出其中，美矣至哉！非夫圣人之教，涵濡薰习，极深且久，孰克致于斯乎？

班固曰："本吴越与楚接比，数相并兼，故民俗略同。"臣去岁奉命典试江西，其地古介吴楚之交，而与越接。人禀经术，为文善言名理。今浙人之文，藻绘论议，乃或过之。斯班氏之论，为不然与？臣愚以谓文章之道，生于人心，而成为风俗。周世十五国，其地尽今齐、晋、秦、豫数省，犬牙相错。然方其分裂，歌诗一出，则审音者知为何国之风。屈原哀而楚以骚鸣，相如奋而蜀以赋竞。若有方隅风气之限，而莫识所由。然制艺之行于世久矣，其所谓同异亦微矣。然各行省之业此者，父诏而师勉，心慕而手追，亦皆自为风尚。浙人出其含英咀华之余力，以蔚为应举之文，其于江西之善是者，并驾分驰，争能而各极其胜。合则俗同，分则习异，亦古今之世变然也。臣闻高宗朝访求遗籍，浙中奏进，著录至数千百种。上既嘉此邦能读书矣，巡幸东南，特命给

<hr>

① 此文录自光绪二十六年刻本《虚受堂文集》。

敇缮《四库全书》颁之，浙藏庋有阁，赐名“文澜”，俾士子得就近诵览。然则今日陶染教泽、奋身著作之林者，乌可不识所从来也？臣不敏，于文事无能为役。敬述圣天子栽培延企之盛心，及其乡先正笃信好古、今昔人才学术倚伏衰兴之故，愿与邦人士共勉焉。

《东华录》序①

臣闻天以佑民为心，君以体天为国，此理千古不易。自有中国以来，君臣陈戒，恒用是为劝勉。至于实尽牧民之职，以仰承天休，丕基洪业，巩若金城，当开国而已垂亿万祀之统，未有如我大清者也。

自古历世久而得天下者，莫如周。忠厚累积，延祚八百。然昭、穆之世，威灵浸替，启东辙矣。炎汉以降，其君多以崛起草创之际，偷为一切以幸天下，一再传后，纲纪颓弛，陵替之渐开，变乱之端作。即有享国绵远，曾无百年，不遭内忧外患，苟且枝柱，卒用颠危。所以然者，祖宗培植而未遑，子孙绍述而不足，恩泽不能深结人心，而法复无以持其久也。明祖肇立百度，号为精密，故其末季，师丧财匮，而国势不倾。然开创之初，诛戮安忍，靖难兵兴，元气剥丧，仁厚之泽亦少竭焉。万历以还，缀旒在上，延及天崇，横恣极于宦寺，盗贼四起，元元涂炭。至于言路猖狂，变乱国是，君有权而不敢收，臣有忠而不能效，纲维荡然，国亦灰灭矣。由是观之，为治之道岂有他哉？仁，为百姓留其有余，虽万厚不以为嫌；法，为天下治其泰过，即一疏有所不可。惟在人主谨持魁柄，因事调剂，以适其宜，斯为可大可久之业，故曰“徒善不足以为政，徒法不能以自行”，此之谓也。

我太祖皇帝肇兴东土，无利天下之心。因明臣召衅，起兵复仇。既定诸部，破明兵，取辽沈，遐迩怀畏，遂建尊号。用贤纳谏，崇俭黜奢，严法令以肃群情，亟民事以崇本务。缔造伊始，而治具毕恢，屹然建万世不拔之基。为帝太祖，功莫隆焉。

太宗皇帝下朝鲜，臣蒙古，残明，取其城邑，性不嗜杀，戚然以生民为念。命将出征，每诫毋妄诛掠。屡胜之后，犹投书明主，讲和至数十次。以善养人，禁绝侵暴，法不宽贵近，恩无间疏逖，虽未定中原，

---

① 此文录自光绪二十六年刻本《虚受堂文集》，以光绪十四年上海图书集成印书局本《东华录》为校本。

而精神意量，廓乎兼容并包，万流倾心，规模宏远。为帝太宗，德莫懋焉。

世祖皇帝冲龄正位，因明运告终，入关勘寇，奄有九有。亲政以后，制作聿新，延访儒臣，斟酌百代。圣怀谦抑，责躬之诏屡下，迄于晏驾，未改厥初。举明季朋党流风，赋敛苛政，一扫刮绝，与臣民更始，俾薄海内外，重睹天日，所以为帝世祖。

圣祖皇帝天锡智勇，幼即以康乂天下为心，值三孽不靖，东南岌岌，宸谟默运，措寰宇于磐石之安，辟郡海岛，犁庭漠北，危招罗刹，就我皋牢。躬上圣之姿，以好古敏求为务。诵读讲贯，儒生无以逾其勤；挽强命中，材武之士无能程其力。凡有制作，皆条理始终。开抉闾奥，为万代法，黜陟赏罚，与天下为公。宫庭呼吸，通于穷巷。巡省河防，屡勤銮辂。故能排群疑，而成丕绩，蠲租给复，月不绝书。湛恩庞鸿，浃民肌髓。古称令辟，若汉之文帝、宋之仁宗，不足以仰方美备。尧舜至矣，然洪荒简陋，可以清静无为治之。如我朝民物之炽丰，疆域之广远，有未易言就理者。洵乎圣祖为书契以来首出之一人也。及皇躬不豫，比户祈祷；升遐之日，路祭巷哭，遍于穷壤。凡有血气，咸怀一心，奉主之诚，虽云守成，实兼开创。所以为帝圣祖。

世宗皇帝始居潜藩，独立不倚，睿襟冲邈，默契天心。唯圣祖为能无忧，唯世宗不愧达孝。既缵大统，朝野①欣庆。承六十年生息之后，虑天下习于纵弛，日揭示大义，以濯磨人心。自宗藩以至臣庶，始凛然守法奉公，永遵荡平正直之路，至于骈覆闾阎，纤微必至，先圣后圣，若合符节。以唐虞执中之心，极文武张弛之用。所以为帝世宗。

高宗皇帝仰绍诒谋，以育以正，天授神武，成两朝未竟之志。准、回平，而北无汉世匈奴之患；金川定，而西无唐代吐蕃之扰。保世恢基，极于无外。鉴储贰之失，定立贤之策，善继善述，于斯为盛。所以为帝高宗。

仁宗皇帝以继体授受，亲承训政，为旷代罕逢之盛。逮躬揽万几，首除炀蔽，三省邪民，应时平靖，遂以宽仁慈恕，镇定海宇。至于周历陪都，讲武木兰，昭示祖宗之大训，以垂戒方来，孝思不匮。自来仁圣之君，鲜能及者。所以为帝仁宗。

---

① "朝野"，校本作"合字"。

宣宗皇帝养正青宫，戡定大难。践阼后，躬行节俭。方物之贡，裁减大半，务约己以养天下之和，自抑以平天下之争。遗训昭垂，欲举配天、祔庙、镌碑、陈器诸大典，及身罢之。圣不自圣之心，度越万世。故庙为清宣宗。

文宗皇帝即位，严谕臣工，湔除积习，诏求才贤，以资弼亮。群下震动，回易耳目。值群盗肆逆，久未荡平，忧悯黎元，不遑安处。海疆弗谧，宵旰增劳，成功未睹，而明识宏略，任贤勿贰。后来定乱诸臣，皆拔自特达之知，遂以经纬天地，重就清晏。故庙为清文宗。

穆宗皇帝禀两宫懿训，再造区宇。一人垂拱于上，百尔奔走于下。中土既平，苗、回并戡。自①中叶多故，若晋室之隆，卒保江东；唐平安史，遂阶藩镇跋扈之患。皆以域中寇乱，一蹶不振。惟帝耆定伟烈，为方策冠，将锡海内臣民以永永安集之福，早弃天下，弗究厥施。至于今日，哀慕之声未已。故庙为清穆宗。

古之有国者，英君谊辟，恒不多觏。殷商贤圣六七，不皆有成绩可稽。《诗》美成、康，《史》言文、景，继世者恶焉。我朝神圣代兴，开辟仅见，推其指要，亦曰尽教养之道而已②。圣祖、高宗，前后普免田赋，数至亿万。列圣建元，介寿诸巨典，诏蠲逋赋，亦动逾一二千万。当粤寇鸱张③，度支告匮，不闻④有厉民之政。视师者榷商税济饷，事过即诏停减。江浙甫复，永减漕额。诚天地之至仁⑤也。世祖定律令，除冤滥⑥。圣祖每谳狱，迟回慎重，至再三，常⑦以此意谕勉臣下。世宗、高宗、仁宗，明罚敕法，权衡科律，析及毫芒，世守兢兢。好生之德，古无畴⑧比。深宫修省，止于至善。自朝达野，在纲不紊。群臣士庶，莫不有当然之矩矱，俾之率履，以自纳于理道之归。⑨心法相承，继绳加密。光天之下，海隅苍生咸憬然曰"圣人爱我"⑩。此其贻无疆

---

① "自古"，校本作"自昔"。

② 此句校本作"可得而言养与教咸尽其道而已"。

③ "张"，校本作"造"。

④ "不闻"，校本作"而不肯"。

⑤ "之至仁"，校本作"浩荡之仁"。

⑥ 此二句校本作"世祖首定律令，芟除冤滥"。

⑦ "圣祖每……常"，校本作"圣祖每遇谳狱，迟回慎重，至再至三，时"。

⑧ "畴"，校本作"与"。

⑨ 校本此句后有："非不示含宏，而必不干誉以妨政；非不存矜恤，而必不蓄荞以害苗。"

⑩ 此句校本作"海隅苍生咸晓然于'圣人之爱我'"。

之福①，式克至于今日休也与！

臣往诵蒋氏《东华录》，粗知梗概。从事史馆，敬绎乾隆以次各朝为续编。病蒋氏简略，自②天命迄雍正，录之加详。然后列圣图治鸿模，可循迹推求，而得其精心所注。刻既成，谨扬言简端，用告后世治国闻者。於虖！读是编者而不感奋立起勉为良民者，非人也。③ 是则微臣区区纂辑之微意也已。光绪十年，岁次甲申闰五月。

《东华续录》跋④

洪惟我皇清光宅函夏，列圣缵承。至德丰功，度越隆古。仁育义正，海寓蒙福。宜勒成书，昭示万祀。凡有血气，戴履高厚。游息酣嬉，几忘帝力。纪载阙略，听睹茫昧，靡以宣上德，抒下情。匪他人任，实为史臣责。

臣前见蒋良骐《东华录》，纂自开国以来，迄于雍正，颇具条理。乾隆以后，未闻续撰。若皇朝武功纪盛，《圣武记》、《啸亭杂录》诸书，于乾隆朝事实多所采摭。至徽猷鸿诰之垂贻，典章名物之富美，六十年中，灿若星列。掇拾舛漏，咸所不免。自非年经月纬，难可寻究。考之往代，以本朝国史编年，创自宋司马光《稽古录》，厥后作者约数十家。李焘《续资治通鉴长编》，明郑晓《吾学编》，史裁特备，而宋林骃《皇鉴笺要》，取《宝训实录》、《国朝会要》为注，固知国史官书，咸资采录，体例斯存，亦载笔之柯则也。

伏读乾隆二年五月上谕曰："向来列祖实录圣训告成之后，皆藏之金匮石室，廷臣罕得见者。朕思列祖圣训，谟烈昭垂，不独贻谋于子孙，亦且示训于臣庶。自应刊刻颁示，俾⑤人人知所法守。"用是有刊五朝圣训之命。若乃方略则例，悉载丝纶。寄谕朱批，并得宣示。仰见圣人示寰海以大公，开臣庶之蒙惑。酖恩厚意，只古无两。惜乎钦定诸书，颁赐有限。虽在士夫，无由遍睹。至于间巷，

---

① 此句校本作"此其所以贻无疆之景福"。

② "自"前校本有"复"字。

③ 此句校本作："读是编者，敬念累朝高厚之施，必将感奋兴起，吏修其职，民勤其业，庶对扬列祖休命，以仰答我皇上生成之恩。"

④ 此文录自光绪二十六年刻本《虚受堂文集》，以光绪十年长沙王氏刻本《东华续录》为校本，参考光绪三十四年长沙王氏刻本《王先谦自定年谱》。

⑤ "俾"下，《王先谦自定年谱》有"薄海内外"。

弥绝窥仰。

臣愚窃谓本朝二百余年来，所以陶冶群伦，无微不到。故名臣耆硕，项背相望。而或服吏者练法而玩刑，业儒者袭经而市利。蕴孽酿衅，戎生伏莽。一旦潢池盗弄，鹿铤猰噬，杼柚告空，宵旰廑虑。竭天下之力，仅乃平之，而元气休养，又需数十百年矣。虽天地之大，物不答施，岂德风偃草之效？有时或爽，毋亦朝廷条教，不能户喻。彝训之垂，与世推移，简册无稽，观听未洽，故致然欤？

臣备员词曹，编摩史馆，亦颇究心当世之务，痛斯民无知与所以报上德之未至，仰体大圣人公天下之心，远追前代李、郑述作，近接蒋氏当日所录。凡登载谕旨，恭辑圣训方略，编次日月，稽合本纪实录，制度沿革纂会典，军务奏折取方略，兼载御制诗文，旁稽大臣列传，成《东华续录》一百二十卷。乾隆一朝政要，大略具存。不揣冒昧，敬登梨枣。欲得家置一编，循览绅绎，于以体圣训而遵正直荡平之路。微臣区区之意，实在于此。嘉庆而下，稿本粗具；雍正以前，录视蒋氏加详，将以次刊行焉。时在光绪五年，岁次己卯秋八月。

《天禄琳琅》跋[①]

自古书用纸代竹帛，美恶杂出。隋世平陈，存太建时书为古本，别召工书者于秘书内补录为正、副二本藏宫中，余实秘书内外之阁。厥后，写副又有上、中、下三品之分。此在当时钞本中，已寓鉴赏别择之意。唐末，始镂版，逮宋而盛。太平兴国间，三馆六库书籍正、副本八万卷，见于《青箱杂记》。史称"帝幸国子监，阅库书，问经版几何"，邢昺对以"国初不及四千，今十余万，版本大备"。以此知馆库所藏，亦皆版本。自是目录家网罗考订，纷然杂出[②]。沿及元明，刊摹愈广，将欲博览遗书，尤以精究版本为重矣。

洪惟巨清，肇造区夏。列圣右文，远迈古昔。天府群籍，富有日新。乾隆四十年乙未，命取内府藏书，重加整比，敕编《天禄琳琅书

---

① 此文录自光绪二十六年刻本《虚受堂文集》，以光绪三十四年长沙王氏刻本《王先谦自定年谱》为校本。

② "出"，校本作"陈"。

目》十卷。越嘉庆二年丁巳，以秘笈琅函，搜采弥夥，复辑《后编》二十卷。书都一千六十三①部，自宋迄明，五朝旧籍咸备。旁罗远绍，既大极无外；而于刊印流传之时地，鉴赏采择之源流，并收藏家生平事略、图记真伪，研讨弗遗，尤细破无内。于版本严择广收，而明末影宋钞本，并从甄录。仰见圣学博大，囊括万有。足以津逮儒生，准绳百代，而岂隋宋所能及哉！

前编已入《四库提要》，不及后编，以世无刊本，罕获觏者。光绪七年，于京师购得旧钞，携归长沙。从弟先泰见而惊喜，愿授之梓，以公天下。并假湘潭周氏钞本，与湘潭胡元常、王启原、善化刘巨及从弟先豫，精心雠校。刻既成，谨缀言简末，以见圣代文治之隆及儒者逢辰之幸，为前古所未有云。光绪十年甲申闰五月。

《皇清经解续编》序②

国家稽古同天，崇迈往牒。世祖临御之初，御注《孝经》，颁示海内。所以宏阐经术，纲维人极。复命廷臣撰《易经通注》，折中古训，仰禀睿裁。圣学精深，开生民所未有。列圣继体，炳焉同风。圣祖、世宗、高宗三朝，钦定御纂诸经，揭日月而章云汉，于是海寓承学之士，憬然于圣教所先，群以研经为首务。而又殿本库书布在寰宇，凡优游盛世者，咸得悉其智能，窥仰美富。家缵户述，流风益昌。本朝经学之隆，跨唐蹑汉，非夫大圣人培植深而嘉惠厚，其奚及此？《易》之《贲》贞离而悔艮，其象辞曰：“观乎人文，以化成天下。”而《离》之象辞则曰：“重明以丽乎正，乃化成天下。”夫人文者，化成之象也，然非重明丽正，无以致之，唯我圣清当之矣。

道光间，前大学士臣阮元总督两广，荟萃国朝学人撰箸，刊于粤东，为《皇清经解》千四百卷。邕昭代之儒风，导后进以绳矩。优优棣棣，观者美焉。今距粤东刊经之日逾六十年，中间寇难迭兴，烽警相望。而率土人士，内函贞固之气，外炳文明之姿，枕席可安，弦诵不辍，纂述之盛，视承平时抑无多让。幸值神武耆定，寰海镜清，不于斯时裒集遗编，赓续刊布，惧弥久散佚，曷以称圣天子劝学右文至意？光

---

① “一千六十三”，校本作“一千六百三十”。
② 此文录自光绪二十六年刻本《虚受堂文集》，以王先谦辑《皇清经解续编》（光绪十四年江阴南菁书院刻本）为校本。

绪十一年，臣奉恩命，视学江南。抵任后，檄学官覃心搜采，合臣旧藏，掇其精要，得书二百九部，都千四百三十卷。奏请设局刊刻，经营三载，工乃告成。臣自愧学术疏庸，观听未广，岂足以继先臣阮元之万一？惟是汇而存之，以待后善学者择焉。冀于圣朝文治，少有裨助，竭微臣区区之诚云尔。光绪十四年，岁次戊子夏六月。

《续古文辞类纂》序①

自桐城方望溪氏以古文专家之学，主张后进，海峰承之，遗风遂衍。姚惜抱禀其师传，覃心冥追，益以所自得，推究阃奥，开设户牖，天下翕然号为正宗。承学之士，如蓬从风，如川赴壑，寻声企景，项领相望。百余年来，转相传述，遍于东南。由其道而名于文苑者，以数十计。呜呼，何其盛也！

自圣清宰世，用正学风厉薄海，耆硕辈出，讲明心性，恢张义理。厥后鸿生巨儒，逞志浩博，钩研训诂，繁引曲证，立汉学之名，诋斥宋儒言义理者。惜抱自守孤芳，以义理、考据、词章三者不可一阙，义理为干，而后文有所附，考据有所归，故其为文，源流兼赅，粹然一出于醇雅。当时相授受者，特其门弟子数辈。然卒流风余韵，沾被百年，成就远大。逐末者不闳，而知道者常胜，讵不信与？

道光末造，士多高语周、秦、汉、魏，薄清淡简朴之文为不足为。梅郎中、曾文正之伦，相与修道立教。惜抱遗绪，赖以不坠。逮粤寇肇乱，祸延海宇，文物荡尽，人士流徙，展转至今，困犹未苏。京师首善之区，人文之所萃集，求如昔日梅、曾诸老，声气冥合，箫管翕鸣，邈然不可复得，而况山陬海澨，穷陋寡俦，有志之士生于其间，谁与被濯而振起之乎？观于学术盛衰升降之源，岂非有心世道君子责也！

惜抱《古文辞类纂》，开示准的，赖此编存，学者犹知遵守。余辄师其意，推求义法渊源，采自乾隆迄咸丰间，得三十八②人。论其得失，区别义类，窃附于姚氏之书，亦当世著作之林也。后有君子，以览观焉。

---

① 此文录自光绪二十六年刻本《虚受堂文集》，以光绪八年王氏虚受堂刻本《续古文辞类纂》为校本。

② "三十八"，校本作"三十九"。

《郡斋读书志》序①

自班《书》列《艺文志》，《隋》、《唐》、《宋史》，代沿其例。家分类合，今古咸萃。千百载上之箸述，赖以不泯。然世祀弥远，作者日出而不穷，经籍纠纷，难可搜讨。国朝修明，史志艺文，断代为书，亦其势然也。故私家簿录，合前代载籍而汇辑之，有以考证其存佚，补正史之阙遗，所系甚重。且史志仅列书目，不若簿录家阐明指要，并其人姓字里居、生平事迹，展卷粲列，资学者博识尤多。自宋晁子止创为此学，陈氏振孙继之，并为后儒宗仰，而晁氏尤冠绝。

盖子止承其家文元公四世之学，藏书宏富，博览不倦。又得井宪孟赠书，益探赜钩深，发抒心得，辨正精核，为陈氏所不及。其言孔子之教，别为六艺，然其要不外修身，若以此而观六艺，犹在璇玑以窥七政之运，无不合者。不然，则悖缪乖离，无足怪也。又谓人惟有意求全，故中怀忧惧，先事以谋，而有所不敢为；有所不敢为，则其蔽大。又谓儒者之道，虽知寿夭穷达非人力，必修身以俟，知耳目之于声色，有性焉以为，其乐也外而不易吾内。以此自为，则为爱己；以此教人，则为爱人。于学问之途，实能见其大而返之约。其论释、老二教，无意于世，不自附于圣人。若学而又失之，忧其为祸，则以熙宁、元丰后学者，用意过中，如东坡辈犹蹈此失。叙述本朝诸人，侃侃指斥，于夏子乔、王介甫、张天觉，无少假借。即论当时事实，亦多足与正史相参订。推明《京氏易》以著《汉易学源委》，谓萧颖士赋知幾，《唐书》褒贬为失实，读《商子》而订《索隐》之讹，取《文选》以正渊明之字。盖其大者，在于明经术，维世教；其小者，亦足以沾益后来笺注考订之士。信乎通贯宏远，不名一家。陈氏谓其发明，有足观者。阮氏元称其次序有法，犹浅之乎测晁氏也。虽②其中或间引谬说，弗加考辨；或编类未审，姓氏抵牾，若陈直斋、马贵与、焦弱侯所论，良所未免。然大体精密，言议归于至正，可以翼圣而信后者已。

旧有衢、袁二本，得失互见。爰合而校之，既竣，刊于长沙。余于晁氏一家之学，庶几尽心焉，聊以步姚、赵之后尘，而满钱、瞿之凤

---

① 此文录自光绪二十六年刻本《虚受堂文集》，以光绪三十四年长沙王氏刻本《王先谦自定年谱》为校本。

② "虽"，校本作"惟"。

愿。若以不贤志小讥之，则余滋恶矣。

《魏郑公谏录》后序①

呜呼！自季弟之殁，余嬛嬛独立，心志菀邑②，不能少自发抒，迄今十余年矣。凡弟所造作，镴箧不忍省视③。岁壬午，遭母丧归，孤苦余生，益以病困，乃强自振厉，取所为诗文及校勘之书④，覆加考订，将次第刊之，以⑤成余弟未竟之志，亦以慰吾母于九原。既成《魏郑公谏录校注》五卷，《重校续录》二卷，《魏文贞公故事拾遗》三卷，《年谱》一卷，乃序其后曰：

自古以谏名者多矣！或危言激论于浊乱之朝，身遭菹醢，声流奕世，使学者掩卷叹息，美其言而哀其忠。或回翔盛时，抗怀古哲，树迹刚鲠，情存建白，亦足回一时之风，振顽懦之气。盖中材有志者，犹勉企焉。然而识足以达万事之原，才足以持国家大计，而不为一日戋戋之谋。事英毅之主，立言必切其身。当斧钺，犯雷霆，而无所于动，则吾以为难其人，如魏郑公者，千载一遇而已。

唐承隋大乱之后，先王之道，坠地尽矣。太宗讲求政理，博谋群臣。惟公以仁义之说进，议者或訾其非。太宗信之，力行不倦。纪纲法度，犁然当乎人心。曾不数年，几致刑措⑥，使当时风俗革南北亡隋之敝，蒸蒸焉日进于古。后世人主知三代之治，为必可复，而不敢有菲薄斯民之心，皆公之言启之也。然则天之生公，非独赞有唐二百九十年之鸿业，亦所以开后世之治也。公出谋发虑⑦，炳于史籍，他人得其一端，皆可以自表著。其尤难能者，在于正人主非心，急起直撝，而回其意于俄顷之间，同朝变色结舌，莫能自伸，独坦然出之，不以喜怒从违，毫发介意。非其学克析理，气克配道，何以几此！孔子论事君曰：

---

① 此文录自光绪二十六年刻本《虚受堂文集》，以光绪九年长沙王氏刻本《魏郑公谏录》为校本。

② 校本此句后有"沈忧迫切"。

③ "视"，校本作"览"。

④ "之书"，校本作"书籍"。

⑤ "以"，校本作"勉"。

⑥ 校本"措"字后有"岁丰人和，四夷宾服"。

⑦ 此句校本作"公裨补阙漏，发虑出谋"。

"勿欺也而犯之。"孟子曰:"责难于君谓之恭。"公之谓矣①。

唐世传公事迹者,有敬播、刘祎之、张大业、王方庆数家。独方庆《谏录》传其自序云:"采听人谣,参详国典,以成此录。"案《唐·百官志》:贞观初,每仗下议政事,起居郎记录于前,史官随之后,复置起居舍人,秉笔随宰相入殿。② 故贞观时事记录独详。方庆得据国典以求其实,其与《政要》、《通鉴》、《册府元龟》间亦文同事异,详略互殊,则③传闻各别耳。公传载太宗诏公卿所谏前后二百余事,非至诚奉国,何能若是? 其年迁尚书右丞,参校各书。公迁尚书丞在贞观元年,或遂谓公前后只二百余奏,非也。而《谏录》所载,通公生平一百三十事,知其遗佚犹多。余弟既宝爱是书,详为校注,并及《续录》,且辑《拾遗》、《年谱》二书,所以表章郑公至矣④。余复以自著《新旧唐书合注》公传附后,俾后之景仰公者,揽其全焉。

《新》传云:媚人言徵尝录前后谏争语示褚遂良,帝不悦。《通鉴》亦以为言者如是。《旧》传则谓徵自录示史官,曾子固据之书公传,言以是益知公贤,而太宗怒之,薄其恩礼,失终始之义。余谓当时既有仗下记录,则谏争必众见之,奚烦自录示人? 且此乃后世近名者之为耳,公乌有是哉? 呜呼! 能强谏而不自以为名,则庶乎纯臣矣! 光绪九年癸未夏四月⑤。

《曾子辑注》序⑥

《汉书·艺文志》:《曾子》十八篇。其篇目离合,与今《曾子》书同异无可考。《隋》、《唐志》有《曾子》二卷,王应麟曰:"今《曾子》十篇,皆见于《大戴礼》,盖后人摭出为二卷。"朱子亦谓世传《曾子》之书,独以《大戴礼》之十篇充之。是知昔人已取《大戴记》十篇别为《曾子》书。《隋》、《唐书》列之于志,宋世犹见行本。高似孙《子略》及应麟《汉志考证》引《曾子》首篇题作《修身》,今《大戴记》题作

① 此句校本作"公其有焉"。
② 校本此句后有:"及许敬宗、李义府为相,奏请畏人知命起居郎舍人对仗承旨仗下,与百官皆出,不复闻机务。"
③ 校本"则"字后有"以采听人谣"。
④ 此句校本作"所以表章郑公甚至,诚不可少之作也"。
⑤ 校本此句后有"长沙王先谦"。
⑥ 此文录自光绪二十六年刻本《虚受堂文集》。

《立事》。意当日行本，其中必有遗文奥义，参差损益，可以资考订、广异闻者，惜乎其不传也！

吾邑彭丽崧先生，平日服膺曾子之言，既为《孝经注解补正》，又广采传记中曾子轶闻粹语，汇为一编，世庶几得见曾子之全书矣，而先以近所为《曾子》十篇辑注命余为序。

夫圣门之徒，颜氏而外，惟曾子得其宗。曾子名不列于四科，其立言垂训，较闵子以下诸儒独详，而得道如颜氏，乃不多以言见。夫子称"有德者必有言"，又尝以无言之旨开示及门，毋亦言之，果不为圣人重耶！余观曾子之书，论述立身孝行之要，天地万物之理，有国者由之而治，有家者由之而安，处足以保身，而出足以成务，所谓合德行、言语、政事、文学而一以贯之者也。非曾子得圣道之统宗，不能为其言。而观曾子之言，人亦愈知圣道之无所不备。语曰群言淆乱，必衷诸圣。圣人既没，诸子递相授受，源远而末益分，不有得其宗者出而立言，则圣人之教将以高远而愈即于迷晦。使颜子非早卒，其以言牖世，亦必不后于曾子。然则学者欲求圣道，其无赖于《曾子》之书邪？

十篇之在《大戴记》中，自范阳卢氏为注后，本朝朱氏彝尊、刘氏台拱、孔氏广森、王氏念孙父子，皆有论著。汪氏中作《正误》，自《立事》篇四十九至《天员》篇五十八，别为《曾子》篇次，雠校加密。阮氏元作《曾子注释》，而十篇始有专书。先生因之作《辑注》，精采众说，间附己意，核不凿文，约不迷指。於虖，善矣！

昔程子于《小戴记》中表《大学》、《中庸》而出之，朱子作《集注》，然后人知尊尚。《曾子》一书行，而阮氏及先生之功于是为不可没。先生素不满于阮氏之学，独是书取其注为多，可谓能择善者。

《苇野诗文合钞》序①

自文字兴而圣经耀，孔子集其成。其教人首称《诗》，而生平所致力者，独赞《易》以究天人性命之原，作《春秋》以肇笔削编年之体。岂不以之二者阐天道、明人事，足以昭示无极？至于诗，则吟讽感激，使人自得于性情之正，学者入道之初有取焉。而扶世翼教，未尝专恃此也。《龟山》、《彼妇》、《获麟》、《泰山》诸歌，夫子于劳苦哀伤之际，

---

① 此文录自光绪二十六年刻本《虚受堂文集》。

偶一发之，而他无闻，其不以是也欤！

自汉迄明，诗人辈出，传者无几。其幸存而合于温柔敦厚之教、美刺劝惩之旨者，抑又无几。自君子视之，直玩物耳。其间名材巨儒，更世踵起，渟为史志，精为义理。好古而资深，有笺注、考订之学；通今而适用，有掌故、经济之书。皆禀式乎圣籍，植干乎人为。辟若江河，万祀不废。其维持者大，故传习者远。儒者不择途而遵之，可乎哉？

光绪七年，越南阮君述来京师，以其国《苇野诗文合集》视余。苇野者，今王之叔父而仓山之弟也。仓山工为诗，中国见者，靡不叹异。苇野之诗至，见仓山诗者，咸惊谓不亚仓山。余尤爱重其文，如《论黄钟为万事根本》、《辨春王正月》诸作，以为能研精朴学，不徒以诗雄也。越南于中国为同文，禀孔子之教，前黎以来，文治大启。迄于今人材勃兴，撰著彬郁，而王族多贤又如此，讵不盛与？阮君言苇野年将七十，笃学不倦，被服儒素，与人言未尝及诗文，独以道义、政术诸书，诲诱后进。夫理学昌而节义兴，儒术明则浮华之士屏，斯真立国育才之要也。苇野以王家懿亲，为国宗仰，责在纲维风俗，匡直士类，诚出所学，风示有众而导其趋。吾知响合景从者，将如水就下、丸走坂而不可止。区区词章之末，苇野为之，如此其工，而言不及之。后之学者，宜有以得苇野之用心已。岁在辛巳季夏。

衡阳《陈氏谱》序[①]

咸丰十年，予从今兵部尚书衡阳彭公水军，为向导营营官守备王公吉司书记。时陈君大源方以从九品率一舟出入风涛炮矢间，为人朴诚而勤敏，王公倚如左右手，予心伟之。嗣予辞归，而水军娄歼巨寇，复城隘以百计，与陆师会克金陵，义勇声闻天下。彭公遂为中兴名臣，王公总兵狼山，后卒官，蒙优恤。君亦以功赏孔雀翎，晋阶广西，补用知府矣。

东南大定，彭公与曾文正公创立长沙水师，不听君之粤，檄委督理船厂，今且十余年。顷书来，将以岁入薪资所余，倡修族谱，属予为序。且言其贯出唐江州刺史崇世所称义门陈氏者也；至宋世曰代环者，由江右迁湖南蓝山；后六世曰光卿者，迁临武；后十三世曰朝知者，官

---

① 此文录自光绪二十六年刻本《虚受堂文集》。

浙江总兵，始徙家衡阳为县人，自朝知以上，丁繁而散处。凡四修族谱，走诹诸邑而并营焉。历晷逾年，弗周弗晰，君用慨然，纂自朝知以下为支谱，讲明条例，补缀阙略。先谋其分，以俟其合。可谓致力勤而用意厚矣。

往见曾公序彭氏谱，谓欧公著《唐书·宰相世系表》，于巨族，既推其本源出于某帝、某王，又历叙汉世名贤之系，相承不绝，略无参稽犹豫之辞，致为后世所讥。而彭公纂谱，断自始迁祖，凡前世达人暨同姓异望之显者，别为一编，凛凛乎阙疑之谊。予谓六朝以前，矜尚门族，至唐而废。降及末世，谱牒承嬗，荡然无可稽考。欧公掇拾前闻，意在存谱学之崖略。《世系表》非公自作，其沿讹袭谬，公亦莫能举正，或遂用为讥议，非也。其称陈氏出自妫姓虞舜之后，又历叙齐敬仲、楚相轸、赵成安君馀，汉太邱长实，逮陈高祖兄弟，虽荒远不足据，而载宣帝子叔明后裔兼、京、褒、灌诸人，与《宋史·孝义传》述义门先世相证合。是陈氏溯源帝系，尚非无可征信。

今君之为谱，芟繁订谬，本旧纂而加详实，不以史籍所侈陈者夸于人人。其矜慎一如彭公，不尤足尚矣哉！君异日宏大厥施，桢干国家，惟用平日临事朴勤敬慎之道，持之不懈，声乡邦而光家乘，行且与彭公相后先，其以余言为左券可也。

《悔全堂诗集》序①

光绪纪元之冬，外舅周筱楼先生都其诗若干卷，自东湖走书命先谦曰："知余诗之深者莫如女，其为我序之。"于是先谦拜手缀言，曰：

夫山产大材，而中音律，绳削之巧合也。干将出洪炉，而芒刃无坚，炼冶之用神也。方道光中，海字清晏，士咸以文艺相切劘。先生从其兄自庵先生游，若郭筠仙、孙芝房、吴沄台、凌荻舟，皆当世号能文魁奇之儒，先生与上下其议论，年最少而质敏，出语辄屈其坐，尤为监利诗人王子寿所心折。酬唱积岁，时其得师友问学之助如彼。

粤寇既张楚，奋于武人，争走军垒，取富贵。先生啸歌一室，傲然不屑意。既连蹇于有司，晚乃浮沈一官，冀效尺寸，南朔奔走，崎岖厄塞。身世之感喟，阅历之瑰奇，不自遏抑。涵演为文，逮于穷老，笔未

---

① 此文录自光绪二十六年刻本《虚受堂文集》。

辍口，其心力之专勤如此。故其诗取境必真，敷旨必畅。古不庚俗，华不掩质。未尝规规步趋一家之言，而其气浩乎自得于寻常笔墨径途之外。呜呼！其可宝贵也已。

忆癸亥岁，先生居湖北巡抚严公幕，出诗授先谦读之，皆军谘之暇所成也。越庚午，先谦溯汉水过岳家口，相见榷局中。岳家口当水陆之冲，公务繁猥，又无名迹胜境发舒志趣，而先生得诗独多。今去，而从公于东湖。东湖，古夷陵也。其山水清雄，阳辉而阴媚，既备见于袁山松之记、郦善长之书。吴起、陆抗之所战争，王宏中、欧阳永叔之所谪居也。苟有多古意，妙能为词章者处此，足以凭吊发兴，抒写抑塞。然则天之成就先生为甚奇，而诗之日增而弥工，乌知所涯涘邪？

自古诗人不必皆达，然出穷愁以发歌咏者，其光愈远。若先生之才，苟降心以逐时之所趋，宜无不如志，而娓娓焉毕力于文词，信于此而彼屈焉，天道然也。先生其可以不憾矣！

《寿梅山房诗存》序①

昔人有言："《诗》三百发愤于不遇者甚众。"余观汉、魏以来，畸人骚客，抱负瑰异，泯默不得申，姓名不见史册。独其发为文章，流传于若显若晦之际，有心人得而珍护之，而亟欲其有传于后。非惟以其文足贵，乃其志可哀也。及其传之既久，或繇此大显百世下，讽诵而慨慕之者，诚有之矣。而伏处荒陋，行而不远，终就灭没，后世传记仅能悉其姓氏、里居、文章卷帙，若此何可胜道？则又以叹负有为之才，文采足自表襮，而沈薶天壤、魂魄叹憾于九原者，尤多也。凡以不遇之故，岂不悲哉！以余所交当世才俊老死不得志者，往往而有。至其箸作可以览观，相与爱重，而思有以传之，亦余后死者之责也。其果大显于百世下，为论古之士所采录，或唯存其姓氏、里居、文章卷帙于不可纪极之代，余不得而知。要之，哀其志而贵其文，欲其不至沈薶以慰九原之魂魄，用意岂与古人异欤！

盖与余交最早而遇最困以死者，有二人焉：曰黄士畸晋臣、李谟禹臣。禹臣于晋臣，为中表戚，与余亡兄会廷少同学于晋臣之祖雨田②先

---

① 此文录自光绪二十六年刻本《虚受堂文集》，以光绪三十四年长沙王氏刻本《王先谦自定年谱》为校本。

② "雨田"，校本作"禹田"。

生，后廿余年不相闻。咸丰辛酉，余至武昌访晋臣水军舟次，而禹臣方司向导营书记，始与余相见。语次及亡兄，辄为之歔欷太息。已乃荐余自代而归，后复出，终无所合，以同治辛未殁于九江旅次。禹臣喜为诗，言必称杜甫，又常以学杜勉余。偶有作，禹臣剔抉瑕病不少贷，余深韪之。盖禹臣于诗，实能得其所以然之理，而其生平颠连困惫，无所发抒。及时事可歌可泣，一寓于诗，多沈郁悲凉之响。然卒以家贫，不得竟所学，为客以老且死。其身之所遭与心之所造，遽止于此，悲夫！

余昔为诗哭禹臣，今其弟汤臣衰其遗诗见示，为删存若干首而刊之。禹臣性孝友，既尝见于所为诗。汤臣笃爱其兄，所以经营身后甚至。家稍裕矣，而禹臣不及见。呜呼，岂非其命也夫！光绪十年夏四月。

《磨绮室诗存》序①

同年友丁君竺云既卒之明年，其弟蕃绶介友以其遗诗属先谦勘定。先谦为刊存若干首，而序之曰：

自古闳达俊异之士，将奋于功名，以发其才与志。于文辞恒略焉，以谓其道非尊也。而苟其学大而能博，有弗为，为之辄工，幸而乘青云，佩金紫，声耀乎后世，天下重其人，遂并其所旁及之业，为之矜重秘惜，不忍其就湮。不幸而不遇以老死，或盛年而摧折，其才与志举无所见于世，而其不甚措意以为之者，反借以略著其生平，则虽残篇短稿，犹相与护持而亟传之。如吾竺云者，重可悲已！

竺云年二十余，举于乡。才识通敏，人咸目为伟器，竺云亦重自负。会试再黜，入赀为户部主事。穷年下帷，于书无不窥，治经史，能得精意，工时文，小楷尤端好，取上第若拾芥，然卒困不进，卒年四十一。竺云既连不得志，有所感愤，写以诗，顾不时作。或朋好督促，始一赋。间以质余，因讲论声调高下，字法欹夷，铢黍必校，和剂乃已。盖竺云为学，务穷其奥，不自恕如此。今观其诗，清深雅健之作，往往追迹唐贤。而其性情风节爵然不淬者，皆于讽咏焉见之。虽事业未就，名未立，所存诗复无多，然后之传竺云者，于此或有取焉，则竺云为不朽也。

---

① 此文录自光绪二十六年刻本《虚受堂文集》，以光绪三十四年长沙王氏刻本《王先谦自定年谱》为校本。

余与竺云以同治甲子同乡举，时吾邑中式二十四人，官于朝者，余及竺云、萧敬庭、彭稷初而已。三人所学各异，皆诚笃君子也。余光绪壬午以忧归，八月，竺云赴至。今岁四月，又哭敬庭。以岁月之不居，国家之多难，二三朋旧，奄忽徂谢。独立庭宇，四顾苍茫。手揽斯篇，有不知涕泪之横落已！光绪十年甲申夏五月。

《坦园诗存》序①

璞韫玉而山辉焉，谓璞玉可乎？金铸剑而降神焉，谓金剑可乎？古之文人欲有传于后，先求信于今；将有所获于人，必无所护于己。雕琢之力，锻炼之方，不续而施焉。则是卞和宝顽石，而区冶不鼓橐，其无成也必矣。

杨君蓬海，少以诗鸣。兴之所发，飙举云起，顷刻百纸。为之卅岁，日有程课，饥渴奔走，不以自废。近都其集，始道光丁未，至光绪乙亥，为卷十四，而属余序。

盖君生平积诗数千，今其刊存廑什三四。尝寄余书纸九番，细字密缀，旁行斜上每番可六七百。卷摘其篇，篇摘其句，句摘其字，余当日相与往复商榷者，君掐擢胃肾，点窜损益，靡不精善，最数千言。呜呼！吾蓬海，人但见天才敏捷，得诗工且多，而为之甚乐，岂知其憔悴专一，乃至是也！君方浮陟崇阶，出膺国家连城之寄，为天子布德宣力，持此好善虚受之心以往，吾见人之尽轻千里而来告，宁独诗之传且不朽耶？

君昔与先兄敬吾交，频过余家论诗，衮衮不倦。余垂髫侍兄侧，虽不尽解，心叹羡其能。兄没，君以诗哭之恸。后数年，复与余日为文字饮。又各以贫困出走娄别，别必有诗。今追怀旧游，零落都尽。读君诗，而余两人二十年离合悲喜之故，恍然如在目前，乌能以无感也！

《溶川诗钞》序②

蒋君溶川与余别，久不相闻。今春以诗集命哲嗣少穆寄余京师，乞为之序。

---

①②　此文录自光绪二十六年刻本《虚受堂文集》。

忆丁卯岁，余至杭时寇乱甫平，君已由诸生积劳擢监司，赞浙江大吏军事，袀服肃客，戎士佩刀左右侍，气象武猛，谈兵衮衮，若决江河，不闻其以诗鸣也。乙亥，复见于豫章，相得益欢，而无一言及文事。今观其诗，材力精能，虽专一于是者莫能过。其抚时书事，豪宕感激，与史表里，尤异时考古所不废，乃诧向者知之不尽，而君深藏若虚，不可及也。

自粤贼倡乱东南，曾文正用文学起家督师，为中兴勋臣冠。一时左、彭、江、罗诸公，声绩耀寰宇。出其词翰，皆足颉颃著作之林。此由圣代诗书之泽入人既深，士得通其变化，蕴为智能，趋公赴忠，卒能回天地而光日月。文事之优，斯武略所由美也。而皆出于吾楚，殆亦有不偶然者邪？

君父之纯先生，茂功隆誉，终于秦藩，政隘其施。少穆以军功至大官，通敏有干略，宜位崇显，益振厥绪，蒋氏之流庆远矣。君承藉丰豫，陶写风雅。欢愉之辞，广大之音，将与日俱增，而未知所极。他日相见，愿从君尽读之。

《庞潨卿时义》序[1]

宁津庞潨卿先生，高材博学。壮岁举于乡，会试危得而复失者娄矣。先生益愤发，以赀为户部主事。居京师，穷年键户，综览坟典，于科举之学敝精求之，迄不得志。

光绪甲申，令弟省山中丞举其时义视余，则皆精实闳深之作，近世捷获之士罕能逮者。中丞且曰："吾与兄幼同学，同试有司，同官于京，友爱笃至。每谈经较艺，昕夕忘倦。文字之饮必偕，归则评骘人物高下，议论臧否，及天下事措置得失，莫逆于心。当时以谓宋眉山苏氏后，数百年无此乐也。兄在官，鞠躬履方，为大僚所器异，以衰老不复应试。既补主事，迁员外郎，尝祁寒入直，遇烈风几仆地，遘疾遂卒。生平著作散佚，时义甚富，而懒不自收拾，今存者廑十数首。吾将授梓以无没其心力之勤，子其为弁言！"语次怆然不能竟。

经曰："凡今之人，莫如兄弟。"中丞盖有以知天下至乐无逾于兄

① 此文录自光绪二十六年刻本《虚受堂文集》。

弟无故者矣！今距其没有年，犹珍护遗文，必欲传之以不死其兄，用意深长可念哉！余两兄一弟，并积学早逝。今岁甫为亡弟辑刻遗书，而两兄丛稿盈箧，都未整理。岁月奄逝，行坐疚心。以视中丞，弥自恧也！

《王氏塾课初编》序①

制艺至今日，而变态极矣！作者之不古，风会然哉？先大夫诏余兄弟曰："余学为文时，师犹教以先辈义法。师女等者，但闻讲求时尚，余为世道惧焉。"此语距今垂二十年，每忆之有余悲也。暇检行箧，得先大夫所为文暨先伯父文数篇，恐就湮失，并搜两兄一弟文又数十篇，板藏于家。南中尚有存稿，他日取以来，当悉刊之。

《孙渔笙时文》序②

光绪丙子，余主浙试。榜放，浙翕然称得士。然浙之文美，不可以究。迫束解额，摧落裁抑，虽不重为人訾，余心固不能无憾。

孙生渔笙，好古多闻之士也。闱中得其文，笔势才藻，拔出涂径，心甚异之。顾额取盈矣，又其时磨勘新例加密，相戒不敢逾程式，同事者持之，卒置副榜。后知生果奇士，不怡累日。一再来谒，词意肫然若有深感者，余尤愧之。明年，邮寄向所为文京师而请益于余，余则何以益吾渔笙？

今夫持货而入市者，欲其速雠也。郢客之歌，引商刻羽，杂以流徵，其和弥寡，以曲高也。今渔笙之文，瑰意孤行，奇趣间发，落落然自抒所得，使人读之殆忘其为制艺。渔笙欲以此传于后，穷极其变化，则余不能知矣。若将以应世之所求，愿且无歌最高之曲，而持必雠之货。既为之序，且用是为规。

《读均轩馆赋偶存》序③

《读均轩馆赋》者，吾师庞文恪公居词馆时作也。公登朝年未三十，以大考超擢，践历清要。为江南团练大臣，有保障乡里之功。入持台

---

①②③　此文录自光绪二十六年刻本《虚受堂文集》。

宪，长都官，有清介不挠之节。游心文林，撰集宏赡。是编特玉堂校艺之余，然其瑰辞骋放，动止闲则，流转清婉，韵致愈美。古心契吴、顾，雅式总陈、鲍，可谓超然独秀、众妙毕赴者矣。

伏读圣祖仁皇帝御制《赋汇序》曰："唐宋用以取士，名臣伟人，往往多出其中。至元，始不列于科目。朕以其不可尽废闻，尝以是求天下之才。"① 由此二百年来，庶吉士散馆及廷试翰詹，皆用律赋。魁儒硕辅，骈罗竞进。自其为翰林时，经史而外，兼考索声韵骈偶之学，故析义密而制式益工。如公之德业文章，其大者炳在天壤，而律赋复精诣若此。固上求下应之理则然，抑亦笃于学者随所业而无敢自恕也。传曰："登高能赋，可以为大夫。"岂不信与？

公子绚堂劬庵编修，文行高懿，闵声于时。献赋之荣，将世济厥美。先谦辱公门下，窃闻绪论，山木之感，忽焉十秋，揽斯编凄然弗能已！绚堂昆弟校刊竣事，爰敬识于简端。

《国朝试律诗钞》序②

试律之在今日，其于诗道若甚微也。然体昉于唐，唐之人或未能工，岂不以命题为诗，思极于题而无能自骋，其体又非他诗比也？试院晷刻中，骤不能给。而题与体限之故，工之卒难。唐之所难，而今易焉以为不足道，过矣。虽然，唐之于诗，瑰伟百变，穷极幼眇，独罕工试律。或以谓才力之所穷，与体制之未备，殆不然也。非天留其风气以待后世之才秀者耶？经术盛于汉，书法盛于魏、晋之间，骈俪盛于南北朝，古文之学盛于宋，词曲盛于元，制艺盛于明，古近体诗唐称盛焉，国朝兼之，而试律观止矣。

余见夫世之为此，变态日新，亟采其精，以成斯刻。自金雨叔先生以次列而辑之，得四十三人。呜呼，盛矣！然试律盈天下，而余所选亦仅矣，可不谓难耶？渊之不可以臂测也，运臂于渊，臂竭而曰渊止于是。人不噱其妄，则哀其愚矣。以试律为小，非试律之小也。

----

① 此段《国朝宫史》（《文渊阁四库全书》本）作："至于唐宋，变而为律，又变而为文，而唐宋则用以取士。其时名臣伟人，往往多出其中。迨乃元而始不列于科目。朕以其不可尽废也，间尝以是求天下之才。"

② 此文录自光绪二十六年刻本《虚受堂文集》。

《师竹吟馆诗存》序①

国朝文治，迈往牒取士之方，屡进而加密。乾隆二十二年，令直省乡试去表判，与会试俱试五言八韵唐律诗。四十七年，移性理论二场置诗第一场四书文后。又久之而论裁。

夫诗之习声律、对偶与表判同，而风云月露之词，视高谈性命相去弥远。然以之试士，表判展转剿说，论则陈言相因，反不如诗之用思深，而工拙易形，能得潜心劬古之士。故令典垂百余岁，而光景常新。或者从而小之，其于圣人维持启迪之深心，固日游泳其中，而茫未有觉也。

自金雨叔、纪晓岚两先生以其幽情隽旨，恢拓途径。后来循规寻响，遂为颛家之学。人病其散而无纪，余是以有《国朝试律诗钞》之刻。词馆诸作，雅正之轨分科汇辑，近乃阒然，余是以有《馆课诗存》之编，同志者一再续之不已。法备于积久，而义精于同耆，上求下应，日出而不穷，自然之势也。

藤阴主人殚精斯业，近辑其同学诸君会课诗，得二百五十余首，颜曰《师竹吟馆诗存》以示余。其诗选言树骨，根柢经籍，不窘拘于矩度，而猎逐于艳藻，信可谓尤工者。夫试帖之与古近体诗，自唐以来截然不相混，顾其为道一耳。探其源于彼，乃能究其业于此，有能为试帖而不能为古近体者矣，未有不善为古近体而能以试帖名家者。诸君笃志雅怀，涵圣涯而斟古义，必皆作为雅颂，以歌咏大清之功德。被金石而垂之无穷，而试帖其先声也。余故乐得而序之，且用是为券焉。

《试韵举隅》序②

自韵书作而古今事物之涉列载籍者，各以其文来属。其在唐时，颜鲁公《韵海镜源》乃多至三百六十卷。宋元以降，涂附滋繁，杂陈子史，旁罗诗赋，徒供披寻剽剟之用，于韵书之本义固无当也。

夫字学莫要于声，非声无以求字之原，非韵无以会声之统。唐以来，韵书已不能辨古声所从出，至因韵傅文，又弥失而弥远矣。史志及

---

① ②　此文录自光绪二十六年刻本《虚受堂文集》。

簿录家附韵书小学类，近世为韵书，顾离小学而二之，尚能与探文字之本邪？

余雅爱阮氏《经籍籑诂》，博而不杂，以为虽不以韵书名，而于声音、训诂使人借以会通韵学之指归者，莫近乎是。惜卷帙繁重，传习盖寡。吾邑李仑圃先生著《试韵举隅》，遵钦定《韵府》，间以己意增辑。典从其略，解取其详。根据《说文》，兼综群籍。其究心在字学之源，嘉惠后来，用意与阮氏为近。先生籑述甚富，是书取便学者，亦足见读书用力之勤也。昔陈彭年等重修《广韵》，增益注文，冗漫逾甚，丁度讥之。若见此编，当以为实获我心矣。

先生曾孙淑和孝廉，笃学能文，珍护先泽，将刊行之，而属余序其首。

书《彭烈妇行状》后①

人虽蠢悷顽犷，骤闻忠臣、孝子，妇女义烈事，未有不慷慨动色，肃然以敬。非人情之好异，诚有触于天理之同而不忍为异也。若吾乡彭烈妇之死，较然不污其志，乃众目附和无稽之辞，从而蔑之。其父兄呼号于举国，弥久而几不伸。痛夫生今世而为完人者之难也！而卒之学士大夫同声以请，疆臣入告，宸章有光，以坊以祠，以表奇节，烈妇千古矣！而当日挟私忿以忍其心，悍然浼白璧而不顾者，不为之寒心而短气哉！

夫烈妇之遇变而即自缢也，知死而已。及姑劝以须家人质证，则不得不隐忍以待。迨一归见其父，返而仰药自杀，展转二十六日中，神愈暇而心愈苦，诚古从容就义者之为也。人生所最难者，死也。从容就义，又难之难者。烈妇之志，以为苟可以明吾心迹而死焉斯已矣。后来褒扬崇饰，此自圣天子阐幽励俗之大权，而荐绅先生有心世道者所不容已，烈妇何与焉！烈妇不以是为荣，岂以彼哓哓者为辱哉？抑余于今世诋毁之事，重有感焉。

庚午之秋，天津民与四人构衅，朝廷命相国曾公往治其事。于时议者纷纷，曾公以时方多事，不肯遽启兵端，恬然犯众谤，以成国家之至计。今日曾公往矣，而一代伟人之胸襟擘画，千载下尚有以相谅也。而

彼侗然以道学经济自命者，其心地之正大明白，不必如曾公；他日之建树，不必如曾公；即令易地以处，其能慎密坚忍、为国家善事而弭患者，亦不必果如曾公。而旁观坐啸，徒欲以其气矜凌躐乎曾公之上，则又奚怪彭烈妇以一弱女子而不能间执谗慝之口邪？盖余所叹者，世运人心隆替之故，而不必为一人一事发也。

烈妇之兄稷初孝廉痛其妹之死，以行状乞周自庵先生及余为诗歌以章之。自庵先生之诗，足以不朽烈妇矣，余乃书其后而归之。

书苏东坡《论范增》后①

余读《史记》，反复秦楚之际，而知苏氏之《论范增》谬也。

夫鸿门之宴，项羽不杀高祖，增曰："夺将军天下者，必沛公。"时义帝尚存，而增以天下属之羽，其心无义帝，不待智者而知矣。羽疑增与汉有私，稍夺之权，增大怒曰："大下事大定矣，君王自为之。"然则羽前日之事，皆增为之，又甚明矣。增始从项氏，虽无君臣之名，其分已定，故终欲依羽成功名。史公《项羽本纪》一则曰"项羽、范增"，再则曰"项羽与范增"，以羽、增相提并论，著增为项氏私人也。

方项梁起吴中，终身不出楚境，而秦方席全盛之势，增因劝立楚后以号召楚人，使汹汹之人心有所归，借以为始事之基。增七十不仕，于楚非有故主之思。视张良之劝立韩后，迹相似而心则殊。而义帝乃梁所求得也，与增无一日之知，何谓帝立而增与之同祸福哉？帝遣沛公入关，而不遣羽，擢宋义上将军以救赵，而班羽其下，岂独羽不能甘？亦必增所不愿。以举玦撞斗之事推之，知安阳矫命，悉增谋也。杀义破秦，而羽之威立势成、帝之死生已定于增手矣！

且夫天下扰攘之际，盗贼之行非有君臣维系之义。假虚名以相号召，即为所拥戴者，亦自知寄命于不可测之地。吾观义帝之拥立，情事略类刘盆子。其遣诸将西也，约先入关中者王之，身为共主，而豫以王关中谢于他人。其处心积虑，未敢侗然自以为君也。使羽死垓下而义帝尚存，高祖亦岂能北面事之？特其宽仁大度，又权略善御，或如光武之封更始，裂土授爵，苟全其身。以羽之很戾无谋，大业未就，而下策乃

---

① 此文录自光绪二十六年刻本《虚受堂文集》。

遽出于弑。嗟乎！增之赞杀宋义也，事权之所系，其势有以成其争，彼义帝何足虑？而使羽躬负弑逆，资天下以义举之名，此非增之咎而谁咎哉？

《史》称增好奇计，吾观羽坑屠焚掠，吝赏矜功，不闻增一言谏止，所谓奇计安在？徒汲汲劝除沛公，以为尽杀天下豪桀，可不施仁义而制海内，则增直庸妄人耳！高祖论楚汉得失，言"我能用三杰，羽有增不能用"，谓羽不能用人，非以增足畏也。而苏氏因此称增人杰，且以为高帝所畏，增不去则羽不亡。噫！由羽之道而无变其所为，增不去，果能不亡耶？

《刘氏传忠录》序^①

《传忠录》者，宋承奉郎刘公学裒哀辑其先人所得赐额、宸翰暨当代名贤碑记、悼祭诗文为一编，以阐扬三世之盛美者也。刘氏之兴，肇自赠太师资政殿大学士忠显公铪。忠显长子、宝文阁直学士子羽，以功赠少傅。少傅长子、观文殿学士、江东安抚使忠肃公珙，入参枢密，出总师旅，有抗直之节，诚勤之勋，弗究其施，天下悼痛。西山真氏以谓前代世家，自东汉杨氏外，鲜能及者。盖刘氏三世效忠之荣闻，大显于时矣。

夫任天下之艰者，其中贵有深固不挠之气；成不世之业者，其始必无与流俗竞功名之心。方忠显知越州，御贼，誓与城存亡；遣使金营，从容就义。少傅守三泉，据胡床坐垒口捍敌，知以身报国而已。朱子为忠肃墓碑，亦称其安抚湖南，受命兼行，贼张甚，兵未至，人心动摇，惟以赏信刑威振士气，珍数万强寇。其临难不避、谋虑镇定^②，皆孟子所谓至刚至大、配道义而无馁者也。然金人南牧，议者欲乘士民之愤进蹴之，忠显以亟战为非。张浚议大举图金，少傅谓宜益兵屯田，以俟机会。乾道间，宰相建言恢复，举动烦扰。忠肃谓：荆襄，四支也；朝廷，腹心元气也。今不忧元气之惫，而忧四支不强，非臣所敢知。其言皆审固持重，不欲侥幸于佳兵之一逞，以视争意气于口舌间者，相去又何远耶？盖君子履其位，虽蹈白刃而不辞；处旁观，则熟虑兼权，务求

---

① 此文录自光绪二十六年刻本《虚受堂文集》。

② "定"字后脱一"者"字。

其至当。其志远虚誉而近事实，后一己之私计，而先国家之安危，斯其所以为忠而传之无愧色也欤！

忠显次子直秘阁子翼，用吏绩显。季子通判兴化军文靖公子翚，为世儒宗，学者所称屏山先生也。《宋史》三公各为传，列文靖儒林，而不及直阁。是编载胡氏寅墓志，述其知建、剑、抚，治诸州，锄奸活民，廷荐循吏，玺书褒擢，事及张磻、郑起潜文靖谥议，足补史阙。据李邴朱子文，知文靖为忠显季子，非仲子，足正史误。余亦多资发明参订，为考古者不可少之书，匪独刘氏世宝而已！

文靖裔孙佩瑀等，于道光十四年始得是编而授之梓，遭乱散失。今其后嗣阳湖学生震之等，复鸠工重刻，乞言于予。予维忠显诸公，大节宏声，兴起百世。而忠肃再知潭州，平剧寇，增戍薄敛，人赖以苏。大修书院，延张宣公教士劝学，其有功德于湖南甚厚。今读是编，犹若拜公位于岳麓六君子堂中，慨慕无已。执笔为叙，其何可辞？震之等尚笃念先人，益振厥绪，处惟文靖是宗，出以忠显诸公为法。则太上三不朽之道不出家而有余师矣，呜呼！可不勉哉！

宋《刘屏山先生文集》序①

《宋史》传道学儒林九十九人，籍闽者逾五之一，他方儒者莫尚焉。崇安刘屏山先生，朱子尝奉父命师事者也。朱子少孤贫，饮食教诲，先生与兄少傅公实扶翼之。朱子表先生墓跋遗帖，述之为详，与史传合。而先生当时议谥，后代崇祀，皆推原于朱子，以加褒显。其食报可谓隆矣。盖朱子为学，师延平李氏而大成，而启发旨趣，繄先生之力。两先生皆闽人，朱子居闽，而传闽学之统，故言朱子之学者，以闽为称云。

夫宋世讲学诸贤，类能遗得丧，外死生，务以明道修身为急。吾观朱子父韦斋先生寝疾时，顾拳拳为子择师。而先生与朱子反复讲贯，至临没而无倦。非夫道力坚定、神明湛然者，乌能若是？

《文集》二十卷，其嗣子右修职郎平父先生编次，而朱子跋其后，墓表所称复斋铭圣传论在焉。先生少喜佛氏说，归而读《易》，涣然有得，以为学《易》当先《复》。既铭其斋，又告朱子以"不远《复》"三

---

① 此文录自光绪二十六年刻本《虚受堂文集》。

言为终身之佩。余谓先生屏佛、老而趋正学，殆庶几能《复》者也，其明决又远出鹰山、横浦之上已。先生裔孙震之等，重授剞劂，请序于余。因书所见，以质后之读斯集者。至其文之可传，朱子跋语已尽之，今不复赘云。

《紫石泉山房文集》序①

歙县吴澹泉先生，与桐城姚惜抱、王滨麓同受古文之学于刘海峰先生。独惜抱名最显，其徒众尤盛，相与张之，以为大宗。先生之文，高于滨麓。顾或有不尽知者，将其文传之未广，抑徒众不如惜抱之盛无从而张之者耶？余观海峰评论先生之文，倾倒甚至，若不当在弟子之列。而先生为文，发撼心胸，磊磊熊熊，有浩然自得之气，未尝揣摩趋步于规矩，亦无乎不合。盖断然自为一家之言也。

夫学者，学其识也；而文者，文其志也。吾之识既足以达，而志足以明，则今日之为文，宜不以前日之所学自限。故凡有所托以自尊者，皆必有不足于中者也。如先生，信所谓雄俊之君子已。先生天性孝友，有廉正之节。自少邃志道学，深以无成为愧惧。屡见其意于文，故其根本盛大，发为文章，与世俗之求工于词者绝远。

余昔录十数篇入《续古文辞类纂》，以志钦向。今李君辉廷重刊全集，吾知其传益广，海内皆能读先生之文，而喜先生之道日以盛昌也。因复为序之如此。

《集句训子诗》序②

田君海筹自咸丰间宣力水军，积功擢专阃。恂恂有儒风，喜为诗，酷嗜放翁。一日，出《训子诗》三十首示余，皆集放翁句也。

夫诗之道，原本于情性，而事不越乎伦常。因伦常以抒情性者，莫切于父子之间。故古之工为诗者，尤惓惓于此。渊明有《责子》、《命子》诗，为以诗训子之权舆。少陵谓渊明以子之贤愚挂怀，疑其未必达

---

　　①　此文录自光绪二十六年刻本《虚受堂文集》。

　　②　此文录自光绪二十六年刻本《虚受堂文集》，以民国二十四年大东书局版《评注近代文读本》为校本。

道。然其为诗示宗文、宗武,屡见集中。一则曰"熟精文选理,休觅彩衣轻"①,再则曰"应须饱经术,已似爱文章"②。期子读书,至为深切。毋亦天性之至,不能自已于言?而其讥议渊明,乃故为达观之辞以自解与?

君起家戎伍,顾笃爱文事,且时用读书训子。昔石勒以子大雅好文咏,谓其愔愔不似将家子。勒不足道,而以将家望子,亦未遽为非。今君乃与之异趣者,岂非戡乱之时用武,而承平之世右文,彼此各遭其势而然与?

集句体至宋而盛,君又集宋人句为诗,文足以达其情,信沈氏括所谓语意亲切过于本诗者,陶、杜名篇,不能专美于前矣。

余闻君子禀承君训,已能克家。他日必有仿少陵之《徐卿二子歌》作诗相颂美者,请以余言为券可也。

《四书文豳》序③

《豳风·七月》之诗,周公陈古以戒今者也。余皆为周公而作。文中子以《豳》为变风,谓成王终疑,则风遂变,惟周公至诚,能卒正之。孔子伤夷王已下变风不复正,故终以《豳风》言变之可正也。

夫自古天下风无不变,亦无变而不能正者。文章,小道耳。然诗之变也,极于绮丽,李、杜正之。文之变也,极于骈偶,昌黎正之。虽谓李、杜、昌黎为诗文中之周、孔可也。制义之于文,又小之小者也,变至今日极矣。

常熟张君瑛,邃于经史之学,能古文,兼精制义。汇前明国朝名家制义尤雅者为一编,名之曰《文豳》。盖君为文之力,足以复古。而复录斯编以蕲正文风之变,其诸读诗而有周、孔之思与?吴公子札观乐于鲁,为歌《豳》而美之。君,吴人也,以《豳》正天下,宜自其乡始。余忝视吴学,文风之变正,无所辞责。览君文及斯编,以为《豳风》尽在吴矣。因叹其美,遂为之序云。

---

① 此二句见杜甫《宗武生日诗》。
② 此二句见杜甫《又示宗武诗》。
③ 此文录自光绪二十六年刻本《虚受堂文集》。

《姓略》序①

古者姓氏之书，所以明贵贱，别昏姻。自周氏本迄于唐《氏族志》，作者代殊，用意则一。迨阀阅之风既渺，而辑录之学渐兴，稽诸传记，约有数端：张九龄《姓源韵谱》，务推源流；而林宝《元和姓纂》诸书继作，此以网罗为义者也。刘知幾《刘氏谱》，主正讹误；而邓名世《绍兴姓氏书辨证》诸书继作，此以考订为义者也。四字韵语，肇于今坊行宋代之《百家姓》，而国朝黄九烟《百家新笺》等书因之。搜采僻姓，肇于杨慎之《希姓录》，而夏树芳《奇姓通》、国朝单隆周《希姓补》等著因之。其大略也。

阳湖沈君定猷，笃学好古，以黄氏之书及张氏念先所辑《续编》尚未有注，博采群书，为之笺释。复考得奇姓二千数百家，其单姓用宋邵思《姓解》以偏旁字类分门之例，依字典分部次之；复姓用张、林书例，以下一字依四声为次，通为《姓略》四卷，《补遗》一卷，复取注所未备及歧出者，援引参证，为《补注》三卷。盖略得刘、邓辨正之意，可谓兼诸家之长者矣。

沈君既没，其友人将刊行之，乞予为序。余嘉沈氏用力之勤及诸君好义之美，故乐为一言。向有志搜辑希姓，久未成书，览是编，益流连不置也。

重刊《儒门法语》序②

天之生人，将以有为也。其无所为者，乃不得自齿于人，为之必有其方，而方不待外求也。孔子以无所用心为难，而孟子言求放心。盖心之用，无其所则放矣。故学为人自治心始。心治，则施于百体，措之万事，无不有厘然各当之则，止而不过，则圣贤帝王之学一以贯之。是故能治心者，能尽性者也。性尽，而参赞化育在其中矣。贯天地人之谓王，通天地人之谓儒。孔子之道，所由与尧舜并尊也与！自宋迄明，大儒辈出，所以发明孔子之学者，论说万端，而皆以正心为兢兢。

国朝彭南畇先生，服膺道学诸儒，取其训辞尤要者，辑为《儒门法语》，开示后学，至为切近。是编乃汤文端公节本，累经刊布，今杨君丹山牧通州，复刻之，请余为序，以贻学中弟子员。丹山信知教士之要者，诸生果读是编，而返求诸心，则微之极于饮食居处之间，显之达于事君临民之际，咸有所持循，而不至为外物所夺。虽进身伊始，而于他日出处之道，已有卓然自立之基。更由是而博学深思，勿尚空谈，勿矜捷悟，勿持门户之见，勿杂功利之私，则本诸心以推诸事为者不可胜用。虽谓孔子去人不远，可也。

夫子曰："法语之言，改之为贵；巽语之言，绎之为贵。"[①] 是编所录，严正婉笃，无不曲当乎人心。盖法语而兼出以巽，诸生有说而绎，或从而改，斯为善矣。苟屏弃之，且非毁之，尚得以为人乎哉！

《杨丹山试艺》序[②]

杨君丹山，以同治庚午举于乡，辱与余有相知之雅。越七年丙子，成进士，以知县分发江苏。吴子健中丞语余曰："杨君非独文士，乃经济才也。吾与之语，其见理明而处事当，新进鲜能及者。"时君到省甫数月。未几，任沭阳，换铜山，锄奸煦良，声绩蔚起。比余视学吴中，而君已由上元知县擢通州直隶州矣。

君牧通二年，士民相与安其政教，盗贼不兴，狱讼衰止。而君治之益勤，朝究夕图，殚瘁而弗恤。尤以劝学育材为急，于培植书院、考校文事，意恒有余于其力。间采吴士之佳者告余，又条举兴学诸务，以助余志虑所弗逮。

盖君仁恕明敏，自入官后，敝精于民事，常有经纬万端、弥纶世宙之心，文艺不足为君多。而生平寝馈其中，所以开智能而成功名者，宜其亦有乐乎此也。

通人士既爱颂君，尤喜读君之诗文。君乃都其试艺如干卷，将授之梓，以式多士，而请序于余。余维君文，体正而材优，神闲而气定，适肖其为人以出。取而读之，知非其才与学足以自树者不能为也。余方选刊吴士试艺，冀于文风有所裨益。今君试艺行，求工于文者皆有所取则，而风气丕变无难。君真助我者哉！

---

① 此段引文刘宝楠《论语正义》（清同治刻本）作："法语之言，能无从乎？改之为贵。巽与之言，能无说乎？绎之为贵。"

② 此文录自光绪二十六年刻本《虚受堂文集》。

《劫余膭存》序①

丹徒李雨人先生，都其诗古文及试艺为一集，题曰《劫余膭存》。盖先生少跻禁近，乘轩轺，文誉翕鸣，才藻横溢。名都酬倡之篇，寰宇登览之作，盈几积案，不自珍惜，往往为人藏去。既遭寇乱，乡里邱虚，笥箧荡尽，追维畴曩，恍乎烟云之变灭，独文字之根于性情者，不能一日去怀。始复网罗丛残，补缀收辑，而先生年垂八十矣。

方道光末，先生以名翰林督学粤西，晋阶学士。年富才丰，见者望若天人，以为指顾登上位。顾澹然奉身以归，若世事毫发不关其虑。今读其文，如与地方大吏论矿事、救生会诸书，于国计民生所在，侃侃持论无瞻徇。乃知先生虽伏处闾里，而康济世宙之心未尝忘也。

贤者之进也，将行吾志以下膏泽于天下，非徒显荣其身名而遂已也。事会所遭，可以止则止。汉二疏知足不辱之言，虽疑于专为身谋，而不计其君之谁与为治，然怀谦远势，有合于肥遁勿用之谊。至于身之既退，凡官吏之设施，公事之成败，宜非我所敢与，独一方大利害所系，则荐绅为民望者，固当出口舌以靖乡邦之难，而不得以畏避缄默为高。谓夫列朝班而食君禄者，非草莽臣比也。不明斯义，出必为患得之鄙夫，处亦邻于忘世之畸士。如先生者，可谓几于道矣！

先谦凤慕先生名，今秋修谒于泰州，辱命为斯集序，爰举先生志行之大，揭于简端。至其文之工，读者自得之，不借先谦言以为重也。

《张乳伯文集》序②

余耳张君乳伯名久，憾未得一见。今秋过维扬，君寄示所箸书，又以文数十首属余为序。余受而读之，其文辨正学术，亭决古事，括经精而洞史奥。传记诸作，宏益掌故。其考订尤详核者，如《周尺考》据《史记·商君传》，证为秦步六尺之始；《东部侯国考》据《国志·虞翻传》，定为东部侯官，谓与上郡龟兹属国下有侯官县同例，"侯"乃"候"转写之讹，以正钱氏大昕改为东侯官之失。并冥思孤诣，前无古人。至于指事言情，斐然具体，可谓陶铸众妙，不主一家者也。

夫文以理为干，以修辞为用，然无其本而求美于辞，信美矣，不足以示后学，与识之所积，发而为文，无施而不可，譬犹持良玉文锦以入五都之市，鲜有不宝贵者。君学高而识邃，宜其文无乎不善，而传之必远无疑也。

君于洨长之书，沈潜通贯，撰箸宏富，海内皆知尊尚。余读是编，而叹世之目君为小学专家者，知君未尽也，故乐为道之如此。

汲古阁《说文校勘记》序[①]

今世所行汲古阁《说文》，为毛斧季五次修改本。以毛氏刻书之精好，斧季之能读父书，何其无持守与？甚矣，善述之难也！

洪琴西都转家藏未刓改《说文》，为斧季弟四次手校样本。光绪七年刻于淮南书局，承学之士，翕然归美。今秋道扬州，张君乳伯以《说文校勘记》见示，乃知当日刊书时乳伯在事，即成此记。都转以为太繁不用，仅附录两本异同于书末。余笑曰："是郑人买珠椟类也，都转奈何而有是？"

昔段氏据斧季手校本为《说文订》，今刊于湖北书局，人宝爱之。此记详审精密，出段氏上，实治《说文》不可少之书也。因从臾乳伯亟鸠赀付刊，俾得与局刻《说文》相辅而行，而序其缘起如此。后之揽斯编者，勿以为太繁而弃之不观，斯幸矣！

《宗子相先生诗集》序[②]

兴化宗子相先生，前明嘉靖七子之一也。方先生官稽勋员外郎，为严嵩所恶，有刚正不阿之节。出参闽藩，捍倭寇，有保障城社之功。迁提学副使，临郡县，敝衣蔬食，屏绝供张，以躬行范诸生。见百姓疾苦，语谆谆不能休。卒年三十六，士民会哭为祠以祀。素丝之诗，桐乡之传，人以为无多让也。

余观先生志行，未尝欲以文人名，而后之人顾多称其诗。盖方其少年，才高气锐，落笔辄拔出一时。一二有气力者，相与张之，以为吾徒结社要盟，主持夸异。而当时求名之辈，靡不奔走颠倒于声华意气之

中。此有明中叶以降，士习之敝致然。如先生之成就卓卓，不以此自多可决也。学者苟不欲为一世士，其所自处宜何如哉？

先生初与谢榛、李攀龙、王世贞、梁有誉为五子，益徐中行、吴国伦而七。榛心薄国伦，与攀龙论不合。世贞辈因力摈榛，诸人集各为五子诗，意谓与己而六，削榛于七子之列。今观先生五子诗，独首榛无国伦，其次即列寄李顺德诗。是其为五子诗时，已当在李、谢不合后，而不以一时之私废天下公论，其于友朋风谊，有足纪者。

先生十一世孙礼堂广文持集请序，因备论之。至先生诗，昔人言之详矣，故不赞。《明史·文苑传》言倭薄城，先生与主者共击退之。《日本传》不详其事。今集有《明巡按福建御史樊献科序》，言当事者既去，乃从戈矛中密与子相议战守。则主者即献科，亦足补史阙云。

行素堂汇刻《经学丛书》序[①]

经之有总集，盖自齐衡阳王钧始也。经学之有总汇也，自《五经正义》始也。迨版本既行，宋朱子临漳四经，岳氏相台经传，实为汇刻经学之始。元明以降，流布滋繁。圣清文教昌明，人尚经术。纳兰《通志》之编，大梁《经苑》之椠，搜罗往籍，蔚为巨观，顾于当代儒硕不一及。张金吾《续经解目录》，间涉本朝。璜川吴氏《经学丛书》，采本朝为多，犹杂厕前代。独仪征阮氏学海堂刊本，多至千数百卷，悉国朝人所自为书，足以耀儒先服古之勤，而扬昭代右文之盛，可谓美善也已！

今去阮氏刊书之日又数十年，中遭丧乱，人民流离，而弦诵不辍，鸿生代兴。将欲广缀辑以备访求，其无奈于有心人之为之欤？吴县朱君懋之泛览博通，喜刻书，既依顾氏汇刻书目例，为《行素堂目睹书目》十卷，又最其欣赏者为《槐庐丛书》四编。近复以所刻《经学丛书》介叶君槐生问序于余，阅之，则皆国朝人所箸。自《九经古义》外，悉阮氏刊本所未及。

夫阮氏之书，抉择精严，为治经者高树准的。兹朱君体仿丛书，与阮氏为书之义稍别，而搜讨勤力，意在章明国朝经学，为自来丛书所罕有。盖其托名愈尊，其用心亦于是为尤密。方今纂箸之儒，日益踵出，

---

① 此文录自光绪二十六年刻本《虚受堂文集》。

君务坚持此志博观而宏纳之，他日论维持文献之功，必于君屈一指。行素之名，且与勤有、汲古争烈矣！

《密庵自治官书》序①

方君《密庵自治官书》，答张中丞问海州兴革事宜书一卷，禀详书函堂判文告守城军报各一卷，而以吴郡官书类附焉。

海之为州，距两省治最僻远。西北界山左人民健讼好私斗，盖其风气固然。而君视事未久，撚②贼往来境上，与官军相驰突数月。君方无事时，勤于为政，蕲清闾阎讼、盗之源；有急则拊循其人民，而感激以忠义。军旅绎骚，馈饷无乏，卒举危疆而衽席之。在官十有七月，未尝一日自休息。今其官书粲然具列，可覆按也。

君明敏足以干事，而其心肫然，务与天下以性情相见，故所虑常在小民根本至计。至于当几立断一准情理之平，虽累岁尘牍，折以片词，烛照龟卜，铢黍不爽。人以是服其能，而不知其蕴于中者至深厚也。余顷以试事至海，去君为州日且十年。见昔与君同官者，语及君，曰："好官也！"而海之人士述君旧绩，犹相与嗟慕不置，心窃益敬其贤。

君气刚持正，不为流俗所容。当时以事与上官龃龉，力求去。前苏抚张公树声知君，俾权守苏州，卒为人挤排，不得竟其施。嗟乎！直道之不行久矣。顾念以君之为官，而韬其才用，使不得究极其心于民事以迄于今，是则可惜也已！

予数年前道沪上，始见君。以论文相得，久乃益亲。君虽年逾六十，议论衮衮，才力强健，固非遂忘世者。属以此编相示，为书其简端，且令当代膺进退人才之责者，知有斯人也。

重修《泰兴县志》序③

杨侯甫莅泰兴，而先谦适来督学江南。相见，则曰："吾邑志失修久，方董为之，以属子序。"复走书督至再，最后以《志》来曰："吾代已及期，幸此书毕工，不至愧对吾士民矣。"盖侯在官不逾二期，而举

---

① 此文录自光绪二十六年刻本《虚受堂文集》。
② "撚"，同"捻"。
③ 此文录自光绪二十六年刻本《虚受堂文集》。

七十三年废坠之事，其才通敏，而得人以理，乃如是之速成而尽美也。

古之良吏，必周知所治土域民风之要，历代通变之宜，然后修吾教而民从之，有所兴革，则利赖及于久远。故志乘者，有司施措之前规，匪徒以为文章观美而已。然吾观今之人，方驰心域外之观，雍容坐论，一切取涂饰耳目为能。苟有邻于文事者，必斥为不急之务，几若不名一事而天下可治，则尝疑古今时势之不同，而先王教人大中至正之道之果为今日诟病也！

侯之为政，遇义勇为，若义塾、恤嫠、节孝、集贤祠诸大端，以赀率先，咸有成绩。而于邑志，尤考订勤勤不遗余力，殆忘其身非久任者。将侯之嗜好与俗殊与？抑诚见其大而能然耶？

泰兴自前明来，才俊蔚起，文采彬郁。若茅忠愍之节义，何棠、张羽兄弟之忠直，吴侍郎存义之清德，季振宜、陈潮之文学，并间世挺生，辉映江介。自今以往，邦人士流览斯编，不出其乡，而师资大备。吾知必有感喟兴起，思所以绍前修而翊盛世者，虽谓皆侯之嘉惠兹邑可也。

《堵文忠公集》序^①

呜呼，小人之危人家国也，若是甚哉！余读《堵文忠公集》，思明之所以亡，未尝不为之三叹也。

自庄烈殉国，率土瓦解。然其时忠臣硕士欲为明尽力者，天下相踵也。史忠正奉宏光留都，宜若可以有为。及出国门，而马士英扼之。唐、桂诸王，崎岖岭峤，势已不国。而为之督师者，黄忠端束手于诸郑，公亦坐制于五虎。奸臣悍帅，当室毁风漂之日，初不计其身世之将如何，惟掊击英贤，以供目前之一快。往复相寻，覆辙若一。故公遗疏有曰："臣受命以来，冀再合余烬，少收桑榆。不料调兵，则一营不发，若曰有兵则丰其羽翼也；索饷，则一毫不与，若曰有饷则资其号召也。致臣如穷山独夫，坐视疆场孔亟。泣血掊心，略无展布。"嗟乎！此在后人把卷流连，犹为之扼腕切齿，况于身丁其厄者乎！宜公之死有余憾也。

公少负奇气，人目为狂生。及官长沙，日议城守，定乱民，鹻醴陵

---

① 此文录自光绪二十六年刻本《虚受堂文集》。

贼渠，其材略已足表暴于天下矣。观于答延儒之问，则自请危险；志江门之墓，则恨不同死。盖志所素定固然，非夫慷慨喜大言者比也。遭时屯邅，群凶弥乎宇宙，兽骇鱼烂，不可收拾。独与何忠节左提右挈，以偏隅残破之区，抗兴朝云霓之旅。枕戈饮血，挫而犹厉。所降李锦数十万众，终其身无叛志。则公之精诚，足以维系人心，与宗忠简之能用王善无异。而其权宜隐忍，以就大计，识者固当谅之。王氏《永历实录》、杨氏《三藩纪事本末》，或于公不无微辞，要岂得为知公者哉？

公在日，自订其文所谓定参稿者。及没，公友鲁钊求得之，以归公侄景源暨其乡人，先后裒增，编成十卷。遭乱散佚，乡人重辑为八卷，已不复见公集之全矣。然公岂借文以为重者？览者宜有以悲其志焉！

公籍宜兴，有族人居无锡，遂为其县学生，故《明史》称公无锡人。

《频罗庵遗集》序①

镇海鲍君景溪重刊梁山舟先生遗集，凡诗五卷，文、题跋各四卷，《直语补证》、《日贯斋涂说》、《笔史》各一卷，介余友萧君敬甫乞为序。

先生以善书鸣海内，逮老而名益尊。读集中《与孔谷园论书》诸札及《答王禹卿索书次韵》三诗，词翰之精，信乎能兼美者。然先生于诗文，以不乐为人役不恒作。其存者，皆绝去摹拟，挥发胸臆，多夷愉清旷之致。《补证》诸编，颇资考订，其意匪以为箸述也，取自适而已。先生之论书也，谓"学古不宜作意求似"，又曰"不可有名心在"，余以为于它文事亦如之。斯其品诣绝俗，所以尤不可及欤？

方先生壮时，门第科目，不难立致高位。顾乃栖迟林壑六十余载，其淡于荣埶，既足以愧怀禄耽宠之徒，而于文艺之名，亦若避去，唯恐不远。此非蝉蜕嚣埃、遗外世务、确乎有得于中者不能然也。然卒终其身，至于今闻望日益光显，遗文旧牍，无足而走天下。昔人有言："逃名而名我随。"岂扬雄氏之所谓"以德为几"者耶？每流览斯集，思先生之高风，未尝不爽然自失也。

频罗庵者，先生晚岁居之，因号频罗居士，并以形诸咏歌。先生尝与友人书："守家法不修佛事。"则其用是自号，盖聊寄超旷之意，非有

_____

① 此文录自光绪二十六年刻本《虚受堂文集》。

慕于浮屠氏之术云。

《金忠节公集》序代①

当明福王之败，明之遗臣耆老思为故主尽力者，奋袂执戈，云集雾合。然大都无宿完之备，制胜之师，仓卒召集，不旋踵而覆灭。独金忠节公以沈毅宏达之姿，值国势艰危，精究武略，讲练于平时，而踔厉于临事，不可谓非才。纠合乡兵，授以节制，遂拒马士英黔军之扰，靖左良玉狼兵之乱。其所任用，如诸生江天一、项远、副将罗腾蛟辈，皆气谊许与，见危致命，不可谓无人。据徽州形胜之地，以绩溪、大鄣山为中屯，分兵六岭，联络控御，不可谓无备。大兵初临，搏战互胜，而降人张天禄、黄澍导师深入，慷慨就缚，天实为之，非公谋之不臧也。

余尝读公集诸疏，因以追维当时情事。方庄烈帝朝，申甫之败，公以荐举非人，几得罪矣，而帝原之。黔军之难，马士英坐公首祸，有旨逮治，公且重得罪矣，而帝不惟原之，又起用之。君臣相与之际，不谓不深。然卒不能畀以封疆将率之任，以觇其设施而收补救之功于万一，徒令公处无可如何之日，区区以忠义自显，亦岂非天耶！

公集凡八卷，旧刊于楚中。而吾乡之景慕公者，顾罕见其遗编，亦缺憾事也，乃重刻而序之。公墓距余家八十里，尝往过拜奠其下。而箬岭、岩关、祁山诸隘，公昔日用兵之地也，每因事至其处，考案图籍，周览形势，慨地险之难恃，悲天命之有穷，觉公之精灵，仿佛如在云。

重刊《新安志》序代②

新安，山郡也。其山西北自岭峤下而出于休、婺之间者，曰率山。登高视之，黄山齐云，皆出其肘腋下。山水东流为浙江，归震川《汉口志序》所称率山之水，北与练溪合为新安江，过严陵滩，入钱塘者也。其西流者，一由祁门达浮梁，一由婺源达鄱阳，为庐江水。《山海经》曰三天子鄣在闽西，海北亦谓之三天子都，浙江、庐江皆出焉，郦元本之为《水经注》。准今率山地望适合。而郭璞谓三天子都为歙东玉山，则以今绩溪大鄣山当之，误也。

─────────

①② 此文录自光绪二十六年刻本《虚受堂文集》。

余因思秦于此立鄣郡，盖取义三天子鄣为最古，而自来说地理者云秦以大鄣名郡，又非也。汉更鄣曰丹阳，其所属黟、歙二县，乃得后世新安全郡地。孙吴别为新都郡，晋太康中改新安，至宋仍其名。罗鄂州始为之志。观其叙述有体，征引赅备，多补前史志传之阙，洵考古者不可少之书矣。自秦汉迄今，郡邑割并不常，沿革回惑，而吾徽州一府适符宋代新安属地之数。余又性好游览，老耽词翰，念文献之不可无征，而是书之为山水增重也。爰重刊而序之如此。

《留云山馆文钞》序①

《留云山馆文钞》一卷，武进费晋卿先生所箸也。先生世居县西孟河庄，河故唐刺史孟简所浚，《通志》谓之孟渎河。其水经县北孟城山入江，相传晋孟嘉隐居兹山，高风贞操，后人多景慕之，其地代有隐君子云。而俗又言天医星当其分野，汉《甘石星经》所云巫官二星在房西南，主巫医职事者，故孟河多产名医。其然否不可究知，然江以南人艳称之。先生祖父子孙以术业相继，活人至不可算。今言医者，必首孟河费氏。

光绪戊子，先生孙绳甫观察来江阴，相见，具述家世梗概。乃知先生以名诸生困不得志，敦行于室，扶义于乡，抑非独医之善也。方咸丰初，粤寇陷镇江，属县皆不纳粮。武进有刘明松者，聚奔牛以北五乡人于夏墅，议请得如镇江属县，无事，众享其利；有，则独当之。乡民惑其言。郡将名捕明松，众汹汹思变。先生疾驰至，开谕利害，咸感悔，期三日完粮，而五乡案②堵。当是时，微先生几大乱，及事定，绝不自言。其天性高淡，尤不可及云。

先生箸有《留云山馆诗钞》二卷、《诗余》一卷、《医醇剩义》四卷、《医方论》四卷、《制义》二卷行世，观察将续刻斯集，而属予序。予观先生之传朱君理文也，称马少游之言曰："士生一世，称乡里善人斯可矣。"夫以先生之勇于为善，而穷居乡里不得一伸其道于时，宜其志见于文若是。今观察世先生活人之业，而心其行善之心，又才识闳远，将出其身以加利泽于天下，岂特如先生所云乡里称善者耶？予不

---

① 此文录自光绪二十六年刻本《虚受堂文集》，以民国元年《费氏全集·留云山馆文钞》为校本。

② "案"字讹，当作"安"。

敏，不足以知先生之文，为特著其生平行事之大端，而以观察拳拳述德
之意为他日券焉。①

《思益堂集》序②

周自莘先生既没之明年，哲嗣芋生大令以毁卒。其孙椿圃遭两世大
丧，匍匐经营，不皇暇息。先谦虑先生撰著日就湮失，访诸其家，得
诗、文、词、日札如干卷，亟与瞿子玖学士谋，共捐赀刻之。既成，谨
为序曰：

先生当咸丰初，以文学侍从受上知，特命充巡防大臣③，兼办京畿
团防事宜，将不日跻显要。先生感激奋厉，弹劾无所避忌，权贵侧目，
由是岌岌不安其位矣。会以忧归里，曾文正再出督师，引与共事，而胡
文忠与先生有夙嫌，扼之不得合并。晚岁还朝，久乃进秩。同、光之
交，两守侍郎，而先生遽以疾休。终其身进退显晦之际，若是其艰也。
然先生自罢官后，寓居京师，辟小轩日坐其中，以丹黄自娱，寒暑靡辍
又几十年。所为《四史补注》及日札诸书，皆成于其时，似天之位置先
生有夙定者。余以叹先生不早自知其无与于功名、不得壹意于学问之途
以大昌其箸述为可悲也。然使先生老而康强，爵位益高，当国家承平，
既未必别有表见，而并此十年心力，亦销磨于仕宦，不暇专致之学问。
其孰为得失，识者宜有以辨之。盖先生在时，余尝持此论以慰先生，而
迄今每思之，未尝不为先生幸也。

先生于历代诗家，靡不抉精洞奥。故其为诗，奄有众妙，要以义
山、剑南为归。晚遭困塞，转造平淡，盖所得益深矣。日札博综兼搜，
尤详掌故，其文词皆清绝可喜，而于骈体文义法尤精，尝曰："吾师胡
稚威之博，而不取其僻；爱洪稚存之隽，而不学其纤。"自命如此，曾
文正亟推其能。

四十以前，积稿盈寸，先生南归时，家人在都鬻书自给，误售之，
存裁卅余篇，今又仅见其半，余既刊之十家四六④中矣。文字之厄如

---

① 校本此句后有："赐进士出身，前翰林院编修、国子监祭酒、提督江苏学政王先谦谨
叙。"
② 此文录自光绪二十六年刻本《虚受堂文集》，以光绪十四年长沙王氏刻本《思益堂
集》为校本。
③ "大臣"，校本作"处行走"。
④ "四六"，校本作"骈文"。

此，岂亦有数存也？悲夫！《四史补注》，先生自刊于京师，今已别行。此外奏疏、应奉文字若干卷，尺牍若干卷，考订金石题跋书画之文裒集未刊者，尚数十卷，待椿圃它日成之云。[①]

《江左制义辑存》序[②]

督学者，于士子之文三年而两试，弟其高下，而操其进退，至切近矣。然方其莅官也，于庠序之教，可以坚明约束。至士子为文之方，与吾之所以取士，不能言也。岁科试毕，例进士于庭，勖以修己为学之道，于文亦间及之。须臾之告诫，不足转移风气亦明矣。抑匪特此也，三年试于其乡，众竞于圆美软熟之文，以冀试官之一当，不则其父兄交游，群訾病之；苟获选矣，则诧为奇遇，而人亦弗能尽知也。为督学者，诚爱重其士，而冀其成名，孰肯驱而反之于古而俾其取戾于时者？文之变，殆靡所终极乎！

余自视学吴中，按试诸府州，得佳文，辄刊布为多士式。既有《清嘉》三编之选矣，思稍进之，复辑是编。常熟张君瑛邃于文，因委重焉。余覆加增损，自嘉庆以来迄于今，都若干人，弗及知者阙焉。文若干首，皆醇雅有根柢可观览。夫惟其不专求工于文，故其工如此也。诸作者大半获登于甲乙科，暨余顷尝拔高等。然则鼓琴于空山，艺兰于幽谷，而谓世必无闻见之者，其说诬矣。是余所以进多士也。光绪十四年夏六月。

《南菁书院丛书》序[③]

光绪戊子秋，予刊《皇清经解续编》成。时试事既毕，还暨阳候代。检旧藏及近得之书裨益艺文者，尚数十种，遂以余力促召梓人刊为丛书。

国朝儒硕朋兴，纂箸之盛，实能洞达阃奥，修起废坠。大之经笺、史注，旷隆往代；即旁逮诸子杂家，靡不疏通证明，底于精善。虽其间学人所得，大小醇驳，各有不同，然前明空疏浅陋之风，庶乎涤荡尽

---

① 校本此句后有："光绪十四年，岁次戊子春二月，长沙门人王先谦顿首谨撰。"
②③ 此文录自光绪二十六年刻本《虚受堂文集》。

矣。中兴而后，斯道益章。海内人士，咸知崇厉实学，以空腹高谈为耻。视乾嘉之际，执汉宋学断断相辨论者，固不侔矣。闻道而大笑，积久而后信，亦必然之理也。当此之时，苟有资于问学之书，亟取而公诸天下，传之久远，宏益儒者之见闻，仰赞圣朝之文治，岂非士大夫维持世教者之责与？

自来丛书之刻，多杂厕前代，或泛及词章。兹编专录国朝，非有裨考订者不入。书分八集，皆可喜可观。予未及搜采者，又属吾友院长缪筱珊编修赓续成之。板存南菁书院，因以名其书。四、五集，则院中高材生所撰述，多士观览兴起，尚益覃精术业，偕登于作者之林，是①所深望也。

《礀东诗钞》序②

当嘉道之际，吾楚以诗鸣资、邵间者，邓湘皋，欧阳礀东两先生也。湘皋年少于礀东，而推服其诗甚至。曾文正公作湘皋墓表，称两先生以诗相厉，剖晰豪厘，至于书问三反，窒极得通，则互慰大欢。其专精如此，故两先生诗最有名。然湘皋阐扬先达，奖宠后进，交与遍天下；而礀东峻墙宇，少许可，中岁杜门不出，为人通介绝殊。故邓先生声问滋章，而非吾楚人罕称述欧阳先生者。

光绪中，国史馆续修《儒林文苑传》，吾友缪筱珊编修董其事。见示《文苑传》稿，有邓先生无欧阳先生。初，续修例定专诗集无它经史纂箸者不入，杜浮滥也。然如宋大樽、吴嵩梁辈，皆以诗工，故得列传。而筱珊未见先生之诗，亦实不知有先生其人，盖湖外文章声气之暌绝久矣。以先生人品之高洁，学问之渊裕，今读其诗，犹想见其人。而姓氏不登于延阁，文字不能播于天下士夫之口，更数十百年，其遗集在若存若亡间，恐吾楚人亦无能道及者。而先生之真将没矣，可不惜哉！

先生诗凡十卷，陶文毅公以道光六年刊于淮阳。《沅湘耆旧集》梓其三卷。余取校之，互有得失，因删存为二卷，精诣之作略备。复仿阮文达公史传集句体，为先生传一篇。刻成，并寄筱珊，且用广其流传。庶几异日海内称诗者，或不终没先生乎？是则余区区之私望也已。

---

① "是"后脱一"予"字。
② 此文录自光绪二十六年刻本《虚受堂文集》，以光绪三十四年长沙王氏刻本《王先谦自定年谱》为校本。

《麋园诗钞》序①

余抄碦东诗毕，一日张雨珊孝廉过余曰："吾邑有诗人毛青垣先生，子岂未之知邪？吾观近数十年中，乡先辈抗志希古、得杜诗骨法为多无若先生者。昔裕庄毅为刊之鄂中，而传本绝少，吾为子求之。"既而以书寄示，读之，心叹其工，信雨珊言不妄。复丐雨珊访求其后人，得所藏家传，于先生行实略备。

盖先生负瑰异之材，卒困场屋，穷老湖湘中，无能发抒意气，殚精敝神，从事声律，以争千秋后寂寞不可知之名，可谓遇艰而志苦者也。然当时乡人罕有称道先生者。观家传所述，陈公子沆招不往，及为沈道宽走数百里称贷免祸事，意先生以朴诚刚介之姿，睥睨浊世，宜不为流俗人所喜。故虽其诗之工，亦无能知而好之。使垂老不遇庄毅，则先生之诗与其为人俱泯灭矣。余因以叹天下学人志士，身不显而名长湮者，古今何可胜道！如先生，不可谓不幸也。

余惧其诗久而失传，约取精粹之作，刊为一卷，最家传及庄毅诸公诗序语为传附焉。余闻先达言：庄毅自湖南巡抚擢督两湖，吾乡人学行尤异者，自邓湘皋先生以次，咸被敬礼。后进一艺之长，必容接而奖成之。一时人才蒸蒸，皆出门下。今观所为先生诗序，情意恳至，而学识足以及之，非徒假好士为名高者也。呜呼！公卿大夫中乌可无斯人哉？

《诗余偶钞》序②

先谦少耆吟咏，顾弗习倚声。偶涉笔，非所好也。官京师，时从周自庵先生游。先生晚病废，不能多治书，暇辄作小词，强先谦与酬答，尝语先谦："吾词不主故常，用自娱而已，然清妙处自谓不减宋人。"因言："道咸间，与孙芝房侍读、李舜卿孝廉诸人为文字饮，每舜卿一词出，芝房及余皆敛手叹服。芝房归卒，舜卿以盲废且死，三十年无此乐矣。芝房遗集刻于湘中，惜舜卿词无传本，子盍求之？"先谦心识不

---

① 此文录自光绪二十六年刻本《虚受堂文集》，以光绪三十四年长沙王氏刻本《王先谦自定年谱》为校本。

② 此文录自光绪二十六年刻本《虚受堂文集》，以光绪十六年长沙王氏刻本《诗余偶钞》为校本。

敢忘。

　　张雨珊曰："吾于乡先辈词，最推舜卿先生。近人中服膺者，王壬秋、杜仲丹其尤也。"雨珊每入都，必以近作词示先谦，未尝不工。先谦既解官归，雨珊过从逾密。索其词，视前所见且倍。盖生平于此尤专精云。芝房先生与雨姗，姻也。雨珊访诸其家，又得其未刻词数首贻先谦。壬秋、仲丹适在长沙，先谦又皆求其词读之。李君筱屏亦自新化以舜卿词至。① 先谦因丐雨姗选自庵先生词尤佳者，都六家为一集刊之。闻见所未及，则俟它日采补焉。昔新安孙默辑王渔洋以次十五家词，自三家、六家递增，阅十四年而后成。先谦此刻，犹默意也。

　　雨珊言："向不识仲丹，巴陵逆旅中，闻人诵新词，询知为仲丹作，遂往见定交。"又言："吾多识海内词人，异时必助子访求成巨集。"呜呼！若雨珊，可谓笃于好善矣。筱屏名庆曾，舜卿先生从孙。②

《大学章句质疑》后序③

　　郭筠仙先生为《大学章句质疑》，既有年，先谦始得受读，卒业，谨推其义而为之说曰：

　　《大学》一书，圣功王道备矣，而其要莫先致知、知止也。知所先后也，皆知之事也。知止，然后见圣功无不贯；知先后，然后见王道无速成。是故明乎天下国家之必本于修身，而治乱、厚薄之几可以立决。此知先后即知本也。明乎诚意为明德、新民之要，知其所当止而反求之，而圣德之宣昭，至于使民怀而不能忘，畏而不敢欺，故曰："诚者非自成己而已也，所以成物也。"至诚而不动者，未之有也。此知止亦即知本也。知止所以得道，而知先后，已近之矣。

　　明德、新民，其为物一也。既曰"物有本末"，即曰"知所先后"，是致知在格物也。格即格其本末也，物格而后知至，故知本即为知之至也。推吾身心以达之家国天下，必好恶得其正而不可有辟，而其行政用人所以同民好恶者，则德本财末足以该之，此君子所谓絜矩之道也。格者，度也；《文选·芜城赋》："格高五岳。"李注引《仓颉篇》云：格，量度也。

---

　　① 此句校本作："李君筱屏，舜卿先生之从孙也，亦自新化以先生词至。"
　　② 校本此句后有："光绪十六年，岁次庚寅春二月，长沙王先谦谨叙。"
　　③ 此文录自光绪二十六年刻本《虚受堂文集》，以郭嵩焘《大学章句质疑》（光绪十六年思贤讲舍刻本）为校本。

絜，亦度也。郑注：絜，犹结也，挈也。君子有絜法之道，谓当执而行之。又云：絜矩之道，善持其所有以恕于人耳。郑云絜犹结也、挈也者，《释名》：挈，结也，结束也，束持之也。明挈、结非有二义，并取同声字为训。总谓执持其矩耳。朱注：絜，度也。或问：何谓言絜之为度也？曰：此庄子所谓絜之百围之木，贾子所谓度长絜大者也。愚按：絜，训麻一耑，无持度义。郑、朱二说，皆读絜为挈。《曲礼》释文：挈，又作絜。《挈壶氏》注：挈，读如絜发之絜。是挈、絜字通。《说文》：挈，县持也。持此者可以度彼，故挈又引申训为度。郑云善持其所有以恕于人，亦持己度物之意。二说元可通。格物与絜矩，无二义也。通天下之人情而剂其平，即以操天下之物理而无所遁，而岂有他也哉？

自魏世考正《石经》，以为此书序次倒乱，宋儒各加论定，而朱子《章句》为学者所宗，其补“致知格物”传，开示入道之门，用心至勤，而缘此聚讼者亦滋纷。循经以求之，然后知其理已具也。《章句》释“物有本末”曰：“明德为本，新民为末。”是所谓物者显属之明德新民矣。而舍此以言格物，何谓也？其释“格物”曰：“物，犹事也。”是固即事穷理之义。而补传之言曰：“即凡天下之物，莫不因其已知之理而益穷之，以求至乎其极。”世之学者，疑其言浩渺无涯矣。

今夫先王以礼治天下，大之极于郊社宗庙之崇，而微之通乎箕帚千糇之故，可谓繁赜而无算矣。而其要惟在因人情而为之制，是大人格物之学也。外是而言格物，非大人所以为学也。明乎此，奚以补传为哉？凡读古书，因其条理而为之节目而已，不当以己意与乎其间，如《章句》所云殆犹以己意与其间者也。

先生此书还古本之旧观，息数百年之辨争，使大义粲然复明于世，为功于学术治道甚巨。先谦深味其旨，复有见于格物、絜矩相通之理，稍著其义于简末，几附先生之书以不朽，或于圣贤垂训之意，不无一当云。①

《中庸章句质疑》序②

天下何以不治？非愚不肖之为患也。贤知者，歧其心思，腾其口说，乱吾教而贼吾道也。取贤知者范围之，使确然知吾教之不可易，谨

---

① 校本此句后有：“光绪十六年，岁次庚寅秋七月，长沙馆后学王先谦顿首谨叙。”

② 此文录自光绪二十六年刻本《虚受堂文集》，以郭嵩焘《中庸章句质疑》（光绪十六年思贤讲舍刻本）为校本。

守吾道，相引于无穷，而天下治矣。自周衰迄乎春秋、战国，天子威令不行，先王之礼教废而不讲，奸顽并兴，犯分乱理。高世之士，思救其敝，而不知所裁。于是发愤太息，欲殚残圣法，掊弃一切，以反乎无为。其言曰："礼，相伪也，道之华而乱之首也。"而儒者之言亦曰："礼，生于圣人之伪，非生于人之性也。人之性固无礼，强学而求有之也。"其言离礼与性而二之，使夫颛颛者皆曰："吾性非有是也，是宰治天下者束缚而苦我也。"则礼坏而先王之道穷矣。之二人者，岂欲乱天下者邪？是贤知之过也。

子思子忧当时道术日晦，而知其弊必将出于此，乃作《中庸》以维世。其意抑贤知之过，而令求之卑迩也。以为先王所以为教，原于天而赋于人，君臣、父子、兄弟、夫妇、朋友之交，有分以相临，有情以相接，因其知觉而为之节文，莫之能外，则莫之能易也。非礼不动，以为修身之基；而尊亲之等杀，又礼所从出也。推其义，极于广大高明；谨其微，先在喜怒哀乐。是故由困知勉行以几于知、仁、勇，由慎独以进于至诚无息，惟崇礼而已。居上，则行礼如舜、武、周公，极其位天地、育万物之功能，而只以全孝；为下，则学礼如仲尼，虽有溢中国、施蛮貊之声名，而不敢倍周。各尽其性而已。反是，则无忌惮之小人也，素隐行怪者也，行险以徼幸者也，自用自专生今而反古者也。身且不保，何论行道？此《中庸》教人之微意与？朱子《章句》表章此书至矣，而求之过密，析之过纷，经文浩衍，随所指言之而亦各自为归宿。

筠仙先生独有见于子思子著书之精义，实以礼为之质干，反复推阐，而皆不离其宗。盖此书越二千年得先生发明之，而始有正解，诚亦古经之幸。先谦获从先生后，稍窥厓略，承命作叙，谨撮其旨要而推论其著书之缘起如此。以谓立言而靖万世之人心者，莫如子思氏之学也。[1]

重刊《世说新语》序[2]

晁子止曰："小说之来尚矣，不过志梦卜，纪谲怪，记谈谐，后史

---

① 校本此句后有："光绪十六年，岁次庚寅秋七月，长沙馆后学王先谦顿首谨叙。"

② 此文录自光绪二十六年刻本《虚受堂文集》。

臣务采异闻，往往取之。故为小说者，多及人善恶，肆喜怒之私，变是非之实，以误后世。"① 识者以为笃论。自余观之，非尽为书者有心之过也。采摭所及，见少闻多，而其言变矣。词气抑扬，声情乖隔，而其言又变矣。能祛此二蔽者，盖难言之，此小说所以少佳书也。余尝怪临川为《世说新语》一书，彼其时去魏、晋未远，固宜纪载得实。而秉笔不慎，事实抵牾，致为刘子元辈所讥，盖不免如余所称二蔽。若其罗前代之轶闻，供词人之藻绘，则游心文苑者所不废也。刘注匡弼之功，尤为此书增重。而唐人修《晋书》，如"周安东求络秀为妾"、"韩寿私贾充女"之类，经孝标纠正者犹取入传，何其迷谬者与！桓灵宝、殷仲文乱贼之徒，言行无足称述，而书中称举至于再四。良以其时篡夺相仍，纲常废坠，不复知忠义为何物。此难以苛责临川，又岂孝标所敢举正者哉？

近世通行王元美《世说新语》补本，删节元书，附以何氏《语林》，全失临川之真。余因取元书重刊，贻同好者览焉。元美序言："《世说》所长，造微单辞，征巧只行，因美见风，因刺通赞，使人短咏，而跃然，长思而未罄，可谓尽其妙矣。"又云："私心好之，每读辄患其易竟。"夫既患其易竟矣，而又删之。噫嘻！是则明人之为学也已。去古益远，往籍日湮，如是书之存，抑其幸也。

《周易集解纂疏》序②

自辅嗣注《易》，排斥象数，独标新学。唐宋承之，敷畅名理，汉氏《易》学几乎息矣。虽然，《易》也者，象也，象立而数行焉。则之效之，孰与示之？伸之长之，孰则极之？今离象数而言义理，曰："吾将以明《易》也。"其果有当于圣人之旨耶？

资州李氏，悼汉学中微，采子夏以次三十五家之说，辑为一篇，后之学者，赖以考见圣经古义，昭代儒风隆盛。元和惠氏、武进张氏，覃精汉《易》，递有撰述，罔不根柢是书。安陆李君遵王，于是有《纂疏》之作，参稽众说，挥发旧文，俾读者展卷而揽汉《易》之全，

① 此段引文马端临《文献通考》（清浙江书局本）原作："小说之来尚矣，然不过志梦卜，纪谲怪，记谈谐之类而已。其后史臣务采异闻，往往取之，故近时为小说者，始多及人之善恶，甚肆喜怒之私，变是非之实，以误后世。"
② 此文录自光绪二十六年刻本《虚受堂文集》。

用意至美。惟《集解》作于孔《疏》之后，时王、韩全书大行，不在采辑之列。且序云："刊辅嗣之野文。"是其意不以王氏为然，而甄录及之，窃所未喻。《纂疏》乃用汉儒《易》义以释王、韩、孔三家之说，斯惑之甚也。又其书征引多误，识者用为訾病。刊行未久，板毁于寇。

余督学江苏，续刊《皇清经解》，左君绍佐邮寄是书，以未遑考订置之，而其时王编修懿荣疏请以国朝人所著诸经义疏颁行学官。李君褒然居首，天下咸知有《纂疏》一书。逮余携以南归，思贤书局取而重刊之。陈君保彝为覆检征引元文，详加厘正，瑕类就涤，精英焕然。其有义例抵牾，以尚非全书之累，姑仍不改。后之究心汉《易》者，吾知其必以是编为先路之导，则有功经学非小小矣。

《荀子集解》序[①]

昔唐韩愈氏以荀子书为大醇小疵，逮宋，攻者益众。推其由，以言性恶故。余谓性恶之说，非荀子本意也。其言曰："直木不待檃栝而直者，其性直也。枸木必待檃栝烝矫然后直者，以其性不直也。今人[②]性恶，必待圣王之治，礼义之化，然后皆出于治，合于善也。"夫使荀子而不知人性有善恶，则不知木性有枸直矣。然而其言如此，岂真不知性邪？余因以悲荀子遭世大乱，民胥泯棼，感激而出此也。荀子论学、论治，皆以礼为宗，反复推详，务明其指趣，为千古修道立教所莫能外。其曰"伦类不通，不足谓善学"，又曰"一物失称，乱之端也"，探圣门一贯之精，洞古今成败之故，论议不越凡[③]席，而思虑浃于无垠，身未尝一日加民，而行事可信其放推而皆准。而刻核之徒，诋諆横生，摈之不得与于斯道。余又以悲荀子术不用于当时，而名灭裂于后世流俗人之口为重屈也。

国朝儒学昌明，钦定《四库全书提要》首列荀子儒家，斥好恶之词，通训诂之谊，定论昭然，学者咸知崇尚。顾其书仅有杨倞注，未为尽善。近世通行嘉善谢氏校本，去取亦时有疏舛，宿儒大师，多所匡益。家居少事，辄旁采诸家之说，为《荀子集解》一书。管窥所及，间

---

① 此文录自光绪二十六年刻本《虚受堂文集》，以光绪十七年刻本《荀子集解》为校本。
② "人"字后校本有一"之"字，校本见《荀子集解·君子篇第二十四》。
③ "凡"字讹，当作"几"。

亦附载，不敢谓于荀书精义有所发明。而于析杨、谢之疑词，酌宋、元之定本，庶几不无一得。刻成，仅弁言简端，并揭荀子箸书之微旨，与后来读者共证明之云。①

《方言》序②

昔班孟坚为扬子云作传，具列所为书，而不载《方言》，《艺文志》亦无其目，宋洪迈乃疑是书为伪托。然考常氏《华阳国志》，述蜀都先贤赞称子云作《方言》。常书本之陈承祚《耆旧传》，其言可信。而班氏独阙者，盖因其书不见于刘向、歆父子《七略》，无所据以入《志》，遂并传删自序两言耳。

观本书载子云与歆往复二书，知当日裒辑未终，秘不肯出，致世无传述，原委可悉也。应氏《风俗通义》言周秦輶轩之使求方言，还，奏籍之。嬴氏之亡，遗弃脱漏。蜀严君平、林闾翁孺才有梗概，子云以次注续。与常书称子云师严、林作《方言》合。至其词义坚深，表里经训，非博览深思之儒不能为。虽西汉多文人，然自子云外，无足当之者矣。

因以推知前古采风之使，方行列国，匪独陈其诗篇而已。其于异俗殊言，必将备其声音、训诂，随以上进，天子展卷而绅词，缘文以知指，而天下治乱兴衰之故，可得而征也。特其书藏在秘室，民间早得见者。

周公作《尔雅》以垂教，然后《诗》、《书》之文可读，至于音义所自，卒未明言。今观《方言》，载周、召二南，齐、秦、卫、郑之语，足以稽合经文者，可决为天府旧记所传。其采自朝鲜、洌水、西瓯、桂林诸区者，或出后来订坠搜遗之力。乃叹《方言》与《尔雅》同原，历千载而相赓续。严、林辈之用心，与叔孙通、梁文诸人等。而此二书者，创例于姬旦，纂成于子云，诚圣作明述之极轨也已。

《方言》以戴东原《考证》、卢绍弓《校正》二本为最善，郭子瀞观察取而合刊之，因索余序，为论是书大略而推究古义如此。至合刊体例，观察自序详之矣，不具述。

---

① 校本此句后有："光绪十七年，岁次辛卯夏五月，长沙王先谦谨序。"
② 此文录自光绪二十六年刻本《虚受堂文集》。

《方言》序代①

　　昔郭景纯叙《方言》曰："考九服之逸言，标六代之绝语。"六代者，唐、虞、夏、商、周、秦也。以为《书》贯唐、秦，《诗》包商、周，旁达九服，皆有征验。而其为《尔雅》作叙，仅云总绝代离词，不及方域殊语。说者遂疑《尔雅》之文与《方言》不属，非也。

　　文字之兴，造端象法，孳乳、假借，半由方音。上古民生殊域，老死不相往来，则方有定言，音有定字。商、周之世，殷宗五迁，洛顽再诰，民既杂厕，音渐转移。春秋诸国，迁灭尤多。秦、汉之间，徙民实土。此方之人多流于彼方，后日之音遂殊于前日。即以《诗》、《书》考之，如《盘庚》曰"不能胥匡以生"，"胥"之言"皆"，河南语也，据《方言》转而东齐矣。《吕刑》曰"庶有格命"，"格"之言"登"，洛阳语也，据《方言》转而梁、益矣。"肆"之言"除"，召南语也，而《方言》以为秦、晋。"阳"言"美目"，郑、卫语也，而《方言》以为燕、代。若此之类，难可悉数。此前古方言转易之明证也。书中所称南楚语，今吾楚什不存二三，而它方古语，如"美"为"艳"，"琢"为"镌"，"散"为"厮"，"披展"为"舒勃"，草木伤人为"刺"，饮药而毒为"瘩"，参之近日楚言，转相符合。此又汉代方言递易之明证也。西汉之世，犹为近古，是编又权舆辎轩之采，于群经故训，赖以推见本原。宜乎景纯玩《雅》之余，旁味而为之作解。而张稚让推广《雅》训，备载靡遗也与？

　　余曩读东原戴氏《考证》本，以为精善，后又见抱经卢氏重校本，录戴之切要者，合之丁《小疋》各家说，兼附己见，用力甚勤。循而求之，丁说既不多见，所谓各家者亦不著其名，惟序称改正百廿有余条，验之本书案语，约略相足，可据定为卢说，其余总归之校本而已。

　　恭逢圣代右文，乾隆间取《永乐大典》所收《方言》，详加厘正，然后是书精英焕发，实儒生稽古逢辰之幸。窃谓戴、卢所述，已具椎轮。援据发明，犹资讨论。颇思会萃旧闻，为之疏证，困于人事，卒罕执笔之暇。爰先取二本详校合刊之，既为古籍广其流传，亦俾儒先表章之功无有失队。后之君子，倘有涉于此者乎？余窃自附于拥篲清道之末

---

　　① 此文录自光绪二十六年刻本《虚受堂文集》。

耳矣。

《查毅斋阐道集》后序代①

右泾县查毅斋先生《阐道集奏疏》一卷，《书札》、《语录》各二卷，《文》四卷，《诗》一卷，行实诸文都一卷附其末。

前明中叶，阳明良知之学遍天下，龙豁王氏尤以都讲为人所宗。其后学入于禅，至谓虚寂微密为千圣相传之秘，范围三教之宗。说者谓王学之弊，龙豁启之。先生虽师龙豁，而言入阳明之学，有从虚、寂、乐三者之分，不如由此心之明，实致其知，由浅入微，不执于见即为虚，不染于欲即为寂，有自得之意即为乐。正阳明之传，而救龙豁之失，用意不在何性之许孟中下也。

余观先生《语录》，笃实切至，其于三教异同，言之精晰，为后学力杜歧趋，有功学术甚巨。至谓成学必求朋友，自性命之学不明，故人不知友义之重，而以孔子言"无友不如己者"，但谓趋向不同，初非必求胜己，尤得取人为善之义。《易》曰"君子以朋友讲习"，曾子亦言"以文会友，以友辅仁"。盖自三代以来，迄于前明，为学之道，未有能易者也。末流放失，兹事遂废。今也出而游，不知孰为正人；聚而处，不闻何为正论。会讲之风微，而朋友之伦或几乎废矣。读斯集，亦岂能无概②然与！

元书板毁于寇，先生族人鸠赀重刻，来乞余言。余惟先生抗直之节、循惠之绩，与其勇退高尚之志，实兼太上三不朽。斯集之传，岂惟查氏之荣，亦吾徽人光也。为引伸论之，犹若神游水西社中，不胜企慕流连之感焉。

《读礼丛钞》序③

李幼梅观察既除丧之明年，以所辑《读礼丛钞》授先谦读之，而谨序其耑曰：

《曲礼》言："居丧未葬，读《丧礼》；既葬，读《祭礼》。"郑氏康

---

① 此文录自光绪二十六年刻本《虚受堂文集》。
② "概"字讹，当作"慨"。
③ 此文录自光绪二十六年刻本《虚受堂文集》。

成云："为《礼》各于其时。"说者因谓凶事不豫习，居丧乃读之。果尔，《尸子》言："曾子读《丧礼》，泣下沾襟，一夕五起，视亲衣枕。"何以称焉？古之人《礼》外无学，而其道务反之身，故其于《礼》也读之则必为之，唯《丧礼》非居之者不能为，前此之读，明其理而已，至是然后见之躬行，犹惧其差违也。且为且读之，此经言读《礼》意也。

吾尤以为天下事之不及，恒生于太过。是以先王定《礼》，知夫天属之恩，送死之惨，至性动于不容已；而或大越吾范围也，故含敛为之制，斩齐为之等，哭奠为之节，虞袝祥禫为之期。俾君子各以其时讲习之，防检念虑，而无灭性亡等之虞，准中制行之百世，而不至为吾《礼》病。古圣著之于经，以诏勉学者之深心，盖昭然可睹。非然，当人子哀恸迫切之际，而责以简牍占毕之烦，圣人不若是之远于人情也。

观察居其母太夫人之丧，毁瘠倍至，而动止必稽于古礼。既葬庐墓，学《礼》益勤。因搜讨国朝张杨园氏以次一十二家说《礼》之书，辑而刊之，命曰《读礼丛钞》。既体诸己，又公之人，美哉观察之用心乎！余喜是书之行，裨益世教甚巨，因推《礼》意以解说经家之惑，且为不学者箴焉。

《盐铁论》后序①

《汉书·田千秋传》言："昭帝世，国家少事，百姓稍益充实。始元六年，诏郡国举贤良、文学士，问以民所疾苦，于是盐铁之议起②。"观班氏为传，载大将军霍光乞千秋教督，千秋终不肯有所言，而于赞复引桓氏《杂论》"车丞相当轴处中，容身而去"③之语以终之，其微意可睹矣。以千秋名德，见推重大将军，而勤恤民隐之旨，又自大将军出。得千秋一言，盐铁、酒榷、均输可悉罢也。阿附同列，取讥后世，惜哉！

桑大夫用心计得幸，蹶居辅道之位，顾绌仲尼，而崇商鞅，鄙原、颜而慕苏、张，亦当时大道不明、学术不一之咎也。至乃夸其筹策之积，致富成业，鄙哉！可与事君乎？贤良、文学之议，正矣。若其言不

---

① 此文录自光绪二十六年刻本《虚受堂文集》，以张氏考证本《盐铁论》为校本。

② "起"字后脱一"焉"字，见《汉书·田千秋传》（清乾隆武英殿刻本）。

③ 此引文校本作"车丞相即周鲁之列，当轴处中，容身而去"。

禁刀币，听民放铸，俾共人主操柄，与二贾谏词相戾，至谓加德施惠，北夷必内向款塞。斯迁阔不达事情之论也。

夫所谓以德服人者，有力而不轻用力之谓也。苟无力，则德无由见，而人奚自服？《书》曰"大邦畏其力"①，力非圣王所讳言。武帝之失，在于内多欲而急兴利。至其诘戎固圉，未尝非也。是故有鬼方之克，乃致氐、羌之王；非卫、霍之师，必无渭桥之谒。儒生之议，苟其不在当局。履全盛，则戒用兵；处积弱，则思奋武。救敝补偏，取相警厉而已。至于国家大政，斟酌损益，发虑于深宫，择善于逼迩，而使草野新进与二三大臣争诟于朝堂，抑岂所以崇国体、式方来乎？

重刊是书，竟因备论其时事得失如此。桓氏属文，在西汉特严、徐、褚先生之匹。历世绵远，阙误相仍，如李孟传、姚鼐辈所訾，不足病也。②

《祁氏三世诗文集》序③

昔黄帝子二十五，宗得姓十四，祁居其一。至伊祁氏遂有天下，氏族莫尚焉。姓氏书傅会，言祁出周司马祁父后，非也。伊祁作都平阳，故祁氏子孙居晋地。春秋自晋外无它祁。鲁僖公十年，晋祁举已见录《左氏传》。说者又谓献公孙英食采于祁，遂以为氏，及奚黄羊食邑为氏者，皆谬也。当晋灵公时，有弥明者用武力事赵宣子效忠一节，后别为亓氏。而黄羊以老成名德岳立衰叔，遂大祁宗。三家分晋，沦为庶姓，所在流徙。若圣元、若谋，以说经撰著名汉晋间。

其世居晋地者，明安邑山东兵备副使鹤用勋绩显本朝。寿阳相国文端公寓藻，耆儒重望，辅道三朝。相国子子禾先生，今为礼部尚书。其在高平，太子少保、刑部尚书、两广总督恭恪公墳，其尤著也。恭恪公之父晖吉先生，讳汝炎，嘉庆庚申举人。中书科中书公子季闻先生，讳之镔，道光癸卯举人，耆篆隶书，工诗画，官滦州知州，以事去职，屏居京师，益力于古，卒年五十三。高平祁氏既以文学贵仕称盛一时，与寿阳伯仲，两家同在朝列，仍世恩好，稽合谱牒，乃知同

---

① 《尚书注疏》（清嘉庆二十年南昌府学重刊宋本《十三经注疏》本）："大邦畏其力，小邦怀其德。"

② 校本此句后有："光绪十七年，岁次辛卯冬十月，长沙王先谦。"

③ 此文录自光绪二十六年刻本《虚受堂文集》。

出一源云。

　　季闻先生哲嗣寿泉，官湖南广盈库大使，年力壮盛，干练有器局。君子谓恭恪之泽未艾也。今岁，寿泉哀其祖父以上三世遗集付梓，而属予言。予昔受知子禾先生，又与寿泉相习，稔知两家受氏分合之源。披读遗编，钦其累叶文章之美。因念世德绵远更历二千余年，而材贤挺生，族望益振。盖无若晋祁氏者，爰附著其得姓所自，正俗说之歧误，以质寿泉。而寿泉诵芬述德，用意至勤。其益自奋为明德后之达人，又可决知已。

《晚香堂赋钞》序①

　　同治乙丑，先谦成进士，时湖南同人词馆者：衡山茹芝翰香、永顺黄晋洺瑟庵、益阳周开铭桂午、长沙萧晋蕃致庭与刘君采九及余。六人者，独采九年最长，才名早盛，与余论文，尤相契也。余与翰香诸人留馆，而采九补外吏滇南，为远别，余邑邑久之。然以州县官泽易下究，能造福一方，持壮语慰藉采九，采九亦用自意。

　　庚午，余典试滇中，采九为同考官，相见大欢，讨论文字无虚日。榜放后，置酒大观楼，赋诗赠行。嗣以擢补顺宁府，一至都，后数年不复相闻。而闻其以事去官，为之扼腕惊叹。

　　去岁相见于会垣，握手道契阔，语及廿余年身世升沈，相与感喟，而采九亦已老矣。一日语余："吾生平厄于时运，久宦不遂，独文字之志未衰。近岁主讲书院，见生徒作律赋，欣然命笔，积得数十篇。子试为我序之，亦使天下知吾当日被摈，非献赋不工之过也。"余受而读之，材高而气逸，殖富而词丰，信乎尽律赋之能事。独念采九博学多通，随所处皆足自表襮，而蕴负瑰异，卒以湮郁不申。则疑天之所以待采九，不在功名之途，而故抑塞之使毕力于文章而后酬之以不朽。然则采九其可以无闷也已。

　　采九工为诗古文词，所注《庄子》，得古人著书微旨。其科举之学，如制艺、试帖诗，皆陆续行世。律赋诚不足尽采九之长，惟其才气不可掩抑，充然自足于笔墨之外，几不能测其为六十许人。余是以叹其能而重惜其未大施于世，后之论者，其无以雕虫薄子云也。

_____

① 此文录自光绪二十六年刻本《虚受堂文集》。

《合校水经注》序①

少时读《汉书·地理志》，惊叹以为绝作。惜其上溯古迹，旁罗水道，宏纲已举，细目未赅。虽为书之体固然，而于探奇耆古之怀，犹歉然弗惬也。嗣读郦善长《水经注》，深美其用意，足辅班氏所不逮。盖班之志水，撮举终始，而所过之地从略。郦则于汉世郡县，端委并包，曲折贯串，旁引支流以千数百计，使后之搜渠访渎者，一展卷而如案古图书。班之志地，根据经籍，俾三代以来之要典不致放失无稽。郦尤因地致详，元魏以上故事旧文，皆可考求而得实，其繁简虽异，精思实同。洵乎闳览之山渊，方舆之键辖也已。

夫地无古不立，水非地不章。郦氏为书之旨，在因水以证地，而即地以存古。是故迁贸毕陈，故实淆列。世或訾其好奇骋博，及视为词章所取资，虽谓于地理之学，概未有闻焉可也。今非无颛疏水道之书以校彼优绌，果何如哉？

余耽此三十年，足迹所至，必以自随。考按志乘，稽合源流，依注绘图，参列今地，兼思补证各史关涉水地事迹及经注未备各水，为之作疏。人事牵率，惧不获卒偿斯愿。曾用官校宋本参合诸家，辑为一编，久藏箧笥，先授梓人以质海内之好读是书者，而推论其要义如此。至合校之微意，则备具例略中。②

《滇诗重光集》序③

凡事以利赖及天下为最巨，而功必自一隅始。君子之为学，非区区善其身已也。将由家而溉之国焉，推之四海焉。得其位则求满吾位所及之量，然后为能自尽；不幸穷居，亦必随时与事充吾心力所能至，而以未至者俟诸人。惟有作于前，乃有述于后。政教所系，文献所征，彼苍默寄于人人，听知道者起而自任。端木氏言大小分识，孟子称守先待后、比物此志也，彼握龊者乌足以知之？

石屏许麟篆广文寄示近所刊《滇诗》十六卷，且告曰："吾滇文学，

---

① 此文录自光绪二十六年刻本《虚受堂文集》，以长沙王氏合刊本《水经注》为校本。
② 校本此句后有："光绪十八年，岁次壬辰秋七月，王先谦识于长沙之葵园。"
③ 此文录自光绪二十六年刻本《虚受堂文集》。

代不乏人，国朝尤盛。嘉庆初，保山袁广文文典舅季有《滇诗文略》之刻，而乾隆前作者赖以有传。咸丰初，昆明黄文洁公琮刻《滇诗嗣音集》，道光以上风雅略备，丙辰后毁于兵。大乱初平，文物凋丧，学人间作，雅音未衰。率以无力梓行，旋就湮佚。吾为此惧，辑光绪以前文逾十家，诗逾四十。先刻诗，编仿《嗣音》例，命曰《重光集》。前之遗者补，略者增，次辈行，附事实，俾论世者有考。已编而毁者重刻之，费无出，损俸入赓续成之，有助与否非问也。"余闻之喜甚。

昔吾乡邓湘皋先生当道光承平之世，辑刊《沅湘耆旧集》，曾文正志其墓，美其用心之厚，以为长逝者所托命。若麟篆掇拾于丧乱残缺之余，岂不尤难能耶？夫德莫优于好善，义莫尚于轻财，量莫广于与天下为公，恶莫甚于不乐成人之美。广文世所称卑官而贫者也，以麟篆居之，乃汲汲然修废起坠，捐己赀而代谋焉。其意识闳远，足以兴起颓俗，感激好事。它日持此心以膺人民之寄，则何施之不溥？何幽之弗扬邪？

文于道，未为尊也。诗又文之一端，而麟篆所辑，特方域之书也。然军兴以来，直省人文垂烬，苟闻者皆慕效其所为，则海内之文学得所托而不忧泯灭。虽一隅而足以及天下，其机与理固存焉，此余所为嘉叹而不已也。语曰："人之欲善，谁不如我？"麟篆亦将闻吾言而自壮也夫！

《五塘诗草》序①

《五塘诗②草》者，石屏许广文印芳麟篆所箸诗也。同治庚午，余典云南乡试，得麟篆文大喜，拔置第二。同考官或相诮让，余曰："此必佳士，请姑待验吾言。"榜发，果宿儒也。既挟所为诗来谒，余题五律赠之。首联曰："一笑得山谷，自惭非老坡。"末云："平生期许意，岂独在巍科！"固知其非一世士矣。岁癸未，麟篆会试再报罢，余方忧居长沙，迂道来访，赋诗二章为别，嗣是不相闻。今秋，自滇寄示刊行诗六卷，则余昔所见及赠别之作皆在，距庚午且二十三年。

麟篆当咸同之际，目睹滇中文玩武偷，奸顽奋张，大乱已成，哀身

---

① 此文录自光绪二十六年刻本《虚受堂文集》，以云南图书馆藏板甲寅年刊本《五塘诗草》为校本。

② "诗"字原脱，据文题补。

世之乖离，斯民之无与拯恤，往往中夜起立，慷慨悲歌。集中感时、伤乱诸篇，识者以为不减老杜夔州后作。光绪间，兵祸渐定，麟篆亦时出游，则纪行、投赠之什为多，大都隽旨曲包，精思独诣，信乎其诗豪也。麟篆既以文名当世，适省会建经正书院，当事延为院长，用其学倡导后进。又搜刻光绪以前滇人诗文数十家，其公善之心尤不可及，而其道亦日益光。

因麟篆请为序其诗，非余文足重麟篆，而麟篆为余增重也。五塘者在石屏，近麟篆居，曰热水，曰洗马，其三已弗可识云。①

《畹兰斋文集》序②

天下之至乐，莫如得朋。东汉之气节，宋明之道学友谊，称极盛。然而依附声景，标榜门户，为不少矣。夸毗之徒，薄文蓺③为不足道，而笃实如曾子，必曰"君子以文会友"，何邪？盖文之为道，与性情通。必其人有通博之才，真挚之气，坚特之行，若虚若无之心，然后可以同道而相益。四者一不具，不足以言文友。虽文与时递变，其为会友之达道，无古今一也。非是，则终归于慕悦征逐而已。

李君佐周长余一岁，自幼同学相爱好。稍长，各以饥驱出走，十数年不相闻，而特闻其古文之学冠绝时辈。壬午岁，余归相见长沙，各出所业相质，情谊视畴昔逾密。再归，又加密焉。每作文，不得佐周定之，心不释。佐周为文，其待余定而后快，亦若余之于佐周也。佐周性耿介，不谐俗，顾独暗就余，余文不逮佐周远甚，而佐周以为可以入道，得其一言称许，辄数日喜。

佐周之文，导源龙门，其峻洁在昌黎、半山之间，不轻视人，人亦鲜真知之者。今年春，病几死，余再四索其文稿，出之敝箧曰："子姑弄之。"余亟付剞劂，佐周病小愈，索稿靳不与，其文遂行世。佐周善古近体诗，然不多作，尤工时文。甫三十，绝意进取，竟以岁贡生老，人咸惜之，而佐周夷然不屑。读其文，可以知

① 校本此句后有："光绪十八年，岁次壬辰，长沙友人王先谦序。"
② 此文录自光绪二十六年刻本《虚受堂文集》，以李桢《畹兰斋文集》（光绪十八年刻本）为校本。
③ "蓺"，同"艺"。

其自命矣。①

《养知书屋遗集》序②

夫经纶者，时也；屈仲者，命也。时与命相际，而才显焉，不则反是。吾见役志于功名之涂，以毕其生，及其不遂而殇，而无复有以自见者甚多而可悲也。惟魁奇杰特之士，自其始为学时，即已靡不通究。出而应世，未尝以庳小自域，而散见于楮墨者，众咸宝贵之。其或卒绌于远大之程，出其余艺，犹足颉颃千载作者。自古贤达，莫不皆然。吾于郭筠仙先生尤深慨焉。

先生当咸丰朝，即已直南斋，膺使命。假归后，起为苏松道，擢守粤抚，罢官再起为闽臬，超迁侍郎，持节数万里外之海国，可云尊显。然而德不谐其偶，志不达其施，履安若危，龃龉沓至。病免逾十年，于国家利病民生疾苦，未尝不关怀也。窥其所学，未究万一。而世俗颓敝，直道不行，先生亦老病且死矣。

先生之文，畅夷义理，冥合矩度。其雄直之气，追配司马迁、韩愈，殆无愧色。古近体诗，造意取材，离绝凡近。晚年不多作，纵笔偶成，皆有意度。评骘经史，考订尤精。余娄从臾付梓，先生曰："吾姑不欲以文人自命。"执不可。时年已七十，而意气不衰如此。

殁后，哲嗣炎生等出其丛残稿本视余，遂与杨商农孝廉次为《奏疏》十二卷、《文集》二十八卷、《诗集》十五卷。其所撰《礼记质疑》诸书，已别行。复刺取子史中随笔记录者，为《养知书屋读书记》若干卷。先生自少精力绝人，论箸甚富，即余所曾见诗文、书牍于友朋家者，今其稿皆不可得。盖先生一生踪迹无定，又懒不自收拾，故散佚如此之甚。今幸存者，特绪余耳，然抑岂先生之初志也？噫！

重刊《风宪约》序代③

宁陵吕叔简先生，以名儒循吏致位卿贰，疏陈天下安危，《明史》美其鲠亮。所著述多出新意，《风宪约》一编，则按察山西时作也。首

---

① 校本此句后有："光绪十八年，岁次壬辰秋八月，长沙愚弟王先谦谨叙。"
②③ 此文录自光绪二十六年刻本《虚受堂文集》。

提刑事宜，其目为人命之条十二，盗情之条十一，奸情之条四，监禁之条十，听讼之条十二，用刑之条四，状式附。次按察事宜凡二十，宪纲十要及报政实单附。狱政别为卷附后。

万历中叶，朝政不纲，犴狱繁兴，民生重困。先生自以职任所亲，抟心壹志，播为文告，哀矜悱恻，靳使属吏有所遵循，用拯时艰于万一，百代而下，如揭苦衷。厥后管刑部，疏称："法者，持天下之平，如轻重可以任情，则律例不为一定。请俯从司寇之平，勉就祖宗之法。"其言当时积弊，与《约》中备荒、诘奸、恤无告、清户粮诸条情事隐相证合。盖先生忠诚为国，所以纳诲施教、维持上下之交者，始终如一辙也。

我朝列圣，钦恤民命，弼教协中，胜国衰政一扫刮绝。迄于今蒙业日久，法令之弛积于无形，庸才或以宽厚养奸，能吏又以武健扬己。如兹编所论列，敢谓必无哉？

余奉命陈臬楚南，念民生之日艰，惧刑狱之多滥，与二三寮友以实政相奖勉。爰取兹编重付梓人，公之司牧。其或世殊事异，则斟酌而变通之。若其指陈切当时弊，乃吾侪所当目怵心惕、神奋力践者也。诸君子将欲拟迹龚、黄，平揖于、隽，舍斯道其何从焉？史称先生为襄垣知县，有异政，调大同，征授户部主事，与卷首自述为令两邑合。晚以忠直见屏，康济之志郁而未施。读兹编，弥叹惋不置云。

吴中丞《游桃源洞记》书后[①]

桃花源，章自陶靖节之记，至唐乃仙之，诏隶二十户奉徭，备洒扫灵宅醮坛，广形歌咏。时君好道而荒诞不经之说附焉，宜昌黎翁之伪之也。

余谓靖节作记，但言往来种作，男女衣著如外人，设酒杀鸡作食饷客，无殊异世俗事，不当以为鬼物。东坡言渔人所见，乃避秦人之子孙，引南阳菊水、蜀青城山、仇池洞天三事，以为天壤若此者甚众。而中丞吴公记游，言汉通西南夷，黔中、滇池、夜郎诸君长阻绝徼外，不知汉广大，贾人市浮牂柯江而下，五溪沅、澧间不当孔道，山陬僻壤，民乐其业，徭役追呼所不及，虽隶郡县，若与人世隔绝，故魏晋以前，

---

① 此文录自光绪二十六年刻本《虚受堂文集》。

武陵人不知有桃源。是二说最为得之。

余又以为秦人避乱居此，亦自有说。《史记·秦本纪》：昭襄王时，司马错定蜀。二十七年，错因蜀攻楚，黔中拔之。三十年，立黔中郡。《括地志》云："故城在辰州沅陵县西二十里。"唐刘梦得《登司马错古城》诗自注：秦命错征五溪蛮，城在武陵沅江南。是当日沅、澧左侧，皆秦兵威所至。吾意必有秦人戍役不归，寻幽选僻，相率聚居，若交阯马流之比，而为之魁者，抑岂无一二奇桀如卢生、徐市之流，知世乱未艾，号召部署，堑险自固，不与人境通，历世蒙业，遂习而相忘欤？此皆情事之可揣见者也。晋太元非乎世，所谓武陵太守者为政不知何如，渔人一出，意彼中长老虑好事复至，豫为阻绝。观其语云"不足为外人道"，辟世之心若是其深也，而遂诧为仙迹，岂非差谬之尤甚者邪！

中丞下车未期，政教风行，百姓和乐。尽楚之南，皆桃源也。属以阅武西行，道经斯土，慨焉兴慕，撰为记文。致美民俗，归誉有司，盛德谦光，复乎弥远。洞前亭观桥梁，皆县令余君集贶修建。一登记览，自后遂为胜迹。盖山川之灵，得陶记而开，有中丞之文而大显。而韩、苏诸君子凭虚臆测，虽所见互异，不如今日目验之得实也。既乐观公之文，因以余所见附书其后云。

《柈湖文集》序^①

巴陵吴南屏先生尝自刊所为文曰《柈湖录》者，殁后二十年，思贤书局鸠赀重刻。先谦获与校雠之役，乃为搜补散佚，得文如干篇，为卷十二，而谨序其端曰：

自咸丰军兴，楚材辈奋，而曾文正、左文襄为之魁。士之有志名业者，莫不走军垒，依倚取通显。先生与二公交密，终身未尝有所求请。文正欲寄以幕府之任，卒谢不往。以举人大挑，司铎浏阳，意有不合，即自免去。博观载籍，洞晰精微。而于古人为文之道，孤往冥会，意量渊然，常有以自得者。

尝往来岳州城南白鹤山之吕仙亭、君山之九江楼，寓居累月经时，乐而忘返。天容水色，晴晃雨夕，千态万状，奔赴几席。时或扶筇而

_____

① 此文录自光绪二十六年刻本《虚受堂文集》，以吴敏树《柈湖文集》（光绪十九年思贤讲舍刻本）为校本。

行，揄竿而钓，皆以发其笔墨之趣，所寄愈远，而文亦愈高矣。始居京师，以文见推于梅郎中曾亮。时梅先生方以桐城文派之说启导后进，其言由国朝姚、刘、方三君，上溯明归震川氏，以嗣音唐宋，为古文正宗。先生顾谓文必得力于古书，不当建一先生之言以自隘。其后曾公为文叙述文派，称引及先生，遂与友人书极论之，所以自别异甚力。

盖先生之文，词高体洁，实能自进于古。而世俗寻声逐影之说，无所系于其心。故观其为文与其人之生平，足以壮独行之胸，而激懦夫之气，可不谓卓然雄俊君子与！吾楚近日功名之涂日开，而山林遗逸，世或罕能留意。叙斯集而传之，使知如先生之全于天者，尤可贵也。

桦湖者，洞庭支流所入，俗状而呼之曰铜桦湖，《水经·湘水注》所称同拌口也。先生居与近，因自号桦湖渔叟云。①

浏阳《娄氏族谱》序②

《唐书·宰相世系表》言娄氏出姒姓夏后，东楼公封于杞，为楚所灭，子孙食邑于娄，因以为氏，城阳诸县有娄乡是也。考二汉诸隶琅邪，晋属城阳，非宋郡县。《表》不为欧阳公所撰，此亦一证也。《左传》隐四年：莒伐杞，取牟娄。③ 杜预注以娄乡当之，地在今山东诸城县，距杞国都远。疑牟娄当日遥属于杞，若近世西国经营外域之比，故后一入于莒，再入于鲁。而奉春君娄敬，乃特以齐人显于汉初，族望亦在山东。娄之以娄乡受氏，无可疑者。若楼姓，系出东楼，与娄氏源流自别。而宋楼宣献《攻媿集》载挽娄忠简诗云"得姓共东楼"，是犹儳仍氏族家之言，混同而不考实。明宋濂序义乌楼氏《家乘》，推本东楼，必别娄为邾娄之裔，抑又非也。

浏阳娄峻三提军示余合修族谱，其宗人叙述称首奉春，至唐同平章事师德为初祖。传十三世讳浩者，徙新建。浩孙忠简公机。忠简曾孙时逊，元举进士，官御史。次子景华，入明为通判，迁浏西乡。子瑞卿，居国井；政卿，居迎垄，其子南木，再徙。井、垄各立祠谱。于是娄姓

---

① 校本此句后有："光绪十九年夏五月，长沙王先谦撰。"
② 此文录自光绪二十六年刻本《虚受堂文集》。
③ 《春秋左传正义》（清嘉庆二十年南昌府学重刊宋本《十三经注疏》本）作："四年春王二月，莒人伐杞，取牟娄。"

在浏者，析为三。厥后，宗人心安、廷辉、慎堂三君，欲合之而未能，则置田立会以俟。前美有继，积产渐增。峻三，心安公孙也，始捐金赎先人遗宅立公祠，岁聚三支祠人祭于其所。又二十余年，而合修谱成。

夫族之不得不分者，势为之也；于既分而思有以合之，又天理人情之至也。然使转徙辽远，世系靡详，则当听其分而不强其合。近世敝俗，多为总祠，聚异方同姓之人，联为一族，而祀上世得姓最初者，其中讹滥失真，徒滋奸弊。兹娄氏之为谱，尽邑为限，本支昭晰，不遗不诬，斯则可贵也已。

峻三壮年，积百战致专阃。隆声茂功，与奉春、平章后先辉映。今奉天子命，屏捍桑梓，厥施未艾，楚人以为荣。而余幼时见君族蔼农孝廉名谦光者，性豪宕，善属文，系出政卿房。峻三言其已逝，后嗣能自力于学，族人尤多彬彬文行可称云。谱中平章、忠简，绘列遗像，宣献挽词亦附见卷内，想见昔贤采摭之勤。而御史公在元时，创修新建支谱，自制序文，颇以娄本邾娄为不可信，并疑东楼后去木为娄之非，与余意合。因为推究世系本末，质之峻三，以复其族人，而特著娄氏合族之良规，俾后来知所范围而不敢有过焉。

《心言》序①

自宣尼既殁，大道横裂。周末逮汉，诸子竞鸣。兰陵、成都，原流近正，而成都于斧藻特工。厥后徐、王二中，尚存古义。宋、明以降，义理弥畅，而未为文人能事也。柱史之精诣，漆园之寓言，其于文诸子莫尚，而言不列儒家。余以谓风虎云龙之喻，张弧载鬼之奇，以及《盘诰》诘屈，《公》、《穀》答难，斯皆经肇其体，子演其绪者也。若掬子之精而不戾于经之旨，其不为天下之至文乎！

吾邑张蔗泉先生，自少沈酣百氏之言，洞幽达奥，雷霆光怪，盘郁胸臆。故其宣之于文，古义根互，奇趣间发，侪辈聚观，诧所未有。尝为《心言》一书，以深湛之思，举幼眇之理，体包万殊，道尽六合。其文则雕肝钵肾而出之，庄谐杂陈，奇正互启。高言追老、庄，精义贯周、孔，斯《大易》所谓"修词立诚"②者乎？曾文正公称其"约六经

---

① 此文录自光绪二十六年刻本《虚受堂文集》。
② 王弼《周易注疏》（清嘉庆二十年南昌府学重刊宋本《十三经注疏》本）作："修辞立其诚，所以居业也。"

以成文"，非虚美也。方道光之季，益阳汤君鹏以文名京师，为书数万言，号《浮邱子》，每夸于人曰："能从我一读《浮邱子》乎？"及见此书，大叹服。郭筠仙侍郎铭先生墓云："浮邱汤君，雄伏一世，见君《心言》，气输神移。"盖其为时推重如此。

先生没后，稿本为人刻之蜀中，间有讹舛，哲嗣雨珊谋重刊之，属余序其颠委。余见先生晚，不获饫闻绪论，顾生平服膺先生之文，又与雨珊、冶秋为昆弟交，不可以嘿①。雨珊既为此书作注，因并刊之。其发言洞微，简而有要，扬乌之与元不足道也。

重刊《南华九老会唱和诗谱》序②

南华九老会者，武进庄劲庵先生与其致仕归里之宗人为唱酬雅集，其孙宇逵达甫征君辑所为诗并各附谱传以行者也。九老之为斯会，当乾隆十四年。时海寓无事，民气和乐。朝多清白之吏，野尽可封之户。而庄氏仕宦、文学之盛，甲于江左。九老出树名绩，处绝尘滓，类能遗外荣利以养其天和。其族年逾六十未与会而以诗和者，又廿一人。翰墨交映，流风蔚然。古处敦睦之休，至今犹可想见。非夫遭际隆平，沐浴圣泽，人材盛而风俗醇，其奚及此？

粤寇蹂江南，昔日簪缨杯斝之场，荡为灰烬，《诗谱》版亦煨矣。而南华之世泽，炳焉日章。廿一人中巢云生先者，劲庵亲兄也。其元孙卫生先生以翰林起家，从胡文忠公林翼绥定楚北，官布政使，勋望为世推重。布政之子心安观察，才高而识敏，宦誉隆翕，将以益大其宗。适干役楚北，获睹《诗谱》钞册，亟重刊之。而属先谦为叙，语曰："莫为之后，虽盛弗传。"今一展卷，而庄氏诸老清风高致，与一时文宴游从之雅，如接诸心目间。视古之述祖德、诵清芬者，用意无多让，观察为能不没其先矣！虽更历徂龄，而音徽未沬，职以斯谱之故。然则文翰之功，其又可少哉！

九老之首九十翁省堂先生清度，初通判凤凰营，复以礼部仪制司郎中主湖南乡试。劲庵先生知石门县，今观察复官吾省，结辙踵武，实宦迹之佳谈。先谦不敏，获承命纪述，与卷中恽、张、洪、赵诸君子相后

---

① "嘿"，同"默"。
② 此文录自光绪二十六年刻本《虚受堂文集》。

先，何多幸也！

劲庵先生讳柏承；巢云先生讳松承，顺天南路同知；卫生先生讳受祺；观察今守盐法长宝道。

《庄子集释》序[①]

郭君子瀞为《庄子集释》成，以授先谦读之，而其年适有东夷之乱，作而叹曰：

庄子其有不得已于中乎？夫其遭世否塞，拯之末由，神彷徨乎冯闳。验小大之无垠，究天地之终始，惧然而为是言也。驺衍曰："儒者所谓中国，于天下乃八十一分，居其一分耳。赤县神州外，自有九州，裨海环之，大瀛海环其外。"[②] 惠施曰："我知天下之中央，燕之北、越之南是也。"而庄子称之，亦言儵与忽凿混沌死。其说若豫睹将来，而推厥终极，亦异人矣哉！

子贡为挈水之槔，而汉阴丈人笑之。今之机械机事，倍于槔者相万也，使庄子见之奈何？蛮触氏争地于蜗角，伏尸数万，逐北旬日。今之蛮触氏不知其几也，而庄子奈何？是故以黄帝为君，而有蚩尤；以尧为君，而有丛枝宗、脍、胥敖。黄帝、尧非好事也，然而欲虚其国，刑其人，其不能以虚静治，决矣。

彼庄子者，求其术而不得，将遂独立于寥阔之野，以幸全其身而乐其生，乌足及天下？且其书尝暴著于后矣，晋演为元学，无解于胡羯之氛；唐尊为真经，无救于安史之祸。徒以药世主淫侈，澹末俗利欲，庶有一二之助焉。而其文又绝奇，郭君爱玩之不已，因有集释之作，附之以文，益之以博，使庄子见之，得毋曰："此犹吾之糟粕乎？"虽然，无迹奚以测履？无糟粕奚以观于古美矣？郭君于是书为副墨之子，将群天下为洛诵之孙已夫！[③]

---

①　此文录自光绪二十六年刻本《虚受堂文集》，以郭庆藩《庄子集释》（扫叶山房本）为校本。

②　此段引文《史记·孟子荀卿列传》（清武英殿刻本）作："儒者所谓中国者，于天下乃八十一分，居其一分耳。中国名曰赤县神州。赤县神州内自有九州，禹之序九州是也，不得为州数。中国外如赤县神州者九，乃所谓九州也。于是有裨海环之，人民禽兽莫能相通者，如一区中者，乃为一州。如此九州，乃有大瀛海环其外，天地之际也。"

③　校本此句后有："光绪二十年，岁次甲午冬十二月，长沙愚弟王先谦谨撰。"

《释名疏证补》序①

文字之兴，声先而义后。动植之物，字多纯声，此名无可释者也。外是则孳乳繁赜，旨趣迁贸。学者缘声求义，辄举声近之字为释，取其明白易通，而声义皆定。流求珥贰，例启于周公；乾健坤顺，说畅于孔子。"仁者人也"，"谊者宜也"，偏旁依声以起训；"刑者侀也"，"侀者成也"，展转积声以求通。此声教之大凡也。

侵寻乎汉世，间见于纬书。韩婴解诗，班固辑论，率用斯体，宏阐经术，许、郑、高、张之伦，弥广厥旨。逮刘成国之《释名》出，以声为书，遂为经说之归墟，实亦儒门之奥键已。隋唐以还，称引最夥。流溉后学，取重通人。往往古义旧音，展卷有会，语其佳处，寻绎靡穷。虽官职致辨于韦昭，食品见非于徐锴，谅为小失，无害宏纲。亦有直解可明，而繁词曲证，良由主声之作，书体致然。

自《说文》离析形声，字有定义，无假譬况，功用大焄。于是《释名》流派渐微，其言声之学，乃沿为双声叠均。而《说文》从声之法，亦生直音。故吾以谓《说文》直音之肇祖，而《释名》者反切之统宗也。

旧本阙讹特甚，得镇洋毕氏校订，然后是书可读。长洲吴氏所刊顾千里校本，是正亦多。其中奥义微文，未尽挥发。端居多暇，与湘潭王启原、叶德炯、孙楷、善化皮锡瑞、平江苏舆、从弟先慎，覆加诠释，决疑通滞。岁月既积，简帙遂充。因合毕氏元本，参酌吴校及宝应成蓉镜《补证》、阳湖吴翊寅《校议》、瑞安孙诒让《札迻》，甄录尤雅，萃为斯编。剞劂甫成，元和祝秉纲垂示胡、许二君所校，为芟去重复，别卷附末，期以补灵岩之漏义，阐北海之精心。大雅宏达，庶匡益之。②

顾竹侯所箸书序③

山阳顾持白同年寄示其郎君竹侯文学所箸书，搜集宏博，裁择精

---

① 此文录自光绪二十六年刻本《虚受堂文集》，以光绪二十二年刊本《释名疏证补》为校本。

② 校本此句后有："光绪二十一年，岁次乙未冬十二月，长沙王先谦谨撰。"

③ 此文录自光绪二十六年刻本《虚受堂文集》。

审，致功于经训字说，可谓勤矣。为之序曰：

治经者不通小学，无以究其原；不明段借，无以尽其变；不厘然于今古文之界域，无以析众说之是非而折其衷。典午大儒，虽精博如郭景纯，尚不能通贯小学段借之旨，故于说经，不免违阂。至本朝，而《说文》多专家之学，或更上溯三代彝器，旁求汉魏字书，所以穷六书之渊微，启古训之秘奥，美矣盛矣！若今、古文之分，则段茂堂、孙渊如之治《尚书》，陈朴园之治《三家诗》，不能无颠倒迷误之病。盖白康成注经，杂揉今古，后儒猝难辨识，强执郑说仞为今文，此其蔽也。毛公为《诗》，本不在孔壁古文之数，自谓传自子夏，当时已不尊信，以献王所好，依附幸存，然汉人罕称道者。刘子骏欲牵引以张不传之学，颇议立之，而《移太常博士书》不及一字，足以推见至隐，其析《邶》、《鄘》、《卫》为三卷，不以周南、召南为地名，而强释数语，厕之卜氏大序，致上下文义不通，用心至为谬妄。《桑中序》误解《礼记》，《硕人序》误读《左传》，则影附古文，而实不明古文。若斯之类，尚难悉数。徒以郑君鹜博，为之作笺，郑学盛而《毛传》行，三家遂陵夷渐灭，无复片简之存。惜哉惜哉！自今以往，谓无有志复古者起而正之，吾不信已。

竹侯所辑《小学钩沈续编》，广兴化任氏所未备，有功《仓雅》。《隶经杂箸》甲乙编，洞明通借之理，旁推曲畅，古义大暴。《三家诗遗说续考》，研核之详，几驾陈氏而上之，殆集国朝诸儒之长而务袪其蔽者。其它各种，未见元书，不敢妄有论议。《方言校补》，闻郭观察已采刊之。《释名》则余刻有成书，未知于竹侯所撰有合否也。

竹侯为余督学时所拔士，今果覃精故训，力求至于古人，持白可谓有子。承属弁言，因略引其绪以谂竹侯，竹侯必且旷然暇思而有得也已。

《葵园校士录存》序①

《葵园校士录存》者，从弟先慎与及门诸子裒《三省乡墨》、《两同门录》及《吴中清嘉三集》选辑合刊者也。

---

① 此文录自光绪二十六年刻本《虚受堂文集》，以光绪三十四年长沙王氏刻本《王先谦自定年谱》为校本。

溯余通籍以来，凡五与试差之考，而三主省试，再校礼闱。光绪乙酉，奉命督学江南，以未与考得之，驽劣小臣，蒙被异数，忝窃甚矣。迨戊子告归，七八年间，养疴里闬，因循坐废。乙未，倭人不靖，边事大坏，二三豪俊，瞋目扼腕，大①息于国之无良，富强之不亟讲，相与归咎制艺无用之学，思一扫刮绝。余弟辈复何取于前此历试之文而录之存之也哉？虽然，国朝功令以时文取士，二百数十年，名臣硕儒，骈出其中。至今日以无人无学为时文罪，则亦有未尽然者。

且夫文之为体不一，靡不有创有因，历千载而一致。今将使工制器，而命之曰尔其舍所为方员平直之具，务单精骋思，取象于手，则超般与扁，殆非善诲之大匠也。时文一小技，废而废耳，若制科一日不变，法固自有程式。在今谈文者，方且离凡近而索高言，捐绳尺以求奇士，才贤未必俯而就，徒使教学之事失所凭依，人心滋不靖，道亦日敝矣。岂扶世翼教之君子而忍出此？

余于时文无能为役，然每与试事，兢兢致慎，不敢别立宗旨，好尚诡异，幸免取讥当世明哲，而所得魁奇博通之士，亦往往而有。犹忆甲戌分校，缪筱珊编修、李莼客、朱蓉生两侍御、赵桐孙太守卷，并出余房，力荐未售，同人诧余。此四君获隽，足冠一榜，余时亦颇自负。文章声气之微，其果冥合符契，有非尽出于适然者邪？而世俗徒泥文句求之，抑又慎已②。刻既成，书数语简端。

葵园者，余归里后所筑居，遂自号也。

《韩非子集解》序③

韩非处弱韩危极之时，以宗属疏远，不得进用。目击游说纵横之徒，颠倒人主以取利，而奸猾贼民，恣为暴乱，莫可救止。因痛嫉夫操国柄者，不能伸其自有之权力，斩割禁断，肃朝野而谋治安。其身与国为体，又烛弊深切，无蕲见之行事，为书以著明之。故其情迫，其言核，不与战国文学诸子等。

迄今览其遗文，推迹当日国势，苟不先以非之言，殆亦无可为治

---

① "大"字讹，当作"太"。
② "已"，校本作"矣"。
③ 此文录自光绪二十六年刻本《虚受堂文集》，以王先慎《韩非子集解》（扫叶山房石印本）为校本。

者。仁惠者临民之要道，然非以待奸暴也。孟子导时王以仁义而恶言利。今非之言曰："世之学术者说人主，不曰乘威严以困奸邪，而皆曰仁义惠爱。世主亦美仁义之名，而不察其实。"盖世主所美，非孟子所谓仁义，说士所言，非仁义即利耳。至劝入主用威，唯非宗属乃敢言之，非论说固有偏激。然其云明法严刑，救群生之乱，去天下之祸，使强不陵弱，众不暴寡，耆老得遂，幼孤得长。此则重典之用而张弛之宜，与孟子所称及闲暇、明政刑，用意岂异也？既不能行之于韩，而秦法暗与之同，遂以锄群雄，有天下。而董子乃曰："秦行韩非之说。"考非奉使时，秦政立势成，非往即见杀，何谓行其说哉？

书都二十卷，旧注罕所挥发。从弟先慎为之集解，订补阙讹，推究义蕴，然后是书厘然可诵。《主道》以下，盖非平日所为书；《初见秦》诸篇，则后来附入者，非劝秦不举韩为宗社图存，画至无俚。君子于此，尤悲其志焉。①

《汉书补注》序②

自颜监注行而班《书》义显，卓然号为功臣。然未发明者固多，而句读讹误、解释踏驳之处，亦迭见焉。良由是书义蕴宏深，通贯匪易。昔在东汉之世，朝廷求为其学者，以马季长一代大儒，尚命伏阁下从孟坚女弟曹大家受读，即其难可知矣。宋、明以来，校正板本之功为多。

国朝右文兴学，精刊诸史。海内耆古之士，承流向风，研究班义，考正注文，箸述美富，旷隆往代。但以散见诸书，学者罕能通习。先谦自通籍以来，即究心班《书》，博求其义，荟最编摩。积有年岁，都为一集，命曰《汉书补注》，臧之箧笥。时有改订，忽忽六旬。炳烛余明，恐不能更有精进。忘其固陋，举付梓人。自顾材识驽下，无以逾越古贤。区区寸心，颇谓尽力。疏讹之咎，仍惧未免。匡我不逮，敬俟君子。光绪二十六年，岁次庚子春二月。③

---

① 校本此句后有："光绪二十二年冬十二月，葵园老人王先谦序。"
② 此文录自光绪二十六年刻本《虚受堂文集》，以光绪二十六年王氏虚受堂刻本《汉书补注》为校本。
③ 校本此句为："光绪二十六年，岁次庚子二月初吉，识于长沙城北葵园。"

《约章分类辑要》序①

天下事有时有势。昔元祖全盛之世，举舟师十万覆于五龙山之役，势不及也。汉室初兴，以高皇之雄武，文帝之英明②，围平城，逼甘泉，而卒就和亲之议，时未至也。势绌于地，时困于天，惟有修人事以善持之。然则诘戎练武之实，讲信修睦之文，二者宜亟图矣。

自泰西互市，和约娄更，传教通商，往来如织。朝廷所以联好平争，无微弗至，章程修布，书不一家。而固圉经远之道，弗精弗详。重关洞开，卧榻延客，廪廪乎实去文存，君子病焉。

湖南之有洋务，后于诸行省。光绪戊戌，山阴俞公来抚是邦，始开农工商务局。适奉旨饬纂《约章》颁行遵守，命蔡伯浩观察董其事。观察博通今古，周知外务，辑为斯编，钩稽详核，图表尤精，言交涉者莫先是书。既成，属先谦序其首。而其时值联军入都，六飞幸陕，瞻望西北，执笔泫然者久之。

昔韩宣子见《易象》与《春秋》，曰："周礼尽在鲁矣。"《春秋》者，《公羊传》云不修书也，由孔子笔削，上推之，想见当日史臣纪述之详，文章之美，鲁称秉礼，有以也。邦交，礼之大端也。仰维国家谕纂《约章》之意，所以辑和远裔、戒约官民至周且厚。今环球诸邦有由春秋入战国之势，干戈满目，而烟墨弗疲，吾其为秉礼之鲁乎？奋而为元也，地域之其终为汉，则有天焉。因观察以谂俞公，所为修人事以善持之者，又当何如也？光绪庚子冬十月。③

《丹溪全书》序④

自黄岐论明而医道立，无方书也。伊尹作《汤液》，仲景发《伤寒》。自时厥后，医方竞鸣。然自华陀《肘后》、思邈《千金》外，醇驳杂揉，罕可推述。金元之际，河间、絜古、东垣、戴人、丹溪诸家出，

---

① 此文录自光绪二十六年刻本《虚受堂文集》，以蔡乃煌等纂《约章分类辑要》（光绪二十六年湖南商务局刊本）为校本。

② "英明"，校本作"明睿"。

③ 此句校本作："光绪二十六年，岁次庚子冬十月，长沙王先谦谨叙。"

④ 此文录自光绪二十六年刻本《虚受堂文集》。

于是医学美备。而丹溪号为集大成，上承仲景，出入诸家，单思诣微，务归于中正平易。其立方论证，兼详病脉，所以津逮后人，用心至厚。而其时承宋大观陈裴《局方》之余，医者习用辛热品剂，亢阳竭阴，杀人如草。丹溪闵焉，乃取《内经》"阴常不足，阳常有余"之义，开示学者，匡正其失。李氏时珍因谓其偏于补阴，非笃论也。今天下医学殆绝，楚南尤甚。无识之徒，造作"阳药君子，阴药小人"之说，其偏用辛热，流毒不下于《局方》。然则思救其敝，其无赖于丹溪之书邪？

余遭家艰屯，亲属夭亡，多为药误，痛医术之不明于世。同邑陈鉴舟孝廉，凤精斯道，尤服膺丹溪之书，相与商榷，亟用书局公钱刊行，而孝廉力任雠校之事。丹溪书在明世，一刻于陕，再刻于蜀。中杂王、杨附论、附方，得失互见。本书转为所隐，读者宜善择之。旧刻丹溪自著者，《心法》五卷；门人录存者，《脉诀指掌》、《医学发明》、《活法机要》各一卷，《金匮钩元》三卷，又附戴元礼《证治要诀》十二卷，《证治类方》四卷。而丹溪自著之《格致余论》、《局方发挥》各一卷，及其门人王安道《溯洄集》三卷，反附刻东垣集中。兹合刊为《丹溪全书》，都三十二卷。《脉诀》间亦姑仍旧说，孝廉特取《脉经》校补。牖世之勤，殆与丹溪同揆矣。光绪庚子秋九月。

重刊《景教碑文纪事考正》序①

《景教碑文纪事考正》，广东番禺杨荣鋕襄甫撰，自称景门后学。书凡三卷，刊于光绪二十一年。卷端列影照碑文一，弟一卷载翻译《景教流行中国碑》文，次《金石家考论》，次《大秦考》，次《景教及诸教考原》，二、三卷则取今之通行耶稣本经以证释碑文者也。

《碑》称贞观中，大秦阿罗本至长安，诏造寺度僧。高宗时，诸州各置景寺。元宗送五圣写真寺内安置。肃宗于灵武等郡重立景寺。代宗诞降之辰，锡香颁馔，建中二年，僧景净述颂建碑，文中称其道曰景门、曰景风、曰景力，徒曰景众、曰景士，且曰真常之道，妙而难名。功用昭章，强称景教。其云三一妙身无元真主阿罗诃者，用希伯来音译，阿罗诃乃犹太人称造化主之名，即天也。三一分身景尊弥施诃者，希利尼文，称弥施诃曰基督，即耶稣也，号耶稣曰景尊，故其教曰景

教。或谓唐讳丙之字曰景，丙于五行为火，景教即祆教，故以拜火为宗。此不知火祆非景教，而为此臆说也。

宋敏求《长安志》："布政司西南隅胡祆祠，武德四年立，西域胡天神也。祠有萨宝府官，主祠祆神，亦以胡祝称其职。"① 今案《旧唐书·职官志》有萨宝府祆正，亦曰祆祝。《西溪丛话》言武宗毁浮图，籍僧为民。会昌五年，敕大秦穆护大祆等六十余人，并放还俗。所谓大祆，即祆祝也。祆字胡烟切，从天不从夭。《唐会要》云："波斯国西与吐蕃、康居接，西北距拂菻即大秦。其俗事天、地、日、月、水、火诸神。西域诸胡事火祆者，皆诣波斯受法。"② 故曰波斯教即火祆也。《长安志》又云："义宁街东之北波斯胡寺，贞观十二年太宗为大秦国胡僧阿罗斯立。"③ 又："醴泉坊之东旧波斯寺，仪凤二年波斯三卑路斯请建。波斯寺神龙中宗楚客占为宅，移寺于布政坊西南隅祆祠之西。"④《册府元龟》："天宝中，诏以波斯经教出自大秦，改两京波斯寺为大秦寺。"今考武德所立胡祆祠，与宗楚客所移波斯寺之东，同地一祠。又《新唐书·百官志》："两京及碛西诸州火祆岁再祀，而禁民祈祭。"皆波斯国事火祆之祠也。义宁街东北波斯胡寺，太宗为阿罗斯立，阿罗斯即《碑》阿罗本，义宁街即《碑》义宁坊，此寺与移布政坊西南隅之旧波斯寺，天宝中皆改大秦。推其改名之由，盖以嫌与波斯祆祠相溷。而《碑》云"贞观诏造大秦寺"，乃从其后名称之。钱大昕《景教考》以为夷僧之夸词，非也。

明崇祯间，《碑》始出土，今在陕西省城金胜寺内。杨氏宣扬景教，笺释碑文，弟一卷于西国文字之迁贸，舆图之分合，教宗之同异，剖析详明，为言职方者不可少之书，爰重刊以贻博览君子。二、三卷则以专

---

① 此段引文宋敏求《长安志》（《文渊阁四库全书》本）作："南布政坊，西门之南法海寺，北门之东济法寺，街东北明觉尼寺，西南隅胡祆祠。（又注：武德四年立，西域胡祆神也，祠内有萨宝府官主祠，祆神亦从胡祝充其职。）"

② 此段引文王溥《唐会要》（清武英殿聚珍版丛书本）作："波斯在京师西一万五千里，东与吐火罗、康国接，北邻突厥之可萨部，西北距弗林，西南滨海，户数十万。其王初嗣位，便密选诸子才堪承统者，书其名字，封而藏之。王死后，大臣与王之群臣共发封而视之，奉所书名为王焉。俗事天、地、水、火诸神，西域诸胡事火祆者，皆诣波斯受法焉。"

③ 此段引文《长安志》作："南义宁坊，南门之东化度寺，西北隅积善尼寺，街东之北波斯胡寺。（又注：贞观十二年，太宗为大秦国胡僧阿罗所立。）"

④ 此段引文《长安志》作："南醴泉坊，西南隅三洞女冠观，观北妙胜尼寺，街北之西醴泉寺，街南之东旧波斯胡寺。（又注：仪凤二年，波斯三卑路斯奏请于此置波斯寺。景龙中辛臣宗楚客乐此寺地入其宅，遂移寺于布政坊之西南隅，祆祠之西。）"

释彼教，今无取焉。光绪二十七年，岁次辛丑季秋月。

重刊《景教碑文纪事考正》后序①

周地之民，�瞙而行，倨倨而卧，无异牛马也。见夫苍苍者高无与并，则神之；明明者疾莫能追，则神之；烈烈者热不可执，则神之。以至鬼怪之毒害，物类之侵逼，莫不相与神之。术智者出焉，因其人之敬畏，导以崇奉之礼，祷祀之辞，而教始萌芽。思夫天地如此其辽远也，盖有造分天地者；人类如此其蕃滋也，盖有主持人类者。于是为教者之论说纷、邪正杂矣。

善夫杨氏之论婆罗门也，曰历夏、商、周三代，异端之说日出不穷，则以好论鬼神之过。夫教人而极思于空虚，安在其不为异端所托也哉？谟罕默德、摩尼之借教以行其私也，杨氏详之矣。余尝旁考中国传记，亦颇有与西书合者。

《五运历年记》云："元气鸿濛，肇立乾坤。分布元气，乃孕中和，是为人也。首出盘古，且言其垂死化身，备诸神异。"② 《述异记》云："盘古氏天地万物之祖也，然则生物始于盘古。"今案摩西纪阿罗诃创造天地万物之次序，祚阿乐士论欧拉密创造天地万物之主宰，是其例也。《风俗通》云："女娲抟黄土为人，剧务力不暇供，乃引绳絚泥中，举以为人，故富贵贤知者，黄土人；贫贱凡庸者，引絚人。"今案摩西纪创造世人之始祖韦陀言波绵头肩股脚生四等人，是其例也。《淮南子》云："积阳之热气生火，火气之精者为日；积阴之寒气③为水，水气之精者为月。"古圣王之祀神也，大者秩望山川，微者迎及猫虎。秦有黄蛇、雄雉之祠，汉有星、辰、风、雨及天、地、日、月、兵、阴、阳四时八主之祭。今案火祆教，初以日为众阳之宗，而拜太阳；后以火为发光之原，而更拜火。婆罗门论神道有天、日、昼三位，风、火、湖、海及主宰禽兽、昆虫、凶杀诸神，且谓无物不可以为神，无神不可以为物，是

---

① 此文录自光绪二十六年刻本《虚受堂文集》。

② 此段引文马骕《绎史》（《文渊阁四库全书》本）原作："元气濛鸿，萌芽兹始，遂分天地，肇立乾坤。启阴感阳，分布元气，乃孕中和，是为人也。首生盘古，垂死化身，气成风云，声为雷霆，左眼为日，右眼为月，四肢五体为四极五岳，血液为江河，筋脉为地里，肌肉为田，发髭为星辰，皮毛为草木，齿骨为金石，精髓为珠玉，汗流为雨泽，身之诸虫因风所感化为黎氓。"

③ "气"字后脱一"者"字，见刘安《淮南鸿烈解》（《四部丛刊》景钞北宋本）。

其例也。

　　窃试论之：敬天之理，今古所同。福善祸淫之训，上帝有赫之歌，《诗》、《书》略陈之以垂世戒。虽以子贡之智，不闻孔子言天道；夫子言敬鬼神矣，而答季路云："未能事人，焉能事鬼？"《易》之为书，广大悉备，夫子作赞，惟返而求之于人事，岂不以垂教之旨当如是邪？《舜典》敬敷五教，为中国言教之权舆。子思子作《中庸》，其言性推极于天命矣，仍不外率性为道，修道为教，而申之曰"可离非道"，凡所以约人身心而惧其驰情于幽渺之域也。佛之为教，清虚浩旷，可为养性清心之助。然印度戒杀，蛇虎为殃，则道固有时而穷矣。求其行万世而无弊者，唯我孔子之教也夫！光绪辛丑长至。

《日本源流考》序①

　　先谦录日本开国以来迄于明治二十六年癸巳，采历代史传暨杂家纪载，参证日本群籍，稽合中东年表，为《源流考》二十二卷。裒辑既毕，作而叹曰：

　　天下禅代，独日本世王，非但其臣民有所鉴戒取舍而然也。以岛国孑立无邻，故外侮亦弗及焉。然自番轮飙至，重关洞开，情势岌岌。赖豪杰云集，谋议翕合。上下之情通，从违之机决。捐弃故技，师法泰西。曾不数年，屹然为东方强国。余尝考其变法之始，倍难于它邦：大将军擅权，国王守府，君民睽隔，一也；封建日久，诸国纷纭，不相统壹，二也；游侠成风，政令拂众，辄被狙刺，三也。乃自西国扰乱，而将军乞退；议改郡县，而梗命即败；群谤蜂起，而执政不挠。遂以经纬区寓，焕然启维新之局。呜呼！岂偶然哉？

　　夫举一国之政而惟外邦之从，匪易事也。而日本行之如转圜流水，此其故亦有二：一则地悬海中，事简民朴。其先规制取则李唐，安德而后，权移霸幕，王朝无政焉。德川氏偃武三百年，人士涵濡宋学，晓然于尊王之义，日思蹭幕府而定一尊。乘德川积弱之势，借口攘斥西人，责以归政。耸动群藩，纳上户土。亿兆一心，拱戴王室。于是英杰在位，审时制宜，朝廷规模，悉由创立，倾一国之人，乘方新之气，日皇

---

　　① 此文录自光绪二十六年刻本《虚受堂文集》，以光绪二十八年刻本《日本源流考》为校本。

皇焉惟国制之图，其前无所因，故后并不得谓之变，非我中国每事拘牵
旧章，沮格群议者比也。一则初效西人，不得要领，衣服、饮食、器
用、宫室，刻意规摹，虚糜无算。人民重困，异议纷起。或复旧制，或
倡民权。官与官龃龉，则退归而谋乱；民与官不协，则刺杀以泄忿。国
是丛脞，亦曰殆哉！而我中国塞聪蔽明，百务苟且。台湾生番之偿金，
隐中其机权；甲午北洋之利益，饱张其威力。故彼国之士气咸伸，而更
新之机势大顺矣。考其内政所施，惟力课农桑，广兴工艺，为得利之
实。而以官金资助商会，知保商即以裕国，从而维持附益之，斯得西法
之精者也。

中国之海军不必论矣，铁路楮币，富强则相须，贫弱只自毙。至于
学校分门，官僚分职，非所以治数千年文教之邦也。居今而言变法，不
必事事慕效，惟务开广地利，毋俾他人我先。兼审外商所以歆动吾民而
攫取其财，何者最甚？亟劝导斯人率作兴事。行是二者，必以放勋之劳
来辅翼为心，匪特不争其利，亦并不预其事，鼓天下之智力，以求保我
君民共有之元气。国家灵长之祚，或在兹乎！

日本得志之后，所刊《维新史》、《法规大全》诸书，扬翊过情，观
之徒乱人意，不可概执为兴邦之要道也。是书成，因附述鄙见，以质当
世如此。至日本史家文章之美，览者自得之，故不复云。光绪二十七
年，岁次辛丑秋九月。[①]

师范馆讲义序[②]

在《易》之兑，《象》曰："君子以朋友讲习。"而学之不讲，则尼
父以为忧。周以前讲学之法，无可考矣。两汉经师教授门下，皆有都
讲。史称郑康成事马融，三年不得见。融门徒四百余，升堂者五十余，
使高业弟子传受，以此推知孔徒三千，大圣不能人人亲授，亦必有高业
者为都讲，考论推演，以广其传。《礼记》载有子曾子、子游论"丧欲
速贫、死欲速朽"二语，即孔门讲学之确证。是故诲属之师而讲属之朋
友，《易象》之义，断可明矣。自晋迄隋，此风浸微。《唐书·张士衡
传》称士衡讲教乡里；《尹知章传》言诸生尝讲授者更北面受大义。盖

---

① 校本此句后有："诰授通奉大夫、赐进士出身、前翰林院编修、国子监祭酒、加五级
长沙王先谦撰。"
② 此文录自光绪二十六年刻本《虚受堂文集》。

其时学者已合讲与教授为一事。宋、明之世，大儒讲学皆以师道行之，顾以门户党徒，依附声影，害政倾国，为世诟病。国朝鉴其失，禁断社会士修业于家而合辙于涂。朝廷明试以庸，未尝乏才也。然僻县穷乡，或鲜师承，日就弇陋。同为盛世之民，独不得与被教泽，讵非宰世者一大缺憾与？

今天子锐意兴学，特诏大臣博采东西洋列邦制，立大学堂京师，诸行省遍设高等、中、小蒙养学堂。以中学、小学乏人教授，别设师范学堂，试士优等者充选，限期年卒业。嗣后以中学堂卒业生升入，总限三年。立课程分门讲肄，学成之后，推行诸府州县，务使尽人知学以收一道同风之效。湖南大吏，遵旨立学堂，以先谦充师范馆长，其分门教习者，日升堂宣讲，彬彬盛美焉。盖聚徒既众，非讲先以遍喻，而去私门就公塾，有讲习之益，无社会之弊。湖南自梁启超主讲时务学堂，悖乱亡本，学子大被毒害。故学堂之立，闻者滋疑。先谦因取每日讲义，第其门类，刊为学报，以明准的、靖浮义，流传广远，于诸府州县学务，或有裨助。

爰弁言简端，取《大易》讲友之义，以晓诸生，并举圣天子劝学盛心，推明今昔异宜之故。益愿诸生鉴前毖后，共维持于不敝云。光绪二十九年，癸卯岁春三月。

《舆诵录存》序[①]

治民之道，其用异宜，其端仁义而已矣。吾尝见身居民上、意主于仁而卒陷入于大不仁者，彼徒以为宽大可以得众，煦妪足以钓名。循是为治，其卒也风俗窳败，奸伪竞作，人怀轻上之心，而肆亡等之欲，虽谓之民贼，谁曰不然？韩非子言：学者说世主不曰乘威严以困奸邪，而皆曰仁义惠爱。非混仁义而一之，殆不悟困奸邪之即义也。惟孟子之书析仁义至精，然后儒者宰世，知以义辅仁，而使不为仁病，顾明其道者亦鲜矣。

施君稚桐服官楚南，亟与余善。宰泸溪、安化、江华、道州，所至有能声。既返长沙，裒友朋赠遗、士民歌颂之作为一集，颜曰《舆诵录存》，以视余。且曰："吾治此数邑，其俗皆犷悍，民多玩法，于是抑豪

---

① 此文录自光绪二十六年刻本《虚受堂文集》。

强，缉盗贼，惩蠹役，禁械斗，凡为地方害者除之，惟惧弗力。虽重得谤而不恤，不虞誉者之至吾前也。吾非以此为名，顾其情谊有不能忘者。乞先生为我序之。”

君为人沈毅而俊爽，其于治国张弛之宜，亦既详审而善用之矣。从政数载，嘉声翕然，如天马之骋于圹原，不知其所终极。其又奚俟余之赞美？犹忆君在道州，余从弟先慎方为州训导，归述君治绩甚详。而其先宰安化时，或短君于余，余辄举以告人。嗣县人至者白其不实，余为之爽然。以是叹诬善之人之可畏，而听言者尤不可轻。余于君用是滋愧，且以自儆焉。光绪二十八年十月。

三田《李氏谱》序[①]

唐贞陵十王子，其九昭王汭。昭王子三：僼、佑、佯。佑刺饶州，卒，佯赴其丧，遭黄巢之乱，易名京，避居浮梁。京生袦，江西帅府奏授承节郎，辟为寨将。寨将生赠银青光禄大夫德鹏，大夫生贵懋，宋雍熙二年检校国子监祭酒兼殿中侍御史。初，大夫之卜居也，得《乾》九二以为“见田”则吉。爰析二弟：德鸾居婺源，曰严田；德鸿居浮梁，曰界田；自居祁门，曰新田。三田李氏之族始大。宋嘉定间，新田后裔希直始为谱，真西山先生序其耑，所称以明经讲道为心者也。明万历间，族姓遍江，皖、闽。新田人居婺源者曰春融，倡修《三田宗谱》，董文敏为序。国朝乾隆三十三年，增修之，沈文悫为序。而族益散居，人数少于万历远甚。京之二十二世孙定，当元末明初，自祁门迁黟为南屏支。乾隆十五年，其裔孙廷柳，独修十二支谱，是为支谱之始。廷柳元孙爰得名宗煝，思承先志，会病没，今又十数年，其孙子嘉名显猷者，裒集徽、池二州宁国属邑各支，重修三田族谱，最支廿余，丁三千，新人为多，严、界次之。

盖自明以来，李氏族谱多支修，故南屏一支不在乾隆三十三年宗谱之内。而此次合修，向十二支中只有其三，余不能修辑。百余年来，生人离合之故可感也。局宁之太平，其南乡邻黟，新人居焉。而贵池、石埭、黟、祁诸族，致稿于局，汇订而分管之。条理精密，族人大和。既成，以属余序。

---

① 此文录自光绪二十六年刻本《虚受堂文集》。

余维子嘉之为斯谱也，其用心之勤与立法之善，无待余言。独念爱得翁与余初相识于江阴，以道义许与，因命其子英元请业于余。不十年间，父子相继以逝，余方以爱得积厚而流未光，颇疑苍苍者报施或爽。今子嘉能嗣其祖父之美，推亲亲之心以上追一本，因以普及其族之人，且使后人之继序不忘。由此以扩充其仁孝之念，其志行宏远，已非流俗所及。子嘉方入赀得郡守，行出所学济世，树立未可量。而余以二十年间交李氏三世，今齿发摧颓，意绪无俚。见故人之后克肖，辄欣喜不自已。爱志其颠委，预为子嘉券焉。

宋梓侪诗集序①

《赋梅书屋诗》六集，吾友宋梓侪太守作也。梓侪言曰："今之学，奚以诗为哉？博之教科，以观其通；求之实业，以精其诣。参考五洲之舆地与历史，以周知天下之故。学如是，古今中外，无乎不宜。而奚以诗为？虽然，人亦各有好尚焉。吾之于诗，童而习之，投老而不倦。譬诸饮食，吾臭味也，以视逢时之学，疑若有适用与否之不同，然吾以自娱而已。吾见今之学人，驰骛宙合之中，而佴越规矩之外，流荡忘归，陷大僇而不悟。用吾学较之，以为尚得性情之正，是以蒙讥而无所悔也。"余闻而深韪之。

犹忆梓侪见余都中，即以其岁需次豫章。今送人作郡者，二十八年矣，未尝有几微不平形于词色，可以明其澹定之性。久管权务，积弊刮绝，它员收绌，独赢巨万，可以知其廉正之操。岁饥民乱，待振而济，免税通商，粮货大集。《纪事》诗云："委曲通民情，艰难筹国计。求无愧我心，岂忍为民厉！"可以想其通变之识，慈良之心。然则梓侪其不专为诗人乎？夫学无中西，不能外理而言学；政无新旧，不能舍民而论政。今之自命通人者，吾无以进之，然窃欲梓侪毋以昭昭而效人昏昏也。

梓侪昔在都，以诗相赠和。既之官，数寄余诗，邮书索序，且四五至，余感其意不可以无言。陆放翁诗云"满怀空贮活人书"，自今以后，余愿更读梓侪之活人书，梓侪亦幸无以诗人自域也。光绪丁未夏五。

---

① 此文录自光绪二十六年刻本《虚受堂文集》。

送何镜海之官广东序①

年过四十不为老，官至道不为不达。曷惜乎尔？惜夫以镜海用世之志而不得早自见也。

始余在江西，镜海方奉中丞刘公檄权赣南道，余意其材识俊迈，又见推重大僚，当不日在高位。别数年，不复闻问。顷来京师，尚以前官改试用广东，其先以未保留省，奉部驳，刘公屡疏荐，格不行，权篆仅八十日，语次，叹诧久之。盖距相见时八年矣。

国家之用人也，欲其才能胜任而已。事下部，则必议例之合否。然咸、同间军事扰攘，天子不惜爵禄以待天下奇材异能、山林遗佚，布衣数年历行阵至督抚者，踵相接也，奏案驳于下，特诏擢于上，一时人士感激破格之恩，争自奋厉，以效干城腹心之任。大难遂夷，世运中兴。戎兵犹未尽弭，而部中之科条指摘，执文法随之者，又日以密矣。部之有例，循功令而慎名器也，而以此使吾君晚收一人之用或竟不得用者有之。镜海得毋有戚然于其中者耶？

吾闻粤中大吏，多贤明识政体，以人才为急，不后于刘公，必且有合于彼也。宦之途，以脂韦便辟、逢迎干谒相炫市者，不自今始。而镜海以儒生入军营，上交无诌容，虽未大伸，识者以此多之。直道果不可行耶？其无遂以升沈迟速之感夺其气也。

余与镜海以文相得，顾时人多称美其才略，镜海亦重自负。今国家殷忧多伏而未发，而粤地滨海，习俗劲健，奸民蘖牙其间，与海上寇贼出没相句结。苟往而得行其志，与大吏画经久策，防患未然，为朝廷纾南顾忧者，措置当何如也？于其行，为之序以质之。

送王夔石尚书序②

光绪十四年夏，仁和王公奉命再巡抚湖南。维时疠疫盛作，人多死丧。寇横于乡，比户夜惊。讹言朋兴，众志皇皇。疆吏饬军旅，严守望，谋所以安辑之。殚力瘁心，民用滋梦。公至，祷于神，疫良已；申警之令不下，澹若无事；察民所疾苦，阴与推移；平其政令而剂其牧

---

①　②　此文录自光绪二十六年刻本《虚受堂文集》。

宰，民乃大和。公政有成，甫逾岁，上擢公总督云贵。方公之来，吏庆于公，士忭于庠，商贾欢于市，焚香道迎十里不绝，咸谓惟公实活我。及兹命下，则相与咨嗟太息，怨公来迟而弃我疾也。

长沙王先谦告于众曰："吾楚人德公，而愿公且毋它往，人情则然矣。"然吾以为公之治吾楚也，令行如春，而化时若雨。今夫天有四时，无恒春之理也。今夫雨云兴而合，崇朝而止。众观于野，盈畦弥弥，决渠泪泪。耕夫馌妇，相与慰劳，以为吾筋力少苏矣。而或反致憾于造物之犹有咎，毋乃不知者类乎！今天子眷念边陲，审顾择帅不它人属，而特命公，其域与湖南居腹里易为理者，轻重悬绝，上意确然至明也。公德泽不可以一隅究，吾楚安得而私之？

众曰："公昔之莅楚而之朝也，冀且复至。继自今其无望于公之惠我乎？"先谦曰："吾观公之为治，即之温然视人皆可爱，当之厘然而各得其理，探之渊然不见涯际。充乎迈世之才而不自以为才，灼乎烛物之明而不过用其明。其立心行事，犹将胞民而与物以天下为量者也。湖南乃公恩谊联属之地，虽去位，公曷为忘之？且公尝入参枢密，以亲老乞退，家居而拜命，期月而迁秩。帝眷之隆，莫与伦比。股肱喉舌，繄惟公是寄。数年后，边事大定，南服无惊，天子将以鄂文端之位遇待公，行一政，于公咨询；命一吏，于公可否。吾楚人徼福于公，方未有艾，而岂系一时之去留哉？"

众曰："善！"遂记其语为序。用韩退之送岭南节度使郑尚书所为诗来字韵者作诗二章八韵以赠，既慰公南行之思，且祝公报政归朝之速，犹唐世士大夫之志云。

赠杨性农先生重宴鹿鸣序[①]

光绪十七年辛卯，直省举行乡试。武陵杨性农先生于其年九月望日，循例重赴鹿鸣之宴。乡人以为荣，于预宴次日会饮致贺。荐绅先生咸集于庭，酒酣，余扬觯而语曰：

公等亦知先生之荣与众异乎？夫科名者，自人荣之，而非人之所以为荣也。先生年二十六，领乡荐；逾四十，成进士，入词馆。顾不乐仕宦，既改部曹，假归不出。此非浮云富贵者而能然乎？

---

① 此文录自光绪二十六年刻本《虚受堂文集》。

先生之举于乡也，房考摈不荐，主司搜遗卷得先生及左文襄公、吴南屏先生三人，大喜过望。其后左公用勋业显，先生与吴先生古文之学为海内宗。而吴先生以一第终老，视先生资望足以进取者固殊，故世尤高先生志节以为不可及。

吾见世人之于科名，其未得之也，终日营营于帖括文字，以求合有司程式；既得之，则抟心壹志于利达之场，穷老而不知返，扬扬然以为荣。而从旁熟视者，不啻鹓雏之于腐鼠。其于得失之数，视先生何如也？先生于科名，虽夷然不以介意，而冥冥者引其年以弥长，而俾之躬与盛典，一似位置文人有独优者，盖天荣之矣，非夫人之自以为荣者比也。然则吾乡人崇敬先生，而欢然引为邦国之光，不亦宜乎！

余自幼慕先生名，以不获见为恨。岁乙酉，先生因重游泮水至会城，余适以艰归修谒，先生索余联语为赠。今复从乡先生后，衔杯志庆，与有荣施。更十七年，先生且百余龄，恭逢重宴琼林大典，吾今日一堂之人凡健在者，莫不鸠杖庞眉，更当率先举觞为先生寿，即以余文为左券可也。

赠赖子佩大令之任邵阳序^①赖名承裕，福建侯官人

牧令久于其任，然后可以诚民而兴事。古今论治者无异说也。然而其势不能，则是古循吏之为，终不可见于挽近耶？吾以为其人精神意量，果超出什伯庸众之上，其所表著，必岸然有以自异，况乎居得为之位，操制驭之柄，随时与事而皆可与民以心相见，其收效至顺，而立名至速。彼断断较量于久任与否者，殆犹未达为治之要与？

长沙为县，于楚南首剧。岁入不足以自给，期而代以为常。官斯邑者，唯单心奔走，伺候之劳，幸岁满受代，择脂膏而处之，它盖未暇问也。吾友赖侯莅任，时维光绪二十三年。性敏善断，讼无宿牍，当官而行，不挠疑难。其勤于戢暴安人，惠绩尤彰灼耳目。

长桥柳祥麟者，庇盗而居其货，家楼房如质库，莫敢何问。侯因事诱至，杖毙狱中。其亲属舁尸，委朗梨黎姓家，将索偿焉。恶党大集，声言焚市。侯闻立驰往，众不意官至之速，负嵎而噪。壮勇直前，擒十三人，余骇窜。由是长、浏之交，盗踪顿绝。铜官、靖港地濒江，游民

① 此文录自光绪二十六年刻本《虚受堂文集》。

往来焚劫。侯绲其魁，置重典，民以安枕。

逾年，保卫局兴。保卫局者，其议创于盐法道黄遵宪，从奥巡抚聘梁启超主讲时务学堂，开南学会，大畅平等、民权之说，以为保甲徒虚语，宜仿西国保卫局章，衣冠坐作皆肖之，然后有济。巡抚欣然从之。民骇闻异说，又见新政，讹言大作，城乡流徙如避寇。奸人乘机煽惑，侯访获倡乱者诛之，请巡抚寝前议。巡抚不悦。民有毁局者，将重惩之。侯调停息事，巡抚怒。会获无赖七人，侯虚衷研鞫，请戮向不法者一人，而免其余。巡抚欲骈诛示威，侯曰："吾不能杀人以媚上。"执不可。巡抚愈怒，檄府复讯，卒如侯议。

八月丁亥，皇太后垂帘训政，巡抚落职，积憾于侯，遂有邵阳之调矣。盖侯任首邑二十月最久，而换县得中中，众咸为不平。

予谓如侯之识量，非以岁获多寡为欣戚者。且侯徒欲得善地将惟巡抚命是从。夫岂不知拂大吏意之难以善全，或更有不测之怒，而不以彼易此，殆所谓较然不欺其志者耶？侯行矣，邵阳虽僻壤，然顷其县人樊锥与梁启超相应和，为众驱击潜遁，斯忠义之乡也。以侯之正身勤政，将与其人士有合焉。而他日泽加于民，一如吾邑之尸祝侯，而惜其去又必然也。侯笑曰："子知我哉！"时同饯者各赋诗以赠，而先谦为之序云。

杨云桥先生八十寿序[①]

湘水自长沙县北流，又九十里过乔口，《水经注》所谓高口戍也。高口水径其戍南上鼻水，自鼻洲上口首受湘西入焉，谓之上鼻浦，其口谓之上鼻口。溯浦十余里，今俗云水矶口，盖上鼻口音转而讹也。吾邑杨云桥先生之居在焉，其地背邱面壑，具林泉之胜。远望湖光，与天若一。云帆沙鸟，晁夕异态。余与先生之子商农孝廉，尝自武陵同舟，浮沅江，入资水至其家，流连凭眺，信宿乃去。

盖杨氏自先生之曾祖长湖公以上，代有阴德，以耕读起家。其祖湘川公、父执夫公，皆列胶庠，重仁袭义，乡里称善士。族众聚居二百余年，资饶而丁多，邑称水矶口杨家。道光中，稍衰落矣。

执夫公有子三人，先生其长也。刻厉于学，顾累困场屋。性豁达，

---

① 此文录自光绪二十六年刻本《虚受堂文集》。

钱谷出入，略不较量。里中豪滑觊觎之，务售其欺。先生不为意，久而家四壁立，泰然无所尤怨。布袍敝履，吟讽不辍。平生所胲削于某甲某乙，未尝道其姓名，人翕然推为忠厚长者。或更姗笑之，及见先生教子以正，与商农之所以娱亲心、承家学，又咸言其后必大也。商农既连试春官不第，先生且老矣，不欲商农远离，商农亦思得微禄养亲。光绪元年六月，以大挑教职选授新化教谕。明年，以前在甘肃幕府军功保知县，在任候选，援例加同知衔。恭逢覃恩请于朝，诰封先生奉政大夫，迎养学署。三年十二月，先生寿辰。同学诸君子谋称觞以祝，而走书乞余言，顾念两家世好，余与商农二十年气谊许与之深，不敢以不文而遂默也。

夫平陂往复之理，尽人知之，乃至自处则有不能平者。先生以忠宅心，以礼束己。其泰也无隆隆之气，而其约也无戚戚之容，独携子潜心讲论，自闷于清远闲谈之乡，诚不料其后之如何，而苍苍者报以元宗之子，又予大年以享其子之荣。为问当日某甲某乙，今尚有存焉者乎？然后知先生见明处当，安时命而养天和，高出寻常万万也。余尝见乡邑之间，或其家祖父田宅丰厚，相袭累代，不见科第；及产之减，则有子孙名业光显者出焉。以为人事之变而不知天道之常也。

商农素行敦笃，吾邑识与不识，皆知其为端人，而惜其不早达。然以先生家世积累、与商农之年之学必不止是。今之官以来，本先生所以为教者以教其学之人。新化人士皆尊其名，而服其德。先生见之，其为荣庆何如？岂有异于奉舆而前导者耶？使商农遂已显宦他方，违定省于其亲，寿辰弗能躬祝，父嗟行役，子歌陟岵，又孰与衣彩捧觞、拜跪膝前？知吾商农亦不以彼而易此也。

先生自少逮老无疾，行年八十，辨色即起，躬亲巨细，终日未尝倦卧。须髯甚美，齿牙腰脚如后生。古称山泽之癯能外形骸怡养寿命者，殆无以过。余考《通志》，长沙县城北门外有云母石，服之长生。尝从而求之不可得，先生傥得之欤？

吏部左侍郎杨公传①

公姓杨氏，讳永斌，字寿廷，云南昆明县人。康熙三十八年举人。

---

①　此文录自光绪二十六年刻本《虚受堂文集》。

四十一年，援例发广西，补临桂县知县，以廉能爱民称。遭丧去职，百姓送者号泣塞路。服阕，补直隶阜平，署平山，改大城。六十一年，用捕内监陈进忠事落职。民泣吁巡抚保留。疏上，雍正元年二月诏复官。先是一日，上顾内侍籍大城者问曰："县令杨某居官善否？"对曰："不善。其为政严，有犯必惩，人皆自危。"上于是知公果贤，遂有是命。七月，迁涿州知州。居二年，上问公于总督李维钧，维钧以迁执对。上问故，对曰："盐典商规不受，毙盗不以闻。"上曰："信如是，良吏也。"数日，擢贵州威宁府知府。召见，温语嘉奖。

威宁介滇、蜀，与乌蒙、镇雄邻，二土府夷人不靖。公至，以奉檄分界，单骑入乌蒙夷巢抚慰。而密遣人伪市贾，分道图其地形。归，鄂尔泰公总督云贵，公进谒，鄂公曰："上任君威宁，责望重，君知之乎？"公因言二土酋不惩，终为边患，出怀中图进。鄂公喜，问计。公曰："乌蒙禄万钟年幼，诸土司未附。图之，今其时矣。请毋旷日劳师，但发威宁、毕节兵压境，驰书谕以川督劾万钟不职，奉命质审。万钟出，它不问，否则，兵疾临之。乌蒙平，镇雄势孤，必乞降。不一月，二府定矣。"鄂公从之。召万钟，不至。令游击哈元生及公进讨。万钟遁，乌蒙遂降，镇雄陇庆侯亦请纳土。凡三十三日而兵罢。

六年，米贴土妇陆氏叛，宫军四集，公语总统哈元生曰："贼以冕山、巴补为后路，事急，则渡金沙江而逸。当以重兵扼其前，奇兵越江攻之，乃可歼也。"元生从之，克，获如其策。鄂公疏荐公可大用，迁贵东道，改粮驿道，署按察使。

朝臣有为亩税军田议者，部檄下，公上书鄂公，言："议者以天下军田皆官田，给屯军耕，非民业比。且亩税银五钱不为苛，不知军田粮以屯租为准，已数倍于民田。民转相授受，与交易民田无异。又亩税之，是重科也，民必不服。且前代设军田，边方尤多，黔省军田税以数十万计，有司征比逾正供。当多事之秋，更为民增剥肤之患，驱之为乱耳。"鄂公即以其议闻，而黔、滇军田并得免。

七年，擢湖南布政使。始至，湖南方以军田计亩，丈未定，胥吏四出。公援例请，皆获免焉。九年，改广东。十年，署巡抚，旋实授。粤地多山，虽瘠可耕，滨海斥卤可艺稻，民俗逐末，趋网罟利。公檄州县，核旷土得六千八百余顷，因疏言："瘠田虽产谷少，若多垦数十万亩，即可获数十万石。岁歉获薄，亦资养人，免饥驱为盗。宜多方劝导，以尽地利。"上嘉纳焉。于是垦田百十八万余亩，以赡无业者。

方公陛辞时，上以粤中文武大吏抵牾，门户党援未绝，谆谕及之。公坦怀接人，虚己集事，僚属翕服，宦习遂变。获剧盗余猊、陈美伦数十辈，置之法。谕曲江、乳源诸峒瑶归化，而劫窃之患绝。以西洋天主堂习为奸，驱之澳门，令番舶不得泊省城下煽愚民。西人数十年不近广东省城，自公始也。

乾隆元年，兼署两广总督。二年三月，调湖北巡抚，兼署湖广总督。九月，调江苏。三年五月，上以公自陈衰老，召署礼部左侍郎。十月，授吏部右侍郎。四年三月，因病乞休，命原品致仕。五年卒，年七十一。

公受知两朝，平时宠赉不可胜纪。自粤入觐召对，赐坐及茶宴、御书、御马、鞍辔各一，乘自午门出，时人荣之。孙潢，官浙江按察使。后裔以文学科第世其家勿绝。其六世侄孙基善，以祖徙湖南为黔阳拔贡，笃行博学，与余友善，乞为其家传。

前史官王先谦曰：方公以鸿渐之翼，沈抑下僚。内侍不足道，彼总督者乃不知洁身除暴为良吏，非天子圣明，乌能伸其志乎？公卒，鄂公志墓，推为滇、黔第一人。共事久，知公深也。乌蒙，今为云南昭通府，镇雄为州；米贴，今永善县云。

河南汝州知州杨公传[①]

公姓杨氏，讳兆李，字仲燮，一字梦莲。先世有讳辛者，明初从黔国公沐英征云南，授武略将军，自江西宁都徙昆明为县人，世袭千户。十传而至县学生寓乾，生子二：长永斌，历任广东、湖北、江苏巡抚，终吏部右侍郎，为雍、乾间名臣，大学士伯文端、鄂尔泰公铭其墓，所称陆山杨公者也；次昶斌，廪膳生。昶斌生文赐，湖南澧州嘉山镇巡检，署澧州州判，迁安徽安庆府照磨，引疾乞休，家黔阳为县人，是为公祖。文赐生洪，太学生，以孝闻。生子二：长兆杏，嘉庆戊午举人，湖北通山县知县；次即公也，出后从父润，乾隆甲寅恩科举人。

嘉庆六年，大挑知县，发河南，誓于神而行。历署太康、获嘉、临漳、考城、滑、浚，有政声。大兵之剿教匪李文成于滑也，鞠俘囚，多所全活。襄滑卫军局无苛得，同僚诮让不为动。十九年，补泌阳。杨某

---

①　此文录自光绪二十六年刻本《虚受堂文集》。

者憎其女夫贫，悔婚构讼。公廉得实。而女母惧女死，已窃遣归其夫。公备彩舆，助奁具，命其夫妇入署成礼，扬旌鼓吹，骑导而归。豫人为传奇演之。调鹿邑，值水灾，请粟广赈，道无流殍。迁陕州知州。道光六年，因事落职。八年，巡抚疏言："杨兆李官豫有声，百姓爱戴，请入赀复官。"报可。署光州信阳，补汝州。历署汝宁、归德府知府。公所至，城池坛庙、书院义学、名山胜迹，有废必举。尝以为化民之道，尤在转移其心。能知古人所以足重，然后思自拔于今人。经籍所载，非儒者末由考而知，至于前徽遗烈，表而章之。岁时乡里展慕流连，其入人心尤至。故于往代贤哲节义里居祠墓，务崇大褒显，赫赫照耳目。又援武进阳湖例，请于大吏，奏建节孝总坊，期年得旌者万三千有奇。十八年，引疾归，卒年七十九。

初，公母云氏嗜橘，病亟，医请屏之。母卒，公终身不食橘。子积煦，贡生，分发河南通判，历署郑州、禹州知州，有廉能名。大学士王文恪公鼎奉命治河，闻其贤，荐于朝。孙基善，拔贡生，候选教谕；垣善，同知职衔；墉善，国子监典簿。

前史官王先谦曰：溆浦严公正基言公官河南，名与栗恭勤公毓美埒，而栗公亦称公，拟于汉鲁恭、卓茂。然仕竟不进，人能宏道，无如命何？知道者岂以位高下为显晦哉！

梁刚节公传[①]

公姓梁氏，讳洪胜，字华彬，湖南长沙人也。

县人丁锐义，募勇剿贼武昌。公隶麾下，以斩级功，由六品军功叙把总。从克武昌、汉阳，擢守备，加都司衔。贼踞蕲州黄泥畈，官军攻之，贼不出。公请于锐义，约诸军退，单骑至贼营前，肆詈以诱之。伪丞相韦朝纲帅群贼径趋公，公驰马斩悍贼三，擒朝纲。群贼趋救，公亟斫朝纲，朝纲回斫，公负重创，力持之不释。群贼前，公复殪其魁，余相顾莫敢近。官军自山岭呼而下，贼大溃，平其七垒。还师，斩朝纲。一军称神勇，擢都司，加游击衔，充营官。

锐义殉难三河，公突围出，以所部属都统多隆阿公，却舒城援贼，擢游击。破援贼桐城，功最，擢参将，加副将衔。破安庆援贼，擢副

将，赏果勇巴图鲁号。复桐城、宿松、黄梅，加总兵衔。随多隆阿剿撚匪河南，解陕西商南围，以总兵记名简放湖北。巡抚严树森素闻其勇，檄令统一军驻汉口。撚贼数蹶湖北，围王桐柏、成大吉于霸山。公赴援，一日夜驰二百里，未至，霸山贼解围去。公追击樊城，却之。又蹙之光化，贼走河南。时贼锋锐甚，官军屡败。襄、樊获安，公之力也。

公自领军，闻警即赴，未尝待大府檄调。檄至如其计，滋重大府。顾公既以勇名，益剽悍自喜，无纪律。贼既入河南，而粤匪赖汶洸自汉中出，与之合窜天门，据皂市，众号数十万。公孤军转战，大败于花台。被围七昼夜，仅以三百人免，诸军无救者。总督官文劾树森落职，欲杀公，檄其军驻蕲水。贼大至，公力战却之，追至罗田，解都统富森保之围。重赂官文左右，官文更爱之，奏公忠勇无两，益其军，专倚以办贼。贼踞黄陂之街埠，公御之，轻骑摩贼垒。贼夜伏隘，攒刺之，坠马，亲兵二皆死，其军弗知也。时同治五年正月四日，年三十有二。事闻，照提督例从优议恤，予谥刚节，赏骑都尉兼一云骑尉世职。

前史官王先谦曰：余甲子从公天门，花台之败，贼追官军急，公持矛立马桥上以过军。贼愕眙久之，退。得免者数百人。及御贼蕲水，日与数十善骑者挑战，以胜反。余谓公："此非大将事也。"答曰："命在天，即大将不死耶？"余闻人言：自公微时，即轻财上义通任侠，性倜荡亡检。一日，入酒肆，掷巨金案上，遍揖肆中客曰："今日诸君尽醉，酒直悉洪胜代偿矣。"在军，日不杀贼不快。及战，短衣横矛马上，背刀，手火弹，火绳缪臂，见贼辄大笑。伺其至，然绳掷弹，远矛近刀，当者辄靡。重自负，卒以是蹶云。《诗》曰："赳赳武夫，公侯干城。"其公之谓乎？济之以整暇，古良将莫过矣。

黄忠壮公传①

公姓黄氏，讳润昌，字劭坤，湖南湘潭人也。家贫甚，从兄负薪读书，日数千字，有文名，为县廪生。

粤寇踞江南，公应曾贞幹聘，为军谘。时官军围太湖，润昌建议："太湖地险，固与潜山贼犄角不易攻，不如分兵小池驿，击援贼陈玉成。玉成败，两县城贼必遁，伏而邀之，蔑不歼矣。"从之，皆克获，如

① 此文录自光绪二十六年刻本《虚受堂文集》。

其策。

贼据安庆不下，怀宁人程学启久陷贼中，尤骁桀。公获贼谍，廉知学启可用，入其营说之，三反，学启降。众议杀之，公力救，与同卧起饮食。学启感奋，战败贼，贼磔其妻子。学启战逾力，尽破城外石垒，同复安庆，走玉成，著绩江苏，以提督殉节湖州，谥忠烈，公成之也。

于是，皖南三山贼炽甚，曾公国藩欲招之降，莫敢往，以属公。公单骑至贼巢，开示利害，贼皆感动，归者数万人。公遂成一军，与诸军复繁昌、南陵、太平、芜湖及鲁港、金柱关、东梁山，进攻金陵，扼三汊河，护官军运道，屡破贼。克雨花台、九洑洲伪天堡、地堡二城，力战复金陵。历保至记名按察使，赏花翎，勋勇巴图鲁号，赐奖武牌。

湖南巡抚刘公崐募勇守长沙，缉会匪，以公统之。遣入贵州，与席宝田会剿苗贼。公督兵入清溪，设水师通粮运，攻鸡鸣关、焦溪两路口，克之。复镇远府卫，焚数十苗寨。议攻施秉、黄平，通黔、滇驿路，会四川援兵。宝田遣提督荣维善帅十三营，与道员邓子垣赴之。公遂进复施秉，破白洗大瓮谷陇，降苗贼数千。至小瓮谷陇，地险狭，有黄飘、白堡诸隘，苗设三卡以待。纵荣军过，公继至，木石枪炮雨集，公血战不得出，中炮死，荣、邓二军皆覆，同治八年三月二十二日也。事闻，奉旨照巡抚例赐恤，予谥忠壮，本籍及死事地方建专祠，事迹宣付史馆，世袭骑都尉兼一云骑尉。

公治军严而有恩，将弁阵没，哭奠而归骨其家。军行无扰，黔、楚间民皆德之。年三十有九。

史臣曰：方楚军既复施秉，公颇持重，欲稍休息观敌衅。而荣、邓二军促之，维善尤猛鸷。主客相持，莫能统一，用是丧师。或以轻进为公罪，非其实也。公以二千人入黔，三月之内，复城三，毁苗寨数十。前此援黔诸军，未尝有也。功虽不成，然已勤矣。自军兴以来，士徒步起军伍，取富贵不可胜计，公独雍然有古君子风。议论时事，多可采，不竟其用，悲夫！

蒋果敏公家传[①]

公姓蒋氏，讳益澧，字芗泉，湖南湘乡人也。幼孤贫，长负奇气，

---

① 此文录自光绪二十六年刻本《虚受堂文集》。

不偶流俗。

咸丰三年，曾文正公国藩治乡兵湖南，公甫冠，从焉。破粤寇岳州，叙从九品。罗忠节公泽南伟公能。四年，增募湘勇，以公将左营，从复湖北黄梅，晋县丞。进规九江，破贼白水港、小池口。五年，贼窜江西，公从罗公赴援，复弋阳县、广信府、义宁州城，晋知县。胡文忠公林翼疏请罗公回援湖北，公从，克崇阳、蒲圻，晋同知直隶州，赏花翎。从围攻武昌省城，迭破贼洪山汉阳门，沙湖紫金山、小龟山、麦门桥，分军自将驰击。败葛店援贼，克武昌县。省围坚完，公功为多，晋知府。母忧归。

七年，广西贼炽，乞援于湖南。巡抚骆文忠公秉章檄公统军赴之，破贼全州，复兴安、灵川，晋道员，赏巴图鲁号。艇贼李文茂踞柳州，分党陷平乐，公逆击走之。八年，公自苏桥进师，别由雒容陆路舁船入洛垢江，径袭柳州。贼以为下游悉破，大惊出拒，斩馘数千，文茂宵遁，遂复府城，赏布政使衔，署广西按察使。复庆远，记名按察使。赴湖南募勇，浔州贼乘虚上犯，闻公归，即遁。

九年，授按察使，旋晋布政使。公在军，分甘共苦，得士死力，蕴智含刚，众莫能测。潮州勇目谢、杨、王、昌十数辈，屯省城，骄恣不法，贼屡犯省会，杨等暗通贼，莫肯效用。公请于巡抚，治具宴集，酒半，悉禽斩之，骈诛其党与。贼酋石达开自湖南窜广西，公虑平乐空虚，统军往，贼已攻城，奋击败之。贼走灌阳，径犯桂林，公疾驰还省，遣水军夺贼木筏，绝其东窜。与道员萧启江等更番剿击。贼窜江西，桂林以安。公壮年盛气，抗论兵事，于同僚多陵忽，学政李载熙嫉之，以贼犯省城，撼事疏劾，降道员。十年，贺县贼酋陈金缸①分扰昭平、平乐，公连破之画眉岭，公会墟大湾岭，复贺县，赏还布政使衔。进克下郢坚巢，贼走浔洲，以按察使记名。

十一年，复授按察使。会广东水军克浔州，贼党悉平，复布政使原官，赏三代一品封典。时浙江沦陷，巡抚左文襄公宗棠疏请公统部兵援浙当一路，诏授浙江布政使。同治元年闰八月，抵衢州，遣将高连升克寿昌，拔兰溪西裘家堰七大垒，罗埠贼内应，夹击破之，进攻汤溪。大小数十战，杀贼数万。二年，复汤溪、龙游、金华府城，别将克绍兴、兰溪，浙东平。赏珍物，交部优叙。公渡江而西，围富阳，屡破贼援，

---

① "陈金缸"，《清史稿·蒋益澧传》（民国十七年清史馆本）作"陈金刚"。

划坚垒数十，克其城，逼杭州十五里而营。三年，尽破城外卡垒，降海宁、桐乡，拔嘉兴城外贼垒，杭贼势孤。三月，克杭州。赏黄马褂、云骑尉世职。公分军克德清、石门，会苏军克湖州。贼首洪福瑱就禽。上以公平浙功最，晋骑都尉世职。

左公督师入闽，诏公护理巡抚。公与左公相得甚，每复城，得便宜置长吏，节军食羡余活穷黎。既莅杭省，益请于大府，抚伤振乏。首建府县学，复书院，丰给优礼，以徕生徒。免廛税，减田赋，吏兵占民舍者还之。市肆圻圻，巷陌充溢。温、台诸部盗出没，诛其魁杰，禽湖州枪船首恶，余编籍互保。港汊晏然，行旅无警，数十年未有也。既摄抚篆，创贡院，开科举，隍淤湖葑，咸就疏瀹，造舟运济，百货流衍，海塘巩致，斥卤可穮。杭人德之，于其去多泣送者。

五年，诏赴广东办理军务。二月，授巡抚。疏言："太平关税，康熙中巡抚监收；乾隆时，改隶南韶连道。近岁收不如额，半耗于苞苴。臣与各官署得银四万余两，请裁禁复旧制。"肇庆五坑客民与土人械斗，累年踞寨戕官，公讨平之。投诚者处之高、廉诸府，贺、贵诸县，别为客籍。二十人赴试，入学一名，乱遂已。与总督瑞麟不协，以病乞休，优诏不许。寻为瑞麟所劾，事下闽浙总督吴棠，劾公任事径情，未能推求。例案镌三级，饬赴左公军营。

七年，授山西按察使，病免。十三年，召入觐，公力疾入都。十二月卒于萧寺，年四十二。诏复原官，照巡抚例赐恤，政绩付史馆，寻赐祭葬，予谥果敏。浙江建祠。子德椿，赏刑部主事。

前史官王先谦曰：公以孤寒拔起闾里，与其乡先达意气许与，如云龙之相从，划乱扶倾，无往不利。遂以廓清区宇，名光竹帛，何其盛也！然公才气盖世，不能俛偋徇时，遭同列齮龁，再挤而队之。功名之际，危机隐伏。"同人则亨"，讵不信哉！其聪明仁爱，出于天性，随宜措正，动合大体。劳来安辑之功，浙人到今称之。世徒美其武略，测之浅矣。

赠知府衔署惠州海防通判高明县知县许公家传①

公姓许氏，讳锌身，字彦直，鹏山其自号，浙江仁和人。本富春沈

---

① 此文录自光绪二十六年刻本《虚受堂文集》。

姓，其祖于明嘉靖时有育于中表戚家者，感其德受氏焉。曾祖钺，乾隆戊午举人，任甘肃、广东州县，终理瑶同知。祖学韩；本生祖学范，乾隆壬辰进士，任云南、贵州州县，终刑部员外郎，父乃穀，道光辛巳恩科举人，甘肃敦煌县知县。三世赠光禄大夫、兵部尚书。乃穀子五，公其长也。

道光二十四年，由监生入赀为知县，选广东高明，权高要。躬行廉勤，不为身章。法成令举，两竟交颂。用缉盗功擢知州。咸丰三年，权惠州海防通判。通判故驻碣石卫，摄惠、潮二郡间，濒海控险，与总兵同城而理。

时巨盗穴金陵，东南摧陷，粤中奸猾蜂屯，遥相应和，烽火之警，遍于全省。会垣戒严，朝夕不弛。大府鄙怯，诡名镇静，拥兵周卫，它不一问。属城惊忧，倚济令长。人自为卫，土自为守。或濒危而幸全，已陷而旋复。事定，一关白大府而已。公慷慨蕴智略，既生长世家，练精时务。又久任典城习吏事，益踔厉锋发，务以国为忧。民生苛痛，军政坚窳，谆谆勤勤，靡不究图。推迹乱原，感诧时事，瞋目拊膺，以夜继日。甫到官，土寇陷惠来，密迩于卫。总兵帅众出，公申警备御，督察比闾。奸宄遁逃，氓伍大欢。

三点会土寇起海丰，残官窜城，民请济师，总兵难之。公曰："海丰与卫唇齿，脱贼久据城为根本，钞掠旁近，祸立及我。今乘彼未定，用攻代防，救岂在人？实为自全。"总兵以为然。部署偕进，战连捷，贼弃城奔，蹑迹急击，划太平围贼巢。初，公幼观剧，见明总兵周忠武遇吉宁武关殉难事，义形于色。母徐太夫人问曰："儿岂欲效周将军乎？"应声曰："此儿志也，母其许我矣！"及击贼海丰，登县城南五里山，山有方饭亭者，宋丞相文天祥驻军于此，方饭，为元兵追袭，后人闵忠建此亭也。公系马入亭，赋诗言志。未匝月，而有烟墩墟之变。

海丰余寇既遁，又合归善。土寇扰归善三多祝墟，百姓遮公乞援，公率练勇民团疾驰，与贼遌，破之九州乡，进驻烟墩墟。日暮矣，贼出不意，乘夜薄营，官军未及成列，公督众搏战，贼益大集。公力竭，遂遇害，咸丰四年十一月四日也。幕宾张受经、仆人刘彩、书吏黄恩从死。事闻，赐恤如例。同治元年，允署两广总督晏端书请赠知府衔，原籍、殉难地方建祠，从死诸人附祀。

光绪十四年，公子之轸宰江阴，与余数过从，具悉公遗事，乞为其家传。自公曾祖逮之轸，真为牧令凡五世。

前史官王先谦曰：许氏以科名仕宦雄于浙，最著者：吏部尚书文恪公乃普、江苏巡抚乃钊、公弟今兵部尚书军机大臣庚身。然浙人尤艳称公，与公族叔祖南河候补州同学陆，以为许氏荣莫先焉。学陆，咸丰十年粤寇陷杭时骂贼死难者也。

皮先生家传[①]

先生讳炳，字文舫，湖南善化人。其先宋资政殿大学士龙荣，居醴陵为望族。裔孙文通，迁攸之水头。十二世孙东山，明中叶官某邑知县，以名宦祀乡贤，迁长沙，占籍善化。五世孙昶，国朝康熙初迁县东乡，子孙世居之。四传至先生高祖殿选，以进士出知山西满城县。曾祖志远，县学生。祖学海，副贡生，保靖训导。父绳直，赠中宪大夫，子三，先生其仲。

幼慧，十一岁通诸经，受知祁文端公寯藻，补弟子员，食廪饩。咸丰辛亥岁，始举于乡，年垂五十矣。不复以进取为意，一赴会试，归不出。军兴后，盐厘局开，当事重其名，招之再三，辞。家无宿储，充然自得。授徒会城，著录多才俊，晚主讲平江、醴陵两书院，士争趋赴，斋舍至不能容。六十后，恒乡居，问字求诗文者踵接于门。先生暇则芒鞋竹杖，与田夫野老酬接，述古近事为劝戒，解释争忿，十余年里无质公庭者。平生不加人词色，然遇有过，则直折之，令改乃已。故人乐与之亲，而莫不肃然以敬。

皮氏迁长沙后，族众散处。先生建祠修谱，严立教约，罔敢越犯。乡有善举，必赞成之。盖先生自少逮老，不为夸毗之言、苟合之行，自其施于身，与教其子孙若族姓及其门人，一以敦厚朴实为宗，生平无显显可见事迹，其德量渊渟宏深，常若不可测。

先谦幼得见先生，稍长，从游且久。辞而远出，归而又数修谒也。于先生作止语默，数十年历历悬心目。初若无甚异，徐而求之，当世贤豪所为，亦未有能及者。初，先生以妻孙淑人卒，意甚伤悼，年未四十，不更娶，曰："吾有子矣。"其子宗瀚，跪请置侍婢，终不许。卒年七十五。

[①] 此文录自光绪二十六年刻本《虚受堂文集》。

赞曰：古之所谓乡先生没而可祭于社者，岂必以其位哉？若吾皮先生，庶当之无愧色乎！朝廷兴行教化，岂惟公卿大夫是赖？乡人士弦歌太平，蒙被圣泽，宜有助焉。得文行兼美如先生数千百辈，落落布天下，陶成俊良，而矜式里党。治平之效，可立见矣。宗瀚以名进士官户部主事，先生孙曾皆能继家学，其长孙积军伐官江苏知县，孰谓兴起不由积累耶？宗瀚抵书先谦："铭幽有文，子其为传？"先谦谓先生之德宜有述，谨论次之，不惟皮氏之传，亦使后之人闻而劝也。

龙孝子传①

龙孝子，江西永新人，名光阁，字紫台。先世在明有显者。

孝子幼丧母，尽礼如成人。家贫，服贾养父。父晚病痿痹，孝子夜必数起，负以溲，祁寒不懈。父没，言未尝不泣。乡里宴集，有述其父事者，孝子辄呜咽流涕。咸丰二年，年七十五矣，遘疾，亲友来问，偶语及父，大哭。家人奔集，疑有变，已乃知之，亲友莫不叹息。卒年八十一。前数日，犹感念先人，召泣数四云。

初，孝子父寝疾，命孝子曰："吾数十年溺苦于学，终以困踬，命也。我死，汝当勖诸子继志事。李某者，吾所敬，宜往师之。"及诣李，已馆他所，孝子大恸。李惊问故，孝子曰："念先人遗命，是以恸耳。"李为怃然，孝子卒教诸子。起江、起澜，籍府县学；起涛，成进士，以知县即用官湖南，有政声。同治乙亥，孝子得旌于朝。

前史官王先谦曰：起涛会试出余门，为余述孝子事甚具。夫人心不诚壹，则不能有功于人事，况欲以全其天性？难矣！如孝子之为，可谓诚壹者也。今人论孝，恒侈奇节，略庸行。孝子之于亲，生则竭力，没则泣思，迫耄老垂属纩，而不渝其初。其庸也，其不谓之奇欤？

张节母李孺人家传②

孺人李氏，鄞县张编修嘉禄母也。年十七，归愚庵赠君，生嘉禄及二女。赠君疾革，指嘉禄谓孺人曰："三世单丁，赖兹一线，汝勉抚之。"言讫而瞑，时嘉禄十一岁，二女数岁耳。

---

① ② 此文录自光绪二十六年刻本《虚受堂文集》。

家贫甚，孺人命嘉禄从师读。一日，嘉禄废学，孺人挈之跪赠君画像前，曰："儿向颇嗜书，今父柩在堂乃如此，他日何所望？"且挞且泣，嘉禄亦泣白哀悔。自是教课愈严，晨兴入塾，师则督之；逮夕归室，己则续之。祖先享祀，姻族馈问，米盐衣履修脯之资，仰孺人十指，辨色而作，丙夜而不休。如是有年，嘉禄学成，为闾里名师。孺人疾，戒毋令嘉禄闻。嘉禄知而求医立方，孺人辄却之曰："死生有命，药能为功耶？"同治五年五月卒，年三十九。后二年，以节孝旌。嘉禄贵，赠孺人。孺人在时，为嘉禄聘妇，未娶；望嘉禄为诸生，亦不及见也。

前史官王先谦曰：编修语余少时读姚氏鼐记萧山汪进士辉祖两节母事，当时进士求文至数百篇，微姚氏文，至今天下谁知萧山汪氏两节母者？因泣述其节母事，而求余文。自圣皇宰世，礼教旁洽，天下孝子贞妇众矣。苟不遇善为文如姚氏辈，则姓氏不能播于人人之口者，何可胜道？然纲常之理，自有其不敝者存，不恃文字之末也，矧余文不足为节母重耶！编修文粹而行敦笃，将导扬前美，而章节母之德于无穷。余姑为之传以俟焉。

周宜人传①

宜人余氏，名肃娟，湖南长沙人。曾祖正焕，嘉庆辛酉进士，翰林院编修，江西盐法道。祖崇本，云南澄江府知府。父思训，道光癸卯科本省解元，今湖北咸丰县知县，宜人其长女也。生而婉惠，暨长，清静自守，居室中若无人焉者。

余氏既三世显宦，大治第郡城东。深堂曲室，重门洞开，笙歌酒谶，申旦不绝。妇女衣裙带舄，密组重绣，都丽迷目。每出，仆妇十数辈衣绮縠从，观者辟易叹咤，戚里转相慕效。而宜人尘视之，妆饰朴素，有儒家风。自其祖母张太恭人工诗，诸姑姊侄辈并有才秀，娴咏事丹青，群从聚处，夸竞艺能，以为笑乐。宜人独懔若霜雪，见者谓其丰骨特异云。

年二十有一，归周自庵先生之次于瀹蕃，房室和乐，尤得姑欢。姑卒，从先生入都，综家事整肃有法，家人敬惮之，然得大体，不为苛

---

① 此文录自光绪二十六年刻本《虚受堂文集》。

刻。值翁小极，躬进药饵，定视不阙。先生叹曰："贤孝哉！他日愿女得妇亦如女矣。"同治五年十一月九日，没于京师，年二十五。先生痛思至切，命予传焉。

赞曰：予以戚郦得亟见宜人，其屏当内外有胜男子，绝不自表暴。及居帏阃治女红，不闻刀尺声，何靓慎若此耶！令妇人昵房中之好，隳内则之义，及其没也，所亲为求达官贵人之文，以谀饰其名字。匪惟失实，益之愧焉。予之作传，乃出翁命，曷以然哉？范蔚宗云："端操有踪，幽闲有容。"宜人之谓欤？

章贞女传①

贞女桐城章氏，父启荣，候补同知。贞女生而婉静，幼读《列女传》，慕申女、宋共姬之为人，字布政司理问张秀子宗翰。光绪十四年二月，宗翰卒，时女年二十一，闻欲殉。父母敦谕，则请赴夫家以守，不许。长跪哭泣，愿终死，截发自明。父母知不可夺，送女张氏，抱木主成礼。抚嗣子，慈爱笃至。宗翰有母在，女事之至孝。侍疾，刲腕肉和药进，迫疾笃，夜焚香告天祈身代。及姑没，匍匐哀号，几无生人理，见者莫不哀怜也。年二十六旌于朝。

前史官王先谦曰：余昔过大通荷叶洲，客李爱得家，启荣方佐爱得经纪家事。启荣质直好义，喜古书遗事。相与论上、下荷叶间，为大通河合江处，江自李阳河中分为南江，《禹贡》三江之一，即《汉书》分江水也。又言咸、同间皖中寇乱，官民忠殉，妇女义烈，辄感激愤发，若身其事。今其女乃如是，其纯懿殆赋自天性者邪？

故明督师太傅武英殿大学士兵部尚书史忠正公传②

公讳可法，字宪之，道邻其自号，河南祥符史氏。籍直隶大兴，世锦衣百户。祖应元，举于乡，官黄平知县，有惠政。父从直③，母氏尹。

---

① 此文录自光绪二十六年刻本《虚受堂文集》。

② 此文录自光绪二十六年刻本《虚受堂文集》，参考万斯同《明史·史可法传》（清钞本）。

③ "从直"，《明史·史可法传》作"从质"。

公少以孝闻，性孤耿，有志略。左公光斗视学畿辅，一日，微行入古寺，见一生伏案卧，文甫成草，阅毕，取貂覆之。询寺僧，知公名。及试呈卷，注视久之，面署第一。召入，使拜夫人曰："吾诸儿碌碌，他日继吾志事者，生也。"留馆署中，每公余衡论时事，相与感愤眦裂。举崇祯元年戊辰进士，授西安推官，迁户部主事，历员外郎、郎中。

八年，迁右参议，分守池州、太平。其秋，总理侍郎卢象昇大举讨贼，改公副使，分巡安庆、池州，监江北军，屡破贼。初，当事以皖为南都上游，议设兵备，遏寇南下，众莫肯往。公奋然请行，至皖，筑城练兵，画战守策，皖以无警。象昇改督宣、大，代以王家祯。未几，复代以熊文灿，专抚贼。贼益逞，朝议增设抚臣，为豫、楚声援，开府于六，廷推公。

十年，擢右佥都御史，巡抚安庆、庐州等处。公至六，建六安营，捐奉修城，兴学校，惩奸宄，改点差，赈饥民，奏免被灾田租。州有蝗，公夜祷焚香，尽三炷达曙，如是弥月。其掾曰："劳乎？"公曰："余为秀才时，月仅七夜眠。服官后惰矣，何言劳？恐罔济，负吾民耳。"麾下刘小全、马如龙作乱，帅百人噪于军。夜三鼓，城中火起。乱者入署，窥公朱衣坐堂上，秉烛仗剑，神光照人，咸惊窜去。明日，讨平之。公短小，面黑，目有光，性精敏。事巨细亲裁，视听批答，同时杂进，靡有遗失。士不饱不先食，未授衣不先御，以故得人死力，临敌先进，所向无坚。桐、黄、舒、六，间袤几千里，贼屡入屡创，降其酋顺天王。

十二年，以父忧去官，朝廷遣中涓伺于涿州，启其箧，银杯二、奠章三十二轴而已。报闻，帝为动容，有夺情议，公固辞。十四年，服阕，起户部右侍郎兼右佥都御史，总督漕运，巡抚凤阳、淮安、扬州，风纪清肃。浚南河，漕政大厘。拜南京兵部尚书，参赞机务，因武备久弛，奏行更新八事。

十七年三月，李自成犯燕京，公誓师勤王。渡江抵浦口，闻京城陷，烈皇帝殉社稷，大恸，头触柱流血，缟衣发丧。会南都议立君，尚书张慎言等移牒公曰："福王由崧，神宗孙，伦序当立，而有不可七[1]：贪、淫、酗酒、不孝、虐下、不读书、干预有司也。潞王常淓，神宗

---

[1] "不可七"，《明史·史可法传》作"七不可"。

侄，贤明可立①。"公然之。凤阳总督马士英，潜与阮大铖计议立福王。公告以七不可，而士英已与黄得功、刘良佐、刘泽清、高杰发兵送福王至仪真，于是公等迎王监国。五月，拜公礼部尚书兼东阁大学士，与士英、高宏图并命。士英仍督师凤阳，公仍掌兵部事。乃定京营，如北都故事。侍卫、锦衣卫诸军，入伍操练。锦衣东、西两司房及南、北两镇抚司不备设，以杜告密，安人心。

时士英冀入相，命下，大怒。以公书奏，而拥兵入觐，拜表即行。公遂自请督师，出镇淮阳。十五日，王即位，公陛辞，加太子太保，改兵部尚书、武英殿大学士，而士英以是日入直。于是江南士民伏阙上书曰："伏见陛下初临监国，擢史可法东阁大学士，仍管部务。万姓欢呼，颂陛下知人善任。先帝用可法南枢，实天牖圣心，留佐陛下中兴之业。南都积弛，未易蒙安，枢臣以无欲知人，以不倦举政，经营一载，渐可驱策。今陛下奠安南服，鼓锐北征，诸将所服，逆贼所畏，无逾可法。闻出代督师，众心皇惑。淮阳虽急，果别遣督臣，史可法居中调度，则兵粮无忧。可法自行，虽身任督师，而中枢必更成局，则战守纷扰。机会一失，局势尽移。此江南士民所以奔走号呼、伏阙哀吁者也！"书奏，王不省。

公奉命祭泗、凤二陵，毕，上疏曰："陛下践阼初，祗谒孝陵，哭泣尽哀，道路感动。若躬谒二陵，见泗、凤蒿莱满目，鸡犬无声，当益悲愤。愿慎终如始，惕厉无怠。二祖列宗，将默佑之。若晏处东南，不思远略，贤奸无辨，威断不灵，老成投簪，豪杰裹足，祖宗怨恫，天命潜移，东南一隅，未可保也。"② 王嘉答之。

时分江北为四镇，以泽清、杰、良佐、得功辖之。泽清等纵兵大掠，转相攻。公往解，悉听命。杰攻扬州，闻公至，惧。旦日朝帐中，汗浃背。公接以温语，奏屯其众瓜州。乃开府扬州，辟馆招士，屡奏请饷。士英靳不与，公疏趣之，因言："迩者人才消耗，仕途日淆，由名心胜而实意荒，议论多而成功少。今事势更非昔比，必专主讨贼复仇。舍筹兵筹饷无议论，舍治兵治饷无人才。"③ 并言："东南阙员不少，择吏为先。铨选法穷，不能不改为征辟。请仿保举法，通行抚、按、司、道、九卿、科道等，有才胆过人者，不拘资格，各举一人送京，赴军前

<hr/>

① "可立"，《明史·史可法传》作"当立"。
②③ 此段引文与《明史·史可法传》所载原疏有出入。

效用，酌补守令；二年考满，平升善地；三年考选，优擢京曹。有靖乱恢疆、功能殊异者，立以节钺京堂用。"又言："北都诸臣南还，从逆者宜重处。伪命未污身被刑拷者，置勿问。隐避北方徘徊后至者，许戴罪赴军前酌用，毋绝其南归心。"廷议从之。

时大清已定燕京，摄政王遗书招公。公复书数千言不少屈。会和议不成，十月，公令杰帅师北出，遣人屯田开封，为经略中原计。诸镇分汛地，自王家营而北至宿迁最险要，公自守之，筑垒缘河南岸。时李自成走陕西，公奏言："自三月以来，大仇在目，一矢未加。昔晋之东也，君臣日图中原，仅保江左。宋之南也，君臣尽力楚、蜀，仅保临安。盖偏安者，恢复之退步，未有志在偏安而能自立者。大变之初，黎庶洒泣，荐绅悲哀，痛愤相乘，犹有朝气。今则兵骄饷绌，文恬武嬉，暮气至矣。河上之防，百未经理；复仇之师，不及关、陕；讨贼之诏，不达燕、齐。君父之仇，似置度外。夫将能克敌者，气也；君能御将者，志也。君志不奋，则士气不作。夏少康不忘出窦之辱，汉光武不忘爇薪之时。臣愿陛下为少康、光武，不愿左右在位以晋元、宋高之说进也。请速发讨贼诏，责臣与诸镇悉简精锐，直指秦关。悬上爵以待有功，假便宜而责成效。丝纶之布，痛切淋漓，庶海内忠义，闻而感愤。国家惨遭大变，陛下嗣位，不同先朝。诸臣但有罪当诛，无功足录，请慎重爵禄，专待功臣。庶猛将武夫，有所激厉。兵苦无粮，搜括不可行，劝输复难继。请将不急之工程、可已之繁费、朝夕之燕衎、左右之进献，一切报罢。即事关典礼，亦宜节省。盖贼一日未灭，虽有深宫曲房，锦衣玉食，岂能安享？必念念在复仇雪耻，振举朝之精神，萃万方之物力，并于选将练兵一事，庶人心可鼓，天意可回。"①公每缮疏，循环讽诵，声与泪俱，闻者感泣。比大清兵下邳、宿，公飞章报。士英曰："彼欲叙防河将士功耳。"置之。而诸镇逡巡，无进师意，数相侵夺。

明年，是为大清顺治之二年，河上告警，公请以良佐、得功率师扼颍、寿，杰进兵归、徐。杰至睢州，为许定国所杀，部兵大乱，屠州，旁近二百里殆尽。变闻，公叹曰："中原不可为矣！"遂如徐州定其军。杰军还，大梁以南皆不守。而士英方忌公威名，加故中允卫允文兵部右侍郎，总督兴平军，以夺其权。二月，公还扬州，未至，得功袭兴平军，城中大惧。公遣官讲解，引去。时大兵已取山东、河南北，逼淮

---

① 此段引文与《明史·史可法传》所载原疏有出入。

南。四月，公移军泗州，护祖陵。将行，左良玉称兵犯阙，王手书诏公入援。渡江抵燕子矶，得功已败良玉军。公乃趋天长，檄诸将救盱眙。而盱眙降大清，泗州援将侯方岩全军没。公一日夜奔还扬州，城中讹传许定国兵将至，歼高氏部曲。悉斩关出，舟楫一空。公檄各镇兵，无至者。

二十日，大清兵大至，屯班竹园。明日，总兵李栖凤、监军副使高歧凤以其军降，城中势益孤。公作书寄母、妻，且曰："死葬我高皇帝陵侧。"大清兵薄城下，豫亲王前后七致书说降，公不复启视，投之水。二十五日，大兵攻城急，多死者。王亲督攻，城陷。公自刎不殊，一参将拥出小东门，公大呼曰："我史督师也！"遂被执。至城楼上，王雅重公，引坐劝降，以洪承畴为比。公曰："我此时止办一死。头可断，身不可屈。但扬城百万生灵，幸勿杀戮。"王百方劝谕，不从，毅然就死，时乙酉四月二十五日也。僚属从死者甚众，扬城屠。

公为督师，行不张盖，食不重味，夏不箑，冬不裘，寝不解衣。年四十余，无子，其妻请置妾，太息曰："王事方殷，敢为似续计乎！"素善饮，数斗不乱，在军绝饮。岁除遣文牒，至夜半，倦，索酒。庖人报淆肉分给将士，无可佐者，乃取盐豉下之。尝子处，或言宜警备，公曰："命在天。"遇敌，数月不寝，使将士番休，而自坐幄幕，外择健卒十，令二人蹲踞背倚之，漏鼓移，则更代。每寒夜起立振衣裳，冰霜迸落有声。或劝少休，泣曰："吾上恐负朝廷，下恐愧吾师也！"公死，觅遗骸不得。逾年，家人以袍笏招魂，葬扬州郭外梅花岭。后四方弄兵者，多假名号以行，故时谓不死。

公无子，遗言以副将史德威后。弟可程、可模。可程，崇祯十六年进士，改庶吉士。京师陷，降贼。贼败南归，公请置之理，王特宥之。可模，早世。公死后，可模妻李氏奉公母、妻居金陵，浙人厉韶伯躯貌类公，冒其名集亡命数百，破巢县，入无为州。提督某擒之，众莫辨。召母、妻及李氏出，始吐实。而李氏有色，为众所窥。会金声桓反豫章，禁旅往讨，驻金陵。有聂三者，媚少宰某，艳李氏，强委禽焉。遣婢拒之，不听；詈之，又不听。须臾，婢奉盘进聂曰："奉夫人命，恣若所为。"视之，发髻、耳、鼻各一，血淋漓满盘中。聂仓皇驰去。

乾隆四十一年乙未，上特恩赐公谥忠正，御制题像诗并公复摄政王书摹于梅花岭祠壁。

前史官王先谦曰：余诵公文章，慨然想见其识略，悲其志之穷而言不见用也。天眷兴朝，公即专明柄，不必有济，况束缚使不得骋耶？曩读钦定《明史》，不详公仕明事迹，由易代之后，采访难周，虽有遗徽，莫为收恤。逮天语亲褒，然后胜国孤臣，炳于云汉。公之不朽，固自有在，而昭代教忠之典，迈千古矣！因览公遗集，援据诸书补为之传，俾后有考焉。

刘观察传①

观察江西人。其先有隐德，仍世孝友，郭侍郎嵩焘为之记，所称武宁刘氏者也。笃行弗耀，逮观察始大其门，以进士官户部主事，改湖南道员，历任大府，皆推敬之。

尝备兵衡、永，再权盐法、粮储，姝姝益谨，为时所称。武员某被劾察办，观察奉檄点验营额，某以万金为托，峻拒之。管保甲事，冬夜出巡，往来风雪中，天明归寝，以为常。盗贼屏息，民安其居，皆言："刘公不解于位，人所难能。其出自至诚，尤不可及。"世俗好长短人，语及观察，必曰："洁清自守，恭俭慈惠人也。"相顾无异词。

年将八十，有幼子女四人，腰脚轻健。其长子熙台，以知府官于皖，迎养欲往，为余言黄山、潜、霍之胜，将以暇日往游焉。

赞曰：余与观察交久，固要余为作传。余曰："凡生而为传者，类多抑塞辚轲，志概不见于时。君名位德业，足自表襮，何用汲汲？"观察笑曰："欲得君文为重耳。"噫！余文何足重观察？然窃幸余文之托观察以传也。观察字定夫，镇其名。

欧阳碉东先生传②集句体

欧阳辂，原名绍洛，字念祖，一字碉东，湖南新化人。父基文，字同周，乾隆乙酉拔贡，铨就州判，以亲老乞归，授徒自给，性方洁，天才挺拔，诗文操笔立就，为时所重，《宝庆府志·文学传》。早逝③。邓显鹤

---

① 此文录自光绪二十六年刻本《虚受堂文集》。
② 此文录自光绪二十六年刻本《虚受堂文集》，以光绪三十四年长沙王氏刻本《王先谦自定年谱》为校本。
③ "逝"，校本作"世"。

《南村诗话》。

辂九岁，补县学生，即好吟咏，所遇穷恶，踪迹落莫。无常师，于诗若有天授。家贫甚，资佣力以养。《沅湘耆旧集小序》。博学多通，书过目终身不忘。陶文毅《碃东诗钞序》。乾隆甲寅举于乡。《耆旧集序》。频上春官，不得意，南走粤，北为蓟、代、山海关之游。陶《序》。性野逸，不修威仪，衣履敝垢，岸然公卿大人中。剧谈豪饮，旁若无人。人亦无与忤者。后闭门不复出，躬耕奉母，非力不食。于人世升沈宠辱，泊如也。《耆旧集序》。一时名公雅重之，或不远数千里殷勤致礼，不至，箬冠草履，吟啸清泉白石间。陶《序》。墙宇自峻，与人少可。曾文正《邓湘皋墓表》。南丰谭光祜守宝庆，学使歙程恩泽按试至郡，二人皆名宿，始一出与双清亭之会，好事者至绘为图。《府志·文学传》。垂老，卜筑邑城东，遁迹沈冥，兀兀无共语者。李洺《夜谈追录自序》。

其诗灝气流转，含章内映，精思壮采，抟结无迹。沈道宽《碃东集跋语》。然持律矜严。邓《墓表》。尝言作诗务苦吟，戒自恕，或屡改而不安，则竟削之。又云作诗当自写其胸中之天，不期而与古合，所谓非有受于人忽自得之。今人过一地，遇一人，必作一诗，岂吾胸中之诗哉？既挟所业，出与天下士大夫接，所至折服，名流少能颉颃。《耆旧集序》。与宝山毛岳生、东乡吴嵩梁相知善。嵩梁诗才罕匹，尝谓人曰：“仆畏碃东，不敢与敌也。”临川乐钧未识辂，寄赠以诗。钱塘吴清鹏以诗求论定，称辂为韩、苏而后一人。服膺如此。《夜谈追录》。同邑训导邓显鹤，少辂十岁，兄事之。《耆旧集序》。每有篇什，辄就辂与相违覆。邓《墓表》。辂钩核瑕疵，不少宽假，显鹤卒无以易其言也。《耆旧集序》。

道光二十一年卒，据《夜谈追录》李序。年七十五。《府志》。著有《碃东诗钞》十卷，安化陶澍刊行之。陶《序》。又手定诗三卷界显鹤，显鹤为刻之《沅湘耆旧集》。《耆旧集序》。辂于诗，穷极幽微。偶有论断，必求通古人之词，较其得失，析其毫厘，多人所未发。同邑举人李洺笔存之，为《夜谈追录》二卷。郭嵩焘《夜谈追录序》。子荃，字迪来，邑廪生，《耆旧集序》。亦能诗，《府志·文学传》。奇情幽思，不愧名父之子。《耆旧集序》。又有《欧子》三卷，恢奇俶诡，无一常语，《府志》。早卒。显鹤刻其诗，入《资江》、《沅湘》两耆旧集中。《耆旧集序》。

毛青垣先生传①集句体

毛国翰，字大宗，号青垣，湖南长沙人。性纯孝。幼读书颖悟强记，能暗诵《佩文韵府》，不遗一字。尤工诗。赴县试，见知于县令陈光照。其子沉奇国翰文，愿内交，招之不往。亲至其家，结欢而去。补县学生，乡试屡黜。毛氏《家传》。长沙城北有黑麋峰，水西南流入于湘②。其水会谓之麋湖口，国翰卜宅当山水间，因名曰麋园。屏居其中，益肆力于诗，以抒其侘傺无聊，往往多幽忧之思、凄苦之响云。长白裕壮毅公《麋园诗钞序》。

与鄞沈道宽为文字交，道宽宰酃县，聘国翰教其子十余年。道宽权知茶陵州，亏帑数千金，被劾勒追。国翰赴酃称贷，人以道宽廉惠，又见国翰勇于为义，咸感奋，竞运致钱谷，不一月而集事。道宽得复官，走谢国翰。国翰曰："公泽在酃，其邑人急父母之难，吾何力之有？"《家传》。湖广总督裕泰招致莫府，数年，道光二十六年丙午，以微疾没于署，年七十五。参裕《序》及《家传》。

著有《麋园诗钞》八卷、《天显纪事》三十二卷、《青湘楼传奇》若干卷。《家传》。其诗五古清越醇雅，出入陶、谢、江、鲍间。七古雄荡有奇气，约束矜贵，不涉奔放。近体步唐贤，无沾滞之音、佻缛之气。新建夏廷桢《麋园诗序》。裕泰既经纪其丧，归葬长沙，复编梓其诗，序之曰："国翰为诗，镵心研神。朝吟而夕琢，月成而岁易。人知好与否，举弗顾，可谓勤笃者也。"集中如"松径含风雨，秋山见性情"，"岩花留雨色，风絮落春阴"，"独往吟诗对修竹，同来入坐惟秋岑"，"楚蜀地形江口断，乾坤秋色雨边来"诸联最为杰出，它类此者尚多。夫观诗如游山泽，即以楚论：衡山、洞庭之高深，人不待游而知之；而麋峰、麋湖介在其间，有侃侃自异者，又非善游者不知也。余故用李中《碧云集》序例，摘佳句著之简端，为读麋园诗者导先路云。裕《序》。

---

① 此文录自光绪二十六年刻本《虚受堂文集》，以光绪三十四年长沙王氏刻本《王先谦自定年谱》为校本。
② "湘"，校本作"湖"。

始祖子泉公传①

　　王氏世居江东，迁楚者，始子泉公。其先自东晋以功名显，代为名族，而谱帙阙略不言其世系支派，不敢据以为信，谨述自迁祖始。

　　公讳霈，子泉其字，江宁府上元县朱家巷人也。明正德间进士，官国子监，出判湖南岳州府。明敏仁恕，决狱多平反，吏民颂之。任满将迁，乞休，游湖湘间。公既淡荣利，又嫉江南习尚豪侈，占数长沙，居城北福善坊侧。

　　时倭寇扰浙，赵文华以工部尚书视师江淮，搜括财物，东南民重困。公闻之，叹曰："天下事可知矣！吾幸避湘上，得安庐舍，长子孙为乐，故乡当奈何？"家居为善益力，曰："士苟存心济物，何分出处耶？"将卒，遗命子举曰："自严氏父子专政，杨、沈辈以身殉，去岁又杖戍吴时来等。祖宗培植善类，一败于靖难，再坏于议礼，今滋甚矣！未有士气不振而国脉永久者。人之云亡，邦国殄瘁，斯郭林宗痛哭之秋也。汝慎毋为官！"举涕泣受教。年六十。妣吴氏。

五世祖若水公传②

　　公讳慎修，字若水，行之公五子也。少颖悟好学，补县学生。家饶资而无嗣，诸兄欲为置妾，固却之。乐善好施，然不饭僧修佛事。晚益强健。悉与产兄子，余田若干亩纳长沙县学，为族人入学补廪出贡费，而谢诸劝立后者曰："子于吾者，未必不失业。基弗弃，有后矣。"年六十五，无疾卒。妣邓氏，后公十日合葬焉。今族人补弟子员登科第者，必以祀祖日拜公墓。

　　赞曰：公四兄，子孙皆蕃衍，然不尽有名称。公无子，而吾邑庠序中之称颂公者，至今弗衰也。田纳于学，为官干没更索费。嘉庆丁卯，族争而复之。道光庚戌，碑于学田，始定。嗟呼！田虽学入，乃吾王氏子孙所宜世守者。官于学者，二三年辄代，而利此而争者，踵相接也。此又世道之衰，而公所不及料者矣。

---

　　①②　此文录自光绪二十六年刻本《虚受堂文集》。

先伯兄会廷府君行状①

　　吾家世居省城，祖墓多在城东南数里所。独高祖龙溪府君远葬涝塘河桃花港阿公岭下。岁癸丑，避寇乱涝塘河，而先伯兄卒，葬于其乡，去高祖墓不一里。自移家至卒，甫月余，若为侍高祖来者，倘亦有数存耶？呜呼，悲已！

　　先大夫生兄七年，大伯父没，遗命后。兄方四五岁时，吾母授字，盈数就外傅，舍业嬉者数年。先大夫课之，已都荒其学。乃键户日夜督责，背书偶误，以纸斜签其字，至再，计点画倍笞之，血痕常满裤。吾母为缓颊，先大夫怒曰："吾以贫甚废学，儿学更不成，何以对先人！儿弟又长，无师，谁教者？王氏之泽，将自此斩耶？"乃持兄顾吾母相向哭，兄伏母怀亦哭，各失声。兄性颇钝，由此研精覃思，学日进，八年而大成，先大夫览其文，喜曰："吾他日可以见祖宗地下也。"乃命赴县试，得前列。丁祖母忧，服甫除，贼犯长沙。围解后，学政案临观风上取，未院试，避于乡而死矣。呜呼，伤哉！

　　兄长身玉立，头角崭然，见者皆许为远大器。性淡于荣利，然以先大夫教诲之切，期望之奢，常惧不一博科名为堂上戚。课试不得高等，夜卧以足击榻上，震震作响。呓语叹诧，声彻四壁。读益勤苦，遂得便血，疾迄不愈。教仲兄、先谦，诱掖奖劝无不至。每日温经书，令复解。明日又取解者随所指辨，诘之反复，通贯无遗义乃已。闲则令默记故事，日必足十。比夜前仲兄侍坐，讲《通鉴》，立先谦于侧，岁为常。故先谦未学为文，而习史事已颇多。值家计日蹙，乡居饔飧每不给，先大夫忧形于色。一日，兄长跪曰："大人何忧？儿兄弟四人，以次成长。设皆不遇而为童子师，犹能岁获束修养二老。矧吾家祖泽厚，庭训严，岂无一亢宗者？何忧为？"先大夫为释然，命酒极欢。当崎岖奔窜时，未尝令仲兄、先谦一日废学。卒之前夜，犹招至床前，以"舜何人也，予何人也"题命为文。伤哉！

　　兄自为大伯母后，曲意承顺，虽遇万难，无纤毫怨抑色。秉先大夫训，持家不恶而严。平生以忠信待人，伉直无所依违，尤不喜浮荡子。有友人食洋烟，戒之至垂涕。卒后，平素相往来者，时偶语叹惜曰：

---

① 此文录自光绪二十六年刻本《虚受堂文集》。

“今安再得如王会廷者而友之？”呜呼！兄之立身本末，亦可概见矣。

先谦当兄没时，甫十二龄。言貌性情，至今历历若绘。顾墓碑阙如，自以谫陋不足表彰先兄潜德，又惧事久而易坠也，爰状其实，以待当世能文者而求之。兄讳先和，字会廷。道光九年己丑五月二日生，卒以咸丰三年六月二十九日，年二十五。妻吴氏。女佩祖，吾姊女也，嫂抚如其女，遂女焉。卒后，以先谦官貤赠奉直大夫、翰林院编修加四级。同怀弟先谦谨状。

先仲兄敬吾府君行状①

呜呼！吾伯兄卒之四年，而仲兄相继逝。家难之剧，未有若此者也。念兄生平之志行，不可湮而弗彰，则亟思为状，以求当世贤人之文章，垂诸不朽。屡执笔，泫然复辍。

岁辛未，先谦将奉太夫人北上，择吉遍谒辞祖先之墓，最后至仲兄墓门。自卒后，墓再修，至是而华表石阑，已为牛砺其角而奔坏断折矣，欷歔泣下久之。归以告从弟先运曰：“是宜培，愿以烦弟，且予欲表兄墓久矣。京师文章数，求而归，将并属弟树之。”及来京，人事间阻，复不果为状。而先运累以书来促，乃卒成之。

兄讳先惠，字敬吾，先赠君次子也。方吾母妊兄，家贫甚，冬月常著夏布中衣，故兄生而荏弱。四龄，不能步。稍长，口吃。性内慧，观书若不求甚解，而默识功最多。赠君命从先伯兄读，一日，读不即熟，赠君乱挞之，伯兄跪抱之泣，赠君怒，并挞伯兄，唾曰：“护而弟挞，他日当奈何？”伯兄曰：“限儿五年授弟读，不以成立者，请受挞如今日。”既乃试为论事之文、古近体试律诗，各成章，以呈赠君。赠君抚其顶，喜极泪堕，曰：“几失吾子。”自赠君督诸儿急，不听出游妄交，虽伯兄往来者必从里鄙，密询其文行，不可，则伺其来，自出谢之曰：“毋溷我儿。”以故先谦等年十四五，不识街巷东西，非年节不得过亲戚家。至是，始命兄从伯兄间出游息，曰：“两儿谨愿，吾无虑也。”

伯兄卒之明年，兄以府试冠首，补县学生。又明年，廪于庠。每试前列，名噪甚。又二年，先谦补县学生，稍得从兄后出谒亲戚。长老者皆叹曰：“此两儿，王氏积累报也。不知费载之几斗心血矣！”载之，赠

---

① 此文录自光绪二十六年刻本《虚受堂文集》。

君字也。自粤匪躏东南，楚南当贼冲，屡警。辛亥后，再停乡试。丁巳补行时，与吾家往还者，皆以得解贺兄。自学政张海门、知长沙府仓劭坪两先生至学师，以次厚相期许敦勉。兄亦重自负。将入闱，疾作，奋衣行，毕三试出，不十日卒矣。榜放，荐未售，房考官彭公极意惋惜，伻来召，愿得一见。师友戚里多恸哭，城中人闻者，识不识皆谓长沙失一好秀才矣。悲乎，伤哉！

兄生而敦厚，不妄言笑。对人若处子，事父母曲尽怡柔。伯兄卒，哀不自已，而问视必强欢笑。课两弟，竭尽心力。及先谦入学，兄喜甚，携季弟礼吾手告先谦曰："吾两人幸稍自立，弟又英敏，他日必有成。吾见近世偷薄子兄若弟有数百贯钱，辄生睚眦，议分析，是诚何心！愿与两弟约：得白头共大被不恨矣！痛伯兄早即世耳。"因相对呜咽。时先恭尚幼，及长，以兄言告，礼吾闻之，未尝不仰而慕、俯而泣也。

试之四日，再入闱，疾渐亟，先谦力阻之。泣曰："吾岂以一第为重轻哉？顾天下大乱，今岁乡试几不行。更三年，知复何似？吾辈有老亲，势不能投笔取功名。家门已不振，亲意责望厚。不从此中乞生活，行且穷饿死。瘳而获隽，天也；不幸而身殉文，亦天也。天其佑我！"遂入。回忆先谦至试院，兄坐明远楼下相待。先谦负囊襆被，送兄归号舍卧，守其旁煎药。熟，呼兄起，面惨淡无人色，张目视先谦，泪涔涔堕药碗中。已，复卧，再煎，再起饮。闻扃门，先谦乃凄然归己舍。门启，趋兄所扶以出。情事历历在目前，而十六年矣。能不悲哉？能不悲哉？

兄生以道光十七年丁酉十二月二十七日，卒以咸丰七年八月二十四日，年二十一，葬长沙南门外师古坡。以弟先谦官貤赠奉直大夫、翰林院编修加四级。妻杨氏。同治十一年壬申十月初十日，同怀弟先谦谨状。

季弟礼吾行状①

自余丧季弟，而余母年六十有四矣。又忧伤多疾，不得已迎养以北，浮长江，溯运河，自济宁登陆至德州，舟达通州而入都。余家老

① 此文录自光绪二十六年刻本《虚受堂文集》。

者、幼者、疾者、亲戚贫者，皆率以行，历程五千，为日二百四十。寒暑异时，水土异宜，风涛盗贼，车马况瘁，饮食衣服，不时不适，余母几病而后安者数焉。至都，米盐琐屑之务，平日未尝过问者，举集于余，无一人助。境日穷，身日困，而余自是不可一息离母他适。凡以余弟之丧之故，弟所系于吾家道者重矣哉！弟功名既未有显于时，性行学术人罕知，余故不自已于悲而状其实焉。

弟讳先恭，字礼吾。生数龄，伯、仲兄相继卒。赠君于是心意灰绝，命先谦教弟而爱怜特甚。有不称意，抚之而悲，谓先谦曰："第婉导之，是佳儿当率教，不见汝两兄学成死耶？成，祖宗泽也；不成，天也，我肠寸断矣！"又数年，赠君卒。易箦时，诏先谦曰："好抚弟，毋辱先人。"已而家益贫，余投笔走江湖，弟就外傅。嗣是数归数出游，而弟之学业仅归时一课之已，日月异，未尝待余督责也。又久之归，见所学为论事之文，皆有章法；古近体诗，差不俗。问之，悉无师承。余间摘其疵，辞不待毕而已达也。

丙寅岁，余假归，则弟已县府试前列，补县学生，其师友皆称为好学。及余己巳归，弟诗文日益进，间为小词，辄工。读书批郤导窾，领悟殊捷，箸述积盈尺矣。以余初度日，酾酒烹猪羊，聚家人饮极欢。弟起奉觞为母寿，而顾余曰："昔司马子长历览名山大川，为文卓荦有奇气，苏颍滨患其文不昌，见泰、岱、黄河，欧阳公以自壮。弟生二十一年矣，生平豪宕自喜，蹦蹬乡曲间，环视罕当意者。惧吾自此志趣卑陋，而文益穷也。将从兄溯潇湘，登衡岳，南逾五岭，浮海而北，游京师文章之林，周览天下形势厄塞，泛乎洞庭，而归吾庐。既以请于吾母，兄其许我乎？"余笑曰："诺。"遂偕至郴，入乐昌界，将下泷，夜剪烛读昌黎泷吏诗。家人以吾母忧思故，走书命归。余遂送弟返而独行。迨还自云南，弟已婴疾，数月百药，而竟不愈矣。

弟性刚气盛，好面折人，见作伪者疾若仇。持家整肃，闻仆婢聚语嬉笑，必痛斥盛怒，不可解时，母至则垂手侍，片言即释。见人急难，赴之如己事，施济无悭。逐年立功过格，行之不倦。既不求合于俗，亦不为俗所与。余每归，形影相逐。爱闻说山水奇险，可喜愕处以为快。既出门，为诗益多好句。归自乐昌，送余行，哭失声。病革，出残稿付余曰："吾家自六世祖以下六代九人，所箸述积一匮。弟惧残佚，手钞且半，今并弟十矣。悉以累兄，幸为弟条理足成之，死不朽。"呜呼，恸哉！以弟之刚直不回，颖悟好学，所至胡可量？余归三阅月，弟始病甚以死。初归时，弟病犹未必不可为，而坐视其展转颠倒于庸医之手，而莫知所救，是余所重负罪于先赠君，而流恸而自挞者也！弟殁逾一岁，而余困穷孤陋已如是，则异日哭弟以自哭者，终古未有穷期也。

弟卒于同治十年三月二十九日，年二十三，祔葬浏阳门外赵家山。由附贡生以赀入为同知候选，改分发补用知府。生三岁，为二伯父直清公后，名后父母皆前卒。妻张氏，淑人，后弟没五十余日，以身殉。女一，肇祖。同治十一年壬申十月，同怀兄先谦谨状。

金匮华氏新义庄记代①

善夫！吴人之好义也。《宋史》称范文正公仲淹虽贵，衣食不充置义庄赡族，《朱子言行录》详其于姑苏近郭买田数千亩，族中长而贤者一人主出纳，人日食米升，岁缣匹，嫁娶丧葬有赡给，令声余庆，洋溢累叶，高义之褒，炳于宸翰。于是其乡之人，若吴县陶氏、昆山顾氏、长洲陆氏，涵泳圣涯，崛焉踵武。而金匮华氏，合数世之力，以成先人未竟之志，前盛后美，甲于列邑。其犹有太伯延陵季子礼让之遗俗与？不然，何好义者之多，而良法流于无穷也？

华氏之先，在宋居汴。明时讳宗韡者，再迁至鹅湖为县人。家故有义庄，自国初至今不替。宗韡十四世孙清莲，虑族蕃资乏，谋新之未逮。其子春亭、耕乐，孚吉、墨亭承遗命，分作合储，私入公出。父兄前携，子弟后跃，月有要，岁有待。孟晋十期，乃疆乃构。最田租千二百石，舍若干区，仿文正法，董以族贤能者，而贰其副。自岁赋外，廪其谷食鳏独孤寡废疾，桒其余助婚葬。学有塾，课有奖，宾兴有资，饥馑有备。旌别以谨始，赏罚以善成，宏纲细目，粲然具备。别割田百亩，厚其本支祖乾若公以下五世，厥后递杀，视庄之主。

某年月日，新义庄成，而耕乐子鸿模属余以言。余惟古者卿大夫立宗，宗子以世禄收族，大功以上无异财，至庶人无宗不能相给。故同姓虽从宗合族属，而赒救之谊，使借助州间，所以通宗法之穷也。后世贫富之权不在于上，于是朝廷无使人均财之道，而士大夫及庶人有力者，乃时出所有，以赡族党之穷。皆率循仁义，不假勉强。视古法制相维系者，恩有加焉。而论者以宗法败坏，追慨世禄之不反古，其有异于欲复

---

① 此文录自光绪二十六年刻本《虚受堂文集》。

井田、封建之为者耶?

今世教昌明，人习于善，然大半华胄贵显易于为力。以余所闻，吾楚长沙彭氏建祠赡族，不有其赀。巴陵刘氏储义谷，施族人，家落不问。其所为与华氏略等，而闻者或以为迂。呜呼! 其迂也乃其所以为贤与?

旧例，直省民能分财相养者，吏得上闻请奖，故立义庄之家，皆题奏优叙。竞于名者，亦或勉焉，近且有无其实而冒其名者矣。耕乐昆季之为是举，不求旌赏，行事立心加人一等，其尤足尚也。

春亭，讳存恭，实始营度，无禄即世。孚吉，名存信，没先春亭，有子鸿渐，能助耕乐、墨亭成之。耕乐，名存宽；墨亭，名存吉，倡办团练得显职。鸿模以选拔举于乡，癸酉典试所得士。光绪二年二月记。

向家冲先墓记①

先曾祖考名园公，姓王氏，讳声扬，长沙县学生，生乾隆二十四年己卯四月初十日申时，卒道光八年戊子六月十五日子时，年七十，诰赠荣禄大夫。先曾祖妣左氏，生乾隆二十三年戊寅正月二十二日申时，卒五十五年庚戌九月初九日申时，年三十三，诰赠太夫人。先祖妣曾氏，生乾隆四十八年癸卯十月二十五日辰时，卒道光二十九年己酉五月二十四日亥时，年六十七，诰赠太夫人。先兄会廷公，讳先和，生道光九年己丑五月初二日丑时，卒咸丰三年癸丑六月二十九日酉时，年二十五，貤赠通奉大夫。先嫂吴氏，生道光十二年壬辰七月二十三日寅时，卒光绪元年乙亥五月二十一日酉时，年四十四，旌表节孝，貤赠夫人。

先谦以忧归自京师，始究心形家言，交善化刘君建业，叩以体势之奥，宜忌之理，豁然有会，从而诹先墓之宜迁者。谋之既久，得省城南十六里向家冲山，迁先曾祖以次五棺葬焉。上左为先曾祖考，右先曾祖妣，下中先祖妣，左先兄，右先嫂也。先太夫人以今年十月葬仙人市栗树垄，迁先兄敬吾公以次五棺祔。

凡迁者，其先葬之邱，皆弗足以康体魄，历有征信，睹之为怵惕惨怛。仰托先人余荫，假刘君之力，择壤而吉，庶少安焉。呜呼! 子孙之

①　此文录自光绪二十六年刻本《虚受堂文集》。

于祖先，历百世犹一体也。其生也疾痛呼号，为子孙者安坐勿救，谓之非人。及其死也，乃异视之，或世远而淡忘，或以力薄而不任，托名戒慎，谓兹事茫渺，举嗤为无足信，遇指迷辟谬者，而不一动其心。噫！何其忍也？然即有其心，不必遇其人；遇其人，不必果得其地。吾惟尽其力之所得为与心之所能自致，而其不可必者，徐俟之天焉。若聪明自矜，精微弗究，轻遽狂惑，任心改作，徒以丛咎而召殃，是又与于不仁不孝之甚者矣！后之子孙，尚敬听之。光绪九年十二月二十四日，先谦记。

仙人市先墓记①

先母鲍氏，生嘉庆十三年戊辰五月初一日酉时，卒光绪八年壬午三月十六日辰时，年七十五，诰封太夫人。先兄敬吾公，讳先惠，县学廪生，生道光十七年丁酉十二月二十七日丑时，卒咸丰七年丁巳八月二十四日酉时，年二十一，貤赠通奉大夫。亡弟礼吾，讳先恭，县学生，分省补用知府，生道光二十九年己酉十一月初九日卯时，卒同治十年辛未三月二十九日午时，年二十三，诰授中宪大夫。亡室张氏，生道光二十一年辛丑十一月二十五日卯时，卒同治元年壬戌十月十二日寅时，年二十二，诰封夫人。周氏，生道光二十三年癸卯五月二十二日亥时，卒同治五年丙寅十月初七日辰时，年二十四，诰封夫人。弟妻张氏，生道光二十八年戊申八月初七日丑时，卒同治十年辛未五月二十一日卯时，年二十四，诰封恭人。先兄等俱葬省城东南数里所，逮吾母丧归葬东乡五十里仙人市栗树垄，乃迁以祔。左敬吾公，次礼吾，右张夫人，次周夫人，次张恭人。

不孝为此，非以为壤吉也，求吾心所安而已。不孝早孤，薄游四方，违离吾母之日多矣。同治辛未，吾弟没，母始就养京师。自是十二年不孝奉命典试外，不敢轻去母侧。若以事它往久未归，及命食不即时至，则母颜为之不怡。近数岁儿女夭丧，母邑邑不乐。不孝携书就榻旁读，或讲说市井可嬉笑事，乃颇解慰，盖未尝一日不如是也。今母长逝矣，而不孝偷息人世，惧吾母九原之灵或以寂处伤怀，得诸子妇环左右侍，顾之而弗异生时，其少愉乎？不孝异日获薄田百亩，筑庐墓侧，死

① 此文录自光绪二十六年刻本《虚受堂文集》。

则于数里内择地葬，庶几重壤之下，不远伊迩，得以魂魄相依倚。此不孝之志，倘亦吾母所望于不孝者与？嗟夫！母生不能殚心色养，及没也徒为是不得已之思，果何益哉？果何益哉？世之人有父母存者，毋忽忘于目前，致如不孝今日抱无涯之恸也。

墓地别为图说。吾母及兄弟辈生平事实，备诸志状，不复述。光绪九年十月二十四日，不孝男先谦谨记。

重修寄园记①

先谦曩在京师，即闻座主今都御史祁公述其少时侍父文端公于江阴学署，得常游所谓寄园者。既奉视学江苏之命，公出示所藏《寄园消夏图》，则文端尝以夏日与李申耆、苗先路、张石舟诸君子宴集斯园，逮入参枢密，乃图而记之，复自书园居时所为诗数十篇于后。其于斯园，盖惓惓也。先谦于是得具知当日园中亭舍之美与景物之丽。

祁公曰："斯园吾不详其自始，以寄园命名，则始于陈侍郎希曾。吾尝稽之志乘：明万历四十二年，移建学署江阴。其先邑人有季科者，以江西布政使右参政告归养母，筑清机园以居。越数十年，季氏陵夷，割园入署。图中荷池，即季氏雪浪湖。池旁有屋数楹，志以为赐闲堂遗址也。科所著诗文，有《寄寄堂稿》，盖又尝取寄义以名其堂。陈公之名寄园，殆权舆于此。咸丰庚申，署毁于贼。乱定建署，而园不复。陈公视学之岁，距今且七十年。今《江阴县志》于寄园，初弗之及，吾虑斯园之终湮也。"

先谦既到官，暇日周览其地，则垣墉隤夷，芜秽盈溢，一池之外，悉无存者，怆然伤之。感祁公之言，亟谋修复。经始光绪乙酉仲冬，落成于丙戌季春，为庐曰"永慕"，以奉先谦父母遗像；堂曰"虚受"，为朝夕读书游憩之所。存雪列岫，诸亭并仍其旧。增置廊榭，以延揽景光。缀以梅坞竹径，间以菊圃菜畦。奇石列秀，嘉树环植。菡萏盈陂，与水相鲜。而园之胜亦略具矣。

余维兵兴以来，江南户口凋残。巨室名园美舍，咸委灰烬。当日壮观，十不存一。一园之废兴，何足深论？然余常以佳日涉览其中，登高邱，俯清流，思季氏昔日辞荣养志之高风及文端与宾友考道论文之雅，

---

① 此文录自光绪二十六年刻本《虚受堂文集》。

则慨然兴慕，憾不获与之共游。处于此者，岂不以其人之足为斯地重哉？人之生无之而非寄也，故古人况之以逆旅，等之于蜉蝣。及观贤圣之行事，守泰山而持千钧，曾不以造次回易其志虑。彼岂未明达士之旨邪？盖所争者，在吾之所以自树，而于世俗之滞留于心者，如寄诸天地间，而不以撄吾念，则我重而万物皆轻。苟居得为之位而传舍视之，借虚无放旷之论，以饰其全生持禄之私，是为蒙庄扬其波，而王衍、刘伶诸人之所以浊世而阶乱，以此言寄，奚足重斯园而为居游于此者儆邪？后之览者，思季、祁二公偶寄之迹，所以常存而不敝者何在，则于陈公名园之意，庶有合矣。既以告祁公，遂为之记。

永慕庐记①

　　光绪八年五月，先谦奉母丧自京师归葬长沙，即所居为永慕庐，而郭侍郎嵩焘为之铭。既除丧之明年，入都补官。越二月，遂奉督学江苏之命。既莅官，葺复署西偏之寄园，复为庐于园北隅，奉吾父母遗像其中，朝夕瞻拜，以志永永无极之哀。盖天下负罪引慝之僇民，未有如先谦之甚者也。

　　先谦年二十，不幸先赠公即世。时两兄先逝，而先谦方为贫诸生，不克备一日馨洁之养。逮其没也，葬祭之礼多阙而不举，视仲由氏之所伤，几或过之。甫卒哭，即囊笔出游。日营升斗，以奉吾母。又不能居庐负土，衰麻三载，少竭诚悃，以赎万死之身。而与吾母违离之日，亦弥以多矣。自季弟没，先谦以供职词馆，迎侍吾母京师。十二年中，疾苦相仍，殇逝相续，怫郁之事，抵隙沓至。皆先谦之不德，以重贻母忧。盖求一岁之安善以供笑乐，而卒无有也。此即文章贵仕，极一时之宠荣，然以较闾巷穷民、翁媪相将、扶杖携童、佝偻笑语者，其戚愉虚实之情，曾不可以并论，况若先谦之琐琐无足道者邪？

　　吾母尝语先谦："汝父不及见汝成名，赍恨入地，予亦何敢奢望？惟期汝视学南中行省，予得就养官廨，秩满即侍予而归。此愿傥可偿乎？"今先谦蒙恩窃禄，来官此邦。瞻望白云，吾亲安在？不能不仰天搏膺而长恸也！昔孟子称大孝终身慕父母，征之帝舜，五十而慕，此为父母在言也。若父母既没，触念生慕，人之恒情，虽终身亦不足言孝。

---

① 此文录自光绪二十六年刻本《虚受堂文集》。

如先谦之不肖，少无以承亲欢，及壮强之年，乃益以重其戚。每追惟前事，哀从中发，不知涕泗之横落也！故频年以来，随所居为庐而名曰"永慕"者以此。

志称署西偏为前明江西布政使右参政季科清机园故址。当隆庆时，科以壮岁辞官奉母，母年九十卒，此其构园娱侍地也。今虽遗迹荡尽，流连忾叹，犹想见白华无声之乐。而士人相传园中旧有三到楼者，因诸城刘文恭公镮之之母尝三居此署，故以名楼，至今称为盛事。念前哲之嘉遇，顾鲜民之块然，是皆先谦所触事而增唏者也。寄园成，既为之记，复特为斯庐记其缘起云。

江阴学使院续刻题名记①

谓居官难乎？甲往而乙来，朝至而夕迁，怀印拖绶，意气赫然，纷纶盈乎天下。谓居官易乎？则名于其职者，十不一二数也。

今夫督学之官，将以佐圣主兴行教化，董正学术，顾终岁不得与士子讲论劀切，神疲于驰驱，而精敝于考校。于是求所以自尽者，惟在士子应试之文。幸而去取无大差失，翕翕然群奉为能。否则瞢然不辨黑白，颠倒错缪，使人怀才无以自见，而文固不能自鸣其不平，非如有司折狱失中，曲直昭于比户，而利害切于民生也。苟非其人灭裂无耻之甚者，则相与忍而伺之三年，受代斯已耳。是故居此官之为难与易，其间几于不可辨。

丹徒李学士承霖语余："先达有言：为学政者，聪明强力，不见有余；昏昏昧昧，不形不足。"彼意有所激而云尔。夫诚思尽心，以求称朝廷设官本意，虽极天下之才，未有不歉然自见为不足者，而何有余之可言哉？

江苏自前明万历四十二年，移学使院江阴，官此而题名者，为碑凡四。粤寇陷江阴，署毁碑存。乱定建署，逾二十年，而题名之缺今且七十年。人咸谓余："此故事亦荣名也，盍为之续？俾后有考。"余谓："苟以官为荣人之具，而不思所以实其名，则其荣也，只足以为辱耳。聊以补故事之阙斯可矣。"遂记之。

明江苏巡抚毛一鹭，尝助魏奄逮周忠介顺昌者，其为督学时，实始

---

① 此文录自光绪二十六年刻本《虚受堂文集》。

为兹署题名记，邦人士请毁之。余以为此非王振功德碑比也，存其名，足以示戒，止弗毁。此又视其人毕生之贤否以为荣辱，而不专系乎督学者。并书以自儆，且告后之人①。光绪十四年秋八月记。

南菁沙田记②

南菁沙田者，松江川沙厅竟东海中横沙也。道光间始见，可万亩，厥土斥卤，草芦生之，可伐为薪。渔于海者厶焉，而内赀厅之官吏，所谓草息者也。同治中，征息入江苏布政使库，岁八百千。光绪七年，江南大吏有清丈新涨沙滩召佃报买之奏。于是候选道姚君文枏、清河道费君学曾等，仂佃横沙四万余亩，贾银至万二千，岁征息至二千千。众竞于利，争讼积年。姚君、费君愿入公为书院膏火费，余又偿它姓佃贾银六千两有奇，沙遂为书院有。最滩以芦草泥计者，共五万亩，盖已视昔加赢。此南菁书院有沙地之始。

草芦得咸潮益茂，故高阜转稀，择地辟之，可得二万亩。薪樵无损，而菽麦加丰。以属姚君等董其事，经始光绪丁亥，亩四之一，堤防沟洫，聿有成绩，余次第尽垦之。此沙地有田之始。今岁入告，部议升科。嗣是沙田为书院恒产，利赖及久远矣。

记曰：天不爱道，地不爱宝。造物之资于人者，日取焉而下穷，在善理之而已。吴地襟带江海，弥望衍沃。得涨沙，则土人拥圩而耕。久之，户口滋多，小为乡聚，大则都邑，今靖江、崇明是矣。兹沙也，辟可以事诸浮食无产业民。苟主之者，尽招徕区画之方，绝龙断苛扰之弊。数十百年后，宜或有建官分治事。而其地直吴淞口外百里所，为海上天然屏蔽。异日筑城郭，设汛防，言形势者将有取焉，又不独书院区区之利也已。沙无名，名以南菁自余始。光绪十四年夏六月记。

怀翼草庐记③

李君幼梅既葬其母徐太夫人于长沙河西都绯珠塘，即墓所为庐，名之曰"怀翼"，而告予曰："人莫不爱其子，然吾独以为天下之爱子者，

---

① "后之人"讹，当作"之后人"。
②③ 此文录自光绪二十六年刻本《虚受堂文集》。

莫吾母若也。自吾居母丧为此庐，日读礼其中，冀与吾母相密迩。今服除矣，然过兹以往，吾心不能一日去斯庐也。庐前有亭，后有堂，有簃，有斋，有园。吾颜亭曰'依依'，堂曰'白云'，簃曰'寄梦'，斋曰'五思'，园曰'鞠'，非故繁为之文也。吾入兹庐，而不啻吾母常目在焉，则是吾母虽亡，如不亡也。将以章母之德，而寄吾之怀于无穷，子盍为我记之？"

予维古人之善怀其亲者，莫如《小宛》之诗，其首章曰："明发不寐，有怀二人。"其四章则曰："我日斯迈，而月斯征。"其卒章则曰："战战兢兢，如临深渊，如履薄冰。"君子勉学敬身，非直为己已也，以为求无忝于其亲者，惟在是也。思亲之成我如是其艰，则我俯焉孳孳以仰慰吾亲于九原者，不敢不至，此所以为善言怀也。

君之始生，即育于太夫人，顾复恩勤，逾于己出。自君读书成立，掇科名，任监司，奉太夫人教弥谨。太夫人亦不以君贵故少有假借。逮其没，而君擗踊哀思，历久而不忘。固君天性纯笃，亦愈以见太夫人之贤。斯"怀翼"所由名也。《鲁语》曰"鸟翼毂卵"，翼之为言成也。《诗》曰"诒厥孙谋，以燕翼子"，言能遗善谋，以安成其子孙也。人与物之翼，其理虽异，而非甚异也。惟贤者能为后嗣谋安成之善道，则其所以翼不与物同。如太夫人之于君，仁不夺于其私，而义不亏于其爱。用能成就令器，以干国而栋家。其为翼，孰大于是？宜君怀之永而不能已于文也。

君与予，为张氏友婿，又以气谊许与，过从逾密，得闻太夫人懿行为详。而予自遭母忧以来，悲恸缠绵，视君尤有不能自释者。援琴而鼓歌，则相与沾襟矣。惟学古人之善怀其亲者，交勉焉可也。

捐建福尹二公祠记[①]

福、尹二公死事状，其详王按察所为碑。斯祠之建，距死事时四十有三年矣。先是大吏为福公请于朝，得建祠会城东，而尹公祀典阙如。于是湘阴李君幼梅谓宜立祠墓所，并祀二公，旁附弁兵，以永馨香之报。群议既洽，鸠赀庀材，时历四旬，事用大集，以属先谦为之记。

夫事有气决于一时而惠流于千载者，二公之于吾楚是已。粤寇之来

---

① 　此文录自光绪二十六年刻本《虚受堂文集》。

犯也，剽悍甚。二公所将陕兵，远道饥疲，势不足遏方张之焰，苟其临事稍有顾虑，一溃而走，则长沙必不守。而二公乃能激厉士卒，争先捍敌，杀伤相当，虽至力竭不支，卒皆骈首效命，义不返顾，彼其心知有君国而已。而会城资其数时捍御之力，急修守备，终以保全无事。生聚至今者，谁之赐与？宜吾楚人弥久而不忘也。

古有生蹈义烈、没为明神、威灵赫然使人奔走崇敬而勿替者，蜀汉寿亭侯、吴秣陵尉其称著矣。若保卫地方，以死勤事如向忠武、张忠愍之于吴，刘忠壮之于秦陇，天子为之崇饰庙貌，春秋享祭，其勋劳章显，故食报特隆。至于所系至巨而所处至隐，如二公死难事，若不亟为表章，更历数十百年，莫能详其颠委。即有骚人墨客，往来蔓草拱木间，不过等诸国殇之歌，战场之吊，其何以伸九幽之毅魄而系不死之人心？此李君建祠之议，为不可少也。

捐赀若干，弗劳而给，则吾乡怀忠慕义之风，有足多者。李君名辅耀，按察使衔，浙江候补道。董修者，抚标参将同邑刘君高照也。

水月禅林记①

水月禅林者，不详其建造之始。湘阴李文恭公昔处幽厌，兹焉授徒，既贵矣，而微时诵读攻苦之地不能忘。迨归自江南，结宇东城，密迩斯寺，崇构爰基，净域来属，傥所谓情照既动而因果随之者与？

公自未为诸生时，名山馆曰"芋香"，尝以镌之印章，后遂为居宅之额。闻诸长老言，公洪音伟干，识者许为非常人。吾意在禅林时，亦或尝有高僧往来相赠答，如唐世郳侯遇明瓒故事，因为山馆之名以寄意邪？惜乎年世已邈，无能述其轶事者也。

公尝有《禅林夜坐》诗，清旷闲适，为人传诵，今存集中。昔唐王播、段文昌贫困寺居，为僧所侮，有诗题寺木兰，曾口异地，同符贵显，后流为嘉话，王定保、孙光宪犹纪述之。公少厉固穷之节，未有失色坠言，贻人口实，已非王、段辈所敢望。及居峻秩，勋业烂然，其遗集亦流行宇宙。斯寺又为李氏永业，香火之供，与世泽俱长。区区题寺韵事，又不足言矣。

公孙幼梅观察瞻顾祇林，眷怀先迹，思托于文字，俾无泯没。观察

---

① 此文录自光绪二十六年刻本《虚受堂文集》。

才望隆懿，足以绳其祖武，匪直善述之美而已。余故乐为之记。

慕莱堂记^①

《大戴记》言老莱子之行，见美于孔子。史公高其人，与老子同传。刘向乃以为仙，迹其著书垂教，守真全生，可谓有道者也。而后世艳称，独举《高士传》著斑衣娱母事，岂不以道敝俗偷？至行难能而可贵，其逾老弥笃者，尤为世推重与？孟子言五十而慕，惟见大舜一人。吾意老莱子庶几近之，而孟子无述。将飞遁之士，名隐而事不章与？夫大舜，帝王之孝，非后世臣庶所敢仰望。若老莱之为，人人能之，而终身企及者卒鲜。顾世亦未有诚慕父母而不慕老莱者也。

江西临江府城北有老莱亭，相传为其故里。李君艺渊权守是邦，以亲老不得迎侍，颜"慕莱"于其堂。《高士传》称老莱耕蒙山之阳，楚王至门迎之，遂去，至江南而止。临江遗迹宜可信。夫以老莱之性行动人，感兴旷世。一旦亲至其居，俯仰循陔馨膳之所，必有流连慨叹，油然契合于天怀者，况于身羁簪绂不得遂板舆之荣养者乎？宜吾艺渊慕之尤切也。艺渊权守之次年，以忧归里，不及闻父母遗言，用为至恸。又十年，与余相遇长沙，属补为之记。

夫老莱惟弃卿相之贵，傲然长往，以自屏于葭墙蒿室之中。故养生送死，如彼其无憾也。余窃禄朝班，奉亲京邸，属有事东陵，而吾母卒遭危疾，相见不能一语，可恸与艺渊同。逮奉使吴中，为永慕庐署侧，以摅余哀。较艺渊为堂时，情况又弗如远甚。其在《诗》曰："鲜民之生，不如死之久矣。"慕古人乎？慕吾亲乎？吾与艺渊，亦惟虚寄之语言文字，而何有万一之补也？呜呼！光绪二十一年，岁次乙未仲夏月。

珠晖塔记^②

灵塔经始，萧元为盛。隋安舍利，遂遍诸州。追像法陵夷，而形家言起，诧兹实相，有同卓笔，可以裨助文事，赞发科名。空色之理自如，仁智之见各异，岂非道无定体，与世推移者与？

珠晖塔者，今安徽巡抚衡州王爵棠中丞所建。湘水过郡城而北，来

---

①②　此文录自光绪二十六年刻本《虚受堂文集》。

水入焉。《水经注》云："西北至临承县，而右注为耒口者也。"① 两岸山峦宛延，无耸特之观，郡人观流泉而相阴阳，咸谓承耒汇湘之所，得塔为宜。谘于中丞，捐奉独任。爰择拜亭山之阳，奠庋累崇，阅魄历稔，落成于光绪丁酉。费金六万有奇，高十丈五尺。层构既章，嘉名用显。郡北里所，承湘来同，前明有塔，建自曾文恪公，榷此双流，题曰"来雁"。中丞名业，絜媺文恪。斯塔巍然，东西并峙。郡人喜乐，奔走来登。睹形胜之毕赴，卜人文之效灵。叹想嘉绩，不遗乡邦。卓立一躯，永昭万祀。可谓崇福自迩，树因无穷者矣。

塔址故陈产，陈宗器谋诸其族，感斯义举，咸乐捐舍。度地班材，积勤终事，程观察酥祥之力为多。捐赀任岁，时扫洒修葺者，周吉云、朱宗胜。庚子夏六月记。

枫山致悫飨堂记②

巍然起于泰和之西北者，曰玉华山。枫山其南支也，名不见于志乘。自萧蒲邨孝廉敷政以葬其尊人楷堂观察，乃特显于世云。

山之为境，重岭叠阜，环复如城。东对青原、紫瑶诸峰，目穷百里，蓊蔚无际。天马山近在其南，草树当风，状若振鬣而嘶。枫山中峰曰大瑞，观察茔域在焉。近人纪胜绩为八景，其一曰"大瑞晴岚"者也。山形如狮，右有丘如巨鱼，其侧清泉涌溢，下为深溪，流溉百亩。又有一溪，交汇萦纡，映带左右，行十余里，以达于赣江。茔域之旁，平原广袤百丈，而赢中为飨堂，蒲邨奉观察及配石夫人木主祀焉。取《礼记祭义》语，名堂曰"致悫"。后为别墅，建书塾，俾子弟族姓习业其中。山故多文石，大木之饶，截柏立柱，致砥为阶，堂宇靓深，观饰瑰玮，室户四达，极眺原野，迤绿远碧，不可殚形。邑西佳胜于是为最。

观察以副贡入赀得官，未行而卒，年甫五十，如骅骝之将骋于涂，奄忽灭没。蒲邨烝烝之思，弥久弗衰，欲以志哀慕而妥先灵，斯堂所由建也。

萧氏世为泰和右族，《通志》称南唐国子祭酒瓒、明国子学录执、

---

① 此句《水经注》（清武英殿聚珍版丛书本）原文为："而右注湘水，谓之耒口也。"
② 此文录自光绪二十六年刻本《虚受堂文集》。

平凉训导岐，并以孝行为世推颂。蒲邨天性纯笃，殆欲趾美前哲。家雄于财，而多心计。自得此山，益垦荒锄薉，购致佳果茂树，尤广种桐茶。收十年之利，于以安田宅、长孙子而徵先人之福于无穷。亦与古昔勤种植、尽地力者，意有合焉。凡此皆其可述者也，余故乐为之记。光绪二十九癸卯岁夏六月。

定香亭图记代①

浙江学使署西偏有园数亩，旧引水为池，而亭其中。嘉庆二年，阮文达公始更新之，环亭种荷，取放翁诗意，名亭曰"定香"，而刻记再到亭之碑阴。当乾嘉之际，海寓清晏，民物殷富。四方鸿生巨儒，咸沐休明之泽，接踵辈兴。而文达于时被擢群才，振发风雅，因得以其余暇投壶赋诗，登眺为乐，极一时之盛。

粤寇煽东南，杭州沦陷者再。声明文物之区，夷为犬羊窟宅，斯园亦芜没于荒榛断梗之中。今距贼平廿年矣，回忆寇盗猖炽时，烽火四彻，鼙鼓殷天。虽以草木禽鱼之无知，举不得遂其生息翔泳之性。大乱既定，宇内得少苏息，而斯园之胜，亦渐复旧观。人事之反覆，境地之迁改，盖亦文达当日所不及料者。昔周人思召伯，不忍伐所舍之棠，以睹其物，则怀其泽也。浙人之爱敬文达，不后于召伯。虽一亭之微，犹相与慨慕弗置，若惟恐其废而不修。然则物之成败靡常，其卒能持久而不敝者，岂非以其人欤？

余以乙酉夏至浙，喜斯园闲旷，稍加葺治。丛薉就刜，佳干毕露。暇日登楼以望，遥见湖上诸山，苍翠万状，若争为斯园效胜。退而憩于亭，芰茄盈陂，丹缥间发，澄怀独清，众芳不歇，徘徊而乐之。感盛衰之无端，想昔贤之遗风，因属钱唐戴君某为图刻石，贻来者观焉。

余览文达所记，署内有老桂十株，又补种梅、桂、桃、柳若干。今园中之木，都非曩时所有。其毁于寇与戕于人，皆不可知。则以叹材之在天地间，成之至艰，而毁之易尽，要在培养爱护之而已。当无事不亟为之所，不幸有变，其何以备之哉？噫！若文达之于浙人，庶乎其知此意者矣。

再到亭者，安溪李文贞公之孙穆亭先生暨其子郁斋先生再世督浙

---

①　此文录自光绪二十六年刻本《虚受堂文集》。

学，郁斋母夫人作亭纪实，亦邦人所叹异云。某年月日某记。

祭张树人文①

鸣呼哀哉！吾友树人。子之守静含素，无惭影魂。胸中太和，与物为春。类前古有道之士，而不借色庄以自尊。纷纶五经之辨，涉猎百家之言，洒翰摛藻，未尝不洸洋适己，而不假词章以自文。其愤世嫉俗，纵心孤往，可入独行之传，及溷迹侪伍，追逐时好，又疑于和光而同尘。浣沐不足为其洁，兰麝不足为其芬。虮虱满发肤，衣裳若悬鹑。信佯狂而垢污，胡不终于隐沦？独衔杯而终岁，甘沈缅以亡身。以为希高踪于伶籍，又何心于名世而全真？迹子所为，似颇有得于禅悦，而攘斥佛老者，子之言云。

鸣呼树人！子于圣贤自立之道，皆可以深造自得。独有其质，而无其学，曾不遇知己而一伸。然澄清而淆浊，一世如此其纷纷。苟凿彼之混沌，安在其绝类而离群？抚品概以遐想，匪三代下之所见闻。求吾子之仿佛，亦庶几无怀之世，葛天之民。

鸣呼树人！人之初生，形有万分。散者其质，全者其神。众牿亡而澌尽，子息养以长存。故其生也，任性放意，初不知其形骸何在，知觉何因。及其死也，全归所有于造物，虽更历数千百载，而元气不随朽骨以俱泯。

余不敢以俗情相吊，奉觞临穴，聊佐余欢而已矣；且欷歔感叹不能自禁者，痛如斯人之不可再见，而自今以往，谁可出肺腑而共晨昏？

祭阎潜邱先生文②

同治十三年八月吉日，阎先生祠堂落成。后学某等以清酌庶馐，敬祭先生之灵。

夫学以代显，报以功崇。不朽殊涂，成名则同。惟公降精，龙兴肇邦。草昧爰辟，文章始隆。世承明敝，旁趋歧骛。古训是迷，后进焉据？有道寻根，仲弓可度。遂邑皇风，昭兹正路。志学神悟，游心奥

①② 此文录自光绪二十六年刻本《虚受堂文集》。

区。览周艺苑，说必经郢。上抗黄顾，下掖徐吴。体直性洁，誉高迹孤。

尧峰文士，抵掌失色。腾举巍科，而公见抑。䏩明耆儒，垂白戢翼。宸翰褒奖，而公弗得。南巡召觐，光动幽仄。龙舟若驰，弗淹晷刻。潜邸访对，经师是式。晦朔三周，音尘永匿。声翔于廷，道树于国。胡此乖舛？古今凄恻。

公身不显，公名不湮。世祀绵远，流风载延。被服道绪，劳望山川。曾是我人，敢忘洁蠲？公之北学，重踏昔跰。圣皇赏游，朋知欢昕。长淮之岸，学山之巇。身返其邸，魂栖京辇。粤有遗庙，在彼山阳。啮于泾河，公灵弗康。不如帝都，陵跨八荒。依我兰宇，侑我椒浆。北望泰陵，遥瞻翠盖。幽神复光，诏公良会。左盼庙市，旧留书带。右接亭林，联翩云旆。凡公所乐，虽幽弗冥。尚启末学，宏阐遗经。千秋万岁，惟公德馨。载奠清觞，以妥明灵。

春秋二仲祭阎先生文①

士有不可冀幸者，浮世之荣；而必不泯灭者，实至之名。求之急则愈左，郁之久而弥亨。苟信斯理之不易，而又何憾于先生？

惟昔山阳大儒，海内经席，天颜违于咫尺，御书丐而弗获。既见征而垂翅，遂羁旅而敛魄。可谓时与愿违，颠倒困厄。岂知声由类应，道实遐昌？越二百载，奠于兹堂。儒雅之林，冠佩之侣，岁时来集，相与列俎而陈觞。於戏先生！

于书剔抉爬罗，洪王以还，乃见专家。吐辞为葩，春粲者华；依经树质，秋蕡者实。流目岁景，结思芬苾。是用敬事，将享无阙。所期回斾云路，游神广庭。邈旷世而相感，庶永鉴乎精诚！

湖南省城开北门外新河祭水土神文代②

繄古水土，代有平治。匪人曷创？匪神曷司？洞庭之南，长沙绾毂。万舳争趋，有渠斯蓄。既绌于地，或颠于风。下民其咨，惟神有恫。昔居是邦，耳闻心恻。今来作抚，胡忍恝置？湘江之滨，有碧浪湖。可决而入，乃深以潴。北引清浏，宏通广衍。不匮其原，奚虞其淀？群议允叶，巨工聿兴。策成于始，为下如登。惟尔明神，福我蒸庶。陈词达幽，敢祈祐助。

告大兄墓文①

呜呼！兄之埋骨荒山，三十年于兹矣。弟岁时祭扫，未尝不感恸欷歔，伏地而不忍视。以兄节概磊砢，言议闳博，宜遂成业发名，飙举云起。猝避寇于兹地，遘微疾而长已。敛服未备，匠木不美。衰亲摧颜，诸弟稚齿。英灵飒其如在，亦当为流涕而不止。思宇宙之变幻，齐一瞬于千祀。彼扬马之碑兀，等含悲于逝水。独念兄之高文无名，壮岁无子，一衿之荣，莫慰其心；千秋之业，未尽其旨。伊古志士之堪伤，曾未有如此之伏恨而死！

自季弟以辛未殁，弟奉母挈家，而侨京邸。世母卒以乙亥，吾嫂殒身于哀毁。迨昨岁吾母即世，并反嫂榇于故里。卜吉壤而合葬，庶以康兄之魄体。向家之冲，山水环峙。仲秋二日，幽宅斯徙，爰以今辰，明虔进醴。幽灵勿惊，抔土用启。谨告。

丁次谷司马寿颂②

余交丁君次谷，堇五年，然自以知次谷者，余其一人也。即次谷语人，亦必曰："如王某，知我者也。"

次谷为人，尚意气，重然诺。于财利视之泊如。其在军，无书生选愞之色，娄捍危难，主将许为知兵，顾不尽其用。在官无仕宦翕热之容，中岁意有不乐，自免去，野服萧然，不与人事。既不获已再出，于同官未尝苟求合。廉正之操，矫平弥厉，可谓难能也已！

余之知次谷也，湘阴郭筠仙侍郎为余言其为邑令善政甚悉，因述其任东安、宁远、永绥，咸有神明之称。权武陵丞时，提标兵以缺饷，哗毁太守舆，闭城罢市。次谷缒城出，贷钱饷军，索治首恶，片言而事定。桃源戴国旺者，倚团练暴乡里，据陬市厘局，当事议集兵捕之。次谷言："郡城距陬市卅里，脱失利，则沿河市集财货烬矣。宜及反形未

露，以计禽之，奚以兵为？"遂间道赴桃源，诱致之法。举二事，足知其干略。余闻而心仪之。

近岁见次谷，偶以侍郎所述为称美。次谷曰："此一时权变耳。吾以为行政之要，惟达民情难。犹忆权湘乡时，有控子妇忤逆者。察知其隐，委曲开譬，咆哮不服。人谓此而可忍，何以听讼？吾言考实则两伤，宜善全之。权邵阳时，有叔侄同居而构讼者。吾谓侄宜重惩，顾其先人遗产既不能析。吾行官法以逞一快，则骨肉之恩，自此而绝，如后患何？卒理谕之，使归于好。若斯之类，当时毁誉常相半也，然吾行吾意而已。"余以是叹次谷识之远而心之厚，而侍郎所述，犹为未尽也。

次谷之免去也，侨居长沙，独喜与邑人士往来，情谊如乡人，而侪辈中视余与张雨珊数人尤厚善。其再出也，补乾州厅同知，单心抚辑，张弛尽美。顾以衰年扶疾奔走蛮烟瘴雨之中，常用邑邑不得发抒志气，余亦每为太息。张雨珊曰："次谷年七十矣，而远在宦所。生日作自挽一联悬之廨舍，人眼其达观。次谷意不自寿，吾与君乌可以默？"余应曰："然！"因记所闻于郭侍郎及所自言者为文贻之，用广其意，且使天下知吾次谷果有异于俗吏之为也。系以颂曰：

象公之德，和风甘雨。民被其施，孰见其与？思公之名，父召母杜。民望其出，恒忧其处。公宦虽久，不为官腐。勤于厥心，教训生聚。公室虽匮，不为财娄。富哉天赋！富禄才谞。仙侯府高，池蓬砑古。惟仲之春，香火万户。熙熙来庭，蛮童獠女。为公奏乐，银钗铜鼓。跻堂进酒，醉饱歌舞。祝公百龄，福我南楚。

郭筠仙先生西法画像序赞①

光绪元年乙亥，郭筠仙先生以兵部侍郎奉命为出使英、法大臣，中朝使臣驻外国自此始。越四年己卯，先生还朝，以疾乞休。其明年，曾劼刚通侯自海外寄归英人石印先生画像。又九年，为光绪十五年己丑，先谦始拜观于长沙。

前译英人库伯尔所为先生小传称："西人敬爱先生甚。至于其归，同声想望，而惜其早退，未竟厥施。"又言："先生和厚坦直，外文明而内刚健。自有各国使臣以来，无如先生者。"盖泰西印行名人画像，通

① 此文录自光绪二十六年刻本《虚受堂文集》。

及诸国，有名迹者，岁仅数人。其重入画者，或数十年一见。先生始至英之岁，已列画像。至是复列而叙之，在西人以中朝驻使为彼国光荣，而其慕说先生，历久而弥永，则先生诚有以取重于西人也。

先生当咸丰己未，从僧王赞理天津海防。于当日中外违言积衅，其机易转，其事至顺。卒以至计不定，一溃不可收拾。拊膺裂眦，憾事权之不己属。厥后，外纲疆符，内趋译署，熟睹外患日深，中国应之愈无其具，其密陈于君父之前，及与同僚争论，侃侃不少避屈。常思发抒志虑，为国家定长治久安之局，而卒不得一遂。及其奉使，务平情达理，一切决去壅蔽，顺事而恕施之，使人欢然自通其意。此先生学问之绪余，而西人所以尊重先生，惟是而已。至于沈几觇国，常维持于未然，而国家隐受其益，则西人无由知，而中国亦未有知先生之深者。

近世人言西学，务师外人所长为富强计。而拘墟之徒，以为当一扫刮绝。持论互为是非。先生于泰西利用之道，推究本末，其有利无弊者，必思仿而行之。至势所难为，或时有未可，不肯徇众志为苟同。如近与合肥相国书，力言铁路不可行于中国是也。驻西二岁，费国帑不逾八万金。在英时，遇各国公会，必身帅从官往，众颇苦之，而先生以为邦交之义当然，且裨益中外机宜，卒事如一日。以此见先生谋国之忠，足以契帝心而孚公论者，非庸众所庶几。外人之敬慕，固不足为先生异也。系以赞曰：

大西之通，粤自有明。圣皇布化，雳流八瀛。遂环地球，咸集户庭。曷以妥之？柔远有经。皇命重臣，往驻法英。邦则有交，夷亦有情。毋俾不通，以干皇灵。先生在西，察事知萌。挈其纲要，用赞机廷。凡百究图，维勤维诚。西人大欢，伛偻将迎。公归伛思，托于画形。抟抟海天，岳岳荣名。紫光作绘，耀此先声。

《十家四六文钞》序①

夫今乐前陈，而贤侯忘倦；流徵间杂，则和人弥寡。文章道歧，何莫不然？是以学美者侈繁博，才高者喜驰骋。往往词丰意瘠，情竭文浮；奇诡竞鸣，观听弥眩。轨辙不修，风会斯靡。故骈、散二体，厥失

---

① 此文录自光绪二十六年刻本《虚受堂文集》，以光绪三十四年长沙王氏刻本《王先谦自定年谱》为校本。

维均。而骈之为累，尤剧于散。或乃仲宣体弱，不起其文；休文调律，反甚其弊。蕃芜塞涂，罕见枝干之挺；平原埃积，邈无川岳之秀。主文客气，玉貌蓬心。论者遂喻蜩螗以齐梁，伍俳优于皋朔。病至此乎，噫！其过矣。

夫词以理举，肉缘骨附。无骨之肉，不能运其精神；寡理之词，何以发其韵采？体之不尊，道由自敝。余曩类纂古文，赓续惜抱。既念骈俪一道，作者代出，无恧古人，而标帜弗章，声响将闷。故复采于遗集，求珠时髦。不使西河侯君，失文汉代；东海何生，阙美萧选。蔚宗述悼于莫知，表圣缠憾^①于既往。都为一集，共得十人。网罗众家，窃附全椒之例；推求正宗，或肖南城之心。庶几体则不废江河，导其古流；光景常新日月，并为灵物云尔。

《徐骑省集》序代^②

李君爱得获旧本《徐骑省集》，宝爱甚至。镂板既成，邮书索序。悼南唐末造之衰，思东海躬逢之厄。怃然有感，不可无言。

夫其效命偏隅，历践清要。攀龙一鳞，吐凤五采。潍州夫子，联李杜之名；集贤学士，驰机云之誉。可谓弁冕英俊，黼黻岩廊者矣。洎乎国步既讫，大命有归。走青盖于江东，侍白衣于楼下。身蒙特宥，迹寄中朝。则又麦秀之咏，无以喻其哀思；竹素之词，不能写其隐痛者焉。

或谓禽喜受命，遂却敌师；珉隽捐躯，实因主辱。以斯二者，疑愧前贤。不知南都播越之余，开宝式微之际，裓衣僧帽，丛奸滥于佛门；春水小楼，效都俞于词律。军驱白甲，水缩黄花。已失佑于天人，冀图存于旦夕。秦宓文辨，任专对而有余；张俨高才，缘通好以相屈。浑浚之师已逼，仪秦之舌奚裨？而公闻命慷慨，秉义坚贞。勿顾一介之使，而止上江之援；乞缓无名之师，以全一邦之命。喙奋风雨，心甘雪旄。不为冯谖之得归，将继孙晟而抗节。天威方霁，卒贷行人。运祚俄移，仍随国主。越句践之入吴，范蠡从侍；刘安乐之降晋，郤正拜官。然而免为俘虏之悲，憾不与楚金同死；江南大臣之对，未闻向艺祖求生。公之心，岂为开国千户侯而负永陵一抔土乎？

***

或又谓药赐牵机，祸阶私谒。一将朝命，遂泄狂言。背曹髦而驰语，何异王沈？察昌邑而奏言，不如张敞。此尤事乖实录，语涉不经。夫以重光之屡昏，遇太宗之英武。势非建德就擒之比，时无唐庄内乱之忧。亦既名改侯封，钱增月奉。偕刘鉥执梃，已长降王；等叔宝工文，只堪学士。本不关其后虑，亦安用其雄猜？况乎悔已杀之谏臣，吟东流之江水。暗君常态，词客遥情。公纵不壅于上闻，帝岂肯援为罪案？是以文宝《拾遗》之记，但述凄伤；李焘《通鉴》之编，全删疑误。有惇吏为左证，杜后人之诋诬。观于陇西撰碑，便殿请对。杨武阳昭烈之赞，并述休风；魏文贞李密之铭，义存故主。叹息动夫九陛，忠义章于一时。益可知文字之禁，早与蠲除；明圣之君，必无忌克已。方其浮湛伪朝，远避荣利。朋党不入于韩宋，衡轴无竞于张陈。抵触内臣，识元节之壮志；专诛贼首，有广汉之严威。缅厥廉贞，允为卓绝。暨归皇宋，终作词臣。王仲宣之侍华毂，拟其贤劳；蔡中郎之趣饮章，同其伤陷。半臂弗御，婴予京之寒疾；华发满领，嗟乐天之无儿。命途永乖，时论所唁。而冰斯之笔，空烂于当年；燕许之文，获编于身后。流传未广，挥发有待。幸拂拭于千古，得扬推以片言。思镜湖贺监之答，犹慨慕其风标；披南阁祭酒之书，并垂光于天壤。

《骈文类纂》序例[①]

少读唐柳子厚《永州新堂记》，至于"迩延野绿，远混天碧"，诧曰："此俪语也，而杂厕散文，深疑不类。"余兄敬吾先生闻之，曰："它日可与言流别矣。"

长游艺林，粗涉文翰。见夫姚氏《古文类纂》，兼收词赋；梅氏《古文词略》，旁录诗歌。以为用意则深，论法为舛。骈文之选，莫善于王闻修《法海》、李申耆《文钞》。倾沥液于群言，合炉冶于千载。顾王则题目太繁，李则限断未谨。所居之代，抑又阙如。不足综古今之蕃变，究人文之终始。美犹有憾，斯之谓与？

屏居多暇，旧籍盈几。辄复甄录尤异，剖析条流。推宾谷《正宗》之旨，更溯其原；取姬传《类纂》之名，稍广其例。座中百斐，尽是明

---

① 此文录自光绪二十六年刻本《虚受堂文集》，以光绪二十八年思贤书局本《骈文类纂》为校本。

珠；机间九张，无非文锦。使异代之上，晤言若亲；寰海而遥，光气不隔。藻翰飞腾，屈宋之芳无歇；商量邃密，叶德辉。张祖同。之力为多。凡类十五，卷四十有六。间亦区其义例，第其时代，为上、中、下编云。

论说类三。一曰文论。斯文肇兴，体随时变。趣尚偏异，流失遂生。达识雅材，掎摭利病。彦和、子元，冠绝伦辈。山谷之论，河间之评，二家并重，学者攸资。彦和书宜全读，子元颇有芟取。文饶文章，论为隐侯而发。而沈传灵运，举斯立言。子元以为全说文体，备言音律，可为翰林补亡。流别总说，次诸史传，实为乖越。以既为体限，仍居史论之次。凡若此类，所宜旁通。

一曰史论。终篇论事，发端马迁。后来各家，沿袭成体。既趋偶俪，弥益烦芜。故《史通》拟之高士绮纨，壮夫粉黛。但文之为体，有举莫废。其有联词切理，比事惬心。未尝不竞赏巧工，倾目浮藻。又鸿儒考古，激想抽毫。辨难既纷，溢为繁缛。才力所极，白呈炳蔚。虽波澜莫二，而涂轨已别。此则循载笔之往式，导史评之先声者矣。赵、皮《书后》诸篇，或绅绎它作，更端引申；或留连前史，因事寄意。名同跋尾，义主衡论。今弃名取义，使以类从。

一曰杂论。如称举时美，推核物情。针砭俗流，抽寻往籍。萃兹众理，归于一编，亦文林之柯则也。稚川《尚博》诸篇，与《解嘲》、《宾戏》同科，萧楼设论之目也。《博喻》、《广譬》，俪式连珠。以体不纯壹，总列于兹焉。共文百二十首①。

序跋类四。史家类传，乃有序文。所以领厥宏纲，陈其命意。休文恩幸，昭明选之于前；唐宗后妃，志坚采之于后。并目序以论，亮为舛矣。若私家撰述，条别实繁。观华亭之弁言，亦龙门之遗意也。士衡标目《豪士》，指刺齐冏。赋酌雅文，序兼史笔。去赋存序，亦其类也。梁元志、传，因袭史裁。虽体殊识大，而例归一贯。它若金石之刻，订其舛讹；传记之书，证其得失。并文人所有事，史籍所取资，案《法海》录序，以诗文、宴集，区为二门。余谓应奉之制，唯主颂扬；陪从之篇，尤重肃穆。爰就其中合采前美，昭示后仪。

若寻常诗文序跋，亦分两事：一曰酬应之作。挹清黄宪之坐，问奇扬雄之亭。谊重渊源，感深投分。迨丛兰有已败之色，而卷葹余不死之

---

① 底本此处略去文题共一百二十首。"共文百二十首"，校本无。

心。期以片言，偕之千古。它如纪荣遇于毕生，述明德于既往。贞烈之曜，履苦而说甘；述作之工，推微以致显。皆义主表章，而事缘请属。此以情为根，而文周其用也。一曰揆张之作，必植柢忠孝，通钥经史。艺林萃薮，洪纤皆适用之资；国士遗编，显晦归后贤之责。此以文为本，而情畅其流也。至于触感无聊，伸纸写臆；屏居生悟，缘虚入实。泛长风而不息，则回恋故巢；望晨星之渐稀，则感伤知己。亦有朋好往还，襟情契结。登降岩壑，兴寄园亭。叹逝者之如斯，抚今欢而易坠。相与招绘事，赋新诗。更挥发以词章，庶昭宣其情绪。一卷之内，陈迹如新；百年之间，古怀若接。皆无假故实，自达胸怀。由耳目以造性灵，驱烟墨以笼宇宙。文之为道，斯其最胜者与！共文百六十首①。

表奏类九。敷奏始于《尚书》，上书沿于战国。秦并区宇，列为四品。表以陈事，章用谢恩。劾验政事曰奏，推覆平论曰驳。汉云封事，起自宣帝。不关尚书，亦曰上疏。用之王侯，达于天子。总驳于议，而典午古今尺议，尚以驳名；陈谢用章，而齐陈贺庆表文，亦有章号。魏国奏事，始或云启。唐世奏谢，兼称为状。六代白简，谓之弹事，盖按劾之变名；宋朝上书，或云劄子，是书札之讹字。并奏之流也。进言摘文，战国为盛，汉初沿其波；制策发问，炎灵肇端，历代循其体。又有奏对、策对之异焉。本朝革华崇实，凡有进御，统谓之奏。平论大政，亦或用议。成书贺捷，皆上表文。殿试朝考，分题策疏。观乎人文，取存古式而已。

夫元首居尊，群材效职。圣泽匝寓，则思极颂声；飞龙在天，则恭陈符命。斯国家之鸿美，扬言之上式也。兴利革弊，论政两涂；荐贤劾奸，事君大道。上进之篇，其巨者国华朝典，亦不遗祥异之微；庆贺之词，其尤者恺乐上仪，且兼及起居之末。亦有荣被泉壤，义激朝端。器物宠颁，文事相接。并鱼水生欢，凫藻贡悃。位禄与共，辞受揣分，而让谢兴；上膏犹屯，下情待抒，而求请起；王廷有扬，词笔兼需，而对问重。流观天泽，义云备矣。竹弹鲲谢，词诡体正。通天之奏，故土有怀。比士衡之吊魏帝，尚蓄余思；似稚圭之祷汉宗，申衷冥漠。今各以类附焉。共文百三十首②。

书启类四。书启者，通上下之辞也。皇储贵胄，降礼达诚。体性明

---

① 底本此处略去文题共一百六十首。"共文百六十首"，校本无。
② 底本此处略去文题共一百三十首。"共文百三十首"，校本无。

睿，文词雅润。飞翰染楮，咸可览诵。亲贵酬献，才俊欢陪。光生顾
眄，情申慕恋。或胜诡入谗，吴繁竞进；荣辱倚伏，机阱俄生。蠖屈求
信，雉离增叹。斯则皇轨不一，恒必有之。至于折冲之事，经画之宜。
倚马援毫，捉刀入幕。亦有请命邻封，荐贤当路。推功阃帅，致美大
府。并表里史乘，裨助参稽。若文史为用，理体滋繁。课实谈虚，悉资
考镜。自余杂述，总为一编。

　　谢惠俪言，盛于六代。体不可阙，略备前式。唐世温、段之徒，时
复间作，并从断弃。又其时风会波颓，文盛干请。望门投谒，呈身贡
函。昌黎不遇，三趋宰相之庭；薛逢乞恩，死作扫除之鬼。此类悉予删
除，无俾害道。共文百九十七首①。

　　赠序类一。以言赠人，荀子比之金珠；择言而进，鲁侯以侑觞酒。
洎乎唐世，乃有序文。发摅今情，敦勉古义，斯朋友之达道也。献寿有
文，沿于明代。贵在不溢美，不虚称，反是则滥矣。王氏《法海》赠别
序自为编，姚氏《类纂》因之增入寿序。兹仍其例云。共文二十四首②。

　　诏令类四。《文心雕龙》云："昔轩辕、唐、虞，同称为命。""降及
七国，并称曰令。""秦并天下，改命曰制。汉初定仪则，命③有四品：
一曰策书，二曰制书，三曰诏书，四曰戒敕。敕戒州部，诏诰百官，制
施赦命，策封王侯。"体至晰也。案蔡邕《独断》云："策书，策者简
也，以命诸侯王、三公。制书，帝者制度之命也，其文曰制，诏三公赦
令、赎令之属是也。诏书有三品，其文曰告某官，官如故事，是为诏
书。戒书，戒敕刺史太守及三边营官，被敕文曰有诏敕某官，是为戒敕
也。"其义颇异。

　　考西汉赐书，辄称制诏，是诏兼制矣。武策三子，谊主申戒，是策
亦敕矣。刘勰云"戒敕为文，实诏之切者"，则敕即诏矣。汉高手敕太
子，知此又不仅施州部也。逮及六朝，世异封建，禅代九锡，依仿策
文。唐宋敕书，或施之一人，或专赐州郡。诏则遍谕天下。制以黜陟封
赠，其大较也。然举例核文，隋高祖《报李穆》，应目以敕；唐太宗
《赐李靖陪葬》，应称曰制。而皆以诏名，知散文通矣。迁除用制，实病
文繁。刘子元谓褒贬之言，哲王所慎谅哉！其义兼戒勉者取之，余屏不
录。制策以咨多士，勖其书思对命，合于《释名》"驱策诸下"之义。

---

① 底本此处略去文题共一百九十七首。"共文百九十七首"，校本无。
② 底本此处略去文题共二十四首。"共文二十四首"，校本无。
③ "命"前脱一"则"字，见刘勰《文心雕龙辑注》（《文渊阁四库全书》本）。

教令亦上临下之辞，并以附焉。蔡邕《独断》云："诸侯言曰教。"刘彦和云："契敷五教，故王侯称教。""自教以下，则又有命。""诏重而命轻者，古今之变也①。"考六朝文例，有令无命。《雕龙》所称，殆谓令耳。共文六十八首②。

　　檄移类二。刘彦和云："檄移为用，事兼文武。""意用小异，而体义大同。"又云："檄者，皦也。宣露于外，皦然明白也。""或称露布，播诸视听也。"考文章缘起，马超伐曹操，贾宏为作露布，《雕龙》以为檄之别称，信有征验。魏晋以降，代有檄文，不名露布。彦和身居梁世，尚无殊解。然则露布为献捷专号，必在李唐之初乎？兹从其后起，分为二流。以同在金革，仍总诸一例。本国伐叛，但云下符。其小征伐，则用移牒。皆檄之流也。稚圭《北山》，意严词正。节壮高隐，义激顽夫。笔阵助其驱除，山灵增其飒爽。虽斯体之附庸，实文人之魁桀矣。甘亭移《牒城隍助驱猫鬼》，幽明一也。故并附焉。共文十九首③。

　　传状类一。行状者，生而显贵，没申史官。具毕生之事实，备后乘之甄录。沈约《齐司空柳世隆》、任昉《齐司空曲江公》两状，李氏《骈体文钞》采之。钞自类书，故非完本。不堪垂式，所宜割舍。传之为体，义通存没。苏子瞻《方山子》、归熙甫《筼溪翁》，皆在生存，便为纪述。兰成《丘崇》，亦其例也。共文五首④。

　　碑志类四。山川寺墓，刻石勒文。所以挥发冥灵，导扬徽烈。隋、唐以往，释、老竞鸣。宏阐教宗，罕谈儒硕⑤。曹颂、王铭，信遗编之双秀也。至于纪功述德，意主搛张。刊树墓门，标题神道。皆以传名业于靡湮，贯荣哀而同致。表之言表，碣之言揭，其义一而已矣。埋隧镂词，体幽用显。但欲洛阳购纸，争读太冲之文；岂待元武辨铭，共识甄邯之冢？共文百二十七首⑥。

　　杂记类一。齐梁文苑，始创记体。树寺造像，休文有作。孝标《山栖》，亦名曰志，刘子元所谓"山栖一志，唯论文章"⑦音也。《法海》选录，标以志名，《文钞》下加序字，谬矣。志、记一也。杂记之流，盖于兹托始。

①　"也"字后脱"诏书者，诏诰也"，见《文心雕龙辑注》。
②　底本此处略去文题共六十八首。"共文六十八首"，校本无。
③　底本此处略去文题共十九首。"共文十九首"，校本无。
④　底本此处略去文题共五首。"共文五首"，校本无。
⑤　"罕谈儒硕"，校本作"于斯为盛"。
⑥　底本此处略去文题共一百二十七首。"共文百二十七首"，校本无。
⑦　此引文刘知幾《史通·通释》（《文渊阁四库全书》本）作"山栖一志，直论文章"。

唐代亭、堂、石、瀑，咸被文章。斯则记例宏开，不仅山川能说矣。又或追存曩迹，畅写今情。逮乎国朝，其流益夥。但游集之记，恒与序相出入。董子诋《泛月舣舟亭序》，李恣伯《游龙树寺记》，即其证也。大抵专纪述者，乃登记目；缀吟咏者，方以序称。此虽流别之至微，所当部居而不杂。共文六十四首。

箴铭类一。《雕龙》之论铭箴也，曰："箴全御过，故文资确切；铭兼褒赞，故体贵弘润。"又言："战代以来，弃德务功。铭词代兴，箴文委绝。"余谓语其体，则箴峻而铭纤；言其用，则铭广而箴狭。六朝作者，竞趋辞赋。彦和当日，已叹箴铭罕施。今之为铭者，时亦有焉。御过之文，宜乎鲜矣！共文四十八首①。

颂赞类二。颂体权舆，并出周世。鲁祀文公，奚斯有作。臣下褒扬，于兹托始。仲山出祖，吉甫赠言。《诗·大雅》"吉甫作诵"，《潜夫论》引作"颂"，盖三家异。朋友归美，亦其肇端。考父述商，首阐前代之懿；三闾玩橘，爱及品物之微。后来作者云兴，约归四例。士龙颂汉，奏章通情。斯属文之别调也。

赞之于颂，名异实同。孝若《东方画赞序》谓"慨然作颂"，末称"用垂颂声"，固已混同一致。彦和有云："结言于四字之句，盘桓乎数韵之辞，其颂家之细条乎？"余谓自来赞文，先以论序。前夐宣以罄绪，不害为烦；后约举以腾词，故不伤其促。末世俪之颂文，施用弥广。子山诸赞，犹存古质。《雕龙》文赞，洋洋乎词林之盛美，非凡品所庶几焉。共文百六十首②。

哀吊类三。诔与哀辞，彦和区分二事。其论诔也曰："传体而颂文，荣始而哀终。"论哀辞也曰："以辞遣哀，盖不泪之悼。故不在黄发，必施夭昏。"余谓诔与哀辞，并哀逝之作。诔以累德，施之尊长，而不嫌僭；辞以叙悲，加之卑幼，而觉其安。许竹篔《高夫人哀辞》，炳焉述德之文，亦非不泪之悼。务尽今悲，稍变前式矣。兰成《思旧》，虽以铭称，亦诔之流也，故以次焉。《雕龙》云："吊者，至也。《诗》云'神之吊矣'，言神至也。"故吊祭为类。君道之《吊庄》，容甫之《吊黄》、《马》，因文寄意，并吊之别体。共文四十首③。

杂文类三。彦和论杂文曰："宋玉始造《对问》，东方广为《客难》。

① 底本此处略去文题共四十八首。"共文四十八首"，校本无。
② 底本此处略去文题共一百六十首。"共文百六十首"，校本无。
③ 底本此处略去文题共四十首。"共文四十首"，校本无。

杨、班之徒，迭相祖述。枚乘首制《七发》，子云肇为《连珠》。"凡此三者，文章之支派也。统以杂文之目，今依而次焉。共文三百十八首①。

词赋类二。词者，屈左徒诸人所造也。阮文达云："子史篇翰，实有不同。楚国多材，灵均特起。赋继孙卿之后，词开宋玉之先。六艺于此分途，万世咸归围范。"刘孟涂云："骚人情深，犹能有资于散体；岂芳草性僻，不欲助美于骈文？盖径有未窥，抑知者犹寡。"二贤之论，斯知要矣。赋造端于宋、荀，宏体于杨、马。自兹以降，虽程裁迭变，而意匠无殊。盖骈俪之道，言哀不深，则情韵无抑扬之美；取材不富，则体制乏瑰伟之观。自非抗心逸步，纵猎诗流，鲜不腾诮于拙工，蒙羞于俭腹，故以终焉。共文八十二首②。

文章之理，本无殊致；奇偶之生，出于自然。丽辞所肇，通变所宜，彦和辨之究矣。引其端绪，尚可略言。

古今文词，递相祖述。胎化因重，具有精理。魏文《赋寡妇》，安仁拟之；朱穆《论绝交》，孝标广之。祖其题也。翰林墨客，续《子虚》以代兴；梁王、陈思，共"楚襄"而迭起。祖其体也。长卿《上林》云"追怪物出宇宙"；子云《校猎》云"追天宝出一方"。孟坚《西都》云"仰悟东井之精，俯协河图之灵"；明远《河清颂》云"仰应龙木之精，俯协龟水之灵"。祖其句也。安仁《秋兴赋》云"善夫宋玉之言曰：悲哉秋之为气也，草木摇落而变衰"；钱新梧《段公遗爱碑》云"昌黎韩子有言矣：事有旷世而相感者，忽不自知其何心"。祖其语也。宋玉《高唐》云"纤条悲鸣，声拟竽籁，清浊相和，五变四会"；《上林》云"猗柅从风，蓊茷荜歜，盖象金石之声，管籥之音"；太冲《吴都》云"鸣条律畅，飞音响亮，盖象琴筑并奏，笙竽俱唱"。祖其意也。案造句但可偶摹，无滞迹象，采语缘于兴到，纯任天机。意之为用，其出不穷。贵在与古为新，因规入巧。《上林》云"视之无端，察之无涯。日出东沼，月生西陂"；马融《广成》云"天地虹洞，固无端涯。大明出东，月生西陂"。虽增改数字，变亦不善矣。彦和《神思》云"伊挚不能言鼎，轮扁不能语斤，其微矣乎"；子元《叙事》云"能损之又损，而元之又元。轮扁所不能语斤，伊挚所不能言鼎也"。则直钞成文，索然意尽矣。苟得其妙，如屈平《远游》云"下峥嵘而无地兮，上寥廓而

---

① 底本此处略去文题共三百一十八首。"共文三百十八首"，校本无。
② 底本此处略去文题共八十二首。"共文八十二首"，校本无。

无天。视倏忽而无见兮，听惝恍而无闻"。长卿《大人》全祖是篇，兼取四语，而指各有适，文无相害。此意匠工拙之辨也。诸体成章，靡不相袭。杂文一类，继者难工。自子建《七启》，归美当代；后贤有作，故步相追。词撷华腴，义病重叠。华亭吴对，名去实存。稚存《七招》，性含变化，悫伯《七居》，超然意远。其七家之高致乎？

至于隶事之方，则亦有说。夫人相续而代异，故文递变而日新。取载籍之纷罗，供儒生之采猎。或世祀悬隔，巧成偶俪；或事止常语，用始鲜明。譬金在炉，若舟浮水。化成之功，直参乎造物；橐籥之妙，靡间于含灵者也。汉息夫躬《劾伍宏》云："霍显之谋，将行于杯杓；荆轲之事①，必起子帷幄。"晋钟会《檄蜀》云："投迹微子之踪，措身陈平之轨。则福同古人，庆流来裔。"取人隐事，而意旨跃如，此最优矣。

自余佳对，指不胜偻。义乖事舛，往往而是。《校猎》云："齐桓不使扶毂，楚严未足骖乘。尊皇抑霸，允矣慎旃。"其它虚美之词，不过曰"登三咸五，甄殷陶周"而已。若简文《马宝颂》云"尧舜不足宪章"，孝穆《代贞阳侯书》云"汤武方子儿戏"。此属词失当也。其《与王太尉书》云"霜戈雪戟，无非武库之兵；专耀齐威，非夸王众"；而子安《滕王阁序》云"紫电青霜，王将军之武库"，以电易雪，指齐为王，此绎文不审也。"犀弧箕服，实丧周邦"，二龙降庭，何预夏事？而骆宾王《代徐敬业檄》云"龙漦帝后，识夏庭之遽衰"。此使典差缪也。长卿《赋秦大人》，则"汉武意凌云气，厥初杨意之荐，惟见《子虚》之文"；而《滕王阁序》云"杨意不逢，抚凌云而自惜；钟期既遇，奏流水以何惭"。徒取对工，罔顾文义。此杜撰不经也。苏老泉作《木假山记》，戴颙以"黄鹂为俗耳针砭"；而戴帅《初通苏教授书》，美以木假山之家世，陈其年《戴无忝诗序》称为"鹂砭名家"。夫《木山》小文，何关世绪？"鹂砭"雅语，讵涉家声？此任意牵附也。袁简斋《贺荡平伊犁表》云"金山擒车鼻，本文皇漏网之鱼；渭桥谒单于，慰高祖平城之憾"。平城之憾，《汉史》可征；漏网之鱼，《唐书》未见。此随笔增窜也。亦或调律太和，翻失古节。琢句凡近，便成律赋。凡此诸弊，大伤文格。鄙生沿习，未知所底。

又如子山《司马裔碑铭》，赵武、李燮两见；鼎臣《武成王碑铭》，春兰、秋菊重出。昔有兹式，盖不相妨。苟其效颦，实邻寒陋。若此之

---

① "事"字讹，当作"变"，见《汉书》（清乾隆武英殿刻本）。

类，理贵善推。是故甄引旧编，取证本事。必义例允协，铢黍无爽。合之两美，则观者雀跃；拟不于伦，则读者恐卧。可以印心源于三古，通慧业于万流。《雕龙》谓"言对为易，事对为难"，亦极思之论也。

至词气之兼资，乃骈俪之总辖。汉魏之间，其词古茂，其气浑灏。纵笔驱染，文无滞机。六朝以还，词丰气厚。羡文衍溢，时病烦芜。宋元以降，词瘠气清。成语联翩，只形剽滑。明初刘、宋，略仿小文。自时厥后，道益榛芜。虽七子大家，阙为斯式。华亭崛起晚末，抗志追摹。词采既富，气体特高。《明史》称工，非溢美矣。昭代右文，材贤踵武。格律研而逾细，风会启而弥新。参义法于古文，洗俳优之俗调。选词之妙，酌秾纤而折中；行气之工，提枢机而内转。故能洸洋自适，清新不穷。俪体如斯，可云绝境。洪、李之作，无间然焉。辜榷陈之，用贻通识。光绪二十七年，岁次辛丑秋七月。

仁寿堂记[①]

光绪二十年甲午，恭届尚书中丞吴公周甲庆辰。吾楚人涵泳德涯，瞻依寿宇。以先谦属在谱末，要为颂词。先谦曰："公之行政，唯仁是依。仁足长人，《大易》演其文；仁者多寿，宣尼明其旨。今请明公所居为仁寿之堂，为之记以畅其说，可乎？"众曰："愿有请。"

先谦曰：夫人之存仁，犹果之有核。果得核而成实，其究也长育百材，干蔽云霄，虽充梁栋之用，而生理永存者，核藏其精也。人资仁而成德，其大者经纬万端，弥纶区宇，虽历艰巨之投，而年寿无损者，仁固其质也。

公垂髫发声，落笔惊众。洞书契之奥，仓籀印心；絜志学之矩，洛闽范步。自其少时，即以禹、稷饥溺为怀，有杜、白庇覆之概。善明乡里，衔续命之恩；黔敖路人，息嗟来之诮。屋瞻乌其爱止，泽集雁以无嗷。皆于四郊多垒之秋，一钱不名之日，区画尽美，时论归焉。咸丰庚申，金陵大营溃。苏州绅富迁徙，机户停业，贫民生计益艰。公时为诸生，倡议捐米抚恤，推广至十余图，人心以定。同治乙丑，江北清水潭决，灾民过江者多。公甫中式举人，创议劝捐设厂，留养数月。

既骋皇衢，弥练世务。澹沈灾于京畿，同治辛未、壬申，直隶水旱频

仍。公力任捐赈，衣食躬自料理。于京师建慈幼堂，设四斋，贫而失学者得入焉。文安、大城亦各设义学一。光绪戊寅，复会办河间赈务。起菜色于汾晋。光绪丁丑，会办山西赈务。并周历忘瘁，积时益勤。禁中累疏，至言倾乎百僚；前后条陈时事，暨请减大婚典礼工费，请泰西使臣入觐照中国跪见礼，请停圆明园工程。阃外交章，贤声彻于三殿。左、李二公并奏荐大用。试之监司，靡蠹不抉。河北道任内，革武陟县车马差费，设局定章，为民岁省钱八万余缗。以局中余钱五千缗建仓，购谷备荒。出巡，自备火食，不许州县供应，翊我皇运，如凤斯仪。八论播于元菟，玉金佩其德音；出使朝鲜，作《辨党论》二篇，国王命颁示国中。又作《求贤》、《育才》、《节用》、《恤民》、《缓刑》、《练兵》六论贻之。六屯总于细鳞，烟火蔚为聚落。督办吉林屯垦事宜，按地分六屯，以适中之细鳞河所盖官房，为管带委员公所。于是宁古塔至三叉河口五百余里之气脉以通，细鳞河诸屯皆有市集，三叉河尤盛。招回雁户，争平郷邑之田；豫省贫民乏食，辄贱价售田。及岁丰归里，无地可耕。控案累累，州县置不理。公提讯断结，一岁二千余起，孤寡无力者，假以赀。谕河北三府属僚，一律审理，云："宜以此为善举，而勿视为词讼，则穷民不至向隅。"真仁人之言也！飞到鹰梭，运入河源之米。巡抚广东，时惠州、河源等处水灾，公亲往勘，以鹰梭轮船运米赈粜。有"送米人来三百里，迎流飞到一鹰梭"之句。

盖公之于民，不因中外歧视。公之为善，岂以大小殊情？而又赤心相推，银手如断。单骑伏贼，汾阳罗拜之图；练军吉林，时金厂贼酋韩效忠有旨严缉。公单骑入山，令素识效忠者一人前导。直抵所居，效忠出遏道旁，因止宿其家，允为奏请免罪。效忠遂降，金厂匪徒以靖。偏师请前，伏波顾盼之色。法越构衅，公连疏请自率所部进驻越南，暨防滇桂边。诏嘉其勇往。秦宓入坐，敌人折锋；朝鲜内乱，公奉命前往。倭使井上馨不与公相见，在朝鲜政府多方要挟。公排闼直入，直言诘责，德人穆麟德从旁参议，公叱使退，井上馨气沮，朝倭之约遂定。王尊填堤，阳侯却步。河决郑州，奉命权河道总督。昼夜督催，五阅月工竣。香山议界，深防他族之逼居；初任粤抚，至澳门晤葡萄牙地们总督高士达，即诘其不当侵占香山民地，告以划清租界之意。并具奏十条，力言中国弃澳与葡之非。长岭勒铭，其信交邻之有道。在吉林时，奏明俄人侵占珲春黑顶子地方，请旨会勘，因图们江旧立木界牌离海口四十里之沙草峰，与中国地图不符，须更正于江口内二十里之地更立石牌。俄使奏其国王允行，于是黑顶子复归中国，俄设卡伦电线皆撤回。公立铜柱于长岭子交界，铭曰"疆域有表国有维，此柱可立不可移"。并议定图们江海口本地船艘出入无阻，不必定向俄官领照。仁者必勇，公之谓与？

故其莅湘中也，使车未下，颂声已兴。治具毕张，期月而可。训僚属若子弟，设课吏馆于署内，州县官候补者，月试以论事之文，暇与讲论。在任者，多为韵语勖之。束卒伍如父兄。省内外营伍，随时察验。公精枪法，发必命中。增购洋枪炮，亲教练之。睹如山之屋，寒士开颜；设孝廉书院一所，增给奖银。增城南书院斋房百数十间，暨省城三书院膏火银。泛请籴之舟，穷黎肉骨。茶陵、醴陵灾歉，购米运赈，复请拨帑银二万两，并设因利局，于茶陵等六州县，各拨银二千缗。潭潭公孙之阁，卑礼延宾；奏设求贤馆，为之记。峨峨巴妇之台，怀清卫节。建保节、百善二堂于省城，养节妇三百四十八。两堂设义学八斋，百善立施药局。外府州皆设保节堂。公且发言为泽，抚臆流慈；喜雪裁笺，壬辰冬，有《喜雪登又一村园亭》诗。勤雨成咏。癸巳六月，忧旱得雨。清供祈岳，福斯民亿万家；谒衡岳庙，诗云："愿神鉴此蔬樽供，泽被三湘亿万家。"磨崖续碑，求如结十数辈。浯溪、嵝台、庽亭皆为诗铭，寄仰止之思，勉属僚以次山为师。宽严异用，逐不废乎鹰鹯；益阳道中诗云："安得廉明司牧官，诘奸严厉待民宽。"公意可知矣。今岁缉获盗案，鞫实立予严惩者，至二十事。廉让相型，讼冀平夫雀鼠。用司马温公园丁不爱钱事。推广其义，作《兴让说》示诸生，命广为劝导，以息狱讼，厚风俗。柏岩铭就，见搜奇采干之心；浯溪南廿余里有异岩，如古柏挺生，公名之柏岩，以为天下所罕有也。叙而铭之，以补楚乘之遗。铭云："旁有洞门，能兴云雨。不为栋梁，即为砥柱。"桃源记成，有怀古移风之想。记称桃源土俗纯美，怀葛之风犹存。闾巷接于痌瘝，楮墨喻其性情。名驰而草木知威，思动则湖山含润。本仁心仁闻之实，握寿身寿世之符。宜乎伴奂优游，召康公聿歌纯嘏；风情筋力，裴晋国无异初时也。

斯堂者，羔羊退食之攸居，而鸳鸯福禄所总集。彝鼎三古，图书百城。君奭之舍，尽是甘棠。茂叔之窗，无非绿草。充庭仙侣，应和气而来翔；舞潭文禽，恋旧恩而不去。署中有白鹭栖止，或以锦鸡献，纵之复来，公绘图题诗。公于其间，怡志悦神，出谋发虑。贻百年之乐利，伏莽全消；公诗云："乡僻犹虞伏莽蟠。"赞九陛之谋猷，甘霖行遍。

先谦等进而援笔，跻以称觥。敢竭揄扬，用申颂祷。此日清风作诵，敬述申樊屏翰之勋；它年绿野开襟，许在刘白文章之列。是为记。

《边疆行役图》记^①

《边疆行役图》者，吾友庄心盦观察分巡偏沅，道出靖州途次即景

---

① 此文录自光绪二十六年刻本《虚受堂文集》。

所作也。

靖州居湘西之穷边，控岭外之重险。示诸五筸，僻在一隅。虽长吏克勤，而行踪罕达。岁壬寅，粤寇不靖，柳、庆告警。观察虑防务之阔疏，轻岩疆之跋涉。履自沅郡，既于绥宁。时则秋获野旷，冬暄气清。戴星辰而早行，冲烟瘴而疾过。往往一日之中，旸雨百变；万山之内，寒燠互殊。俯临深溪，联猿臂而赴饮；仰攀天阙，共鸟翼而争高。盖已极登顿之劳，穷纡折之致焉。

迤入绥宁，经罗岩石驿半里芙蓉四苗里，地形旷夷，山色秀发。塍陌绮绣，交织于飞流之间；楼台金碧，半隐于霞气之表。白云丹树，奇采聚为画图；翠鸟红泉，幽响和于琴筑。如入山阴之道，纷来异观；不意桃源之津，近在尘世。视听为之发皇，襟抱于焉超远矣。时则伧老泥童，嬉迎马首；瘴花蛮果，争献舆前。公劳问殷勤，德意周浃。遂乃沿历边境，区画机宜。控制五百里，往还四阅月。陇山聚米，在伏波之目中；蜀驿筹兵，赴诸葛之笔底。

盖公负陶甄六合之概，含泽润兆民之思。郁厥渊抱，溉此偏隅。辟犹神物将腾，而尺泽蓄之；洪钟待叩，而寸杵鸣之。曾申画之不烦，已指挥而若定。于是栩园一老，自纪壮游；枫南三孙，更新绘事。公倩钟瀜为图，有章云"枫南山房第三孙"。沧州遗趣，惊刘侯之再生；竹林缀文，跨阮门而千古者已。光绪甲辰仲春记。

《尚书孔传参正》序①

自伏先生脱秦烬，发壁藏，以延三代圣经一线之脉，厥功甚巨。欧阳、张生传习本经，志记明白，而治古文《尚书》学者诬之曰口授，鄙之曰俗儒，不恤虚诞竞胜，过甚其辞。文人相轻，岂有量乎？古文之厄娄矣，阻于巫蛊，厌于博士，亡于永嘉，乱于梅、姚，且若显若晦于数百年间。刘向取校三家文字异者七百有余，脱字数十。贾逵复奉诏撰《欧阳夏侯古文同异》三卷，此于本经为有实益，其卒增订与否，莫能名也。马、郑诸儒，可云笃好，然其所述，不及逸篇，致文谊罕通，积久澌灭。是所谓古文《尚书》者，徒供伪学藏身之固，发千古争哄之端

---

① 此文录自光绪三十年虚受堂刊本《尚书孔传参正》，以光绪三十四年长沙王氏刻本《王先谦自定年谱》为校本。

已耳。独马、郑二十九篇传注，于今古文同异，借资推究，有助经旨。有宋朱子吴草庐氏发伪《孔》之覆，明梅氏鷟继之。国朝诸儒，抉伪扶经，既美既备。惜其散而无纪，寻绎为难。学者束发受《尚书》，垂老而不明真伪古今之辨，岂不哀哉！先谦从事斯经，自《史》、《汉》、《论衡》、《白虎通》诸书，迄于《熹平石经》，可以挥发三家经文者，采获略备，兼辑马、郑传注，旁征诸家义训，其有未达，间下己意，今古文说炳焉著明。以伪《孔》古文虽经纯皇帝论定，然功令所布，家传僮习，莫敢废也。仍用其经传元文，附诸考证，为《尚书孔传参正》三十六卷，以便读者。雅才好博，亦或取斯云尔。

《汉书·艺文志·尚书》下云："经二十九卷。"班自注："大、小夏侯二家。"颜注："此二十九卷，伏生传授者。"先谦案：此一篇为一卷也。伏生之二十九篇，《尧典》一，连"慎徽五典"以下。《皋陶谟》二，连"帝曰来禹"以下。《禹贡》三，《甘誓》四，《汤誓》五，《盘庚》六，《高宗肜日》七，《西伯戡黎》八，《微子》九，《牧誓》十，《鸿范》十一，《大诰》十二，《金縢》十三，《康诰》十四，《酒诰》十五，《梓材》十六，《召诰》十七，《雒诰》十八，《多士》十九，《无佚》二十，《君奭》二十一，《多方》二十二，《立政》二十三，《顾命》二十四，《康王之诰》二十五，《费誓》二十六，《甫刑》二十七，《文侯之命》二十八，《秦誓》二十九。《史记·周本纪》作《顾命》，作《康诰》，明为二篇，则二十九已足，并无《太誓》在内。《隋书·经籍志》："伏生口传二十八篇，又河内女子得《太誓》一篇献之。"宋王应麟说同。《释文》云："《太誓》与伏生所诵，合三十篇。"《书》疏云："伏生二十九篇（并数《太誓》），序在外。"皆非。《艺文志》班自注又云："欧阳经三十二卷。"《志》又云："欧阳章句三十一①卷，大、小夏侯章句各二十九卷。"先谦案云："大、小夏侯章句各二十九卷"者，《尧典》一，同上。《皋陶谟》二，同上。《禹贡》三，《甘誓》四，《汤誓》五，《盘庚》六，《高宗肜日》七，《西伯戡黎》八，《微子》九，《大誓》十，三篇同卷。《牧誓》十一，《鸿范》十二，《大诰》十三，《金縢》十四，《康诰》十五，《酒诰》十六，《梓材》十七，《召诰》十八，《雒诰》十九，《多士》二十，《无佚》二十一，《君奭》二十二，《多方》二十三，《立政》二十四，《顾命康王之诰》二十五，《费誓》二十六，《甫刑》二十七，《文侯之命》二十八，《秦誓》二十九。知《顾

---

① "三十一"，校本作"二十一"。

命》、《康王之诰》为一篇者，伪《孔序》云："伏生《康王之诰》合于
《顾命》。"以欧阳、夏侯为即伏生本，误。《释文》云："欧阳、大、小夏侯
同为《顾命》。"此其明证也。既以《康王之诰》合于《顾命》，则二十
八矣，仍为二十九者，王充、房宏皆云："后得《太誓》，二十九篇始
定。"是后汉人见欧阳、夏侯本皆有《太誓》，合为二十九篇之明证也。
云"欧阳章句三十一卷"者，分《盘庚》为三篇故也。详《盘庚》本篇。
云"欧阳经三十二卷"者，并经三十一卷，序一卷数之。经三十二卷而
章句三十一卷者，西汉人不为《序》作解诂也。马、郑始为《序》作传注。
《艺文志》又云："《尚书》古文经四十六卷。"班自注云："为五十七
篇。"先谦案：云"四十六卷"者，据《艺文志》云，孔安国所得壁中
古文，"以考伏生二十九篇，云伏生二十九篇，则是无《太誓》者。得多十六
篇"，据此篇为一卷。共四十五卷。《释文》云："马、郑之徒，百篇之
《序》总为一卷，以一加四十五，是四十六卷也。"马、郑《序》总一
卷，盖本孔壁之旧，陆德明但见马、郑本如此，故据以为言也。"得多
十六篇"者，《书》疏引郑注《书序》云：《舜典》一，别有《舜典》，非
梅赜所分。《汨作》二，《九共》九篇十一，《大禹谟》十二，《益当作弃
稷》十三，《五子之歌》十四，《胤征》十五，《汤诰》十六，《咸有一
德》十七，《典宝》十八，《伊训》十九，《肆命》二十，《原命》二十
一，《武成》二十二，《旅獒》二十三，《冏命》二十四，《汉书·律历志》
有《毕命》文，此刘歆载之《三统术》者，是古文有《毕命》矣。颖达作《冏命》，
"冏"当为"毕"字之误也。惠栋、王鸣盛说同。以此二十四为十六卷者，《九
共》九篇共卷，除八篇，故为十六是也。云"为五十七篇"者，《书》
疏又云："郑于伏生二十九篇之内，案：此欧阳、夏侯本，云'伏生'，误。
分出《盘庚》二篇，此欧阳所分，以为郑分，误。《康王之诰》，此欧阳、夏
侯合于《顾命》之后，郑又分之。又《泰誓》三篇，为三十四篇。此就欧阳、
夏侯本有《太誓》者分出二篇，足证上文'伏生'之误。更增益伪《书》二十
四篇，此孔颖达祖伪《孔传》，以此二十四篇为张霸伪书。惠栋云：'《汉志》先述
逸《书》，后称张霸《百两篇》，明逸《书》非《百两》。'《经典叙录》云：'《百二
篇》文意浅陋，成帝时刘向校之，非是，后遂黜其书。'校古文者，向也；识《百
两》之非古文，亦向也，岂有向撰别录、仍取张霸伪书者？笃学如康成，亦岂以民
间伪书信为壁中逸典者耶？为五十八。"桓谭《新论》亦云："古文《尚书》
旧有四十五卷，除《序》言之。为五十八篇。伪《武成》疏引郑云：'《武
成》逸书，建武之际亡。'"谭云五十八者，谭没于世祖时，在建武前，
《武成》未亡。班云五十七者，班作《汉书》在显宗时，《武成》已亡故

也。《书》疏引马融《书传序》云："《太誓》后得。案其文，似若浅露。"此孔壁不见《太誓》之明证也。使民间得之孔壁，又与之符合，马岂能为此言乎？然龚自珍以为今古文皆无《太誓》，则又非也。谓今文无《太誓》，何以处王充、房宏之说？彼二人皆亲见今文有《太誓》者也。明伏生与夏侯、欧阳二本之不同，则诸说无所阂碍矣。郑《书论》依《尚书纬》云："孔子求《书》，定可以为世法者百二十篇。百二篇为《尚书》，十八篇为《中候》。读后得《太誓》'赤乌白鱼'之文，与《中候》合，明其为《中候》，则有以处《太誓》矣。"

汉魏人无谓伏《书》为今文者，晋宋之间始有之。如徐广《史记音义》"今文《尚书》作'不怡'"之类，裴松之《三国志注》"今文《尚书》曰'优贤扬历'"是也。至《释文》、《正义》，则今文之称愈显，皆对伪古文而名之。龚自珍云："伏生壁中书，实古文也。欧阳、夏侯之徒，以今文读之，传诸博士，后世因曰伏生今文家之祖，此失其名也。孔壁固古文也，孔安国以今文读之，则与博士何以异？而曰孔安国古文家之祖也，又失其名也。"先谦谓今文固无定之称，因时代而异。秦汉今文，是谓隶书，《隋书·经籍志》"今字《尚书》十四卷"，《孔安国传》。案：隋世已有今字，盖刘焯、炫等所为。卫包所改，亦号今文，则今之楷字是已。周代以仓颉所作为古文，籀书为今文。秦初则李斯小篆为今文，其改用隶书，在始皇焚书之际。伏生当汉文时年九十余，上溯为秦博士，齿方壮强，所习《尚书》应从篆体，未必尚是古文元本。乱定之后，发壁藏以教齐鲁，亦早易作今文，非欧阳、夏侯始以今文读之也。《艺文志》云："六体者，古文、奇字、篆书、隶书、缪书、虫书。"颜注："古文，谓孔子壁中书。"《志》又云："《史籀篇》者，周时史官教学童书也，与孔氏壁中古文异体。"《说文序》云："宣王太史籀箸大篆十五篇，与古文或异。至孔子书六经，左丘明述《春秋》传，皆以古文。"盖古文乃《书》之本文，如今所摹钟鼎款识；籀篆，则周代通俗文字，与古文两体并行。《汉志》云"异体"，《说文》云"或异"，虽变古，不全异也。孔子以古文书六经，不用时字，盖尊经之意。安国以今文读《尚书》，其古文真本固在，实有专称，通儒传授，不没其本来，而以为与今文博士无异，称古文者失其名，又非也。

司马迁为《史记》时，止欧阳《尚书》立学，故迁书叙述《五帝》、《三代》、《秦本纪》，《鲁》、《卫》、《宋》、《蔡》、《晋》、《齐》、《燕世家》，无不原本伏《书》。《汉书·儒林传》云："司马迁亦从安国问故，迁书载《尧典》、《禹贡》、《洪范》、《微子》、《金縢》诸篇，多古文说。"然则《尧典》诸篇以外，皆今文说，可知孙星衍以迁为用古文误也。两汉博士治欧阳、夏侯《尚书》，载在令甲。平帝诏立古文，莽灭遂废。后汉古文虽盛，不立学官，诏册章奏，皆用博士所习。蔡邕《石经》，亦据学官本。至应劭、徐幹之论箸，介于汉魏之间，则颇有出矣。《纬书》汉人所作，汉碑通用今文，皆与《书》义相证，发明其时代限断，而后可以言今古文之别也。

《法言·问神》篇云："昔之说《书》者，序以百。"《汉书·艺文志》云："故《书》之所起远矣，至孔子纂焉，上断于尧，下讫于秦，凡百篇。"《论衡·正说》篇引俗儒说云：俗儒，谓今文博士。"《尚书》二十九篇，法北斗七宿，四七二十八，其一曰斗。"直至孔安国《书》出，方知有百篇之目。《汉书·刘歆传》歆《移太常博士书》云："往者缀学之士，保残守缺，以《尚书》为备。"臣瓒注："当时学者谓《尚书》惟有二十八篇，除《序》言之。不知本百篇。"《书》疏云："郑《序》以为《虞》、《夏书》二十篇，《商书》四十篇，《周书》四十篇。"是百篇之说，在孔壁书出后，壁书止多十六篇，云百篇者，当是据《序》知之。然《史记》本纪、世家所云作某篇者五十余条，其文字说解，与古文《书序》多异，确是今文《书序》，据此已不止二十九篇。至《大传》之引《九共》、《帝告》佚文，《史记》之引《汤征》、《汤诰》佚文，及《书》文之见于《孟》、《荀》、《礼记》、《左传》所引，皆不止二十九篇之明证。博士之以《尚书》为备，特专己守残之成见，非真不知有百篇也。

据《汉书·儒林传》，安国古文，都尉朝、胶东庸生、胡常、徐敖、涂恽、桑钦递相传授。《后汉书》称张楷作注，卫宏作训旨，贾逵作训则，得多之十六篇，不容无说。而《书》疏引马《序》云："逸十六篇，绝无师说。"疑都尉朝等所传，但习其句读，而不释其文义。张、卫、贾之注训，皆止解二十九篇，其后康成作注，分伏《书》为三十四，逸篇为二十四，凡五十八篇，见《书》疏。而逸篇仍无注。《释文》云："马、郑所注，并伏生所诵，非古文也。"案：陆所谓古文，即指梅赜伪书言。陆及见马、郑注，若郑有二十四篇之注，当有流传于后，陆不得为此言。以此知郑惟注三十四篇也。又《尧典》疏："郑注《尚书》，篇数并与三家同。"是郑未注二十四篇也。说本江声。其故皆不可晓。朱子云："孔壁得古文《仪礼》五十六篇，郑康成曾见，且引其文于注中，不知缘何止解十七篇，而三十九篇不解，竟无传焉。"案：郑于《尚书》逸篇不注，与《仪礼》同。王鸣盛以为古文在东汉未立学官，故郑亦不注，其或然耶？

或疑后汉杜林所得西州柒书一卷，见本传。非古文《尚书》真本。然《后汉·儒林传》载尹敏、杨伦、孙期、周防以及周磐、张楷，皆习古文，所称授受渊源，与林无涉。又孔僖自其祖安国以下，世传古文。是安国真本具存，林何从而伪之？且《贾逵传》言逵父徽受古文于涂恽，逵悉传父业。《儒林传》又言杜林传古文《尚书》，同郡贾逵为之作训，马融作传，郑元注解，由是古文遂显于世。使林传赝本，逵岂肯舍父业而为林书作训乎？盖必柒书与孔壁文字颇有同异，足资考证，或且有胜于安国所传者。古文四十六卷。柒书一卷盖非全本。故逵既作训，而马、郑诸儒虽于古文别有师承，益重此本也。

安国本藏于中秘，其副本流传民间。庸生之徒，私相授受，不无讹脱变乱。如"我其试哉"上脱"帝曰"，《史记·五帝纪》有"尧曰"。"夔曰"八字重出，"优贤扬"作"心腹肾肠"，"殷三宗"无"太宗"，而有"祖甲"，必非孔壁之旧。据此知薄今爱古者，未尝平心考核也。欧阳、夏侯三家，皆今文说。小夏侯当古文出后，其文义乃颇合于古文，亦趋时之一验矣。王莽时，古文立学，义说渐盛，如《禹贡》所述水地，桑钦辈创之；立六宗，建三公，《三统历》之文王受命，九年崩，武王十三年克殷，刘歆创之。厥后卫、贾、马出，古文之说大明。康成作注，杂糅今古，旁通曲畅，又为《书》学一大变。风会日新，涂轨歧出，高才超世，囊括众家，盖有不得不然者。近儒强仞为今文，知亦非郑所心许耳。

向疑贾、马、许、郑皆大儒，何以必舍今从古？及观石经、汉碑，文字多讹，乃知今文因当时通行，不免讹俗，诸君好古，故鄙弃今学也。但今文有讹俗，不妨以古文参考。古文无说解，仍兼采三家所长，庶为尽善。乃诸君祇祺今文，别张帜志，学官未立，微显不常。王肃辈得乘其隙，伪造《孔安国传》，后人误信之，而东汉古文与西汉今文，同归于尽。且诸君之崇古文，崇其文字之古耳，唐卫包乃尽易以讹俗之字，又岂诸君所及料者哉！说本皮锡瑞。

伪《孔》之辨，定于国朝。天子考文之功，美矣盛矣！诸儒力辟伪经，推见至隐，撷其精粹，各载本篇。自《熹平石经》亡后，今文遂无完本，二十九篇反借伪传而存，古书遗碣，可以参证文字同异。马、郑传注亡佚，宋以来颇有辑本，所当全采，以畅经旨。众家疏解，冶为一炉。时有管窥，弗忍割弃。增尘足岳，庶其企而。

　　梅书廿五，词旨坦明，益之传语，只形骈赘，它篇舛谬，随文记注，间袭马、郑，亦加披抉，假托安国，初无主名。唐陆德明云："王肃注大类古文。"孔颖达又云："其言多是《孔传》。"已颇滋疑议矣。近儒推勘，皆谓《传》出肃手，尤莫详于丁晏《尚书余论》。今取传义与王注合者，条系经下，以资证明。《晋书·皇甫谧传》言古文授受渊源，谧亦与撰古文者也。肃之《孔丛》、《家语》，谧之《汲郡纪年》，本冀辅真，转以证伪，心劳日拙，其自赞邪？

　　凡以古字易经文，如郭忠恕、薛季宣所造作；自唐至今，有集古篆缮写之《尚书》，号壁中本，二十四篇亦在其中，盖集《说文》、《字林》、《魏石经》及一切离奇之字为之。《释文序录》云："穿凿之徒，务欲立异，依傍字部，改变经文，疑惑后生，不可承用。"据此，唐以前久有此伪书。至郭忠恕作《古文尚书释文》，晁公武刻石于蜀，薛季宣为《书古文训》，宋人多误刡此为壁中真本。以时字易经文，如卫包所改；唐明皇不喜古文，天宝三载，命集贤学士卫包改古文为时字，名之曰"今文《尚书》"。其改古字多错谬，详段玉裁《古文尚书撰异》。至宋开宝中，陈鄂等奉诏删改《释文》，令与包相应，而旧音古字，无可寻求矣。以古书易经文，如近儒取经传、诸子、《说文》所引《尚书》以改本经；其意以为安国真本如是，但马、郑与伪《孔》不同处，梗概已具于《释文》、《正义》，不当于《释文》、《正义》外断其妄窜。且魏晋人作伪时，卫、贾、马、郑之书尚存，皆知为安国递传之本。作伪者，断不敢取三十四篇涂改字句，令与安国传本不类，以启天下之疑。故《尧典》虽析一为二，而"慎徽"之上，未著一字。后有愚者，乃为之耳。（说本段玉裁。）其或伪书偶有窜易，证据确凿者，仍各揭明于本篇句下。以臆说易经文，如近儒点窜经字，以伸己见，若宋儒改经之为，皆乱经之甚者也。包改之谬，详具本篇，余屏不取。光绪三十年，岁次甲辰秋八月。

奏

议

言路宜防流弊请旨饬谕以肃政体折①

奏言路宜防流弊、请旨饬谕、以肃政体事。臣惟图治贵协于中，除弊宜杜其渐。方今圣人在上，孜孜求治，言路宏开，诚明目达聪之盛轨也。然其中流弊，不可不防。伏查乾隆八年七月，给事中臣邹一桂奏近见奉旨发议之事，科道于部议未上之先，搀越渎陈，徒滋繁扰，应请申饬。奉上谕：科道职司言路，凡有见闻，自应陈奏。但如邹一桂所称搀越渎陈，则大不可。嗣后遇有发交部议事件，如科道不待部覆参差具奏者，该部于议覆本内，将伊等意见参差之处，声明请旨。十年六月，御史臣范廷楷参奏御史臣杨朝鼎前奏豫省失盗一折，奉上谕：杨朝鼎所奏，现在交议大臣等，自有持平之论。如果所议准行，范廷楷据伊意见以为必不可行，再行陈奏未迟，亦未为不可，所谓"拾遗补阙，自有其时"也。今乃于甫经交议之际，急于参奏，负气纷争，为此过甚之语，诚邹一桂从前所云"不待部覆而摭拾浮嚣搀越渎陈"者，朕早已降旨禁约，范廷楷独不知之乎？至于请朕撤回原折，无庸交议，竟似国家政务弗资六卿，皆伊等御史可以操其行止者。甚属妄诞，著严饬行。钦此。圣训煌煌，所当永远敬守。乃近来诸臣言事，颇有搀越渎陈者。臣窃谓今日朝廷虚怀采纳，兼听并观。如前月给事中臣王昕参奏朱永康一案，系在部臣定谳之后，虽明旨已降，弗惮更张，岂不足以彰臣下纳诲之忠、圣主从谏如流之美？若不待部覆，率尔陈词，有乖入告之体，似宜饬禁。又思臣工建言，原应各抒己见，若待他人举发而后从之，此唱彼和，流弊滋多。如近日翰林院侍讲臣张佩纶、御史臣李璠参奏商人李钟铭一案，就本事言之，李钟铭系不安本分之市侩，法所必惩；就政体言之，则两人先后条陈，虽心实无他，而迹涉朋比。此事仅为劾一商人，不足深论。但恐后来者踵习成风，党援攻讦之端，将由此启，于朝政殊有关系。伏读世宗宪皇帝御制《朋党论》，深切著明；高宗纯皇帝于朝臣党援之弊，再三申谕。乾隆九年二月，给事中臣陈大玠、邹一桂参奏署湖北巡抚许容不宜复用，虽允其请，仍以两人所奏相合，显有商谋扶同之处，明白饬谕，圣意至深远也。臣以为言路不可不开，亦不宜太杂。可否请旨饬谕，俾诸臣晓然于祖宗成训，万世懔遵，使正论常伸，

---

① 此文录自光绪三十四年长沙王氏刻本《王先谦自定年谱》。

隐患自绝。庶几受开言路之益，而无其弊。臣愚昧之见，是否有当，伏乞皇太后、皇上圣鉴训示。谨奏。

徐之铭情罪重大请严旨查办折①

为已故革员情罪重大、请严旨查办、以彰国法事。臣惟今古治平之要，首在刑赏得宜。朝廷宽大之恩，岂为金壬而设？查已革云南巡抚徐之铭，于咸丰八年在滇臬任内，带练剿办东路回匪沐成林等，蒙文宗显皇帝天高地厚之恩，录其微劳，赏花翎、布政使衔，命护理巡抚，旋即实授。其时回逆尚未大肆鸱张，不难扑灭。讵徐之铭到任后，顿易前辙，惟恣其奸贪，置要务于不理，遂至叛乱四起，不可收拾。徐之铭始则纵回以虐民，继则挟回以自重。朝廷谕旨，胆敢视若弁髦，陈奏欺罔，一无足据。廷议筹办，末由措手，边陲大局，几致沦胥。国家费千百万之帑金，黎庶遭十数年之涂炭，徐之铭一人之所为也。又广置姬侍，日事荒淫，强夺属吏之妻为妾，闺门之内，行同禽兽；父子之间，略无伦纪。燕见属员，辄将秽乱之事，向人叙述，廉耻荡然。藩司邓尔恒升任陕抚，徐之铭畏其参奏，遣革弁何有保刺杀之于曲靖府署。朝廷值中原多难之秋，不遑南顾，又因其罪迹未有确据，姑予包荒。迨同治二年，回逆杜汶秀②之党马荣戕害督臣潘铎，回逆袭入云南省城，徐之铭及其家属为贼所得，犹觍颜苟活。时署云南藩司臣岑毓英率众千余据守藩署，血战数日，回逆见势不敌，遣徐之铭来营说和。徐之铭改易回装，白帕抹首，与岑毓英相见。岑毓英旋鸠集屯兵，说合马如龙内外夹攻，破走回逆，省城危而复安。徐之铭粉饰奏闻，命革职来京，听候议罪。徐之铭迁延不行，于同治三年，在省服毒身死。综其生平行事，目无君上，蔑绝人伦，误国殃民，偷生附叛，种种罪迹，擢发难数，实本朝二百余年来臣子所未有，虽置之极典，不足蔽辜。乃其身既幸免刑诛，未及查办，其子嗣尚有滥得军功列名仕籍者，在该革员一身之侥幸，其事犹小，而亦何以为后来封疆大吏炯戒耶？臣昔岁衔命使滇，其时军务未竣，该省官民追溯乱源，语及该革员劣迹秽声，人人发指。今边域敉平，公论大著，该革员滔天罪恶，历久弥彰。若不明示殛罚，实

① 此文录自光绪三十四年长沙王氏刻本《王先谦自定年谱》。
② "杜汶秀"，《清史稿》（民国十七年清史馆本）作"杜文秀"。

无以昭国典而维世教。伏查乾隆年间，如侍郎巴忠、浙江巡抚福崧、甘肃布政使王亶望等，或贻误军机，或婪赃侵帑，除本身查办外，其子嗣皆奉旨不准出仕应试。今徐之铭情节较巴忠等倍为重大，可否请旨将该革员罪状明白宣示，生前官爵悉予追夺，行查原籍，将其子一并革职，不准出仕应试之处，恭候圣裁。臣以为诛奸回于既死，即以垂宪典于将来。此国家刑政大柄所在，非为徐之铭一人也。是否有当，伏乞皇太后、皇上圣鉴训示。谨奏。

敬陈管见折[①]

为敬陈管见、恭折仰祈圣鉴事。臣伏读前月二十一日上谕，以崇厚出使俄国不候谕旨擅自回京开缺，交部严议，条约章程交大学士六部九卿翰詹科道妥议。本月初五日，命修撰臣王仁堪等各折一并议奏。仰见圣明洞鉴，详慎虚公，曷胜钦服！臣维祖宗疆土，不可尺寸与人，此不待议者也。使臣辱命，已谕廷臣集议，足以彰公道而固人心。臣可无庸置论。惟俄人阴谋叵测，既不允其所求，彼必多方窥伺。即令慑我国威，兼虑有碍各国通商大局，不至遽启兵端，而乘间抵隙，虚声恫喝，容亦情事所有。此时不在专论前事之失，而在深思后患之防。臣愚以为允之则害迟，而此后更无挽回之术；不允则变速，而目前尚有任事之人。众心待乾断而后兴边衅，非示弱所能弭，惟在圣意坚定，廷议和同。勿因事势棘手而畏难，勿以目前苟安为可幸。无怵于要挟而游移中变，无专崇宽大而赏罚不明。务期弊革利兴，战守足恃，根本深固，国势日强。敌人无可生心，自必俯首听命。当此时局孔艰，臣既有管见，不敢缄默。谨将目今应行筹备事宜，缮陈数条，以备采择：

一、使臣宜分别撤遣也。崇厚负国偾事，非朝廷意料所及。现在办理之道，似惟有天威震怒，严惩使臣，明示俄国以决不迁就，使彼人气慑，以徐待其自为转圜。除崇厚已交部臣等议奏外。参赞邵友濂随同画诺，未能匡正，久留俄国，亦难望其翻驳前说。且该夷必谓中国留为转旋地步，不惟无益，而且有损，似应降旨即行撤回，以绝敌人冀幸之念。至撤回使臣后，原非竟与俄夷决裂，仍应侦其动静，另行遣使。左宗棠公忠体国，成算在胸，可否责成该大臣于属吏及营员中，慎选胆识

---

① 此文录自光绪三十四年长沙王氏刻本《王先谦自定年谱》。

兼优之人，奏请简派充使。一切轻重进止，由该大臣审度机宜，随时奏乞训示。事权既专，庶窾要悉协，总在先柔之以婉言，继折之以正论。并申谕关外诸军，秣马厉兵，示以必战。庶足以作戎行之气而慑俄夷之胆，将来往复辨论，事机可转，但令偿款稍溢，而国体无伤。此善全之上者也。

一、东三省宜严密备御也。目今防守之要，除嘉峪关内外由左宗棠妥为经理外，东山省毗连外域，备御空虚，急宜早为筹画。该处风气劲悍，患不在无兵，而在无将。必得久历戎行之将军等大员，各就辖境，酌定章程，编集壮丁若干，随时操练，就地耕屯，行之数年，悉成劲旅。既收实边之益，兼省转饷之烦。再得钦派大臣，临边综理，声势既壮，敌人自当气夺。伯颜讷谟祜亲藩懿戚，且系僧格林沁之子，世笃忠贞，于军事自为谙悉，应如何简用以期有裨边防之处，伏候圣裁。陈国瑞遣戍黑龙江，业经数载，该革员夙隶僧格林沁部下，以勇敢善战著称，后缘事屡获罪谴。当兹需材孔亟之际，此等良将实不易得。可否饬该将军等留心察看，如果尚堪驱策，或责令随同教练，不假重权。朝廷酌予恩施，以徐课其成绩。总在该将军等驾驭得当，收其益而不长其骄方为尽善。

一、藩部宜联络防维也。东西两路，既经严密筹防。蒙古各部落自先后归化以来，享承平之福一二百年，风气屡弱特甚，俄人生心兼并者久矣。一旦乘虚直入，喀尔喀诸部之密迩强邻者，必难自为守御。藩篱不固，西北皆将震动。恭查乾隆年间，用兵准夷，曾有遣大学士公傅恒往蒙古齐集会盟之命。今或亦特遣知兵重臣前往，与各部王公等齐集会盟，申严号令，简阅士马，以振军声，而壮藩卫。盖兵法宜于虚实互用，守御果严，不妨持以镇静。若兵力未足，转当奋扬我武，使敌人知我有备，慑伏先声，方足潜消窥伺。定边左副将军雍正、乾隆间，因防御准夷，超勇亲王策凌及其子成衮扎布等，皆以蒙古亲王补授是缺，办理军营事务。今或酌仿前事，遴才委任，以期藩部声气联络之处，伏候圣明酌夺。

一、海防船政宜切实经理也。俄人如与我为难，见陆地有备，或将避实击虚，以数船由海道来犯图，遂其恫喝要求之计，各海口固当准备。大沽、北塘、山海关一带濒海地方，为畿辅门户，尤应严防，非有铁甲船十数号，不足壮声威而供调派。见当刻不可缓之时，除边瘠省分不计外，其较为充裕各省，或一省筹备一船之赀，或两省共备一船之赞。应请旨饬下各督抚，悉心计议，抽拨巨款。抑或另筹捐备之处，速奏请旨。一有成议，先借洋款购办，由各省定限交还，期于偿息无多，而集事较速。至各省选将练兵，以资援应，万难再缓，应请饬各督抚一并切实筹办。

以上四条，谨就臣管见所及，披沥上陈，伏乞皇太后、皇上圣鉴训示。谨奏。

通饬各省选将练兵折代①

为军政急宜讲求、拟请通饬各省酌定章程选将练兵以维大局、恭折仰祈圣鉴事。窃维本朝设兵卫民，规制美善。承平日久，渐流懈弛。咸丰以来，军事迭兴，半资义勇平贼。厥后因制兵难期得力，不得不暂留防勇，以备征调之用。今内地安谧有年矣，无用之兵，帑藏既归虚掷；有用之勇，流弊又复渐生。一有事故，无以应敌。大局将虞决裂，诚不可不亟为筹画也。所谓营勇之弊，何也？从前召募成军，率由能事将领以忠义激发乡民，争先效命。高厚之恩，既足感发天良；方新之气，遂以立摧强寇。当其无事，屯集操演；遇有征调，星夜遄行。将得其人，练得其法，合而不分，故所向有功。今则统将之事权不一，勇丁之占籍多虚。散处分屯，操练不讲，猝临战事，何可深恃？夫兵之所以不能振作者，饷薄故也。勇丁岁糜国家之饷，不为少矣。乃废弛相仍，日复一日，将与当初制兵情形如出一辙。臣愚以为兵勇不精，与无兵勇等。而不练必不能精，不合必不能练。各省将弁虽多，廉洁朴诚之员，得一犹难其选。今以防勇分隶数人管辖，或甲优而乙劣，此介而彼贪，求其一律认真，必不可得，调派应敌，则意见各别，号令纷歧。此将领不合之弊也。营伍分驻，稽核匪易，选校尤难，偷减浮冒，因之而起。步伐器械，难望整齐如式，仓卒调遣，不能随檄即行。此勇丁不合之弊也。故欲精练营勇，惟有合数人分辖之勇统于一人，各处分驻之营聚于一处。庶几责成专而纪律肃，精锐集而呼应灵。见在内地虽平，而边患纷乘，正力图自强之日。倾闻英、法、俄、美诸大邦，各有精兵数十万。倭夷小邦，亦有精兵七万。堂堂中国，每岁费饷不赀，并无得力大支劲旅以备缓急，深为可惜。查各省防勇，多者万余人，少者亦数千人。若每省

---

① 此文录自光绪三十四年长沙王氏刻本《王先谦自定年谱》。此折系代湖北提督郭松林所拟。

选一久历戎行、结实可靠之提镇大员，派充总统，将各营勇合并驻扎，逐日教练，用西人之法，以练其器械；密行操之期，以练其筋骨；严约束之令，以练其心志；习勤劳之事，以练其材武。即就现有之饷项，合练现在之勇营，费不加增，而事归核实，二三年间，可望大有起色。或宵小偶发，则资制兵以诘奸；倘盗贼潜滋，立调防勇以应变。而海防完固之后，兼得腹地劲军联络策应，自足壮国威而维大局。至各省制兵，未可听其颓废，不为经理。除已练之军颇著成效，应责成总统防勇之大员一律训练外，其余营兵，总以额多饷薄，难期振奋，应减兵并饷，方能易无用为有用。恭查嘉庆年间，因增设名粮，未收实济，奉旨大加裁汰。道光初元，复谕各省移营裁泛，减额甚多。仰见圣主因时制宜，变通尽利。今内地肃清，自不无今昔形势异宜。可以抽并兵额之外，闽、浙、江苏、甘肃等省，已多陆续陈奏允行者。此外或可一律办理，以期戎政整饬，饷不虚糜。臣以菲材，屡膺专阃，感激知遇隆恩，时思图报。此次抵鄂，即以此事与湖广督臣李瀚章筹商，意见相合。道晤浙江抚臣谭钟麟、大学士直隶督臣李鸿章，再四计议，亦以臣言为然。谨就管见所及，据实缕陈。可否饬下各督抚，各就本省情形悉心妥议切实办理之处，伏候圣裁，不胜战栗待命之至。谨奏。

会议事宜筹虑宜周折[①]

为会议事宜筹虑宜周、恭折仰祈圣鉴事。本月十二日，钦奉懿旨发下总理衙门各折件，命臣等会议具奏，臣等遵于十四日前赴内阁公同核议。窃惟崇厚前因奉命出使，不候谕旨，擅定条约，几致贻误大局，所以朝廷重治其罪。今据英、法等国使臣从中转圜，并据英使述其国主之命，请宽减崇厚罪名，以全俄国颜面，即可另议新约等语。如果于事有济，朝廷原不惜贷崇厚一死，以弭边衅而固邦交。惟此时俯如所请，将来条约能否更定，尚难确有把握。设崇厚已从宽贷，而俄事毫无转机，于国体大有关系，似不可不豫为筹虑。拟请明降谕旨，将崇厚暂免死罪，仍行监禁，俟曾纪泽到俄另议条约，定有章程，再行酌量办理。傥俄事竟可挽回，即加恩崇厚，尚足以服人心。如条约终难更定，再从严治罪，亦可以谢天下矣。臣等愚昧所及，谨专折具陈，伏乞皇太后、皇

---

① 此文录自光绪三十四年长沙王氏刻本《王先谦自定年谱》。

上圣鉴训示。谨奏。

东三省防务宜特派大员督办兼辖地方以一事权折^①

为东三省防务紧要、拟请特派大员督办、兼辖地方、以一事权、恭折仰祈圣鉴事。窃维奉天、吉林、黑龙江为我朝根本重地。迩来练兵选将，扼要设防，睿虑周详，固已无微不至，而臣犹有过虑者。该三省地多滨海，隘口綦繁。凡敌人可乘之隙，皆我国应防之处。各该省兵勇无多，见在征调客军，又复人自为守。情形隔阂，运掉不灵。万一有警，诸将帅各保汛防，推诿瞻顾。坚瑕之势互异，欲借资调拨而不能；备御之地或疏，则急求援应而不得。若更意见杂出，号令纷歧，偏裨奉檄，而莫知适从；客军孤悬，而随在掣肘。稍有贻误，关系非轻，不可不亟为筹酌也。臣愚以为瞬息千变之军情，形势散漫之边地，非得事权归一，难以握要通筹。惟有特派大臣督办该三省军务，兼畀地方之任，责成既专，庶于国事有益。臣不必远征前事，即以近事论之。粤匪之乱，办理多人。战守分筹，溃裂逾甚。逮曾国藩以两江督臣奉命总办，万众一心，削平通寇。夫曾国藩当咸丰之季，以孤军坐困江右，而卒成大功。非其优绌顿异，前则不辖地方，为疆吏所牵制；后则以钦差大臣兼总督，呼应皆灵故也。回匪之乱，蔓延甘陕。新疆将帅，联翩未有成绩。左宗棠巨任独肩，肃清关内。及诸将出关剿贼，以左宗棠办理后路，将士无所禀承，稍稍观望矣。迨奉旨督办新疆军务，恪遵庙略，遂靖回疆，非督办重臣兼辖地方克期奏绩之明验乎？惟捻匪后成流寇，情形稍有不同。然当事权不一，以曾国藩谋国之忠，其在江督任内，尚奏明画境剿贼，不肯越湖北一步分官文之功。后特派李鸿章等为钦差大臣，辅以各督抚助兵转饷，用能集事，亦未尝不得力于督办也。奉天等处名为三省，审度地形，实应联络一气。各该省将军位分既不能相下，守御又各自为谋。际兹军情万紧之时，若再任其散而无纪，措置失当，后患实不堪设想。揆之时局，似宜量为变通。伏查三省中奉天距京师较近，去吉林八百余里，去黑龙江亦仅千九百余里，形势扼要，声息易通，而兼顾山海关一带边防，亦复近在掌握。该省将军本有加衔，若即以奉天总督督办东三省军务，吉林、黑龙江两将军作为帮办，所有吉

林、黑龙江一切措置，俱秉承总督而行，权有专属，防可通筹。委任得人，必能屹然保障一方，上纾圣主宵旰之虑。或以地方辽阔为疑，不知曾国藩剿办粤匪时，长江数千里，东南数大省，惟以一人主持。近者左宗棠办理新疆，兰州去哈密三千余里，哈密去喀什噶尔又数千里，亦不虞鞭长莫及。以东三省较之，其不为辽阔难于控制明矣。或又以将军体制较崇，不合帮办总督为疑。则现在伊犁将军金顺，非不帮办新疆军务也？总之，制不轻更，因时则善；法无虚立，得人乃行。圣明如俯采臣言，必应选择而使，拟请无论满汉，但得实心任事威望较著之员，畀以斯任，方可责其成功。若谓不符旧制，或权宜署理，事定复故，庶目前收破除成格之益，日后无改变旧制之嫌。戎政聿修，疆防日固矣。是否有当，伏乞皇太后、皇上圣鉴训示。谨奏。

会议防俄未尽事宜折①

为会议未尽事宜、另行恭折条陈、仰祈圣鉴事。窃臣于本月二十日遵旨赴内阁会议，仰见圣主筹画边防顾全大局之至意，曷胜钦服！除东三省、江防、船政三者拟请变通办理于二十二日由臣自行具奏会议一折、二十四日公同具奏外，所有未尽事宜，臣勉竭愚忱，续行条列四事，恭呈御览。

一曰豫定应敌之策。此次布策来华，其注意不专在前议之十八条，自必多方要挟。盖夷人贪狡异常，每以透进一层为争先胜著。俄地大而国贫，近闻其在日本长崎购煤极多。前调米宁等兵船十六只，续派大彼德等兵船九只，分泊各路，观衅而动。又拨银二万五千磅，为中亚细亚及沿中华边界测量地理之用。此项兵费，将于中国取偿。至条约系崇厚已定之局，伊犁为彼国已据之地。俄人若专注前议，惟用虚声恫喝，必不肯多糜实费，即此推测，情状显然。臣意布策到后，肆口要求，我与辨论。彼即艴然径去，而调兵船齐集境上，以俟成言如威妥玛烟台之故智。以国家如天之福，惟愿无此意外衅端。而审敌情，以定应变之方，自应先有准见，方不至每著落后。否则彼之所求，多我不便允行之事。言者据理而争之，枢臣虑患而请之，游移不断，受病滋深。自办理洋务以来，因事机秘密，不便明白宣示，而率多委曲求全。于是清议起持其

---

① 此文录自光绪三十四年长沙王氏刻本《王先谦自定年谱》。

后，枢臣惟是抱惭负咎之不暇，审顾遁回，国事将日就败坏，臣实不胜过虑！窃谓圣主冲幼，保全和局以待将来；大敌横挑，务折寇锋以存国体。二者持议不同，而同出于为国。但由前之说，日久愈难挽回；由后之说，目前恐无凭恃。处此时势，全赖圣朝乾断，群策乃有禀承。《书》曰："朕志先定，询谋佥同。"又曰："有大疑，谋及乃心，谋及卿士。"固知志定然后周询谋，心乃能旁及。朝廷用人行政，悉赖匡襄。屏绝瞻徇，力求实际。此臣子所当自任者也。强邻之压境堪虞，海口之距京逼近。激于一发，祸结兵连。万一不虞，身为戎首。此非臣子所敢自任者也。请自今以后，圣心如务全和局，即敕诸臣，权时竭力调停；如发愤为雄，则明示枢臣疆臣，以决不迁就，责其办理。事事切实，处处周密。有畏葸推诿者，立予峻罚，仍勿令置身局外，得以逍遥自便。人心一振，国气自强。而又多其驱策鼓励之方，持以坚忍不拔之力。国家培植人才二百余年，见圣主如此忧勤，必有激发天良慷慨效命者。若仍悠忽从事，莫为主持，发言盈廷，皆足耸听，昔人所谓议论未定，兵已渡河。前鉴具存，不可不深长思也。

二曰暂联日本之交。日人自琉球肇衅，其心未尝一日忘中国。而与俄交颇亲，故俄人驻船购煤，俱在日本，其长驱无虑以该国中道接济也。倘俄船来华，日人必思窥伺台湾、朝鲜，乘我应援所不及，自应暂时笼络，免其生心。现在该国使臣来华议约，臣思琉球之事，此时已非我力所及，虚词辩驳，徒起难端，可否饬总理衙门王大臣善为处置。其余非甚关紧要者，酌量奏准，俾不至借口寻衅。至应敌之道，不废权谋。可否命王大臣于该使臣接谈时，告以俄国虎狼，须防其归途攻袭尔地，彼此唇齿，不能不代为虑及。并饬刘坤一、彭玉麟就近密商，设奇用间。日人实有忌俄之心，顾其国内空虚，自防不暇，或不敢别启狡谋。风闻日本畏俄已非一日，从前桦太、千岛之交换，盖屈于不得已。其当路诸人言之，每有余痛。现驻日本大臣何如璋若令钩致敌情，乘间陈说利害，随机应变，亦可收兵家伐交之益。本年届更换使臣之期，必当慎择使才，请一并饬李鸿章、刘坤一、彭玉麟会保明练知兵之人，以备任用。前次简派正副使臣，意见动多龃龉。此次更替，拟请不用副使，庶免掣肘。将来日俄之交既携，日人势孤，必与中国益呢。俄惧日挠其后，不敢逞志于我，而海患得以少纾。我乃以其间布置，海防俾臻巩固，亦未始非一策也。

三曰宜专任使之权。前命吴大澂会同铭安办理吉林事宜，近又遣喜昌经营防务，筹饷增兵，圣主廑念地方至矣。然臣尚虑不能大有裨益，何也？该省官吏，惟将军之命是听。铭安纵能和衷属员，不免观望；吴大澂既难越俎代庖，为之整顿吏治；喜昌客军悬寄展布，又未必裕如。一国三公，徒滋纷扰。臣以为朝廷如谓铭安可用，则专用铭安，若虑铭安才力未充，不妨调任他缺，而畀喜昌以将军之任，使其专管戎机，仍假吴大澂以会办之权，责其专清吏治。委任各得其人，地方可望起色。黑龙江亦宜整顿，请并饬枢臣从长妥酌，以期周密。至边才本不易求，西北尤难其选。此次除曾国荃诸人蒙恩简畀外，贵州抚臣岑毓英沈毅有为，坚忍耐苦。臣前奉使云南，岑毓英已任滇抚，犹帕首短衣，首先陷阵，所向有功。臣博采舆论，具得其详。军兴已来，起行间擢疆寄者不少，大都一居高位，即揖让雍容，爱惜身命。求其志气不衰、始终一致，臣惟见此一人。用之边隅，实足当万里长城之寄。前江西抚臣刘秉璋，秉性刚方，遇事能断，既谙吏治，兼晓戎机。籍隶安徽，与淮军将领相浃洽。该员现在丁艰，如急切需才，目前时局亦可援金革毋辟之义，勉以任事。该二员系国家封疆大臣，本无事微臣上达。特其材分所宜，朝廷或有未及周悉之处，谨举所知，用备采择。臣愚常谓用才之道，以实心任事为第一义。人才无论如何，尽一分心，即是一分才；若不肯尽心，虽才如渊海，不过供粉饰周旋之用。惟任使既专，则优绌易见。知其不能振作，即不复稍事姑容。庶人才奋兴，而百务就理矣。

　　四曰精求船械之利。从来讲求应敌，惟明敌所以屈我之理，始得我所以制敌之法。中国幅员数万里，为丑夷所前却，乃至束手下心，徒以夷有船，而我无船；彼能远击，我不能近斗；彼能横行，我不能直追。望洋兴嗟，势成坐困。故必从船政讲求，方有捍患之策。曾国藩、左宗棠皆明练时务大臣，前惓惓以此为言，诚知其要领也。此番启衅，如各海口罗列兵船，声威壮盛，陆路亦皆扼要严防。俄人劳师远涉，主客之形既异，胜负之数未分，何至全无顾虑，侈为大举？今船政办理多年，兵船一项未收成效，糜帑颇多，朝廷务为宽容。窃虑任事者日益疏懈，傥圣意果视为要图，应如何严定章程，以专责成而杜欺饰，伏求乾断施行。李鸿章购制铁甲船，虽曰需时冀有得用之一日，且从此谙其机巧，便于仿造。自应坚持定见，期以必成。至机器局制造军械，煤铁多购洋产，经理必用洋人，而谓内地一切皆不可用。其实洋人即用中国煤铁，中国民人制造机器，亦未尝不用中国之煤。开办之初，非洋人不能经理，今中国能者日多，不肯以重价雇役，致多投入外洋，为虎添翼。是令中国人学习技艺，非以为中国也，驱中国之人归洋也。不知以重价雇洋人而银入夷地，何如即以重价雇华人而民不外投？况和局非可长恃，设遇闭关罢市之时，洋产洋人皆不能为我用，将复从何措手？可否饬下南、北洋大臣，通盘筹画，逐渐转移，务令此事确有把握。二三年后，毫不借助外洋，方足以收自强之效。朝廷但事事核实，诸臣自必事事用心。不然泄沓之风，不知伊于胡底也！

　　以上四条，臣谨就管见所及，缕晰敷陈。窃维洋务办理，至今本无上策。事变之来，深维终始断自宸衷，犹得中策。若以国是委诸群下，则终于无策而已。从前每遇衅端，动色相儆，情迁境过，粉饰依然。此次已有旨令，曾纪泽极力转圜，则布策遄返，和议可成。兵费不格外婪求，大局不遽形决裂，亦属意中所有。但即令勉强安帖，而后此之隐患愈深，各国之要胁踵至，苟不自立，何以图存？圣主如求办理洋务上策，惟有于用人行政，逐事核实，痛惩积弊，无论或战或和，舍此总无自强之日。目今中外诸臣，岂少材智？而观望意旨，未能尽心。历年洋务，俨具规模，而逐细推求，俱无实际。兴言及此，大可忧危。夫天下者，皇太后、皇上之天下也。皇太后、皇上操转移风气之柄，至计一定，禁止令行，何施不可？伏愿此后严疆吏之责成，而随时课其实效；委枢臣以综核，而措置务令咸宜。时局虽极艰难，事机犹可旋转。若及今不加振作，则非臣之所敢知也。干冒宸严，不胜战栗陨越之至。伏乞皇太后、皇上圣鉴训示。谨奏。

招商局关系紧要宜加整顿折[①]

　　为招商局务关系紧要、宜急加整顿、以收实效而裨大局、恭折仰祈圣鉴事。窃维招商轮船局之设，所以暗杜洋人垄断，收回中国利权，应妥协经理，以期久远利益。乃初办既已不善，踵行更属失宜，若不急为主持，立见隳坏，有不能不为圣主缕陈者。

　　溯查该局开办之始，道员朱其昂等领官款，集商股，购第一船名伊敦，船大而旧，第二船名福星，舱通而小，均即沈溺。余船合用者少，致连年皆有漂没，而购买价值反较洋行新造之头等好船尤贵。用人之滥，糜费之巨，殊骇听闻！其后亏折殆尽，津海关道员陈钦禀明直隶督

---

　　①　此文录自光绪三十四年长沙王氏刻本《王先谦自定年谱》。

臣李鸿章，派候补同知广东人林姓往上海，邀怡和洋行管事之道员唐廷枢，凑集商股数十万，竭力补救，已有起色矣。唐廷枢顿起私念，复有道员盛宣怀为之营谋交通，挟诈渔利。值旗昌洋行公司亏折，其股票每实银百两仅值银五十两上下，唐廷枢等诡称商局现又赔亏，须六七十万两可以弥补，向李鸿章多方要求。李鸿章允为拨款，集赀约共五十万两，令其妥办，不准再亏。讵唐廷枢等领款后，并不归公，即以此项私自收买旗昌股票。旋禀请李鸿章购买旗昌码头及轮船房屋，李鸿章驳斥不准。盛宣怀往谒前两江督臣沈葆桢，诡词恐惠。沈葆桢欣然允行，遂续拨库帑百万两与之。具奏时声明："时值冻阻，不及函商北洋大臣。"其旗昌原本约二百二十余万两，已亏大半，唐廷枢等仍按该洋行原本银数开报，除将所领帑银百万两作为先付半价实即划归伊等前收股票抵作十成之银扣算入己外，下少百余万两之数，仍欠旗昌，约定分年归还，因有此作为二百二十余万两之本银归入商局。由是局本日大，各码头船只经费愈繁，息银愈增，又复大亏，势将决裂。唐廷枢等计图脱身，遂邀江苏道员叶廷眷接办，时光绪四年夏也。

叶廷眷查明该局本银应在五百万两上下，各项时值约二百五十万两上下，当禀报北洋大臣有案。造具清册，核对各轮船原价，如付九万两者，现册已作十五六万两；付七八万两者，现册已作十三四万两。系将侵亏之银，加摊于码头、轮船、房屋各值之上。当原买时价既浮冒，积年用久，价转递增。洋商新船或十五年、或十年为度，将余利所得，每年酌提少许以补轻船价，故原本年减一年，至十年后只存料价，抵以时值，尚有盈余。该局不然，致局本仅存其半，而外欠生息者尚数十万两，江南公款一百九十余万两，均不能归还。自叶廷眷接办至四年底止，此半年中所得余利，约有九十余万两，除开支经费息银外，尚有赔偿保险失事之用，仍余银四五十万两。五年正月至六月止，亦于开除外余银五六十万两。若由叶廷眷一手经理，计至六年，可将亏折补足。再将船价递年核减作本，力任劳怨，局务可望起色。时唐廷枢、盛宣怀见事有转机，复设计排挤，叶廷眷畏咎引退，李鸿章虽未允准，而叶廷眷已不复与闻。唐廷枢等将局章更换，现又年余，恣意侵挪，略无顾忌。此该局办理始末实在情形也。

李鸿章曾奏称：招商①之设，原以分洋商利权，于国家元气、中外

---

① "商"字之后脱一"局"字。

大局，实相维系，赖商为承办，尤赖官为维持，诚恐难以久支，贻笑外人，且堕其把持专利之计。是该督所论，实已洞见本原。特于唐廷枢等之营私肥橐，蒙蔽把持，相距数千里外，情事或未能深悉。近闻该督复奏请将公款一百九十余万两，分五年提还后，局务归商而不归官，并请将提还公款，悉解北洋，为办理洋务之用。夫归商而不归官，则局务漫无钤制，流弊不可胜穷，亏累日增，终于败坏。该督所请，与前奏"商为承办，官为维持"之语，系属两歧。或其意重在公款，遂不及为商务持久计也。且即以公款论，前既准予缓息数年，而现在按年拨本，不过将每年余利归还公款。叶廷眷经年所余，即利银足敷归款尚有盈余之明证。其作本之公款，仍存局中，悉充唐廷枢等私橐。是徒以库帑供伊等营利肥私之用，揆诸情理，亦未得为允协。臣以为商局有益，必当加意护持。既为护持，即应认真厘剔。谋商人长久之计，并以为国家利赖之图。至谓帑项必令有著，犹其中之一节。叶廷眷经理年余，确有成效。是及今整顿，尚非不可挽回。若听其废坠，将来再无兴办之日。从此利归外国，坐视中土添一漏卮，实属可惜。目今整顿之法，首宜严汰局员。唐廷枢、盛宣怀蠹帑病公，多历年所，现在仍复暗中勾串，任意妄为。若任其逍遥事外，是无国法也。刘坤一新任两江，无所用其回护，且见闻切近，访察易周，拟请饬下该督臣，据实查办。此时不准干预局事，专派委员总理，以便核定章程。各省借拨库款，南洋居多，专款归库，方为正办。况分年提还之款，亦不足应急切购办之需。即北洋必需此项，而该局余利实敷每年还款，即由南洋扣收拨解，未为不可。且免掣动本银，贻误商局，自属有益。各省滨海码头，以上海为总汇，滨江码头，亦江南居多。均南洋所辖地面，事权分属，呼应较灵。拟请饬下南、北洋大臣，就近各专稽查，分收库款，以免蒙混。至营运所入，理宜涓滴归公。拟请饬令详筹妥办，仍依叶廷眷按船报帐之法，就各码头由关道印发三联空票填用，一给客商，一报通商大臣衙门，一存根留局，按月办理通报，以杜侵蚀。码头各有总管，一处办坏，与各处无妨，并可比较优劣。该局商务与票商洋行情形相同，宜仿其法，分以专责成，合以计岁入，方为经久无弊。局务既清，公款自归有著，将每岁盈余，次第补偿公、商两款缺额。其公款原存本银，仍作为库款盈余之项，按年生息，随时酌剂，务祈周密。庶几上不亏国，下不病商，根基既固，久远可期矣。臣于商务，素非通晓。独念该局系国计所关，冀其永行无弊。近年办理不善，议者纷然。臣博考周谘，得其底蕴。当此尚可补救之际，不敢不据实详陈，以冀及早清厘，有裨时局。是否有当，伏乞皇太后、皇上圣鉴训示。谨奏。

各口及外国请设立公司招商运货出洋片①

俄人在中国购茶，向由上海轮船运至法境登陆，由英达俄。旋因运路纡远，英、法收税极重，该国改由天津至通州登陆，运至张家口，及恰克图，囤栈接运。从前张家口本有西帮茶商百余家，与俄商在恰克图易货。及俄商自运后，华商歇业，仅存二十余家。且华商税则每箱纳四两数钱，俄商税则每箱仅二两数钱，故华商不能办运。然俄人自运得茶亦属艰难。前津海关道员黎兆棠，欲按照《通商章程》"准由华商运货至外国交易"之条，拟请招商运茶，由张家口至恰克图往俄国交易，其税银亦照俄则办理。此议若早行于北，推广于西，则俄人乐茶货之流通便利，当不更有各处通商之请。又前闻黎兆棠议立宏远公司条约，其意以为轮船之利，仅就各省码头装运而未及外洋，故各国所需，势不能不来华购运，口岸条约由此日增。若令华商由轮船运货出洋，则洋商可以少至，暗巾消弭无数事端。其时有前开设怡和洋行之外国商人，闻有此事，传播外国，赞为盛举，咸愿助成，至天津商议数日，回国候信。旋因黎兆棠去任回籍，未及举行。臣每思之，窃服其用意深远。夫外洋不能不有求于中国者，其本意要图专在养命之需与贸易之利。至于种种后虑，系办理不善之流弊，要不得谓商务即戎机也。处今日局势而思利导之策，须商情大通，斯外衅易弭。第任洋人之垄断，必匮中国之利源。惟商人运货出售洋地，实寓操纵循环妙用。且不拂洋情，不费国帑，有利无弊，何惮不为？可否饬下南洋大臣咨商船政大臣，黎兆棠如及今尚能举行，即先于上海及英、法各国设立公司，仍按原议条款，斟酌损益，凑集商股，作速开办。其三口及北口，可否一律举行，并令咨商北洋大臣，酌核定议，及今会商可否于西口一并及时开办之处，伏候圣裁。臣愚以为外洋逼处以来，中国兵气既隳，商力亦困。自船政聿修，兵、商二者略有凭借，尚未得行用实益。必兵船出洋，然后中国之军威可振；商船出洋，然后中国之利权可收。居今而策富强，未可视二者为缓图也。愚昧之见，是否有当，伏乞皇太后、皇上圣鉴训示。谨附片

① 此文录自光绪三十四年长沙王氏刻本《王先谦自定年谱》。

具奏。

太监李连英招摇请旨惩戒折①

为太监招摇、请旨惩戒事。臣维宦寺之患，自古为昭。本朝法制森严，从无太监揽权害政之事。皇太后帘听以来，办理一禀前谟，毫不宽假，此天下臣民所共知共见者。为太监者，宜如何小心谨慎，痛戒非为。乃有总管太监李连英，秉性奸回，肆无忌惮，其平日秽声劣迹，臣不敢形诸奏牍。惟思太监等给使宫禁，得以日近天颜，或因奔走微长，偶邀宸顾，度亦事理所有。何独该太监夸张恩遇，大肆招摇？致太监皮硝李之名，倾动中外，惊骇物听，此即其不安本分之明证。《易》曰"履霜坚冰"，渐也。皇太后、皇上于制治保邦之道，靡不勤求夙夜，遇事防维。今宵小横行，已有端兆。若不严加惩办，无以振纲纪而肃群情。臣虽职守攸羁，何敢稍存瞻顾之私，缄默姑待，以负圣朝？谨专折纠参，伏乞皇太后、皇上圣鉴。谨奏。

---

①　此文录自光绪三十四年长沙王氏刻本《王先谦自定年谱》。

书

札

与缪筱珊①

属校姚氏《皇朝赐号考序例》，穷一夜之力，阅毕奉缴。计涂乙改正八十余字，未遑句读也。仆意赐号与封号异，此书既以"赐号考"立名，封号不宜搀入。若国初显祖子穆尔哈齐，赐号诚毅；巴雅喇，赐号笃义。皆于卒后追封贝勒。太祖子褚英，赐号洪巴图鲁，旋封贝勒，后又以功赐号广略。爵自爵，号自号，不相属也。慧、哲，礼、郑诸王，此是封爵，何与赐号？序中引之，窃所未喻。又书中既及外藩，则土司赐号，如绰斯甲布土妇之赏贞义名号，三杂谷土妇之赏恭顺等名号者，亦当并列，以昭我朝大一统无外之规，更为周密。《序例》文颇冗杂，如蒙古各旗汗王名号，既云本文内无赐号字样，概不编入，即可数语括之。称引连篇，令人阅之生厌。即军机处一语，细字骈注至数百言，与本书何涉？意在骋博，而穷大失居矣。

又与筱珊②

尊藏《书录解题》钞本，校毕奉上。各卷次第分合，与《大典》本不符。而卷数或有或无，类书、杂艺、音乐、神仙、释氏、兵书、历象、医书、卜筮，应在子而入集，盖钞书者糅乱任意，非元本误也。与《大典》本互勘，字句颇多殊异增省之处。杂艺类《唐朝名画录》一卷，元别为一条，《大典》本据《通考》录入，合之于《画断》，赖此本犹见元书面目。音乐类亦有数条，为《大典》本所无，惜经、史全缺。子部少阴阳家一类。然张氏《读书志》所藏，不及此本之多，已云希有，则此本之可贵，当何如邪？仆虑签粘易脱，校注上方，又以文繁眼眊，既无别本搀杂其间，意趋简略，不复出"《大典》本"三字，史席余间，请自增之。

又与筱珊③

尊藏《读书志》旧钞本，校毕奉上。经、史类与汪刻本互异者，大

①②③　此文录自光绪三十三年刻本《虚受堂书札》。

略与汪氏所据之原本相符。子集以下,又与瞿钞本合。别集类阙《张晦之集》,至李公择《庐山奏议》一百八条,亦同原本。杂家类失第一叶,仍依元钞阙之,不搀入他本,可谓慎矣。宋代庙讳,上多空格,"桓"字有三处缺末笔,知所从摹抄,系最初精本。其不能一律,当是书人谬误,然赖此犹想见当日晁氏元书面目。其中或称宋朝,或称皇朝,或单称宋,盖初成书时,体例未尽画一,不足怪也。华亭王氏,依《通考》及袁本,用朱笔改定。且有无所依据以己意点窜者,殊可不必,想高明亦不谓然。前日枉过,缘病失迎。数日不出门,遂将此书校毕,病亦愈矣。足见无谓应酬荒废学业不少也。

复萧敬甫①

拜诵复书,过蒙奖饰,惭感交集。颁到尊藏各家文集八种,均验收。

仆见在所辑古文辞,专就乾嘉以来诸人采录,遥接惜抱之传,从前佳文,未入《类纂》者元②多。今若一律选登,似于续例不合。且各家文章,果有真精神面目,自然不可泯灭,当听其别行,不必以是集概之。况惜抱所遗,而我收之,隐然有与先辈竞名之意,非末学后进所敢出也。惜抱同时如梅崖、絜非诸君,尚可录入。梅崖较早,然时代尚相接。薑坞,惜抱所从受业者,亦当并登。阳湖诸公,若恽子居辈,体稍未醇,要有不可磨灭之作,皆严汰而酌采之。后来贤俊云兴,姚氏之绪论,流衍于东南,或亲得师承,或转相私淑,虽成就大小不同,然未有不由其门径义法而能自立者。

仆论文,素不喜人言宗派,窃以为立言之道,义各有当而已。愚柔者,仰企焉而莫及;贤知者,务为浩侈,不能自抑其才。姚氏见之真,而守之严,其所纂述,自有以入乎人人之心,如规矩准绳,不可逾越。非姚氏之私言,古今天下之公言也。或以宗派之说求之,所见无乃小乎?比年私念《类纂》一书,如暗室一镫,虽尊信者多,而一二才高驰骛者,犹疑其末尽乎斯道。又或谬立帜志,横加诋毁,因欲续纂各家之文,使天下之人,知体穷万变,而旨归一途,于以杜歧趋而遵正轨。只

---

① 此文录自光绪三十三年刻本《虚受堂书札》。
② "元"字讹,当作"甚"。

以耳目弃陋，艰于搜辑。足下乃有意代为旁采，俾扩见闻，此实斯文之幸，非独鄙人私感已也！

寄示各集，容遇便缴还。欲得诸书，遵命开单呈览。如蒙代觅见示，俾得荟萃无遗，他日书成，当敬述颠末简首，用志神交声应之奇缘，讵非一时快事耶！

仆尝谓文士毕生苦志，身后之名，后来者当共护惜之。苟非一无可取，未容任意末杀。惜抱《类纂》，为于举世波靡之余，于本朝以古文鸣者，芟弃净尽，极意从严，诚欲使天下知正路而共由之。故方、刘而外各家，时有出入者，虽偶有佳篇，摈不得与。此惜抱之苦衷，彼谓其乡人是私而以古文之传系之己者，诚妄论也。今日文章，虽不能振起，赖有此书之存，学者尚不迷于所向。惟宗派之说，中于人心，浅见者不免隐持异议。

仆为《续纂》，既异乎姚氏所处之时，欲宽以收之，庶天下晓然于文果当理，皆出于同一，化其门户畛域之习。故于姚氏以后各家，务在网罗遍及。其以古文著称、未臻极诣、又无他书传后者，因人存文，择录尤者一二艺，以见其概。如陈硕士诸人。不以古文名家、而他书必为传人者，虽集高一尺，亦不入选。如李申耆诸人。区区别择之私衷，不审高明谓然否？辱爱，特缕陈之。

复某君[①]

奉手书，以前事引为口过，于先谦特宽责备。盛德和光，感佩何极！先谦窃自幸，不意遂能得之于阁下也。阁下复以古谊自许，而愿续有进规于先谦，此尤平生所叩祷而愿闻者。先谦不敏，敢不承教！独惜阁下未明先谦之用心耳。

阁下谓先谦犯众怒而冒不韪，在防流弊一言，此大惑也。先谦前上此疏，遽遭李宓园之劾，自后浮论繁多，皆一笑置之。谓已蒙谕旨昭雪，直当付之天下公论，后世定评，何庸亟亟辨论？今阁下谓先谦欲遏抑直言，使成不痛不痒、和同欺饰之世界，而深诘其何说。先谦果如此，则为大清国之罪人。一时之责备犹小，万世之斧钺莫逃。阁下试思先谦疏中情事，果如此否耶？

---

① 此文录自光绪三十三年刻本《虚受堂书札》。

鄙疏所请明旨饬谕者，曰撺越，曰朋比。夫交议之事，部覆未上，撺越渎奏，则观听易淆。若因仍不革，言官有刺探把持之弊，部臣怀模棱观望之私，流失非浅。且不待部议而即言者，或虑明旨已降，难于更张耳。今朝廷虚怀纳谏，尚无虑此。果部议未当，而得旨允行，抗章补衮，亦不为晚，何所庸其撺越？先谦但论部议未上以前之言，未尝遏部议既上以后之言也。阁下谓撺越，有弊乎？无弊乎？禁撺越，有害于直言乎？无害于直言乎？且先谦于此，不过曰有失入告之体而已，非有所中伤也。如撺越为不失体，则鄙疏不值一喙，何足深论？若鄙疏为是，则肃政体而靖浮言，持正者宜谓不无小补，而闻者怒不可解，其意为公乎？为己乎？乾隆时，邹小山先生以此上闻，明旨俞允。高宗，圣主；邹公，正人。不闻彼时因此议圣人拒谏，邹公逢君，而于先谦责之不少恕，不亦异乎？

至朋比之弊，鄙疏特指张、李二君劾李钟铭一事。李钟铭，恶劣市侩，途人皆知，张、李劾之可也。而李奏云见张奏而续参，此一言之流弊甚大。二君虽与先谦无甚往来，然平日不相为谋，固所深知。且劾一商人，何值朋比？故鄙疏一则曰心实无他，再则曰不足深论。所重者，恐启后来党援攻讦之风耳。朝廷交议之件，原许众论并陈。至参劾，则微有别。从无因人劾奏、明旨查办、相率继进者。如有中外大员，稔恶众著，交章叠劾，谁曰不宜？至寻常弹劾之件，前奏甫陈，后疏继至，此风一开，则凡有人为一二言官所欲中伤者，弹章迭入，降旨讯办，即查无实据，部臣亦将以"物议沸腾、究非无因"二语，周旋言官，而其人终身毁弃矣。阁下谓此风气为美乎？不美乎？是流弊乎？非流弊乎？

先谦论此二者，皆指谕旨汇入前案者而言。本文明白易了，而李宓园以为阻塞言路。然则必撺越、朋比，而后言路开；不撺越，不朋比，即无进言之路乎？

宓园所论，按之鄙疏，无丝毫针对。而前十数行，乃痛驳一杂字。夫言路不可不开，亦不宜太杂。明季国事，全为言官所坏。此圣祖仁皇帝谕旨也。然则圣人之言非耶？抑于理犹有所不该者耶？如以今日为治世，则圣祖之言，治世之言也；谓今犹未为治世也，则不治莫如明季，而言路之杂，乃为害政前车矣。不知圣人当日不宜太杂之旨，统治世乱世言之耶？抑别有将治未治之世，可容言路之杂者耶？近日士大夫多不读书，乃至奏牍陈词，亦皆肆口乱道。设朝廷不察，从而加先谦以莠言乱政之罪，则先谦几为劝学死。而掌故不必谙习，祖训不足据依，岂非后世一大笑柄耶？

两宫帘听以来，开诚布公，务协群情，而孚舆论。果有遏塞言路，其人必将严惩，以风厉有位，岂反曲庇之，致坏国事？即果如外间揣测，以为未必乐闻谠言，亦断无全不顾惜政体之理。今之时局，岂遽至是非颠倒如此？

至阁下谓先谦为犯众怒者，其故由李钟铭一案。诸君先后论奏，贺尚书因此获咎。议者遂谓鄙疏为贺吐气，此大可笑。无论贺与仆，从无来往，且张岳樵劾李钟铭，黄漱兰劾贺覆奏欺罔，宝竹坡劾其不宜复用副都御史，此自判然三事。若谓先谦所论朋比指此，将此后但经言官折中牵连附及之人，即不准人参劾乎？被议复用之人，未孚众望，皆禁止续参乎？果有此二者，即以朋比之罪罪之乎？二者如不在禁例，则先谦所言，为指诸君乎？非指诸君乎？夫所奏相合，谓之朋比，原因其同劾一事，显有商谋扶同之迹也。鄙疏特引乾隆中陈大玠等劾许容不宜复用巡抚所奉谕旨为证。若陈、邹二人之劾许容，各自一事，谕旨亦得谓之商谋扶同乎？朝廷执法，只能据其显见事迹。至隐微之地，谁则见之？国家亦无诛意之条也，议者何不切事理如是？

今阁下又诋先谦阿谀权贵，则去之愈远。去岁岂曾有连章劾权贵者，而待先谦一疏解之耶？不谓精义如阁下而亦为此言也。星潭前言阁下谓鄙疏系枢廷授意，今见阁下高论，殆犹是告星潭之意。朝廷重臣，乃与后进商阻塞言路之术，今之权贵，纵不满人望，何遂可笑至是？且仅能禁止挟越、朋比者耳。不挟越，不朋比，而直劾权贵者，又将何以御之？阁下略致思，当亦知其不然。且今之权贵，亦畏人甚矣。圣主冲龄，在枢廷者，尚无揽权怙势敢祸福人之事。即有直词弹击者，言不必见听，功名性命，决无伤损。天下已翕翕然称为风节踔厉矣。夫阿谀之不必为福，而诋斥之即可立名，亦何惮而不为？然试问果有裨国事与否，而此进言之心尚可问耶？司马公所谓汲汲于名者，犹汲汲于利也，先谦深耻之。是以不出于此。凡论人，但论其正不正，不在权贵不权贵、劾权贵不劾权贵也。自同治以来，能指劾权贵者，独有一蔡梅庵，然不闻都人士因此推服梅庵也。若笼统参奏，虚词排击，言苟不中，何名为直？迩来使臣辱命，劾权贵者颇多。阁下据其一端，将概以正人目之耶？抑尚有所别择于其间也？

来谕又谓先谦对某公有冒大不韪之言。此语阁下闻之先谦耶？某公，何人？大不韪，何事？人情险幻，何所不至？无根之词，岂足称述？阁下胡专恃流言为传信也？至先谦后来诸疏，直抒胸臆，不必果当事情。规模宏远，奚足当之？而谓为勇于自克，先谦亦不任受，先谦有何言过而当自克耶？如谓自知前奏失辞，多上数折，以图掩盖，此与儿童之见何异？先谦虽无识，尚不至此，阁下其察之。尝谓进言之道，必求其当理而可行。理者，古今不易，然亦有似是而非之理，在明辨而精择之。其协于理而有不行，则时势为之也。平心以察其当然，而后可以博通天下之务。逞才尚气，举无所用之方，今通弊在虚词多而实际少。

先谦于经世之学，罕所谙练，岂肯自蹈放言高论之习？平生愿为读书人，不敢貌袭名士；愿为正人，不敢貌袭道学；愿为建言之人，不敢貌袭直谏。诚虑标榜之习锢于中，虚憍之气张于外，久假不归，所守必丧，学问经济，将无一而可。愿为者，日勉于寸念；不敢者，先矢之终身。独立孤行，不求闻誉。区区之心，如是而已。先谦方名点朝班，未敢致书论政。既承诘责，不能不明其所以然。鄙见如有未达，惟阁下更辱教之。

与曾袭侯①

劼刚通侯仁兄世大人阁下：

接奉三月二十一日巴黎惠书，辱承眷注殷勤，感难言罄。敬稔星轺往复，载历殊方，秉节宣勤，为古来所罕觏。而起居佳胜，图史清娱，口不言劳，心如无事。学养之优，福德之隆，岂惟鄙人，天下皆企颂之矣！

俄人就范，虽曰由天，人谋之臧，端归使职。圣心嘉悦，超擢崇阶，实为大受之基，匪仅前劳之答。私衷庆忭，有莫知其所以然者。来书合计中外出入之数，综论古今驭远之经，伟识深心，洞若观火，莫名钦服。

自道光庚子以来，因外患渐张，捐小忿以成大信，实出先皇远虑，非由朝议纠纷，《实录》炳麟，可考案也。其时群臣竞请复用林、邓，僧忠亲王亦以为言，而圣意不回，大可想见。先皇彼时非有恶于林、邓，只以用之而胜，后患逾深。适值天灾流行，国用支绌，遂决为委曲求全之计，以折兵锋，而全民命，蚩蚩者至今戴高厚而不

_____

① 此文录自光绪三十三年刻本《虚受堂书札》。

知也。

咸丰之初，罪状穆相，昭雪达、姚。新命立言，不得不尔。或因此而议及前事，疑操柄悉出廷臣，何异痴人说梦？广东力请入城，事非甚要，坚持不许，叶相蒙殃。庚申以前议约，亦止数条。盈庭道谋，乘舆播越，运会所遭，时局遂更。陵迟及今，只当思善后之图，决无有改弦之理。侯官一代伟人，不敢轻议。然其办理鸦片一事，遽请禁断贸易，良为失当。盖洋人养命之需，全资中土。一旦绝其生理，岂肯束手待毙？合谋铤走，势所必然。且自人视之，以为外夷；自天视之，犹是赤子。屏之，使无以为生，天不许也。圣教配天，必至凡有血气，莫不尊亲，其理又圣人自言之矣。而商不通，即教不通，将终古沦于异类，天亦不许也。

上年俄事，或坚持商务。今岁球案，又请断贸易。岂非昧于事势，一隅之见耶？但通商虽系定局，而立同须有远模。咸丰以前，失于办理之无方；同治以后，病在筹策之不定。愚以为练水军防海，则外人不敢轻藐，可以立振国威；集商货出洋，则外人乐其流通，并可以暗减交涉。控驭之要，或在于此。是以去冬有请饬南北洋咨商黎君兆棠设立公司之疏，谕旨以为颇有远见，幸即施行。刻下黎君已立肇兴公司，设伦敦总管，其始事一归妥实，务矫招商局员之习，不涉官中一字，不领宫中一文，当可持久无弊。惟水军造端宏大，廷臣虽有请者，以费无所出，至今游移耳。

来示谓宜择材望较优者，令其游历各邦，扩充闻见，诚造就人才急务。如弟凡陋，亦复仰荷垂询。辱爱既深，弥用悚愧。慈闱今年七十有四，迎养在京，虽精神甚佳，亦时有患苦。家无次丁，义难远出。且弟学问未充，阅历尚浅，洋务诸书，虽偶浏览及之，而交涉机宜，斯未能信。吾两人交谊，非他可比。不敢不直陈衷曲，且惧以覆𫗧贻当世讥耳。

弟近辑成《续古文辞类纂》三十六卷，始姚惜抱，迄吴南屏。先师遗集，为当代第一大家，巨制鸿篇，何敢言选？然私心慨慕，不能自已。辄用钞录，以光斯刻。比于元集，殆得其半。又邮函挚甫，商榷至再，始定写本。弟念古来韩、欧、李、杜诸公所作，如琼林玉树，美不胜收。而各家时有选本，与全集并行无害。则弟今日之书，或不重为疵累，然自顾冒昧甚矣。谨将目录写呈，惟垂鉴而曲恕之。书札一类，已托人在湖北取惠赐全集来都，再行补入。嘉庆续录，本拟寄呈，属存都中，谨即如命。栗诚兄一病连岁，竟至不起，有文埋骨，实令人伤。其后事有唐斐泉、萧杞山、黄觐虞三亲家为之料理，诸臻妥善。四月，尽室扶柩南旋。大令侄居然成立，文笔甚佳，遗绪克昌，亦稍纾阁下鸰原之痛也。

与翁叔平前辈[①]

前日手教具悉。台端以太学储款发商生息为疑，仰见慎重深心，曷胜敬服！但侍思之再四，太学储款，析言之有库帑、捐项之分，如监中以库帑发商，自属滞碍；至外来捐款，较有区别。他处侍不深知，若广东之学海堂、应元书院、菊坡精舍，湖南之校经堂、思贤讲舍，四川之锦江书院，皆系捐款生息，充学中膏火经费。此与太学虽分京外，其为培才兴学，未尝不同。从前兵丁红白恩赏，直省盐关款项，虽库帑亦准发商。乾隆中，御史陈高翔以粤督鄂弥达奏请发商生息为言利，高宗谕云：“义利本非两截，用以利物，则公而溥，是利即义也；用以自利，则贪而隘，是利即害也。”圣训煌煌，极为明晰。此事以公济公，谅不至贻牟利之诮。

见在储款伊始，岁获尚微。若以十年、二十年累积计之，所系甚巨。且侍于此事，尚有中心藏之而未敢遽言者。自咸丰初经费减成以来，定为每月外班支银五钱，内班支银一两。同治后，经费复旧，因内班无力住学，先后奏请另设住学肄业生六十名，每月每人加增津贴四金，办理实为美善。而不住学之内班，月支一两，至今如故。与外班不住学者，实同而名不同，得项又复不同。按之从前规制，见办事理，颇不相合。然国帑支绌，将欲令内班悉数住学，人增津贴四金，势固有所不给也。侍每思沈文定公既倡此美举于前，我辈守而弗失，将来再得急公好义者，陆续捐措二三万金，发商生息，以资津贴，便可推广住学额缺，以符当年内班百五十人定数，使无名实参错、规制简陋之病。又外任官，及每届试学差，凡曾任本衙门堂司官者，亦可仿现在翰詹衙门之例，酌量捐赏，归并一处，俾日新月旺，储为不竭之藏。但总须发商生息之例可行，然后能变通尽利。事虽不易，全赖人为。若束手坐观，终无兴举之日。

---

① 此文录自光绪三十三年刻本《虚受堂书札》。

本署公事，大半具文，无可尽职。惟培植南学，尚是实际。但令公事获益一分，即不欲置之不办。侍非虚夸喜事者流，而位中之思，不敢不勉。一息尚存，必当竭蹶图之。惟主持一切，全仗台端。苟有识见未到之处，仍祈随事教之。以公当代醇儒，必不以晓渎见责。一隅之见，弗欲苟同。谨毕其辞，惟希垂察。

致左侯相①

太学经费，承慨允提拨巨款，感激万状。前请捐赀节略，系未奉钧谕时所拟。彼时以需费甚多，筹措不易，监中应办之事，只得支支节节为之，指陈本多未尽。今蒙荩庐硕画，遂使十年之功，崇朝而集。现在所亟应禀承指示者，惟在生息一层。但生息有多寡之不同，而监中住学津贴之未臻全美，与他事之废而不举者，必应及时办理。皆不能不资此番宏济之款，意惟生息稍旺。则费不加增，而事可并集。谨将节略未尽情形，陈之左右，希裁察焉。盖监事应酌办者有三：

一、现在住学津贴章程，不足招徕多士，宜酌量加增也。诸生每月内班膏火一金，格外津贴四金。内班须由外班升补，其额缺率为每月考到叙补外班之人所占。故住学诸生插补外班后，有年余不能补内班者，此一金已在若有若无之间，现得止四金耳。学中距外城最远，虽耽静守寂之儒，不能全废人事。一月但出城两次，便耗一金。此三金者，勉敷火食，随丁之用，不能有余。寒士孰无室家之累？怅结千里，事畜无方，何能专心诵读？故在学而名得五金，实无沾润，不如处外城二金之馆，一切便适，且有余赀自奉也。高明雄俊之才，多不乐为绳墨所拘。学中有师长稽察，有规条约束，彼既有所畏而不遽欲来，又无所慕而使之必来，故从前实在住学，不过十之一，空名冒领者，几十之九。一遇招考，来者数百。今自稽核沙汰之后，实在住学者，仅存四十余人。此次招考，报名寥寥，良由空名虽已绝其缘，而佳士无以生其慕。如不增津贴，而徒广额缺，任招罔应，仍属虚文。倘兰艾杂收，止图敷衍官样，是委隆谊于草莽也。不惟重负盛心，抑且负先谦初念。今拟复旧例，内班住学百五十人之额，每人月支津贴七金，内班既概归住学，则膏火一金，亦于到学之日即可开支。该生岁支九十六金，安身赡家，皆

---

① 此文录自光绪三十三年刻本《虚受堂书札》。

有凭借。其尤者屡列前茅，优加奖赏。俾之俯仰充裕，鼓舞尽神。庶几多士景从，可收学校振兴实效矣。

一、外班宜复膏火旧例也。外班百二十人，月支膏火一两，后改二钱，每月两课。该生所支膏火不敷一次入城车费，将来内班既归住学，外班必至无人应课，亦于事体未合。应仍支膏火一两，以复旧例。

一、八旗官学，宜酌复旧规也。官学为教育旗人善政，自官学废，而八旗助教，不能举其职官。学生补缺拔优，皆就各旗咨送来监者，面试定夺，其为真赝，莫可究诘。八旗教习，传到三年，无所事事，任其去留。期满，则以训迪有方等语加考，引见得官，律以欺罔，更复何辞？每一执笔，辄为颜泚。前与同事熟商，欲复旧规，须先谋学舍。见今官学房屋，悉就坍毁。若奏请于八旗就近地面，入官房屋内，各赏给互换一所，亮邀俞允。学舍既得，余可以次办理矣。而其中亦有暂难全行复旧之故：一则从前捐输既滥，仕路易登，教习磨炼需时，不能速化。遂有业经考取而传到不来者，不过开除教习而已，无余罪也。今令补缺者，留京教习，名义未尝不正，而无以资之，何以安之？王道不远人情，此节不能不为寒儒设想。一则旗人来学，读书者不能甚多。世家子弟，大率不肯造就外傅，旗人入仕多途，杂项差使，皆可出头，不必读书也。近则神机营得项较丰，趋之若鹜。入营后除差操外，大抵游荡成群，沾染恶习。月支七金，所耗不止七金。终于身家困敝，人材败坏。然愚人莫不羡钱粮之安佚，畏诵读之艰难。坐是数者，故学生不能多。学生不多，则教习之员，但取目前足敷敦习而止，然后经费可得而定也。拟暂仿义学如愿学堂等处之例，每旗官学，派阅文者一人，教读者一人，即已敷用。阅文岁给津贴百金，教读五十金，由堂官选定。责成三年著效，予以优考，略示鼓舞之权。庶可望其得力助教，责成稽核，亦复有事可办。而学生由此可以别白真伪，若网在纲。至于文教振兴之后，学徒云集，教习需人，止可通变于临时，不能求全于此日矣。

以上三者，皆国学必须酌办之事，即皆先谦与同僚诸君，必应尽心之事。综计内班加增津贴一项，每人每岁八十四两，一百五十人，共需银一万二千六百两。除现有之津贴银二千八百八十两外，实需银九千七百二十两。外班加支膏火一项，每人每岁九两六钱，一百二十人，共需银一千一百五十二两。官学津贴一项，每学百五十两，八旗共需银一千二百两。总共需银一万二千零七十二两。若如先谦前呈节略，十万金之数交商，每月生息一分，即可岁得万二千金，而国学应办之事毕举。先

谦前在扬州，知盐商借银周转，率一分行息，或且过之，数十万流转往
还，乃其常事。今昔情形无异，若以允提之巨款，交运司发商，一分生
息，岁由运司收解到监，有裨公事，无损商人。以目下盐务论，但使朝
廷不轻改旧章，尚可百年不敝。此款久远有著，亦永惬培才劝学之公
心。盐务至重，商情宜恤。先谦不敢以一人一署之私，致乖台端不肯轻
扰属下之意。聊贡隅见，求荣任后一加体察耳。

先谦自维学劣材疏，于时无补。惟平日深嫉世俗惰偷，宦途日巧。
视官府如传舍，苴任止求敷衍目前；以高论欺乡愚，作事不肯一踏实
地。颇思力矫此习，奋发图功。仰荷鸿施，惟有加意作育，以副荩怀，
此外无可为图报之地。先谦宦情颇淡，但得藜藿不缺，便可处之泰然。
虽十年不调，亦所欣愿也。词冗累幅，干冒威严，伏希涵宥。

致刘岘庄制军[①]

承示恪靖履新之后，将遂陈情乞养，暂辍北行。以公功在当时，声
施海内，朝有交惜之论，民矢去思之歌。虽退犹荣，其又奚憾？惟是故
人天末，瞻望台旌，弥增梦魂之恋耳。三牌楼一案，身任其事者，万不
得已而出之，而朝士献疑，星轺载道，足见天下是非，并无定论。然果
后案不确，洪君竟得瓦全，亦未始非台端所欣愿也。近日果仙侍御于尊
处大有不然，印渠、茀阶亦为同乡纠劾。默观风俗人心，颇有日趋于薄
之势。将来挤排攻讦，窃恐遂成风气，靡所底止。顾瞻时局，实用
隐忧。

《三国源流考》纂辑成书，必当寄呈教正。惟搜采虑有阙遗，不能
不稍需时日。前因监事废弛，妄思有所作为，综计酌复旧规，必须先筹
巨款。若得十万金，发商一分生息，可岁入万余金，而应办之事，大致
毕举。因念阁下昔日署粤海关时，数十万金弃而不取，专用以兴行善
事。恨先谦缘悭命薄，不能及当时而逢盛会为可惜也！

恪靖在都，曾与谈及，欣允佽助。初拟洋税加成，便可提拨。嗣知
难于著手，约到江督任后，清厘闲款，为挹注之资。曾有一函致恪靖，
备述监事颠末，钞呈钧览，亦可俯鉴此中一切情形。傥会晤恪靖时，偶
及此事，或将如何设法之处，鼎言赞成，尤为感激。先谦于利达之场，

---

①　此文录自光绪三十三年刻本《虚受堂书札》。

阅之已熟。淡泊之念，守之颇坚。幸点朝班，已为非分，岂复思再有忝窃？惟当竭心力所能至，以期无负此官。叨爱既深，辄贡愚悃。

与吴筱轩军门①

前月得手书，正拟裁复，续奉惠示，备承厚谊隆情，感戢不已。

舍弟才本疏庸，初入仕途，不免欲速之病。阁下助以资斧，嘘其羽毛。瞻对高云，但有惭谢。渠今岁来函数次，弟以公私忙冗，总未作书与之。前得尊函。即切加戒谕，勖其努力向上，以为报称之地。

来示以为今日国家元气，惟赖二三直言极谏之臣维持不敝，而以此期之鄙人，仰见良友爱我之深，有加无已。弟于世务，本无所通晓。惟人臣致身之义，尝窃闻之。今日朝政大纲，尚能支持不坏，所不及雍乾以前极盛时者，以无精微之意、峻厉之气行乎其间。中外登进，才贤颇多，滥竽者间或有之，大奸巨慝，则实未之见。帘听之朝，谨守成宪，不轻变更，故利弊不免参半。见在急应设施者，端绪甚多，弟曾妄论列一二。而事会所值，扦格难行，以此知建言之难。迩来外间所称谠论嘉谟，求其实在可行有所裨补者，亦复无几。大抵陈奏之道，得失且不必论，须先办一片公诚之心，与明廷相对越。毛举细故，以为名高，不足取也。本无确见，而毁人之名以为名，则尤弟所不敢也。私意主德仁明，但使官司各尽其职，而无愿外之思；士民各循其分，而无浮动之习，治平亦自有望。自承乏成均以来，时进诸生，勉以反身知耻之学。惜俊拔之才，不克多觏。造士兴学，虽有其愿，尚未实见其功。时用不能，举职为愧。

与某君②

不明音读之通转，不可以读古书；不究方音之变异，不可以通古韵。双声者，方音变异之根源也。自后世不知以双声求古韵，而古韵晦；宋代袭唐人合韵之说，于经典韵不可明者，皆叶读之，而古韵亡。国朝诸儒，竞以讲明古韵为事。然如段氏《六书音均表》，尚不免沿古合均之陋者，何哉？彼知其难通，而不言其所由异也。大箸《古今中外

---

① ② 此文录自光绪三十三年刻本《虚受堂书札》。

音韵通谱》，以等韵辨方音，即方音求古韵。并欲有心人依此谱例，广注方音，期于萃音韵之全，揽古人之要，可谓志愿宏大，用力精勤。其言今世方音，不能强同。即古人方音，亦必不能画一，斯论允矣。至谓音韵不以时代迁，则愚尚不敢附和。今略举一二以明之：《说文》"存"字注从子才声，足证存字肇造，确是才音，而《诗·郑风》以"存"均门、雲、巾、云，则自《三百篇》已读如今音。此由双声变转，而失其古本音者一也。《郑风》以"龙"均松、充、童，《商颂》以均共、厖、勇、动、竦，总在古韵东、冬、钟、江部，是"龙"字本音也。《楚辞·天问》以"龙"均游，则方音双声之变转，入古尤、侯、幽部，而今吾楚读"龙"字，皆无作《广韵》下平声落侯切一纽者，此又双声递变而失其古方音者一也。杨子《方言》，举南楚语为多，愚寻求乡音，与古什九不合。而所载他处方言，乃有与今楚语合者，尤古今音变之明证。尝试推求其故，盖由世乱纷纭，人民迁贸，方言庞杂，渐就革易。齐梁以降，韵学大行，音读日明，文轨致一。用此二端，遂阶歧异。然则谓音韵不以时代迁者，傥亦不尽然欤！聊贡区区，惟高明裁之。

与陈子元观察[①]

赐读大箸《练兵筹饷事宜》，回环雒诵，钦佩实深。兵事先求练人，次讲练法。练法大要，一练枪炮，二择利器，三练筋骨，四练行差。所论简明切实，阙一不可，兵家机要，尽于此矣。四者之中，行差尤为最要。盖练前三事而不练行差，兵气仍不能振作。近日营务中，罕知此义者矣。

义宁初到任时，颇以练兵为急务。一日与弟论统将之难，弟云："大吏每苦不知兵，故以得统将为难事。今以夙习韬钤如我公，若志在练兵，莫如自将。"义宁言疆吏事繁，自将更力不暇给。弟谓曾、胡当日起手，皆系自将。惟我以仁义忠勇之身，然后能识拔仁义忠勇之士。根本既立，朋类相从，方能用之不穷，操纵如意。若我身不在局中，一切情形隔膜，专恃人言为去取，无论所取不佳，即有智勇之材，亦未必果收指臂之效。纵或一军得力，何能通省营伍皆成劲旅？况今日营务，

---

① 此文录自光绪三十三年刻本《虚受堂书札》。

习染尤深，多一统领，即多一作弊之人，惟有废去统领，通为散营，选一朴诚勇敢、熟谙营务之人，用为帮办，责成精勤训练，公以暇时阅视。每数营练成，遣驻外府县，更调数营练之。周而复始，随时选汰，务使一律精纯。如此，则营哨各官以及什长散勇，皆经识别。通省营伍，全局在胸。凡驻省外者，每半月开一行差，勿令久驻懈弛。弁勇因公晋省传见，面询营中情形，从而施以不测之威，予以破格之奖。庶几千里一室，血脉贯输，临事方能有济。弟为此言，亦稔知义宁立体尚正，驭下颇严。果能如此练兵，湖南营务可望起色，然义宁未能用也。我兄韬略世家，又复久历戎行，熟精此事，未识一隅之见，尚堪仰契高明否？

钞票之利，名论不刊。中国之患，在上下隔绝，官办之事，不能取信于民。钱庄倒闭，动骗巨赀。身受者，甘而忍之；经官者，虽明知有利，裹足不前。此等见解，未知更千年能破否？时艰若此，临楮唯有叹息！

复钱晋甫观察[1]

赐到大刻《书牍》，多前次已经拜读者，重加绅绎，钦佩弥深。台端负高世之才，虽摄篆半载，丰采棱然。凡所设施，既以表襮于天下，外来之毁誉，诚不足为加损也！命为弁言，固所欣愿。惟值此流俗波颓，是非歧出，明威之诏旨，章灼于公朝；循卓之政书，汗青于私室。揆诸韬隐之义，微觉非宜。

伏读来书，我公所爱重者，一己之名节；所欲得者，不才之表章。如先谦之荒陋，无足比数。此时身伏里间，分侪氓庶，若遂主张公道，湔理枉屈。近开罪于大吏，远树怨于京僚。再四思维，未敢遽出。公之通敏俊爽，实为心折。今时事孔棘，所在需贤，光复非难，前路宏远。方当抒发伟抱，对扬王廷。不在求伸一时，争胜简翰。挠张鸿烈，请俟异日。区区寸忱，亮蒙鉴宥。不加谴责，良为厚幸。

前拜《文端公全集》之惠，顷赐新刻《药方》书，隆施稠叠，且感且谢。天时晴霁，拟赴乡祭扫数日。遄归再谒叙一切，不宣。

---

[1] 此文录自光绪三十三年刻本《虚受堂书札》。

复毕永年①

昨晚归奉手书，勤恳切至，抑何意味之深长也！仆非无心于斯世者，但志趣所到，不能强同。敢为吾友一一明之。

来谕谓仆宜住院督课，诚哉是言！仆在苏学任内，以遭家多难，儿女夭折，万念灰绝，决计归田。官之不图，馆于何有？乃郭筠老强之于前，张中丞迫之于后，遂由讲舍，移席城南。展转因循，更点岳麓。家号四口，唯仆一男。老妻卧床，两妾拙弱。米盐琐屑，皆自料理。寓居旷野，夜多盗警。赴院则弃家，居家则离院，牵率却顾，耿耿此心，非以徐先生为可法而蹈其故步也。

然因此之故，广设视听，开通声息，不敢夸言整顿，似尚未甚废坠。斋长五人，屏绝少年浮荡之习，屈祠挟妓，可保必无。至"笃实开通"四字，谈何容易！高潜异器，兼者几人？抚膺怀旧，容或有之，不害为老成斋长也。天下学术，断不能尽出一途。但令趋向克端，无庸强人就我。省城学会，聚讲多贤。《湘报》刊行，见闻广远。开拓民智，用意甚善。此外道合志同，各自立会，互相切劘，亦不失敬业乐群之义。奚必尽一世之人，相与奔走喘汗，摇唇鼓舌，院设高坐之席，家持警众之铎，然后为一道德而同风俗邪？

今国之急务在海军，民之要图在商务，朝士无论矣。草野二三君子，以振兴世道为己任，不思尽心实事，挽救阽危，而相扇以虚名，专意鼓动世俗。即使率土觉悟，太息呼号，而无开济之道。譬犹举家醉卧，蘧然梦醒，束手相顾，以须盗之入室。所谓固圉而保种者，果安在乎？仆掷万金于制造，实见中土工艺不兴，终无自立之日。此心不为牟利，较然甚明。众志不齐，中道相弃，仆之寸念，亦无所悔。所恨滔滔天下，忠信不立，弥望虚伪，非世运之佳征耳！

仆自苏归时，以四乡多警，勉就城居。牵涉应酬，不能离人独立。投暇一编，未忘寝馈。忽忽六旬，不甘朽腐。尚有数书，未能卒业，亟欲赓续成之，以待来者。同一偷生视息，却非无业游民。自衣冠出门外，嬉游绝少，热客尤稀。来谕云云，未为知我。外间浮论，岂复可信？此不足辨也。生平性耽清净，不喜结纳。京居惟二三知好，商榷文艺，归

来亦然。其余亲故往来，有生不废。虽或不欲，其可去乎？学问一途，惟在心得。畴昔语人云："为政不在多言，学亦如之。"今足下欲仆伸议事之权，魁求新之党。嘤鸣求友，聒于市人。返之此心，良非素习。

南学启会，迄今月余。众口纷纭，有如矛戟。平情论之，陈中丞开讲数次，听者洒然动容，亦由居得为之位，任先觉之责，故感人如此其深也。此外会讲诸君，不免被人吹索。报馆之文，杂袭鳞萃。或侈口径情，流为犯讪；或党援推奉，自召不平。教人以言，本非易事。况复择语不慎，何谓人言不足畏也！今日群才奋兴，莫不自命千古，谁肯受人指摘？而欲仆摄斋登堂，攒眉入社，附和既所难安，箴规又不敢出。徒然东涂西抹，与三五少年相追逐，岂复有善全之地邪？

窃谓中国学人大病，在一"空"字。理学兴，则舍程、朱而趋陆、王，以程、朱务实也。汉学兴，则诋汉而尊宋，以汉学苦人也。新学兴，又斥西而守中，以西学尤繁重也。至如究心新学。能人所难，宜无病矣。然日本维新，从制造入；中国求新，从议论入。所务在名，所图在私。言满天下，而无实以继之。则亦仍然一空，终古罔济而已。何如闭户自修，不立名目，不事征逐，尚留我本来面目之为愈邪！

吾友天资悟力，超绝等伦。倘不鄙弃仆言，愿勿以牖民觉世为名高，而以力学修身为本务。暗然日章，操券可获。空谈小补，诸君子任之足矣，何足以辱吾贤？如其不惬于心，即请各行其是，毋复后言。

复吴生学兢^①

久未接谈，良深企想。顷读来札，关爱殷切，感不可言。

学堂、学会，先谦皆曾到场。以学堂系奉旨建立，学会则中丞殷殷注意，随同前往，然皆仅到一次。因先谦事忙，并非有所避忌而不往也。学会议论新奇，因其刊入《湘报》，人人共见。始有辞而辟之者，先谦乃得与闻崖略。至学堂之悖谬，半月前，见梁启超批学生刊稿各本，称南海先生，然后知为康有为之弟子，专以无父无君之邪说教人，大为骇怪，同人遂有联名具呈之事。熊庶常不速醒悟，反为不平，不知何意？然则得罪名教之乱臣贼子，当在公同保护之列欤？

来谕谓熊、唐、谭、樊诸人，庸人孺子，咸欲得而甘心，然今尚掉

<hr/>

① 此文录自光绪三十三年刻本《虚受堂书札》。

臂游行，昌言无忌，公道果何存也？至谓今日之事，亦趋重西学者，势所必至。及湘人俨分新、旧二党之说，则其中有尚须剖析者，不可不为吾友明之。

所谓西学者，今日地球大通，各国往来，朝廷不能不讲译学。西人以工商立国，用其货物，朘我脂膏。我不能禁彼物使不来，又不能禁吾民使不购，则必讲求工艺以抵制之，中国机庶可转。故声、光、化、电及一切制造、矿学，皆当开通风气，力造精能。国家以西学导中人，亦是于万难之中，求自全之策。督抚承而行之，未为过也；绅士和之，未为过也。故从前火柴、机器各公司，先谦与闻其事，确系中心之诚，以为应办，至今并无他说。

然朝廷之所采者，西学也，非命人从西教也。西教流行，势不能禁，奸顽无赖从之，犹有说也；学士大夫靡然归美，此不可说也。至康、梁今日所以惑人，自为一教，并非西教。其言平等，则西国并不平等；言民权，则西主实自持权。康、梁谬托西教，以行其邪说，真中国之巨蠹，不意光天化日之中，有此鬼蜮！今若谓趋重西学，则其势必至有康、梁之学，似觉远于事情。且康、梁之说，无异叛逆，此岂可党者乎？彼附和之者，今日学堂败露，尚敢自号为新党乎？

先谦因雠书事冗，又本性夙耽闲静，不愿多预人事。故从前学堂之事，外人以为先谦主持，群相指摘，先谦实无所闻知。及见有悖谬实迹，同人督先谦首列具呈，先谦亦毫无推却。前后心迹，可以考见。来谕云："蔡与恂先生批陈亭子课卷，云'先谦已有悔心'。"此言可怪。蔡先生今年上学一见，后未接谈，先谦之悔否，蔡先生何以得知？若谓吾两人交深，以此语代为掩饰，是誉我实以毁我也！先谦依然先后一人，并无两样面孔、两样心肠，果有何事应改应悔乎？至外人之曲说深文，更可付之不论矣！

致陈右铭中丞①

敬启者：

报馆一事，前面谈时，尊意拟即停止，后晤少穆，知系暂停，复启将牌示馆门，非经钧览，不准付刊，立法至善。

然区区之私，不无过虑。潞国精神，固是千百恒众。但排日公冗，

---

① 此文录自光绪三十三年刻本《虚受堂书札》。

此等文字，何暇全阅？委之他人，宗旨未必尽合。万一检点偶疏，咸以为出自尊意，疑谤潜滋，先谦实不愿以微文细故，致伤日月之明，使忌公毁公者，有所借口，此一说也。

报馆秉笔，甚难其选。前此数贤，谅皆辞去。至报端所载，外人送刊，及学徒课艺不妥之处，不一而足，非得人严加淘汰，未便依样续登。自时务馆开，遂至文不成体，如"脑筋起点压爱热涨抵阻诸力"及"支那黄种四万万人"等字，纷纶满纸，尘起污人。我公夙精古文之学，当不谓然？今奉旨改试策论，适当厘正文体、讲求义法之时。若报馆刊载之文，仍复泥沙眯目，人将以为我公好尚在兹。观听淆乱，于立教劝学之道，未免相妨，此又一说也。

至于市价低昂，多言非实，赤脚大会，琐陋可嗤，不必论矣。窃谓报馆有无，不关轻重。此事无论公私，皆难获利。《湘报》题尤枯窘，公费弃掷可惜。揣知近日，必有以风气甫开有举莫废之说进者，盛意遂不免回旋。然值熊君决裂之余，众口不平，转以报馆为多事，官评舆诵，莫不以停止为宜。论湘中之政务，去之无害，而颇有益；论台端之名望，行之无加，而或有损。先谦叨爱至深，谨竭愚诚，觊缕上达，惟鉴而宥之甚幸。临颖皇悚。

再致陈中丞[①]

日昨惠顾畅谈，至为快慰。赐读《请毁〈孔子改制考〉书板》疏稿，于厘正学术之中，仍寓保全人才之意。甚善！甚善！但康有为心迹悖乱，人所共知，粤中死党，护之甚力，情状亦殊叵测。若辈假西学以自文，旋通外人以自重。北胡南越，本其蓄念。玉步未改，而有仇视君上之心。充其伎俩，何所不至！我公盛德君子也，如康因此疏瓦全，不可谓非厚幸。但恐留此祸本，终成厉阶，有伤知人之明，或为大名之累。如先谦者，激扬有志，旌别无权，远师苏氏之辨奸，近法许公之嫉恶，所谓在官在野，各行其志。我公得毋笑为迂拙罕通乎？大稿敬缴，余容续罄。

附原奏稿闻此折未上，存之以志一时辩论缘起

奏为请旨厘正学术，以期造就人材，维持风教，恭折仰期[②]

---

① 此文及附录诸文录自光绪三十三年刻本《虚受堂书札》。
② "期"字讹，当作"祈"。

圣鉴事。窃维自古国家，登进人材，内以裨补主德，外以经纶庶务。其德行事功之所表见，言论风采之所流被，天下之士，慕而效之。学校奉为楷模，草野浸成风俗。是以群才有奋兴之几，国家无乏才之患。此贤圣之君，所以陶冶人伦、鼓舞一世之微权也。

臣窃见数月以来，皇上轸念时艰，锐意作新之治。通饬京外，设立大小学堂，变更科举，改用策论试士。伏读光绪二十四年四月二十三日及五月初四日上谕，谆谆诰诫，深切著明，所以振国势，作士气，同风俗，其道举莫能外。跪诵再三，诚庆诚忭。宇内冠带之伦，靡不感激涕零，钦仰宸断，诚千载一时振兴之机也！又恭阅邸抄，五月初四日，康有为、张元济预备召见，尤仰见皇上锐意求材，不拘资格。群情鼓舞，迥异寻常。

臣尝闻工部主事康有为之为人，博学多才，盛名几遍天下。誉之者有人，毁之者有人。誉之者，无不俯首服膺；毁之者，甚至腐心切齿。诚有非可以常理论者。臣以为士有负俗之累，而成功名；亦有高世之行，而弋虚誉。毁誉之不足定人，古今一致。近来屡传康有为在京呈请代奏折稿，识略既多超卓，议论亦颇闳通。于古今治乱之原，中西政教之大，类能苦心探讨，阐发详尽，而意气激昂慷慨，为人所不肯为，言人所不敢言，似不可谓非一时奇士。意其所以召毁之由，或即其生平才性之纵横、志气之激烈有以致之。及徐考其所以然，则皆由于康有为平日所著《孔子改制考》一书。

此书大指，推本《春秋公羊传》及董仲舒《春秋繁露》。近今倡此说者，为四川廖平，而康有为益为之推衍考证。其始滥觞于嘉道间，一二说经之士，专守西汉经师之传，而以东汉后出者概目为刘歆伪造，此犹自来经生门户之习。逮康有为当海禁大开之时，见欧洲各国尊崇教皇，执持国政，以为外国强盛之效，实由于此。而中国自周秦以来，政教分途。虽以贤于尧舜、生民未有之孔子，而道不行于当时，泽不被于后世。君相尊，而师儒贱；威力盛，而道教衰。是以国异政，家殊俗，士懦民愚。虽以嬴政、杨广之暴戾，可以无道行之。而孔子之教，散漫无纪。以视欧洲教皇之权力，其徒所至，皆足以持其国权者不可同语。是以愤懑郁积，援素王之号，执以元统天之说，推崇孔子，以为教主，欲与天主耶稣比权量力，以开通民智，行其政教。而不知圣人之大德配天，圣人之大宝曰位，故曰："虽有其德，苟无其位，不敢作礼乐焉。"欧洲教皇之徒，其后以横行各国，激成兵祸战争至数十年，而其势已替。及政学兴、格致盛，而其教益衰。今之仅存而不废者，亦如中国之僧道而已。当康有为年少时，其所见译出西书有限，或未能深究教主之害与其流极所至。其著为此书，据一端之异说，征引西汉以前诸子百家，旁搜曲证，济之以才辩，以自成其一家之言。其失尚不过穿凿附会。而会当中弱西强，黔首坐困，意有所激，流为偏宕之词，遂不觉其伤理而害道。其徒和之，持之愈坚，失之愈远，嚣然自命，号为康学，而民权、平等之说炽矣。甚或逞其横议，几若不知有君臣、父子之大防。《改制》一编，遂为举世所忿嫉。其指斥尤厉者，拟为孟氏之辟杨墨。而康有为首为众射之的，非无自而然也。

第臣观近日所传康有为呈请代进所辑《彼得变政记》折稿，独取君权最重之国，以相拟议。以此窥其生平主张，民权或非定论。独所撰《改制》一书，传播已久，其徒又类多英俊好奇之士，奉为学派，自成风气。即如现办译书局事务举人梁启超，经臣于上年聘为湖南学堂教习，以尝受学康有为之门，初亦间引师说，经其乡人盐法道黄遵宪规之，谓"何乃以康之短自蔽"，嗣是乃渐知去取。若其他才智不逮，诚恐囿于一隅之论，更因物议，以相忿竞。有如四月二十三日谕旨，所谓门户纷争，互相水火，徒蹈宋明积习，于时政毫无裨益者，诚可痛也。

自古奇人才士，感事伤时，嫉悒痛愤，其所述作，每多偏诐不平之弊。及其出为世用，更事渐多，学亦日进，因而自悔少作者，不一其人。好学近智，知耻近勇，有独至之气者，必有过人之长。我皇上陶铸群伦，兼收博采，康有为可用之才，敢言之气，已邀圣明洞鉴。当此百度维新、力图自强之际，千人之诺诺，不如一士之谔谔，谓宜比之狂简造就而裁成之，可否特降谕旨，饬下康有为即将所著《孔子改制考》一书板本自行销毁。既因以正误息争，亦借可知非进德，且使其平日游从之徒，不至咻咻然胶守成说，误于歧趋。而皇上变通学校、转移人材之至意，亦可以风示朝野矣。如康有为面从心违，以欺蒙为搪塞，则是行僻而坚、言伪而辩之流，将焉用之？窃揣康有为必不至此。

臣为厘正学术，以期造就人材、维持风教起见，谨专折具陈。是否有当，伏乞皇上圣鉴训示。谨奏。

附陈中丞复书

祷雨不应，惶迫万端。台从鉴其闭阁，待罪之隐，复枉过门，弥深愧感。辱书具仰至爱。第区区之意，以谓今日之以康有为为悖乱、为祸本者，当不乏人。闻自许大司寇外，弹章已十数上。而皇上顾赐之召对，不加诛戮，而用之总署。岂不以其无悖乱之迹，而所陈皆勤勤君国之言，且有为内外诸臣所不能言、不敢言者耶？

康有为之徒，不乏才隽，要皆以为依归，与其使为北胡南越之用，何如使为我中国之用？叛则征之，服则舍之，固王者之大公。况叛迹未形，而可驱之使叛乎？前日面谈，谓投诚者，尚可收之为用，即孟子"归斯受之"之指。而必毁其书者，以为其宗旨所在。乌喙去毒，而用之得当，则可以愈疾耳。程子我辈激成之言，与老泉辨奸之论，孰得孰失，此有气数存焉。进言者，惟期此心，先可自问，知我罪我，可以弗计。然盛意则良友挚谊，不敢忘也。

复洪教谕[1]

奉手示敬悉，徐宗师以开学宫立议约，究明倡议主笔之人。伏查此次邀集绅董，出自城南、求忠诸生，次日始至岳麓。斋长来言，知单随到，上注"书院公启"字样，却无主名之人，亦向例然也。

弟届期到学宫，见学约大张书字，陈列案上，其谁为主笔，无从查询。惟见约稿中有"驱逐熊希龄、唐才常"等语，未免过甚，援笔删去，大众亦皆允从，弟不候同人而去。当日诸公先后到者，耳闻目睹，谅皆同之。至约中所称"康有为民权、平等之说，断不可从"，此弟所深以为然者。即梁启超在时务学堂，阐扬师说，贼我湘人，曾经绅士具呈抚院，请加整顿，弟名亦忝首列。今日书院诸生，能申明大义，乃弟所祷祀而求者也。

昔郑人游于乡校，毁及时政，子产不以为非。今以区区学宫启闭之

---

[1]　此文录自光绪三十三年刻本《虚受堂书札》。

事，邀集绅耆，并非私会。厘正学术，亦无不匙。而以此上烦宪听，察及渊鱼，皇悚之忱，匪可言喻。幸诸公以此上陈，或蒙宗师格外鉴谅。总之，学术非可强同，何况名教纲常之大，岂容稍有假借？弟在讲席一日，必竭一日维持之力，雷霆斧钺，所不敢避。如宗师必查究倡议主笔之人，即坐罪弟一人可也。

三致陈中丞①

顷闻今日牌示，因时务学堂学生禀控匿名揭帖，意揣为岳麓生宾凤阳等所为，请严提查究等情。台端允如所请，饬司提讯。

窃思宾凤阳等，与学堂诸生，初不相识，其毫无嫌衅可知。徒以前此先谦等为学堂事公具呈词，举宾凤阳等所上先谦书函为证，含恨而欲一泄之，今忽以揭帖架词，图入人罪。

查禀称"刊刷揭帖，四处张贴分送"等语，昨遍询诸人，城中实未见此揭帖。遣人细询保卫局巡丁，皆云未见。惟前日龙侍郎云闻之欧阳节吾，蒋少穆云在湘潭闻之学堂中，言人揭帖寄来之次日，熊秉三自潭到城，谓尔等学生，受此冤屈，不可不辨。然则"四处张贴分送"之说，全属子虚。

而揭帖之由来，甚为暧昧，以学堂得之、学堂呈之之私物，而诡称岳麓诸生所为，殊觉远于情理。先谦因公呈首列之故，为人集矢，横加污蔑。揭帖通衢，众所共见。只以此事，类系痞徒乘机播弄，不复查究。今若辈欲陷害宾凤阳等，假造揭帖，又恐事无主名，例所不究，因取前上之书，增入污蔑之语，以为波累张本。其设心亦巧且险矣！

宾凤阳等，相从最久，品学俱端。平日于外事，毫无干预。此等造言恶习，可保必无。前此所上书函，钞呈电察，与现在羼杂之语，词气是否相类，谅我公一览而知。如欲究明揭帖由来，外间既并未张贴，即可传问学堂中得者何人？来自何处？跟踪追问，不患不水落石出。若专传宾凤阳等到司根究，则示中所谓另有痞徒假托者，宾凤阳等既未身为痞徒，又不与痞徒通气，复何由知其出帖之人与刊传之时、地？大公祖秦镜高悬，此等情节，不准洞鉴。

若使宾凤阳等以上书先谦与先谦呈书台端之故，而令宾凤阳等身受

---

① 此文及附录诸文录自光绪三十三年刻本《虚受堂书札》。

讼累，先谦复何颜面以对书院诸生？幸宏解网之仁，收回成命，亦为先谦稍留余地也。先谦孱躯善病，近复加剧。主讲之任，非复能胜。谨即告退，希择明师，以完残局。幸甚。

附时务学堂禀词

为恳请严提劣衿，审讯实坐，以雪冤谤，而昭名节事。窃湖南遵旨设立时务学堂，蒙抚宪助拨巨款，调取生徒，肄业其中，所期望者甚殷。学堂课程章程，均经宪台鉴定，条理严密。即致信会客，亦须管堂察验，私毫不敢错杂。外间舆论，且反有归咎条规过严，此人人所共见共闻者也。

五月间，王先谦、叶德辉、张祖同、孔宪教、刘凤苞、蔡枚功、汪概、黄自元、郑祖焕、严家鬯等，假学术为名，觊觎谋占学堂总理及教习各席，挟嫌捏词，具呈抚辕。又据称有岳麓生宾凤阳、杨宣霖、黄兆枚，刘翊忠、张锦煮、欧阳鹏、吴泽、彭祖尧、张砥中等原函，并呈抚宪等情。生等本拟与之互讦，辨别是非。以前奉上谕，举宋明积习为戒，又屡次上谕，申儆臣工，虽痛斥守旧党之挟私，而又稍予姑容，以冀其改过自新。故生等仰体朝廷德意，一切置之不论不议之列。

讵料该劣衿宾凤阳等，势穷词遁。既见有天下书院均改为学堂之上谕，又见六月二十三日上谕，揭出抚宪办事苦心，有"惩办阻挠新政绅士"之语。而学堂、报馆、学会，晏然自如，保卫局大著成效，商民称善。新政之设，势如水之流行。该劣衿等变羞成怒，而又不敢彰明较著，于是造为谣谤，蛊惑人心，并将前次原函，添加蜚语，谓"学堂教习争风，择堂中子弟文秀者，身染花露，肆行鸡奸"，刊刷揭帖，四处张帖分送，冀以泄其私忿。

生等伏思古今学术，源流各异，本可不必计较。惟此乃生等一生名节攸关，岂能曲为容忍！伏思宪台立设学堂，原以造就人材，讲求立身大节，以副朝廷育植之至意。若如该劣衿等揭帖，肆加诬蔑，污人品行，以无为有，生等受此奇辱，上无以对宪台，中无以报父母，下无以告师友，复何面目存立人间！生等年虽幼弱，亦尝明于"士可杀不可辱"之义，此冤不雪，则生等觍然苟活，不齿人类。虽生之年，犹死之日。宪台亦何必建造学堂，送考出洋为也？生等含冤莫白，愤激填膺。为此公同具禀台辕，立恳派差赏提劣衿宾凤阳等十人，到案质讯，严加追究。果系何人所捏，是否有人指使，务期水落石出，以雪此耻。不独生等感戴二天，即生等之父母师友，亦没齿不忘矣。生等悲痛饮泣，誓不俱生。除禀抚宪、学宪外，理合具禀陈明。所有原刊书本、揭帖附于后，伏乞宪台批饬，差提该劣衿等到案，质讯施行，实为德便。

抚院陈批

据禀并抄黏揭帖，所刊宾凤阳等上王院长禀函，殊深诧异。查本年五月间，岳麓王院长等，以"学堂关系紧要，公恳主持，以端学术，而挽散习"等词，具呈到院，并附宾凤阳等呈王院长函禀各件。本部院查阅宾凤阳原函，只有指斥教习诸人学术宗旨之语，尚无格外污蔑之词。兹阅该学生等抄黏此函，丑诋诬蔑，直是市井下流声口，乃犹自托于维持学教之名，以图报复私怨。此等伎俩，阅者无不共见其肺肝。若出于读书士子之手，无论不足污人，适自处于下流败类，为众论所不齿耳。又查揭帖所称"不解这班禽兽及学堂诸人，自命豪杰，至阴为此禽兽之行"数语，鄙俚恶劣，有如梦呓狂吠，为前次王院长附来宾凤阳等原函所无。是否宾凤阳等自行删去，迨刊布揭帖时，始行增入？抑或另有痞徒，假托羼杂？揭帖传播已久，宾凤阳等岂无见闻？如果系为人假托妄增，自应早为辨白，以自明其不为此市井无赖之行。乃竟嘿无一言，听其流播，是诚何心！此等飞诬揭帖，原于被谤之教习与肄业诸生，毫无所损。惟其意专欲谣散学堂，阻挠新政，既显悖朝廷兴学育才之至意，又大为人心风俗之害，极堪痛恨！仰总理学堂事务布政司，迅饬长沙府查明宾凤阳等，系何学生员，立传到司，彻底根究。究竟出自何人，刊于何时何地，务得确情禀复，严加惩办，以挽浇风，而端士习。切切。仍候学院批示。

学院徐批

据禀并抄黏各件，阅之不胜诧怪。夫辨论学术，本非挟怨逞私之事，何得以市井秽恶毫无影响之谈，极口诬蔑！覆阅一过，至不忍形之笔墨。君子之行，不以所恶废乡，宾凤阳等竟敢狂吠不休，毁辱桑梓，不识是何居心！此等谣言，原不值有识者一哂，与学堂教习、肄业生之名节，毫无所累。惟本院职司风教，若不严行根究，无以对三湘读书向学之士。仰三学官传谕各士，确切查明宾凤阳等系何学生员，立传讯究，以惩滥习，而定士心。切切，弗误。

附宾凤阳等书

夫子大人钧座：

　　窃我省民风素朴，自去夏以前，固一安静世界也。自黄公度观察来，而有主张民权之说；自徐砚夫学使到，而多推崇康学之人；自熊秉三庶常邀请梁启超主讲时务学堂，以康有为之弟子，大畅师说，而党与翕张，根基盘固。我省民心，顿为一变。《湘报》刊浏阳谭嗣同之言曰："南海康工部精探道奥，昌明正学，其徒梁孝廉克肩巨任，一洒俗儒破碎拘挛之陋，而追先圣微言大义之遗。吾湘人士，闻风兴起，怀德慕思。"云云。吾不知康所探者何道，而谭所怀者果何德也！吾人舍名教纲常，别无立足之地。除忠孝节义，亦岂有教人之方？今康、梁所用以惑世者，民权耳，平等耳。试问：权既下移，国谁与治？民可自主，君亦何为？是率天下而乱也。平等之说，蔑弃人伦，不能自行，而顾以立教，真悖谬之尤者！戴德诚、樊锥、唐才常、易鼐等，承其流风，肆行狂煽，直欲死中国之人心，翻亘古之学案。上自衡、永，下至岳、常，邪说浸淫，观听迷惑不解。熊、谭、戴、樊、唐、易诸人，是何肺腑，必欲倾覆我邦家也！夫时务学堂之设，所以培植年幼英才，俾兼通中西实学，储备国家之用。煌煌谕旨，未闻令民有权也，教人平等也。即中丞设学之意，亦未尝欲湘民自为风气，别开一君民共治之规模也。朝廷官长不言，而诸人以此为教，则是借讲求时务行其邪说耳。夫合中西为学堂，原欲以中学为根柢，兼采西学之长。堂中西学，自有教习，订立规模，与中学不相涉也。中学所以为教，人皆知之，无待别求门径也。而梁启超等，自命西学兼长，意为通贯。究其所以立说者，非西学，实康学耳。且若辈之言曰："教自我立，无待彼兴，西人一来，双手奉献，彼必不肯惨施杀戮。"又曰："今日教学诸人，即是兴朝佐命。"果尔，今之为学堂、学会，非徇警路人之木铎，直吹散子弟之楚歌。朝廷诰谕频仍，大吏多方筹画，而以成就如许无父无君之乱党，果何为哉！窃谓各省奉旨开设学堂，本系美举。我省人士，闻风振兴。今择师一不慎，不以立学，转以败学；名为培才，实则丧才。天下受益，我省受害。且贻人心风俗无穷之忧，不仅一时一事而已。中丞公事繁多，或未检察及此。夫子名流领袖，若再缄默不言，上负君国，下误苍生，问心何以自安？务祈函达中丞，从严整顿，辞退梁启超等，另聘品学兼优者为教习，我省幸甚！学校幸甚！梁启超等所批学堂课艺日记，或出手书，或系刻本，或近日改刊，皆有悖乱实迹，不可磨灭。加以案语，摘录呈电，俾知其人其说，难以姑容。迫不得已而为之，非好事也。

附公呈

具呈前园子监祭酒王先谦等，为学堂关系紧要，公恳主持廓清，以端教术，而挽散习事。窃为政先定民志，立学首正人心。损益乃百世可知，纲常实千古不易。湘省风气醇朴，人怀忠义。惟见闻稍陋，学愧兼通。上年开设时务学堂，本为当务之急，凡属士民，无不闻风兴起。乃中学教习广东举人梁启超，承其师康有为之学，倡为平等、民权之说，转相授受。原设立学堂本意，以中学为根柢，兼采西学之长，堂中所聘西学教习李维格等，一切规模，俱属妥善。至于中学所以为教，本有康庄大道，无取凿险缒幽。梁启超及分教习广东韩、叶诸人，自命西学通人，实皆康门谬种。而谭嗣同、唐才常、樊锥、易鼐辈，为之乘风扬波，肆其簧鼓。学子胸无主宰，不知其阴行邪说，反以为时务实然，丧其本真，争相趋附，语言悖乱，有如中狂。始自会城，浸及旁郡。虽以谨厚如皮锡瑞，亦被煽惑，形之论说，重遭诟病。而住堂年幼生徒，亲承提命，朝夕濡染，受害更不待言。是聚无数聪颖子弟，迫使斫其天性，效彼狂谈，他日年长学成，不复知忠孝节义为何事。此湘人之不幸，抑非特湘省之不幸矣！今皮锡瑞不为珂里所容，樊锥复为邵阳所逐，足见人心不死，率土皆同。从前士绅公议，拟俟梁启超此次来湘，禀请钧夺。昨闻其留京差委，学堂自必另聘教习。窃以为本源不清，事奚由治？伏乞大公祖严加整顿，屏退主张异学之人，俾生徒不为邪说诱惑。庶教宗既明，人才日起，而兼习时务者，不至以误康为西，转生疑阻。学校幸甚！大局幸甚！绅等迫不得已，冒渎威严，惟祈格外鉴谅。上呈。

附陈中丞复

奉展惠书，至为惶悚。细绎词意，似台端于学堂公呈批语，有未尽察者，敢以毕陈左右。弟前月偶闻人述揭帖一事，云有人与岳麓肆业生谈及，此生旋由书院携一纸未经黏贴者予之，中有宾某上院长及陈某致欧阳节吾两函。其宾某函，丑诋不堪，然未质言其若何丑诋也。欧阳节吾来省，言其乡涂舜臣曾见宾函，有不可出口等语。及前日至贡院考试，收到学堂公呈，则宾凤阳一函在焉。阅至丑诋之词，其刻毒，诚令人痛恨！而其语，则为公交来原函所无。因于批词特地标出，以见饬司。查传根究者，乃因揭帖之刊有此函，非因院长之交有此函而传之也。此中界限分明，较然明白，与台端绝无干涉，似无因以此为罪也。书院诸生，贤否不一，立雪候门与操戈入室者，固皆有之，此台端与弟所共知也。宾凤阳等之品学皆端，固未尝闻台端言之，实所不悉。其揭帖中语，是否为人假托羼入，不能无疑，而亦不能遽定。但以理度之，如果为人假托，宾凤阳等如果品学皆端，见此等市井下流声口，俨然指为己出，必且面赤背汗，赧然不安，即不虑受谤者与之为难，亦当思亟为辨别，有以自处，顾何以嘿无一言？省城之有无张贴，弟虽不能尽知，然早闻前月以来，得此帖者甚多，亦有编订成帙者。且书院既有此帖与人，宾凤阳等未必讫无闻见。闻宾凤阳系书院斋长，即未列名，亦应向之根究。既未辨白，又有主名，批令总理学堂之藩司查传根究，自为事理所应有，不得为过。且云究竟出自何人，务得确情，其非竟指为宾凤阳等所为可知，然不能不从宾凤阳等推究。诸生被控，似非不可传问，如果无过，亦自可以辨明。且藩司非听讼之地，传又非拘拿可比，批语中亦无讯字。至于词气不类，固可一览而知。然人情变幻百出，亦何不可有意为之？此又人情所恒有，而不得谓为推求之过。当想台端易地而处，亦未必谓有此一节，遂足以资折服也。若谓为学堂诸生所自为，以图报复，而自污至此，此则弟之愚蒙，所不能逆亿，亦且有不忍逆亿者。以此咎弟，咎实难辞，先生但观过知仁可矣。总之，批词既明明与院长无涉，即更无地步可留。至台端之不袒生徒，而裁之以义，则固屡有明征。爱人以德，不以姑息，又诸生之所共喻。但期不至有司之无理摧折、坐视不为一言则已耳。辞馆之说，恐非义之所安也。恃叨知爱，辄用缕缕。

四致陈中丞①

　　昨示敬悉。先谦不袒书院，夙叨洞鉴，兼荷定评。是此次奉书，非有所私于诸生，可以共质。

---

　　① 此文及附录诸文录自光绪三十三年刻本《虚受堂书札》。

尊意谓揭帖流传，宾凤阳等应早为辨明。何以学堂诸生，至今始禀？则揭帖之初出未久，此其明征。至外间传闻之词，殆不足据。学生自污，院生自陷，均非情理所有。其中必系鬼蜮宿嫌，阴谋毒害。

窃谓村夫蝶词，痞徒飞语，揆诸士人洁身之义，皆不任受。台端之逆亿，不忍施之学堂，何忍加之书院？夫书院、学堂等，是士子同居。帱载之内，岂有新、旧之分？殆如一家中，长子失爱，幼子骄横，阿保构谗，而主人不悟耳！

昨奉谕后，遵即到院，传集诸生，除斋长宾凤阳系衡山廪贡生、现回本籍、遣丁催唤外，其余在院诸生，属令即日投到，以副台命。辞馆之说，实因近日多病，何敢因此事稍涉意见？奉谕悚皇，不可名状。一切另函上玉田观察矣。

附复书

手示敬悉。论议往还，彼此皆持之有故，而言之成理。公之不袒书院诸生，弟所深悉；弟之不袒学堂，独不蒙见谅。则弟平日素行，不足见信于君子，非目前之咎也。虽然国家事势至此，我辈尚以口齿微嫌，断断不已耶？盐道另函，想仍辞馆。前说湘中物望在公，弟亦忝长群僚。公如朝辞岳麓，弟亦夕去湖湘矣。公非恋馆，弟亦非恋官。臭味之同，可不言而喻也。请释戈解甲，容再负荆，何如？

附举人黄兆枚呈词

敬呈者：

窃举人于本年春间，入都赴试，颇闻乡先生以湘省学派歧异，不无訾议。迨归自京师，详加考究，始知指摘之所由来。因不审固陋，与前同学宾凤阳等上书岳麓院长，请函商抚宪，整顿时务学堂。旋经院长呈词抚宪，附黏书中。止辨论学术宗旨，并无诬蔑等语，已蒙抚宪电察。昨时务学堂诸生，以揭帖污蔑等语，上禀抚宪。蒙抚宪牌示，亦谓诬蔑等语为宾凤阳等原函所无。至于不早辨白一节，举人实无所闻见。果否四处张贴，传播已久，伏乞确查。举人忝列贤书，稍知自爱。揭帖之事，止为痞徒所有。若此项揭帖，尤属丧心狂吠，稍有廉耻者之所不为。学堂诸生，受此冤辱，自应禀请追究。惟是举人与学堂诸生，向无嫌怨，并有族弟黄颂銮、黄锡銮在堂肄业，凭空蜚语，玷辱宗党，揆之情理，实非举人之所敢知。至前同上书院长之湘乡举人张锦焘、安化举人刘翊忠，现不在省，与举人同学最久，相知最深，揭帖之事，可保必无。合并声明。谨呈。

附杨宣霖等呈词

敬呈者：

窃生等肄业岳麓书院，经院长王派充斋长，平日遵守《卧碑》，颇知自爱。前因时务学堂教习以康有为平等、民权、无父无君诸谬说，奉为教宗，于学术人心，似有妨碍，不忍含默，故与同事之外府斋长宾凤阳及长沙举人黄兆枚等，公函禀呈院长，并摘录教习评语附呈。经院长转呈抚宪台鉴。昨初六日，时务学堂学生张伯良等，以生等刊刷揭帖控院，不胜骇诧。窃生等志在厘正学术，何至甘居下流？且将原函增入蜇语，列名刊布，授人以柄，虽至愚不出此。此中情理，料在宪鉴之中。生等近两月以来，实不闻外间有传播揭帖之事，故无由早为辨白。且学堂诸人，至今始行禀究，此即揭帖初出之实在情形也。诚如抚宪牌示，另有痞徒假托，一以诬蔑学堂，一以陷害生等。匪沐追究，则学堂诸生，遭奇横之辱，生等亦蒙不白之冤。敢恳俯询张伯良等，见外间何处有揭帖张布？并得自何人何时？跟踪追究，当不难立雪飞诬，严整恶习。生等不胜惶悚待命之至。至被控首列之贡生宾凤阳，六月中回衡山本籍，刻下尚未到院，理合申明。谨呈。

与徐学使仁铸^①

前日闻台端因学堂禀控揭帖一案，批饬传讯宾凤阳等，弟即拟奉函为之剖析。适见抚辕牌示，弟遂上书中丞，旋赴书院，饬带诸生投到。今午回城，复函告中丞矣。

天下止有匿名揭帖，无署名揭帖。若取致人之书，加入污人之语，张之衢路，以柄授人，自来未闻此异事。学堂禀称四处张贴，而城中官民人等，佥称未见，此岂可横加栽诬者？台批云："宾凤阳等，狂吠不休。"以鄙见测之，狂吠者自有其人，非宾等也。不日公堂对簿，根究学堂得自何人，来自何地，不独为学堂弭谤，兼为敝书院洗诬，诚为快事！

_____

① 此文及附文录自光绪三十三年刻本《虚受堂书札》。

弟忝居讲席，从不袒护生徒。至此事由来，因诸生欲厘正学术，致书鄙人，遂致鬼蜮横行，恣为诋斥。弟蓄愤未摅久矣，不敢不引为己任，一雪斯言。

阁下主持康教，宗风所扇，使承学之士，望景知归。此次敝郡岁试，弟之亲友，以南海圣人获隽者，不下十人，以南海先生入选者，则指不胜屈。两次面谕生童，赞扬康学，大众皆点头领会。足见湘人虽愚，未尝不可化诲。惟事必行之以渐，似不宜过于迫急。若以威势强人服从，则与西国以兵力胁持行教何异？此则企望之余，不能不一言也。俟公暇，再谒谈。

附复书此复书已在光绪戊戌八月初四日

昨诵手谕，十分惭悚。侄待罪贵省，从不敢为操切之举。吾丈儒林领袖，夙所钦迟。故到湘后，遇事求教。所刊告示、条诫，无不送呈鉴核。窃谓其中尚无背谬不通之处，与康学正如风马牛也。康某七八年前曾见一面，并未深谈。至今对面，若不言明，犹不识也。其所著书，止见其最旧之《伪经考》并《改制考》，初未寓目。至于民权、平等之说，向所深绝。友人中有谈此者，从未附和一词。即去冬与吾丈晤谈，何尝及此等义哉？湘省士子之求新者，方虑其浮动无根，不能平实道地。清夜筹画，正欲得一善法，以遏其奔轶无范之端。前此见三学官学约，平正切实，并非守旧，心极器之。故曾有查问主笔名姓之举，拟奖而扬之也。在外棚见禀词，有笔墨好者，辄询主笔，亦留意人士之道耳。而叶君奂彬，一无商量，于所刊平语中，谓侄推重康学。试问有何证据？若谓铸与其徒梁君稔，则梁亦非铸延来者也。士子信以为实，乃致援以为揣摩之端，郴州已见数卷，记有何树荄者用之，曾大加申斥。本棚则尤繁矣。来函谓见取列者有之，不知有万余卷，以此黜落者也。推原其故，则奂彬实鼓动其机。宝、永等处，并无此风。自叶书出，而萌芽于郴，渐盛于衡。至本棚，则不可究矣。自问平日，初无开罪奂彬之处，即欲有所辨论，何难进而一商？奂彬亦一学人，向来深佩其淹贯，且拟时与商榷异同。乃遽率意刊扬，颇所不解在外棚，已郁郁于中矣。出棚后，毫无闻见，如坐漆室。并《湘学报》底稿选自何人，概不得知也。至在本棚，堂上讲论康某，则裁抑之词，十居八九。若谓大赞康学，尤不明其传讹之故也。前日校经送学之后，敬谒台座，本拟一白其冤。且心以为长者与铸本无丝毫芥蒂，若能对面一吐，则其曲折之故自明。且贵省方负时名，尤欲商一维持之策，即铸与奂彬，本系通家，素无闲隙，亦欲待公调停其际，化笔墨为烟云。不图台从外出，蓄念至今，乃反复诘责。若再不细陈委曲，则铸且终不白于长者之前矣。铸到湘后，疾病繁多，兼以思亲不遂，不日即拟陈情归养。若念往日求教之诚，与此时枉得主名之非，实惟吾丈矜而容之。专此布复，即请台安。

宾凤阳案，因诸生百余人环堂而哄，不得不严批以安其心，免致先生他故。是以各学已将被告报齐，而数日以来，并未提究，亦欲博访而得其平也。

致俞中丞①

前日函上呈词，谅蒙电察。自应静候钧裁，惟懔懔愚忱，感怀时局，抚膺蒿目，无可发摅。虽以我公之茝抱虚衷，不耻下问，平日不常通谒，见亦未敢多言。兹因涉及公司，振触素念，有不能不一倾吐者，谨再为我公陈之。

窃维中华立国，工农本务，工商末图。亘古同符，理居最正。至今日之局，前代所无。当雄邦环伺之秋，为经久自立之策。熟筹通变，时势使然。从来"富强"二字，儒先弗言，近年朝旨屡及之。想见因时制宜，圣意至为深远。问何以强？曰先富。问何以富？曰经商。然今日之商务，非为国计也。销洋货，而已番舶市奇，我不能遏民情喜新，官不能禁财外流而不还国，日穷而莫悟，骨髓枯尽，肢体坐僵，外人取之如风扫箨。危亡之兆，岂待智者而知哉！及兹不图，虽使关埠罗立于衢逵，铁轨通行于陬澨，只自朘削，何益毫毛？是故奇技巧工，从前所应屏除，今日断宜倡导。民开其智，而后国藏其富。我之物可达于远，而后彼之货自阻于行也。昔奇肱氏献飞车，周公毁之，虑民趋末巧也。假令成周之世，奇肱逼处于边疆，飞车流行于中土，周公不惟不毁之，且仿为之矣。故今之要务，在朝以明政刑为亟，在野以讲工艺为先。政刑举而民不偷，工艺兴而国可活。尧舜畴咨于上，孔孟坐论于旁，不能易斯言也。

湖南制造公司，发端于长、善诸生。右帅面属先谦等，出而任事，复使熊希龄要约，期以必成。故于诸生禀中，有"现在诸绅士正议举

① 此文录自光绪三十三年刻本《虚受堂书札》。

行"之批。禀商既定，诸绅乃有公举先谦等五人经理之请。其先，先谦等及具禀诸绅，与熊希龄并无往来也。开局之后，蒋君德钧复议请开设学堂，推广工艺，故右帅颁发钤记，公司、学堂，归并办理。先谦等因有禀商岘帅，于盐斤加价一文项下，收足厘数，以裕局用之举。情事始末如此。

先谦等方谓幸逢同志，可冀成功。不料熊希龄忽有别图，致右帅不免偏向。然自先谦等经理弥年，裕太守奉委接替，至今官商两款，费共六万余金，所存机器价值，五万有奇。教习薪赀、工匠局用，三年约计万金。未敢滥费分文，一切尚堪覆案。所以不能大拓规模者，股分无多，经营非易。外洋机器，动需巨赀。任举一端，皆无骤效。此时所能共见者，惟电灯、辫机两宗，旁观已觉张皇，当局实形寒俭。但令常年经费仍予归还，股分息银，不至停阁。撙节用度，逐渐推行，并非不可支持。尚望积小高大，庶不负有①帅最初之美意，抑亦先谦等筹画之苦心也。

本年皇太后饬查各省工商局务，圣谟广运，无远弗周。湖南制造公司，迭经香帅于请从缓加税疏、右帅请仿西法炼钢疏上达天听。此时维持保护，仰仗我公。倘蒙如请允行，俾得有所借手。不独公款商股，悉荷成全，将来国计民生，非无裨益。其为感戴，讵有际涯！觇缕渎陈，乞垂鉴纳。

复日本宗方北平②

北平先生左右：

奉手书，知从者辱临敝邑，采访风土，通合气类，闻诸道路，以先谦为可与言，欲进而教之。盛饰崇褒，读之悚汗。如先谦之鄙陋，岂能有当尊旨之万一？不虞从者之过听也。赐读大著《东方时局论序》、《东亚同文会章程》，意在融畛域，联辅车，申同文之情，奠将来之局。非深识远见、履安思危之君子，其奚及此？

窃以为西方诸国，环境逼处，狼顾鹰视，蓄谋至深。今日在东言东，非如尊论，诚恐别无良策。贵国与中国，自甲午朝鲜之事，致启兵

---

① "有"字讹，当作"右"。
② 此文及附文录自光绪三十三年刻本《虚受堂书札》。

戎。和好之后，气谊犹昔。联合之旨，朝官疆吏多以为言。似与贵国人情，尚不相远。但邦交之固，权在朝廷，草莽之臣，不便身预其事。此则先谦心知其意，而不敢赞一词者也。

贵国历代以来，权归方镇，自经西人构衅，强藩退位，势定一尊，封建之区，俄为郡县。殆运会之所开，不尽由于人事。改制之后，殚精工艺，并心一力，遂分西国利权之重，而开东方风气之先。积富成强，操之有要。此我中土所急宜仿效者。先谦虽身处田野，不能一日忘矣。

先谦自督学江南，身婴末疾。乞休旋里，已十四年。忽忽六旬，精力衰耗。近因病苦，闭户却轨，虽亲知不相过从。生平耽嗜文艺，一息未死，犹思有所述作，以诏方来。曾为贵国《源流考》一书，根据中国史志，参稽贵邦图籍，颇有斐然之观。惟明治以来，搜讨不悉，迟未付梓。阁下东邦巨擘，博极群书，尚乞将来有以惠我。高轩之过，万不敢当。疾疢在身，尤恐以失仪获咎。愿托神交，附于海外文字契好之末，何如？

附来书

王益吾大宗师阁下：

仆，日本之处士。少小读圣贤之书，窃慕贵国名教之隆，人物之盛。负笈泛海，转游于吴、楚、燕、赵之间，十五年于兹矣。

曾在江南之日，仄闻有王益吾先生者，学德经济，为一代之泰斗。私心仰慕，常恨无缘识荆。月初，遂决计买舟于汉口，经巴陵，浮洞庭，顺风一路，安抵省垣。即拟登龙门，拜芝眉，以抒十年之积愫。窃恐唐突晋谒，或失礼于长者，故此谨修短牍，预为先容，以待高命之至。鄙人发汉口之日，虑异装或受人之指目，有碍于先生，特改服装而来。同行有绪方南溟、冈幸西门二友。

仆现在汉口总办东亚同文会事务，依汉报倡言宗旨，力图中东两国联络。月前随会长近卫公爵南京拜刘岘帅，鄂省谒张香帅，以伸同文会之旨。二公许为美举。顾阁下三湘重望，省之内外，事无大小，一呼可集。鄙人此行，实有为东方时局所求于阁下也。

试观于方今之时势，俄、法、英、德环而居，鹰瞵而鹗视，要挟多端，祸心不测，是诚亚洲全局之危机。而兴废之所分，干系决非少小也。当是之时，能支持此危局、转祸为福者，即中东两国志士仁人之责也。若高丽，若越南，暹罗，不足言也。是故我两国须及早释嫌猜，去畛域，上下一致，通力合作，制大势之机，先奠将来之局也。唇齿辅车之情，同文同种之谊，至此始可谓得其全矣。

我同文会之兴，职此之由。兹敬赠《同文会章程》三本，并往日所作《东方时局论序》一篇，以请教正。书不尽意，草草，不宣。明治三十二年十二月十八日，宗方北平顿首。

复周榕湖①

承赐顾，失迎甚歉。世兄文件，一一披览。世兄天资颖异，君所以诲诱者，亦复曲尽无遗。目今成就，已具斐然之观，将来何可限量！但仆以为教法却须斟酌。如《湘报》之属，此时谅已不阅。各国旗式，绘之无益。若资为海军候望之用，则为计亦早矣。中西年表，列绘为图，用意是而立法未善。

大凡童幼读书，宜专壹，不宜涉猎。所谓用志不纷，乃凝于神。又其性灵虽启，体质未充，尤应节宣爱护。群经之外，《史》、《汉》、《文选》，不能不读。《通鉴》先熟御批，前史已得梗概，即令贯通国朝掌故，如《圣武记》、《东华录》诸书，列为日课，务令周悉本朝贻谋之善，仁泽之深，为前古所未有，以鼓动其忠君爱国之心，然后与之讲求时务。推广作用，庶可望为通知今古、本末兼赅之士。若根柢不固，即令泛览杂家言，处此艰危之时局，群吠纷纭，未有不为横议所摇撼者。就令熟谙岛志，通晓方言，入仕途，只供浮沈沽钓之资；伍凡俗，亦备翻译通事之用。不过混世界赚银钱而已。吾见亦多，曷足贵乎？

辱承下问，略贡刍荛。不审有当高明否？

复杨世兄彦深②

前由周桂午同年处递到赐函，敬悉尊大人栖神道山，流名来叶。墓道之文，有待撰述。过辱谇诿，书币遥颁。承命之余，良以愧悚。

尊大人抱道饬躬，含谟匡国。生平行谊，无愧名臣。未竟厥施，有识咨叹。先谦曩在京师，过从甚密。江南判襜，备荷殷勤。追念神交，

---

① ② 此文录自光绪三十三年刻本《虚受堂书札》。

能无凄怆？惟是学殖荒落，笔墨久芜。谈张鸿美，非所宜称。勉答盛意，成神道碑铭一篇。仍寄周同年转呈察收。其中应补叙者，便乞代为增入，仍望从速垂示，以便录登拙集，是为至幸。

铭词中推本伯侨，用班《书·子云传》语。扬雄从手从木，宋本即有两作。盖班《书》从手从木之字，率多通作，扬、杨通用，诸传多有。前贤既加辨正，先谦续有考订，并详近刻。拙撰《汉书补注》中，潘安仁作《杨荆州诔》，推本杨侯，即用《汉书》，则《雄传》之作杨，而非扬姓益显矣。虑或用此为疑，并以奉达。

与但方伯①

日昨承谕询书院事宜，公同商榷，谨以管见所及，上贡如左。

一、垂询校经、求实两院归并一节。查校经系由学院调取各属屡列前茅之高材生，住院肄业。求实则由藩台随时考取文理清通者，送院肄业。即童年浅学，皆得入选。人材之高下悬殊，造就之规模亦别。校经额缺四十余人，斋房已满。求实额缺百人，斋房止五十余间，无论如何归并，均不敷居住。此情形不无滞碍也。溯查校经之始，道光年间南海吴荷屋中丞创立湘水校经堂于省城之旧城南书院，拔取高材，肄业其中。一时造就人才，如周自庵侍郎寿昌、郭筠仙侍郎嵩焘昆弟、孙芝房侍读鼎臣、凌荻舟中翰玉垣，号称极盛。吴公去后，庠序阒寂，士林追叹。光绪间，朱肯甫学使就校经堂旧址，赓续前规，延师课学。嗣张燮钧学使莅任，商之谭文卿制军等，于北城外度地鸠工，于是始有校经书院。经费所出，集自绅商。历任学使，衡校清公，人才辈出，今求实院长杜君，即其一也。外府、州、县，见闻较隘。俊异之士，考送入院，得以开广学识，成就宏多。此于湘省人文，关系至重。自江、徐接踵，风气顿漓。中丞及诸大公祖，皆以培植学校为心，应请商之学使柯公，严甄别，禁混处，以复旧规。凡在士林，同深感幸。至求实之设，已历数年，不闻成效，糜费巨款，实为可惜。其中学规，或须严加整顿，应请中丞商之院长，核实办理，抑或即以求实并入校经，增设分教，精选学生之处，中丞及诸大公祖主持裁酌，某等不敢妄议。

---

① 此文录自光绪三十三年刻本《虚受堂书札》。

一、垂询各书院教课章程与算学、舆地各门目，暨增立学长各节。窃惟学问之道，惟在深造自得，不以张皇耳目为能。至今日参合中西，固在上者审时设教之深心，而立法亦必通筹本末，始可要诸久远。中国经、史、理学、词章，数者本宜兼习，无事分涂。将欲期其专精，则肄业生听择一门，增设学长分授，而院长总其成，尚可黾勉从事。无如今人溺苦俗学，敝精考试，不问其他，即两湖书院所以奔走人士，不过图膏火糊口。苟无名、利两者诱之，皆众意所不属。学之不修，良可浩叹！算学一门，湘省不乏解人。即讲求中国地舆，考古通今，尚非难事。若域外之观，止能得其大概。至疆宇隶属之细目，古今分合之源流，宜别有专书，因当俟之异日者也。

书院改为学堂，系属遵奉谕旨。西学西文，求实见有教习，各书院仿照增设，亦可勉应诏书。傥依外国之法，遍设乡、县、府、省诸学，必令与考试相须，方能收萃集之效。惟中国户口殷繁，非学舍如林，窃虑不敷容纳。应有大宗经费，方能办理。又外人童子七岁，无论贫富，皆令入学，官为经理，亲属不复过问。此中国人情所不能行，亦官长心力所办不到。

某等于学校大事，皆曾反复熟商。将欲强中就西，实无长策。辱奉明问，敢以上陈。伏希禀达中丞，是为至幸。抑更有请者，今日中国急宜举行，惟在工艺之学，中丞及诸大公祖关怀至计，伏望及时兴办，使民有生气，国少漏卮。某等不胜愿外之思，临楮皇悚。

与蔡伯浩观察[①]

前谒领大教，备悉中丞以湘省分协偿款，为数至巨，无可筹措，官场请办亩捐诸事，拟即允行。惟阁下以扰累地方为忧，坚不与议。中丞亦遂幡然属与诸绅筹商良策。先谦仰体阁下爱养湘民德意，敢不竭诚赞画？

昨与同人商榷再四，他事筹款，无不扰民之政，独取之盐务，较为不著迹象，可得多金。惟是就淮盐筹捐，必归盐政主持，亦何能有大宗惠及他省？兹特创为报效口钱之法。湖南通省，无论川、粤、淮盐食户，按盐计口，就行收捐。各州县每购食盐一斤，由行户加收口钱数

---

① 此文及附文录自光绪三十三年刻本《虚受堂书札》。

文，合计每岁可收数十万金。就每人日食盐三钱推算，终岁不过捐钱数十文，比户无惊，而偿款已足。较之多方搜括所得寥寥者，相去奚啻霄壤？谨拟呈稿，伏乞卓裁。如以为然，即望代达中丞是荷。

此事办理之始，请勿庸先与盐政咨商。电奏之后，岘庄制军或起而争持，再由弟等将乡邦艰苦，恳垂仁恤。及淮销畅旺，决无阻碍各情。公函婉恳，并已公请文卿宫保电达止庵枢密，属其合力维持，当无他虑也。

附呈稿

为湘省绅商士庶公恳报效口捐钱文，以济巨款，而免扰累事。

窃前钦奉谕旨，各省分筹偿款，湖南每年派银七十万两。当此国用支绌，不能不取之民间，大公祖大人慎重地方，勤求民隐渊衷，德意绅民，同深钦仰。侧闻他省所议加派亩捐、清查税契两事，流失孔多。委员四出，书差需索，欲核实而伪更滋，多立法而弊弥甚。房捐一事，前岁已经办理，所得无多，几酿事故。以上三项，应请勿庸举行。

绅等公同集议，取财之道，与其烦杂而多累，不若筹措于无形。惟有合力报效口捐钱文，事不劳而费易集。查户口散处，综计为难。摊派查抽，均有不可。因思湖南一省，衡、郴、桂阳等处民食粤盐，沅、澧、永顺等处配食川盐，其余皆食淮盐。而私浸之区，殆难究诘。若按盐计口，就行抽捐，严定章程，不用凭卡凭票，而川、粤、淮盐食户口数，及肩挑负贩各种私盐，皆囊括无遗。拟请示谕各府州县，每购食盐一斤，外加收口捐钱数文。凡有盐行者，由行户带收；无盐行者，交盐局代收。统解善后局济用。此项口捐，与前代口钱名同法异。以每人日食盐三钱推算，捐款终岁，报效不过钱数十文，尚属轻而易举。且贫者口食减少，捐亦减少；富者口食动逾十倍、数十倍，则捐亦随之而增。暗中酌济，不患不均。即各色食盐，同在包举之中。轻重既不偏畸，公私皆无挂漏。此不过借盐为口捐计数标准，用杜一切稽查弊端。而于正销淮引，实系毫无滞碍。

绅等仰体大德，但求将扰民之事，停止不办。敢不竭诚筹画，共效涓埃！所有公恳报效口捐钱文缘由，谨摅管见上达，是否有当，伏乞钧裁。

再与蔡观察[①]

前因复陈书院事宜，公恳台端及但方伯诸公，以及时开办工艺为请，未审于中丞钧意何如。闻台端及诸公因收集游民，曾拟设立劝工所，详达中丞。因无的款指拨，迟未开办。刻下口捐一事，虽枢廷、户部照允，而外省议论犹纷。鄂有盐加十文太多之疑，江有偿款已减三成之说。鄙意果系通筹有余，划提口捐开办工艺，则以取之民者，仍还之民。既足慰满众望，即函答江、鄂，亦必心悦诚服，更无后言。方今工艺不兴，则海外漏卮不塞，华民生机将绝。有识共见，无待觊缕。

近见报馆所载，各省工艺局厂虽规模大小不同，无不争先竞举。即多伦诺尔同知，亦有悬赏访求牛马工艺之示。独湘省士民喁望，未见举行。此固仰仗中丞主持，亦不能无望于我公之赞助者也。查上海袁观察，有上苏抚禀设劝工所章程，于诸公收集游民之意，尤为切近。谨将原禀及报馆附跋，录呈台鉴。

闻前此局议，费少不敷开办。若就口捐四文内，划拨一文，为劝工的款，则偿款减成之数，仍留有余，而工艺创举，得所借手，不至于左支右绌，终归废置。似于国计民生，大有裨益。江、鄂会奏折有云："今若竭海内之力，百计搜括，但供赔款，以冀无事，则外国视我，皆苟安无志之人。士无奋心，民无固志。各国之轻我侮我，更将得步进步。"实至当不易之论。

台端以爱民活国为心，可否以此事禀商中丞之处，伏乞卓裁。某等伏处乡间，何敢越俎言事？惟见民穷财尽，蒿目扼腕，用是不辞烦渎，披沥直陈。伏求鉴恕，临颖皇悚。

三与蔡观察[②]

昨手谕敬悉，尚有愿竭愚诚之处，再为台端陈之，条列于左。

川盐入楚共两路：一自涪州达夔州，由三峡顺大江而下，浸灌湖北上游等处州县，由宜昌、荆州至公安、松滋，漏入湖南澧州境，此一路也；一自涪州达彭水，由酉阳、秀山泛酉水入湖南境，贩卖保靖、龙

---

① ②　此文录自光绪三十三年刻本《虚受堂书札》。

山、永顺、桑植等县，及沅、靖诸属与三厅地方，此又一路也。湘人所食川盐，以此路为最多。与湖北宜昌之川盐，如风马牛之不相及。刻下湘省厘局，既不知川盐入楚有多少包，则湖北盐局何以知川盐入湘底蕴？其所以包办者，不过据川省盐商自报之数以为数，将来回电，以多报少，势所必至。

芗帅既以淮盐加价为非，则川盐一项，必不肯按照八文加价，以自相矛盾。此时湖南如仿照加抽淮盐章程，自行抽收，芗帅置之不论不议，尚相忘于无形。今由湖北包办，倘日后芗帅定一至少数目。遵办，则川、淮两歧，于湘有损；不遵，则反生意见。似不如先行自办，转不至与南皮为难也。

厘局诸公，不愿更张，其意良是。但川盐来路不多，不如粤盐入湘之港路纷歧。观由蜀入湘舆图，止就保靖属之里耶司设一厘局，即可扼要。每年局费，至多不过千金，所收数目，当在两万金上下。其余与黔省毗连之处，设局抽收，亦容易办理。入不敷出一节，似不必虑。此事必以查明每年销数为第一要义，以有益于湘款为归结。来函所云，自是正论。但厘局既无川厘底册，据宜昌局报之数以为包数，外人所筹，无非惟利是视，恐无有益于湘之理。

来函又云："愿为彼包则已，若不愿为彼包，则必将加价四文，口捐四文，一并自为经理，以省开销。"所论甚是。但加价四文，乃官加之款，应如何办法，民间不敢预闻。口捐四文，系民捐之款，自应筹画妥善，以期涓滴归湘。况芗帅已有成见，加价四文，或能照准包办。至口捐四文，决不能一律照准，此意中事也。不信鄙言，请观回电。

来函又云："加价、口捐同时并举之事，一受鄂包，一不受鄂包。办理既歧，商贩亦苦骚扰。"此论似于商情未悉。盖川盐入楚，准其加卖八文，所加者，湘中食盐之户，于川商毫无亏损。如加价口捐，一半归鄂，一半归湘，同此四文，不过分两处完纳，并可于卖价内归还，与商贩实无骚扰也。

总而言之，湘省民穷财尽，百废未兴。多一文即有一文之用，若不悉心措置，以一包为省事之图，湘民实出八文，川商大收余利，实太不值。前次具禀，本拟将口捐余款，酌提数成，以为兴工经费。蒙中丞批准，颂感同声。今通盘核算，七十万金洋债竟同无底之壑，有何款可余？偿款无余，则工艺难兴。工艺不兴，则民困难纾。而民财日竭，局外代筹，焦思无术。所幸口捐一项，以淮盐、粤盐为大宗，川销甚弱，为数无多。诸公皆视为可有可无，不甚措意。所以某等拟将此项作为兴工的款，以为日后振兴之机。今承明问，不得不据实直陈。仰恳大力代回中丞，能将川盐一项加价口捐，概归自办。所收捐款，不论多寡，全数拨为兴工经费，以惠穷黎，全湘戴德。否则止得将口捐划开，作为自办。留此一线生机，以为兴工艺张本。取之于民者，还之于民，此则私心所切祷者也。执事关怀民瘼，当不河汉斯言。尚望曲成此举，以福全湘，无任祗祝。

与俞中丞①

窃某等前请将口捐款内，酌提一二成为兴工经费。仰蒙允准，颂佩同声。

今合众公议，欲振兴工艺，莫急于先设工艺学堂。良以强邻环伺，时变孔殷。泰西各国，恃其船坚炮利，以相欺凌。尤恃其声、光、化、电之学，以相夸耀。然究其所学，皆工艺之学也。盖形而上者谓之道，形而下者谓之器。中国之学，期明道而习为空谈；西人之学，尚制器而事归实用。是故浮慕西法，建立学堂，苟不得其统宗，鲜不为所瞀惑。正其名曰工艺，而学堂之命脉精神出矣。

夫工艺之学，初非西有而中无。太古之时，巢窟上下，网罟佃渔，即工艺之托始，是工艺尚在文学之先。中古圣人，如黄帝、尧、舜，神明工政，操制作之权，以御天下，故曰"备物致用"，立成器以为天下利，莫大乎圣人。三代盛时，工与士、农、商并列，四民未尝轩轾。周世工政特详，官府董劝尤亟。奇技淫巧，例有明禁。然倕、般、翟、尔之流，固代有其人也。自汉以来，视为贱役，于是中国阙焉弗讲。而西人竭其智能，开辟涂径，遂以横绝地球。今之时局，盖天将使中国圣教行于西土，西土艺术还之中国，亦宇宙自然之气运也！无如谈西学者，专课语言文字，为装点门面之具。考其成就，精者仅供西人佣役，于中国实无丝毫之益。又其甚者，离经畔道，醉心西人之境地，而忘自有之纲常。此无他，皆不知西人之学专在工艺。故舍工艺而谈西学，犹断航而求至海、南辕而北其辙也。

近叠奉谕旨，振兴学校。各直省若不先将中西学界划清，虽延请教

---

① 此文录自光绪三十三年刻本《虚受堂书札》。

习，谆谆训诲，入学肄业者，忽而经史辞章，忽而洋文西语。不特程课纷繁，茫无头绪，而其间聪颖之士，终心涉两歧，无所专注。即号通西学，亦不过猎取西书，著为论说，以为仕进阶梯。似此而求精西学，恐长夜漫漫，终无旦期耳。今特将西学划开，请专设工艺学堂，以宏教育。谨拟章程十二条，恭谨钧核，伏乞训示施行。

一、筹经费。学堂用度纷繁，不能不指的款为常年经费。口捐一项，以淮、粤盐为大宗，拟请将川盐口捐项下日后收数，不论盈绌，全数拨充工艺学堂专款。如不敷用，再求钧裁筹拨。

一、建学堂。事方创始，不必另造房宇。即借省垣现有之迁善所，改为工艺学堂，以速开办。

一、择教习。西洋人远涉重洋，非经费扩充，不能延聘。日本同文同洲，近来制造，几欲抗衡西洋各国。聘其国人教习，每人每年薪水不至过费。其次则用中国人在外洋精通工艺者。能有经费，聘请西人，尤为取法乎上。其聘约章程，随时酌议。

一、招学徒。额定二百名为止。初时不取盈数，陆续增招。凡年十二岁以上，三十岁以下，不必取之士人，亦不论土著、客民，取具市行客栈居民可根查者，为之保结，即准报名，来堂学习。士人愿学者听之。学堂不留餐宿，每日辰集申散，自带饭包，以供午膳。不率教者，随时剔退，以免败群。半年后，有资性灵敏、学业奋勤者，由学堂供饭。艺业有成，愿留学堂制造者，酌给工资，以示鼓励。

一、设管领。堂内总办二三员，会办三四员。总办请以司道大员兼管，会办举殷实正绅为之，均不给领薪水。余设坐办、帮办委员，及以下应用人等，月给薪资，归入后议。

一、附建制造所。凡织布、纺纱、成衣、制袜、剪铜、搓铁，各种大小机器，及凡制造所必需者，购置开办，以便学生随时观玩，悉其制作运动之法。盖学堂无观摩之具，则讲贯止系空谈，无以启学生之会悟。惟购买各项机器，一时难筹巨款。此制造所应请招股开办，不论官绅商民，皆可入股。公推一众所信服之人提挈纲领，管理一切。务令规模宏大，物力充盈。学堂目前基址及他日进步，胥根于此。但使主持得人，经理得法。俟商务稳顺之后，公家局款，皆请随时存放，以资扩充而收利益。

一、区分学目。西国学堂，类别群分，有条不紊。仿照办理，分为十门：一曰格致。先由算学入手，学八线、句股等法，以立工艺之基；

次研求汽机运动及汽机化分之理，并考核各项阻力、压力、扯力、热力、速率力及传声、回声、生电、取电等法。各就性之所近，极力讲习，以求精通。二曰图画。图画为工艺之本，图画不精，则所造之物，不中规矩。当令学者精心练习，欲造一器，先令绘图，庶无差谬。三曰化炼。西国技艺，视化炼为要图。凡工作有关化炼者，须令学者讲求物质之本原，物体之精涩，务令洞悉化机，庶能自出心裁，以造新器。四曰制作。木艺则先究弯木、合木、刨木、锯木等法，金艺则先讲锻炼之法，石艺则先习制砖、合泥、刻石诸法。余若造绳缆，制钟表，印书画，以及针钮摆式等物，听学者择习一艺，精益求精。五曰工程。工程所包者广，上可富国强兵，铁路、轮船是也；下可厚生利用，各项营造是也。习工程之初，与制作互相表里。如造石、造瓦、造灰、造管、造火泥、造铁料等法，皆所当求。否则不明突奥，不知精粗，工程必不巩固。余若营屋舍，架桥梁，造水闸，浚河港，开井塘，均须一一贯通，以资利用。六曰测量。西国格物致用，半由测量。测风雨、燥湿、寒暑，则有表；测远近、大小、高低、平斜，则有镜。苟非习之有素，安能用之得宜？他若量光力法，量热力法，量气之多寡法，量电之强弱法，量声之迟速法，量力之轻重法，皆工艺所必需，务令学者逐一研求，方能洞彻。七曰种植。种植亦技艺之一端，西国莫不讲求，故新法日出。如枯瘠之地，转为肥饶；高亢之田，变为湿润。宜令学者专心考求。凡木性枯荣，地质美恶，谷种宜忌，如何令繁而再获，如何令丰而多收；水旱偏灾，宜如何绸缪于事先，补救于事后。他若茶则讲烘制之法，桑则讲培护之法，蚕则讲择种免役之法；种竹以造纸，种蔗以造糖，种橡以造胶，种樟以熬脑，种葡萄以制酒。事事讲求，则利源日辟，财不胜用。八曰开采。专习采取五金及开石凿煤之法，学分数类：首金质，如金、银、铜、铁、锡、铅等类；次土质，如水晶等三十四种；次烧质，如硫磺等五种；次玉质，如宝石、金刚钻各项。而采法、勘法、分优劣法，尤宜辅以格致之功。如辨别矿质，必以强水吹筒，此化学事也。水土结成晶类之理，石质之颜色气味，皆须考求，此格物事也。苗之衰旺，何以能详？采之浅深，何以得法？当令学者一一研究。湖南矿产殷繁，日后学有把握，即为开矿之用，兴利岂有涯涘？九曰书式。各国技艺书籍，珍奇物件，储存院中，学者功课余闲，令其互相讨论，并由教习指授，俾易明晓。十曰机器。西人之于工艺，虽一丝一缕，皆借机器之功，所由物美价廉，商务日旺。除制造所机器可备参观外，堂中亦须购公用机器数种，俾学者反复考察，更为亲切。学有成效，不特可自用机器造各种物件，并可造成大小汽机，运往各处销售，以擅利权。开办之初，不能广购机器，止须先有锅炉、汽机、车床、刨床、铲床及钻机、钳、锉、锤、刀等件，便可因物成物，自为推广。省城尚存有大小马力机器，以之刮磨应用，可免抛弃物力。又机器一开，每日煤油之需，数亦不菲。若将本省应制军装，酌量指令制造，验物核价，于公无损，而学堂有所借手，公家得以供用，煤油之费，亦有所出，一举实兼数善。此因窃虑学堂费绌，故一并筹议及之。以上各事，皆西学之至精。中国不乏灵敏之才，分门讲习，一旦风气大开，且不难驾西人而上之矣。

一、游历外国。西人最重游历，用意深远，宜仿照办理。西洋路远费艰，游历不易。东洋最近，必须亲历其境，方得真诠。惟前此中人，不深知艺学甘苦，望洋兴叹，奔走徒劳。今拟于一二年后，择学生资性灵敏、学业成就者十人，交委员携往东洋，游历一次。采其极新之法，购其极新之器，并访其嗜好风尚，以便购办货物运往该地销售。资斧由官筹给，但不可有名无实，以免糜用。

一、设劝工场。江、鄂合奏云："西国赛会之举，聚本国、他国之货物，萃于其中。人见己国货精工巧，则来购者多；我见他国货精工巧，价贵销多，则力求进步。"此欧洲赛会本意也。日本效之，设劝工场，亦名货物陈列所。宜于沿江、沿海及内地各省大城巨镇，各设劝工场一区，备列本省出产货物、工作器具，纵人入观，外国人尤要。一以察各国好恶，一以考工艺优绌，使工人自相勉励。此事最宜赶办。今拟俟工艺渐著成效，即于岳州每年八月设劝工场，赛会一次，先期由洋务局电咨各国领事，各带珍奇器具来会互观，以资工艺之助。

一、奖励学生。凡学业成就者，准专利优奖，方足以资观感，而回风气。光绪戊午年，总理衙门议复振兴工艺折，第一款云："如有自出新法，制造船械、枪炮等器，能驾出各国旧时所用各械之上，如美人孚禄成轮船，美人余禄士奇海底轮船，炸药气炮，德人克鲁伯炼钢制炮，德人刷可甫鱼雷，英人亨利马蹄尼快枪之类。或出新法，兴大工程，为国计民生所利赖，如法人利涉凿苏彝士河，建纽约铁线桥，英人奇路浑大西洋电线，美人遏叠镫德律风之类。应如何破格优奖，俟临时酌量情形，奏请特赏。并许其集赀设立公司，开办专利五十年。"第二款云："如有能造新器切于人生日用之需，其法为西人旧时所无者，请赏给工部郎中实职，准其专利三十年。"第三款云："或西人旧有各器，而其制造之法，尚未流传中土，如有能仿造其式、成就可用者，请赏给工部主事衔，许其专利十年。"嗣后如有此类，恳援案奏请给奖。

一、奖励捐输。绅民人等，如有乐善好施、愿捐巨款为学堂用者，亦请从优议叙。查戊戌年总理衙门议覆折第七款云："如有独捐巨款，兴办藏书楼、博古院，其款至三十万两以外者，请特赏世职；十万两以外者，请赏给世职，或郎中实职；五万两以外者，请赏主事实职，并给匾额。"第八款云："如有捐集款项，奏办学堂、藏书楼、博古院等事，仅及万金以上者，亦请赏小京官虚衔。"日后如有此类，恳援案奏请给奖。其有捐数千金及千金以上，奏请赏给"乐善好施"字样，以收集腋之功。

一、此举有十便：开利源一也；塞漏卮二也；养穷民三也；收游民四也；开民智五也；纾民困六也；培邦本七也；工艺大兴，百货填溢，厘税日增，可足国用，八也；富国即以强兵，一切造船制械，无须仰给外人，可张国威，九也；将学界划清，取西学之精微，于中学无毫厘之损，可保名教，十也。有此十便，切实举行，由一县至各州县，由一省至各行省，不特为美利湖南之始基，并为振兴中国之嚆矢。惟诸事草创，章程尚未详尽，应如何增改俾臻美善之处，当随时禀请钧示，以垂久远。

复万伯任[1]

承垂询学堂章程，仰见振起人才盛意，曷胜钦服！窃谓中国人士，慑西国之富强，而归求之学校，可谓知本务矣，然其中要有区别。

西国强，源于富，富源于商，商源于工，工源于学。故西学无论巨细，止当以工艺统之，特设工艺学堂，以专科专官，登进尤异。然后人知趋向，风气大刀，工精器良，拓利源而塞漏卮，莫要于此，于中国学校制科无涉，于中国名教纲常更无涉也。

康、梁诸逆，既借西学为摇惑人心之具；无识之流，知西之有学，而不能辨其为何学。盈廷交口，请立学堂，直以为西学当兴，中学可废。诏旨一下，疆吏从风行者，不必知，知者又不敢言。如此，虽学堂

---

① 此文录自光绪三十三年刻本《虚受堂书札》。

遍天下，谓之无学可也。名不正，则言不顺，非今日学堂之谓哉！

先谦去岁，即与同志诸君子议立工艺学堂，而费无所出。嗣以房、亩诸捐并举，恐扰民激变，请于蔡伯浩观察为言于中丞止之。因商就淮盐，划办口捐，更请以其余创立工艺学堂。蒙中丞批允试办。刻下奉旨，与农务学堂并举，殆无中辍之理。惟费止万金，成效恐难速睹，自非扩充经费不可。

至求实书院改大学堂，仍不离中学局面。院中元有西文、西学教习，不过章程较密，都与实在西学无预。即首邑议立学堂，亦止能多购中学、西学诸书，使多士有书可读，得以考求通习。至于观摩之具，仍非游览，工艺学堂不足开广耳目，启发性灵也。我兄以为民兴学、兴利为心，知必早有卓见。刍荛之献，未审有当万一否？

致朱莼卿太守①

台驾回省，趋侍教言，深佩阁下学术纯深，道力坚定。其时奉劝以学务处自任者，实以学校事关重大。湘省自戊戌后，人心风气，与他省不同。教导稍涉歧趋，乱萌即已潜伏。非得正人君子主持于上，力挽狂澜，其害立见。兹幸中丞知人善任，我公已奉学务提调之委，开办有日。某略呈其愚，惟垂察焉。

近来日本勃兴，廷臣疆吏，竞派人游学东洋，并广布日本书籍，兴教育才，至为殷切。惟择术宜慎，流弊宜防，即论书籍一门，亟应大加裁酌，勿使贻误后学，流为乱阶，庶有百益而无一损。日本近刻学校书，指不胜偻。某识见浅陋，所阅无多，姑约略举之。如《教育学总论》云："凡人间之精神，其始实如被外界之影响，未有自立之观念，即为他人或他物所制，而无自制之力。自道德上言，则为压制，而未得云自由也。而进步之人类，必不可不为自制者，必不可不为自由者。此道德上不可移易之真理也。教育者，使不违此不可移易之真理以自压制入自由为宗旨也。教育学者，即教人得为自主之人之学是也。"此类甚多。又《统合教授法》上第六章《游戏教授》元注：学问者，宜令以游戏为之。云："教授者，课儿童以学问，因以感触儿童。拿破仑席卷全欧，蹈破亚尔伯山巅积雪，是拿破仑之游戏。丰臣秀吉志并朝鲜八道，蹂躏

---

① 此文录自光绪三十三年刻本《虚受堂书札》。

支那四百余州，是丰臣秀吉之游戏。小儿受学课堂，亦当出以愉快，俾为学问于游戏。”第九章《勇敢气象》元注：不可令生徒顾虑他人评论。云："儿童达其知识，即在所述语言与所发举动。故直言径行之勇敢气象，宜培成之。而顾虑评论、钓名沽誉、忧谗畏讥之风，断不可长。盖顾虑评论，则任为何事，皆举动之我与顾虑之我，析而为二，不能固执而专注，今令生徒前立不畏评论，不顾嘲笑。"又《统合教授法》下第一章《修身科教授法》云："所论受人侮辱，忍所难忍，杜绝其报复本性，即成人极高之道德以强儿童，转有害于教育。屏除一切成人责备，详审熟处，儿童行为有粗暴刚愎者，苟无恶意，当优容之。"第三章《作文教授法》云："如教授细目等束缚师生自由者，亦非此学科之要务。"第八章《体操及游戏教授法》云："游戏者，因其竞争心、好奇心及他种种动机，虽易令儿童热心，尽力活泼，唯未可以是为足。"案：以上诸说，以自由为宗旨，以作乱为游戏。评论嘲笑，皆勿顾畏；粗暴刚愎，当予优容。以此教中国之儿童，可乎？

其《修身科教授法》云："凡有学科，皆以选择教资为要。"初不待言，而修身科尤甚。然通章不及修身，实际非中国所谓修身也。

其《伦理书》第一章《统论》云："伦理学者，非寻求人生究竟之本旨，而在指示其所以达此本旨之道。达之之道，即行为之标准。得以绳人人之行为，又得以判别其正邪、善恶。就行为之标准而言，古来持论甚多，似难一定，然不过各有所见，异其解释而已。故不拘学者见解之异同，而自有一标准行于社会之间。而以其所善行者为道德之社会，是盖由人事必然之关系而来者也。人也者，其天性不能独居，必相聚而为群，遂至结成社会。有人于此，必有其父母、妻子、兄弟，如是而成一家族。众家族相倚，而成部落。众部落相赖，而成社会，遂以成国。既成社会，此一人之行为，必有关系于他人。其他诸人之行为，又转而关系此一人之身。是以助他人之宗旨，即自助其宗旨；害他人之宗旨，即自害其宗旨。"第五章《行为之标准》云："伦理之世界，成于人、己之关系。人、己之关系得宜，则益从而进步。惟有本人、己并立以为主以全其关系，是则可进于人生究竟本旨之标准，即伦理世界所以可期进步之道也。"其言伦理如此，非中国所谓伦理也。

其《学校卫生学》云："德川氏之末，一国政权，不得不返诸王室，时势为之，非得已也。而为考究其原因，盖因体力之竞争，以致受此大创，岂可不引以为鉴哉！"又《国民教育资料》第六章《爱国心》云：

"如子爱父母，非以其父之位尊金多也，非以其母之貌美也。"此类措词之失，不可枚举。

盖日本之学，向随中国为转移。五代以前，攻习词章；元明以来，讲求性理。德川继霸，承平二百余年，文士竞鸣，蔚然深美。及与西人驰逐，事事效法，即文学一道，亦复弃己之长，师人之短。于是朝廷诏令，草野撰述，无不取条约之体式，为词翰之规模。往往复沓冗长，不能卒读。自赖朝创霸，迄于德川，争战相寻，俗尚武健。一旦归政王朝，藩士多以失职怨望，结党立会，举国皆然。自由之说，作乱之风，深入人心，弥久未已。明治维新之后，尚有刺客戕害宰辅之事。如大久保利通。而重臣罢职者，乃为自由党之首长。如板垣退助。或且举兵倡乱，卒被赏恤。如西乡隆盛。故其学人立论施教，不以为嫌。此则其国家化俗未一之征，抑亦学者见理稍偏之过也。

今中国虽甚贫弱，根本尚固。伏莽之戎，隐忧孔炽。至学校之内，自中丞前岁严办后，已不复如前狂吠。一闻变法诏下，无识者以为仍用康、梁所言，乱党遂乘机鼓煽。无良之辈，诋斥宫闱。已禁之书，充满市肆。若以日本教法导之，为儿童者习闻此等议论，即伏无数乱机。父兄不能束其子弟，官长亦安能有其民人哉？

中丞政务殷繁，即使诸书在前，何暇浏览？今我公综理学务，实吾湘治乱安危之机所系也。用敢不辞琐渎，缕悉上陈。敬乞鼎力主持，达之中丞，从严整理，以端学术，而杜乱源，湘人幸甚！

致俞中丞[①]

前送东洋游学颜生可铸等寄回一函，备述彼中情形，颇萌归思。旋致苏生舆一函，重申前说。某当以相率回华，不合事体，勉住数月，必须终局。据夏观察言，已续汇三千元经费，无虞不给，至以"同学之人，贤否杂糅，将来一并致疑，断可无虑"等语复之。兹将二函，上呈钧览，亦可借以鉴察彼中情事。

向来日本学术，视中国为转移，特俗尚既殊，教法亦别。近因精研西学，一改旧观。其切实有用者，可取为师资。至于游谈剿说，中国本所优为，不待求之远域。其艳称东学者，皆别有肺肠之人也。重以戊戌

---

① 此文录自光绪三十三年刻本《虚受堂书札》。

死党盘踞其中，诬诋朝廷，无所不至。强邻生心，伺隙联络句引，何怪其然！

正恐各直省派其诸生学成而归，隐忧方大。颜生等贞确不移，颇知自爱。其所论各节，皆他人所不肯宣露，且惧为彼国监督所见，尚多未尽之谈，而首加冠冕之语，以掩饰耳目，用心良苦。其实蔡和甫星使所致外务部书，皆已发其覆也。

同冯莘垞给谏与陆中丞^①

赐谕敬悉，遵即转致芝生侍郎及诸君同阅，容公商速复。

张筱浦观察，于洋务尚为熟练。铁路之事，伊到沪必得确情，一应办理机宜，谅臻妥协。当初铁路废约之议，湘人专求避害，并未有图利之见。香帅亦极意主持，谓必争至废约为止。既而改拟办法，属湘绅筹购股票，意在出以和平。湘绅虽暂允遵行，然小票滞销，而股价顿涨，已滋疑窦，即底股之与路股，亦必按约通筹。利害攸关，尚待认真考究也。

窃思美国政府，向不干涉公司之事。盛公遣福开森要约，美国君臣，始翻然感动。盛公以其与梁星使往来函牍，咨达湘省官绅，一经绅绎原文，始知盛公一手操纵，言废约而实保约，明则咨梁大臣力为辩说，暗则遣福参赞曲为斡旋，均从梁大臣复函和盘托出。其派员赴美之本意，将违背合同，私售股分，一概置之不问。原咨所谓符约则存约，违约则废约。虽经断以正论，不过徒托空言。其办到者，美政府允为干涉而已。梁星使致盛函略云：二十五日，将福参赞节略所开三事，专备照会，送交海外部，请将各条切实声覆，以凭转达政府。次日，即据照复，大致相同，当由福开森驰电奉闻。查美国国例，于公司贸易向来不能过于干涉，此次往还辨论，数日之间，即认明自有专权办理。关系之公司交涉事件，固由俄日战事。东方局面一变，美为保全商务起见，不得不稍为变计，冀保已得之利，而拓将来之路。亦由福开森办事实心，善于操纵，使彼国君臣幡然感动。非明公指授机宜，洞烛万里，固未易致此也。美政府既已允为干涉，能否拒绝比人，不至空言徒托，尚须徐为伺察云云。

但美外部来牍，于照会所询第二条，添出"若照现在经理办法"一语；第三条，将原文"保护之主义"一句改为"将该路遇有合宜应办事件，自必极力相助"之意；末又云"若该公司改其规模办法，以致本国不应承认襄助，即可停止"。承认襄助，推求其旨，可见美政府办事甚有分寸，并不干预无理之事，又可见美政府颇涉勉强。设非俄日战事，冀保利权，纵福开森设法疏通，未必轻于应许。梁大臣照会美外部略云："兹奉本国政府训条，嘱以三事奉询。计开：一、美政府是否以为合兴公司实系美国公司？二、美政府愿否专权办理关涉该公司之交涉事件？三、美政府愿否将对待粤汉之定见及保护之主义宣布于众？"云云。美外部照复梁大臣略云："本大臣承嘱见复，兹特逐条复答于后：一、美政府以为合兴实系美国公司。二、该公司若照现在经理办法，美国以为本国政府独自有权办理该公司之交涉事件。三、美政府愿将对待粤汉之定见及将该路遇有合宜应办事件，自必极力相助之意宣布于众。倘若该公司改其规模办法，以致本国不应承认襄助，即可停止承认襄助，谨为贵大臣预先声告。"云云。乃盛公自得有美政府允为干涉之据，遂过甚其说，以美政府出头干预，恐成国家交涉为言矣。在湘绅，因美公司造路，逾限私售比股，据合同与之争论，本有废约之理。该公司旧主物故，财产星散，无人无款，其势甚为危殆，又有废约之机。中美邦交素睦，美之对待中国，与他国不同。且知美政府向不干预公司事件，故有废约之议。否则，香帅谙练多年，如湘绅孟浪行为，何肯轻持此议？特事势万变，不料其有福开森一段情由耳。

犹忆数年前，筹议粤汉铁路，朝旨本谕令湘、鄂、粤督抚商之。盛大臣会合三省绅商，自行承办，以保利权。嗣后，盛公于三省绅商，未一过问；三省人士，未便妄参末议。今粤督据葛利面称，谓美售股与比，比即法、俄，电请盛公力拒，鄂抚以绅民不愿，谓地土所关，存亡与共，电请盛公坚持。此路经湘境千里有余，较粤、鄂关系倍之。香帅与赵次帅均行电达，以废约切实力争。湘绅具有天良，何敢漠然恝置？况目前之吃亏太甚，日后之贻患尤深。大局危机，地方巨祸，诚有不能已于言者！

查借款以美金计算出入，美金一元，约值中国关平银一两四五钱，涨跌不常，亏耗甚巨，且勿论也。从前借款，通交九五，此则每元只交九十，已扣去美金四百万矣。建路所用款项，除地价及土工不计外，美公司每百得五，作为酬劳之费。以全路关金四千万元计之，地价土工，所占有限，又去美金一百数十万矣。铁路进款，除提付各项经费，所剩即为余利，提五分之一给与外人，未为不可。然必每年实有余利，乃可按数均分。今预给余利，虚数小票不论，余利之有无、多少，扣至总数五分之一为度，又去美金八百万矣。中国借款，随时可赎。乃既限定期，又加空息，如二十五年之内取赎，每百元加二元五，又去美金一百万矣。然此犹显而易见者也！中国借洋债屡矣，用彼之货，从不预我之事，不谓利息加增，复经抵押，而乃路由彼造，款由彼支，溢取意中之息，诡图格外之利，又以为未足，而竟夺其权。以后我或借彼款，彼即办我事。此不独为地球万国之所无，亦从前西人未尝一施之于中国者也。且用人照海关一律，三等以上事务，皆外人司之。海关原议参用华人，厥后并无其事，又谁见海关账目者？是此路余利之逐年实数，我必无从闻知。盛公建议之初，岂竟未察？

论者谓粤汉铁路，为洋债进步之速。岂虚言哉？据东亚三国地志勘路人报告里数云，粤汉相距一千四百七十中里，谅非漫无稽考。原约则谓武昌至广州，绕经三水，七百四十英里，按之中里，何相悬若是！查日本铁路平均计算，每一中里，需日金一万五六千元，合中国库平银约一万两有奇。中国川汉铁路，大概依此推算。即粤汉路所勘英里属实，加入萍乡枝路六十六英里，岳州枝路二十五英里，湘潭枝路九英里，避车旁路七十八英里，共计九百十八英里，以中里总算，亦止需中国银三千万两之谱，何以必借至六千万？即原约所载，预备路工未完之前数年利息及意外之需，业已不成办法，然亦只约共三千六百五十三万美金。而必借虚数四千万金钱，浮贷巨赀，虚悬重息，此何为者！计此路全股美金四千万元，合中国银六千万两，地股尚在外，是不仅倍于日本铁路，即比较芦汉铁路，计里长出无几，又无黄河桥大工，亦未免浮出过甚。造路之费，未必用得许多。无怪宁沪铁路止六百数十里，竟以二千万两定议开工。视粤汉，益加浮冒也！况全路原订三年造竣，续约改为五年，今展延只剩一年矣。路未成之先付息钱，至赎回小票止；路已成之后付余利，至五十年满止。所以展延者，于洋商及办铁路者，皆有利也；而于赎路，则大害。

查阅合同，美公司将银交中国总公司，总公司照发小票交美公司，并发银交工程师之铁路公司，听其支用。在总公司，不过经手过付，尺寸无权，而将来此项报销，究在总公司之手。铁路无旧例，亦无新章，考核钩稽，何从准驳？是美公司之滥用，总公司不知；总公司之浮销，户、商部亦不知。自开办芦汉路以来，其间经庚子一变，此款遂无人过问。粤汉，则章程更坏，历年既久，莫测端倪。今日财绌时艰，以如此绝大款项，坐视公家受无穷之累，而不预为之所，此则一念及而可为寒心者也！

试以六千万银按逐年五厘息核算，到二十年，变一万二千万；四十年，变一万八千万；五十年，变二万一千万。尚有各股东应分之余利，五十年大约亦数千万，丝毫不能短少。总共约及三万万两，较庚子赔款，所差无多。须尽五十年拨清，此债不还，路即归美。彼时尚有芦汉、正太、山东、宁沪等铁路，俱需银赎，其总数不可思议。不赎，则路归各国，即地归各国，悬揣其时之财力，何堪当此重害？明明以路押债，以债造路，债且因息而逐增，路则勒期而必赎。又复各路各债，相逼而来，其不至于危险者几希！然则五十年后，路政一事，亡国有余矣，可胜浩叹！若夫派兵护路，因路占矿，路之所到，即权力之所到。此固今人所共知，东三省已有前车，勿庸赘述。复请钧安。

与张雨珊①

昨在程商霖处，谈及铁路事宜，弟谓断不能出芗帅范围。以座客颇多，未敢畅论此旨，时尚未见鄂电也。顷芝老送阅鄂电，弟反复思之，觉诸君不去，弟窃以为未安。以事理论之，官主废约，责成绅民自办，固是众愿所同。但如此重大事件，朝旨令芗帅筹议，主持其事者，自应原始要终，通盘筹画。若但请废约，而谓自办一说，不患绅民之不出钱，当事者岂敢冒昧出此？芗帅大气包举，兼顾两省，用意至为深切。至于事归官办，以费不核实为虑，诚哉是言！然吾辈但求废约，自办之有成，其他在所不顾。此事自吾两人与梁君璧垣发端，大家用尽许多心力，方能到此地步。若因不愿官办之故，而致官绅意见参差，事体瓦解，是垂成而忽自我败之。将来咎有所归，或来他省责备，吾湘人尚从何处立足耶？

芗帅请湘绅赴鄂，亦是殷勤下问之意。兄为家累，不能强行。至蒋、席诸君不去，殊属未妥。席沅翁尚在仕途，尤为不合。弟窥沅翁之意，难以显言。我兄厚爱沅翁，幸为熟思审处。湘省财力艰难，止能岁筹百万。即见芗帅，亦可直达。此外尚有何事避而不往，致于部民之分际有所久缺耶？李、曾诸君来电，言鄂事芗帅主裁，并无鄂绅参预。词旨极为明白。他人所言，未可据为典要。吾辈在湘言湘，但求于事理不背而已。更乞教之。

---

①　此文录自光绪三十三年刻本《虚受堂书札》。

与张孝达制府①

自隶仁帡，十有七载。蒙被帱载，厚荷栽培。内顾非材，感愧交集。只以云泥悬隔，笺敬未通。瞻望台颜，寤寐如结。伏维德隆春洽，威重山崇。表率诸部，似李文饶宏总上流，如陶士行遥承灵化，靡罄颂私。

粤汉铁路，势等覆水。仰赖鼎力，乾坤转旋。朝野欢腾，大局一振。湘绅承办，采及下走。初以路议未定，筹款购地，理宜共肩。开局之后，随众委蛇。欲俟督办命下，再申鄙悃，奉身而退。人事乖迕，因循至今。默察情形，万难稽缓。谨白所怀，伏希垂鉴。

湘局办事，责在张、席二道。侍与芝生侍郎，谬充总理，如聋人两耳，取饰外观。若易虚名，而为实任，自揣才力，非所能胜。前余廉访赴鄂，即托其代陈。湘省京员，推举及侍，亦电张尚书婉谢。昨曾道广镕来湘，云钧意将以侍与袁京兆一同奏派，闻命皇悚，一再推辞，据称必为上达。萧编修来谒，并恳沥陈。侍在局赞襄，深所心愿，一经奏派，遂为职事所拘。野逸之性，既畏烦难；独往之怀，别有寄托。不足以当此也。深恐前托，诸人言不尽意，不能不迫而自陈。余廉访解任回籍，其人宗旨正大，处事精能，本系宫保拟派遥领铁路之员。目前时地相值，正可派充总理，钧裁为幸！

至于路政次第，台端自有权衡。然有不能不详陈者：当铁路收回，已有成局。留美学生梁焕彝，采美洲铁道、舆地两家议论，致函湘绅，言湘路必自郴、衡修起，席道因为说帖，同人无不称善，惟张道欲先修长岳。去岁第二次来鄂，侍曾与张道婉切商之，张道亦云我已明白。及到鄂，与粤绅会议，忽以郴路议归粤修，众皆失望。侍深咎席道不向钧座陈明，席道云二人同见，张说在先，何敢立异？此事如无大滞碍，自应置之不论。果行宫保当日借款筑路之议，亦不必斤斤计较。

今修路之款，令各省自筹。湘省财力艰难，迥非粤比。欲筑路，全恃招股；欲纠股，必先有利；欲得利，首贵择地兴修。既修之后，获利果丰，然后接续扩充，众情踊跃，全路利权，皆在掌握。查湘粤路线，惟永兴至乐昌陆地三百余里，致力稍多，获利最厚，乃令粤人承修，而

---

① 此文录自光绪三十三年刻本《虚受堂书札》。

自筑长岳以下，与轮船相比，无利可图之铁路。以公财办公事，而先大拂众心，其何能济？至郴人之议以全力相拒，犹其次也。参稽舆论，永兴八十里至郴，又九十里至宜章，又四十里至坪石，系属湘境，共二百一十里。乐昌至坪石百二十里，系属粤境，山路最多。坪石至宜章，小有山冈；宜章至永兴，官马大道。若由郴别行至赐敕司七十里，又至坪石四十里，前任粤督李筱泉制军派勇营大开山路，俱阔至二三丈，两路施筑铁轨，皆非甚难。而让与粤修，何怪人心不服？今以事连三省，遂至众论纷歧。若举粤汉铁路作一省观，两头水程，中心陆路，应从何处下手？不待烦言而决矣。

且三省会议修路条款，虽经奏明，此条措词极活，粤人必不坚执以觊难得之权利。如路工开办，湘粤会商先修陆路，粤必欣愿。陆路既成，各修各境，商情大顺，成功自速。此事关系至重，前曾道在湘，侍与谈及，曾道答以权时勿提，恐烦宸虑。侍念己之在事与否，无足轻重，而全局利病，要当共明。若不由侍自陈，恐情事原委，终无上达之日，宫保且将以议论反覆责湘绅矣。干冒尊严，不尽皇悚。

与张筱浦廉访①

前日公会，未尽所怀。昨与孔静翁谒午帅，备陈一切。晚间闻公在抚署，复函达午帅，值席散公归，想未得见。此事由官府和平了结，绅民何敢执论？惟预约入城年限，乃关系地方永远权利。一经画诺，便成铁案。将来物议，当有所归。先谦叨爱素厚，实不愿公与午帅之为此也。杂处一说，官民皆所不便，湘人无愿意者。前日见雨珊与冶秋尚书家书，尚纵论及此。外人如骤难理论，总可徐商办法，幸勿以它处所无之事，倡自吾湘。公之闻望，中外凫孚。先谦诚恳所流，不敢缄默。

再与张廉访②

前因事至乡，静皆兄书至，知台端为贝纳赐入城年限，辱临垂教，有失迎候，歉极！贝纳赐事，前有关税文案，刘生怡见过，云：官场与英领事皆言，只要先谦答应，就好说话。领事云：如今我退一步，将来

---

① ② 此文录自光绪三十三年刻本《虚受堂书札》。

英商入城，一切规则，愿照华商一样，属怡请教可否。并将以此达之驻京公使。先谦云：我非畏事者，但我向来不与公事。君在此久，亦应知之。若以为此事众人情愿，惟我争执，太平街上，我未营一宅，开一店，试问众人情愿，何以贝纳赐一年尚未开张？若独我争执，何以一年我方出来？此极易辨者也。刘云甚是。复云：照华商一样何如？先谦云：此应由领事请示官场，岂我所应说？刘唯唯而去。

先谦窃思领事若无此言，刘生谅不敢捏造。惟是言出领事，若非官场向说，领事岂能执以为词？再四推详，颇为可骇。前商务局官绅集议，先谦系由传召而来，非干预也。众议佥同，属先谦偕静翁呈之抚部，非把持也。杂居年限，实系商民不愿，官场告领事以众人不愿，是也。若责之一人，得毋于事情不合台端阳许阴拒之旨，虽如先谦微有知识者，尚复骤难通晓，蚩蚩之氓，何山遍喻？地方者，皇上之地方；公事者，国家之公事。公与先谦，无所容心于其间。先谦初心，但愿湘省多享安全之福，公与抚部，亦留无穷之名，并无恶意，可质天日。况吾两人交谊，非他可比。若缘此而生意见，尤属不值，先谦颇悔前日不应预议，自今以后，不敢妄赞一词矣。

三　与张廉访①

环示敬悉。前日会议，大众本意以为官府和平了结，即稍受亏，而贝纳赐出城，永断藤葛。因英领来文，语气坚韧，措词抵抗，留为官府转圜地步，公同拟稿，上备采择。席罢之后，颇有疑公吐弃一切者，此指驳所由来也。至杂居之说，湘人不肯，万喙一辞，先谦实在附和之列。知此议发端自公，大众共晓，冒昧陈词，亦为公与午帅之故，鄙忱固可共明。至其他诀窍，本所不解，非详悉教之，无由发矇也。

来谕所称三厄，亦略有别。铁路之议，先谦亲授教益，得以洞悉源流，诚心悦服。外间悠悠之口，可置不论。学堂之事，先谦知公煞费经营，而周旋世故之处，亦不敢为公讳。至于此事，颇多以王莘田交出舒相卿与贝纳赐合同、台端不肯收受为不然者，但贝纳赐暂居城中，究无大害，情见势绌，终可转圜。惟求官场不许杂居，不约年限，并非难事，当可俯从。天津约章，既非省会可比；日本办法，又岂中国敢援？

---

①　此文录自光绪三十三年刻本《虚受堂书札》。

敬布悃诚，伏乞听纳。至各节未蒙明示，徒叹望洋。其所不知，仍希
垂教。

致庞中丞^①

前日惠顾，失迎，至为罪歉。先谦晤张廉访，述及方领事，言伊
"深恨贝纳赐，并代为画策，贝纳赐如运货入城，不必拦阻，惟禁约地
方百姓不买伊货，伊自穷蹙"等语，先谦颇疑办理未妥，商之乡人，亦
谓不可。昨已函告廉访，谨录稿呈电。

伏思前此地方官阻止贝纳赐运货入城，并代偿货价，费尽心力，专
为不令在省城内开行贸易之故。若误听方领事反间之言，自弛禁令，我
为开门之揖，彼即循途而来，空设补救之词，早成杂居之局，殊为失
计。惟求我公主持此事，严切晓谕。抵制贝纳赐运货入城，是为最要。
贝纳赐虽经商会运动，并未敢予以货财。此次骗古董店货物数箱，往沪
斟货，谅亦无多。公家照前抵制，即将来稍与准折价值，为地方消此隐
患，尚非不值。我公前属奂彬主政，暗中助力，为釜底抽薪之策，早经
转达。全恃大宪不稍松劲，庶伊得以行其计。地方百姓，仰望在公，知
不以烦渎为罪也。

四与张廉访^②

昨谒领教言，至为快慰。面谕方领事，言伊"深恨贝纳赐，并代
我画策，将来贝纳赐运货入城，不必拦阻，惟有禁约地方百姓不买伊
货，伊自穷蹙"等语，骤闻之，似觉动人；细思之，乃大不然。无论
地方人众，无禁阻买卖之实在办法，即使真能禁阻，已在豫亨泰洋
行开张之后。地方官任令运货入城，先自弛禁阻之权力。贝纳赐果
吃亏而去，他洋商即援例而来，则杂居之局定矣。商之乡人，佥不
谓然。

方领事恨贝纳赐，自系实情。但伊系英人，惟愿伊国家开拓商务，
且为己身补过之地，亦不易之理。乞台端勿为所惑。

京师来电，言公将贝纳赐事业已了妥，瞿、张二公，深为感谢，云

_____

① ②　此文录自光绪三十三年刻本《虚受堂书札》。

非公力，不能办此。午帅告二公知之。是台端了妥此事，已有定论。若复留此祸根，不特贻地方之隐忧，亦关系台端之永誉。千恳主持句当，地方幸甚！

五与张廉访^①

手示敬悉。拦阻贝货入城，从前官场本系如此办理，非今日先谦创论也。"请示"二字，何以克当？贝即"讹索"，台端为地方办事，为百姓造福，无令一人罄室以供之理。至货物入城之后情弊，皆具前函，不值赘述。省城之内开设行栈，为各行省所无。此事行止，关系国家全局。外人办事，以信为主。况赔偿津贴之后，贝系不应住城贸易之人，何得有运货入城之事？案已了结，方领事交有凭函，乃谓贝不听伊命令，亦岂领事所应出之语？坐实前事，抵制驳诘，总可就范。公置前情于不论，此先谦所不解也。湘人自辰州一案，至今疾首痛心。若会城之内，外商杂居，一有龃龉，祸端立见。先谦不惮烦渎者，为地方百姓请命耳。公主持杂居之念，牢不可破。先谦即竭诚呼吁，于事何济？此后亦不敢更有所陈矣。

附来书

日前奉示后，昨传省河委员施牧，切属遇有贝货，应行拦阻。讵坐谈未毕，焕彬函至，云贝货已进城、并未拦阻等语。施牧仓猝去，当经禀明帅宪。此事委折极多，今早趋叩，拟面陈详情，以请示办法。未得登堂，怅然而返。此次货物，当无人肯与销售，一面传布抵制之法，以清内患。鹤龄之愚，以为如此，则贝虽无赖，无可借口。倘经厘局拦阻，则贝必仍前讹索之故智。弃地而遁，厘局不能不为之收存。货既入局，难于出局，通盘筹算，实觉为难。鹤龄非畏外人，惟罄室不足供。其所求口岸之说，至今各处杂然，南京、南昌、上海均在争论，迄未定局。毫无成议。此则鹤龄所为进退维谷者，惟函丈有以鉴之而已。若吾师主持正义，必无回顾，则鹤龄固无不谨遵之理。以后续有到货，即毅然拦阻，断不惮于为难。现在做官，本非得计，借此解免众谤，亦所乐从。但如何收束，则无暇计及耳。伏乞密示为叩。

---

① 此文及附文录自光绪三十三年刻本《虚受堂书札》。

六 与张廉访[①]

奉到环示，皇悚之至！先谦岂诬人者？况于地方大宪之前，敢以无据之词直言上贡？先谦虽愚，不至于此。午帅在任时，为贝纳赐事召先谦与张雨珊兄商论及之。公言杂居无碍，日本即如此办法。先谦以中国现在国势，非日本比。向午帅陈其不可，是为先谦与台端论贝事之始朱[②]。益斋观察、裕蓉坪太守及方大令荃俱在坐，有耳共闻，公遂忘之耶？究竟华洋杂处，日本既有前规，亦非不可建之言，特时未至耳。意见不合，朋友常有之事，何况公务？韩、范相争，昔人两贤之，但令公所执者正，不必以此介意。

附来书

奉函悚甚。拦阻是从前办法，即索偿所指为口实者。至谓龄主持杂居，此说因何而来？此事龄与领事苦口磋商，领事业已就范，而贝复翻案。如龄主杂居，何以又向领事商有成议？至后来之英使撤调领事，又岂主持杂居者所能为耶？凡事不平心而任意诬指，则亦何事不可诬？龄闻命矣！

七 与张廉访[③]

来示读悉。台端既追述前事，则昨示所斥为"任意诬指"者，先谦可告无罪矣。公主持洋务，功过以身任之。大众有责望一人之心，台端无听命公众之理。公前此杂居一说，贝事了妥，则为交涉之常言；不了，则为此事之实际。昨奉传到商务局，众议抵制贝货，别无办法。孔静皆诸君言前在局公会台端，谈及杂居，谓三十年后方知好处。伊等不论三十年后之安危，但计目前之利害。众议如此，谨以上贡。至公到湘以来，先谦只有关切，何至妄言诋斥？即因贝事反复渎陈，固愿地方之安全，亦保台端之名誉。愚诚耿耿，可以掬示，请公毋多疑虑。

---

① 此文及附文录自光绪三十三年刻本《虚受堂书札》。
② "朱"字讹，当作"末"。
③ 此文及附文录自光绪三十三年刻本《虚受堂书札》。

附来书

前奉示后，以一时闷郁，率尔上陈。

其为失言，自无疑义。后奉读沈吟，龄于"请示"两字，实不合法。盖请示而行，在龄为迫切无如何之举，而在函丈视之，必疑为龄欲为拦截后诿过地步，以为事出函丈，龄便可卸肩。此种心思，直是狗彘矣。龄虽不肖，曾有此等卑贱之肠腑乎？吾师但看透此层，则一切疑虑，均可涣释。正拟陈达左右，又奉手示。杂居一说，龄曾告函丈，谓此系理论，无预实事。函丈既忆前言，此言亦必记忆。龄谓不租界是杂居，租界亦是杂居，而欲以管理之权付之外人，直不值得。此龄论交涉之常言，非于此事之实际。至现在所争，为城内、城外，更非杂居与租界之问题，龄如何肯涉通融？半年以来，唇焦笔敝，至于眠寝俱废，何日不因此事惄然于怀？其目的之不能遽达者，国势也。每思德相铁血外交之言，恒深忿悁。今乃谓龄牢不可破之杂居主义，龄能不呼冤乎？总之，现在仍恳函丈虚心博采，如众议金同，龄当禀明抚宪，前往贝行，立饬役人将货运出城，行栈封闭，牺牲此身。如有后患，一身任之，决不推诿。如或尚有和平办理之道，固我团体阴绝觊觎，国际民生，两有裨益，则亦为公众之命是听。前函忿激，请付焚。如即论平日师座相待之厚情，安得有此反唇之声耶？一切惟求海涵，是所叩祷。

八 与张廉访^①

手示读悉。前日王莘翁承命抵制贝货，传集诸绅。王、黄、汪、孔诸君偕先谦在座，皆以赔偿之后，贝应出城，承前说以相抵制，方为正办。纵货入城，虚词禁约，有损无益。金谓不可，旋即散去。及揭帖出后，朱观察深以为忧，特走询孔静翁，云面见阁下。阁下言系诸绅所为。究竟何人为此？静翁以前情告之。先谦前致书劻帅，称述及此，确有是事。来函所称先谦致劻帅书，谓阁下告知领事揭帖出绅，将唆使外人与绅为难。并无此语，殊可怪笑。

阁下主持洋务，保卫地方，先谦昔从大夫之后，谬推一日之长。凡有公论，理应上闻。何况外交，实贻后累。前后六七致书，冀垂听览，

---

① 此文及附录诸文录自光绪三十三年刻本《虚受堂书札》。

或裨毫发，匪相仇也。禁约买卖之无益，主持杂居之共闻，已具前函，无可解免。

来书谓外人传说先谦言铁路借用英款，系阁下运动，督帅为之。又谓有人来言先谦云阁下运动学生，使反对督帅。所谓人者，究系何人？是否亲闻先谦之语？尽可质对，不必含胡。来书云"传说虽似确凿可信，固不敢信之，抑以揭帖一端之说推之"云云。传说何以谓之确凿？既不信矣，又以他端推之，而所推之端，全不符合，非先谦所敢知也。如指出确证，先谦当俯首认罪。否则系阁下凭虚撰出，以相抵突。朋友之道，不应如此。来书诟谇之声，琅然满纸。先谦虽一钱不值，非所敢闻。伏望更留神思，勉崇令德。临颖祷企。

附来书

　　昨晤朱益斋前辈，知函丈误听游言，陈诸帅座，谓揭帖之事，龄告于领事，云出自绅士，以致外人将起而与绅为难等语。又据益斋云，已代剖辨明白。此事殊为可骇。查抵制贝货之议，龄极谓然。即谓此举出之于龄，殆无不可。外人不能与绅士为难，龄夏间曾具道其详，函陈聪听，岂遂忘之？抑不信之耶？贝货与英货迥殊，龄已向领事极力说明，领事极服。商务局复关道书，以为得体。是领事亲向关道所言，安得有与绅为难之意？龄将以此事架诬绅士，而绝不足害绅士，设计未免太愚。此名地方绅士受之，亦甚豪壮，鹤龄不做官矣。致领事一照会，言外几已直受不辞。矧此种阴险举动，乃龄所万不屑出此者耶？

　　吾师谓自龄来湘，无处不保护，乃谓龄主持杂居，推函丈此次疑龄之词以例之，殆以龄为鬼蜮？为蛇蝎？是亦过矣！疑谤于此举之不已。又谓龄唆使领事与绅为难，领事固无此权矣。质之益斋，谓渠决无此昧良之语，且力言静皆前辈决不出此。然则谁实出此耶？

　　至于外人近日传说，谓函丈称铁路借用英款，系龄运动，督帅为之，以媚英人，龄正骇愤欲绝。不数日，学界中人因报章腾说，议论蜂涌。又有人来言，云函丈谓龄运动学生，使反对督帅。一翻一覆，龄均无此神通。而谓函丈两皆归狱于龄，此等从旁传说，虽似确凿可信，龄固不敢信之。抑以揭帖一端之说推之，则函丈于龄殆所谓多方以罢之者耶？抑如龄所逆料，受人之运动而为之我师直鲠直无他耶？

伏念年未弱冠，即受恩知。此来亦托庇宇下，顾觭齮之见，至于如此。且以外部督抚历任之所磋磨，关道专政，竭力抵制，无可如何之事，悉举而委之于龄一人之身。且以两国之交涉，变而为吾师弟两人之交涉。龄抚心自问，生平无恔求两字，而记有意害地方，害绅士，此心明白，可质衾影，可对天日，矧忍害函丈也哉？清夜扪心，直不识何事开罪，望师之明以相示，虽面斥之，至于鸣鼓割席，不敢以强辨饰非也！

若以函丈之师表群伦，加龄以意外之恶名若快然，取其逞意而不复有所顾惜之意，龄虽无状，固亦有所不能任受也。龄常言去官，而端帅之去，英廉访之来，似皆有机可乘，而终以庞帅之苦心挽留，兼别有原因牵绊，而未能竟脱此非。龄之恋栈，而实事势之无可如何，乃做官不得自由之苦也！犹忆端帅于五、六月间，常促龄代具乞病疏稿，迨出使命下，始不催办。当局之苦，何处可说？抑其明决于去就之间，龄固未尝一日忘斯义也！今则目的渐次可达，当入山读书，闭门思过，誓不再涉宦途，函丈当亦许之。惟涉湘不及两年，得此恶名而去，自问罪不至此。羽毛之爱，有心所同。龄夙兴夜寐，常恐忝及所生，其不幸而靓此，则亦命也。

贝事忍垢含尤，却未尝一日不办。揭帖之事，近日已改为传单，如能做到，真足以致贝之死命。领事昨来一文，渠受其害极深，却不能不如此。可以听之，无须过于认真。由龄手自拟稿复之，渠无言可辨。龄于此事，实已计尽能索，毫无把握，总望民气团结，官绅商民一心办事，则外侮当无可乘。此龄为长沙颂祷之词，即以献诸函丈。为愚者一得之言，不敢云遑恤我后也。临颖悢然，怊怅何已！

又

敬禀者，顷奉谕言，惶悚无地。龄比日盖无刻不在烦苦界中，心神瞀乱，于笔札间率意出之，实知不免。伏读训词，于责备之中，每多规勉，虽在下愚，能无感涕！前事不再加辩明，后事亦碍难左证。统希师座海量渊涵，即当肉袒负荆，踵门乞罪，伏乞施以教刑，警其狂放，则感戴无既矣。至龄官于斯土，虽一日亦有义务，即赴沪后，尚须竭力设法。此间无可著手。非欲借以自明，冀不辱师门耳。敢布腹心，惟乞垂鉴。

附公呈光绪三十二年十月事

为呈请执约辨明以维大局事。窃绅等近复闻英使、英领事有分向外部及抚宪处要求洋商准在城内设行之事，共赴关局查阅往来文件，深为骇异。

查两国交涉，须遵约章，彼此不容违背。《天津条约》第十一款载明："英商居住，悉照已开通商五口无异。"所谓已开五口，即指《江宁条约》第二款所载沿海之广州、福州、厦门、宁波、上海等五处港口贸易而言。所谓港口者，即系通商处沿港一带之地，故名之曰口岸。盖当时订约通商之埠，所以定在港口者，系为滨临港岸，停泊商船，设立行栈，上下货物称便起见。又《烟台约》载："新旧各口岸，除已定有各国租界，应毋庸议；其租界未定各处，应由英国领事官会商各国领事官与地方官商议，将洋人居住处所划定界址。"又载："各口租界，作为免收洋货厘金之处。"光绪二十八年《新订英约》第八款第八节，更载有"销场税不得在租界内征收"之文。是遍考各约，洋商居住贸易之地，只有在于港口之明文更须划定居住之界址，并无准在城内杂居之条。不难查核共明，无所用其强辨。然此犹指约开口岸而言。至于所辟商埠，出于中国自愿，与各国索开口岸又复不同。应设商埠之地，尤属权操中国，各国更未便强以所难。盖长沙开埠，虽载在光绪二十八年《新订英约》第八款第十二节，系中国允愿开辟，声明与《江宁》、《天津》各约所开口岸无异，是已不能杂居城内。况该约下文载明："第八款若不施行，则不得索开该口。"所谓第八款，即指加税而言。现在尚未加税，长沙本不应遽尔开埠。中国先行开口，实与自辟无异。盖照约若俟加税再开，此时犹属内地，洋商即不能居住贸易。今中国体念商情，先行辟埠，俾洋商早得在该埠所定界内开设行栈，已属多占便宜，岂能转肆要求？中外律法虽异，情理实无二致。易地以思，当亦知其不可也。

前者英人贝纳赐贸然在城内开设豫亨泰洋行，因念该商未谙约章，耗费不赀，仰体朝廷优待远人之意，酿资商迁，各洋商何能因此从而生心？此就条约与公理而沦，即属万不能允。且中外交涉，动关全局，一处失著，全局皆翻。长沙系属省城，所辟之埠，已择定北门，为公共通商之地。若再允其违约要索，城内杂居，此外各口，皆得任意扩其居处，开行设栈，挟其雄厚之赀，以行其垄断之术。中国商力薄弱，何能与之抵制？势不至举全体商民自有之权利，尽为所夺不止，而各处界外之厘捐，亦将为其影射包庇，顿归乌有。以后开办口岸，销场税未能征收，更无论矣。

尚有一等无赖外洋流氓，号为洋商，往往句结中国流氓，鱼肉良善，借端敲诈，遇事欺陵。官吏无治外之法权，商民结无穷之积怨。内地之有教堂，国家已不堪其累。若复杂居无限，保护亦苦难周，不幸尚有他虞为患，何堪设想？

绅商等仰维国势之艰危，下念身家之迫切，用敢执约据理联名沥陈，伏求大人俯念利害所关，迅赐分别转达照复，俾内外坚持，共维大局。不胜迫切叩祷，万姓感戴之至。

再附公呈光绪三十三年七月事

为遵守条约公恳力争事。窃以上年英商贝纳赐，在城内朦租房屋，意欲开设洋行。前经职商等禀请宪台执约阻禁在案。近闻英美公司运纸烟，不完销场税，关局遵约拦阻进城。该公司嗾英使向外务部图免厘金，要求在城内开行，实属显与条约不符。

查《烟台条约》载明"准以各口租界，作为免收洋货厘金之处，俾免漫无限制。至沿江等处，均系内地处所，并非通商口岸，外国商民，不准在该处居住，开设行栈"等语，是限制免厘开行等事，条约俱有明文。若谓《烟台续约》有"再行商酌"一语，查光绪二十八年外务部以福州万寿桥北不应免厘事咨湖广总督文称"汉口在租界以外，抽收厘金，本多年旧章，自是正办"等语，历经遵办在案。是不得以尚待商酌未定之《续约》为词。

且自五口通商以来，凡口岸租界，各定有界线，界外不准免厘开行。四十余年，各国遵行无异。现在商约尚未议定，加税尚未开办，长沙通商口岸，即先行择定北门城外，并暂行租借大西门、小西门城外。业经议有章程，洋商尽可照章开行贸易，并不俟开办加税之后，已属通融办理，洋商所沾利益甚多。今若任英商违约，在口岸租界外有开行免厘等事，势必漫无限制。不独于国民有害，即内地销场税大有损碍，则加税不能开办，于洋商亦复无益。用特公恳俯赐察核，详请抚宪转咨外务部，据约坚持，共维大局。湖湘万民，感戴之至！

与瞿龚若教谕^①

　　前日在冯莘垞处晤教，尘溷不能多谈，惠函执抑，匪鄙未所克当。赐读两讲义，极佩宗旨纯正。未见执事之面，已知然明之心，欣快何已！

　　至来书所云："如此之学堂，其咎亦不尽在士类。"学堂章程，取法日本。日本教旨，出于西洋。宜中国学堂无不合矣。然考其章程则是，而办法皆非，何也？中国之初等小学，即日本之寻常小学，彼国四年为期，尽人必入，所谓强迫教育，养成全国儿童生活必须之智识技能者也。四年之后，彼国多入实业学校，次则师范学校，其入中学者甚少。入中学者，五年之后，多入高等实业，次则高等师范，其入高等学堂者更少。可知其立学要旨，注重初基，令皆读书识字，以为年长营生之地，其意正如中国义塾。使无父师者，得以与被教泽，即不能上进，将来去学他术，亦免毕世心盲耳。特外国学堂多，而教法周详；中国义塾少，而教法疏略。果师外洋之意以惠中国，扩充义塾，整齐教法，即为益于穷民者甚大而溥。

　　今中国初等小学，固未臻美善，而中学、高等学同时并举。多不入小学而径考入中学、高等者，其人之学业，又未必较入小学者为优。办理之次序既纷，程度之低昂无别，岂可以风示天下乎？外邦学堂，以谋生为亟，不专借此为入仕之阶梯。中国学堂，以求名为亟，率天下人士，趋于学堂之一途，以求所谓出身者，故公家有经费不给之忧，人士多外望失学之惧。本意既乖，而求办理之无滞碍，不可得也。

　　且前此诏下之日，亦应请缓至三年后开办学堂。先就此三年中，将各种教科书按照诸学分别等差，精心编纂，务令秩序厘然，以为随时改定张本。庶入学堂者，各专其业，不至失所持守，骛入他歧。即不入学堂者，亦皆于等级了然胸中，闭户造车，出而合辙，方可兼收推广之益。今也诸书听人撰拟，并不完全教科，并为一谈，毫无深浅。各学堂乏应用书籍，乃取沪上刻本所谓管学大臣审定者，以教学人。由是奸人伪托，邪说朋兴，竟成不可究诘之势。良家子弟，不敢投足，宁可出身无路，惧为习染所污。此而欲令天下向风，人才蔚起，何异卤莽布种、

---

①　此文录自光绪三十三年刻本《虚受堂书札》。

徒祝箬车之盈者哉？今中朝大官，患在师心自是，惟二三近习软媚之言是听。而于用人之贤否，行事之利钝，坚塞两耳，不一访求。无怪治丝而棼，遂致隐忧日剧。

家居蒿目，愤郁积胸，承来谕辄一发之。阁下学有渊源，覃心劬古，锲而弗舍，自足千秋，信非逐时好以取重者。区区之诚，惟乞于朋游中审择之、慎许之而已。先谦垂暮之年，戢景蓬蒿，无求于世。自揣迂直之性，不能俯仰随人。近更谢绝交与，以为寡尤之道，既自怜，复自笑也。

致张冶秋尚书①

久未奉书座右，伏维位业益崇，福德赡盛，钦颂无量。性田舍人返湘，具述阁下出示张鹤龄致李希圣书，阁下因此函商湘抚，委办学务，后来始知其不能整顿等语，属令向先谦详达。闻命之下，窃用惊疑。鹤龄办理学务，引用憸邪，败坏风气，湘中尽人能言之。阁下独若有不释然于先谦者，此殆左右之人，言先谦以鹤龄不贤，归咎阁下，过甚其词，以荧惑清听。阁下与性田言，又不明示尊旨。先谦惧见诬枉，不敢不一陈之。

阁下为天子大臣，兼有陶铸士类之责。自以用人为急，以鹤龄为才而用之，非于彼有私爱，较然易明也。迨后来知其不可，所谓君子之过，日月之食，天下之人，皆有以谅之。若谓人士一经拔擢，即精白此心，以报知己，虽大圣不能必之于兄弟，况以此望之于朋友乎？鹤龄昔出先谦门下，相待意亦颇厚，以其不容于公论，不得不与之绝交。其先书札争持，致生嫌隙，乃在贝纳赐一事，不与学务相涉。犹忆晤谈，偶及学务，仅告以胡元倓、俞诰庆不可任用。鹤龄谩词相答，先谦遂不复言。今俞诰庆挟妓侵公诸事，业已败露；胡元倓为人，湘中自有公评，不妨存俟后验耳。

先谦当湘中设师范馆时，俞廙轩强以总理相属。及赵次山到任，论事不合，因即辞退。此后并未一向官场言及学务，官场亦实无以学务咨商先谦者。而群小惟恐先谦干预，横被以把持学务之名，使不敢不引嫌缄口。陆春江到任，鹤龄每见，必言春帅欲令先谦入学务处。伊复再四

相劝，且云即将具奏，先谦正色拒之乃已。然春帅相见，从未提及，其虚实不可究知。今闻阁下出示鹤龄致李书，有春帅与先谦至契，将来必仍使先谦参预学务之语，悬拟揣摩，专为自争权力起见，与面告先谦者，情事全不符合。即此一端，其居心诈伪，难逃洞鉴。今已远离湘省，不可谓非维桑之幸也。

先谦与阁下交契，屈指垂四十年，平日未尝稍有嫌衅。阁下位列台衡，指顾撰席。他年名业，犹将接武曾、左诸贤，为乡邦荣福，正未有艾。先谦虽伏处草茅，时复瞻望德辉，引为欣庆。愿无以细人飞语，上掩天日之明，庶令德有光，恩好勿替，佩幸何已！

复黄性田舍人①

昨示敬悉，拙稿辱承推奖，惭恧万分。弟意中外之学，当逐节推究言之。外人以工艺致富强，制造日新，能夺吾民之耳目，而吸其膏血。我不能强禁吾民令不购外来之物，则必于制造求精，然后可资抵制。中国风气未开，才能未显，故外人声、光、化、电之学，皆宜加意讲求。此非朝廷设专官，行省立专学，难期实效。所谓当师法外洋者，决在于此。不可一切抹杀，坐视沦亡，而不求挽救也。

就外人科学析言之：修身伦理，乃中国人所强，附以张彼帜者可以不论。五洲既通，其文字语言，自应有人通习。历史舆地，皆吾儒所有事，此当视为中学。天算，西学极精，而亦中学所有。体操，如中国八段锦、五禽戏之类，不必立为专门。此外关涉工艺各科，以中国人材之多，果得在上者切实提倡，何患不能精求猛进、驾乎其上？而欲以士人兼通，此必不可得之数也。况奸宄窟穴其中，以致学非所学，更无一能通者乎？外洋诸邦，立国自有根本，不可轻视。亦有开物成务之圣人，却非摩西、耶稣之谓。特无如中国所称数大圣人者，以故文字、人伦，不如中国。

窃尝取中外诸学比而论之：外国寻常小学，意在尽人读书识字，略如中国义塾。其立法普及，用心甚善，教人有各种浅近教科书；而中国初等小学，本有四书五经可读，无须旁及，则不必用教科书。外人由小学入中学，则有较深之各种教科书；而中国中学有群经以资诵览，有诸

---

① 此文录自光绪三十三年刻本《虚受堂书札》。

子史以供涉猎，则又不必用教科书。外人由中学入高等学，则有各种专门；而中国士人，就平日所诵习之书，已自经学分科，子史分科，义理学、词章学又分科，优游餍饫，深造自得，终身由之而不尽，岂尚有余力它求？则又不能用教科书。常有歆羡科学，以为教育得法，中国必应仿效者，未尝通筹之言也。然则教科书，不行于中国乎？曰：中国仿为之。教科书文义疏浅，止口供教员粉饰之需，不足当学人涉猎之用。若学子兼通他业者，必其年长以后，因性所近，黾勉自求，不假程督。且中人敏慧，过绝西土，但令鼓舞得法，极深研几，岂曰无人！何必概责之儒士哉！

夫工艺之学，形而下者也，与中学之形而上者，古今殊涂，本非治世之要务。然而处交通之世局，挽既倒之狂澜，欲不从事于此，其势不能。鄙人常谓奇技淫巧，圣世所禁，故奇肱氏献飞车。周公毁之。假令成周之世，奇肱逼处，飞车流行，则周公不惟不毁之，且仿为之，以时政异宜故也。今崇奉外人者，不啻扬之升天；而鄙夷外人者，必欲抑之入地。于外人无毫发加损，似皆未为适中之论。

阁下澄观世务，慨念时艰。来书殷勤之意，溢于词表。故辄一吐下忱，以答盛旨，幸更有以教之。

与陈佩蘅[1]

忆自光绪丙申，有官商合办宝善成机器制造局之举，先谦等时皆在事。自陈右帅任内奉文开办之日起，至俞廙帅接任饬停之日止，经营四年，废于一旦。致尊款五千金，化为乌有，抚衷扼腕，愧疚实深！此后阁下过从往来，不我遐弃，方以为先谦硁硁之性，不欺友朋。又实已自掷万金，或者原始要终，尚蒙曲谅。是以敝族翊卿，商以余存机器，设法扩充，开设大经丝辫公司，尚迭次奉邀入伙，未荷允从。

数年以来，不复谋面，阁下所深致不然者，先谦皆备闻之。窃谓他人谗间之言，不免太过。若责先谦经理不善，自当俯首引咎，而其时亦有万难措置者：

工师曾昭吉，系陈右帅所信任，以为深明制造。然其志惟在多得

① 此文录自光绪三十三年刻本《虚受堂书札》。

钱，一经委派，挟上宪以自重，不复受绅士商量，此其一也。

开局之初，刊发关防，本以机器制造公司、时务学堂为名，欲令教授学徒，俾通制造。时先谦外尚有熊秉三、蒋少牧、张雨珊、陈程初一同受事，熊秉三始终未到，蒋少牧、陈程初到二、三次，惟雨珊共事年余。其先以商股难招，商之唐子明观察，在部议东征筹饷，盐斤加价二文，盐行余厘项内，每百斤补收二分，岁可得数千金。禀已缮就，适蒋少牧赴沪，自请带往。不料与熊秉三改窜禀词，专以时务学堂为言。刘忠诚批准之后，少牧杳无消息，飘然入都。熊秉三邀梁启超来湘，开办时务学堂，即用此款为经费。迨先谦查询得实，向右帅理论。右帅总以皆系我事，必扶持到底，不令缺费，函胡排解。先谦为势所压，不便多言。厥后因学堂事，与右帅迭相龃龉。右帅亦不复注意制造，然尚委裕蓉坪接办者，职此之故，惟先谦失所倚恃，遂至无法支持，此又其一也。

雨珊当开办时，意甚踊跃，天成丰、谦益两钱店往来，皆其引荐。天成丰折结在前，谦益往来万数千金，并无亏欠。及曾昭吉赴沪，购取电灯、机器而归，雨珊忽潜往谦益止帐，次日赴乡，自此数月不至，又其一也。

裕蓉坪接办之后，电灯两厂，每夜开至八百余盏。蓉坪筹画支拄，以为总有转机，而虞帅饬停，蓉坪屡请不允。数日间，一扫刮绝，又其一也。

官之主持者既如彼，绅之共事者又如此，虽以它人处之，鲜有不败？况无足比数若先谦者乎！

蓉坪停工之禀，请以大宗机器抵偿公款，已在善后局钞出，谨以呈电局中。总散各帐簿记，系雨珊族人张春皋茂才一手经理。阁下之五千金，先谦之一万金，见帐目者，书不一书，浏览可悉。余存物件，皆蓉坪一手区画。电罩电线，择尤归公。其次收在舍间，年久搁置，恐不中用。小锅炉马力一具，寄贤良祠；岁给房租四元。刨床、车床、钻床各一件，存大经公司。惟车床，公司借用。屡次觅售，未得主顾。余剩铜铁，大经收用，总计约二百余元。辫机禀称十部，实止圆辫机六部，其二未成。扁辫机二部。圆辫机不甚行销，一年停办；扁辫机，则昔与阁下商酌扩充者也。今先谦独力支持，推广至三十余部。数年前迭换做手，赢绌不常。然先谦于商务一道，实属隔膜，此事又极细微，两年来觅人出顶，总无成局。此公司大概情形也。

总之，先谦智虑疏浅，信人太过，是一生受病处。而负友骗财，不独无此事，未尝敢萌此想。业已愧对良朋，还望曲原前过，何感如之！稍闲，仍拟趋谒，希复赐见。或邀请随时同阅机器，一豁疑怀，尤为至幸。临颖不尽慺慺。

计开：

光绪二十二年冬腊两月，草簿一本；

又二十三年正月至二十五年六月，各项总簿四本；

又机器总簿一本；

又文件存稿一本；

又月报折底三本；

又日用簿二十二年冬月起，草簿一本。二十五年八月止，油簿六本。共七本。

共簿一十七本。

与吴自修学使①

前奉阁下及张、岑二公派充学务议长，固辞不获，当以决不收受夫马银两，奉达台端。昨由公所备送月支二百金，随即缴上，仰荷鉴谅愚忱。许以另款存储，预备学务，实用义心古抱，钦佩奚如！

至办理小学堂一节，偶与冯莘垞给谏谈及。莘垞随以上达，亦荷台端嘉允，以谓可行。兹拟具呈督抚，并赍上章程清折，谨先录呈大教，是否可用，望裁定缄示。至开办之初，先就省城酌分地段，择要设堂，俾儿童往来，不虞悬隔。自须周历闾巷，察其是否相宜。教员之勤惰无常，学生之程度亦别，皆应随时随地考核情形。

先谦衰疾之躯，万难周妥，且以缴回学务公所之款，复由先谦管理支用，为辞为受，亦觉两不分明。再四思维，敢以私请。此事将来既在公所发款，仍即祈由公所派人。如刘君佐楫、曹君典球，皆笃实老成，深谙学务，但乞台端任使，必能诸事合宜。先谦居其名，而公所课其实，公私两得之道也。先以缕陈，矜允为幸。

附呈稿

为拟设简易小学堂，恳请批示事。窃维中国之大患，首在游民

---

① 此文及附文录自光绪三十三年刻本《虚受堂书札》。

太多。溯自圣祖仁皇帝，特沛恩纶，摊丁入地。数千年百姓口钱之累，一举而空，厚德酿施，上参天地。嗣是二百年来，休养生息，物炽而丰。斯民积久相忘，混然中处，终其身，与国家无涉，而不知为蒙被圣恩也。

以中土幅员之广大，二十一行省之人民，其勤慤者，亦知努力营生，各谋本务，而父兄失教、子弟荒嬉者，殆不可以数计。盖自其童稚时，即已全无执业，长为游手，壮即匪徒，言之可为太息！尝见署寺之前，郊原之地，儿童游戏，五十成群，抛堶意钱，叫嚣讏突。他年人格，不问可知。西国强迫教育，正为此辈而言也。蚩蚩之氓，久成习惯，蜉蝣生死，何足深责？揆厥由来，不能无望于地方官绅之肩任矣。

朝廷锐意兴学，各省官立、民立学堂，不一而足，而贫民小学弗及焉。虽有初等小学堂章程，顾以经费难筹，奉行卒鲜。务其大而遗其小，似犹未尽国民要义也。今拟请设立简易初等小学堂，用少数之经费，施切实之教法，先就省城试办，为之模楷。然后推及各属，使乡村僻壤，易于仿行。凡及岁儿童，皆令便宜就学。照章五年毕业，即已知书习算，文义粗通。其上者，递升高等小学，次亦可安分谋生，不至游荡无归，流于比匪。

如蒙允准，职当联合同志，办理小学堂十数处，以为之倡。遵照《钦定小学章程》，总期费少效多，大众闻风兴起，以渐达西国所称"无人不读书识字"之目的。是否有当，伏乞批示遵行。除呈抚宪、中堂督宪、学宪外，谨呈。

附：《章程》清折一合。

复岑中丞[①]

前奉惠书，并赐阅宪政编查馆章程各折件。谕令如有管见，务以上闻。仰维集思广益之盛心，莫名钦服。

窃谓政不一端，安民而已，未有民本安而行一政以使其不安者。今日中国之病，不在民之不安亦明矣。必吐弃一切政令，事事效法西人，以为如是则自强，恐强之效不章，而安之象已失。台端之审慎，其亦有

虑于兹乎？

夫所谓自治云者，从前西国，本无政教。百姓困苦，不能相忍。自下劙上，以成此局。中国数千年，圣帝明王，殚其作君作师之心力，积累经营，筹虑既周，防检尤密。其立国之本，固不侔矣。而中西公私之悬异，即由此而生。西人各挟一自治之权，鸠合大朋，互相抑制。坐而谋者公益，出而议者公言，政令公之，财产公之，土地公之，如印度取自公司，而归之国家是也。其势皆出于不得不然。而上无龃龉不安之见，民无推诿坐视之心者，习成故也。中国之民，自黄帝、尧、舜以来，戴君若天，望君若神，又乐其宽然有余也。而欣欣焉以自私，击壤之歌是也。自夏后氏家天下，民亦以为吾君之子也，而相与私之，君与民，各据其私而私之。局大定，其在《诗》曰："雨我公田，遂及我私。"昌言之而无所讳，其由来渐矣。今以中国自私之心，而行西人自治之政，其不能相合决矣。

日本以专治之国，改为立宪，乙未和俄之事，交哄于中衢。丙午铁路之议，忿争于广座。此而[1]风潮，靡岁蔑有。日本国势隆盛，尚犹如此。若制度疏阔，奸宄潜滋，起而与官府相持，殆有不可问者。

本朝德泽之深，浃民肌髓，政举法行，在下者日用帖然，而各有以自达。所宜亟谋者，利民之实政耳。近岁师法西人，不得要领，民生已大困矣。又欲淆乱其耳目，扰惑其心志，而有宪法自治之举，诚非预筹补救之策。莫能为功，顾安得居高位者，皆如我公之用心乎？

先谦于西国政书，罕所研究，不敢妄有陈说。朋好中间，有博通新学、宅心正大者，时复咨询及之，令其胪举所见，未识有无可采。谨录上呈，伏祈电察为幸。

与朵生书[2]

承属为尊嫂作墓志，述及贤友先世，窃所未喻。所云始祖讳止，字帖木，陕西宁夏府人，元时从益王至滇，为云南枢密使，事迹忠烈，载在《滇志》，从祀文庙悯忠祠。《滇志》仆所未见，不知何人作。《云南通志》稿秩官、忠烈、祠祀诸门，无朵止其人。阮文达撰《志》稿，旁

---

① "而"字讹，当作"外"。

② 此文录自光绪二十六年刻本《虚受堂文集》。

搜博采，不应独遗《滇志》中一大人物，盖烛其谬也。《元史》列传中亦无之，元诸王无益王之名，《百官志》无云南枢密使。种种杜撰，殊为不经。

盖元时枢密院，犹今军机大臣，总理天下兵甲机密之务。其行枢密院，国初有征伐置之，大征伐则曰行院。为一方一事设，称某处行枢密院，或与行省代设，事已，罢。

文宗至顺元年正月，云南诸王图沁与万户布呼等反。六月，置云南行枢密院讨之。其时行院事者彻里铁木儿，为同知副使者探马赤，教化无朵止。仆意朵止当即云南廉访使朵儿赤，"赤"、"止"声近而讹，"廉访使"讹为"枢密使"。又以朵儿赤子仁通殉难，附会忠烈事迹，加之朵止一人。考《元史》右丞相朵儿只，今作多尔济。湖广行省平章政事朵尔直班，今作多尔济巴勒。非宁夏人。集贤大学士杨多尔济，大宁路总管朵罗台，今作多罗台。虽西夏人，不为云南官。惟朵儿赤生宁夏，官云南，父名宦，子忠烈，两世仕滇，安斯土而长子孙，实为可据。世代绵远，虽不敢信为必然，而考献征文，或亦数典者所取。

近代人作《华氏义庄记》，华固金匮望族，称其始祖为南齐孝子寄。寄行事具史传，父没不婚娶，年七十而表闾。以老而无妻之人，乌得有子孙哉？近世谱学不明，能实事求是者又少。沿讹袭谬，未可训也。贤友更审思之。

与王实丞书^①

大箸《罗整庵先生辟禅说》，谓整庵斥王阳明为禅学，而《困知记》中取平日用功得力之禅书与儒书相近者阐明诠释，于每章末加三五语痛诋之，名曰辟禅，反为禅学张其帜，以为深病，因推论阳明学术事功，非整庵所敢望。其书虽间杂禅语，不害为醇儒。反复九千言，义精深而词正大，诚数百年来未发之覆也。

夫整庵学由禅入，逮其悔悟，屏弃之斯已耳。而必举禅学中若者简洁、若者指示紧要、若者文法圆熟，照应分明，津津诏人，则固未免多事，将谓后之为儒者皆如整庵由禅入乎？学禅而后知辟禅，是必为盗而

后能捕盗也，岂其然乎？整庵之学，从积渐考验而得。《困知记》排斥佛氏，就身亲体仞者为言。其教人由虚灵而归于笃实之意，本为儒者所取，而立论不能无疵。先生之说，所以不可已也。

尊说又谓祖整庵而诋阳明者，莫如孙北海、吕留良、张武承三人。武承箸《王学质疑》，陆清献序之，于留良尤极推许，是非颠倒，不可不辨。愚谓朱、陆二派，明代迭为胜负。阳明远绍陆学，其末流至于决裂猖狂，于是学者尊朱以救时弊。沿及国朝，二派各诩师承，党援掊击之风未绝。然人品邪正，不系乎此。清献力排王学，是其一生得力所在。见辟阳明者，互相引重，无怪其然。留良负时望，声气遍吴楚，当清献名未大显时，容或借以为重。而其称扬崇大，不离乡曲之私、门户之见，至后来逆案，固非所料矣。

清献之言曰："明之天下，不亡于寇盗，亡于学术。良知之学，酿成寇盗之祸。"先生以锻炼周内斥之。愚谓"明代亡于学术"，清献之言，未尽非也。而专归罪于良知，则偏而失实。东林顾、高诸公，修龟山之教，朋党大张，祸延宗社，王学岂独任其咎乎？盖讲学聚徒，则趋附者流品混杂，而浮议繁兴，无论其宗旨若何，皆足以生事而阶乱。南宋淳熙以降，道学名高，举世风靡。所读惟四子性理之书，所言皆修齐治平之道。循是，则巍科膴仕可以立致，高巾敝衣参布朝列。读书作文者，目为玩物丧志；干练材武者，嗤为俗吏粗才。遇有异议，挤为小人。考其所行，绝不相顾。权奸利其愦愦，借以行私，万事不理，至于亡国。其流弊固非朱、陆诸子所能逆睹，而推原祸始，为之倡者岂能无责？不谓明代数君子复蹈之。尝以为有明三百年文章之士，用声华标榜相奔走，琐琐无足道。至于臣敢谏于朝，士修道于野，此亦天下之至美矣。而在上者，裁制言路，不得其宜。遂使君无自主之权，臣无效忠之路，清流横议，与朝政角争，恩怨相寻，国家随以倾覆。后之为人臣子者，其无以好名为营私之捷径，庶几天下万世，不再见宋明之覆辙与！阳明学问经济，本无可议。即其提唱良知，当前指点，欲人人本其固有之良，存此几希，意在救世。而功主静悟，则以读书为粗迹。即所谓"格物者亦以为格去物欲，还虚明之本体"。

夫中人之性，安于放而乐于诞，束书不观，而坐收道学之美名。此俗子所争趋，而有心世教者所大思也。然则后来诸君子之辨正，亦有不得已者乎？且阳明为学，阐明心性可也，宗主象山可也。朱学同异，何妨置之不言？而其作朱子晚年定论，必欲引朱合陆，颠倒年月，以就己说。此其一念竞名之私，流露于不自觉，宜乎整庵辨之，王觉斋、孙北海一再纠之。若李穆堂全论，辄以朱子悔悟为言，举所称切实近里用功者，概归之心学，推尊象山，仍不免曲袒乡人之失。而先生称举之，窃未敢以为然。

夫先生所左右者，罗、王二家之言也。于朱、陆同异，不设成见于其间，足见先生之学之大。整庵籍泰和，为先生同郡人，尊说不少叚借。卫道之诚，甚美甚美！昔扬雄，汉之文士，历代尊尚，而东坡鄙其艰深固陋。整庵，明之大儒，举世推崇，而先生讥其言儒行禅。若先生与东坡，则可谓不私其乡者矣。其与清献、穆堂之用心，相去又不啻倍蓰也。倾服之余，聊一推论之。大稿敬缴，顺颂道履不宣。

复阎季蓉书①

奉二月朔手教，知前函已达左右。足下恕其愚直，而复有以诱进之。盛心勤勤，佩仰无量。

足下谓明代士习之坏，始自中叶，其论允矣。至谓国朝康雍以前，士习端谨，至今遍天下皆游手浮宕之民，由于汉学之以名相高，以利相诱，士始奔走于津要，而荡焉无复廉耻，则仆不敢附和。

国初承宋明讲学之余风，气穷则思变。天下稍稍恶虚趋实，抑陆、王而尊程、朱，此已为理学中之善机。乾隆以后，学者务于经籍传注，考订发挥，即有宋诸君子之书，亦复多所辨正。其实事求是，使古籍暗而复明，微言绝而复续，有裨学术甚巨，如江河之不废也。圣贤之书，义蕴闳深，虽经宋儒阐明，容有疏漏，亦非必一无舛误，此固待后人补正。而为其学者高谈义理，以实事求是为不足为，于是各尊师说，互相诋谋窾启。寡闻之徒，沿波逐流，遂有汉、宋家学之目矣。

所谓汉学者，考据是也；所谓宋学者，义理是也。今足下之恶汉学者，恶其名也。若谓读书不当从事考据，知非足下所肯出也。去汉学之名，而实之曰考据之学，则足下无所容其恶矣。去宋学之名，而实之曰义理之学，则訾诋理学者无所容其毁矣。此名之为学术累也。然谓二家之学无流弊，则非也。理学之弊，宋明末流著于载记者，大略可睹。考

---

① 此文录自光绪二十六年刻本《虚受堂文集》。

据之弊，小生曲儒失之穿凿破碎者有之。至谓其为世道人心之忧，以理推之，决无是事。

今之士习日非矣，然所谓奔走津要、荡无廉耻者，岂考据之学导之耶？彼身居津要，能通考据之学者谁邪？又孰肯持一卷汉学书以奔走达官贵人之门也。果有之，仆与足下当心识其人，今茫乎未有闻也。谓考据家以名相高，似矣；谓其以利相诱，则何利之有？谓今天下皆游手浮宕之民，彼为考据学者，终日钻研，目眵发秃，以求没世可称之名，岂游手浮宕所能为功？此不待辨也。

仆在江南，续刊《经解》。有谓不当如阮文达不收李文贞、方望溪辈著述以为排斥宋学者，仆晓之曰："子误矣！经学之分义理、考据，犹文之有骈、散体也。文以明道，何异乎骈、散？然自两体既分，各有其独胜之处。若选文而必合为一，未可谓知文派也。为义理、考据学者，亦各有其独至之处。若刊经学书而必合为一，未可谓知学派也。仆傥续通志堂《经》、《苑》二书，则必取言义理诸书，而考据家皆在所弗录矣。"其人大悟，此可见彼之为说者，于学术之深，未尝兼通而博究也。

本朝纠正汉学者，姚姬传氏最为平允。其时掊击宋儒之风过盛，故姚氏非之，以救时也，非为名也。至其论学，以义理、考据并重，无偏而不举之病。道咸以降，两家议论渐平，界域渐泯，为学者各随其材质好尚，定趋向以蕲于成而已，本无所用其辨争。孙芝房先生以粤寇之乱，归狱汉学，大为士林姗笑。良由于考据一道，未加讲求，致兹巨失，故曾文正起而亟正之。今足下痛士习之颓靡，发愤著书，思拯其敝，深心大力，敬佩何已！惟言汉学似不若姚、曾两君子之持平，谨贡其愚，惟亮察焉。

仆于学问，惟务躬行，不欲以口舌相争。私念忝附心知，义无缄默。足下方以其道倡于沅、澧之间，一言之出，承学者奉为依归，关系至重。倘不弃刍荛而俯纳之，学术之幸也！敬请道安。

上胡筱泉师启[①]

山川阻修，日月悠忽。企瞻颜范，诚结肺腑。炎荒之维，麟洲之

下。景纯望气，云是衣冠。曲江肇文，锵乎韶石。得我夫子，益之化成。所谓采兰入谷，不杂凡卉；贡金于廷，必发异光者矣。暇时文宴，群彦攀追。花田送馨，酹以芳醴。越秀揽古，登其遗台。风流蔚然，贤众翕若。耳兹盛事，实用醉心。

某春莫向毕，言旋帝畿。再试承明，幸无陨超。猥自夏假，迄于秋孟。停车访师，煮酒招客。东观图籍，烂其盈几。西山爽气，时来扑人。然而乡井云遥，菽水无赖。每一置念，怦怦五中；便思戒途，劳劳半载。俯临山川，赡此文藻。仰愧鸿雁，谋及稻粱。庶几岷峨，或者岭峤。愿以冬日，坐于春风。珊瑚石间，授我层网。翡翠海上，掇公弃羽。豫达寸意，伏候鉴裁。商飙戒寒，福履自卫。

与梁武卿书①

去岁泛舟昭潭，侨寓庑下。得随尊丈，晨夕讲论。了无福畤誉儿之癖，时有坦之胜父之喜。

嗣晤少昆，详述雅望。兼诵词翰，熟知赤鸢遨鸣，天骥踸踔。墨一喷而章成，钵方击而稿脱。露布起草，每奏修期之能；石鼎斗吟，时得轩辕之句。洵文坛之飞将，亦当世之异才。遐思景从，愿言洄溯。

腊鼓送岁，布帆挂风。时则王俭幕上，已辟兰成；张敏梦中，来寻高惠。烟雨助其疲茶，山川莽其愁思。夕烽尽赤，埭亭告警；春草不青，原野无色。犹复销磨轮蹄，驰逐泥泞。子猷访交，未尽山阴之兴；吕安命驾，弥殷远道之思。岂意欃枪迅流，牙纛别指？东南之美，弗展其良觌；行道之咏，见迫于年时。咄其嗟矣！

尔者丛祠狐寂，雾市妖净。中原载清，万方送喜。大帅上戡定之功，朝廷行不世之赏。郭公首列，无异词焉。然而常何笺奏，本出马周；卫青幕议，亦谘周霸。由斯以谈，功有归矣。异数在迩，遂听生欢。

某才非庄助，谬宜承明之庐；志希安仁，未奉板舆之养。飞云在目，啮指动心。顷值朱明解装，白帝按辔。挹凉西山，遄返南岳。郁郁

___
① 此文录自光绪二十六年刻本《虚受堂文集》。

蓟门之树,慨然怀人;浩浩湖水之波,于焉问讯。用是缠绵写契,往复推诚。鲤鱼遗君,尊酒迟我。豪素自托,向秀遂以攀嵇;缟带可投,吴札因而适郑。或者倭迟无戒,胶漆有心。一展情愫,愚之愿也。言长楮短,不尽拳拳。

王先谦年谱简编①

道光二十二年　壬寅　1842 年　出生

七月初一日，王先谦生于湖南长沙营盘街。是年，长兄先和十三岁，二姐九岁，次兄先惠五岁。

道光二十三年　癸卯　1843 年　一岁②

三月，王先谦患天花，濒危。王母鲍太夫人历尽辛苦，方将其救活。

道光二十四年　甲辰　1844 年　二岁

道光二十五年　乙巳　1845 年　三岁

王先谦入家塾读书，随长兄先和学习。

道光二十六年　丙午　1846 年　四岁

随长兄先和学习。

道光二十七年　丁未　1847 年　五岁

始学作诗文。由父载之公命名先谦，字益吾。取"满招损，谦受益"之意。

道光二十八年　戊申　1848 年　六岁

五月，祖母曾太夫人卒。

---

① 本年谱简编主要依据光绪三十四年长沙王氏刻本《王先谦自定年谱》，并参考其他王氏著作编成。

② 本年谱简编年龄皆按周岁计算。

道光二十九年　己酉　1849 年　七岁

十一月，季弟先恭生。王先恭，字礼吾。

道光三十年　庚戌　1850 年　八岁

咸丰元年　辛亥　1851 年　九岁

王先谦文始完篇。自乙巳至辛亥七年间，王先谦皆随长兄先和读书。十月，长兄先和娶大嫂吴氏。

咸丰二年　壬子　1852 年　十岁

随县学生闵振瀚先生学习。闵振瀚，字浩斋，是王先谦长兄先和的好友。

咸丰三年　癸丑　1853 年　十一岁

二月，二姐适善化候选知县龚运昉。五月，避寇乱，移居北乡涝塘河。六月二十九日，长兄先和卒，葬于涝塘河。十月返长沙，王先谦随次兄先惠学习。

咸丰四年　甲寅　1854 年　十二岁

王先谦应童生试。次兄先惠以府试第一名入县学。

咸丰五年　乙卯　1855 年　十三岁

随县学生林树荣先生学。林树荣，字子静。是年，次兄先惠娶二嫂杨氏。

咸丰六年　丙辰　1856 年　十四岁

随黄锡焘先生学。黄锡焘，字翰仙，湖南善化人，后以丁巳补壬子乙卯科举人，官兵部主事，改四川候补道。次兄先惠补廪膳生。

咸丰七年　丁巳　1857 年　十五岁

王先谦应县、府试，排名皆靠前。古试列第十名，院试入县学第十二名，学使为原任编修张金墉。张金墉，字海门，一字良甫，浙江平湖人。道光二十一年进士，改庶吉士。咸丰五年任湖南学政。是年，补壬子乙卯科乡试，王先谦未被录取。八月二十四日，次兄先惠卒，时年二十一岁。次兄先惠于七月染疾，坚持乡试，出闱九日即卒。

咸丰八年　戊午　1858年　十六岁

应乡试不中。从父命在家授季弟先恭读书。十月，娶张氏。张氏，名广淑，字景仪，湖南善化人，生于道光二十一年十一月二十五日。

咸丰九年　己未　1859年　十七岁

王先谦应岁试，中一等第五名，补廪膳生。学使为原任兵部侍郎胡瑞澜先生。胡瑞澜，字子安，湖北江夏人。道光二十一年进士。二月，二伯父直清公卒。

咸丰十年　庚申　1860年　十八岁

王先谦应科试，中一等第八名。

咸丰十一年　辛酉　1861年　十九岁

二月十八日，王父载之公卒，时年五十一岁，葬涝塘河。载之公素有咯血疾，自次兄先惠卒后，无日不病，前二岁气喘甚，不能动作，饮食衣服皆需王母鲍太夫人调护。载之公编有《诗义标准》六十卷，并以之教王先谦兄弟。王先谦云：“于诗稍窥门径，皆府君教也。”六月，王先谦辞鲍太夫人，赴武昌。见父执胡心泉先生。胡心泉与先和同学李谟荐王先谦入长江水师向导营，司书记。营官为原任狼山镇总兵王君吉。在军中，识彭玉麟。十一月，随军移驻安庆，旋复移黄陂。

同治元年　壬戌　1862年　二十岁

二月，因感怀才不遇，王先谦自军中辞归。临别有诗云：“冷眼看同辈，低颜向武人。”五月，应李慎堂邀，至永州，旋归。十月，张夫人卒，年二十一岁。

同治二年　癸亥　1863年　二十一岁

二月，原江西布政使李桓延王先谦入幕。李桓，字叔虎，号黼堂，湘阴人。至湖北，李桓以病免，王先谦随其返回湖南。提督梁洪胜于湖南募勇，延王先谦入幕。三月，随梁洪胜赴湖北。

同治三年　甲子　1864 年　二十二岁

年初，寓汉口军中。其时，捻军围霸山，王先谦随梁洪胜率军赴援。先败于花台。再败于天门九真庙，王先谦随梁洪胜突围。梁洪胜所部三千五百余人，仅以数百人免。奉总督檄，移营蕲水。七月，归里。九月，应乡试，中式第四十名。座主为庞钟璐、祁世长。庞钟璐（1822—1876），字缊山，号宝生，江苏常熟人，道光二十七年探花。祁世长，字子和，山西寿阳人，咸丰十年进士，大学士祁寯藻之子。十月，娶周氏。周氏，名净蕃，字彦嫘，与王先谦同邑。十一月，北上赴京会试。

同治四年　乙丑　1865 年　二十三岁

三月会试，王先谦中式第二百名。座主贾桢、谭廷襄、宝鋆、桑春荣，房师胡瑞澜。复试二等第二十五名，殿试二甲第九十二名。朝考一等第四名引见，钦点翰林院庶吉士。大教习周祖培、全庆，小教习徐桐。八月，乞假南归。

同治五年　丙寅　1866 年　二十四岁

季弟先恭县试列前，入县学。十月初七日，周夫人以难产卒，年二十三岁。十一月游历江西。

同治六年　丁卯　1867 年　二十五岁

正月，由江西入浙江。至上海，旋返。六月，归里。九月，由湖北樊城北上。

同治七年　戊辰　1868 年　二十六岁

春，在京师与周寿昌游，始补注《汉书》。三月，二侄女婿祖生，九月殇。四月，庶吉士散馆，钦定一等第六名，引见，授职编修。七月，出京，历河南、陕西至四川。

同治八年　己巳　1869 年　二十七岁

三月，由成都返湘。五月，充国史馆协修。六月，偕弟礼吾赴粤游历，行至乐昌，太夫人念先恭心切，走书命归，遂送弟还里。八月，赴京。

同治九年　庚午　1870 年　二十八岁

入京，寓虎坊桥南。为季弟先恭报捐同知候选。五月，王先谦简放云南乡试副考官。正考官为汪叙畴。汪叙畴，字蓉洲，四川长寿人。九月初一日，抵昆明，入闱。榜发，得士杨高德等一百六十二人，副榜杨永芳等三十人。试毕，乞假三月省亲。十二月，归里。

同治十年　辛未　1871 年　二十九岁

季弟先恭久病，王先谦续假三月以待。三月二十九日，先恭卒。五月二十一日，弟妇张氏卒。六月，奉母命，续娶李氏。七月，偕家人北上返京。至德州，河冻不能行，王先谦独自入京复命，除夕仍回德州侍母。

同治十一年　壬申　1872 年　三十岁

二月，奉鲍太夫人抵京，寓东北园。五月初十日，四女娱祖生。六月，补国史馆纂修。七月，刊《汉铙歌释文笺正》一卷。郭嵩焘来函，言及此书："冥昧之中，而比附明确，征引宏富，可谓宏达博览者也。序例穷研，极考旁推，交通其辞，渊古醇懿，而仍出之疏爽。刘彦和、任彦昇之品事述文，有同斯诣，不谓近得之吾党，钦佩何涯。介弟沈思精识，实先发其旨趣。览君文而益为之凄婉。"十月，充本衙门撰文。

同治十二年　癸酉　1873 年　三十一岁

寓京师。闰六月，嫂吴氏所抚大侄女兰仪殇。十一月，补功臣馆纂修。

同治十三年　甲戌　1874 年　三十二岁

正月十三日，四女娱祖殇。二月，移居虎坊桥东。三侄女肇祖殇。三月，充会试同考官，得士陈光熙等十九人。十月初十日，五女顺祖生。

光绪元年　乙亥　1875 年　三十三岁

正月初八日，长子荣祖生。三月，曾国荃为先谦书"长沙三植之堂"匾额，并作《三植堂序》。四月二十七日，大考翰詹，钦定王先谦为二等第五名，擢补右中允。五月，充实录馆协修。六月，简放江西恩科乡试正考官。副考官为编修潘衍桐。至南昌，游滕王阁、百花洲。八月，入闱。得士涂官俊等一百三十九人，副榜喻浚明等十八人。十一月，回京。恰逢李鸿章奏请改科举，废制艺。王先谦为文加以反对。有"制艺取士，前古莫尚之良法也。圣贤之微言奥理，备于四子书。学者正心修身，推而至于平天下，舍是无由"语。二十五日，六女慧祖生。

光绪二年　丙子　1876 年　三十四岁

二月，补国史馆总纂。三月，派文渊阁校理。五月十二日，长子荣祖殇。六月，充浙江乡试副考官，正考官为潘斯濂。八月，入闱。得士戈桂馨等一百零四人，副榜朱霖瑞等十八人。差竣回京。十一月十二日，七女昭祖生。十二月，补实录馆纂修，兼充总校。

光绪三年　丁丑　1877 年　三十五岁

正月，转补左中允。八月，奏派纂修《穆宗毅皇帝圣训》。九月，实录馆全书过半，总裁奏请议叙尤为出力人员。得旨云："詹事府左中允王先谦著遇有侍读缺出，开列在前，并赏加四品衔。"六月，太夫人七十寿诞。十二月，五女顺祖殇。

光绪四年　戊寅　1878 年　三十六岁

四月初四日，次子寿祖生。同月，七女昭祖殇。十二月，王先谦升补司经局洗马。

光绪五年　己卯　1879 年　三十七岁

五月初一日，王先谦升补翰林院侍讲。初十日，奉旨充补日讲起居注官。六月初十日，次子寿祖殇。十七日，上《言路宜防流弊请旨饬谕以肃政体折》。力陈党援攻讦之弊。诏命："交部议奏之事，不得率尔搀越陈奏，更不得以雷同附和之词相率渎陈，致滋流弊。"御史李端棻奏《莠言乱政请旨惩戒》一折，弹劾王先谦借朋党之名钳制言路，请立予斥革。李端棻所奏被驳回。六月十九日，奏《徐之铭情罪重大请严旨查办折》。陈奏原任云南巡抚徐之铭蔑绝人伦、误国殃民、偷生附叛等罪，请将"生前官爵悉予追夺，行查原籍，将其子一并革职"。

七月二十八日，转补翰林院侍读。八月，刻《乾隆朝东华续录》一百二十卷成。九月三十日，以日本袭灭琉球，奏《条陈洋务事宜疏》，提出"审敌情"、"振士气"、"筹经费"、"备船械"四策。十月，奏请令各省清查田地，劝开荒。十月初七日，六女慧祖殇。王先谦自云："数年来，所生儿女旋踵夭亡，强颜破涕以慰慈母，然肝肠寸断矣。"十二月初九日，升补右春坊右庶子。初十日，因出使俄国大臣崇厚不候谕旨，擅自回京，王先谦疏奏条约及防俄事宜。十五日因实录馆全书告成，总裁奏请议叙尤为出力人员。得旨："右庶子王先谦著遇有升用之缺，开列在前。钦此。"又代郭松林拟《通饬各省选将练兵折》。

光绪六年　庚辰　1880 年　三十八岁

三月，充会试同考官。得士于式枚等二十三人。十四日，转补左春坊左庶子。四月，升补国子监祭酒。刻《国朝试律诗钞》、《馆课诗存》。五月十六日，因英、法等国使臣请宽减崇厚罪名，王先谦偕内阁侍读学士胡聘之奏《会议事宜筹虑宜周折》。略曰："今据英、法等国使臣从中转圜，并据英使述其国主之命，请宽减崇厚罪名，以全俄国颜面，即可另议新约等语。如果于事有济，朝廷原不惜贷崇厚一死，以弭边衅而固邦交。惟此时俯如所请，将来条约能否更定，尚难确有把握。设崇厚已从宽贷，而俄事毫无转机，于国体大有关系，似不可不豫为筹虑。拟请明降谕旨，将崇厚暂免死罪，仍行监禁，俟曾纪泽到俄另议条约，定有章程，再行酌量办理。"二十四日，会议俄事，王先谦及翁同龢、徐桐等人皆以俄衅不可开。

八月，奏《长江水师请饬彭玉麟酌度折》。二十二日，俄遣使臣布策来华，因曾纪泽往俄议约未定，王先谦奏《东三省防务宜特派大员督办兼辖地方以一事权折》。二十九日，又奏《会议防俄未尽事宜折》，拟应对之策四条："一曰豫定应敌之策"，"二曰暂联日本之交"，"三曰宜专任使之权"，"四曰精求船械之利"。十月二十六日，奏《招商局关系紧要宜加整顿折》，弹劾盛宣怀、唐廷枢等营私靡费、败坏局务等事，请加整顿。疏上，奉旨交南、北洋大臣查复。回奏时，北洋大臣李鸿章竭力回护盛宣怀等人，南洋刘坤一则力劾之。

光绪七年　辛巳　1881年　三十九岁

正月二十六日，曾纪泽与俄国签订新《伊犁条约》，并来函劝王先谦出国游历。王先谦复函，以母亲年高之故，表示不能出洋游历。是月，将《十朝东华录》及《汉书补注》书稿送李慈铭阅览。李慈铭读《汉书补注》，后有"采取矜慎，体例甚善，其附己见，亦俱精确，尤详于舆地"等语。八月，以太夫人望孙心切故，纳一妾。是月，因太学书籍残破，王先谦奏请广采书籍，以备诸生博览。并函请翁同龢、谭锺麟、刘坤一等协助征书。九月初六，左宗棠补授两江总督兼南洋大臣。王先谦向左宗棠请筹太学经费，增加诸生津贴，并请将拨款发商生息。九月，慈安太后葬于定东陵，王先谦奉派诣陵行礼，赏加一级，旋因升祔太庙礼成，在事人员复赏加一级。

光绪八年　壬午　1882年　四十岁

二月，撰成《续古文辞类纂》，计三十四卷。三月，慈安太后周年，王先谦奉派诣陵行礼。初七日就道，王母鲍太夫人于初八日猝中风痰，并于十六日寅时去世。王先谦自撰《先太夫人年谱》。四月初一日，李慈铭于日记中谈及此事云："益吾祭酒以所撰其母《鲍太淑人年谱》属定。祭酒太翁甚贫，以笔舌自给，与淑人侍母，生四子一女，祭酒其三子也。三子皆夭，太翁亦卒，淑人艰窭无不备至，冬月犹葛衣。近年祭酒迎养，擢官典试，色养甚隆，而祭酒连殇子女，其女兄亦早寡无子，观其所述单悴之况，为之咸涕。"五月初十日，王先谦扶太夫人灵榇启行，由海道南归。六月初十日，抵长沙，奉太夫人灵榇于营盘街宗祠侧试馆。十一月初七日，因宅兆未就，暂厝于城南十八里之杉木冲山。

光绪九年　癸未　1883年　四十一岁

三月，撰成《魏书校勘记》一卷。四月，校勘先恭遗书《魏郑公谏录校注》及《郑公谏续录》、《文贞故事拾遗》、《文贞年谱》毕，又著《新旧唐书合注·魏徵列传》。又辑刊成《鲜卑中山国事表疆域图说》一卷。十月二十四日，葬母鲍太夫人于省城东乡五十五里善化县属之仙人市包爷庙前栗树垄，迁次兄先惠、弟先恭、亡室张夫人、周夫人、弟妇张恭人左右祔葬。十二月二十四日，迁葬曾祖考名园公、曾祖妣左太夫人、祖妣曾太夫人、长兄先和、长嫂吴宜人于省城南乡十八里之向家冲山。作《向家冲先墓记》、《仙人市先墓记》。

光绪十年　甲申　1884 年　四十二岁

二月，刊刻晁氏《郡斋读书志》二十卷、赵氏《附志》二卷成。四月，为亡友李谟刊遗著《寿梅山房诗存》。五月，为亡友丁蓉绶刊遗著《磨绮室诗存》。又刻《巴陵毛贵铭诗钞》三卷。闰五月，《东华录》撰成。闰五月，刊《钦定天禄琳琅前后编》三十卷成。六月服阕，纳二妾，宋氏、毛氏。九月，挈家由海路北上。十月十八日抵京，寓烂面胡同，原刑部尚书齐承彦寓宅。

光绪十一年　乙酉　1885 年　四十三岁

六月十五日，补国子监祭酒。二十三日，奏《三海工程请暂行停罢折》。七月二十日，奏《请国学添设举监名目准举人入监肄业折》，附《请恩准职官入监片》，依议准行。二十四日，奏《请颁列圣御制诗文集圣训折》及《钦定方略片》，有"育才莫先劝学，博古尤贵通今。士人读书，经史百家，皆应究心，然必练习掌故，储为经济，斯称有用之学"等语。八月初一日，奉旨任江苏学政，十八日，召见。九月离京。十月二十六日，抵江阴，驻署。十一月，发观风题，附撰《劝学琐言》一册。开设南菁书局，汇刻先哲笺注经史遗书，并捐千金为倡，期以三年成之。

光绪十二年　丙戌　1886 年　四十四岁

二月，出棚，试苏、松、镇、太四府州属。三月，又奉太夫人遗命，报捐千金助山东赈捐，由山东巡抚具奏，赏给太夫人"乐善好施"匾额。六月，回署，又出试常州府属。二十九日，奏《报岁试五属情形》及《设局刊书事宜片》。八月，出棚，试扬、通、淮、宁四府州属。十二月，回署。

光绪十三年　丁亥　1887 年　四十五岁

二月，出棚，试徐、海两属，岁、科并行。三月二十八日，妾毛氏生女大贞。五月，回署，又科试常州府属。八月，出棚，科试镇、苏、太、松四属。十月，回署。十八日，妾宋氏生女二贞。闻豫省河决，郑州水势南趋，虑春水发生，淮、扬士子难以齐集赴试，于十一月出棚，科试淮安。

光绪十四年　戊子　1888 年　四十六岁

正月，科试扬州。二月，试通州。试毕，回署。三月，女二贞殇。是月，奏《太监李连英招摇请旨惩戒折》。疏上，留中未发。六月，出棚，科试江宁，并录送遗才。是月，《皇清经解续编》刊成。七月，刊《南菁书院丛书》；按岁、科试所得佳文，刊为《清嘉集》初、二、三编；复选嘉庆以来名人时义，刊为《江左制义辑存》。八月初十日，回署，奏《交卸后请假两月回籍修墓折》，奉旨准假两月。十月，新任学政大理寺少卿杨颐行抵江阴，王先谦奏交卸回籍一折。十一月初二日，由江阴起行。初五日，至江宁，女大贞殇。二十九日，抵长沙，寓喻家巷族祠公屋。

光绪十五年　己丑　1889 年　四十七岁

二月，因假期已满，呈请湘抚王文韶代奏开缺。三月，照准。五月，辑刻《十家四六文钞》成，计六卷。六月，筑新宅于长沙东北隅古荷花池前。十二月竣工，移居，宅名"葵园"，室名"虚受堂"。七月，辑刻新化欧阳辂《碃东诗钞》二卷成。

光绪十六年　庚寅　1890 年　四十八岁

正月，应郭嵩焘之请，主讲思贤讲舍。并于讲舍内设思贤书局，搜刻书籍。二月，辑刻《六家词钞》六卷成。春、夏间，选刊《毛青垣诗钞》一卷。又作《毛青垣先生传》。六月，刊刻郭嵩焘《中庸章句质疑》成。

光绪十七年　辛卯　1891 年　四十九岁

正月，主讲思贤讲舍。二月，移主城南书院院长。荐杨书霖主讲思贤讲舍。三月，校勘《世说新语》成，自为序。五月，刊《荀子集解》成，自为序例。支伟成曾云："《荀子集解》二十卷，用高邮王氏《读书杂志》例，取诸家校本，参稽考订，补正杨注凡数百事，可谓兰陵功臣。"六月十三日，郭嵩焘卒。九月，应其子焯莹请，王先谦作神道碑。十一月，校刊《盐铁论》十卷成。

光绪十八年　壬辰　1892 年　五十岁

主讲城南书院。八月，校刻郭嵩焘《养知书屋遗集》成。又校刻李桢《畹兰斋文集》四卷。刊《合校水经注》四十卷成，自为序。

光绪十九年 癸巳 1893 年 五十一岁

主讲城南书院。五月，辑刻巴陵吴敏树《桦湖文集》成，计十二卷。

光绪二十年 甲午 1894 年 五十二岁

主讲岳麓书院。

光绪二十一年 乙未 1895 年 五十三岁

主讲岳麓书院。五月，作《慕莱堂记》。闰五月，王先谦等人有筹运内河轮舶之议。八月，陈宝箴任湖南巡抚，王先谦又与之商议，创办和丰火柴公司。十二月，刻《释名疏证补》八卷。

光绪二十二年 丙申 1896 年 五十四岁

主讲岳麓书院。五月，刻《葵园校士录存》成。

光绪二十三年 丁酉 1897 年 五十五岁

主讲岳麓书院。九月，王先谦改革书院课程，"经、史、掌故、译、算各学，列为五门，以舆地并归史学。经、史、掌故由院长自行督课，算学别立斋长，译学延请教习。"十月，应陈宝箴之邀，梁启超抵湘。十一月六日，时务学堂开学。熊希龄任学堂总理，先谦等人任学堂绅董。梁启超为中文总教习，李维格为英文总教习。是年，王先谦在长沙创办发电厂。

光绪二十四年 戊戌 1898 年 五十六岁

主讲岳麓书院。二月初一日，南学会成立，王先谦随陈宝箴出席。闰三月，有函致毕永年谈及对维新派的不满，云："草野二三君子，以振兴世道为己任，不思尽心实事，挽救阽危，而相扇以虚名，专意鼓动世俗。即使率土觉悟，太息呼号，而无开济之道。譬犹举家醉卧，蓬然梦醒，束手相顾，以须盗之入室。所谓固圉而保种者，果安在乎？仆掷万金于制造，实见中土工艺不兴，终无自立之日。此心不为牟利，较然甚明。"五月二十二日，王先谦与叶德辉、刘凤苞等人，联名向陈宝箴呈递《湘绅公呈》，请将时务学堂"严加整顿，屏退主张异学之人"。
云："梁启超及分教习广东韩、叶诸人，自命西学通人，实皆康门谬种。
而谭嗣同、唐才常、樊锥、易鼐辈，为之乘风扬波，肆其簧鼓。学子胸
无主宰，不知其阴行邪说，反以为时务实然，丧其本真，争相趋附，语
言悖乱，有如中狂。始自会城，浸及旁郡。虽以谨厚如皮锡瑞，亦被煽
惑……是聚无数聪颖子弟，迫使斫其天性，效彼狂谈，他日年长学成，
不复知忠孝节义为何事。"八月二十一日，陈宝箴革职。新任湖南巡抚
俞廉三下令停办一切新政，王先谦致函俞廉三有"今之要务，在朝以明
政刑为亟，在野以讲工艺为先。政刑举而民不偷，工艺兴而国可活"。
反对停办制造公司。二十四日，慈禧太后谕令恢复科考制度，先谦又作
《科举论下》表示反对。

光绪二十五年　己亥　1899 年　五十七岁

主讲岳麓书院。

光绪二十六年　庚子　1900 年　五十八岁

主讲岳麓书院。二月，刻《汉书补注》百卷成。杨树达评价此书：
"同邑先辈王葵园先生从事采辑，为之补注，奥义益明，《地理》一志尤
为卓绝。自是读《汉书》者人手一编，非无故也。"闰八月门人陈毅、
苏舆刻《虚受堂文集》十五卷成。二十八日，承继再从弟先泰之次子祖
坤为子。

光绪二十七年　辛丑　1901 年　五十九岁

主讲岳麓书院。七月，辑《骈文类纂》四十四卷成。九月，重刊
《景教碑文纪事考正》成。

光绪二十八年　壬寅　1902 年　六十岁

主讲岳麓书院。八月，苏舆刊《虚受堂诗集》十五卷成。起辛酉，
迄壬寅。是年，刻《日本源流考》二十二卷成。

光绪二十九年　癸卯　1903 年　六十一岁

主讲岳麓书院。二月，湖南各府、州、县设立中、小学堂。长沙成
立高等学堂及师范馆。王先谦受湘抚俞廉三之命兼任师范馆长。三月，

赵尔巽任湖南巡抚，王先谦以学堂事与之龃龉，至冬遂不复至馆。

光绪三十年　甲辰　1904 年　六十二岁

其时，美国合兴公司与清政府签约，承办粤汉铁路，延展数年不能完工，又私自将股权售予比利时。王先谦、梁焕奎、张祖同等人遂发起废约运动，上书督抚，力请废除合约，自办铁路。四月，陆元鼎署理湖南巡抚，王先谦、冯锡仁等人复就此上书督抚。是年刻《尚书孔传参正》成。

光绪三十一年　乙巳　1905 年　六十三岁

春，端方新任湖南巡抚，仿日本例成立湖南省图书馆，遂聘王先谦总理馆事。王先谦即着手编辑《外国通鉴》及《五洲地理志略》。

光绪三十二年　丙午　1906 年　六十四岁

张之洞奏派王先谦总理粤汉铁路，王先谦婉拒之。张之洞遂奏以袁树勋为总理，王先谦为名誉总理。五月，偕妾毛氏移寓东乡凉塘庄屋。八月，始回城。

光绪三十三年　丁未　1907 年　六十五岁

四月中，头眩之疾复发，倾跌一次。五月，湖广总督张之洞、湖南巡抚岑春蓂会咨学部，奏派王先谦为湖南学务公所议长。王先谦屡辞不获，遂将学务公所送月支议长夫马银二百两，缴还学使吴庆坻。吴允为另款存储，留备学务实用。王先谦因而具呈督抚，设立贫民简易小学堂十数处，以为众倡。秋，刻《虚受堂书札》二卷。是年，为儿子祖坤报捐主事，改名兴祖。

光绪三十四年　戊申　1908 年　六十六岁

三月，礼部因开礼学馆，奏纂《礼书》，聘请各省顾问官绅，王先谦亦在其列。五月，湖广总督陈夔龙、湖南巡抚岑春蓂将王先谦《尚书孔传参正》、《汉书补注》、《荀子集解》、《日本源流考》等书进呈朝廷，奏请赏给内阁学士暨三品卿衔。六月初三日，诏令赏给王先谦内阁学士衔。是年，王先谦捐学务议长银二千四百两、谘议局筹办处会办夫马银一千三百五十两，入学务公所。

宣统元年　己酉　1909 年　六十七岁

八月，刻《庄子集解》成。夏秋间，王先谦与苏渊泉、李瑞霖集款设局，赈济湖北水灾入湘灾民。又捐议长夫马银两千六百两、地方自治筹办处（谘议局）改会办夫马银一千三百两，入学务公所。

宣统二年　庚戌　1910 年　六十八岁

正月十三日，承继族弟先博之三子祖陶为子。二月，重修族谱成。三月初四日，长沙发生饥民抢米风潮，黄自元等绅窃以王先谦名义领衔，致电署湖广总督瑞澂，请求撤换岑春蓂。十六日，又发生焚烧抚署事件。清廷责令瑞澂查奏。四月，湖南巡抚岑春蓂及布政使庄赓良遭罢免，王先谦亦获降五级处分。五月，与苏渊泉、李瑞霖合办求无愧堂赈荒局，救济贫民。九月，《五洲地理志略附图》刊成。九月，辞去地方自治筹办处会办。是年，将地方自治筹办处会办夫马银八百两及学务议长夫马银二千四百两捐入学务公所。

宣统三年　辛亥　1911 年　六十九岁

正月十六日，王先谦为子兴祖完婚。六月二十日，因右手二指麻木，不能作书，遂往江苏就医。八月十九日，武昌起义爆发。二十八日，王先谦赴平江。又徙至烟舟、十八曲、甄家山等地。十一月十九日，返烟舟。

民国元年　壬子　1912 年　七十岁

寓烟舟苏家。

民国二年　癸丑　1913 年　七十一岁

移寓平江县城。

民国三年　甲寅　1914 年　七十二岁

三月十六日，儿子祖恩生，姜毛氏出。四月，王先谦病渐愈，偕宋、毛二妾、两子返省，移东乡凉塘旧庄。

民国四年　乙卯　1915 年　七十三岁

寓凉塘旧庄。八月，《后汉书集解》成。十一月，《元史拾补》十卷成。

民国五年　丙辰　1916 年　七十四岁
寓凉塘旧庄。十二月，《外国通鉴》三十三卷成。

民国六年　丁巳　1917 年　七十五岁
寓凉塘旧庄。十一月二十六日病逝。葬凉塘旧庄。

叶德辉卷

文集

《孟子刘熙注》叙①

汉人注《孟子》者，曰程、曾，《后汉书·儒林传》。曰高诱，《吕氏春秋注》高诱《序》。曰郑玄，《隋书·经籍志》。曰赵岐，曰刘熙。诸家《注》皆佚亡，惟赵《注》独存，即今学官本也。郑《注》出于依托，其或存或亡，不足论。程、高二家亡于唐以前，故《隋志》不箸录。唐时赵、刘之书并存，故《文选注》、《史记集解》、《汉书注》、《一切经音义》往往称引。自五季之乱，而刘注亡矣。近人辑录之本有三：一周广业《孟子四考》本，一马国翰玉函山房本，一宋翔凤浮溪精舍本，三本大致相同，惟《意林》所引，均失采录。考《意林》标题，有蜀郡赵台卿作《章句》，《章句》曰指事十三字，世遂以为赵《注》，未之深辨。今世所行《意林》出于《永乐大典》，原缺第六卷，别有《道藏》本，其缺相同，知二书实源一祖，难以依据。今按《意林》所载，《孟子注》实为刘本，而非赵本，凡有八验。《意林》题蜀郡云云者，乃道家中习读论《孟》之书，惟知注《孟子》者有一台卿，随手标题，不曾审核之语，不知《意林》采书通例不云注者地名，何独于台卿为之标举？验一。《后汉书·赵岐传》云：赵岐，京兆长陵人，延禧初避唐玹之祸，逃匿四方，江、淮、海、岱，靡所不至。变姓名卖饼北海市中，安邱孙嵩藏之复壁中，因赦乃出。是传所载岐踪迹所至，在徐、扬、青、兖之间，蜀郡远隶益州，台卿乌由而至？验二。赵岐注《孟子》称"章句"，又有"章"指其自作，题辞及篇叙，均无指事之名。宣公《音义题辞》引张镒云即"序"也。赵生《尚异》不谓之"序"而谓之"题辞"也，夫"题辞"已云《尚异》，安有名目纷歧，又称指事之理？验三。"白羽之白"一节，赵、刘之注本同，以《选注》所引熙《注》核之，实与《意林》相合。验四。刘本多以训诂代经，如"王如隐其无罪"及"今恩足以及禽兽"一节，与《意林》所引，非但无益，及"齐人有一妻一妾"一篇例同。验五。唐人子钞存于今者，此外有魏徵《群书治要》中引《孟子》与今赵本同，马总亦唐人，不应所见赵本如此之异。验六。唐时赵、刘注外，又有綦毋邃一家。各书亦间征引，至《意林》则本庾仲容子钞删撮而成。庾，梁人，綦毋邃亦梁人，箸述同时，甄别可信。验

① 此文录自光绪二十八年长沙叶氏刊本《孟子刘熙注》。

七。赵岐只注《内篇》，刘则《内》、《外》兼注。宋熙时子注《孟子外书四篇》引旧注，有刘熙、程曾、高诱、綦毋邃四家，是四家注《外书》之证，熙时子或云即刘贡父托名，其书本扬子云、韩文公、李习之之注而成，扬子云及韩、李皆唐末人伪托，然其所存汉注，则确无可疑。熙时子注，盖从此录出也。《意林》一书，兼采《内》、《外》，如所载"敬老爱幼，推心于民，天下可运掌中也"，此《外书》弟三篇文，若为赵注本，安得更及《外书》？验八。

《意林》载孟《注》，仅有三事，今辑录而详证之，以餍好古者之志焉。周本有"牛山"一条，马本不录。考"牛山"注见《续汉书·郡国志》。刘昭，梁人，所引非刘即赵，与赵不合，可知为刘。且《颍川郡注》引《孟子注》"嵩高之北，未称何人"，而《史记集解》引称刘熙《注》，以兹类推，则刘昭所据，与《集解》同矣。马本有"贪夫廉"一条，以无他证出之，至原本《玉篇》所引十余条，慧琳《一切经音义》所引九条，三本均未载入，则以二书晚出，为三家所不及见，非搜讨之陋耳。

刘熙《后汉书》无传，其事迹惟略见《三国志》韦曜、程秉、薛综、许慈等《传》，知为当时大儒。予故辑其佚《注》，并为《事迹考》一篇，所以表章汉儒注经之功，而补陈、范二《史》之阙，斯亦读《孟子》者所忞欲共睹者与？

光绪辛卯夏六月，长沙叶德辉序于郋园。

《淮南万毕术》序[①]

《淮南万毕术》，汉淮南王刘安纂也，谓之"万毕"者，万，盈数也，毕，尽也，言万物之理尽具于此也。《汉书·艺文志·子·杂家》"《淮南内》二十一篇、《淮南外》三十三篇"，不云有《万毕术》。《史记·龟策传》褚先生曰："臣为郎时，见《万毕石朱方》。""万毕"之名，始见于此。葛洪《神仙传》曰：汉淮南王"笃好儒术，兼占候方术，作《内书》二十二篇，又《中篇》八章，言神仙黄白之事，名为《鸿宝》。《万毕》三章，论变化之道，凡十万言"[②]。《隋书·经籍志》云："梁有《淮南万毕经》、《淮南变化术》各一卷。"新旧《唐志·五行

---

① 此文录自光绪二十一年长沙叶氏刊本《淮南万毕术》。

② 见《神仙传》（台北，广文书局，1979），引文有误，原文为："笃好儒学，兼占候方术。养士数千人，皆天下俊士。作《内书》二十二篇，又《中篇》八章，言神仙黄白之事，名为《鸿宝》。《万毕》三章，论变化之道，凡十万言。"

家》只载《淮南万毕术》一卷,马总《意林》同,知唐时即已合并矣。《万毕术》虽不见于《汉志》,然两汉诸儒恒多称引,董子《春秋繁露》言:"慈石取铁,真金取火。"[①] 班固《郊祀志》言:"方士小方斗,棋棋自相击触。"许慎《说文解字》言:"青蚨还钱,礠诸取水。"郑氏《周礼注》言:"阳燧取火,鉴镜取水,莽草薰虫,牡鞠烧灰,去蝇黾。"皆足证《万毕术》传授之古。至高诱《鸿烈》解经取证,尤多则是书,固久为汉人所推重矣。史称淮南王叛逆不道,而其文学固不可掩。《初学记》引刘向《别录》云:"淮南王聘善《易》者九人,从之采获,故书中署曰《淮南九师书》。"[②]《汉志》:《易》家有《淮南道训》二篇,是《淮南》于《易》家为老师,其占候之学,亦先于京孟《易》,于六艺为通阴阳之书。儒家道其常,诸子则穷其变,噬嗑之噬肉得金,既济之曳轮濡尾,睽之载鬼张弧,姤之以杞包瓜,《九师书》中必有一篇潭奥之义,惜乎其不传也。

今《万毕术》中有可考验者,如置镜高悬,以照四邻,泰西折光镜、回光镜即其遗制。鹦鹉断舌使语,今湘中人家,蓄之于五月五日或七月七日,剔去舌尖,不久自语。鸩鸺致鸟,即今猎户之鸟媒;削冰取火,即今之火镜;慈石提棋,即今之吸铁石。其余各方,均不外五行生克之理,无他异也。迂儒不达,乃诋为方术之书,不亦陋乎?

其书宋以来亡佚,宋裴骃《史记集解》、魏贾思勰《齐民要术》、隋杜台卿《玉烛宝典》、唐虞世南《北堂书钞》、欧阳询《艺文类聚》、徐坚《初学记》、《白氏六帖》、宋本段公路《北户录》、宋本马总《意林》、瞿昙悉达《开元占经》、道世《法苑珠林》、慧琳《一切经音义》、宋日本康赖《医心方》、李昉《太平御览》、吴淑《事类赋》、《政和重修经史证类本草》诸书凡所征引,得百余条,今辑存之,都为二卷。以文注全者入上卷,有文无注或有注无文者入下卷,仍题《淮南万毕术》,从《唐志》也。群书称引,有作"刘安说"者,有作"淮南方"者,有作"刘安方"者,有作"淮南子"而今《淮南》无其文者,亦有省作"万毕方"者,皆以意属读,连贯成文,逐条注明出处,略加考证,匪曰撰

---

① 见《春秋繁露》(北京,中华书局,2011),引文有误,原文为:"慈石取铁,颈金取火。"

② 见《初学记》(北京,中华书局,1962),引文有误,原文为:"淮南王聘善为《易》者九人,从之采获,署曰《淮南九师书》。"

述，聊存佚亡。世有博物之士，引而伸之，则海西格至①之学，不能不引重于东来矣。

光绪十七年，岁次辛卯冬十一月，长沙叶德辉叙。

校辑《鬻子》序②

楚为春秋时强大之国，其民俗尚武，至今犹有遗风。逮乎战国之世，则有屈原、宋玉、唐勒、景差诸人造作《骚》、《赋》，接《风》、《雅》之宗，传为词章之初祖。文武递嬗，至于今日，虽鲁号秉礼，莫能尚焉。或谓天地清淑之气，始于西北，而盛于东南、中原。鲁居极东，楚国极南，泰山、黄河、衡岳、洞庭之英灵，旁薄郁积而钟于人。南方火维，故秉武烈之性，火有文明之象，故文学彬彬，同于邹、鲁。不然由周以来，何以人文化成，千载相望，如此之盛哉？不知楚之开国，始于鬻熊，史迁称其为文王师，贾谊《书》亦载其历事。文、武、成王，三朝问治之语，班《书·艺文志》道家有《鬻子》二十二篇，注云："为周师，自文王以下问焉，周封为楚祖。"而《小说家》复重出《鬻子说》十九篇，注云："后世所加。"然有书而后云加，足见当时鬻子箸书之多，流风衍被，遂成文治之国。虽曰地气使然，固其先君先公教泽之留贻，有以致此耳。余姓出于楚之叶公，世家南阳，自宋南渡，迁越迁吴，号为望族，乃始封之地，子姓无多。且自宋以来，通德闻人，类皆箸籍于吴、越，楚则阒然无闻。然则数典忘祖，谁之咎也？曩者南皮张孝达制军辟两湖书院于湖北，其崇祀乡贤，以楚祖鬻子居首。独《鬻子》一书，自逢行珪注本盛行，世无由别其真伪，湖北官书局所刻百子中，有此书校雠，未为精善。余见日本所刻《群书治要》多引唐以前经史子部，乃知今世传本即由其中抄撮而成，其强分章名，则沿《道藏》本之陋。自余他书所引出于《治要》以外者，概未采录，甚非所以饫读者之心而张楚军之帜也。爰据旧本，删去逢注，存其章名，复以《列子》、贾谊《新书》、《意林》、《文选注》、《太平御览》所载佚文附之，厘为二卷，欲使楚之人家有其书，吾之宗世守其学，则以鬻子之学治楚，其效必速于黄老之治汉，申韩之治蜀焉。而屈、宋之徒，赓起

---

① "至"字讹，当作"致"。
② 此文录自光绪十八年叶氏观古堂刊本《鬻子》。

相接，以存中原之文献，立终古之强国，不亦懿欤？

壬辰春王正月，长沙叶德辉叙。

光绪壬辰科叶氏考卷①

子曰君子矜而不争群而不党子曰君子不以言举人不以人废言

观君子之立己用人，皆有当然之则焉。夫矜则易争，群则易党，人以言举，言以人废，皆立己用人之弊也，君子不然，子故以之垂训欤。且《论语》一书，圣门撰以告君子者也。而《卫灵》一篇，尤谆谆三致意焉。故其于"义以为质"章后，针其病，起其疾，证其与小人相反之原，复约举己用人之大旨，为天下万世法焉，则谓《论语》与儒行相表里、与《王制》相发明可也。不然，子之言君子者，亦屡矣，而复辨其为矜为群，与其所举所废，何哉？盖自士林有标榜之习，而客气与私心相伏，积久遂为学术之忧。圣人不忍以君子外斯人，故片语探源，直揭夫特立独行、合志营道之真，俾俦类勿加以诟病。抑自官师分乡老之权，而言扬与德进殊途，流弊遂启制科之陋，圣人亟欲以君子范斯世，故吐辞为则，特明夫司徒升学、司马辨论之用，俾短长勿遁于鉴衡，曰"君子矜而不争，群而不党"，为君子存其真，为托君子者防其似也。谓不争、不党乃可为君子之矜、君子之群耳。曰"君子不以言举人，不以人废言"，为君子立之的，为学君子者防其偏。谓其举其废必求夫君子之人，而不必定求君子之言耳。夫然谓君子为天下之圭臬可也，吾儒意气之盛，疵累实中于身心，以矜为争，遂成弟子互攻之渐；以群为党，亦间清流被锢之端。君子以一身进退其间，而道貌可亲，既不立崖岸而自分门户；和衷共济，亦不参意见而贻误事机。即或立说著书，不妨各挟一宗主以相授受，而是非在千古，终明心迹之无他，夫何有比周朋党之名哉？夫然谓圣人即君子之表率可也，宗邦积弱之由，委靡亦关于士气。牧马在野，论人既非无敩之可歌；飞鸮在林，论言亦无好音之足录。吾子以一人维持其际，而闻人必斥，两观行少正之诛，史笔虽严，一字褒戚孙之智。及至退闲设教，及门亦得以言语而进门墙，而辨论在一堂，无非德材之并育，不早备模楷人伦之望哉！记者类记子言，所以为立己用人之法也。

---

① 此文录自顾廷龙主编《清代朱卷集成》（台北，成文出版社，1992）。

斯礼也达乎诸侯大夫及士庶人

礼有可以类推者，一达而无不达矣。夫论礼于追王上祀，不独诸侯与大夫士庶异，即天子亦与诸侯异也。兹曰达者，亦以其情之同耳，且鬼神为无形之主宰，而祭祀则有形之典度。其立乎鬼神祭祀之间，以通其意者则礼也。后世礼官失职，而儒生集议，往往盛言相竞，上烦君国之忧，岂知礼不外乎人情，情不殊乎凡圣，明堂一官，草茅一议，要不越乎毛里之恩，明乎此乃可与之议礼矣。如上祀之礼既行，夫礼者昉于文、武，而实成于周公，夫人而知之矣。而抑知斯礼之作，果何为哉？昔先王知报本反始之意，无时或息于人心，春露履而怵惕，秋霜感而彷徨。当其俎豆将陈，直若有以合万国之欢心，而通其消息，而礼之制以隆。后圣人知奉先思孝之忱，不可不托之典制，崇庙号而上之所生，定郊配而比于上帝。当其冠裳展敬，亦若有以大四方之和会，而同其性情，而礼之行以速。斯礼也，何礼也？盖综乎诸侯大夫及士庶人而达之者也。吾稽乎礼，吾益有感于斯矣。天子尊亲义备，而孝思锡类，缘礼意而概予推恩。当其时，群臣襄事其间，亲见夫笾豆之旁，圣容有恻，有油然而不自知者，而不谓已通以情也。国家大祀告成，而制作精心，集礼家而厘为定典。当其时，圣主覃恩于上，方将使冠带之族，率履无愆，有肃然而莫敢外者，而况乎其秩以文也。所谓达也，而礼之出于上祀追王者，不可于此举其例哉。礼有繁简之殊，况诸侯人夫士庶之分严，讵能同归于一致？达之云者，乃性天之各具，非名物之皆同也。详制度于房室堂阶，解以万言而不足；奉馨香于蘋蘩蕴藻，放之四海而无殊。旷代之精神，直以一人之闻见接之，故有是礼可以扶祭统之微。礼有质文之异，况诸侯大夫士庶之名定，讵可等类而齐观？达之云者，非通贯乎古今，乃旁行于上下也。龙勺鸡彝之制，经生可定其图形，菜羹芾祭之微，愚贱亦修其品物。先人之胖膋，直以此心之诚敬通之，故有是礼可以辅《周官》之法。进详其制，益可恍然礼之行于贵贱矣。

井九百亩其中为公田八家皆私百亩同养公田

详井田之制，不以私废公也。夫分九百亩之丙为公田，则八家之私田，多于公矣，乃有同养之法焉，不可见田制之善哉？且天有九次而星纪分，地有九州而职方定，此亦先王经世之大法也。而井田之制，亦与此相终始焉。沟洫流通之利，见圣人画地之精；邑成积算之区，实后世开方之祖。分之则为夫屋，合之则为农官。盖君民之分虽严，而上下之情已类矣。吾言方里而井，此其法非自我创之也，古者建步立亩，六尺为步，步百为亩，亩百为夫，夫三为屋，屋三为井，则九百亩也。其制纵横一里，故云方里而井。井地之制，古《司马法》与《周礼》相同，《司马法》"亩百为夫，夫三为屋，屋三为井"，《周礼》则云"九夫为井，四井为邑"，文义小歧，而求算则一。故近世推步家有准此法以丈地者，不足见古制之密欤？至于公田之法，始于夏后，《夏正》有云"农服于公田"，《周礼》相沿，至幽王时不废。《诗》曰"雨我公田，遂及我私"，此之谓也。夫以幽王之德之衰，而其民戴其君，犹有急公之义，盖公田之善如此。抑又尝考之六书，"井"为象形字，外之四隅象构干，内之有点象汲瓮。外象构干，有区画之义焉；内象汲瓮，有通共之意焉。仓颉为黄帝之史臣，故黄帝画地分疆，即假借于此字。中有公田，别乎私而言之也。古人作字之始，自环为私，背私为公，故北地方言亦有称禾主人为私者。公私之名义不能相蒙如此，况有田以区别之耶？曰"八家皆私百亩"者，谓八口之家，皆受八百亩以为己之私田，亦犹《周礼》"九夫"，训地有九夫，非谓有九家也。曰"同养公田"者，谓八口之家，同养公田之苗稼，亦即彻助之法也。盖至是而一里一井，井无弃地之虞，抑一井一田，田有如云之庆矣。夫草野耕凿之氓，恒相忘于帝力，有井田以役其力，俾知食毛践土，不能自外于生，成则同养，即以见朝野相维之故。闾阎生计之蠹害，每中于农功，有井田以习其劳，俾知被税衣租，不敢坐荒其岁月，则同养所以寓兵农合一之规，观于公事毕而后敢治私事，益见井田之制行之万世而无弊也。

辑《郭氏玄中记》序[①]

小说家言，大率唐以前与宋以后，划若两途。唐以前之书崇尚博闻，所载怪异之事之物今日多有可征。宋以后之书，皆无稽之言，或侈谈鬼神，染于释氏因果之见，即偶征物异类，皆凿空以臆揣度，不复求其出处。故后世尚小说者，不得已而推取唐人。然唐人述剑侠，叙情感，杂录宫闱琐事、名人逸闻。文章则尔雅可观，但以资于谈助，无裨多识也。曩读唐宋人类书，见所载《郭氏玄中记》，喜其恢奇瑰丽，仿

---

① 　此文录自光绪十九年郋园辑刊本《郭氏玄中记》。

佛《山海》、《十洲》诸书，因随手抄撮，以备遗忘。后见茆泮林所辑《十种佚书》、马国翰《玉函山房辑诸子书》中有此种。取校余本，乃知茆、马挂漏甚多，其中如《医心方》、《庄子成玄英疏》、《玉烛宝典》等书，近日始出自海东，当时固无由见。然如宋人《古玉图谱》、《经史证类本草》之属，亦未检及，即书抄《御览》所引，且有遗而未采者，则疏陋之过也。况所引诸书，增删校补，核与原文不符，似非辑书之善法。今余此本，以各书所引，完者居首，而以删节有异者低附逐条之后，俾读者一览周知，可以省覆检之力。吾知此本出，则凡异域殊方所出珍宝动植之类，皆可即物以证耳目之见闻，而五金之精之化形，可以补卟人之所未载，则是书或亦谈格致者所必祖欤？

癸巳中秋，长沙叶德辉叙。

《颜氏学记》后跋[1]

圣贤之学，期于致用而已。秦燔《诗》、《书》，一二老师宿儒守缺抱残，以存圣经于绝续之际。而时艰身隐，不能一试所用，于是托于章句训诂，以发摅其志业。推其心，盖豪杰不得志之所为，不必谓儒者之业，即尽于此也。宋人以道自任，屏弃一切名物制度，务为空谈，以争锋立胜。性道岂可闻？其去圣不亦远乎？习斋颜先生，生明季水火之世，灼然见尧舜周孔之道，一一藏于事物，于是率其弟子，行孝弟，存忠信，以讲习乎六艺之事，于汉儒所谓实事求是者，洵乎无愧。虽其再传末流，或仍不免为风气所囿，而先生立教之初心，则固不可一世矣。今天下士气窳隋，而撰述之盛，乃过于汉唐，识者谓有周末文胜之患。吾友李君雒才，谒选得湖南龙山令，下车伊始，首治学校，既捐廉置四部书于书院，复刊是书，以告多士。君之志，盖欲以颜氏此书，救今日之时弊，以挽一世之风气。龙山微邑，不数月而士风一变，循而至于他邑，其效可立睹矣。昔者戴氏子高，服膺颜先生之书，而无所借手。得君而颜氏之学将日以昌远。颜先生之幸，抑亦吾湘人之幸也。

光绪甲午四月，长沙叶德辉敬跋。

---

[1] 此文录自光绪二十年春龙山白岩书院刊本《颜氏学记》。

《瑞应图记》 叙①

　　《隋书·经籍志· 五行家》载《瑞应图》三卷、《瑞图赞》二卷，无撰人，而注云梁有孙柔之《瑞应图记》、孙氏《瑞应图赞》各三卷，亡。今唐以后书注类书，称引孙书甚详，又别出熊氏《瑞应图》一书，则《隋志》所云亡者，殆修志诸人未见耳。余观汉武梁祠石室画像中有《祥瑞图》三十五榜，与古圣贤、列女并录，足证此为汉儒之学。孙氏生当梁代，其图确有师承，同时顾野王有《符瑞图》十卷，《南史》本传列其目，孙书"小鸟生大鸟"下引"野王按者"，盖即《符瑞图》之文。沈约《宋书·符瑞志》存九十余目，其词都与汉画同，乃知若顾、若沈、若孙，其学皆出一家，非无所依据也，但各书之目不全，无从考其原数。据崔豹《古今注》云，孙亮作流离屏风，镂作《瑞应图》凡一百二十种，则三国时原目当与汉画相符，而今所辑多至一百四十余种，疑其中有分合之异。观于凤鸾、爰萧之类，一物三名，宝鼎、神鼎之属，异名同物，以及赤龙即是河图，秬秠即是巨㲍，腾黄即是乘黄，足见传写异词，其溢出之数多不可据。又孙书于幽昌肃敬发明，焦鸣自云，四鸟状皆似凤，亦非嘉应。今载者将辩非凤皇而已，其文当附见凤皇之下，不应别出题目，列为正文。至于梧桐野鸭，乃极寻常之物，而目为瑞应，此亦后人征引以他书混杂其间，非原书所有也。惟沈《志》多出银麚、玉女二事，按：许书麚即麤。《注》云"大麋"也，此与银獐、白鹿同是一类，玉女或疑即二美母之神女歧出。然《志》云："玉女，天赐妾也"，《礼含文嘉》曰："禹卑富室，尽力沟洫，百谷用成，神龙女降。"其文迥然不同，因忆《四十二章经》有"天神赐玉女于佛"② 之语，则玉女别为一种。此二事足以广异闻、资博物，而诸书未引及之，当据《志》文补入。外此文字异同，如"浪井"汉画作"狼井"，"巨㲍"汉画作"巨鍚"，"白马朱鬣"汉画作"白马朱獵"，"騄駒"沈《志》作"騄"③， "延嘉"沈《志》作"延嬉"， "周匝"沈《志》作"周印"，"鸟车"沈《志》作"象车"，"碧琉璃"汉画沈《志》作"璧流离"，凡若此者，或同声假借，或形近易讹，苟有好学深思之

---

　　① 此文录自光绪二十七年叶氏刊本《瑞应图记》。
　　② 见《四十二章经》（北京，中华书局，2010），引文有误，原文为"天神献玉女于佛"。
　　③ "騄"字后有脱字"駒"，据《宋书·符瑞志》（北京，中华书局，1974）校。

士，校其得失以还旧观，则符瑞之说得与五行灾异之学并入儒家，其于敬天修省之道，又岂有异致哉？

光绪丁酉秋七月，叶德辉叙。

《輶轩今语》评^①

《〈輶轩今语〉评》序

学使宛平徐先生，壬辰分校礼闱，余出其门下。其时先生服膺陈东塾之学，曾以手书相告，欲余远师亭林，近法兰甫。余复书略言：亭林，命世大儒，当时汉、宋之帜未张，故其箸书无汉无宋，一以实事求是为主，师之固所愿也。兰甫人品亦笃实可风，而其讲学调和汉、宋，在门户纷争之后，所谓舍田芸田，不可法也。考据无如汉人之精，义理无如宋儒之专。学者当求吾学之通，不当求古人之合，此为人、为己之界也。自后四五年中，未尝以一书相问难。丙申再游京师，见先生于寓宅，时先生悲悯时事，颇张康有为之说，余不谓然。丁酉南旋，先生拜督学湖南之命，时康之弟子梁孝廉启超来主时务学堂，以六经并入西学，先生和之，手颁条诫，分谕各学，又有《輶轩今语》一书，即条诫而引申之，与康、梁若相左右。嗟乎！外患日迫，学术日漓，复有《公羊》改制之说，煽惑人心，处士横议之风，不图复见于今日，此则有心人所为长太息者也。余于先生，既受场屋一日之知，谬蒙湖湘伟人之誉，不敢听恶言之入，有负师门，略缀评词，以明盍各之义。昔孔子问礼于老聃，而不传老氏之学，余于先生，殆同此志矣。

光绪戊戌仲春，长沙叶德辉序。

南皮尚书前箸有《輶轩语》，分类发明，启悟学子，其勤至矣。辄仿其例，撰为《輶轩今语》，先出《学语》一种，以告湘人。盖学派不明，则起点已误，不可瘳也。或曰：《今语》之论学，与前语之《学语》合而榷之，毋乃例同而意别乎？应之曰：南皮之学，主乎通今者也，道与时为变通，尤南皮常持之论也。然则今语之作，时为之也，风会之转如机轴之运行，而心志之契犹针芥之翕合。迩者明奉诏旨，宏开特科，岁举之年，兼以算学、艺学，时务另试。朝廷变法求才之意，无非欲多士急究当务，挽济时艰。湘中

---

① 此文录自光绪二十四年刻本《翼教丛编》。

不乏殊尤，其有读是编而幡然兴起者乎？跂予望之已。

光绪　年　月　日，督学使者宛平徐仁铸。

輶轩今语·学语

一、经学

经学当求微言大义，勿为考据训诂所困。

近世治经者莫不宗汉学，然汉学亦有二种，西汉之学主微言大义，东汉之学主名物训诂。西汉儒者《禹贡》行水，《春秋》折狱，《诗》当谏书，凡一切经济莫不出于经义，故董江都、贾长沙、刘子政皆以经师而为一代治术所宗，此通经致用之极效也。名物训诂亦经学中之一派，读古书者所必当有事也，惟本朝儒者以为舍此之外别无经学，则大不可。数百年来，通人硕儒咸疲心力于此间，班孟坚所谓解一字之义至千①二三万言，博而寡要，劳而少功，诚所不免。至于今日外患日迫，学者渐知考据之无用，从而弃之，而经学亦因之陵夷衰微矣。其蔽皆坐以为考据之外无经学，因考据之无用，而并疑经学之无用。盖微言大义之学之中绝也久矣，故今日必将西汉以前之经学发挥光大之，则六经之传、孔子之教，庶可以不坠也。

评曰：微言大义，后世义理之学之所本也；名物训诂，后世考据之学之所本也。二者不可偏废。盖不通名物训诂，无由得其微言大义。国朝诸儒屡言识字以通经，通经以致用，见于书序、文集者，不一而足，《钦定四库全书提要》子部儒家类已详箸此旨。何尝以为此外别无经学？惟江藩《汉学师承记》坚持门户之见，至今贻人口实。然此等偏愎之论，盖疾当时空疏而居大位者，有为而言。桐城方植之作《汉学商兑》攻之。二书具在，人亦无有为左右袒者，盖是非之公，人人得而有者也。若谓西汉经济莫不出于经术，东汉亦何独不然？外患日迫，凡空谈学术、经济者，同归于无用，未见微言大义之致用，即能胜于考据训诂。特微言大义可以比傅近事，故借此以行其私，此则西汉诸儒闻而痛哭流涕者矣。

经学当口说、传记二者并重。

刘歆移书让太常博士，谓其徇口说而背传记。要之，传记、口说，二者缺一不可。传记之起，本《大易》之“十翼”，圣人自定之经而自传之。其次则《丧服传》出于子夏。《公羊》、《穀梁》二

---

① “千”字讹，当作“于”。

传，或以为并出子夏，而皆口说相承。二《戴记》汉世所传，而孔门遗说十居八九。然则传记、口说，初未尝歧而为二也，后儒论汉人所著经说，分为内传、外传两体。而西汉书若《尚书大传》、《韩诗外传》、《春秋繁露》皆外传体也。盖经学本以通其微言大义，达于政事为主，不必沾沾于章句训诂间，此西汉经术所以为美也。若《诗》之毛传，《书》之孔传乃内传体，旧题西京之书。然孔传之伪，阎百诗、惠定宇已有定论；毛传之伪，近儒魏默深等亦已疏通证明，盖西京实无此学派也。

评曰：刘歆欲立古学，故隐以循口说讽《公羊》，此各尊所闻，不足为异。平心论之，口说、传记皆所以传经，口说托之传闻，失多而得少；传记托之载笔，得多而失少。况今日群经如日再中，何假口说？《今语》之意，盖主康有为之野说，而以康之弟子之称"南海先生曰"者，为口说之遗。不知口说盛行，邪说将遍天下，而又无传记以载之，使一时是非之迹，后人不得而知。稍知治学之人，未有不知其言之失实者。惟考试为利禄之途，颇足以震荡风会，故揭其用心如此，以待来者辨焉。毛传之伪，自魏默深发之。考毛公，或云周秦之间，或云河间献王博士之小毛公，刘歆之世已无实录。按：班书《儒林传》不言毛公得何人之传，《艺文志》云自谓子夏所传，亦微词也。陆氏《释文叙录》叙毛以前传授颇详，盖本郑氏《诗谱》、《六艺论》、陆玑疏。郑、陆在刘、班以后，未必能详其传，惟以为出自河间府中，则众说皆同也。故其《移太常博士书》，欲立《左氏春秋》及《毛诗》、逸《礼》、古文《尚书》，文意趋注《书》、《礼》、《左传》，意谓三经既立，则《毛诗》亦因缘而立。其所以不敢昌言者，以其时今文之学盛行，毛传出自河间献王府中，绝无师传可考耳。然谓之无师可也，谓之为伪不可也。其书正出于西京，何得于西京无此学派？且三家既亡，毛传又伪，试问今日应读何《诗》？若云理三家遗说以复今文，除《韩诗》略存章句外，齐、鲁已难于区别得失与夫门户传授之出入，此必不可行之事也。何况毛传即伪，经固不伪，因毛废孔，因传废经，魏默深晚年病风魔以死，其亦兴戎之报与？吾愿海内学人引为痛戒。《钦定四库全书提要》："《春秋繁露》虽颇本《春秋》以立论，而无关经义者多，实《尚书大传》、《诗外传》之类。"《今语》本此。

经学当以通今为主义。

近儒之言经学者，动曰经学所以考古，此最谬之论也。夫古既已往矣，考之何益？若治经而仅考古，则诚如庄生所言："六经，皆先王陈迹耳。"① 子曰："诵《诗》三百，授之以政，不达。虽多，亦奚以为？"② 太史公曰："有国者不可不知《春秋》，为臣者不可不知《春秋》。"③ 苟将六经大义按条摘出，而证之以今日之政事，虽其中有因时变迁，不尽可行于今日者，然其所言公理，为出治之本，及条目之可施行者，尚十居七八也。经学果无用乎哉？

评曰：以考古为谬，何以知有西京微言大义之学？又何以知有东京考据训诂之学？此岂不考而得知者耶？孔子曰："信而好古。"又曰："好古敏求。"何尝以其既往为无益耶？吾师孔子，吾不知有庄子。

经学当先通《春秋公羊传》。

孟子每叙道统，述及孔子，即言《春秋》，若以为孔子生平最大事业，无有过此者。太史公、董江都，汉之大儒，其称道孔子，亦必举《春秋》。何也？《春秋》者，孔子经世之书也。《庄子》曰："《春秋》经世，先王之志。"孔子有用天下之心，有救天下之具，特道既不行，无从措施以表著于当世，乃举其素所蕴积者，一箸之于《春秋》。此如黄梨洲之《明夷待访录》、冯林一之《校邠庐抗议》，圣凡虽殊，而用心则一。故孟子以为天子之事，以其所言皆将为后王法也。亦如西人之果鲁西亚士虎哥等，以匹夫而创为公法学，万国遵之。盖《春秋》一书，实孔子所定之万世公法也，特当时有所褒讥贬损，不能不避时难，故因行事以加王心，见《史记·太史公自序》及董子《春秋繁露》。传口说以告来者。故公羊氏所传大义，最为博深切明。西人政治家必事事推原于公理、公法之学，以为行政之本。今《春秋》者乃公理、公法之折衷也，学者必先通《春秋》，则可语之致用矣。新会梁君新著《春秋公法学》一书最可读。

评曰：《春秋》素王之说，此七十子之徒推崇孔子之学，非孔子自居于王也。汉世三传争立学官，弟子各张其师说，惟《公羊》家用心至巧，其牵合图谶，以为《春秋》因汉制而作，既足以结人主之心而钳古

---

① 见《庄子·天运》（《庄子集释》，北京，中华书局，1978），引文有误，原文为："夫六经，先王之陈迹也。"

② 见《论语注疏》（清嘉庆二十年南昌府学重刊宋本《十三经注疏》本），引文有误，原文为："诵《诗》三百，授之以政，不达；使于四方，不能专对。虽多，亦奚以为？"

③ 见《史记·太史公自序》（北京，中华书局，1959），全文为："故有国者不可以不知《春秋》，前有谗而弗见，后有贼而不知。为人臣者不可以不知《春秋》，守经事而不知其宜，遭变事而不知其权。"

学之口，又其书短而易习，义浅而易推，弟子徒众布在朝列，其时父以是诏其子，师以是传其弟，亦如今日时文之士，虽有命世大贤，其力不足以抵拒，此其所以盛行于两汉也。至于《左传》，文烦义重，立学又迟，其学徒亦知依附时君，已落《公羊》之后。此其学有巧拙，效有迟速，苟非有志之士，未有舍短幅之《公羊》，而习长编之《左传》者也。今世《公羊》之徒，必欲斥《左传》为伪，不思桓谭有言："经而无传，使圣人闭门思之，十年而不知也。"① 可谓深于《左传》者矣。桓谭又云："刘子政、子骏、子骏兄弟子伯玉，俱是通人，尤重左氏，教授子孙，下至妇女，无不读诵，此亦蔽也。"② 桓谭而为此言，则固非专祖左氏者，汉之通人无不如此也。康有为之徒，煽惑人心，欲立民主，欲改时制，乃托于无凭无据之《公羊》家言，以遂其附和党会之私智，此孔子所谓言伪而辨之少正卯也。《公羊》之义隐微，是以吕步舒不知师书，至下董仲舒狱；眭弘以公孙氏当复兴，劝昭帝禅位，而以妖言惑众伏诛。此惑于改制之说也，可不大哀乎？《今语》之旨，非欲人读《公羊》，乃欲人读《春秋公法学》耳。若夫黄梨州《明夷待访录》一书，其《原君》篇隐诋君权太重，实开今日邪说之先声；《建都》篇谓金陵为王者都，遂导洪秀全之逆志。儒者立言不慎，则害随之矣。冯林一《校邠庐抗议》，虽其言可采者多，而迂曲不通者亦自不少。即其已行者论之，如采西学、制洋器诸议，行之已三十年，而法、日两次战事，何以无效？是知变法而不变人，不值外人一笑耳。至万国公法，强国用之则声气得相联络，弱国用之则朝夕为人牵制。西人与中国交涉之事，何者合于公法，此彰彰在人耳目者也。而况孔子之公法并未行于春秋，攀鳞附翼，而龙凤矫然于云表，吾见其堕溷而已矣。刘逢禄《左传考证》云："《春秋》非记事之书，不待《左氏》而后明。"③ 此言最谬。当夫子之时，各国史记尚在，自不待左氏而后明。及数十年后，设无记事之书，何以考其是非得失？三传皆尊圣人，公、穀发明作义，左氏取证本事，义当并尊，特私家水火，贻害二千余年，此真经学之罪人矣。学人当引为前车之鉴，何乃效尤耶？且刘申受之书所指《左传》之伪，并无实证，不过以《公羊》、《左氏》比勘得失而已，不过以空文攻驳《汉志》而已。儿童辨日，岂足以服左氏之心耶？

---

① 见《新论》（上海，上海人民出版社，1977），引文有误，原文为："经而无传，使圣人闭门思之，十年不能知也。"

② 见《新论》（上海，上海人民出版社，1977），引文有误，"尤重左氏"原文为"尤珍重左氏"。

③ 见《左氏春秋考证》（咸丰十年广东学海堂《皇清经解》补刻本），引文有误，原文为：《春秋》非记事之书，不必待《左氏》而明。"

如谓《汉志》隐护《左传》，何不并《公羊》之学而夷灭之，而必留此劲敌与人掊击之柄，不亦太愚耶！龚定庵《杂事诗》注有《左传决疣》一卷，云据刘歆窜益《左氏》，显然有迹者。此书今已无传，意亦窃刘氏之绪余耳。《新学伪经考》宗旨不出此。数人皆治经之病狂者。成都尊经课艺有周宝清拟《代太常博士答刘歆书》，立言甚巧，其实早为《四库全书提要》所斥，彼不知也。又以《毛诗》、《左传》义同者条列之，谓二书为一手所造。无论其比证之未确也，而外此如《易》、如《礼》之与《左氏》合者，则又何说之辞？然则歆书所云，古文旧书内外相应者，皆有征验之言，宜博士之不能置对矣。

　　四书宜留心熟读。

　　《庄子》称孔子有内圣外王之道，外王之道在《春秋》，内圣之道在《论语》。《论语》为门弟子所杂记，若分类求之，何者为微言，何者为雅言，何者为小学，何者为大学，条分缕晰，心得自多。《中庸》自《汉书·艺文志》即裁篇别出，郑康成谓为子思述圣祖之德所作，盖孔子之行状也。内外之学，皆备千①斯。《大学》一书，即古者大学堂课程，先后次第，条理秩然，其中多言大同之义，尤为精华。《孟子》者，孔门后学之龙象，传《春秋》太平之义，其所言治天下之道，按诸今日时势，最为合宜。故四书者，皆群经中之精液也，朱子特尊之，诚为卓识。惟《集注》发明尚少，今尚当以万国之政学，引伸而光大之。

　　评曰：孟子以距杨、墨有功，以言性善传道。今日时局虽与战国相近，孟子究未尝昌言毁周，其见诸侯，陈王道，称古先，亦如孔子之周流列国，欲行其道于天下耳。然此志此行，惟孔子出之为无弊，孟子学之已不免近于游说。朱子谓《孟子》磨棱合缝，有未尽处。又谓《孟子》不甚细腻。所谓坐怀不乱，柳下惠则可，鲁男子则不可也。《集注》一书，较《论语》尤为精密，以贤人而述贤人之心，故能千载合契。今乃欲以西国政学引申光大之，此援儒入墨之旨，非朱子所乐闻也。若谓借西学以存四书，则六朝时佛、老盛行，君臣上下，举国波②靡，而孔氏之书未之或废，何耶？

　　《周礼》宜分别观之。

　　《周礼》一书，或以为盛水不漏，或以为渎乱不验。平心论之，

---

①　"千"字讹，当作"于"。

②　"波"字讹，当作"披"。

真伪参半。盖其中成周旧制、各国旧制十居五六，而刘歆等羼乱附益亦十之四五。大约《地官》一篇最为精华，《春官》一篇全属旧俗，《天官》一篇附益君权，以媚人主者最多焉，《考工记》又古书之别行者也。要之，全书之中，其与今日西人政事相合者，不一而足，言致用之学者所当知也。

评曰：以《周礼》为刘歆伪撰，宋儒胡五峰之言也，朱子已驳之。近世万充宗、方望溪之徒扬其颓波，康有为又拾万、方之唾余，以为《新学伪经》之证。其本旨只欲黜君权、伸民力，以快其恣睢之志，以发摅其傺佗不遇之悲。而其言之谬妄，则固自知之也，于是借一用《周礼》之王莽、附王莽之刘歆，以痛诋之。以王莽之君，人人得而诛之耳。既伪其书，而其合于西制者复不能为之割爱，则真伪参半之说起焉。刘歆媚王莽，已无逃于万口之诛，中人媚外人，独不畏刘、王反唇耳？

《左传》宜作史读，不必作经读。

《春秋》一书，乃孔子经世大法，为万世公理、公法之祖。太史公所谓文成数万，其指数千，盖每条皆有大义存焉，非记事之书也。《左氏》者，当时史家之言，其所记之事偶与《春秋》同时，而实非为《春秋》作传。故汉儒咸谓左氏不传《春秋》，盖实情也。后儒好事者以解经之语附益之，实则离之双美，合之两伤，甚无谓矣。读《左氏》可以考见当时列国之风俗、政治得失，其可与今日相印证者亦甚多。

评曰：古无史名，六经皆史也，是以《汉志》附史公书于《春秋》家。至晋荀勖《中经簿》乃以甲部录经，丙部录史，于是经、史分流矣。三传各附经而行，初未尝自立经号。今世《公羊》之学，必欲斥《左传》，尊《公羊》，以为抑《左》于史，而《左》即废，而《公羊》即申。此不知经、史之流别者也。又篇中既言考古无益，何以又欲读《左传》，考其考①风俗、政治耶？左氏不传《春秋》，乃今文家私师之词，前人论之详矣。

《尔雅》止须读郝氏《义疏》一部，《说文》止须读段注一部。

古人以此等事为小学，盖童蒙而学之者也。近儒穷毕生之精力白首而研究之，其乖于小学之义甚矣。国朝诸先生咸以小学为六经之锁钥，谓不得锁钥，则无从启户而入堂奥也。然终身持锁钥而不

---

① "考"字为衍文。

启户，不入堂奥，则长为门外汉而已。诸先生断断考订，譬之舌人译通今古，于经学不为无功。然历祀数百，此学既已大明，彼作室而我居之，彼制器而我用之，士生今日，宜专心壹志，肆力于微言大义、经世致用之经学，不必仍向此间讨生活矣。故略举一部以示程。至诸先生之为此学者，部帙纷如，叠床架屋，数十年来，学子不知大略，人才日趋琐琐，深识之士当能知所自也。

评曰：郝懿行《尔雅义疏》，乃因邵晋涵之《正义》而作者也。段玉裁《说文解字注》诚为有功于许书，而武断擅更之处，亦未尽善，是以书成后议者至十数家。谓二书应读可也，谓止须读二书不可也。前《輶轩语》举此二书，不过示人以入门耳，非谓以二书即足尽小学也。数十年来，学子人才固不必收效于名物训诂，亦未必得力于微言大义。魏默深已试令矣，有何政绩？读龚定庵《干禄新书序》，胸怀猥鄙，能致用乎？康门之士，每欲举一切旧学之书，大声疾呼而废之，于是人不知有古书，惟知有康学。将来外人用事，尊南海如巨子，奉时务为前驱，此其处心积虑，视始皇坑儒愚黔首之智，尤为过之。无怪其徒日日欲为始皇呼冤，人人欲学李斯焚书也。学术之坏如此，时事尚可言乎！

二、史学

史学以通知历朝掌故、沿革得失为主，不可徒观治乱兴亡之迹。

治乱兴亡者，已过之事，《庄子》所谓陈迹也。其所以治乱兴亡者则在掌故，读史者所借以致用也。故以正史言之，则读志所得，多于读纪传；以通史言之，则读《通典》、《通志》、《通考》所得，多于读《通鉴》。若《两汉会要》、《唐会要》、《五代会要》、《汉唐事笺》、《日知录》、《廿二史劄记》等书，皆宜先读，先知历代掌故之大概，然后可以有心得。

评曰：历朝掌故、沿革得失，与夫治乱兴衰之迹，此二者皆读史之钤键。此类所举，即考古之书焉，得云古既往矣，考之何益？《资治通鉴》一书，即史中之微言大义，"三通"即史中之考据训诂。康门之士，喜郑渔仲之言变法，而恶温公之讥孟子，党同伐异，因噎废食，世有达者，当起而辨之。至赵云崧之《廿二史劄记》与王西沚之《十七史商榷》，事本一辙，乃于赵书则曰宜先读，于王书则曰宜屏绝，强分门户，尤所未喻。

史学以官制、学派二端为最要。

官制为一朝政治之所出，学派为一朝人才之所出，二者皆治乱兴衰之大原也。中国二千年政治学术，大率互相因袭，未尝衡以公理而思所以变通之道，故其沿革靡得而多言焉。然觇国者，固不得不于是也。历古史家，皆以地理为一大端，然古地理之沿革，考之无裨于用兵，惟厄塞似属要图，然轮船铁路既通，火器日精，行兵之道悉与古异，地理之学须以新法讲求，不能如向者史家之云云也。

评曰：地理之书，以新出者为优，此言是也。官制、学派，史学中亦不仅此二端。至谓中国二千年政治学术，大率互相因袭，未尝衡以公理而思所以变通之道，此言非是。官制省并，载在史籍，无待缕述矣。若夫治术、学术无迹可循，西汉尚黄、老，两汉尚经术，蜀汉尚申、韩，魏晋以后至于六朝尚佛、老，唐尚词赋，宋迄元、明尚理学，君相持之为治术，儒生习之为学术。历观治乱得失之故，大抵崇儒则治，用夷则乱；近王则治，袭霸则乱。康门之士，必欲如赵武灵王之服胡服，梁武帝之行佛法，而始谓之变法耶？抑恨汉、唐以来之君，不见彼法入中国耶？一意欲变中而西，假一事以发明之。孟子曰："吾闻用夏变夷者，未闻变于夷者也。"又曰："能言距杨、墨者，圣人之徒也。"谈时务者服膺孟子，众口同声，何不请事斯语？

史学以民间风俗为要义。

自后世史家竞讲史裁，务删节其文，以为谨严，记载稍碎细者，则以为繁芜矣，此一蔽也。晚近以来，全凭碑传，连篇累牍，悉属谀词，此又一蔽也。要之，史者欲使后世知一朝所以立国之道而已。西人之史，皆记国政及民间事故，读者可考其世焉。中国正史仅记一姓所以经营天下、保守疆土之术，及其臣仆翼戴褒荣之陈迹，而民间之事悉置不记载，然则不过十七姓家谱耳，安得谓之史哉！故观君史、民史之异，而立国之公私判焉矣。今日欲考历朝民俗，求之于正史反不可得，而别史、杂史之类时复记载之，亦学者所当厝意也。

评曰：史学之弊，前人已论及之，此言是也。惟欲仿西法立民史，则又不然。刘知幾有云："州闾细事，委巷琐谈，聚而编之，目为鬼神传录，其事非要，其言不经。"此王隐、何法盛之书，所以不传于今日也。且历代正史，亦何尝不纪民间风俗之事？史公传游侠、货殖，《汉书》亦传货殖，范《书》传逸民、方伎，《晋书》传隐逸，《魏书》志释、老，其人不登于朝籍，其事不载于国史，谓非民间风俗之事乎？若谓工商之政，则趋时之猛挚，虽百史公不能穷其变，当以何人任之？中国官不护商，商不利国，积世如斯，实难补救。西人有君主，有民主，君有君之史，民有民之史，中国自尧舜禅让以来，已成家天下之局，亦以地大物博，奸宄丛生，以君主之，犹且治日少乱日多，以民主之，则政出多门，割据纷起，伤哉斯民，不日在疮痍水火之中哉！

《史记》乃一家之言，不可徒作史读。

战国、秦汉之间，诸子百家纷起著书，皆有心得，各有体例。太史公之为《史记》也，其自序窃比《春秋》，谓"通天人之际，究古今之变，成一家之言"，盖实著书家之创例也。其书所言三代之迹，粲然可观，欲通古今之治法者，舍此末由。特尊孔子，尤为绝识。其列传备著当时所有学派，如《货殖传》为商学家，《游侠传》为墨学家，《扁鹊仓公传》为医学家，《司马穰苴传》为兵学家之类，皆有深意存焉。后世断代为史而效其体例，不周不备，殊非史公之意矣。读史者以太史公正班、范以下可也。

评曰：《史记》一书，千古绝作，然其发愤著书，别有深旨，非今日之时事也。

《后汉书》宜先读。

后汉风俗最美，名节最盛，范蔚宗表章发扬，亦有特识。全书文章渊懿秾茂，在不古不今之间，学文者当读之。

评曰：康门之士最恶班《书》，以班《志》多因刘氏而成，其间胪载今古文学，六经传授凿凿可凭，不得遂其伪六经之伎俩也。先读范《书》，而不知范《书》以前之事，有是理乎？

史公以后，以郑夹漈为史才之最。

中国学者之大蔽，在不用己之心思耳目，而惟听命于古人之心思耳目，故每作一事著一书，皆因仍蹈袭，莫敢自出新法，以变古人之旧者。此二千年治少乱多之所由，而史官又蔽之最深者也。郑渔仲生乎千岁以后，奋然欲变新法，其《通志》二十略多发古人所未发，言人所不敢言，学者读之，可以发扬志气，增长智慧，不徒为史学之益而已。

评曰：宋有两人心术不可问，郑夹漈，箸书之王安石也；王安石，用事之郑夹漈也。天生斯人，以乱古今之学术，以速天水之覆败，乃谓其书可以发扬志气，增长智慧，吾未之闻也。康门之士蓄意乱法，故合于乱法之旨则曰其书有用，不合于乱法之旨则曰其书可烧，是非颠倒，黑白淆乱。悲乎！

"九通"当择读。

欲求历代掌故沿革得失，则"九通"其荟萃矣。然卷帖浩繁，寒士之家多不易备，即备矣，而望洋兴叹，鲜不却顾。不知读"九通"，固非甚难也。《通典》之精华，大半为《文献通考》所采入，则读《通考》不读《通典》可也。《通志》之纪传，与正史出入，可无读，其学术心得皆在"二十略"，读"略"足矣。《通考》门目虽有二十，而其切要当急读者，不过田赋、职役、征榷、国用、学校、选举、职官、兵、刑各门耳，其余或古者甚要，而今日可缓，如封建、郊社、王礼、宗庙、象纬之类。或他书详备，可以别求。如舆地、经籍、四裔之类。然则所应读者，不过三分之一而已。以例各通，亦当尔尔，况前"三通"为杜、郑、马各出心得，各定体例，自箸之书，故三家不妨并存。若"续三通"、"皇朝三通"同属一时延臣奉敕之作，重规叠矩，举一即可反三，此其可省读者，又不止过半而已。然则"九通"望若繁博，究其实则必当读者不过百余卷，欲讲掌故学者，与正史各志参读之，知其因革损益之得失，然后据以读东西各国之史，择善而从，则可以言经世矣。

评曰：无书不宜择读，何止"九通"？大旨欲人择其合彼者读之耳。

近儒史学考订之书，悉宜屏绝。

国朝儒者，持其考订之学，欲以代圣统，遂令天下学人心目中，以为除考订外无经学，其祸后学已不浅矣。梁玉绳、王鸣盛辈又挟此以言史学，杂引笔记，旁搜金石，订年月之讹误，校人名之参错，此等雕虫小技，壮夫不为，用功虽勤，可以束阁。

评曰：康门之士，欲屏绝王鸣盛、梁玉绳之书，令人不读，恶人读书耳，博学耳，且恶人读此书而及他书，读他书而遂明理耳。吾试举一事以问曰：己亥渡河讹为三豕，应校不应校？如云不校，则三豕渡河，岂复成为文理耶？又试举一事以问曰：《后汉书·郑康成传》戒子益恩书云："吾家旧贫，为父母群弟所容。"元大德本。明监本以下，均作"不为父母群弟所容"，此事关系郑君一家风俗，一人人品，应校不应校？如云不校，岂不厚诬古人耶？梁玉绳史学有《古今人表考》一书，案班自序云："昭善显恶，劝戒后人，此史官之责也。"其书有古无今，师古以为未毕，张晏讥其差违纷错。然自书籍以来，由卷子而椠刻，展转沿讹，已失班氏之旧，钱竹汀、王西沚读而校之，至梁而集其大成，可谓有功史学矣。如云不校，则班氏劝戒之旨将不复明，顾乃目为雕虫小技耶！

三、诸子学

诸子之学可与六经相辅而行。

《中庸》述圣祖之德曰："万物并育而不相害，道并行而不相悖。"此天地之所以为大也。孔子之教如周室，诸子之学如齐、秦、晋、楚、鲁、卫，虽或始终恭顺，或小有僭窃，要之，必合而观之，然后圣人之全体大用乃见。当其盛也，孟子以距之者尊圣人，及至今日，百学皆陵夷衰微矣，《汉志》所谓"礼失而求之野"，彼九家者，不犹愈于野乎？故今之学者，但当以诸子之学尊圣人，不必摭攘斥异端之旧说也。

评曰：康门之士，因《汉书》详载今古文学，则掊击之不遗余力，此又以其序次九流，可以牵合今日之异学，则援引之惟恐不及。孟子以距之者尊圣人，未闻以迎之者尊圣人。

诸子之中有著书者、有不著书者，其所著书有今存者、有今佚者。读《汉书·艺文志》诸子略可以尽见。诸子所著之书，其今无传本者即佚也，有《玉函山房辑佚书》略搜一二。亦有其学派频见于他书，而其人实未尝著书者，即如孟子力辟杨朱，而未闻杨朱有著书，其言仅见于《列子》之类是也。

评曰：周秦诸子之书，大抵皆门弟子所记，即《论语》、《孟子》亦然。其传之与否，惟视其学如何耳。杨朱之言，载在《列子》，当时杨氏之徒固有记述，特为孟子所辟，又不如墨子之兼爱取悦于人，是以其学不行，其流遂绝耳。西国诸教，所谓彼亦一是非，安能夺我中国杨、墨所不能侵，释、老所不能蚀之孔教哉？

诸子之中可分为两种，一儒家，一非儒家，然其学皆出于孔子。

《汉书·艺文志》以儒家与九流并列，颇为失当。儒者，孔子所立之教也，儒家皆七十子后学也，其余诸子皆自立一教者也。顾其持论虽殊，然实则皆出于孔子，《汉志》所谓九家者，皆六经支流余裔也。诸子皆在孔子后，汪容甫《述学》、章实斋《文史通义》略能言之。要之，当时列国并峙，民智大开，诸子见孔子创法立教，以示万世，因亦各出其所心得，思以易天下，如印度之九十六外道、希腊之七贤，皆一时豪杰也。今中国之书流传于后者，六经以外，惟诸子最为精深博大，能读诸子者，较读史所得尤多也。

评曰：《论语》"汝为君子儒，毋为小人儒"，《集解》马融曰[①]："君子为儒，将以明其道；小人为儒，则矜名也。"[②] 据此，则儒教非自孔子立矣。班《志》："儒家者流，祖述尧舜，宪章文武，宗师仲尼，以重其言，于道为最高。"[③] 此即明道之儒也。又云："惑者既失精微，而辟者又随时抑扬，违离道本，苟以哗众取宠，后进循之。"此即矜名之儒也。今日康门之士，毋亦班氏所先见而匿笑者乎？夫班《志》以《论语》、《中庸》比于六艺，其推崇孔氏可谓至矣，何者失当。《韩非·显学》篇云："自孔子之死也，儒分为八，有子张氏之儒，有子思之儒，有颜氏之儒，有孟子之儒，有漆雕氏之儒，有仲良氏之儒，有孙氏之儒，有乐正氏之儒。"[④] 今存者三，子思、孟子、孙氏，子张氏、颜氏、漆雕氏附见于《论语》，《韩非·显学》篇又云："漆雕之议，不色挠，不目逃。"与孟子言"北宫黝之养勇也，不肤挠，不目逃"相合，黝殆传漆雕氏之学者？刘向《说苑·权谋》篇有漆雕，马人。孔子曰："君子哉？漆雕氏之子。"其言人之美也"隐而显"，其言人之恶也"微而箸"。故智不能及，明不得见，得无数卜乎！马人盖漆雕之族。《汉书·艺文志》"儒家"有《漆雕子》十二篇，云"孔子弟子漆雕启后"，是漆雕氏之学，其家传者亦自不少。《论语》言子使之仕而云"未信"，则其学之笃，实于此可见矣。乐正氏附见于《孟子》。自非孔子大圣，立言垂教，皆不能无病，此所以尊孔氏之学如经，而抑八儒之儒为九流也。不列九流，更列何部？至诸子之学，亦不尽在孔子以后。道家源于黄老，

① "马融曰"讹，当作"孔曰"，据《论语注疏》（清嘉庆二十年南昌府学重刊宋本《十三经注疏》本）校。

② 见《论语注疏·雍也篇》，引文有误，原文为："君子为儒，将以明道；小人为儒，则矜其名。"

③ 见《汉书·艺文志》（北京，中华书局，1962），引文有误，"于道为最高"原文为"于道最高"。

④ 见《韩非子·显学》（《韩非子集解》，北京，中华书局，1998），引文有误，原文为："自孔子之死也，有子张之儒，有子思之儒，有颜氏之儒，有孟氏之儒，有漆雕氏之儒，有仲良氏之儒，有孔氏之儒，有乐正氏之儒……故孔、墨之后，儒分为八。"

墨家始于尹佚，班氏明言其出，明述其流。康门之士又不信班《书》，而老氏之书固在也，尹佚之说犹存也，此其人尚不悖于大道，而已若存若亡如此，而谓孔子之教必附合印度之九十六外道、希腊之七贤，始得流传于千古，岂不谬哉！岂不谬哉！

宜先读子学流派各书，以知其大概。

《庄子·天下》篇、《荀子·非十二子》篇、《韩非子·显学》篇、《史记·太史公自序》中论六家要旨，《汉书·艺文志》中诸子略，皆言周秦学派之书，参而观之，可得其概。《史记》之《孟子荀卿列传》、《儒林列传》、《游侠列传》、《老子韩非列传》、《司马穰苴列传》、《扁鹊仓公列传》、《货殖列传》、《日者列传》、《龟策列传》等，皆可作诸子学案读也。

评曰：此读书之士所宜知也。穷诸子之得失，而后知孔子之所以不亡者，非借百氏之羽翼。

读诸子可分先后。

可先读《管子》、《荀子》、《庄子》、《墨子》、《列子》，次读《老子》、《韩非子》、《商君书》、《文子》、《公孙龙子》、《鬼谷子》，次读《吕氏春秋》、《新语》、《淮南子》、《法言》、《新序》、《说苑》、《盐铁论》、《潜夫论》、《申鉴》、《论衡》等。

评曰：诸子之学，间有可以治国者，大抵杂霸之主，偏隅割据之世耳。其言既有可采，其书因亦不亡，读之何先何后。《鬼谷子》心术险诈，毒于《战国策》；《荀子》功在传经，亚于《孟子》。《荀子·性恶》、《非十二子》最为后儒所议。严铁桥谓："性有善有恶，主善者居上游，主恶者趋下流。"其论最通。至《非十二子》，《韩诗外传》引只十子，无子思、孟子，或疑其门人李斯之徒所附益，是也。

汉以后无子书。

周秦诸子皆自立一教，与孔子隐若敌国，而持之有故、言之成理者，自秦始皇焚百家之言，汉武帝表章六艺、罢黜百家之后，于是九流之学顿绝。自此以往皆定于一尊矣，虽有著述之家，不过羽翼经传，言有浅深，要归一致，其与周秦诸子情实迥然不同。故汉以后无所谓子书，后世目录家强为凑附，归并分晰，动见失当，甚无谓也。故汉以后即有号称子书者，皆可以不读。

评曰：九流十家，后世最盛者，杂家、小说而已。两汉以后，儒术大昌，九流亦未遽绝。道家无论矣，墨学行于海西，历代农桑种植之书，传者不绝；法家之学，如《唐律》、《洗冤录》之类，至今不能出其范围；而阴阳天算，愈后出者愈精，然此犹谓无子书之名也。魏徵为有唐一代名臣，其学术、治术见于《群书治要》一书，此书所采汉以后子书约十余家，多精切可诵者。然此犹谓中国失传之书也。若夫宋之五子特开道学之宗，《朱子全书》，圣祖仁皇帝命儒臣刊布学官，即今语亦谓宋学书不可不讲。谓汉以后号称子书者皆可不读，毋乃偶有未照与？若谓与周秦诸子情实不同，则周秦与两汉亦各有其情实，读周秦者将不必读汉子与？

诸子之学多与西政、西学相合。

近人于西学一门，考据颇详，西政则中国尚少讲者。曩者华人震惊西学，以为绝技，谓震旦之人所不能至，固属自弃。近人有牵合比附，谓西人之学悉出中土者，亦涉自大之习，致为无谓。要之，陆子静所谓"四海各有圣人出"焉。此心同也，此理同也，此所以东西虽辽绝，而政学之暗符者，不一而足也。西人艺学原本希腊，政学原出罗马，惟能继续而发明之，遂成富强。我中土则以六经、诸子之学，而数千年暗昧不彰，遂以积弱，学者不可不自奋也。

评曰：太史公曰："畴人子弟分散，或在夷狄。"[①]《汉书》大秦诸国，即今之泰西。虽四方各有圣人，安知中学不传于彼族？中国六经之学，暗昧不彰者，正诸子异学蚀之也。然历世儒者表章而发明之，正如日月之蚀，蚀而即明。孔子《春秋》之旨曰："内中国而外夷狄。"曰学《春秋》，曰学孔子，云何不知。如云夷而进于中国则中国之，未闻中国而进于夷则夷之也。积弱自强，皆人为之。英自维多利亚继统而始强大，德自毕士马克入相而致太平。识时务者，其亦知所宗主哉。

四、宋学

宋学为立身根本，不可不讲。

学者苟志趣不立，行谊不端，虽读书万卷，只益其为小人之具而已。故向学伊始，即宜多读宋贤义理之书，以养其身心。

---

① 见《史记·历书》（北京，中华书局，1959），引文有误，原文为："畴人子弟分散，或在诸夏，或在夷狄。"

评曰：宋儒之学亦有数派，而以朱子为宗。朱子之教则在《小学》，《小学》之要则在诚敬，而大旨归于辨义利。今日康门之士既伪六经矣，又诋君父矣，且并拜跪之礼亦欲废之，以法西人矣，诚耶，敬耶？口诋科举，而又工于干禄之文，义耶，利耶？真所谓读书万卷，益其为小人之具而已。吾不知其志趣如何，行谊如何，以此诬宋儒，附宋儒，宋儒其敬谢不敏乎。

宋学书宜先读学案。

黄梨洲先生撰《明儒学案》、《宋元学案》，其《宋元学案》未成，全谢山续补之。荟萃三朝学术宗派，万流俱备，开卷粲然，学者因其性之所近，择善而从，即可以有下手处矣。大约《宋元学案》中，可先读百源、濂溪、横渠、明道、伊川、上蔡、东莱、晦翁、南轩、象山、艮斋、止斋、龙川、水心各篇；《明儒学案》中，可先读白沙、姚江、泰州、江右王门、浙中王门、东林各学案。

评曰：宋学有精有粗，有虚有实，大氐洛学之传精，永嘉之派粗，朱子之学实，陆子之教虚。精者近道，粗者近侠，实者入理，虚者入禅。上蔡、慈湖，其末流纯归于释，白沙、姚江皆其颓波也，泰州、江右又姚江之颓波也。永嘉一派，如艮斋、止斋、水心喜谈事功，龙川则流于侠矣。康门之士大旨主事功，于宋学本无心得，不过知其学之平实，不敢以其嫉考据之心，肆口谩骂耳，而其意则将扬白沙之余焰，以倡粤学之传，此其用心也。公论在人，吾无以辨。

朱子书宜读《语类》。

朱子博大精深，百学俱达，后儒编辑朱子文集、《大全》者，各任其所长以律朱子，于是朱子之学不见。《语类》为门人杂记，不名一类，最为可观。宜先读总论为学之方，论力行，论读书，论知训，门人自述，论治道，论本朝各卷。

评曰：朱子之功在昌明正学，攘斥佛、老，非其人读之，有愧也。

诸儒文集宜择读。附论国朝诸儒。

《正谊堂全书》所收甚富，然不无门户之见。横渠最能穷理，《正蒙》等篇，多与西人格致之理相合。永嘉一派专言治功，亦周今日之用。其余诸大家专集，如周、程、朱、张、吕、陆、王之类，皆不可不读。本朝专门理学家之书，宜间读。船山为一代大儒，闳深博大，几合横渠、晦翁之长，湖湘后学尤当服膺，《船山遗书》当择读。顾亭林、黄梨洲为汉、宋学枢纽，梨洲见地尤卓绝，《日知录》、《明夷待访录》皆宜读。后此则章实斋、魏默深、龚定庵皆有新论，读之可开拓智慧。

评曰：国朝诸儒如张清恪、陆清献，皆主朱子而斥陆、王，诚以朱子之书高明沈潜，读之皆无流弊，象山之学则止宜于高明。朱子谓陆子门人，其进锐，其退速，病根正坐在此。至横渠、正蒙合于西人格致，彼教中书恒有此论，吾乡曹灼山亦云横渠、西铭出于耶稣，此则讽宋学者思有以诬之也。凡杂家之学，或偶得其道之偏端，如西汉之黄老、蜀汉之申韩，本与儒术相倚伏，而禅悟亦与理学相通，此正吾学之大，非彼教之精也。章实斋《文史通议》持论与郑樵同而用心则异，是以其书可存。魏默深持论骄横，尚知扶翼名教。龚定庵文有质无理，其人品尤不足道，观其自注诗词，踪迹谲秘，靡得而论矣。

右举各条论读书为学之法，即前所发条诫中所云删繁就简，蠲粗治精之旨也。至特科谕旨，已恭刊于《湘学报》端，该士子恭读之余，尤应倍加奋勉。又恐偏僻乡镇不及周知，使者当即会商抚部院，敬录一通，分札各府厅州县，广为缮布，以期鼓舞士气，湔旧俗而迪新知。新会梁氏著有《幼学通议》一编，切实晓畅，实为蒙养之要，该士子等各有子弟，能以是书施教，获益即在无形。梁书当于《湘学报》分期刊出，该士子等务宜仰体使者谆谆劝导、不惮再三之苦衷，锐意研求，日新月盛，蔚为人才之薮，则使者虽劳形笔牍，掉舌兼疲，固忻然有余幸已。又记。

评曰：蒙以养正，圣功也。中国小学之书，如《礼记》之《内则》、《管子》之《弟子职》、朱子之《小学》，皆雒诵在人，不必谋野而获也。

《明辨录》序 [①]

光绪丁酉，湖南开时务学堂，新会梁启超来主讲席，以《公羊》、《孟子》教授湘中子弟。数月之间，三尺童子皆知言改制，言民权，言秦始皇不焚书，言王安石能变法。千百年之是，一旦得而非之。千百年之非，一旦反而是之。而二三浮薄少年，空疏不学之士，肆其簧鼓，自

---

① 此文录自光绪二十四年刻本《明辨录》。

诬其教祖，自灭其先民。问以属毛离里之恩，曰天也。问以食毛践土之
义，曰天也。然一元统天，胡有平等？七日安息，胡不礼赞？是其人于
中华为非类，于西俗为叛徒，虽明季李卓吾、金人瑞之徒，其悖谬失
据，丧其本心，未有如此之甚者也。邵阳石陶钧、衡阳刘焕辰、清泉黄
骏从余问字，年皆志学，数有书相诫约，外间颇有传者。吴县罗绍元、
山阴汪祖翼录付梓民。梓成，特以示余，并请署首。余因名之曰《明辨
录》。明者，暗之器也。孟子曰："余岂好辨哉？不得已也。"

大清光绪二十四年戊戌闰三月，长沙叶德辉叙。

正界篇[①]

《正界篇》序

《正界篇》者，吾同年友叶焕彬吏部正梁启超《春秋界说》、《孟子
界说》而作也。梁之箸书，往往以异氏之诐词，汨没我先圣之微言大
义。君独辞而辟之，论者以为功不在孟子下。昔吾家子鱼公箸书诘墨，
仲和公与邻房生交讼，上书不屈。方之今日，吾愧不肖，读君此篇，
又爽然自失矣。君原稿并录梁文，支离鄙诞，不可入木，属君削之而
存其标题。世有得彼书而校者，是非得失，较然易明，又奚烦吾之赘
述哉。

光绪二十四年七月上旬，长沙孔宪教叙。

梁启超之为教也，宣尼与基督同称，则东西教宗无界；中国与夷狄
大同，则内外彼我无界；以孔子纪年黜大清之统，则古今无界；以自主
立说平君民之权，则上下无界。至其为学，既斥《左传》而尚《公羊》
矣，又谓《春秋》与公法相通，《公羊》与《穀梁》同义，则治经无界；
既尊康教而伪班《书》矣，又谓《儒林传》为百家源流，《艺文志》为
经学梗概，则读史无界。兹有所谓《春秋界说》、《孟子界说》二书，与
其师友《长兴学记》、《輶轩今语》等书，列为《中西门径》七种，湘人
见者莫不群相骇异。夫中国讲求西学三四十年矣，大而海军、制造，小
而天文、格致，重门洞开，厂学共举，今康、梁之徒乃持此以为门径，
欲率湘人而读之，欲挟学官而主之，其狂悍亦已甚矣。彼既有界，我岂
无界？因作《正界》二篇，以诰湘中子弟之惑于邪说者。

---

① 此文录自光绪二十四年刻本《翼教丛编》。

长沙叶德辉自叙。

《正界篇》上

一、《春秋》为孔子改定制度以教万世之书。

正曰：孔子改制乃七十子后学之说，何休取之以说《公羊》，遂为今日邪说之所本。其实孔子道全德备，尊以帝王之统，谁曰不宜？而必谓当时假鲁而托王，背周而改制，恐不如是之僭妄。麻冕因纯俭而从众，谓之改制，然则拜下礼也，何以不改拜上之制乎？今日谈时务者，有废拜跪礼即可自强之说。大抵《论语》一书，多为及门论治而记，后人误以论治为改制而异义蜂起，至舍《春秋》褒贬之大义，举而助其非圣之狂谈，经义盲晦，于斯极矣。若夫船山、梨州，前明遗老，孤怀隐志，不得明言，所遭之世既多不平，所持之论亦不无过激，此不可同日而语者也。冯林一《校邠庐抗议》，后世经济家箸述之常，其去圣经不知几万里，此更不可同日而语者也。果如《界说》所云，则诬孔子为去国之臣，作空谈之祖，此何理也？万国公法且不能行于泰西，比而同之，将来泾渭同流，是非倒置，此非尽灭孔氏之经，不足以快其心志也。吾观今日西士之书，且讥宋人性理出于释迦矣，异时十二万年之中，安知不有以《春秋》为袭公法者乎？是可忍，孰不可忍！此又何理也。

二、《春秋》为明义之书，非记事之书。

正曰：《春秋》所重在义，而非睹其事不得明其义，此三传所以至今不废也。孔子据鲁史而作《春秋》，公羊子、太史公均无异说。告灾则书之义，自以《左氏》为长。《公羊》限于外灾异不书，于是书宋灾，则曰"故宋"矣；书成周宣谢灾，则曰"新周"矣；而无解于齐之大瘠也，则曰"及我"矣；而无解于陈之火也，则曰"存陈"矣；而无解于河上之沙麓崩、梁山崩也，则曰"为天下记异"矣；而无解于宋、卫、陈、郑同日灾也，则亦曰"为天下记异"矣。夫同日而灾，固天下之异，不知河上之邑何以为天下之异，于是一记之曰"袭邑"何注："嘿陷入于地中。"记之曰"壅河，三日不流"，何休注遂为之说曰"山者阳精，河者阴精"云云，以阴阳灾异弥缝其义，而无解于河徙不书也，桓谭《新论》云，周谱定王五年，河徙故道。案：是年当鲁宣公七年。而无解于縠、洛斗不书也。《国语》周灵王二十二年事。案：是年当鲁襄公二十三年。此固明明有告则书，无告不书，而《公羊》家不得申其说矣。而况"新周"、

"故宋"、"王鲁"为今文《春秋》三大义,而《穀梁》有"故宋"无"新周",同出子夏之传,不应歧异若此。彼今之言《公羊》者,犹曰《公》、《穀》同义,《左氏》不同义,何其蔽耶!《公羊》、《穀梁》书灾异即显然不合,可以二传考之。

三、《春秋》本以义为主,然必托事以明义,则其义愈切箸。

正曰:事义之不能偏废,彼既知之矣,胡以必斥《左传》为伪乎?夫《春秋》为万世定法,岂孔子但欲人知其空言,不欲人知其行事,问之《公羊》家,恐无以自解也。董生引孔子之言曰:"吾因其行事,而加乎王心焉。"此孟子所云:"《春秋》,天子之事也。"又引作"加吾王心",义并同。谓之王心,非孔子之心也。又曰:"假其位号,以正人伦;因其成败,以明顺逆。"此孟子所云"孔子成《春秋》而乱臣贼子惧"也。况曰因、曰假,则必据事可知。今乃痛斥记事之《左氏》,而偏主明义之《公羊》,其意盖恐事义并陈,不得行其康说。明为尊经,实则背经,非《春秋》之蠹哉?

四、孔子因避时难,故仅借事以为记号,而大义皆传于口说。

正曰:刘、班皆云"七十子丧而大义乖",诚慨乎言之也。孔子之大义有存于七十子者,《论语》是也;《汉书·艺文志》云:"《论语》者,夫子既卒,门人相与辑而论纂,谓之《论语》。"[①]《史记·仲尼弟子列传》赞亦云:"弟子名姓文字悉取《论语·弟子问》。"有传于七十子后学者,诸子百家、汉儒所称引者是也。左氏与孔子同时,其传《春秋》,谓之传记,其人不在弟子之列,则谊兼师友,见深见浅不与圣人同,而其事则固不可废也。口说流传,本不免传闻之误,而况非常可怪之异义乎?何休云:"贵文章者,谓之俗儒。"吾则曰:信口说者谓之巫咒。

五、既明第二至第四三条之理,则可以知《春秋》有三书:一曰未修之《春秋》,二曰记号之《春秋》,三曰口说之《春秋》。

正曰:未修之《春秋》,即庄公七年传所云"不修《春秋》曰:雨星不及地尺而复"是也。又桓公五年"大雩"传:"大雩不言旱,言雩

---

① 见《汉书·艺文志》(北京,中华书局,1962),引文有误,原文为:"《论语》者,孔子应答弟子,时人及弟子相与言而接闻于夫子之语也。当时弟子各有所记,夫子既卒,门人相与辑而论纂,故谓之《论语》。"

则旱见，言旱则雩不见。"① 此亦修《春秋》之例也。以此推之，则未修以前略可见矣。夫口说甚多，言《公羊》者，谓宜求之周、秦诸子与两汉经师之说，是固然已。然孟子之言曰："晋之《乘》，楚之《梼杌》，鲁之《春秋》，一也。其事则齐桓、晋文，其文则史。孔子曰：'其义则某窃取之矣。'②"而《公羊》昭公十二年传，变其文曰："《春秋》之信史也，其序，则齐桓、晋文；其词，则某有罪焉尔。"③ 同一口说，一则曰窃取，一则曰有罪，何前倨而后恭乎？则口说之不可据也。而况一事一序，一义一词，轻重异同，各持一是。口说之晦如此，奚足语于治经？记号之说，始于近人陈立，故不置议。

六、先师所传口说与经别行，故著竹帛之时，间有遗漏错置。

正曰：既知口说之无一定，又明知《公》、《穀》、《繁露》及秦、汉诸儒所引之义各有不同，于是遁其词曰"遗漏错置"。嗟乎！说经而至于遗漏错置，斯亦何贵有《春秋》乎？观于《公》、《穀》，每言无闻，则不如左氏目睹之为愈矣。且同一今文家言，而《公》与《穀》异，如隐公元年"不书公即位"传，《公羊》从褒，《穀梁》兼贬，说者谓一贤让国，一大居正，可谓善于解纷，而无如是非之不能定也。是非无定，则《春秋》真"断烂朝报"矣。况开宗弟一义，口说即如此参差，记忆亦如此恍惚，则其他之不尽可信，不待问已。欲求其义，胡可得乎？哀公十四年"西狩获麟"传，《公羊》以为记异，谓麟非中国之兽。《穀梁》以为其不言来，不外麟于中国；其不言有，不使麟不恒于中国。此篇终一义，口说亦如此相反，岂可谓之错置乎？

七、《春秋》既借记号以明义，有时据事直书，恐其义不显明，故常变其辞，变其实，以著其义。

正曰：诡实易其人名，诡辞随其委曲，此虽董氏一家之言，颇得孔子笔削之旨。然隐公三年"尹氏卒"，《公羊》以为讥世卿，《穀梁》以

---

① 见《春秋公羊传》（清嘉庆二十年南昌府学重刊宋本《十三经注疏》本）桓公五年，引文有误，原文为："大雩。大雩者何？旱祭也。然则何以不言旱？言雩则旱见，言旱则雩不见。"

② 见《孟子·离娄下》（清嘉庆二十年南昌府学重刊宋本《十三经注疏》本），引文有误，原文为："孔子曰：'其义则丘窃取之矣。'"

③ 见《春秋公羊传》（清嘉庆二十年南昌府学重刊宋本《十三经注疏》本）昭公十二年，引文有误，原文为："《春秋》之信史也，其序，则齐桓、晋文；其会，则主会者为之也；其词，则丘有罪焉耳。"

为为鲁主，《左氏》作"君氏"，以为鲁夫人声子，此经、传皆异者也。桓公十四年"夏五"，《公羊》以为无闻，《穀梁》以为传疑，《左氏》无传；庄公二十四年"赤归于曹郭公"，《公羊》、《穀梁》以为赤者郭公名，《左氏》亦无传，此经同传异者也。由前之说，则是闻见各殊；由后之说，要以阙疑为是。孔子曰："吾犹及史之阙文也。"其《春秋》之谓乎？末学之子，乃欲因此尊公、穀而退邱①明，何其陋也。

八、《春秋》之例乃借以明义，义既明，则例不必泥。

正曰：胡母生为《公羊》老师，何氏橐括其条例，以作注例者，《公羊》之家法也。此则以为例不必泥，不知作者所习，果谁氏之《春秋》耶？夫传云者何，即是引申经例，内外远近尤为例之大纲。乃前此则曰事为筌蹄，《界说》六。后此则曰例为筌蹄。是《春秋》一书，除其师所云公法、大同外，无不可目之为筌蹄矣。昔也孔子厄于陈、蔡，今也孔子厄于康、梁，可不痛哉！

九、《春秋》立三世之义，以明往古来今、天地万物递变递进之理，为孔子范围万世之精意。此下三条后有一刻本删之，岂自悔其言之失耶？

正曰：三世之说，《公羊》后学之言，其说已不尽可信。此更袭西人《创世记》之文及佛经轮回之旨，本其师说，渎乱圣经，吾恐世界未进于太平，中华已沦于异教矣。董生之言曰："鲁愈微而《春秋》之化愈广，世愈乱而《春秋》之文愈治。"使鲁不微、世不乱，则孔子何必作《春秋》哉？然则乱臣贼子之世，是不可无作也已。

十、《春秋》既为改制之书，故必托王以行天子之事。

正曰：孔子改制，经无明文，传亦无明文也，惟《公羊》哀公十四年传有"制《春秋》之义，以待后圣"② 一语。夫曰"制义"，制拨乱反正之义也；曰"俟后圣"，非改当王之制也。何休之徒一误再误，至于今日，无君之禽兽接踵于天下矣。

十一、《春秋》托王于鲁，非以鲁为王。

---

① "邱"字讹，当作"丘"。
② 见《春秋公羊传》（清嘉庆二十年南昌府学重刊宋本《十三经注疏》本），引文有误，原文为："制《春秋》之义，以俟后圣。"

正曰：托王于鲁，托隐公为受命王，《春秋繁露》之说也，后来《公羊》家愈阐愈奇，陵夷至于近日，其祸不可胜言矣。夫王谓文王，传有明证；统者一统，明无二王。所以然者，周王于文，故月从周正；史修于鲁，故托始隐公。犹之后世郡县志，书年则天子之年，志则一邑之志。特彼为封建之世，故正朔从周，纪年以鲁耳。僻儒不明此义，动以私议说《春秋》，而《春秋》遂成古今一大疑谳矣。知我罪我，圣人其谓之何！

《正界篇》下

一、孔子之学，至战国时有二大派：一曰孟子，一曰荀卿。

二、荀卿之学在传经，孟子之学在经世；荀子为孔门之文学科，孟子为孔门之政事科。以上二条无正。

三、孟子于六经之中，其所得力在《春秋》。

正曰：《春秋》教忠，《孝经》教孝，孔子之志、之行在此二书。孟子，受业子思之门人，其得《春秋》之传明矣。然孟子辟墨氏，不闻以墨氏之兼爱合于孔氏之言仁。孟子辟杨氏，不闻以杨氏之为我合于孔氏之为己。今康、梁之书言《春秋》，则比之于公法矣；言微言大义，则比之于婆罗门及释氏、耶稣矣。害道乱真，莫此为甚。以此言界，奚界之足云乎！康有为《春秋董氏学·微言大义》二卷，最为纰缪。

四、孟子于《春秋》之中，其所传为大同之义。

正曰：三世之义，所见、所闻、所传闻，此《公羊传》之明文也，为之学者，乃衍为据乱世、升平世、太平世，是圣人之作《春秋》，圣人之作旦梦也，空文垂世，固如此乎？夫华夷之界，中外之大防，成十五年传明言《春秋》"内其国而外诸夏，内诸夏而外夷狄"矣，而又曰"王者欲一乎天下，言自近者始也"①，此言始、内外之本末次第，非混夷夏而大同之也。况七等递加，由渐而进，昭、定以后，难望大②平，未知孟子何以独传大同之义，岂以其游梁、事齐合于彼之背清颂美耶？梁批时务学堂某生卷，言将来混一地球必是美州。嗟乎！如康、梁之所谓大同，则降表世家，忠奸淆乱，恩荣册子，廉耻道亡。苟非孟子所云"乱

---

① 见《春秋公羊传》（清嘉庆二十年南昌府学重刊宋本《十三经注疏》本），引文有误，原文为："王者欲一乎天下，曷为以外内之辞言之？言自近者始也。"

② "大"字讹，当作"太"。

臣贼子"，亦乌忍设是心哉！

五、"仁义"二字，为孟子一切学问宗旨。

正曰：康有为《伪经考》谓训诂之学伪始于刘歆，而梁启超又引董子仁人义我之文，此即训诂之明证也，岂非自背其师乎？夫文字生于训诂，训诂本于声音，此天地自然之机，岂刘歆所能伪造？作者于中学既不探其本原，于西学亦仅袭其声容，笑兒所谓"刑夭舞干戚"者耶，抑"形夭无千岁"也？

六、保民为孟子经世宗旨。

正曰：民为贵者，君贵之，非民自贵之也，且非贵民权也。圣清列祖列宗以来，爱民如子，国家遇有凶荒灾歉、水火兵燹，一经疆臣入告，无不立沛恩施。即如近日库帑支绌，除厘金外，无丝毫取之于民。或有言利之臣条陈新法，奉部准行，而朝闻扰民，夕即停止。以视泰西各国无地不税、无人不税、无物不税、无时不税者，相去岂可以道里计哉！乃犹谓孟子之学久绝于中国，惟泰西庶乎近之，此欲煽惑我中国之人心，叛圣清入西籍耳。无怪其说《春秋》，不重传文之内外夷夏，而惟重注文之远近大小若一也。

七、孟子言无义战，为大同之起点。

正曰：《礼运》"大道之行，是谓大同"①。然孔子明言有志未逮，胡为至孟子而起点乎？孟子之世至今二千余年矣，胡为以彼素所讴歌之美州，亦仅庶乎近之乎？康、梁固有此似是而非之论，自命为前知之圣人，其意本欲废孔教以行其佛、耶合体之康教，口惠而心跖，余于斯人见之矣。

八、孟子言井田，为大同之纲领。

正曰：康、梁袭释氏之说，无事不平等，无说不平等，而尤慕西俗之轻财，而又惜其未得其道。盖九州万国，得均财之道者，无如康、梁矣。吾闻各处有不缠足会，上海又有女学会，挟册敛赀，有如肤箧。而

----

① 见《礼记·礼运》（清嘉庆二十年南昌府学重刊宋本《十三经注疏》本），全文为："大道之行也，天下为公，选贤与能，讲信修睦。故人不独亲其亲，不独子其子，使老有所终，壮有所用，幼有所长，矜、寡、孤、独、废疾者皆有所养，男有分，女有归。货恶其弃于地也，不必藏于己；力恶其不出于身也，不必为己。是故谋闭而不兴，盗窃乱贼而不作，故外户而不闭，是谓大同。"

康有为所立之会尤多，其至新嘉坡，则倡商学会以愚粤商，尽其所有，卷而怀之，所获甚巨；又至京师，而保国会起矣，会例人捐二金，以为办事之用。要其所得无几，不如均田，无如田不可均也，故终其身思为泰西之民矣。法先王，法其意，世有逐臭之夫，当必有所借口。

九、孟子言性善，为大同之极至。

正曰：进种改良，而后有性善之教。吾不知梁启超果谁氏之种，何物之性？自此等缪论出，于是吾湘人士，有欲弃其父母清白之身，而甘合于白种者矣；有并忘其世受国恩之身，而以短衣断发之俗为改良者矣。梁启超其祸首哉！

十、孟子言尧舜，言文王，为大同之名号。

正曰：尧舜禅让，圣人天下为公之郅治也；泰西民主，大秦简贤而立之旧俗也。一则权操自上，一则权操自下，岂得并为一谈？且作者既以大同当文王，何以《礼运》又谓文、武为小康，岂六经皆彼刀俎物耶？

十一、孟子言王霸，即大同、小康之辨。此条原无说。

十二、距杨、墨为孟子传教宗旨。

正曰：既知杨、墨之当距，何以所箸《读西书法》又盛推墨子之学当复兴。冀其兴也，则与传教之旨相背；懼其兴也，则不当伪六经而助之攻。康、梁非孔、孟之徒，可以所言定其谳矣。

十三、不动心为孟子内学宗旨。

正曰：公孙丑因孟子行道而论动心，此乃增入传教一宗，盖隐以西人传教不畏险阻之意混入其中，读者细审之。

十四、孟子之言即孔子之言。

正曰：孟子言孔子所不言，时为之也。康、梁之徒以《公羊》、《孟子》转相教授，将以张其大同之说耳。然不伪《左传》，则无以信《公羊》；不抑《论语》，则无以进《孟子》。诋《论语》自康之师朱某始。然则孔子纪年乃无天子，非有孔子也。

十五、孟子之学，至今未尝一行于天下。

正曰：《界说》十三云，汉儒气节之学，朱儒性理之学，各得孟子内学之一体。不知此一体者相反耶，抑相合耶？若云不动心之说，谪之者非其至，则是二千年以来，惟康、梁谪其至，而我朝圣祖神宗之褒封忠节、阐明性理皆非其至矣。三尺之法具在，胡不畏死！

《长兴学记》驳义①

《〈长兴学记〉驳义》叙

迩者宛平徐学使督学湘中，以所撰《輶轩今语》颁发学官，分给士子，其中专辄毁经、纰缪无根之语，不一而足。如以训诂为无用，以考古为大谬，以《毛诗》、《周礼》为伪经，以《春秋》、《公羊》为公法，以《中庸》为孔子行状，以诸子与六经并立，以汉以后无子书阴排宋儒，以四方各有圣人推崇异教，创亘古未有之新闻，翻孔子尊攘之成案。一时横舍之子，相与挢舌屏息，懵然不知其学之所自来。余从坊肆得《中西学门径》七书，中有康有为《长兴学记》、梁启超《读西学书法》等书，而后知学使之书即本原于此，袭谬沿讹，无足怪矣。夫康有为乱民也，梁启超诐士也，考据、训诂之不明，乃以训诂当破碎之考据，以微言大义统之口说，不知口说，只有微言，斯皆逞一己之私心，侮圣人之制作，其为学术人心之害，何可胜言？今举《学记》之尤谬者，分条摘驳，以明是非，而以《〈读西学书法〉书后》一篇附于卷末，俾知康、梁之说不中不西，学使之书非今非古，庶二千年之正学，不得淆乱于异端。世有闻风兴起者乎，斯固湘人所馨香祷祝者已。

大清光绪二十四年秋七月。

《长兴学记》驳义

在昔有汉学、宋学之争，于今有中学、西学之辨，究其终始，折中孔子而已。孔子创制法后，翻经演纬，俟圣不惑在大义，因时变通在微言，二宗既畅，条枿弥天。虽七十逴矣，孟、荀润色于齐、楚；城旦苛政，图书不沦于烧薪。然东京训诂代兴，经籍道息；宋世老杨夺统，仁爱义乖。陵夷至今，大患愈迫，南海先生忧之，讲学长兴里，著为《学记》，昭示来兹，爱同类以及异类，推孔教以仁万国。启超幸以爝火之明，得日月之熠耀，迩者讲学长沙，仁智兹愧，惧大道之统或坠于眇躬，乃敬将此书上石，以馈天

---

① 此文录自光绪二十四年刻本《翼教丛编》。

下焉。弟子梁启超敬志。

驳曰：康、梁之书，所以煽动一时之耳目者，其立法至简，其卒业至易，其居心至巧，外假大同之说，内溃名教之防。而其推行之速也，则以上有奥援，下有党众，海内不学之士可以文其固陋，不轨之徒可以行其党会。其始倡言变法以乱政，其继阴乘变法而行教。粤人黄遵宪主之，湘人谭嗣同和之，康门邪说渐有其端绪。迨徐学使导之以禄利之途，其徒日繁，乃相率而鸣于众曰"康学"。嗟乎！紫色蛙声，余分闰位，假素王之名号，行张角之秘谋，尼山有灵，岂能听其流毒宇内哉？吾终见其灭亡已矣。

　　喑人懯愚，文质无底，虽尝钻励，粗知记诵，非能知学也。二三子以蹞踔之志，斐然之资，荡涤污泽，噬肯来游，喑人无以告焉。然尝侍九江之末席，闻大贤之余论，谨诵所闻，为二三子言之。二三子之来游，非为学耶？学者效也，有所不知，效人之所知；有所不能，效人之所能。若巳知巳能①，共知共能，则不必学。不知不能而欲知欲能，故当勉强也。董子曰："勉强学问，则闻见博而知益明；勉强行道，则行日起而有功也。"②

驳曰：《中庸》云："或安而行之，或利而行之，或勉强而行之，及其成功一也。"然则勉强为学问之一途，非学问尽出于勉强矣。作者之言，多害道乱真，行踪尤为诡秘。梁启超效之，乃以民主之说倡乱天下，其《幼学通议》至谓一文一字皆述师训，又谓长游康门得此记，孜孜从事，始知天地间有所谓学问。宜乎缪种流传，诐词散布，宇内如此，而云日起有功也，人心、学术之害，尚可言乎！

　　夫性者，受天命之自然至顺者也，不独人有之，禽兽有之，草木亦有之，附子性热、大黄性凉是也。若名之曰人性，必不远，故孔子曰"性相近"也。孟子性善之说，有为而言；荀子性恶之说，有激而发。告子"生之谓性"自是确论，与孔子说合，但发之未透，使告子书存，当有可观。王充、荀悦、韩愈即发挥其说。程子、张子、朱子分性为二，有气质，有义理，研辨较精，仍分为二者，盖附会孟子。实则性全是气质，所谓义理自气质出，不得强分也。余别有《论性篇》。夫相近，则平等之谓，

---

①　"若巳知巳能"讹，当作"若己知己能"。

②　见《汉书·董仲舒传》（北京，中华书局，1962），引文有误，"则行日起而有功也"原文为"则行日起而有大功也"。

故有性无学，人人相等，同是食味别声被色，无所谓小人，无所谓
大人也。有性无学，则人与禽兽相等，同是视听运动，无人禽之
别也。

驳曰：《论语》"性相近也，习相远也"，自来注疏家及诸家之书，
说之累千万言而不能尽，惟《中庸》"天命之谓性，率性之谓道，修道
之谓教"数语，为得孔氏真传。盖天命为性，所以相近；不能率性，则
习而相远。顾氏炎武以"人之生也直，罔之生也幸而免"解之，其义至
为精确。今日说经之书汗牛充栋，诚有如古人所讥博而寡要者，然未有
以平等为相近，以人与禽兽为无别者也。陈白沙集中有《禽兽说略》云：
"人具七尺之躯，除了此心此理，便无可贵，浑是一包脓血裹一块大骨头，
饥能食，渴能饮，能著衣服，能行淫欲，贫贱而思富贵，富贵而贪权势，忿而争，忧而悲，
穷则滥，乐则淫。凡百所为，一信血气，老死而后已，则命之曰禽兽而已。"[1] 按：
此说即此记所本，作者无论何学，皆从旁门入，盖其性然也。夫平等之说，出
于《四十二章》佛经，西人《旧约》诸书，乃演为万物平等之义。作者
非空桑之子，何以俯首帖耳，甘为异氏之前驱。嗟嗟！附子性热，大黄
性凉，如作者之无性，是草木之不若也，又奚足与禽兽为伍哉。

　　学也者，由人为之，勉强至逆者也，不独土石不能，草木不
能，禽兽之灵者亦不能也。鹦鹉能言，舞马能舞，不能传授扩充，
故无师友之相长，无灵思之相触，故安于其愚，而为人贱弱也。犀
象至庞大，人能御之，虎豹鸷猛，人能伏之，惟其任智而知学也。
顺而率性者愚，逆而强学者智。故学者惟人能之，所以戴天履地而
独贵于万物也。之京师者能为燕语，入吴越者能作吴言，游于贵人
之门者其舆服甚都矣，其外有以灌输之也。终身不出乡，老于山居
谷汲者，虽饶衍朴噩可笑，蔽其所见而无所学也。况以天地为之
居，以万物为之舆，以圣人为之师者乎？

驳曰：《孟子》言犬牛之性与人不同，是人禽之异，不因学不学也。
《中庸》言"率性之谓道"，率性即顺性也，何至于愚？郑氏注《礼·中
庸》"勉强"为耻不若人，朱注以困知勉行为勇，知耻近勇，郑、朱义
同，此亦非至逆之事。作者论学则强人以难，居心则导人以逆，乃独借
讲学以文其奸，殆亦鹦鹉能言之类耶。

---

① 见《陈献章集·禽兽说》（北京，中华书局，1987），引文有误，"则命之曰禽兽而
已"原文为"则命之曰禽兽可也"。

　　同是物也，人能学则贵，异于万物矣。同是人也，能学则异于常人矣。同是学人也，博学则胜于陋学矣。同是博学，通于宙合则胜于一方矣，通于百业则胜于一隅矣。通天人之故，极阴阳之变，则胜于循常蹈故、拘文牵义者矣。故人所以异于人者，在勉强学问而已。夫勉强为学，务在逆乎常纬。顺人之常，有耳目身体，则有声色起居之欲，非逆不能制也；顺人之常，有心思识想，则有私利陰近之患，非逆不能扩也。人之常俗自贵相贱，人之常境自善相高，造作论说，制成事业，与接为构，而目惑荧，而心洽就。其为是俗，非一人也，积千万人，积亿兆人，积京陔秭壤沟人，于是党类立矣；其为是俗，非一时也，积日月年，积百十年，积千万年，于是积习深矣。欲矫然易之，非至逆安能哉？故其逆弥甚者，其学愈至，其远于人愈甚，故所贵勉强行道也。《大戴·保傅》篇曰："胡越之人，生而同声，嗜欲不异，及其长而成俗也，累数译而不能通。"故孔子曰"习相远"，习即学也。惟其学相远，故人与禽兽相远，人与人相远，学人与学人相远。其相远之道里，不啻百十里也，不啻千万里也，不啻亿兆里，至于无可计议，无可知识里也。今譬若尧、舜之与秦政、隋炀，周、孔之与张献忠、李自成，相去之远，巧历岂能算之哉？吾党嚣然操简毕、被章缝而为士人，其得天厚矣，亦勉学思以异于常人而已。

　　驳曰：此因申人禽无别之说，故谓人之远于禽兽，由于学耳。夫秦政、隋炀、张献忠、李自成，诚有禽兽之行，诚为不学之人，然其知觉运动，非禽兽之知觉运动也。作者居光天之下，而无父无君，与周、孔为仇敌，苟非秉禽兽之性，何以狂悖如此。

　　然学也者，浩然而博，矫然而异，务逆于常，将何所归乎？夫所以能学者，人也；人之所以为人者，仁也。孟子曰："人者，仁也。"荀子曰："人主仁心设焉，知其役也。"董子曰："仁者，人也。义者，我也。"自黄帝、尧、舜开物成务，以厚生民，周公、孔子垂学立教，以迪来士，皆以为仁也。旁及异教佛氏之普度，皆为仁也。故天下未有去仁而能为人者。虎狼鹰鹯，号称不仁，而未尝食其类，亦仁也。人莫不爱其身，则知爱父母，其本也，推之天下，其流也，有远近之别耳，其为仁一也。是故其仁小者为小人，其仁大者为大人。故孝弟于家，仁之本也；睦姻于族，仁之充也；任恤于乡，仁之广也。若能流惠于邑，则仁大矣；能推恩于国，则仁益远矣；能锡类于天下，仁已至矣。《记》曰："凡有血气之物，莫不有知；有知之物，莫不知爱其类。"① 圣人至仁，仅能自爱其类，不能及物，为人亦为我也，所谓仁至义尽也。夫即能仁及天下，亦仅能自爱其类，尽乎人道耳。吾仁亦有所限，方自慊然，岂为高远哉？孔子曰："我欲仁，斯仁至矣。"先师朱先生曰："伯夷之清，易伊尹之任难。"故学者学为仁而已。若不行仁，则不为人，且不得为知爱同类之鸟兽，可不耸哉！

驳曰：作者欲平人禽之等，而以虎狼鹰鹯之不食其类，谓之合于仁，此千古讲学之奇谈也。夫虎狼鹰鹯之不食其类，残暴之性相敌耳，如以为仁，则枭鸟何以食母？破獍何以食父？岂天之生虎狼鹰鹯，不如其生枭獍哉？且凤凰，仁禽也，与飞鸟为类；麒麟，仁兽也，与走兽为类。孟子之言，不闻引与圣人为类也。作者禽兽之性，不惜以其身同鸟兽之群，而附和之者，乃欲以其学祸天下万世也。悲夫！康云"圣人至仁，仅能自爱其类，不能及物"云云，盖隐讽尼山之教不如救世教之大也。彼教言万物平等，爱仇敌如同类，又皆释氏之绪论。作者以为不传之秘，岂非异事？

孔子曰："学之不讲，是吾忧也。"陆子曰："学者一人抵当流俗不去。"故曾子谓"以文会友，以友辅仁"，朋友讲习，磨励激发，不可寡矣。顾亭林鉴晚明讲学之弊，乃曰："今日只当箸书，不当讲学。"于是后进沿流，以讲学为大戒。江藩谓刘台拱，言义理而不讲学，所以可取，其悖谬如此。近世箸书猎奇炫博，于人心世道绝无所关。戴震死时，乃曰："至此平日所读之书皆不能记，方知义理之学可以养心。"段玉裁曰："今日气节坏，政事芜，皆由不讲学之过。"此与王衍之悔清谈无异。故国朝读书之博，风俗之坏，亭林为功之首，亦罪之魁也。今与二三子翦除棘荆，变易陋习，昌言追孔子讲学之旧，若其求仁之方、为学之门，当以次告也。

驳曰：《论语》以讲学修德并论，则非空谈讲学可知，否则坐论一堂，又何忧之有哉？然自汉、宋以来，由讲学而门户，由门户而水火，至于明季，几、复之祸烈矣。亭林鉴于前车之覆辙，遂以聚徒讲学为炯戒，纪河间修《四库全书》诸书提要，尤斥之不遗余力。盖两公防祸未

_____

① 见《礼记注疏》（清嘉庆二十年南昌府学重刊宋本《十三经注疏》本），引文有误，原文为："凡有血气之属，莫不有知；有知之属，莫不知爱其类。"

然之心，用意至深且远。作者之徒梁启超箸《学会末议》一篇，痛诋顾、纪，因不得遂其结党之私耳。数年以来，康、梁倡为伪经改制、平等民权之说，于是六经去其大半，而学不必一年而成，民无论智愚，人人得申其权，可以犯上作乱。谁为功首，谁为罪魁，天下自有公论。独怪徐学使拾人牙慧，渎乱宗风，而谭嗣同、唐才常之流乃敢夌口丧心，以仇视君父之词宣讲于学会，吾恐戴、段有知，九原且为之齿冷。而谓博学于文、行己有耻之亭林，有不闻而疾首蹙额者耶。

天下道术至众，以孔子为折衷；孔子言论至多，以《论语》为可尊；《论语》之义理至广，以"至于道，据于德，依于仁，游于艺"四言为至该。今举四言为纲，分注条目，以示入德焉。

志于道：一曰格物，二曰厉节，三曰辨惑，四曰慎独。

据于德：一曰主静出倪，二曰养心不动，三曰变化气质，四曰检摄威仪。

依于仁：一曰敦孝弟，二曰宗尚任恤，三曰广宣教惠，四曰同体饥溺。

游于艺：一曰义理之学，二曰经世之学，三曰考据之学，四曰词章之学。

驳曰：志道、据德、依仁、游艺，朱子集中有此四斋铭。原朱子立斋之意，不过据一时一事之所处，如进德、广业、居仁、求义之类，岂得谓此四语即足尽《论语》之义哉？此盖托朱子之门户，而杂以颜习斋、李刚主"三物"、"六艺"之说。其东涂西抹，本不足辨其是非，顾以其生平行事考之，实有不可教人者。夫结党营私，不得谓之格物。康云恪物为扞欲，另辨于后。奔走权门，不得谓之厉节。其学出入于释、耶，为离经畔道之尤，不得谓之辨惑。热中富贵，终日栖皇，不得谓之慎独。此其不可教人者一也。自公车上书至于通籍以后，借端滋扰，未尝一日安居，不得谓之主静出倪。《伪经考》之狱起，以急电求援京师而事得寝，及避桂林，聚徒风洞，以避粤人之攻，不得谓之养心不动。迹其少时以无赖为害乡里，乡举后，其势益横，粤中言人人同，不得谓之变化气质。乙未在上海倡自强学会，因狎邪之游，为某妓所窘匿于轮舟之小舟，当时画报有《圣迹图》之作，并缀一诗，又有一联语，载《游戏报》。不得谓之检摄威仪。此其不可教人者二也。《伪经》案发，忘身及亲，不得谓之敦孝弟。控其乡人某通盗影照其手书信札，周内成讼，案逾年而结，株连钩党，乡里无不切齿，不得谓之崇尚任恤。游学桂林，其徒信其邪说，至今有亲死欲短丧者，此外粤人如梁启超、韩文举、叶觉迈、欧榘申①之徒，本其非圣无法之言，流毒湘省，不得谓之广宣教惠。居乡蚕食同类，足迹所至，专以立会敛费为名，阴肥囊橐，不得谓之同体饥溺。此其不可教人者三也。平日箸书，诬孔子以惊世骇俗，不得谓之义理。辨言乱政，撜拾西书之皮毛，不得谓之经世。不知经义之宏深，仅据刘申受、龚定庵、魏默深诸家之书，末杀二千年先贤先儒之传注，不得谓之考据。自梁启超、徐勤、欧榘甲主持《时务报》、《知新报》，而异学之诐词，西文之俚语，与夫支那、震旦、热力、压力、阻力、爱力、抵力、涨力等字，触目鳞比。而东南数省之文风，日趋于诡僻，不得谓之词章。此其不可教人者四也。凡若此者，稽之于报章，箸之于奏牍，考之于粤中之乡评，国人皆曰可杀，行路得知其心，彼无识之夫，犹且曰南海先生昌明正学，精探道奥，岂非丧心病狂之甚乎！

　　志于道。道之说至歧矣，谨按孔子系《易》曰："立天之道曰阴与阳，立地之道曰柔与刚，立人之道曰仁与义。"然则道者仁义而已，志者志于为仁义之道。孟子曰："居恶在仁是也，路恶在义是也。"指点最为直捷，所以志之，凡有四目。

驳曰：圣人之书，言各有当，此章道字不该仁义而言，观于下文有仁无义，则与立人之道，其义不同可知矣。盖此之所谓道者，天下之达道，朱注所云"日用伦常之道"也。自作者之徒出，吐弃一切传注，以自行其私，于是汉、宋儒先之书，举不足以关其口而夺其气，承学之士相与怪叹骇异，以诩其学之新奇，其实不过袭龚定庵、魏默深诸人之绪余，而行之以颜习斋、李刚主之坚悍。其嘐嘐然自云得七十子之真传，倡二千年之绝学，前后一辙，举世莫撄其锋，故欲破其术，非以经证经，不足以正其学之诞妄。余作是书，即本斯意。所谓群言淆乱衷诸圣，亦何畏其小言破道哉。

　　一曰格物。格，扞格也；物，外物也。言为学之始，其首在扞格外物也。《乐记》曰："人生而静，天之性也。感于物而动，性之欲也。"物至知至，而后好恶形焉。好恶无节于内，知诱于外，不能反中，天理灭矣。夫物之感人无穷，而人之好恶无节，则是物至

① "申"字讹，当作"甲"。

而人化物也。人化物也者，灭天理而穷人欲也。《学记》、《乐记》与《大学》同在《小戴》中，精粹如出一手，当为确诂。孟子曰："耳目之官不思而蔽于物。物交物，则引之而已。""先立其大者，则其小者不能夺也，斯为大人而已。"大学为大人之学，大人在，不为物所引夺，非扞格外物而何？朱子述程子之学，主涵养用敬。又《中庸章句》云"非存心无以致知"，即扞格外物而后能致知也。大旨已合，不过一时误解耳。夫学者如牛毛，成者如麟角，成学之难，由于外物所引也。高科美官、货贿什器，举目皆是，习之数十年，荧之千万人，非有勇猛之力、精进之功，摧陷廓清，比于武事，岂能格之哉？学者当视之如毒蛇猛虎，大火怨贼，念念在兹，芟除洗伐而后能成金刚不坏身也。用佛氏说儒书，朱子有之。此是学者入门弟一功。夫道者修元，佛氏炼魂，皆有坚定之力而后能入道，岂吾儒可以从容得之乎？若大端有立，则清明在躬，志气如神，其于为学思过半矣。若稍游移，则终身无入道之日，尚其勖哉！《大学》以格物为入门。郑说固谬，朱子亦不得其解。岂有新学入门之始，而令穷极天下之物理哉？且物理亦无穷尽之日，宜来阳明格竹之疑也。且格至也，物犹事也，训至事为，穷理展转，乃能相通。教学首条，无此深强，故今用司马公之说。

驳曰：《乐记》"人生而静"以下所云，即《论语》"习相远"之义，《论语》皇侃疏引范宁说本之。盖《中庸》率性之反也，朱子《或问》引黎氏立武之言曰："格物之物，即物有本末之物。致知之知，即知所先后之知。"以本节证本经，庶可以息诸家之喙矣。郑注云："格来也，物犹事也。其知于善深则来善物，其知于恶深则来恶物，言事缘人所好来也。此'致'或为'至'。"孔疏云："物既来则知其善恶所至。善事来则知其至于善，若恶事来则知其至于恶。既能知至，则行善不行恶也。"今按：孔疏语意，即温公说之蕹萌。《或问》载温公之言曰："格犹扞也、御也。能扞御外物而后能至道。"① 王阳明兼取诸儒之说，一则曰事事物物皆得其理者，格物也。《答顾璘书》。一则曰知善知恶是良知，为善去恶是格物。《年谱》载钱德洪、张元冲论先生为学宗旨。一则曰意所在之事，谓之物格者正也，正其不正以归于正之谓也，正其不正者去恶之谓也，归于正者为善之谓也，夫是之谓格。《大学问》。而其答黄以

---

① 见《四书或问·大学或问》（《文渊阁四库全书》本），引文有误，原文为："格犹扞也、御也。能扞御外物而后能知至道。"

方则曰格物即慎独、即戒慎，《传习录》。又与白沙之旨相合。白沙弟子湛若水论学书，以慎独、格物为一事。作者窃其乡人之余唾，嚣然特标为宗旨，又不思其析格物、慎独为二，且与陈学相抵牾。其胸无所主，于此可知。乃彼反以为朱子误解，亦何其不自量耶！且作者讥阳明格竹之非，其于王学尤未深究。考《年谱》载阳明格竹病卧为二十一岁时事，其时王氏始为宋儒格物之学，何足以定是非？作者平日惑于异教之书，持其乡曲之见，大旨本以尊陆、王者尊白沙，而又矫同立异，出之以歧路，此实陈门之外道，抑亦粤学之蛊虫，徐、梁挟之，贼我湘士，甚矣人之不学也。

二曰厉节。节者，假借于竹，有所节止之谓。天道尚圆，人道尚方，圆首以为智，方足以为行，不圆则不能备物理，不方则不能立人道。《记》称"行有格"，又称"砥砺廉隅"。《论语》称"临大节而不夺"①，传称"圣达节，次守节，下失节"。宋广平曰"名节至重"。陈白沙曰："名节者，道之藩篱。"顾泾凡曰："学者宜从狂狷起脚，从中行歇脚。"② 后汉、晚明之儒皆以气节自厉，深可慕尚，劲挺有立。刚毅近仁，勇者强矫，务在任道，若卑污柔懦，终难振起，愿与二三子厉之。

驳曰：明刘三吾称刘印山之言曰："先辈有言，名节一变而至道。"印山早厉名节，烈烈不挫，死生靡惑，宜其变而至道无难也。考印山初学于甘泉，复从阳明受学，后以忤巨奄逮狱，其人大节懔然，实不愧王门之巨擘。后来东林诸贤如顾氏兄弟者，以清议名节振励明末之士气，而党祸亦因之而起。作者主张白沙，乃以其空谈废经与彼教相合，其主张东林则以其朋党骤兴可以遥制国事。犹之张制军攻黄老，攻其清静无为，作者攻黄老，攻其安逸不乱，持论则同，居心则异。余愿天下之人，勿为此似是而非之浮言所动。

三曰辨惑。外内清肃，于是冰雪聪明矣。然大道以多歧而亡，学术以小辨而惑。几近似于道而实非道者，积学既久，最易惑人，学者当严辨之。孔子曰："恶紫之夺朱，恶郑声之乱雅乐，恶乡原

---

① 见《论语·泰伯篇》（清嘉庆二十年南昌府学重刊宋本《十三经注疏》本），引文有误，原文为"临大节而不可夺"。
② 见《小辨斋偶存》（《文渊阁四库全书》本），引文有误，原文为："学问须从狂狷起脚，然后能从中行歇脚。"

之乱德。"① 天嘐嘐然曰古之人、古之人，夷考其行而不掩，孟子取之；居之似忠信，行之似廉洁，非之无非，刺之无刺，自以为是，而孔子、孟子深恶而痛绝之，以其同乎流俗，合乎污世也。吾党辨之哉！《庄子》曰："鱼相忘于江湖，人相忘于道术。"人性易缘，有所先入则终身惑之。且虽小道，持之有故，立之有党，新学胸无所主，鲜不蔽之，及其用力既深，不忍舍去，此所以陷溺灭顶而无悔也。近世声音训诂之学，则所谓小言破道，足收小学之益，决不能冒大道之传，则辨之不足辨也。

驳曰：大道以多歧而亡，学术以小辨而惑，此作者自定供状也。夫大道之系在六经，何以目之为伪？小辨足以惑世，何以不知民权、平等之非？至于声音训诂，乃圣经之舌人。乾健坤顺见于《易大传》，作者以为刘歆伪撰也，则且证之于彼所信之《孟子》、《公羊》可乎？《孟子》曰："庠者养也，校者效也，序者射也。"② 此三代之学制名义即在声音训诂之中。《公羊》隐元年传云："元者何？君之始年也。"开宗明义即以训诂解经。定元年传云："主人习其读而问其传。"何注云："读谓经，传谓训诂。"《公羊》为微言大义之所托，其重训诂尤有明征。若夫登来为得，辨口授之缓急；主伐客伐，见发声之短长。六经一日不亡，则声音训诂一日不废，虽不能冒大道之传，断不在焚书之例。作者请辨此惑而后教人。

四曰慎独。克己修慝，学之要也。然克修于已发之后，不若戒慎于未发之前。不费搜捕，自能惺惺。《中庸》首陈天性之本，极位育之能，而下手专在慎独。《大学》同之。此子思独传之心法，圣学无单传秘诀，如此发明，真是单传密旨。子思十字打开，以告万世，功莫大焉。若能用此，过则有之，吾信其必不为恶矣。刘蕺山标为宗旨，以救王学末流，美哉！吾党得子思传授，欣喜顺受，当何如耶！

驳曰：刘蕺山语录以慎独为格物，亦王学也，而其源实出于白沙。而乃自诩"吾党得子思传授"，岂并其平日所影附之乡贤而亦忘之耶？

---

① 见《孟子·尽心》（清嘉庆二十年南昌府学重刊宋本《十三经注疏》本），引文有误，原文为："恶郑声，恐其乱乐也；恶紫，恐其乱朱也；恶乡原，恐其乱德也。"

② 见《孟子·滕文公篇上》（清嘉庆二十年南昌府学重刊宋本《十三经注疏》本），引文有误，原文为："庠者养也，校者教也，序者射也。"

圣学无单传秘诀，自是雅言。朱子文集载《答汪叔耕书》云："所论周、程传授次弟，恐亦有未易言者。而以《太极图》为有单传密付之三昧，则又近世学者背形逐影，指妄为真之弊也。夫道在目前，初无隐蔽，而众人沈溺胶扰，不自知觉，是以圣人因其所见道体之实而发之[①]。其言丁宁反复，明白切至，惟恐人之不能[②]了也，岂有故为不尽之言，以愚天下[③]之耳目，必俟其单传密付，而后可以得之哉？"据此，则圣人之道本无所谓单传，亦无所谓秘诀，朱子早已辨之。作者摭拾三数字新义，以愚弄学人，己欲冒大道之传，而顾以之讥人耶？

　　据于德，《皋陶》称九德，《洪范》称三德，《周官》称六德，绅循其义，如《尧典》"钦明文思安安"之类，于文直心为德，则德者心之美也。韩昌黎曰："足于己，无待于外之谓德。"则德者得也，即《大学》"定静安虑而后能得"也。得一善则拳拳服膺，可谓据矣。所以据之，其目有四。

驳曰：据德自以朱注"行道有得于心"之义为善。《语类》、《或问》论之甚详。九德、六德、三德可以言日用，而不可以该伦常，此朱子自谓其注如称等也。作者以下四目，于九德、六德、三德并不能有所贯通，其学术之虚诞，何足信哉！

　　一曰主静出倪。学者既能慎独，则清虚中平，德性渐融，但苦强制力索之功，无优游泮奂之趣。夫行道当用勉强，而入德宜阶自然。吕东莱曰："非全放下，不能凑泊。"[④] 周子以主静立人极。陈白沙于静中养出端倪，故云得此把柄入手，则天地我立，万化我出，而宇宙在我矣，尚何暇泥涂轩冕而锱尘金玉哉？盖自得之功全在养出端倪，即孟子所谓逢原也。若能保守，则浩浩万化，卷舒自在矣。

驳曰：主静源于周子，朱子恐其近禅，因以主敬救之。一变而为陆

---

　　① 见朱熹《答汪叔耕》（《晦庵先生朱文正公集》，《四部丛刊初编》本），"是以圣人因其所见道体之实而发之"原文为"是以圣人因其所见道体之实发之"。"发之"后脱"言语文字之间，以开悟天下与来世"。

　　② "能"字讹，当作"解"，据《答汪叔耕》校。

　　③ "天下"误，当作"学者"，据《答汪叔耕》校。

　　④ 见《吕祖谦全集·与陈君举》（杭州，浙江古籍出版社，2008），引文有误，原文为："非全放下，终难凑泊。"

象山，再变而为陈白沙、王阳明，至其末流，迷离仿佛，不可究诘矣。白沙教人静中养出端倪，尝语人曰："人所以学者，欲闻道也。求之书籍而勿①得，则求之吾心可也②。诗文末习，箸述等路③，一齐塞断，一齐扫去，毋令半点芥蒂于胸中，然后善端可养，静可能也。"按白沙此语，实滋王学之流弊，而开颜、李之先河。特颜、李薄训诂，亦薄性道，惟言事功，独与作者相合耳。作者平日宗汉学则阴主刘、魏，宗宋学则阴主陆、王，论事功则阴主颜、李，大旨与《輶轩今语》明离暗合，而其旨则一言以蔽之曰："不读书而言学"。末学新进，闻其说者无不狂惑，其以此乎，其以此乎？

二曰养心不动。《学记》曰："知类通达，强立不反。"④《易》曰："君子以独立不⑤惧，遁世无闷。"《孟子》曰："我善养吾浩然之气。"又曰："我四十不动心。"人之生世，称讥苦乐、毁誉得失，释氏谓之八风，八风不动，入三摩地。朱子谓后世做圣人难，缚手缚脚，无不动之学故也。必通天人之故，昭旷无翳，超出万类，故人貌而天心，犹恐血气未能融液，将死生患难体验在身，在有如无，视危如安，至于临深崖足二分垂在外，从容谈笑，其庶几乎死生不知，则毁誉谤讪如蚊虻之过耳，岂复省识？故行吾心之安，虽天下谤之而不顾，然后可以当大任也。学者有伊尹之志，若学不至此，犹是婘娈嗫嚅，阘然媚世，终未能成。

驳曰：此亦假阳明、白沙之说而行其奸者也。《明史·儒林传》云："白沙学以自然为宗，以忘己为大，以无欲为至。"盖其学初本周子主静、程子静坐之说，以立其基，而造道日深，自得之效，则有合于见大心泰之诣，故凡富贵功利、得丧死生，举不足以动其心。《阳明语录》云："只为世上人都把生身命子看得太重，不问当死不当死，定要宛转委曲保全，以此把天理却丢去了。"又曰："毁谤是⑥外来的，虽圣人如

---

① "勿"字讹，当作"弗"，据《明儒学案》（北京，中华书局，2008）校。

② "也"后脱："恶累于外哉！此事定要觑破，若觑不破，虽日从事于学，亦为人耳。斯理识得为己者信之。"据《明儒学案》校。

③ "路"后脱"头"字，据《明儒学案》校。

④ 见《礼记·学记》，引文有误，原文为："知类通达，强立而不反。"

⑤ "不"字讹，当作"无"，据《易经》（清嘉庆二十年南昌府学重刊宋本《十三经注疏》本）校。

⑥ "是"字讹，当作"自"，据《传习录》（上海，上海古籍出版社，2012）校。

何免得①？若自己实实落落是个圣贤，纵然人都毁他，也说他不著。"盖陈、王之学与释氏四大皆空、舍身救世之说，间不容发，作者又变其旨，展转沿讹，其徒和之，至以杀身成仁之言，快其睚眦之报，其传日远，其害益烈。甚矣！学术之不可不正也。

三曰变化气质。学既成矣，及其发用，犹有气质之偏，亟当磨砻浸润，底于纯和。昔朱子论谢上蔡、陆子静，谓无欲之上，尚隔气质一层。吕东莱少时气质极粗，及读《论语》"至躬自厚而薄责于人"，于是痛自变改。故朱子曰："学如伯恭，始得谓之变化气质。"② 考后夔教胄，惟以声乐，曰："刚而无虐，简而无傲。"《皋陶》之九德、《洪范》之三德，皆以克其偏也。《大学》正心修身之传，明何瑭以为变化气质之学，诚为确诂。心戒其有所，身戒其有所，可谓直捷指出矣。《中庸》之"发而皆中节，谓之和"，亦变化气质也。刘元城之学不妄语，七年不得，谢上蔡三年治一秒字，薛文清二十年治一怒字，皆学者之法也。若气质不和，发用偏颇，害事不少，愿共勉焉。

驳曰：阳明语录载《与王纯甫书》云："变化气质，为学之要，而为政亦在其中。"③ 此数语为作者所本，而失之甚远。夫王云为学之要，则是学犹未成，安有学成而发用偏颇，至于害事之理？作者气质乖愎，辨言乱政，其害已不可言，读者幸勿为所煽惑。

四曰检摄威仪。威仪为身外事，古人何其重之也。刘康公以威仪为定命之符。《孟子》曰："蹶者，趋者，是气也，而反动其心。"由此观之，其于养心不为无系矣。孔子贵动之以礼，曾子贵动容貌、正颜色，《诗》咏彼都人士，北宫文子称容止可观，进退可度。霍光出入禁闼皆有常处，不失尺寸，遂荷伊、周之任。何晏、邓飏行步顾影，鬼幽鬼躁，不得其死。鉴观先史，为我蓍龟。诸君子共学，当暑不得袒裼，相见必以长衣，容止尚温文，语言去朴鄙，出

---

① "得"后脱"人只贵于自修"，据《传习录》校。
② 见《宋史·儒林传》（北京，中华书局，1969），引文有误，原文为："学如伯恭，方是能变化气质。"
③ 见《王阳明全集·与王纯甫》（上海，上海古籍出版社，1992），全文为："变化气质，居常无所见，惟当利害，经变故，遭屈辱，平时愤怒者到此能不愤怒，忧惶失措者到此能不忧惶失措，始是得力处，亦便是用力处。天下事虽万变，吾所以应之不出乎喜、怒、哀、乐四者，此为学之要，而为政亦在其中矣。"

入趋翔，尤宜端重。嚚人虽非安定，二三子于元发、仲车岂有让焉？朋友攸摄，仆夫敢告，若城阙佻达之行见刺于《子衿》，床第媟嫕之言不逾于门阃，蒲博为牧奴之戏，筐箧乃家人之事，至于莺粟尤为妖物。此皆士类所不齿，宜有郊遂之移流，吾党自能远绝，无烦忠告也。

驳曰：检摄威仪，为古者小学之要，而颜、李断断以此垂教，所谓传圣门之绝学者也。作者大旨本出于此，然何晏、邓飏，吾不得而见之矣，至于作者之异言异服，夫人类能言之。曩在京师，有见其白衣冠以从殷制者，其上书有请朝廷易服色如西人者，鬼幽鬼躁，今世殆无二人。梁启超奉此记如神明，徐学使推作者为巨子，惑世诬民，其效已如此矣。

依于仁。依者，如衣之附人。人而无衣，则为倮虫；人而不仁，亦为一倮虫而已。凡所以为学，皆以为仁也。其叙有四。

驳曰：字有形声，此千古不易之理也。《说文》："依，倚也。从人衣声。"故朱子以不违训之，即具依倚之义，作者谓不仁、不衣为倮虫，即与前此人禽无别之说遥相印证，盖自王安石《新义》以后，久不闻此僻典矣。

一曰敦孝弟。有子曰："孝弟者，其为人之本。"① 以人之所自来，仁之所至亲也。属毛离里，具有至性，不待教学。若薄于所亲，是谓悖逆，其有较资财而不为养，纵乖戾而不为欢者，其本已谬，不足复与共学也。

驳曰：孝弟为仁之本，在作者实无所用。一切平等，无所谓孝弟。无君之人，更不必言孝弟也。

二曰崇尚任恤。史迁称任侠，然侠尚意气，恩怨太明，任恤则相救相赒、相亲相葬，周公之所尊也。其人能任于朋友，必能忠于其君也；能恤于乡党，必能惠于其国也。若坐视朋友、姻党之患难，甚或深言正色以阴锄之，则亦将卖国而不动其心也。其人不任者必不忠，不恤者必不厚，吾不欲观之矣。

驳曰：近日徐学使按临衡州试题，有"伊尹学派论"，与试者皆茫

---

① 见《论语·学而篇》，引文有误，原文为："孝弟也者，其为仁之本与！"

然。后询应试者以伊尹有何学派，则曰任恤也、任侠也，于是湘中士子无不知有康学矣。岂知任圣、任恤、任侠，三者各不相同。伊尹之任乃任重之"任"，任恤之"任"尤非任侠之"任"。作者袭龚定庵《尊任篇》之文，复杂以佛氏布施，基督散财之说，阳儒阴墨，诬我圣人，六经之道扫地尽矣。《诗》曰："谁生厉阶，至今为梗。"是则龚氏之过也。

三曰广宣教惠。仁为相人偶之义，故贵于能群。羊能群者也，故"善"、"美"、"义"、"羡"皆从之；犬不群者也，故"狱"、"独"等字从之。吾既为人，非斯人之徒与而谁与？曰孤曰独，惟鬼神之道则然，非人道也。岩处奇士之行，寡过独善，其能比于木石乎？故胡文忠曰："今所难得者，是忠肝热血人。"《周官》六行之宾兴，皆忠肝热血人也。即佛氏空寂，亦言若不普度众生，誓不成佛，未有以自了为美者。后世以老、杨之学托于孔氏，于是下者营私，上者独善，出而任事者皆贪狡无耻之人，而生民无所托命，则教之中变也。今上原周、孔之意，推行仁道，期易天下，使风气丕变，先觉之任，人人有之，展转牖人即为功德，推之既广，是亦为政，则志士仁人讲学之责也。

驳曰：《中庸》："仁者，人也。"郑注："人，读相人偶之人。"唐疏及宋以后说经之书皆不得其义，朱子亦未详言。近日陈东塾本其师阮文达之说，以"仁"字从二人为相人偶。作者变乱其旨，以为合群，其心非广宣教惠，不过欲私立党会耳。徐学使观风湖湘，以"相人偶释义"命题，试者皆不得其宗旨，及见此书，始知其行康教也。异哉！

四曰同体饥溺。吾与斯人同出于天而亲同，吾与禹、稷、伊尹同其耳目手足而义同，吾之不如伊尹、禹、稷，可耻也；吾之不能仁亲，可愧也。颜子曰："舜何人也，予何人也，有为者亦若是。"然先正之美言，学者将疑其高远而不可几也夫。反而求之，我岂无饥溺时乎？我有饥溺，望人拯之，人有饥溺，我坐视之，虽禽兽其忍之哉？故同体饥溺，不过推心稍广而已，学者无河汉之也。

驳曰：尧、舜病博施，禹思天下饥溺，圣与圣不能等量而齐观。作者以为推心稍广，谈何容易。彼盖以佛氏普度众生为宗尚，而阴持基督爱人如己之故，以张救世之旨，其行若虎之有伥，其心如蛾之赴火，自非根器极深之人，其不为所乱者鲜矣。

游于艺。《周官》六艺为礼、乐、射、御、书、数，《汉志》六艺为《易》、《书》、《诗》、《礼》、《乐》、《春秋》，小学附焉。其业不同，古今殊异。要惟艺者，道术之称，后世文业日繁，道术盖博。《孟子》曰："博学而详说之。"事理本末，切于人道，皆学者所不能遗。今总该兼揽，分为学目，备列于下。

驳曰：礼、乐、射、御、书、数之六艺，与《易》、《书》、《诗》、《礼》、《乐》、《春秋》之六艺，名同而实殊。其礼、乐之目虽同，而一习其器，一究其用，自不得并而为一矣。且所分四目曰义理、曰经世、曰考据、曰词章，于本义无一而合。夫经世所以致用，此六艺之指归，非六艺之条目，作者言之无伦，奚足与人讲学哉！

一曰义理之学。义者人事之宜，理者天道之条，本于天，成于势，积于人，故有天命之理，有人立之义。天命之理，天下共之，凡人道所不能外者也；人立之义，与时推移，如五行之运，迭相重轻者也。原于孔子，析于宋贤。然宋贤之义理，特义理之一端也，今但推本于孔子。

驳曰：义者事之宜，理者礼之体。汉之董子、宋之朱子皆通天人之奥，发孔、孟之微，此道也，非艺也。作者误以六经、六艺并为一谈，宜乎道、艺之不辨矣。

二曰经世之学。《易》曰："吉凶与民同患。"孔子曰："吾非斯人之徒与而谁与。"既不能不与，则同其患，当经营之。庄生曰："《春秋》经世，先王之志。"故孔子作《春秋》专以经世也，惟庄生知之。今本之孔子，上推三代，列为沿革，至其损益，则自汉至国朝各有得失。荀子欲法后王，故经世之学，令今可行，务通变宜民，虽舜、禹复生，无以易此。

驳曰：经世之学，行之为艰。庄子为子夏再传之门人，故略知《春秋》之义，以子夏传《春秋》故也。作者于《春秋》推本《公羊》，此何以云《春秋》经世，惟庄子知之，岂以《公羊》为不知《春秋》耶？《荀子·儒效》篇云："略法先王而足乱世术，缪学杂举，不知法后王而一制度，不知隆礼义而杀《诗》、《书》。"《非十二子》篇亦以此讥思、孟。《韩诗外传》引虽无思、孟二人，而其法后王之旨，则固明明与孟子相反也。作者平日尊尚孟子，胡又以经世独美荀子，岂以孟子之法先王为不足经世耶？

　　三曰考据之学。无征不信，则当有据，不知无作则当有考，百学皆然。经学、史学、掌故之学，其大者也。琐者为之，务碎义逃难，便辞巧说，则博而寡要，劳而鲜功。贤者识其大，是在高识之士。凡义理经世，不关施行，徒辨证者，归考据类。

驳曰：考据之事乃学问之一途。汉人说"若稽古"至三万言，宋人言"格物"连篇累牍，此僻儒之患，至于今日，破碎极矣。然因此并训诂名物而亦废之，则又不知学术之大小本末也。且义理经世，不关施行，徒辨证者，亦何必以立教？作者箸书持论，于考据大肆诋諆，不应又以此为标目。岂史学、掌故之考据，异于经学名物训诂之考据耶？此则人所不解者也。

　　四曰词章之学。孔子曰："言之无文，行之不远。"故四科之列，文与学并。战国以降，辨说蜂起，西京而后，文体浩繁，世既竞尚，不能不通。今厘为二体，曰文、曰笔，有韵者文也，无韵者笔也。笔有二体，曰散、曰骈。文有二体，曰铭赞、曰诗赋。铭赞本异而后同，诗赋古合而今分。骈散之谐协者亦曰文，诗赋之单行者亦为笔。盖韵者非徒句末叠韵之谓，五色相宣①，八音协畅是也。

驳曰：《文心雕龙》云："今之常言有文有笔，谓②无韵者笔也，有韵者文也。"阮文达有《文笔说》，辨论最详。作者盖袭取其文，讳言所出，非本于心得也。

　　欲复古制，切于人事，便于经世，周人六艺之学最美矣。但射、御二者于今无用，宜酌易之。今取人事至切，经世通用者，一曰图，一曰枪，补之，庶足为国家之用，不诮迂疏也。马端临曰："古者户口少而才智之民多，今户口多而才智之民少。"③ 六艺不兴故也。论此六者以为先驱，俟令甲推行，才民自广，岂特吾党之区区耶？补六艺之学。

驳曰：此本颜、李之陈言，而易御、射为枪、图也。古之君子礼、

---

① "宣"字讹，当作"宜"。
② "谓"字讹，当作"以为"，据《文心雕龙·总术》（上海，上海古籍出版社，2008）校。
③ 见《文献通考·总序》（北京，中华书局，2011），引文有误，原文为："古者户口少，而皆才智之人；后世生齿繁，而多窳惰之辈。"

乐不可斯须去身，故六经以之立教，六艺以之为学。今虽若存若亡，而大端未之或废。书、算自汉、唐以来，亦尝设科取士，其工于此者，代不乏人。乃谓六艺不兴，才智之民日少，以作者之才智，其果出于此六者耶？

一曰礼。古之人士日以礼为学，故孔子于礼曰执礼。秦、汉之后，礼衰乐坏，刘昆行之，以为异事，盖礼之废久矣。但礼为人用，务从时王。今学者研钻《礼经》或有深邃，行于今制则瞠目不知，其失容多矣。今择士人宜行者，与诸子以时习焉。

朝廷之礼，大朝引见、召见，立班宣读是也。

祭祀之礼，陪祭、祭先、祭神、谒告是也。

宾客之礼，内外、上下诸相见礼是也，奉使附焉。

其冠、昏、丧纪、闺门之礼，并以时讲习，以《大清会典》、《大清通礼》为据。其时俗通用，不求变俗，则酌从焉。若夫《仪礼》，可编成仪注以习之。

驳曰："子所雅言，《诗》、《书》、执礼"，郑注："礼不诵，故云执。"朱注"执，守也"，即本郑义。夫记曰"雅言"，不得云执。盖执礼者，士相见礼也，执、质古字通故。郑氏《目录》云："士以职位相亲，始承贽相见之礼也。"知执礼为士礼，则无疑于不可诵矣。近世礼教寝衰，士气浇薄，作者且乘其时，以行改制、平等之说，朝觐、祭礼、宾客、冠、昏、丧服、闺门之礼，将一举而尽废焉，何大清之有，更何仪礼之有！

二曰乐。乐学废亡久矣，汉时犹有鼓吹诸生，及《雅歌》八篇，今并亡之，于是乐学专属之倡优，淫艳凶邪，为庄士所不道。今欲复乐学，古人遗迹，犹可推求。番禺陈兰甫京卿《声律通考》据荀勖《笛》①、《开元乐谱》以追古乐，披析甚精。今据之以考《钦定律吕正义续编》。分乐音、乐器、乐舞三端，俟大备乐器考定之。然古者礼乐不去身，士无故不撤琴瑟。蔡邕曰："乐以声为主。"房庶曰："以今之器，采古之声，亦何不可？"今拟先购钟、磬、鼓、琴、瑟、管数事，以时习之，以宣血气而导和平，庶几不失古人以乐为教之意，亦安定遗法也。

---

① "荀勖《笛》"讹，当作"荀勖《笛律》"。

驳曰：《乐经》已亡，其学失传久矣。作者意不在于复古，盖以泰西学校以音乐为俗尚，颇欲从而效之，而其徒如梁启超、韩文举，屡于论箸发其端，其非安定遗意，可以其师弟之说互考之。

三曰书。保氏教国子以六书，小史掌达书名于四方。汉制，太史课学童，讽籀文九千字，得补史；通六体书者，补令史。今上自钟鼎古文，中为篆、隶，下为真、草，凡古今沿革、中外通行之书，皆学者所宜兼通也。

驳曰：保氏、小史，本于《周礼》，作者所谓刘歆之伪经也。《伪经考》中《论六书》，有废《说文》行唐石经体之说，此又欲人兼通古义，是与平日持论，大相刺谬矣。

四曰数。数学举目皆是，至切用矣，测天、制器尤不可少，近儒多通之。而学者苦其繁深，其实既解归除，即可学开方、八线、椭圆矣，近用代数、微积分，尤为径捷。阿尔热八达译本东来，不必叱为远夷异学也。

驳曰：西人算学，先习几何；中人算学，通行代数，此各安所习而难易不同者也。测天、制器，其法颇繁；积分、微分，其理亦奥。皆非穷年累月所能竟功，谓为捷径，未喻其旨。作者于此事实无所知，而独不顾知者窃笑，亦何孟浪乃尔！

五曰图。图谱之学久亡，不知书求其理，图求其形，用莫切矣。昔人云："登高能赋，可为大夫。"吾谓登高能图，可为士矣。图学从数学入，故从其后。

驳曰：此本郑渔仲之说，而《輏轩今语》所本以诰士者也。今日图谱之学，有应从数学入者，天文、地理诸图是也；有不必从数学入者，植物、动物诸图是也。概以为从数学入，余所不信。

六曰枪。古者男子，生而悬弧，长而习射。盖上则为将帅，下则为卒伍。寓武备于文事，无之非射，故一人有一人之用也。国朝八旗考试皆用骑射，别有火器营。今弓矢已无用，枪即代弓矢者也，士皆宜习之，以备缓急之用。当以春秋佳日，择地习学。《诗》曰："赳赳武夫，公侯干城。"即闳夭、散宜生也。后世人士，方领矩步，徒知讽诵，好仇腹心，岂能任乎？

驳曰：昔项王学剑，以为匹夫之勇，今之持枪，何异于是。西制最重武途，而禁例仍不得私藏火器，盖防祸未然，中外有同情也。作者欲士尽持枪，无论为项王所窃笑，抑亦西学所未有。识时务者，乃亦有此不通之论耶？

　　讲学。后世学术日繁，总其要归，相与聚讼者，曰汉学、曰宋学而已。若宋学变为心学，汉学变为名物训诂，又歧中之歧也。至于今日，则朱、陆并废，舒、向俱亡，而新歆之伪书为经学，荆舒之经义为理学，于是汉学、宋学皆亡，盖晦盲否塞极矣。先师朱先生曰："古之学术歧于道外，今之学术歧于道中。"董子曰："正天地①者视北辰，正嫌疑者视圣人。"尝推本二学，皆出于孔子。孔子之学，育义理，有经世。宋学本于《论语》，而《小戴》之《大学》、《中庸》及《孟子》佐之，朱子为之嫡嗣，凡宋、明以来之学皆其所统，宋、元、明及国朝《学案》，其众子孙也，多于义理者也。汉学则本于《春秋》之《公羊》、《穀梁》，而《小戴》之《王制》及《荀子》辅之，而以董仲舒为《公羊》嫡嗣，刘向为《穀梁》嫡嗣，凡汉学皆其所统，《史记》、两汉君臣政议，其支派也，近于经世者也。余有《汉儒学案》，别今、古之学，以配宋、明《学案》，二派昭昭，以此求之，二学可得其统矣。夫义理即德行也，经世即政事也。言语、文学亦发明二者。然孔子之道，大弟子惟颜子得之，言行藏、论为邦皆是。子贡知之。智足以知圣。自余皆因其质之所近，昌黎说。各得其一体。孟子说。孔子曰："吾志在《春秋》，行在《孝经》。"何邵公《公羊传解诂序》以《春秋》传商，《孝经》传参。《孝经纬》。《孝经》义理也，《春秋》经世也，二书皆曾子、子夏得之，庄三年《公羊传》"鲁子曰"，元郝经以"鲁子"为"曾子"之讹。按：昭十九年传又引乐正子春，子春是曾子弟子，又鲁灭于秦时，汉有鲁赐七十弟子，时无鲁氏者，"鲁子"之为"曾子"无可疑。又最老寿，弟子最众，诸贤皆不及也。二家弟子集为《论语》，《论语谶》、郑康成《论语序》、程子说。故《论语》者，曾子、子夏之学。叶水心谓曾子将死时，以颜色、容貌、词气三者为道，未为知道。考《大戴》曾子十篇，皆修身寡过之言，终身战兢，不敢稍失。《论语》中，如以约鲜失、耻言过行之说与立事篇同，必其门人记之。孔子曰："参也鲁。"盖坚毅自守之士，其于孔子思易天下、吾为东周、坚白

缁涅之说，盖概乎无所得矣。子夏洒扫进退之教，丧明之哭，盖当孔子没后，境诣尚狭小如此，故孟子谓曾子与子夏皆守约之人，诚笃论也。但长于文学，故《诗》、《礼》、《春秋》皆以传之。子夏只能传经，故孟子以为未得圣人之全。荀子以为正衣冠，尊瞻视，嗛然终日而不言，亦似得其实也。夫言孔子之道，至可信者莫若《论语》，然实出二子门人之手。其传闻附会，误当不少，观速朽速贫之说、小敛裼袭之宜，传闻已各异矣，此尚谤为《戴记》之言。若子张论交、子游论本，问孝、问仁，则人人异告，或退或进，则由、求殊科。以此推之，诚为孔子之言，皆有为而言也。朱子于程子语录，虽龟山、上蔡所记，犹以为失程子之意，若朱子、阳明语录，以为失其师之意者，后来辨正益繁。故使《论语》出于曾子、子夏之手，其偏失已多，况出于一再传门人之所辑哉？画象经再摹而失真，碑刻经数翻而易貌，以孔子大圣至仁，斯人是与，叹发凤鸟，梦想周公，道长于齐、陈、宋、卫，迹疑于南子、公山，叹荷蒉之已果，追楚狂而与言，及今所记，犹见万一。使颜子、子贡、子张操觚纂录，其精义妙道当何如耶？以伊尹之圣，孟子所记如是，而今《论语》自举伊尹外无一言及，其为佚文无疑。传守约之绪言，掩圣仁之大道，后来虽以孟子之恢廓，犹云"穷则独善其身"，自是儒者守为成法。盖儒者隘其道，黔首薄其泽，自兹矣。今言孔子义理之学，悉推本六经，而《易》为孔子自箸之书，尤以为宗。《论语》为后世语录之类，不尽可据，虽采《论语》，亦为别白明之，庶几孔子之仁，益光大昌洋，以发来学。庄生曰："《春秋》经世，先王之志。"故孔子经世之学在于《春秋》，《春秋》改制之义箸于《公》、《穀》，凡两汉四百年政事、学术皆法焉，非如近时言经学者，仅为士人口耳简毕之用，朝廷之施行概乎不相关也。《礼》学与《春秋》同条共贯，《诗》、《书》所述交相发明，盖孔子经世之学略可窥焉。然古今递嬗，事变日新，故《春秋》立三统之法以贻后王，汉儒笃守《春秋》，知所尊矣，然三统之义，亦罕有心知其意。惟《易》明穷变通久之理，求孔子经世之学，亦以《易》为归焉。今与二三子通汉、宋之故，而一归于孔子，譬犹道水自江河，则南北条皆可正也，本原既举，则历朝经世之学，自廿四史外，《通鉴》著治乱之统，《通考》详沿革之故，及夫国朝掌故、外夷政俗，皆宜考焉。宋、明义理之学，自朱子书外，陆、王心学为别派，四朝学案为荟萃。至于诸子学术、异教学派，亦当审焉。博稽而通其变，务致之用，以求仁为归。若夫小学，则幼仪、书计，《内则》所存原有二派。朱子《小学》，幼仪之裔；《尔雅》、《说文》，学书之流。但《尔雅》、《说文》皆伪古文之学，《汉志》小学为歆妄立，不足据也，但凭借甚古，略欲识字，未能骤废，余为证讹别白言之。若如近儒白首钻研，非徒圣学所不存，抑为刘歆所欺绐，甚不智也。若朱子《小学》，则做人样子，愿共勉旃。下及文史术艺，并学者所不废，以次论之，庶几本末兼该焉。

驳曰：讲学最为通儒所诟病。遍观宋人语录之书，无一非言心言性，明人则无一非言良知，近日湘省偶一见之，则无一非民权平等，一人倡之，百人和之，此顾亭林所以以讲学为切戒也。作者平日所学所论，非以元统天之《公羊》，即贵民轻君之《孟子》。其徒梁启超在湘主讲学堂，本其师说，煽惑愚民，悖谬之词不可胪举。武陵某君传述其词，以为孔子作《春秋》诛乱臣贼子，孟子言仁义诛暴君污吏。当时余知其有为而言也，盖讲学之败坏风教有如此者。作者此记议论，隐诋《论语》为不可信，意在破纲常名教之大防，而自明其为朱某之说，乃知谬种流传，其所由来者渐矣。至谓《尔雅》、《说文》为伪古文之学，近儒皆为刘歆所欺绐，此与《新学伪经考》一书，如形影之相附，而《輶轩今语》亦复沆瀣一气，流毒靡穷。此吾所以大声疾呼，而比之于杨、墨之不息也。

说经。《诗》、《书》、《礼》、《乐》、《易》、《春秋》是为六经，见于经解。《庄子》、《韩非子》、《史记·儒林传》又名"六艺"，史迁曰言六艺者皆折衷于孔子，盖六经皆孔子作也。《诗》、《书》、《礼》、《乐》，孔子借先王之书而删定之，至《易》与《春秋》，则全出孔子之笔。故孔子教人以《诗》、《书》、《礼》、《乐》，而《易》、《春秋》身后始大盛也。孔子之为万世师，在于制作六经，其改制之意，箸于《春秋》。孔子早而从周，晚莫道不行，思告后王，于是改制，与颜子论四代、子张言十世是也。盖周衰礼废，诸子皆有改作之心，棘子成之恶文，老、庄之弃礼，墨子之尚俭，皆是。犹黄梨洲之有《明夷待访录》，顾亭林之有《日知录》，事至平常，不足震讶。必知孔子改制六经，而后知孔子之道，所以集列圣之大成，贤于尧、舜，法于后王也。《淮南子》："夫殷变夏，周变殷，春秋变周，三代之礼不同。"以春秋为继周之一代，先秦、西汉之说皆如此。余有《孔子改制考》。二千年来，行三年丧、夏时、选举、同姓不婚之制，皆孔子之法。则《春秋》实统二千年为一代也。必知《春秋》为改制，而后可通六经也。汉兴，《诗》三百五篇传齐、鲁、韩三家，《书》二十八篇在伏生，《礼经》十七篇在高堂生，其记八十五篇，皆经之记也，《乐》散见于《诗》、《礼》，无经，《易》未经焚烧，传于田何，为全书无异论，《春秋》传公羊、穀梁，皆立博士，去圣不远，人无异说。洙泗经学虽不光大，未有失也。至刘歆挟校书之权，伪撰古文，杂乱诸经，于是有《毛诗》、《周官》、《左氏春秋》，伪经增多，杜林、卫宏传之，二郑、马融扇之，郑康成兼揉今古，尽乱家法，深入歆室，甘效死力，加以硕学高行，徒众最盛，三国、六朝、隋唐尽主郑学，于是伪古文盛行，皆在刘歆笼中。宋儒时多异论而不得其故，亦为歆所丰蔀。国朝经学最盛，顾、阎、惠、戴、段、王盛言汉学，天下风靡，然日盘旋许、郑肘下而不自知，于是二千年皆为歆学，孔子之经虽存而实亡矣。诸儒用力虽勤，入蔀愈深，悖圣愈甚，犹之楚而北辙，缘木而求鱼，可谓之新学，不可谓之汉学，况足与论夫子之学哉？既无学识，思以求胜，则大其言曰，欲知圣人之道，在通圣人之经；欲通圣人之经，在识诸经之字。于是古音古义之学争出竞奏，欲代圣统矣。以此求道，何异磨砖而欲作镜，蒸沙而欲成饭哉？西汉之学，以《禹贡》行河，以三百五篇谏，以《洪范》说灾异，皆实可施行。自歆始尚训诂，以变易博士之学，段、王辈扇之，乃标树汉学，耸动后生，沈溺天下，相率于无用，可为太息也！今扫除歆之伪学，余有《新学伪经考》。由西汉诸博士考、先秦传记子史，以证六经之本义。先通《春秋》，以知孔子之改制，于是《礼》学咸有条理，不至若郑康成之言八禘六天，而《礼》可得而治矣。《礼》学既治，《诗》、《书》亦归轨道矣。至于《易》者，义理之宗，变化之极，孔子天人之学在是，精深奥远，经学于是终焉。皆箸其大义，明义理之条贯，发经世之实效，开二千年之蔀，庶几孔子之学复明于天下。

驳曰：此与所作《新学伪经考》、《孔子改制考》同一宗旨。既有梁启超《春秋界说》、《孟子界说》、《读西学书法》、《时务报》之类为之爪牙，复有徐学使《輶轩今语》为之羽翼，于是康有为之邪说乃大行于湘中，而吠声吠影之徒，竟不知圣教为何物。有世道之责者，其能嘿尔不语乎！

读书。《史》、《汉》承三代之变，制度、文章与后世近而文义深，古学人钻仰终无尽期，自六朝、隋唐学者传业，尊与经并，史裁既创，且经说多存焉，尤足为考据之助。蔚宗《后汉》激厉名节，学者讲求，可以入德，若词章所用，骈散毕具，擢其典实，拾其香草，法其气貌，诚艺林之渊海，文苑之泽薮也。故上而经世立身，有所取裁；中而考据词章，有所掇拾；下而科举之学，裁文对策，试帖律赋，亦倚为府囷，足资渔猎，此真学者所宜精熟也。惟见学者读之累年，仅知事迹，余无所得，由不能搴摘英华之故。昔顾亭林先生日课门生四人，登堂读十三经及《史》、《汉》、六朝史人①二十篇，周而复始。今用其法，与诸子轮日读史，先以四史，如有余日，则以《晋书》、南北《史》、《隋书》继之。其中制度、文章、经义、史裁之美，俱为摘出发明，学者一举而通掌故、能考据、解词章，三善俱备，于近世之学已为小成矣。又近世学者，自《易》、《书》、《诗》、四书外，余皆束阁；四传、四礼，惟《左传》、《礼记》省文诵之，余皆不观。今与学者先读四史，俾其颇知学问门径，然后轮读四礼、四传，随于读时发其旨义，学者一岁之中未能该博，然能通四史、四传、四礼，由董、刘而述《春秋》，因朱、陆而求《论语》，深沈之以四朝学案，博考之以《通鉴》、《通考》，经史大义、圣道统绪、为学本末，亦已得其纲领矣。进之大道，庶几有基。

驳曰：作者持论，前后矛盾者甚多，如以考据为无用之学，而此则重言以申明之，若有不可废者，此其矛盾者一。平日高谈经济，以干禄为鄙，此训其门徒，以渔猎范书，取便科举，此其矛盾者二。亭林读书之法，通经以致大用，何得谓之小成，此其矛盾者三。《左传》彼所谓伪经，诋其非邱②明之作，此乃在教人轮读之列，与平日之说相背，此其矛盾者四。董仲舒《公羊》学、刘歆《穀梁》学，据其徒梁启超时务学堂课程，以《公羊》为主，以《穀梁》为辅，此谓《春秋》传《公羊》、《穀梁》，去圣不远，人无异说，《公》、《穀》并尊，一传而失其实，此其矛盾者五。陆子心学，作者实阴持之，以倡白沙之传，而前则诋为歧路，此复与朱子同宗，反复无常，莫衷一是，此其矛盾者六。大抵作者之学，杂乱未成，而毁瓦画墁，其志不过求食，会当中原多故，

① "六朝史人"讹，当作"六朝史文"。
② "邱"字讹，当作"丘"。

得乘隙以肆其奸。苟非一二豪杰之士，力抵而坚拒之，其祸恐有甚于宋、明讲学者。殷鉴不远，愿同志毋忘斯言。

习礼。朔月月半，行相揖之仪，以鼓为节，考钟磬，吹管抚琴，案《开元诗谱》而歌《诗》，升歌《诗经》三篇，间歌国朝乐章三篇，笙入汉魏诗三篇，散歌唐宋诗，以管和之。礼毕投壶，论学而散。

驳曰：此颜、李之学也，而作者又不出此。夫礼乐不相沿袭，世儒类能言之。若案开元之《诗谱》而歌国朝之乐章，是何异服优孟之冠裳而行郊祀之典礼乎？作者挟虚憍之气，行诡秘之谋，习见西国学校章程，以赞扬教主为宗，以蹢蹓、跳舞为乐，以律乐为专门之学，以安息为肄习之期，于是名为复古，实将变夏。盖其学之支离附会，非素知其奸不能辨也，余故揭出之以杜乱真之渐。

日课。子夏日知，曾子日省，学者法也。日课之法，其目有七：曰读书，曰养心，曰治身，曰执事，曰接人，曰时事，曰夷务。读书则有专精、有涉猎二目，求于内可得惢尤，求于外宜有札记，以朔望汇缴，商略得失，缉熙光明，庶几日新。

驳曰：此梁启超《学堂学约》之所本也。其践言与否，学者自能别之。昔洪北江评袁枚诗"如通天神狐，醉时露尾"，余于此记亦云。

四耻：

一、耻无志。志于富贵，不志于仁，可耻也。

二、耻徇俗。徇于风气，不能卓立，可耻也。

三、耻鄙吝。张南轩以鄙吝为大恶，凡鄙吝者，天性必薄，为富不仁，可耻也，宜拔其根。

四、耻懦弱。曾子以懦弱为庸，人见义不为，可耻也。

驳曰：作者即无耻之人，其胸中富贵鄙俗之见，时时发露于行止，顾乃以之立教耶？

《读西学书法》书后①

梁启超箸有《读西学书法》一书，后附"论说"一则，详述其读

---

① 此文录自光绪二十四年刻本《翼教丛编》。

经、读子、读史之法。余阅之而叹曰："异哉！梁氏之学也。彼欲亡中学，而借口于中学之将亡；彼欲兴西教，而借口于西学之不兴；彼欲如日本之立新党，而诋朝野之老成，目之曰守旧。"《论语》曰："温故而知新。"大学之道曰："在明明德，在新民。"《书》迟任有言曰："人惟求旧，器非求旧，惟新。"盖尝考之六经，凡所云新旧之理，举不外此数，语从未闻弃旧如遗，悍然以开新为事者。作者乘外患交侵之日，倡言乱政，以启戎心。三五少年，或逞其躁进之谋，或徇其自私之利，于是虑老成之挠我也，多方以排挤之；惧正人之仇我也，连类而翦除之。圣人之纲常不可攻也，假平等之说以乱之；天威之震肃不可犯也，倡民权之义以夺之。资格限人而不可以越迁也，举匈奴贵少贱老之俗以摇惑之；取给有穷而不可以挥霍也，援基督散财均利之法以联属之。然不托之救世则无以息天下之争，不出之讲学则无以动士林之听。居心诡谲，或同类所不知，今即其说之至谬者，逐条驳之。

如所称读经之法：

原云：一、当知孔子之为教主。

案：孔子之教，实无此名，"素王"之号，乃纬候家流传之言，在七十子之徒，推崇亦未为过。至于教主谥法，乃泰西教皇凭借威福之所为，岂可施之于温良恭俭让之至圣！作者影附西书，潜移圣教，谬一。

原云：二、当知六经皆孔子所作。

案：孔子赞《易》象，删《诗》、《书》，定礼乐，修《春秋》，秦、汉以后百家传记所载，莫不相同。《论语》言"五十以学《易》"，"雅言，《诗》、《书》、执礼"。又言："自卫反鲁，乐正。"① 《春秋》，则孟子述其言曰："其义则某窃取之矣。"② 夫"述而不作，窃比老彭"③，"不知而作，我无是也"④。以孔子所不居之事，忽焉如黄袍之加身，此作者托尊孔之名，伏伪经之渐，谬二。

原云：三、当知孔子以前有旧教。如佛以前之婆罗门。

---

① 见《论语》（清嘉庆二十年南昌府学重刊宋本《十三经注疏》本），引文有误，原文为："自卫反鲁，然后乐正。"
② 见《孟子·离娄下》（清嘉庆二十年南昌府学重刊宋本《十三经注疏》本），引文有误，原文为："其义则丘窃取之矣。"
③ 见《论语》，引文有误，原文为："述而不作，信而好古，窃比于我老彭。"
④ 见《论语》，引文有误，原文为："盖有不知而作之者，我无是也。"

案：删《书》断自唐虞。《中庸》云："仲尼祖述尧舜，宪章文武。"孔子以前之旧教，不过如此。至于梦周公，问老聃，圣无常师，教非大异。周衰以后，老氏变为杨朱，夏礼流为墨学，此新教之歧误，非旧教之支离。作者衍其师康有为《改制考》之言，欲大畅其通教之说，谬三。

原云：四、当知六经皆孔子改定制度，以治百世之书。

案：孔子为万世师表，当时则志在尊王，故一则曰"从周"，一则曰为"东周"，一则曰"非天子不议礼，不制度，不考文"，其非改定制度，从可知矣。作者乃辩言乱政之人，欲托于孔子以行其术，而不知孔子之心迹，早已大明于百世以前，谬四。

原云：五、当知七十子后学皆以传教为事。

案："子以四教，文、行、忠、信"，陈蔡之役，如德行、言语、政事、文学诸贤，类皆天下之英才，而欲行道于天下者也。即其再传，大儒若孟、荀，亦并非仅以传教为心。果如作者之言，则是传经之弟子，无殊受洗之门徒矣，谬五。

原云：六、当知秦、汉以后皆荀卿之学，为孔教之孽派。

案：秦、汉以后，荀、孟并称，初皆有志于用世，及其不遇，退而箸书，六经皆荀卿所传，为圣门之宗子。作者处心积虑，在于灭经，而灭经必先灭荀，诋为孔教孽派，则二千年中，汉、宋诸儒之学，可以一扫而空，谬六。

原云：七、当知孔子口说皆在传记，汉儒治经皆以经世。

案：口说多出于后学之传述，传记多出于及门之载笔，此其大略也。然口说经数传，则失其本旨，如《春秋繁露》改制之类，《公羊》注家三世之目，此类异义，适足便奸人乱法之谋，乌足以云经世？谬七。

原云：八、当知东汉古文经皆刘歆伪造。

案：伪经之说，萌芽于六朝、唐人而盛行于两宋，至近儒方望溪之疑《周礼》，刘申受之伪《左传》，乃大决其藩篱。不知向、歆父子异学，不应庭训，竟无一言。桓谭、扬雄皆同时通儒，班固、刘珍世司兰台令史，贾、马、许、郑又皆东京大师，何以尽受其愚，无一人发其覆？作者本《伪经考》之说，将欲离析圣经，谬八。

原云：九、当知伪经多撷拾旧教遗文。

案：孔子以前之旧教，尧、舜、禹、汤、文、武、周公而已，此外既无旧教，乌从得其遗文？即有其文，又谁见之？作者既不信秦、汉以后二千年之学，又安知秦、汉以前二千年之书？无稽之言，良足鄙笑，谬九。

原云：十、当知伪经既出，儒者始不以教主待孔子。

案：六经中伪经，为世儒诟病者，莫如东晋《尚书》。然朱竹垞言其多采辑逸经成文，无悖于理。信哉斯言！其他如《易》、如《诗》、如《礼》、如《春秋》，虽有今古文之殊，又皆出于孔门之传授，两汉、六朝、唐、宋以后，或以之立学，或以之取士。其尊孔子，等于帝王，何必以教主相待？谬十。

原云：十一、当知训诂名物为二千年经学之大蠹，其原皆出于刘歆。

案：《易·文言》释元、亨、利、贞，《系词》言诸物取卦象，是训诂名物之学出于孔子之口。孟子言庠养、校效、序射之义，是训诂名物之学出于孟子之口。《中庸》言"仁者，人也"、"义者，宜也"，又言"礼仪三百，威仪三千"，是训诂名物之学出于子思之口。《公羊》言"主人习其读而问其传"，何注："读为经，传谓训诂。"又如合祭为大祫之类，是训诂名物之学传于七十子后学之口。其文皆在刘歆以前，不知何以目为大蠹，且以为皆出于刘歆，谬十一。

原云：十二、当知宋学末流束身自好，有乖孔子兼善天下之义。

案：曾子得一贯之传，而日必三省其身，至有疾而启手启足。子之称颜回也，曰："不迁怒，不贰过。"圣门弟子无不束身自好者。孟子云："穷则独善，达则兼善。"① 二者并行不悖，于宋学何尤？作者本非自好之士，乃欲借以末杀古人乎？谬十二。

如所称读子之法：

---

① 见《孟子·尽心篇》，引文有误，原文为："穷则独善其身，达则兼善天下。"

原云：一、当知周、秦诸子有二派，曰孔教，曰非孔教。

案：孔子为儒宗。《礼记·儒行》载孔子对哀公之言，儒学于是乎大箸。周、秦间之诸子百家，惟杨、墨出于老氏，余皆七十子之支流余裔，其学至汉初而犹存。故班《志》叙九流，必推本于其古学，知其非孔教，则孔子之教当独尊，胡得列为二派？谬十三。

原云：二、当知非孔教之诸子，皆欲改制创教。

案：诸子改制创教，如墨用夏礼、老出黄帝、许行托神农之言，谓之背周，不得谓之改制；谓之异端，不得谓之创教。作者欲进诸子与孔子比权量力，使孔教不得独尊，谬十四。

原云：三、当知非孔教之诸子，其学派实皆本于六经。

案：六经为孔子所删定，其异于孔教之诸子，如庄子，如公孙龙子，如吴子，如韩非，如李斯，虽本于圣门弟子之传，其背经而驰也实甚，只得云离于六经，讵得云本于六经？谬十五。

原云：四、当知老子、墨子为两大宗。

案：老氏之学炽于六朝，然庄也，非老也；墨氏之学流于泰西，然技也，非学也。中国二千年间，孔子之道如日月之经天，江河之行地，虽有二氏鼎立，其末法亦已式微，墨、老两宗讵能两大？谬十六。

原云：五、当知今之西学，周、秦诸子多能道之。

案：周、秦诸子分为九流，自婆罗门教引之西行，实为泰西学教之鼻祖。作者欲假诸子以重西学，故恒谓汉以后无子书，谬十七。

原云：六、当知诸子各传其教，与孔教同。

案：孔教之大，与天地参，其教不待传而自传。自余诸子弟子，如墨子之传为禽滑釐，其学卒以杀身；尸子之传为商鞅，惨刻无人理；鬼谷子之传为苏秦，揣摩千[①]时，祸连六国。其人本无可取，其法尤不可用，谓其传教与孔子同，谬十八。

原云：七、当知孔教之独行，由于汉武之表章六艺，罢黜百家。

---

① "千"字讹，当作"干"。

案：汉武诚有功于孔子，然自汉高祖以太牢致祀，陆贾陈说《诗》、《书》，孔子之教已如日之东升。乃独归美于武帝一人，则是数典忘祖，谬十九。

原云：八、当知汉以后无子书。

案：《輶轩今语》亦有此言，不思宋有五子得道统之传，又有弟子之书羽翼经传，此濂、洛、关、闽之正学，而为汉学以后诸子之大宗。作者昧然忘之而转相排击，谬二十。

原云：九、当知汉后百家虽黜，而老、杨之学深入人心，二千年实阴受其害。

案：杨氏为我，自孟子辟之之后，其学久已失传。老氏清净无为，惟西汉颇箸其效，魏晋以降，虽有崇尚之人，而其间拒之尤力者，唐则有韩氏，宋则有朱氏，是以至今其学不行。谓二千年深入人心，岂唐、宋以来辟老之人皆非二千年人物耶？谬二十一。

原云：十、当知墨子之学当复兴。

案：墨氏兼爱，是以爱无差等，施由亲始，此佛氏平等、基督爱异类之说之所出也。若其攻守战备之术，声光气化之学，实为西学之根荄。顾论其体已大悖于伦常，论其用亦非切于政教，谓当复兴，则当如汉人之孔、墨并称矣，谬二十二。

如所称读史之法：

原云：一、当知太史公为孔教嫡派。

案：太史公以世家尊孔子，又为《弟子列传》，其推崇孔子可云至矣。然其父谈受道于黄生，史公承其家学，亦不必尽崇儒术，此班固所以讥其先黄老而后六经也。作者因其自叙语多合于董生之言，目为嫡派，私《公羊》耳，谬二十三。

原云：二、当知二千年政治沿革，何者为行孔子之制，何者为非孔子之制。

案：孔子之制在三纲五常，而亦尧舜以来相传之治道也，三代虽有损益，百世不可变更。作者持孔子改制之成见，以绳二千年中君相之治迹，则是夏时已正，辂冕必法殷周，封建不行，山河遂非秦、汉，圣人复起，谅不谓然，谬二十四。

原云：三、当知历代制度皆为保王者一家而设，非为保天下而设，与孔、孟之义大悖。

案：孔子云："事君以忠。"《孟子》云："保民而王。"世无王者，天下又谁保乎？作者隐持民主之说，煽惑人心，而犹必托于孔、孟。然则历代制度，非经孔、孟手订，其势必有所不行，孔、孟不复生，此谳又谁定也？谬二十五。

原云：四、当知三代以后，君权日益尊，民权日益衰，为中国致弱之根原，其罪大者，曰秦始皇，曰元太祖，曰明太祖。

案：中国自古为君主之国，其权不可下移，虽其间暴主迭兴，中原多故，而圣清之治，则固远轶汉、唐，比隆三代也。作者因秦始皇之愚黔首，元太祖之勤远略，明太祖之黜孟子、兴制义，隐肆诋谋，论其心迹，何止蔑古？谬二十六。

原云：五、当知历朝之政，皆非由其君相悉心审定，不过沿前代之敝而变本加厉，后代必不如前代。

案：三代质文递嬗，靡得而论矣，秦、汉以后不可行之政，如封建、如井田、如藩镇、如租庸征调、如辟除、如门望、如青苗；其敝法如肉刑、如党禁、如连坐、如赤族，至圣清而大事廓除，二百余年深仁厚泽，翔洽宇内。乃谓后代不如前代，且变本加厉，岂中国历朝之政无一是者耶？谬二十七。

原云：六、当知吾本朝制度，有过于前代者数事。

案：我朝自定鼎燕京，规模宏远，载在《开国方略》。若夫礼乐、兵刑之大，正朔、服色之事，则有"皇朝三通"、《大清会典》诸书，纪之甚详。乃以为数事过于前代，是犹以管窥天，以蠡测海，谬二十八。

原云：七、当知读史以政为重，俗次之，事为轻。

案：史之有事，治乱兴衰之迹之所考镜也，不知其事而与论政，将六官分职，至今可云姬周，五经立学，至今可云炎汉。玉步已改，统系不分，谬二十九。

原云：人①、当知后世言史裁者，最为无理。

---

① "人"字讹，当作"八"。

案：史裁云者，言史之体裁也，否则孔子何以删《书》，又何以修《春秋》？是则曰"删"，曰"修"，非有裁之谓乎？作者直断之曰无理，则必结绳可以记事，执简不必直笔，而后其说可行也，谬三十。

凡此诸谬，皆康门之伪学，而欲举一世之人才，消磨其忠义之气，开拓其悖逆之心，固结其死生之志，上无天子，下无纪纲，以行其阳儒阴墨之学，投诚异教，授柄外人。湘中时务学堂诸生，信其邪说，群立党名，父兄不能稽，长官不能禁，推原其故，则以康、梁之死党高据要津，主持风会，驱以利禄之路，弛其名教之防，而人心之败坏，遂岌岌若有不可终日者。嗟乎！周、孔之道几乎息矣，君臣之义如何废之？作者持论，言六经之文无一不可见于用，究其所用，曰"改制"，曰"民权"，曰"《春秋》公法"，若夫正心诚意则诋之曰"虚论"，尊王攘夷则鄙之曰"迂说"。数年以来，六经供其点窜涂改，汉、宋诸儒之书皆蔑视如奴仆，其大学堂章程乃有重编经史之说，率天下之人读一家之书，是真士类之文妖也。阅此终篇，其有不发指眦裂者哉！

非《幼学通议》①

新会梁启超著有《幼学通议》一篇，曩从《时务报》见之，后见坊肆所刻之《中西门径书七种》亦有此书，又见宛平徐学使刻之《湘学报》，而《輶轩今语》复谆谆以此劝学焉。夫梁氏自云未游西域，何以知其立法之善与其考课之详尽？则以所见西书语多夸饰，而先有所动于中，于是倡为学究亡天下、时文亡中国之说，又以士人之读四书五经，因试题之所出，其言之成理，亦似重有忧者。虽然，梁氏之为此说也，其果平心出之乎，抑亦违心出之乎？平心出之，则彼之学即足以亡天下；违心出之，则彼之学又乌足以教童子？西人学校之制，诚能一道德而同风俗，则是国无游民，家修礼让，尧舜之治，何以异兹？独不解美洲工党胡为挟制公司？英、俄乱民胡为日日思逞？法之党会胡为不畏国宪而得自由？梁氏岂无所闻见耶？自古君临天下之主，莫不懔然于民为邦本，本固邦宁之训。为之民者，日被教育，以长养其子孙，亦当知食毛践土，血气尊亲之义，岂有拨弃本根，败坏蒙养，如梁氏之徒之谬妄者？余因览其说而正其非，以冀世之诚求保赤者取而察焉。光绪戊戌初

---

① 此文录自光绪二十四年刻本《翼教丛编》。

秋，长沙叶德辉。

生民不可一日无教，教不可一日无学，学不可一日无经。周秦以前，风气浑噩，而虞廷选举，犹且敷奏以言，明试以功，二者递相考核，何论三代以下乎？两汉以五经立学，师儒传授，门户纷争，班固讥其"禄利之路使然"①，盖深疾夫当时曲学之儒，而特以一言探其隐也。然自宣帝年十八受《诗》、《论语》、《孝经》，疏广以经学授皇太子，其后如明德马后、孝和邓后，皆通晓经术，以佐内治，此亦岂为考试而习耶？又汉室诸儒，往往于群经未立博士之前，转相授受，沿及后世，儒风大昌。果如梁氏之言，则伏生窜老空山，文中子讲学河汾，明太祖欲废《孟子》，钱唐以死力争，亦复何所希冀。况今日穷乡僻壤，颛愚细民，海滨久旅之商人，与日本士夫之崇汉学者，其童子入塾，亦必以四书五经为先，其非因考试科目起见，不尤彰明较箸耶？梁氏谓以佛教取士，则"如是我闻一切佛在"之语，将充斥于塾舍；以耶教取士，则天主造物七日而成之语，将阗溢于黉序。不思六朝浮靡之习，南北犹有儒宗；唐人崇尚词赋，通经之儒亦且项背相望。甚至开元中以《老子》命题取士，卒不能夺尼山之席。梁氏巧言乱听，实不足以鼓惑通人，乃犹有奉其说以为金科玉律者，何其谬也。以上论《通议·宗旨》之非。

《说文》九千余字，《经典》所载犹或遗之，则以古字多假借，世多不察故也。后世偏旁日益，隶俗杂陈，除徐氏新附及近人逸字考外，其余一切孳生之字，钦定《字典》诸部采录綦详。是故欲通古义必识《说文》，欲通今义必用《字典》。今世三家村儒，市井商贾之子，大率家有《字典》一书，彼其意非尽出于尊王，实以圣人制作之宏，足以通古今而辨然否也。西文以音为主，实西域字母之滥觞，然去形而求声，则周公元圣不过工为洛音，孔子大成无非习为鲁语，即以周、孔之身教，定天下之方音，恐亦有指画不能通其意者，何况佉卢横行之字乎？今日学西文者则曰西简而中繁，学中文者则曰西难而中易，此固各安所习，各尊所问，譬如饮食之有异同，嗜欲之难强合，儿童辨日安能定其是非？乃彼独谓中国识字人少，由于教法不如西人，则中国许书以后，言字书者何啻千家，《字典》一书，周年坊肆所行，何可胜数？梁氏用夷变夏，多昧本之谈，平日持论，以中国自古相传之《尔雅》、《说文》，概目为

---

① 见《汉书·儒林传》（北京，中华书局，1962），引文有误，全文为："自武帝立五经博士，开弟子员，设科射策，劝以官禄，讫于元始，百有余年，传业者浸盛，支叶蕃滋，一经说至百余万言，大师众至千余人，盖利禄之路然也。"

刘歆伪学，而一意惟泰西之是从，岂知乐操土音，钟仪所贵，鲁人猎较，孔子从同。彼梁氏之祖若父，独非被仓圣之泽者哉？此固别有隐情耳。《字典》原本廖氏《正字通》，塾师宜兼看王氏《字典考证》。王菉友小学颇为康、梁师弟所推服，其实王氏之学，菁华皆在《说文释例》一书。若得明师分类以为课程，实有裨于童子。《文字蒙求》，疏略殊多。西人教文义，先实字，次虚字，次活字，曩于花之安《学校教化议》得知其详，其议论是己非人。如以中文为板文，满洲书、西域书为胶漆话之类，大都逞其私见，不究本原。梁氏附和嚣陵，至谓天下同文，惟有字母。说见梁所撰《沈氏音书序》。不思中国文字之兴，实多而虚少。就平日习用之"焉"、"哉"、"乎"、"也"、"之"、"而"等字而论，如"焉"为黄鸟，"哉"为始，"也"为女阴，"屮"象草木之过中，"而"为颊毛之类，皆是。至六经中文之至古者，《易》之卦，《书》之《尧典》、《禹贡》，《诗》之《商颂》，其文体质实，不以虚字为工。迨《论语》出，而诸贤坐论一堂，语意各肖其人之气象而出，此中原文明大启之会，非周以前文章所能比例也。学者童而习之，其成学虽有高下，而塾师训释并未十分相离。余观西人所译中文之书，若"学而时习之"，则分译其字曰"学"是读书，"而"是虚字，"时"是时刻，"习"是温习，"之"是虚字，合而读之，岂复成为文理？盖中西文字所尚不同，彼此是非，均属无谓。梁氏信今薄古，智西愚中，其心乃托西学以行其私书，无所谓保民，亦无所谓保教，徒布其说变易天下之学派，亦何谬妄若此哉！

西人《花士卜》、《士比林卜》等书，取其事物之至粗至浅者，缀说系图，家弦户诵，此与坊刻所行之《杂字》、《增广》何异？当时海禁始开，欲通西文，舍此固无有更浅近者，亦如西文译中书，多读《三国演义》，此岂足为典要耶？吾闻西人先习拉丁文，而后遍及各国之文，其功至顺且易。如《士比林》者，彼方笑其鄙陋无用，我独奉为枕中鸿宝，岂非寡识之甚？且中国自汉以来，此类语言文字之书，载在《汉》、《隋》两《志》者，正复不少，今其存者，如史游《急就篇》之古雅，固不多见，然如《本草图》、《尔雅图》、《毛诗图》诸书，图说俱存，随取一二册以教学童，亦足为多识之助。即其书不如西人之切近，遇物得以考求，而海西所绘之物之图，大半中土未有之物，西人于中国古书，言龙凤形状者，且以为不可信，则西人所绘之图，于我更何所取证也？夫西文不可不学，持论亦不得如是之偏。梁氏欲挟天下之人，废中学而尚西文，试问明治变政，曾有灭绝和文之事乎？以上论《通议·识字书》

之非。

中国言文法之书，如魏文《典论》、刘勰《文心雕龙》之作，皆独抒己见，自成一家之言，初非为教人而撰也。然自魏文以前，刘勰以后，其间以能文箸录者，代有闻人。彼时海西各国文轨不通，既不知文法之书，复不闻梁氏之论，而通才博学，箸作等身，此以见中人之智睿聪明，远过于西人者倍蓰什伯，何得云教之无法耶？况八家派别，大开圈点之风，时文道兴，而开合承接之法日益详密，梁氏视中国典制讲章，唾弃不值一钱，其识不可谓不趫，乃独于西人此类书籍馨香而俎豆之，英雄欺人耶，抑真知灼见而以为吾中土无一可学者耶！以上论《通议·文法书》之非。

梁氏拟撰之歌诀书，自命立学，已为狂悍。至戒烟、缠足，亦欲学童歌诵，则是糟粕鄙俚之叔孙通，胜于天地元黄之周兴嗣矣，岂非士林笑柄乎？今按彼所详列之书，惟《步天歌》、《通鉴韵语》、《十七史弹词》足备采用，其余近人之作，等之自郐，无讥可耳！夫欲知孔教之源流，则不如读《史记·孔子世家》、《仲尼弟子列传》；欲究诸子之派别，则不如读《汉书·艺文志》；欲记古人之典录，则不如读唐、宋人所箸之《蒙求》；欲观历代之事略，则不如读沈氏炳震《历代世系纪元篇》；其体仿《急就章》，古雅可诵。欲通前朝之掌故，则不如读《文献通考纪要诗》。凡若此类，童蒙知其大略，成学致其全功，其于中学亦大可睹矣。梁氏所拟歌诀至三十余种之多，则十龄以前断不能卒业，安有余日涉猎他书耶？以上论《通议·歌诀书》之非。

书之有问答，由来久矣。《论语》、《孟子》已肇其端，汉儒如郑氏之志、记，宋儒如朱子之《或问》，沿波溯源，大旨与《论》、《孟》相近。其讨论至精，称引至博，读者靡得而讥焉。西人教童子，凡专家之学之书，多设问答以明大略，中国宜无不可仿行者。然其书乃一书之萌芽，或加考证，或习专门，皆非毕生不能卒业。梁氏以通儒之撰述，为幼学之阶梯，躐等之讥，窃所未喻。余见康门弟子有编《伪经考答问》者矣，浅陋空疏，人名、时代犹或倒置，使其徒蔓延日众，则康、梁问答书可以充塞黉路，虽欲民之不愚，何可得耶？以上论《通议·问答书》之非。

说部书为唐人所尚，宋、元以降流为传奇，其为风俗、人心之害，亦已久矣。西人三等学堂，教童子之书，往往取游戏之文，寓规劝之旨，此自俗尚使然，不能行之中土者也。中国言史事而与传奇相类者，余所见惟宋人《宣和遗事》一书，而前无所因，后无所继，则亦无所用之。世俗好事之士，往往乐刻善书，如惠栋注《太上感应篇》、彭希涑《廿二史感应录》及《廿四孝图》、《地狱变相》即《多罗尼大威德炽盛经》之类，何尝不家有其书，编氓妇女亦何尝不资观感。而风俗之纯薄，人心之善恶，全不恃此。梁氏持论，动谓泰西人人识字明理，由于说部书之益，彼其意，殆欲摈去中国初学所诵之《孝经》、《论语》，一以说部为课程。然则九百虞初，果能与十三经、二十四史同立学官，垂之久远耶？以上论《通议·说部书》之非。

读书必有入门之书，经从《说文》入，史从《纲目》入，《说文》所以穿穴群经，《纲目》所以提挈全史，皆初学所必有事，而梁氏之徒以为无用者也。说见彼党所箸《读书要略》。《说文》先读苗氏《建首字读》，以明文字孳乳之理；亦便检阅。次读江氏《六书说》，以窥六书制作之原；次读严氏《说文声类》，以绎形声比附之义。史则先读齐氏《历代帝王年表》，以知事实之厓略；次读李氏《纪元编》，以识年号之前后。此皆门径中之至简略者。其专门经学入门之书，则翁氏《十三经注疏作者姓氏表》、洪氏《传经表》、《通经表》为要，两汉经师渊源。而以《史》、《汉·儒林传》、《后汉书·儒林传》、《经典释文叙录》、皆唐以前学源流。朱氏《经义考》唐以后学派书目具此书。为之引申考证。专门史学入门之书，则洪氏《史目表》、正史分目异同。温公《通鉴目录》、读《通鉴》必从此入。《正史志表》各史纲领。为要，而以刘氏《史通》考其义例，《御批通鉴辑览》求其论断，此又门径中之渐扩充者。至诸子非初学所必读，姑可从缓。集则以《文选》原其始，以姚氏《古文辞类纂》、王氏《续古文辞类纂》要其终，以宋人《古文苑》、孙氏《续古文苑》穷其变。此固非初学所能遍及，而塾中不可不备列，使之浏览濡泳，以储文章之用。凡学由浅入深，惟作文必取法乎上。如欲通贯百家，远则求之《汉书·艺文志》，近则求之《四库全书提要》，先读《简明目录》。于是二三年之中，经、史、文学皆可得其要领矣。他如训诂入门之书，则阮文达《经籍纂诂》足供渔猎，王文简《经义述闻》、《经传释词》足资启悟；考据入门之书，则宋王氏《困学纪闻》、近儒顾氏《日知录》、王氏《读书杂志》兼得治史、子之法。三书最有体要。总此数者，一日得之，终身由之，多识以畜德，明体而达用，固不必如梁氏之高张师说，左祖西法，而志学之年，可以事半功倍。然则中学之不振，非学之不善，乃师之不善耳。天下尽如梁氏为之师，吾知康有为之邪说将流布海内，复何从得门径哉？以上论《通议·门径书》之非。

一物一名，众物众名。自黄帝正名百物以来，于是遂有名物之学。神农尝药草以疗民病，为之学者衍为图经，今其存者，尚有宋大观、政和两次官定之本。禹铸九鼎以象神奸，使民不逢不若，而《山海经》即其图说。此名物之切于民用者。自兹以降，周公作《周礼》，天地人物之事各有专官，又撰《尔雅》，以通古今之名义；孔子系《易》，必推明一切制度器用出于卦象，此其学非后世考据家所得依附者也。汉人书，如史游《急就章》，取当时之事物杂凑成句，以便人之讽诵，世历千百年，名物之生日繁，其书遂古而不适于用。此外如扬子《方言》、刘熙《释名》，今人列为小学专门，当时不过通俗文字。梁氏以西人有名物专门书，遂谓中人不通文法由于无此，余固不能合泰西之人而遍试之，以证其说之得失，然中国文人词客之造述，市商编氓之书札，固未尝一日绝于道途。西人有梁氏其人，亦必转以此为绝学，梁生中土，胡乃妄自菲薄耶？以上论《通议·名物书》之非。

合五州之大势而论，人数至众者莫如中国，良以地居北极温带之内，气候中和，得天独厚，而又开辟在万国以前，是以文明甲于天下。中外华夷之界，不必以口舌争，亦不得以强弱论也。四民之中，士为至秀，自国初以迄近今，名臣大儒因时文诗赋起家者，指不胜数。今日典试之人不能厘正文体，则时文可以不复。盖时文所以研求义理，如今日之怪诞支离，不亦可以已乎！或云时文出于钞袭，策论亦出于钞袭，其利弊固是一例。余谓时文钞袭全是浮词，策论钞袭尚可记一二事实，则以钞袭而导之，读书固为稍胜。须知文艺考试不过校一日之短长，时文、策论无庸计较高下，废时文用策论，使士人免八股束缚之苦，匀出日力，可以多读有用之书，免致不得科第之人，终身不能摆脱制艺，更无暇日涉猎群书，此则为益甚大。王葵园有《科举论》，立说最平允，用意固与梁氏不同也。虽其间再举鸿博，兼取他途，而人才迭兴，要以科目得人为盛。若如泰西推迁之法，则流弊滋多，恐无以杜营竞而重廉耻。盖立国各有其政，而亦不可强同也。至于农工商务之学，又迥然与西国不同，农事在地利，尤在天时，西人于水旱虫蝗大灾，有时仍束手无策。其工艺之巧虽冠绝地球，第工制之而商运之，一商兼运百工之物，以视中国各商，其业情实本大相悬殊。兵制以英、德为最强，其步伐亦多不可行于中原之地。故西法非不足尚，要贵实事求是，师其所长。士当师其通农商诸学之长，工当师其制造之长，兵当师其练习测绘之长。苟悻悻焉尽弃其学而学焉，非徒无益，而又害之矣。梁氏终日言变法，群居言学西，然彼之伪经说非士学也，彼之时务说非商学也，彼之《公羊》、《孟子》说非工学、农学，尤非兵学也。今乃语人曰，某也八股贱儒，某也不通时务。究其所以立义，无不托之空言，学堂之士靡然向风，于是《公羊》改制，附会而益工，孟子轻君，推阐而愈谬，湘中幼学之坏，梁氏实为罪魁。《孟子》云："逸居而无教，则近于禽兽。"如梁氏者，殆逸居而有教，亦近于禽兽者耶？以上论《通议·论学》之非。

《阮氏三家诗补遗》叙[①]

三家《诗》亡后，宋王氏《诗考》始据群书所征引者衷辑之，其不知属某家者，列为异字、异义。近人范家相复有《拾遗》三卷，继之者则丁晏《三家诗补注》、冯登府《三家诗异文疏证》、陈乔枞《三家诗遗说考》。范、丁分别家数，略依王氏原书；冯则概言三家，亦自矜慎；惟陈钩稽子史，各述师承，最为治经家所推重。阮氏撰此书时，仅引范氏《拾遗》，其余诸家，晚出未见，故去取颇有异同。偶取陈书校之，如陈书叙录《齐诗》，据《儒林传》："班伯少受《诗》于师丹，师丹受《诗》匡衡。以班固入《齐诗》，而此则列入《鲁诗》。"按：《诗烈祖正义》引《五经异义》云"《诗鲁》说丞相匡衡以为殷中宗"，则匡衡亦未尝不兼通《鲁诗》，且固撰《汉书·艺文志》，有"与不得已，鲁最为近之"之语，则固又明明推重《鲁诗》者，知阮说不为无本矣。《艺文志》叙次《诗》家，曰鲁、齐、韩，《韩诗》后亡，故宋以前群书所引者皆有明文，又有《外传》为之左验。齐、鲁亡独早，言三家者，仅据其传授推之，不知两汉经师惟《列传》、《儒林》者，其学皆有家法，自[②]余诸人，早晚皆有出入。如班氏学出齐师，而《白虎通》又杂采三家之说，《汉志》又云鲁最近之，则其学无专师，略可考见。阮氏列固于《鲁诗》，显有志文可据，亦胜于凭空臆度者。陈书又据《盐铁论》以"兔罝"为"刺义"，与鲁、韩、毛异；以"鸣雁"为"鸣鸦"，文与鲁、韩、毛异；以《出车》为周宣王诗，与班固《匈奴传》合，遂以次公为《齐诗》家。按《盐铁论·取下》篇云："是以有履亩之税，《硕鼠》之诗作也。"以履亩、《硕鼠》为一事，与《潜夫论》"履亩税而《硕鼠》作"之说合，陈氏既以节信为《鲁诗》，又出次公为《齐诗》，析而二

---

① 此文录自光绪二十四年叶氏郎园重刊本《阮氏三家诗补遗》。

② "自"字讹，当作"其"。

之，未见有合，阮氏桓王并入《鲁诗》是也。大抵三家之中，《鲁诗》最古，群书引三家义，只《韩诗》直引其文，其余二家，仅凭推测，不可为据。余尝谓辑三家《诗》，凡不知为某家者，皆当括于《鲁诗》，以《鲁诗》为初祖故也。今阮氏正是此意，庶无骑墙之病。至于郑氏《礼注》，凡说《诗》义多与《诗笺》不同，《郑志》答炅模以为记注时就，卢君先师亦然，后乃得毛公传记，是郑氏初学三家《诗》，本有明证，但其孰为鲁，孰为齐，则不可辨。陈书均并入《齐诗》，未免臆断，阮氏仅略采数事入齐，较有抉择，固非不备。朴园继父成书，本阮氏再传弟子，所撰遗说考，皆阮氏为之先河，特阮书未经刊行，故读者昧其沉瀣耳。余从京师厂肆，得阮氏手稿三卷，朱墨钩乙，或间附纸签，大题下无结衔，有"阮元伯元父印"六字朱文记，以平日所见题跋证之，盖六十以后之作。李君洛才见而爱之，且重其为乡先达也，适刊《崇惠堂丛书》，取为弁冕。因属余主校勘，排比誊录旬日，凡三复，故得论次其得失如此。

　　长沙叶德辉叙。

《六艺论疏证》序①

　　余尝言，自汉以来传孔子之道者，有四学。四学者，今文学、古文学、郑氏学、朱子学也。秦火之厄，汉初诸儒壁藏、口授，萌芽渐箸于竹帛，当时读者以隶书释之，谓之今文。今文者，对古文而立名也。自后古文之学别为大宗，门户纷争，互相攻驳，至有父子异学，同师相非。如刘歆之于刘向，梁邱贺之于孟喜，甚可笑也。故终汉之世，师说愈盛，而经学愈衰。至郑氏康成出，始一扫而空之。于是集今古文之大成，破经生之拘陋。当时弟子遍于齐、鲁，传衍递于三国。至南北朝时，其学尤大行于河、洛间。故唐以前之经学，惟郑氏为一大宗。已五季之乱，图籍荡亡，北宋诸贤，如欧、苏、王、刘、永嘉诸公，五经皆有传注，其弊至吐弃一切旧文训诂，自创新义，以为得圣学之真传，而荒经蔑古之风于是乎益炽。迨朱子乃力纠其失，兼取汉唐诸儒之长，其学洞贯百家，往往求之古史子书以补传注之未备。又喜校勘古书同异，搜罗逸文，再传至于浚仪，流派益远，故近儒箸书之法，

———————
① 此文录自光绪二十五年长沙思贤书局刻本《六艺论疏证》。

皆朱子学也。

吾友皮鹿门孝廉，好学深思，邃于经术，于余所言四者皆融洽而贯通之。平生箸作等身，实事求是，而于郑氏遗说类皆有所发明。近出所为《六艺论疏证》一卷相示，考订残阙，别白是非，无一语不求其安，无一字不征诸实，而言外之旨则隐然忧学术之沦丧，惧党祸之愤争，非夫盛德君子而能如是之忠言苦口乎？世有善读君书者，则知君书为不虚作矣，余言亦何足为是书增重哉？

光绪己亥六月伏暑，愚弟叶德辉谨叙。

新刊《华阳陶隐居内传》序[①]

《华阳陶隐居内传》三卷，为宋道士贾嵩撰，大抵据隐居犹子翊所撰《本起录》以补史传之缺佚，并采隐居自撰《登真隐诀》、《真诰》等书，详箸其仕隐出处之际，其意盖仿六朝人别传之例，而言必征信，事皆有稽，历见丹资之难求，避世之不易，视彼夸张仙迹、动称灵幻者用意固自有别。昔汉武帝惑于方士，至晚年悔之曰：天下岂有神仙！使得隐居为之臣，其丹成上升固自易易然。梁武亦何尝非汉武之才，乃及身与隐居相接，非独不能飞升，且不免侯景之祸。世言求仙不可学，然耶，否耶？夫道家言神仙为弟一流，圣贤为弟二流，帝王为弟三流，岂非以汉武、梁武之君，虽有臣如隐居其人，而仙缘浅薄，不能度世，故其言如此云云也。以余论之，神仙非空虚之事，观《真诰》及《抱朴子·内篇》每言烧丹致仙、炼形养生之事，一皆本于实理，非夫究天地阴阳之消息，别草木金石之质性，固未足以语此。是故符咒役使风雨感召，必其人断人世之嗜欲，通鬼神之情状，其效乃可立睹。彼汉武、梁武之为君，一则穷边黩武，嗜欲撄心；一则服冕乘轩，未离尘网，此《抱朴》所云"高位厚货，乃为重累"[②]，"视其有益，诅亦有损"者，此而欲其修真问道以希踪轩辕黄帝之逸轨，岂可得哉？后有求仙者，览是书可以悟矣。

光绪二十九年癸卯小春，长沙叶德辉序。

---

① 此文录自光绪二十九年叶氏观古堂刊本《华阳陶隐居内传》。

② 见《抱朴子·内篇》（上海，上海古籍出版社，1990），引文有误，原文为："高位厚禄，乃所以为重累耳。"

刊《秘书省续编到四库阙书目》序①

《宋史·艺文志》云："太宗时，始于左昇龙门北建崇文院，徙三馆之书以实之。真宗时，王宫火延及崇文、秘阁，书多煨烬。其仅存者，迁于右掖门外，谓之崇文外院。仁宗既新崇文院，命翰林学士张观等编四库书，仿《开元四部录》为《崇文总目》，书凡三万六百六十九卷。神宗改官制，遂废馆职，以崇文院为秘书省。徽宗时，更《崇文总目》之号为《秘书总目》。诏购求士民藏书，其有所秘未见之书足备观采者，仍命以官。且以三馆书多逸遗，命建局以补全校正为名，设官总理，募工缮写。"迨夫靖康之难，宣和馆阁之储荡然靡遗，高宗移跸临安，乃建秘书省于国史院之右，搜访遗阙，屡优献书之赏，于是四方之书，稍稍复出，而馆阁编辑，日益以富。当时汇次书目，得四万四千四百八十六卷。至宁宗时续书目，又得一万四千九百四十三卷，视《崇文总目》有加焉。此有宋崇文院、秘书省前后藏书之源流也。王应麟《玉海》云："绍兴初，改②定《崇文总目》、《秘省续编四库阙书》。淳熙四年十月，少监陈骙③言，乞编撰书目。五年六月九日，上《中兴馆阁书目》七十卷、《序例》一卷，凡五十二门，计见在书四万四千四百八十六卷，较《崇文》所载多一万三千八百十七卷。复参三朝史志多八千二百九十卷，两朝史志多三万五千九百九十二卷。闰六月十日，令浙漕司摹板。"又云："十七年，郑樵按秘省所颁阙书目录，集为《求书阙记》七卷、《外记》十卷。"陈振孙《直斋书录解题》云："《秘书省四库阙书目》一卷，亦绍兴改定。其阙者，注'阙'字于逐书之下。"此绍兴改定《秘书省阙书目》之始末也。至《四库目》分类之异，郑樵《通志·校雠略》已言之，郑云："《四库目》以星命洞微之书列于天文，轨革一家入五行类，谥法入礼类，既立命书类，今作'命术'。而三命五命之书复入五行卜筮类，遁甲一种分为四类，兵书见之五行卜筮，又见之壬课，又见之命书，又见之月令，乃礼家之一类，又见于农家，又见于月鉴，今无'月鉴'一类，疑本书亦有脱佚。《太玄经》以讳故，《崇文目》改为太真，四库书分太元、太真为两家书。"以上郑说。又如：《崇文目》宋人

---

① 此文录自光绪二十九年仲春叶氏观古堂刊本《秘书省续编到四库阙书目》。
② "改"前脱"再"字，据《玉海》（扬州，广陵书社，2007）校。
③ "骙"后脱"等"字，据《玉海》校。

官私书目皆以经、史、子、集分四部，而《四库目》则经、史之后，次以集部，再次以子部，其余分类重出互见，亦多不同。此《秘书目》与《崇文目》部类之异同也。《崇文目》原有释题，为郑渔仲所排，几至堕绝，今有钱侗考证本出自范氏天一阁钞藏，原释散亡，仅存书目。《秘书省书目》则自宋浙漕司摹板，后别无刻本，东南藏书家虽间有钞存，而孤本单传海内，学人无田①共见。

往余得丁氏迟云楼钞本，文多讹误，然于宋讳缺避及脱烂空白之处，皆无所改移，是知其书传授自古，必有依据，因仿钱氏考证《崇文目》之例，取宋人官私书目悉录，以资校勘。其书名异同，卷帙多寡，必详载之，以见古书传世之存亡。有宋一代，朝野崇文之盛治，郑樵《通志略》出自钞胥，马氏《文献通考》第录旧目，弃而勿采，以画鸿沟。家藏晁公武《读书志》有衢州、袁州二本，今但据衢本，俾读者易于覆检，亦免烦乱。昔钱氏考证《崇文目》，集朋友兄弟之力而成书，余以孤陋混俗，外无同志佐其校雠，内无子弟助其翻检，徒于雨宵月夕，废寝摊书，挂漏必多，惴惴不敢问世。惟念斯文未丧，异说朋兴，存此背时违俗之编，留为守先待后之用。同文之治，余不得而见之，图籍有灵，或不至有天水散亡之祸，是则余撰刊此书之意云尔。

光绪二十有九年春仲月惊蛰，长沙叶德辉序于观古堂。

《金陵百咏》叙②

曾景建《金陵百咏》，《四库》箸录为浙江鲍士恭家藏本，而外间传本绝少。此据翰林院典籍厅钞本付刊，盖即《四库》底本名题"百咏"，实止九十一首，盖传钞不无遗漏耳。《四库提要》所称《决囚灯》一首，误言严续被杀及"中主"误作"后主"。尝见宋韦居安《梅磵诗话》亦摘其误，较《提要》所言更详，是其误用故事，亦不必曲为之讳。然韦氏又据其《咏乐官山诗》，疑史称宋征江南，不妄杀一人，未免失实，则曾诗在宋时即相引重，可据以订正史传闻之诬。韦又言《蒋帝庙诗》"青骨"二字，人多不解，偶阅《海录碎事》载后汉末蒋子文尝为秣陵

---

① "田"字讹，当作"由"。
② 此文录自光绪二十九年长沙叶氏刊本《金陵百咏》。

尉，自谓青骨死当为神，后因灵显，吴主为立祠钟山下，因改山为蒋山，后累封为帝，始知二字本此。然则曾诗援据博洽，信有非后人所能及者，当南渡偏安之局，倚小朝廷偷安喘息者，比比皆是，曾乃孤怀独抱，托诸歌咏以自摅其磊落激昂之气，虽触忤时相重遭谴责有所不惜。呜乎！如曾者可谓贤矣哉。夫人不足论者，其诗必不足传。若曾之为人，观诸诗可以知其梗概，第以为存金陵之故事，犹浅之乎读是诗也已。

光绪二十九年癸卯日长至，长沙叶德辉序。

《曝书亭删余词》序①

朱竹垞先生《曝书亭词手稿》十二卷，相传为先生之妾徐姬手抄本，旧藏杨氏星凤堂。杨名继振，字幼云，据其跋云："得之由拳西埏里"，全书朱墨烂然，图印满幅，书首有先生八世孙拱辰题字，其为先生手订本无疑也。余取以校《全集》，有手稿删而集存者，有手稿无而集有者，有手稿之字句一易再易而集据后易为定者，亦有并不据所易而全与手稿异者，其他编次前后亦各不同，此足见刻集时去取之指矣。冯柳东与先生五世孙墨林辑《曝书亭外集》，所收逸词，或出手稿之外。而手稿所有者，亦未全刻，岂此稿在当日早已散出，墨林亦不及见耶？今取《全集》及《集外》稿所未刻者，录而存之，凡四十四阕，别录抄本原目，并为《校勘记》一卷，以著先生改订之苦心，而后抄本刻本之同异，亦借可考证焉。昔先生序《振雅堂词》，称其用心勤倚，声敏殆习，伏众神而臻于巧者，吾以为先生之自道也。后之学者，由是以探词家之消息，当有得于文字之外者矣。

光绪癸卯初秋，长沙叶德辉序。

《古今夏时表》序②

昔颜子问为邦，孔子曰："行夏之时"，于是汉以来历家因之。逮我朝圣祖仁皇帝立钦天监，遵行勿改，诚以敬授人时，为帝王之首政。而

---

① 此文录自光绪二十九年长沙叶氏刊本《曝书亭删余词》。
② 此文录自光绪二十九年长沙叶氏刊本《古今夏时表》。

人时必取准于天，星之中气，斗之建寅，在正月为人事所由起。自黄帝时容成造历，迄于夏正未之或易也。是故周正建子，商正建丑，不过以十一月、十二月为岁首，其于斗建之位，实不能有所推移。间尝考之，有斗建而后有节气，有节气而后有物候，七十二候，节气之至定者也。其文始见于《逸周书》、《时训解》、《吕览》、《淮南》、《礼月令》，递相承袭，汉儒多以月令为周公作者此也。

方今地形开通，历法各异，远西诸国，以耶苏纪世，中国则以孔子授时，日本千载同文，初用唐历，明治更始，参合西法，随月置闰，颁行太阳历，自谓于旧法加密，然于朔望盈缩，终不如中法之适中。乃知有夏时，则斗建之节气不至乖错。又验之于草木鸟兽，得气之先之物，定为五日一候，三候一节，三候一气，南北地气虽稍有先后，要其源不出夏正以外也。夏正当时有大小之分，传者惟《小正》，文有脱简，不尽足征，今据以名表崇圣也，首以《时宪书》尊王也，次以《礼月令》宗经也。北魏建都燕地，又迁洛阳，历候与诸书不同。隋唐因循，未遑修改，自唐之《大衍历》出，始上合周秦，下通宋元各历，新书历志本之。是《大衍历》者，贯古今之律候，而定夏正之一尊者也。然非圣祖仁皇帝天纵之圣，范围古今，安知近日异说横流，不有援星期之例以乱成宪者乎！余修此书以课家塾，友人索观者众，乃自序。本意授之梓人，外有《易纬·通卦验》一书，所载节候多与表异，文既残缺，句读维艰，幸有隋杜台卿《玉烛宝典》全引其文，取以校勘，乃得文从字顺，其间节候多寡同异，无从测验，推求附于末篇，俟精纬学者排比焉。余所见者，仅知八风之不误而已，是亦足补斯表之阙也。

光绪二十九年癸卯岁十二月庚戌朔后二十日立春节，赐进士出身诰授中宪大夫四品衔吏部主事叶德辉撰。

《觉迷要录》叙[1]

康、梁逆党，窜身海外，所著《清议报》、《戊戌政变记》等逆书伪造密诏，诬构两宫，阅者无不发指眦裂。今年复于坎拿大地方创设保皇会，敛资巨万，勾结内地会匪谋乱，于七月间在长江一带破案，湖南北搜获逆党信札伪檄，讯明正法者数十人之多，而以士林厕名其间者，湘

---

[1] 此文录自光绪三十一年叶氏刊本《觉迷要录》。

人为尤夥。盖自梁逆主讲时务学堂以来，士风败坏陵夷，而有今日之变，斯亦学校之奇祸也。中丞山阴俞公首改时务学堂为求实书院，重聘教习，邪说亦已廓清。此次谋逆诸人，大都昔年学堂被逐之人及出洋学生之无归者，俞公不忍不教而诛，命编是书，恭遵世宗宪皇帝《大义觉迷录》之旨，名曰《觉迷要录》。卷一恭录戊戌八月以后懿旨、上谕，其因臣工奏请明发者，则以原折附后。煌煌圣训，逆案昭然，此无待臣民之赘述矣。卷二奏牍，分录奏折、公牍。自奉谕禁阅逆报，至查拿富有票匪，凡折片、告示、批札依类编次，其文或登于报章，或见诸案牍，各据原文，可资覆案。卷三公论，凡中人外人论二逆罪状者，按各报年月先后入载。日本深山虎太郎一书、大坂《每日新闻报》一则尤为深切著明，不留余地，斯诚直道之公矣。彼梁逆狂吠之报，窃名清议，不适足贻外人非笑哉。卷四逆迹，二逆徒党遍于京师、东南各省，其平日居心行事，并无忠爱之忱，惟日以亡国瓜分等危词倾动观听。今将所箸保国、保皇各会章程及师弟讲学信札、湖北起事逆函分子目五：一曰京师逆迹，一曰广东逆迹，一曰湖南逆迹，一曰海外逆迹，一曰湖北逆迹。俾中外士夫览是书者，即以知逆党一切语言文字皆不足以假托维新、借名皇国，因此身膺显戮，以快人心，则谓是编为康、梁逆案之定谳，不亦可乎？

长沙叶德辉序。

重刊《辛丑消夏记》序①

《辛丑消夏记》五卷，南海吴荷屋中丞题跋书画之作也。中丞为仪征阮文达高足弟子，故赏鉴之事，具有渊源，其间考证经史故事及前贤旧闻，雅与文达所撰《石渠随笔》相近，退谷、江村两家记录似犹大辂椎轮矣。曩阅中丞《石云山人诗集》、《归田诗自注》所载拟梓各书，有《吾学录二三编》易证，《闽湘经义》、《筠清馆金石文字》、《历代名人年表》、《帖镜书画录诗文稿》等书。所谓《书画录》者，盖即《消夏记》之初名，而刻时改之。余家旧藏《吾学录》、《筠清馆金编》、《石云山人集》、《名人年谱》，余皆未见。后从同县黄修原观察笃恭所获见此书，喜其有裨多识，又思中丞遗爱之洽于民心，倡拟重刊，而工赀颇巨。适长

---

① 此文录自光绪三十一年邸国刊本《辛丑消夏记》。

沙张雨珊观察祖同、善化劳坤生内翰树蕃慨然助赀，余与修原各筹梨枣之费，期年而刊成，其行格悉依原书，字体更较精善。二三同志皆喜是书之有传，因以讴思中丞之德政焉。昔者中丞抚湘，增广岳麓书院诸生膏火，创建湘水校经堂，拔置通经史、识时务之士，至今古学号为中兴，得人亦称极盛。百年以来，巍科高第，箸述名家，与文达抚浙所建之诂经精舍、抚粤所建之学海堂若神山之相望久矣。今则风流浸歇，弦诵之韵阒然若无闻，俯仰当时，不无今昔之感，睹是书者，其将以为召伯之甘棠，抑将以为羊公之岘石乎？吾尤愿继中丞而治吾湘者闻风兴起也。

光绪乙巳夏五，长沙叶德辉序。

重刊《宋真宗御注四十二章经》序①

《佛说四十二章经》，旧传惟明毛晋汲古阁《津逮秘书》中沙门守遂注本，初为石刻，毛氏据以重刊。万历丙戌释了童有补注，与《佛遗教经》合刻，即补守遂之注也。了童注本，乾隆元年庄亲王府又重刻之，取校毛本经文，一一相同，自明以来所传皆此本耳，而乾隆中京师刊《释藏全经》竟无。守遂、了童二本不知何故，此本为宋真宗御注，中国《明藏》无之，而日本所刻小字全藏本中有其书，大题下且载有明璧字样，是《明藏》璧字号中实有其书。以毛本校之，经文、章段、字句迥然各异，大要、文义以此本为优，每章经文亦有增多之句，而结衔均称迦叶摩腾共竺法兰译，并非译者异人。尝考《后汉书·襄楷》传上桓帝书云："浮屠不三宿桑下，不欲久生恩爱，精之至也。天神遗以好女，浮屠曰：'此但革囊盛血'，遂不盼之。"唐章怀太子注引《四十二章经》："天神献玉女于佛，佛曰：'此是革囊盛众秽耳。'"据此，则襄楷所见为汉时译本，已与唐人所见不同，而唐人所见，则与今本无异。盖佛法自汉明帝时入中国，其所传经，惟《四十二章》为最古，此经如道家之有《道德》、儒家之有《论语》。道、儒皆中国文字，历代传授，故无异同。佛经梵书，译者互有增损，两本虽出一手所译，而自六朝佛法盛行，经二三文人传演，语有短长，斯文有繁简，此一定之势也。余性不佞佛，又不通内典，惟见异书则喜，传刻之宋真宗，袭太祖、太宗初盛之业，崇奉释道，以致王钦若伪作《天书》。迎合入相，初谮寇准，

---

① 此文录自光绪三十一年叶氏观古堂刊本《宋真宗御注四十二章经》。

罢之，继引丁谓参政，宋三百年积弱不振，实真宗有以致之。此经注文虽胜于守遂、了童二家，终不足以垂训。特其经文与今本多异，彼教法嗣，或未知其源流，因亟为刊行，以供众览，原本后附唐太宗题《焚经台诗》，亦《全唐诗》所未载，今并录之，以存一朝掌故云。

光绪三十有二年春王正月人日，长沙叶德辉序。

重刊《宋司马温公七国象棋》叙[①]

《七国象棋局》一卷，亦称《古局象棋图》，宋司马光撰。衢州本晁公武《郡斋读书志·子部·艺术类》有其目，不知《宋史·艺文志》何以不载，殆元时修史诸臣偶有未见耳。余检明人陶宗仪《说郛》及近人钱曾《述古堂书目》、祁承煠《澹生堂书目》均有其书，意其时必有传本存世，故诸家得以箸录，特所据之本为抄、为刻与夫，有好事者覆刊与否，不可得知。而闻其名，思得见其书久矣。乙巳秋初，从旧书肆中购得明正德六年沈津所刻《欣赏编》，中有此书。按《明史·艺文志·子部·艺术类》载有沈书，则当时所传，必有此本。局列周、秦、赵、魏、韩、齐、楚、燕八国，以周居中，而云七国者，尊周室也。司马公历仕仁宗、英宗、神宗、哲宗四朝，其时辽、夏分争，中原未归一统。公于象局小技借以激发人心，尊朝廷而复疆土，于以见古大臣每饭不忘君国之志，岂曰贤于博弈而已？刊成因为之叙其缘起如此。

时光绪三十二年丙午八月秋分，长沙叶德辉叙。

重刊宋本《南岳集》序[②]

宋陈田夫撰《南岳总胜集》三卷，《宋史·艺文志》不载，晁公武《郡斋读书志·地理类》有其书。自元迄明，久无传刻，故乾隆时《四库全书提要》书成未经箸录，阮文达抚浙时始得明人影抄宋本进呈，语详《揅经室外集》。同时孙氏星衍《祠堂书目》亦载有影宋写本三卷。据孙氏所撰《平津馆书籍题跋记》云，宋本每叶二十行，每行二十字，吾乡善化唐氏仲冕为孙进士同年，假得其本，于嘉庆壬戌刻之金陵，自

---

① 此文录自光绪三十二年长沙叶氏刊本《宋司马温公七国象棋》。
② 此文录自光绪三十二年长沙叶氏刊本《南岳总胜集》。

跋谓行款悉依宋书，其实易其行款每叶二十行，每行二十一字也。板刻本在江南赭寇乱后板遂毁失，以故湘人知有此书者甚少。今两江制军陶斋尚书端公奉诏出使远西，驻节都门，购得宋本邮寄贻余，常熟劬庵中丞庞公见之以为湖湘故籍，不可使之无传，慨然捐廉助余写刊。二公治湘，德政有古君子学道爱人之风。余谬司校勘，俾数百年欲绝未绝之书复流传于今日，余与古人皆有幸也。书之行款悉依宋本，宋讳缺笔及缺文墨块皆仍其旧，未敢擅增原本，误字以别纸附识卷末。卷上四十五叶"龙"字以下脱简，唐刻本同，因无别本可校，并从阙如。卷下《隐逸传》及《叙古跋》四叶唐刻有之，为仿写补入其中，尚缺二百余字，则孙本相传如此，无从校补也。

惟推验孙氏原书实即从此本传录，今有数处可以证之，如卷上四十四叶二十行"我"上缺一字，审系板损脱文，唐刻本作墨块。卷下一叶十八行"遗"下缺一字，作墨块，唐刻本同；五叶上墨栏边十行"玉"上缺一字，十一行"候"上缺一字，乃因纸损脱失二字，唐刻亦作墨块。二十五叶十四行"岳"下缺一字，作墨块，唐刻本同。三十八叶十一行"铨"下缺一字，作墨块，唐刻本同。又卷上四十四叶十行"检较"二字因纸近板心，损其半字，唐刻臆补为"险饺"，尤足证孙氏所藏影宋写本确从此出也。至卷下《隐逸传》以下四叶缺于何时，则不可考。江阴缪筱珊太夫子赠余以所撰《艺风堂藏书记》载有此书，校宋本行字与此本同，而云前缺图六叶，后缺《隐逸传》及《叙古跋》共四叶，其本假之徐梧生户部，证以此本，一一符合，则其缺佚，由来日久。唐刻前有图六叶，以其改易宋本之旧，未可信以据补，今姑缺焉，以待完本续刻，然恐海内只此孤本，不复再遇矣。

光绪三十二年丙午岁中秋，长沙叶德辉序。

《消夏百一诗》序①

昔贤雅尚，见于典记者，曰"庚子拜经"，曰"七夕曝书"，曰"除夕祭诗"。此三者，前人为之，未见后人和之者，盖一人独赏之事，而不可共之于人者也。共之于人者，其惟书画一事乎？自孙退谷有《庚子消夏记》之作，其言曰："庚子四月之朔，天气渐炎，取法书、名画一二种，

---

① 此文录自光绪三十四年长沙叶氏观古堂刊本《消夏百一诗》。

反复详玩，尽领其致。家居日久，人鲜过者，然亦不欲晤人。老人畏热，或免蒸灼之苦，于是以此为过夏之一乐矣。"继之者，则高詹事之《江村消夏录》、吴荷屋之《辛丑消夏记》，大都归田以后，阅历升沈，借题发挥，寓其感慨。然则吾所谓共之于人者，其故安在？曰：在一展读，如与古人晤对。传之其人，可以按图索骥，使古人精神不至泯灭，后人讨论有所寓意焉耳。故宋人论书画者，亦有二说。有云玩物丧志者，二程之徒之言也；有云晚知书画有益者，欧阳公之言也。是二说者，吾取欧而不取程，何也？书画诚为小道，然睹汉武梁祠，孝堂山石室画像，可以考上古宫室车服之制度，圣君贤臣、名人列女之事迹；睹《毛诗·豳风》图、《书·无逸》图，可以知农家之月令、稼穑之艰难；睹宋人《龙宿郊民图》、《清明上河图》，可以觇北宋汴京全盛之风俗，南渡以后人心之去思。至于一动、一植、一鳞、一介，无一不可以资多识而助博物。若去玩物丧志，将读《禹贡》而不问其山川道里，读《毛诗》而不问其名物图像，是何异巫师之念诵、儿童之闹学，终日喃喃而心无所得耶？

　　余自归田以来，颇好收古人书画。今岁养疴城居，闭门消夏。有以折叠扇册求售者，中多明以来名人剧迹。舍弟默庵捆载得之。余为抉择，各系小诗。远袭应璩、方贤"百一"之名，近踵张丑鉴古"百一"之例，名曰《消夏百一诗》，专以论画，而书不与焉；专以论折扇，而团扇不与焉。宋洪迈《容斋四笔》十三载朱载上之次子朱翌所作折叠扇词，有"数折聚清风，一捻生秋意。摇摇云母轻，袅袅琼枝细"之句。翌乃政和时人，是折扇之制，始于南渡。而余所收，沈、文以前无闻焉者，则以书画于扇盛行于明中叶，此鉴古者所宜知也。《百一》之中。惟何诗孙观察以生存人而存绝学，故殿后焉，非阿其所好也。

　　呜呼！世变日急，标本风行。六法沦亡，斯文并丧。吾为此惧，以诗存人。限于一时购求，不免多所挂漏。以云赏鉴，将以俟之后贤云尔。

　　丁未仲夏小尽日，郋园叶德辉序。

《消夏百一诗》后序[①]

　　余幼好声律，凡汉魏以来迄于近今诗文家集，遇则购之，终日手一

---

① 此文录自光绪三十四年长沙叶氏观古堂刊本《消夏百一诗》。

编。经史外，所耽惟此。平生性不好山水，又不喜征逐。虽谙诗律，恨无佳题。田居十数年间，以金石书画相娱乐。友人有以碑版字画索题跋者，辄以长歌短什答之。数不盈编，又多散佚。门下士收拾一二，偶有佳者。然欲以此追踪古人，则固知难而退矣。昔杜工部有《李潮八分小篆歌》，又有画马、画松、画山水诸作，李太白亦有《赠怀素草书歌》，韩昌黎有《石鼓歌》，李义山有《韩碑》七古、《读任颜昇碑》七绝。金石书画见于题咏，盖滥觞于唐人。宋、元以来，诗文集题画极多者，惟虞道园《学古录》。其仕元为奎章阁学士，鉴别书画本其职事。至今收藏家援据以资考证，比于宣和《书》、《画》二谱。此杜诗之一体，而卓然可传如此。至题咏金石诸体，则以近人翁覃溪《复初斋集》为多。金石必杂以考据，其体较书画为难工，读者往往索然不知其味。余昔曾撰有《古泉杂咏》，稍脱窠臼。又拟作《论画诗》，囊括家藏宋元明人名迹及友朋所藏，过眼烟去，铭心绝品，一一论断，以备遗忘。五六年中，恒以病废。自惟无闻之岁，一事无成，即幼好声律一途，迄亦无所成就。悠悠忽忽，殆有不堪回首者矣。

项因四弟默庵收得便面画册如干叶，发愤为诗。一月之中，竟得百首。诗不足道，注中采辑诸贤遗闻佚事颇足以论世知人。若夫南北画宗、源流分合、六法指授、远有端倪，并为之详引分疏，以别于流连光景之作。元遗山论诗所云"可怜无补费精神"者，庶乎可以免焉。

甫脱稿，拟付梓人，计非半年不能蒇事。同年王芝生太守谓以活字板印行，足供快睹。余韪其议，即托太守为之董理。敝帚千金，聊以自赏。不谓友朋过爱，又从而奖誉之。他日诗兴勃然，或更多所增益。是则他山之助，不敢一日或忘者矣。

丁未九月下旬六日，德辉记。

《佛说十八泥犁经》序①

天堂、地狱之说，可以警愚民而化蛮俗，其原盖出于宋玉《招魂》。如雄虺吞人、雷渊靡散、烂肉增冰则诸地狱名义之所托始也，如长人土伯、敦脄血拇、虎首牛身则无常、冥判、牛头、马面之所托始也，至背行先反、故居以下、侈陈宫室、姬侍服物、饮馔之美则天堂之说

---

① 此文录自光绪三十三年长沙叶氏观古堂刊本《佛说十八泥犁经》。

之所托始也。楚俗尚鬼，老子为楚苦县人，当其出关化胡，传其旧说，释氏窃之，又以还于中国，魏晋以后其教日盛，士大夫染其风习而斋僧道场之事起矣。《南史·夷貊传》刘萨何暴亡，更苏，说："至十八地狱，随报重轻，受诸楚毒。"《北齐书·孙灵晖传》南阳王绰死，"每至七日至百日，灵晖为请僧设斋，行道"①。《南史·齐宗室传》鱼复侯子响既自缢，"上心怪恨。百日于华林作斋，上自行香"②。其时南北中外、朝野上下无不崇信其说。唐朱景元《名画录》云吴道子于景云寺壁画《地狱变相》，老僧云"屠沽渔罟之辈，见而惧罪改业"，则其感人之深，又未尝无裨于世教也。唐李肇《国史补》载高舟与妹书云："天堂无则已，有则善人登；地狱无则已，有则小人入。"③ 宋司马温公尝述以语人。作善降祥，不善降殃，本吾儒迪吉逆凶之理，帝王以之垂训，圣贤以之教人，故苏子瞻《地狱变相偈》云"乃知法性界，一切惟心造"是也。但近世丧家，延僧诵忏，经咒鄙俚，昧其本原，问以地狱真经，茫然不知应畲。余甚悯之，始刊《四十二章经》，因缘而及是经，俾知彼氏之说，窃自儒家。儒理高深，不足以使榛狉之民还其本性，彼乃推衍《招魂》之义，始得大行世俗，尤崇奉目连，《佛说杂藏经》、《饿鬼报应经》、《佛说鬼问目连经》三者，皆言目连入地狱之事，故并刊之，其经译者皆汉晋三藏法师，为六朝以前古籍，可以觇风俗、救人心，非余好尚异端，违于儒行也，览者当有以谅之。

光绪三十有三年丁未孟秋地藏佛生日，方内叶德辉叙。

重刊《诗坛点将录》序④

圣清乾嘉之世，人文号为极盛。当其时，海宇承平，公卿搢绅各以坛坫主盟，迭执牛耳。无名人传有《诗坛点将录》一书，乃以水浒一百八人配合头领，或肖其性情，或拟其行止，或举似其诗文经济，

---

① 见《北齐书·孙灵晖传》（北京，中华书局，1972），引文有误，原文为："每至七日及百日终，灵晖恒为绰请僧设斋，转经行道。"

② 见《南史》（北京，中华书局，1975），引文有误，原文为："上心甚怪恨。百日于华林为子响作斋，上自行香。"

③ 见《唐国史补》（上海，上海古籍出版社，1979），引文有误，原文为："天堂无则已，有则君子生；地狱无则已，有则小人入。"

④ 此文录自光绪三十三年长沙叶氏观古堂刊本《诗坛点将录》。

以人人易知者，如沈归愚之为托塔天王，袁子才之为及时雨，毕秋帆之为玉麒麟，始一展读，即足令人失笑。今距其时百余年矣，故书雅记文献，就湮诸家诗文集之流传，固非二三寒畯所能遍阅而藏书，好事者或不能分别源流，究心掌故，故读是编，而知其月旦之真者盖寡。余于诸家之书，虽未全睹，然十得八九，可以推求，窃谓是书比拟之工较明魏奄之《东林点将录》，不独人才有消长之分，抑亦世运有盛衰之别。每慨古人党祸，皆以小人倾陷君子，清流网尽，国不旋踵而亡，如东汉之《党锢传》、元祐之《党人碑》，皆魏奄之前事也已。宏惟我朝圣神嗣统，天子当阳，康熙、雍正两朝，文治光华，震铄今古，乾嘉继盛，论者谓比隆汉唐，诸文士歌咏太平，涵濡雅化，仿张为主客之图句，溯钟嵘《诗品》之滥觞。斯固诗家得失之林，即较之讲学家汉、宋诟争，亦可谓群而不党之君子矣。夫魏奄《点将》据以收拾东林，宣和《盗魁》借以讨平群寇，今录附于后，并考《水浒》诸人原始，以待后之人知其人。而尚论之《儒林外史》之迷乱其姓名，《红楼梦》之隐约其事实，固不如是录之明白痛快，可以发皇耳目也。

光绪丁未八月中秋后十日，长沙叶德辉序。

《桧门观剧绝句》序①

金桧门先生《观剧绝句》，旧为蝴蝶装，具裔孙阁伯太守蓉镜宝藏之，间出以征题咏。长沙王葵园祭酒、善化皮鹿门孝廉、莲花厅朱纯卿观察皆有题句，又各依次和之。余久废声律，见猎心喜，和至三叠，始以活字板印行。最后得龙阳易实甫观察和作，嬉笑谐谑，借以发撷其抑郁不平之气。于时葵园久乞祠禄，主持坛席逾二十年，文讌从容，所谓丝竹陶情，东山遣兴已耳。纯卿门业鼎盛，兄弟皆以文学仕宦，为海内所企慕，又兼莱衣板舆，家庭之至乐。鹿门方离忧患，终日手一编谈郑学，其于人世之荣辱苦乐，若无所触于心目。诸贤所值之境不同，要其忧时感事，以身世无聊之语发于诗歌，无不各肖其人之声容笑貌以出。独余以顽劣之质，遭无涯之生，旗亭黄河，井水柳词，终日为逍遥游，与世相忘，若无俦偶，忧时则时已过，故诗境

---

① 此文录自光绪三十四年长沙叶氏观古堂刊本《桧门观剧绝句》。

略有异于时贤。

今分三卷，而以拙作殿后，盖亦嗛嗛之义耳。大抵欢乐之场，性情各有所持，止有以俭德为贵者，执无知之优伶，抑扬出之以爱憎，几于云午再世，樱桃复生，如钱牧斋、龚芝麓之于王紫稼，袁随园、谢芗泉之于计赋琴是也；极园亭声伎之盛，召客轰饮，夜以继日，所谓楼台春早，歌舞月迟，如冒巢民之得全堂、王驸马之拙政园是也。若夫借他人之酒杯，浇自己之块垒，则桧门先生乐从于前，葵园祭酒踵事于后。然出之昔贤，则谓为风雅，苟以时论，乃诋为恓音。故衣冠酒肉之林，征宾听曲，为诸伶敛缠头之费，余不为也；以诗歌为媒介，自谓一字之品题，胜于千金之投赠，余亦不为也。因思桧门先生当明圣之朝，居清华之望，其时风俗纯朴，士大夫不以溪刻之见待人，其乐视今世为何如也？呜呼！世运之升降，人心之厚薄，观于一事之微，而有变迁之慨。故余有恒言，剧无可观，剧以观我而已。后之览此者，亦犹今之于昔也夫。

光绪三十有四年戊申岁夏五端阳，叶德辉序。

《宋忠定赵周王别录》序①

国家之治乱，系乎君子、小人之进退而已。当夫君子当国，盈廷皆正士，侍讲筵者以启沃君心为进忠，列台谏者以纠弹邪佞为尽职，其时主德清明，上下安宴，熙熙然有治平之象，而二三小人所图不遂，日夜狙伏以伺其傍，一俟有隙，则汇缘以进，因是潜布党羽，多方以惑主听，使昔之汲引众君子如不及者，一旦转而疏远之。且不独疏远之，将以摧陷之，惟恐其一朝之复进用，虽其间有主调停之说者，维持保护，冀得消患于无形，卒之身且不保，同归于窜徙流亡而后已。观于南宋庆元党禁之祸，是固可为太息痛恨者已。当宁宗之初立也，赵忠定有定策之功，其时道学诸公，先后相继登用，海内相望，以为中兴之业将光复于一时，不幸与韩侂胄共事一廷，威福为其窃弄，履霜坚冰，驯至遭其倾覆，窜薨衡州，群小乃益快志，而当时道学诸公，亦一网尽矣。论者谓有宋一代，前有《元祐党②碑》之立，所以速成南渡之偏安，后有庆

---

① 此文录自光绪三十四年长沙叶氏观古堂刻本《宋忠定赵周王别录》。

② "党"字后脱"人"字。

元伪学之禁，所以开边黩武，致天水之绪不复再振。然则君子、小人之进退，其系乎一国之治乱，顾不重与？是录之作，盖以忠定事迹载于史传者例不得详，故别采宋元人说部所记，分类排比，定为是编，俾读者知一君子之进退，其于治乱之机显相维系如此，是在有国者所当引为前车之鉴，幸毋蹈此覆辙焉耳。

光绪三十有四年戊申中秋前一日，叶德辉序。

《两汉名人印考》序①

光绪癸巳，吴窦斋尚书抚湘，余方自京曹假归，谒公于节署，见公坐中彝器、古玉、秦汉瓦镜、玺印以及书画、古泉币、符节之属，充斥几案间。导余流观，口讲指画，若塾师之诲其弟子，不自知其为贵人也。追公罢职归里，余亦还朝，忽忽二十年，存不通问，没未奉赴。追念当时座客，大半异物，存者惟余与道州何诗孙观察、吴江陆廉夫布衣三人而已。人琴之感，殆有同情。

国变以来，余频还乡里，丙辰誓墓，侨居吴市者三年。访公遗书，板多损失，讯公嗣裔人，皆称湖骦公孙之贤。然以避世绝游，卒未一晤。今年七月，公孙忽来寓先施。余次日回谒，亟询公未散之物、未刊之书。公孙一一检以示余，中有《两汉名人印考》二册，皆公手书考证，附以古近体诗。展诵一周，叹公箸作等身，独未有诗集传世，今得此册，益见公学问淹博，虽不欲自居于诗人，而近数吴中诗家，必于公首屈一指矣。

尝阅近人题咏金石者，以翁正三阁学方纲《复初斋集》、张叔未孝廉廷济《桂馨堂集》为独多。然翁诗涉考据而汩性灵，张诗近疏率而乏声调，公则下语如铸，掞藻于马、班、陈、范之书，彼近日仅以诗称之人，乌能望其项背耶？公晚境迍邅，躬遭党锢，鼎彝重器，皆为大力者负之以趋。幸其箸述及身，刊布者多，海内承学之士，犹时时得窥公学问之万一。今所藏吉金文字，余友张菊生同年已用乐石印行。此二册，公孙亦欲影刊，以余服膺公之一人，属为弁言，以资考信。余于公所，好亦好之，公所学亦学之，一切书、画、金石题咏，皆有纂述，次第刊成，惟于秦汉玺印，每欲说其文字，释其条例，以存缪篆之遗，卒以逃难四方，时作时辍。读公斯册，又不觉怦然有动于中矣。

_____

① 此文录自民国十一年长沙叶氏刊本《郋园山居文录》。

公获上信友，出于至诚，而一生功业，未竟其成，则以孤忠不得自伸，不幸值当轴朋党之争，误中副车之击，百年论定，余恒欲为公一雪斯言。今湖颿公孙能知护袭其遗书，亟亟焉谋为之传远计，斯固公食报之一也。公同时藏印最著者，如潍县陈寿卿部郎介祺、归安吴平斋太守云、同县潘文勤公祖荫，身后未闻有人收拾其残余，为之流布。湖颿公孙诚贤子孙哉！

戊午中秋，同里叶德辉。

《曲中九友诗》序①

《曲中九友诗》，作于辛丑者三，续于乙巳者二，补于丙午者一，附于戊申者三。盖以录过眼之云烟，寄浮踪于萍水。替花写照，新开几树之樱桃；借酒浇愁，恰对并枝之芍药。春兰秋菊，既各秀于一时；山榛隰苓，云谁思其彼美。仿杜少陵酒仙之作，而以乐府标题；变吴梅村画友之歌，而与群芳叙谱。人非太上，岂同木石之忘情；境过中年，始觉沧桑之多变。慨自渔阳鼙鼓，惊破霓裳；江左衣冠，沦胥马粪。梨园子弟，俄伤白发之新；羽林少年，自恨朱颜之改。昔日倾城之貌，异时行路之人。听商妇之琵琶，同悲老大；问邢郎之歌管，徒有欷歔。盛衰之局何常，岂得尽如人意？聚散之踪无定，奚足累乎天怀？即如九人之中，匪尽如英而如玉；百岁之后，谁不归室而归居？龙麟非常见之灵，燕雁有代飞之候。何待门前冷落，方知车马之稀；只今座上凄其，易触人琴之恸。时紫云新故。古而无死，乐以忘忧；壮不如人，老之将至。此所以季札观乐，不敢他请；子野闻歌，辄唤奈何也。特是沈碑岘首，谁与争千载之名；函史并中，将以纪一时之异。骢留白鼻，高阳本剧可怜；鸡唱青头，云午偏能解事。五代伶官之传，多涉兴亡；六朝小史之诗，靡乖风雅。何况双双燕子，时在梁间；一一鹤声，飞来天上。汉宫邢尹，曾无避面之嫌；施女东西，安有效颦之陋？骥千里以同附，夔一足而非多。斯则优孟优旃，可以合龙门之传；邦援邦彦，无烦证高密之笺者矣。然而佳人绝世，传必托于丹青；行乐及时，寿岂同乎金石？不亲芗泽，焉知荀令之衣香；但论形骸，谁信稽生之貌美？是用写紫云之像，图成湖海填词；闻赋琴之名，诗入邗江雅集。人新人旧，观彼前

---

① 此文录自光绪三十四年郎园刊本《曲中九友诗》。

鱼；花落花开，付之啼鴂。嗟乎，十年一觉，宁辞薄幸之名；三日九秋，颇识相思之味。从此黄绢入道，解脱情禅；所思绿叶成阴，同归息壤。数行行之珠玉，如闻百八钟声；整队队之笙歌，再撰六么曲谱。

光绪戊申秋九月朔，叶德辉序。

《曲中九友诗》后序①

余丙戌年始弱冠，以公车偕计入都，其时燕伶时小福、余紫云、陈紫仙、田际云、即想九宵。侯青山即十三旦。皆年二十或三十外，声名鹊噪，无论朝市，皆为倾倒。己庚之间，过夏都门，雏伶如周顺龄、孙怡云、周子龄、即小桂凤。或以声，或以技，酒楼应召，如惊鸿瞥逝，剧场演唱，坐客为之加满。及丙申再入都，则皆成老辈，而前此所云小福、紫云、紫仙者，咸戢影城隅，不复与诸少年相征逐矣。比来故人自北来者，询及近时风景，所举姓名，无一耳熟，究其声艺，闻亦远不如前此诸伶。春间客游上海，老伶惟孙菊仙供奉健在，此生末中之鲁灵光。侯青山年近六旬，闻在京理故业，远望颜色，仍娟娟如好女子，此人妖也。自是由汉还湘，沿途各省无不有京班，大率皆上海之下丑，于无佛处称尊。湘省之京班，亦犹是也。故余自出都后，即不逐京班之名，此曲只应天上有，人间能得几回闻。金阙枞棱，时萦魂梦，转不如乐操土音，歌我南风，免心头作三日恶。人之五官，至灵莫如耳目，乃至耳目亦不知所属，终日随声附和，人云亦云，此与尸行肉走者亦何以异？语云不食马肝，未为不知味，此余所以专主楚骚之旨也。昔有某公询余，谓："某公何以称赏京班之某旦？"余应之曰："某公亦尝询余，不解公何以赏识京班之某生。"某公曰："余将就也。"余戏语之曰："公遇敌国，必为贰臣。"某公问："何以故？"余曰："亦将就也。"一坐为之捧腹。嗟乎！一事之微，一言之机，可以定人之终身，而况其大端也哉？

戊申展重阳，叶德辉叙。

重刊《绘图三教源流搜神大全》序②

曩阅毛晋汲古阁《宋元秘本书目·子部类》，载有元板《画像搜神

---

① 此文录自光绪三十四年郋园刊本《曲中九友诗》。
② 此文录自宣统元年春郋园校刊本《绘图三教源流搜神大全》。

广记》前后集二本，云凡三教圣贤及世奉众神，皆有画像，各考其姓名、字号、爵里及封赠、谥号甚详，亦奇书也。但毛书售之潘稼堂太史后，展转散佚近三百年，其书有无传本，不可得而知也。己丑过夏都门，忽从厂肆见之，图极精神，字体确为元时旧刻，以议值未就，越日遂不可踪迹，怅恨久之。然当时虽匆匆一阅，其全书体式固至今在胸臆也。乙巳与秀水金阆伯太守蓉镜订交长沙，文酒过从，纵谈古今，可喜可愕，不传之书以此屈一指。太守为余言昔官京曹时，亦曾见之于厂肆，后知为上海姚子梁观察文栋购去。子梁之弟名文枏，与余同乡举，丙申，余与子梁同居京师宣武城南北半截胡同，比邻相近，子梁尚无此书，迄今十余年，久不通音问，虽欲取证，徒付梦想已耳。丁未七月作客武昌时，江阴缪太夫子小珊先生共事存古讲席，因论异书秘籍湮没无传者，间及是书。先生言藏有明刻《绘图本三教源流搜神大全》七卷，即元板《画像搜神广记》之异名，书中图像与元本无甚差异，因约他日相借影写刊行。别后余归长沙，先生返金陵，冬间邮寄来湘，亟取展读，如逢故人，如还失物。忆往时所见元本诚如先生所云，惟明刻增入洪武以下封号及附刻神庙楹联，知为坊估所杂，窜然于圣宋皇元。字抬写多仍其旧，盖虽明人重刻，犹可推见元本真面也。余因督工写刊于字之显然讹缪者，悉依文义校改，图像则一再细勘，无累黍之失。是书之复显于世，真大幸矣。至诸神履贯事迹，大都杂取小说及二氏之书，其文不见于史乘，亦不可据为典要，特六七百年民间风俗相沿之故。古昔圣王神道设教牖民为善之心，是固考古者所当知也，后有采风之君子，其将以斯载之輶轩也夫。

宣统元年春王正月人日，叶德辉序。

重刊《避暑录话》序[①]

吾家石林公《避暑录话》一书，前明有商维濬《稗海》刻本、毛晋《津逮秘书》刻本，嘉庆中有张海鹏《学津讨原》重刻毛本。张之于毛无所校正，迨道光乙巳家调笙先生从族人之请，合诸刻本及惠定宇校录吴方山本、黄荛圃所录孙潜夫校钞本、瓜泾徐氏荷叶装旧钞本校定刊行，即世所传槑花盦本是也。吾家所藏仅有商、毛两本，苦无善本可正

---

① 　此文录自宣统元年长沙叶氏刊本《避暑录话》。

其得失，因思槑花盦所据吴、孙、惠、黄诸家皆胜国藏书及近世校书之有名者，其所传录犹存宋讳，则是流传有绪，来历分明，必非商、毛诸本沿讹袭谬之可比，故仍其旧，而刻之不敢别下己意也。是书自明迄今凡经四刻，惟槑花盦本至为精详。由其时承乾嘉累叶文物之流风，吴中故家藏书最富，故得取一时之名本荟萃于一编，斯固是书之一幸也。乃刻甫竣工而东南粤寇乱起，三吴被祸尤烈，衣冠甲第荡焉无存，何有于析薪之板片？吾向从京师书估吴门故人，求其书不可得，且有不能举其名者。乃今得与《燕语》、《放言》诸书次第刊成，斯又是书之一幸也。嗟乎！箸书之传不传，诚有幸有不幸，即刻书之传不传，亦有幸有不幸焉。石林之书不得槑花盦而传几失，槑花盦之书不得吾而传亦将失，吾愿为子姓者时时惧其书之失传，珍重而流播之，庶有以存家学而扬世德也，岂非宗乘之美谈哉？

宣统元年己酉岁嘉平月大寒节，叶德辉序。

《宋赵忠定奏议》序①

宋赵忠定以理学名臣遭韩侂胄党禁之害，窜薨于衡州。当时之民为之庙祀，至今春秋祈祷，易姓勿衰。余既掇拾旧闻，求其轶事，辑为《别录》八卷，因读明黄淮、杨士奇等所编《历代名臣奏议》见其中采公奏疏尤多，辄为抄出，以意排比，分为四卷。复借江阴缪筱珊太夫子藏本，补其断篇缺文。公一生忠言谠论，约具于此矣。考宋陈振孙《直斋书录解题》载有公奏议十五卷，元马端临《文献通考·经籍考》同，明《文渊阁书目》载一部十册完全。自后官私簿录，罕见其目，则当亡于明末国初。时公制置四川，暇与宾寮编有《皇朝诸臣奏议》一百五十卷，黄淮等沿而广之，宋以前增入周、秦、汉、魏、六朝，唐人以后增入南宋、元代，故公奏议赖以存留十之二三，不可谓非幸事也。公编奏议时，朱子谓宜逐人编，自始终有意，公以十二门分类。《四库全书提要》以公体例为善，不然朱子之说。然此为总集之体式，若一人之文则不可引为比，况古书如《晏子春秋》、《魏郑公谏录》、《李绛论事集》皆以历官言事为次第。故其言行功业，千载而下，读者如见其生平，则固当以朱子之说为政者也。今于各篇末附按语，钩考其时地，得其建言之先后大抵。

---

① 此文录自宣统二年叶氏观古堂刊本《宋赵忠定奏议》。

公自乾道二年进士及第，宋陈骙《中兴馆阁续录》七。初仕签书宁国军①节度判官，本传。五年五月除秘书正字，六年六月为校书郎，七年五月为箸作郎官，于内者四年，《中兴馆阁录》七。八年五月知信州。同上。淳熙二年二月二十一日以左奉议郎自信州改知番阳，十月二日除江西路转运判官，宋陈耆卿《嘉定赤城志》九《秩官》。本传无知番阳。四年十二月戊寅父善应卒，明年葬县东北华林冈，《朱子文集》九十二《笃行》，赵君颜远墓碣铭。官于外者三年。七年六月以吏部员外郎兼侍讲。《宋中兴百官题名》二《东宫官题名》，本传除江西转运判官入为吏部郎兼太子侍讲。按本传不载其丁外艰，竟似以运判内用，殊为疏陋。九月除秘书少监，仍兼侍讲，《中兴馆阁录续》七，《中兴百官题名》二。兼权给事中。本传。八年三月除权吏部侍郎，升兼右庶子。九年五月除集英殿修撰，帅福州，《中兴百官题名》二《东宫官题名》。官于内者三年。十二年十二月甲子制置四川。《孝宗本纪》。十五年以疾求去，召赴行在。宋李心传《建炎以来朝野杂记》乙集十三。光宗受禅，趣召未至，稽命除知潭州，辞改知太平州，进敷文阁学士，知福州。绍熙二年二月甲子以福建安抚使盗发，降秩一等，九月召为吏部尚书，《光宗本纪》。官于外者十年。自吏部尚书历枢密院参知政事，右丞相。至庆元二年二月罢相，《宁宗本纪》。官于内者六年。及窜蘦衡州，本传。上距庚申生年宋张端《贵耳集》上。按：庚申为高宗绍兴十年。为五十七岁。综官内外，除居丧二十七月，凡二十九年。其间经国之宏模，惠民之实政，与晚年相业之彪炳，不必读其全书，犹将闻风兴起。然则公虽屈抑于生前，而卒馨香于万古。终宋之世，前有岳武穆，后则文信国公殉国，以身若同一辙。妇人孺子道其遗事，犹歆歔感叹，如公生时读是编者知，无不肃然起敬矣。

宣统二年五月，后学叶德辉序。

重刻《燕兰小谱》序②

《燕兰小谱》一书，纪京师伶人之事，昔闻其名，未见其书。自丙戌偕计入都，两次过夏，又自壬辰通籍，观政铨曹，前后几二十年，日日徘徊于厂甸书肆间，求其书不得也。归田又逾十稔，征歌选舞，日与梨园子弟调丝摩竹，上下云泥。中丁甲午、庚子多故之时，烛炝酒阑，

---

① "车"字讹，当作"军"。
② 此文录自宣统三年长沙叶氏刊本《燕兰小谱》。

闻乐不乐。每读康雍乾嘉诸公游宴之作，想其时朝野无事，海内又康，士大夫生长太平，遭遇唐虞之际，即羁旅落拓之士，流连风月，寄兴莺花，亦绝无愁苦之音。形之歌咏，如安乐山樵，其人不知其如何跌宕春明，乐而忘死，至今令人思其书，并思其人。如琅嬛秘藏，日夜形诸梦，思而不可得一见也。顷从市间得巾箱小本，讹字甚多，又中多模胡断烂之处。观前后序跋，知乾隆时曾有刻本，为余《秋室集》手书，此乃其重刻者，以其流传不绝如缕，亟召手民刊行，阙者仍之不敢臆补，原附《海沤小谱》，为赵秋谷执信纪津妓作，虽男女分途，而同为北方景物。观原刻凡例，久已合行，不始于此本也。袁枚《随园诗话补遗》盛称此谱，在古人《南部烟花录》、《北里志》之外，别创一格。下一则即录《海沤谱》中《赠仙姬》八首之一，可知随园所见二书亦是合刻，则其由来旧矣。谱中人物皆极一时之选，仅过百年，姓名已成泡影。世言美人必得才子而后传，似此亦未可尽据。要之，当时风流艳迹，一展卷如见其人，斯固非乞文字之灵，不足传神千古。然则谓美人必待才子而后传，亦无不可也。嗟呼！开元全盛，一转瞬而天宝乱离；艮岳繁华，不须臾而靖康南渡。荒淫亡国，盛衰相倚，求如我朝之深仁厚泽，民乐其业，士忘其家，如二谱所纪一时之盛岂可得哉？

宣统辛亥春二月中和节，长沙叶德辉撰。

《游艺卮言》序[1]

凡事无阅历则不能知其利弊之浅深，无学问则不知其途径之左右，如书画之类，乃游艺之一端，自魏晋以降，钟、王、顾、陆，其名如日星之在天，其迹如麟凤之绝世，而后之言收藏赏鉴者代且有人。唐太宗好二王书，宋徽宗收六朝画，以一代帝王之雄力，宜若可以无遗珠矣。然太宗求辩才《兰亭》，致萧翼多方往赚始获；徽宗收顾、陆画，仅十九幅。世有王晋卿之游戏，米元章之临模，于是接踵效尤，遂为书画开一幻境，好者愈众，伪者愈多，安得人人为黄长睿、柯敬仲也。宋苏轼题吴道子画云："贵人金多身复闲，争买书画不计钱。已将铁石充逸少，更补朱繇为道玄。"可知世俗不辨真赝，古今相同。余生平于此，本非癖好，而友人聚赏，好事索题，二三知心，时求鉴定，久之引人入胜，

---

[1] 此文录自宣统三年长沙叶氏观古堂本《游艺卮言》。

亦复略有储藏。十年之间，深资怡悦，幸未至于玩物丧志，亦几类于废寝忘餐。因知物非目睹，信书不如无书；事不指明，有益亦归无益。因举平生之所经历，书史所记往事旧闻，述为卮言，以质同好。凡张彦远《名画记》之所论列，赵希鹄《洞天清禄集》之所指陈，以及明文震亨《长物志》、张应文《清秘藏》各书要理名言，择其于今日情事相印合者，推论其极致。空山无人，行箧无书，记其大概，归而检书，补缀成之。当此文物凋敝之时，以为国宝流传之券，所愿后之览者，毋以此为谰言，而视此为绝学，赓续讨论，递相抱守，以存中原艺术之万一。虽百佉卢、千拉发夜，何足以炫乱吾人之耳目哉！

　　辛亥十月小雪，空灵渔隐叶德辉序。

藏书十约①

序

　　国初孙庆增箸《藏书纪要》，详论购书之法与藏书之宜，以及宋刻名抄何者为精，何者为劣，指陈得失，语重心长，洵收藏之指南，而汲古之修绠也。惟其时距元、明相近，流寇之乱未遍东南，甲乙鼎革之交，名山故家所藏，亦未全遭蹂躏。今自洪、杨乱后，江浙文物之会，图籍荡焉无存。好事者相与收拾于劫燹之余，有用之书犹幸多存副本，所失者文集、说部，小数而已。乾嘉诸儒，相务表扬幽潜，凡古书之稍有益者无不校刻行世。然叠更丧乱，板刻多毁，印本渐稀。余按四部目搜求三十年，仅乃足用，而宋、元、明、国朝诸家文集，缺者颇多。日本一耆宿，藏我国顺康以至嘉道文集极多，有清诗万卷楼之目。蓬莱、方丈，望若仙居，惜哉不能越海飞渡也！夫在今日言收藏，不独异于孙氏之世，且异于乾嘉之世。半生心力，累万巨赀，所得如此，则其甘苦不可以不示人。每思古人有节衣缩食，竭力营求，雨夕风晨，手抄其苦者，余幸所处优裕，又无嗜好萦扰于心，虽未能鼓腹而嬉游，亦未尝过屠门而大嚼。又思古人有豪夺巧取，久假不归，朋旧因而绝交，童仆见而引避者，余幸达观随化，鹰隼无猜，借非荆州，乐同南面。是皆足以自慰也。顷者山居避难，编目始告成。因举历年之见闻，证以阅历之所得，述为十约，以代家书。子孙守之去之，余固不暇计矣。

---

① 此文录自宣统三年长沙叶氏观古堂刻本《藏书十约》。

辛亥冬至前一日，叶德辉序。

购置一

置书先经部，次史部，次丛书。经先《十三经》，史先《二十四史》，丛书先其种类多、校刻精者。初置书时岂能四部完备，于此入手方不至误入歧途。宋元刻本，旧抄名校，一时不能坐致。寻常官板、局板，每恨校勘不精，今有简易之法，尚不近于滥收。经有明南监本，皆杂凑宋监、元学诸刻而成，其书亦尚易观。而北监本、毛晋汲古阁本次之。此板之旧者，为乾嘉以前学者通用之书。官刻有武英殿本为最佳，广东翻刻则未善。嘉庆末年，阮文达元以家藏宋元本注疏及单注单疏合校刻于南昌府学，凡诸刻文字之异同，各为校勘记附后，而于书中文字异同之处，旁刻墨圈识之，依圈以检校勘，读一本而众本皆具。此在宋岳珂刊《九经三传例》外别开一径，启人神悟，莫善于斯。后来各省翻刻尽去其圈，实为乖谬。刻一书而一书废，宁可阙如，不可取以充数也。史亦以明南监《二十一史》为善，其板亦杂凑宋监、元路诸本而成，惟其板自明以来递有补修。国朝嘉庆时，其板尚在江宁藩库。明正德时，印本补板尚少，难得其全。嘉靖、万历后，修板多诸生罚项为之，最为草率。而北监本之脱误，尤为荒唐。明沈德符《野获编》云："诸史校对卤莽，讹错转多。至于《辽》、《金》诸史，缺文动至数叶，俱仍其脱简接刻，文理多不相续，即谓灾木可也。"[1] 毛晋汲古阁仅刻《十七史》，中有据宋本重雕者，惜亦不全。或以邵经邦《弘简录》续之，究属不类。故南监本外，则以武英殿刻本为完全。当时馆臣校刊多据宋刻善本，又处分颇严，故讹误遂少。若得明南监正德前后本，则宜以明闻人诠刻《旧唐书》、武英殿活字聚珍本《旧五代》、康熙原修《明史》配合以成全书，不宜以寻常习见之本羼入也。丛书则明弘治间华珵重印宋左圭《百川学海》、程荣《汉魏丛书》、毛晋《津逮秘书》、《武英殿聚珍板丛书》、福州、江西、浙江均有重刻，福州最全，浙刻最少。及今访求殿印原本，尚不甚难。鲍廷博《知不足斋丛书》、潘仕诚《海山仙馆丛书》、伍崇曜《粤雅堂丛书》，其书多而且精，足资博览。俟有余力，徐求他刻丛书及单行善本、旧刻名抄。于是次第收藏，举古今四部之书，皆为我有矣。

---

① 见《万历野获编·著述》（北京，中华书局，1959），引文有误，原文为："《二十一史》……校对卤莽，讹错转多，至如《辽》、《金》诸史，俱有缺文，动至数叶，俱仍其脱简接刻，文理多不相续，即云灾木可也。"

鉴别二

四部备矣，当知鉴别。鉴别之道，必先自通知目录始。目录以《钦定四库全书总目提要》、阮文达元《擘经室外集》即《四库》未收书目，兹从全集原名。为途径。不通目录，不知古书之存亡；不知古书之存亡，一切伪撰抄撮、张冠李戴之书，杂然滥收，淆乱耳目。此目录之学所以必时时勤考也。欲知板刻之良否，前有钱曾《读书敏求记》，所见古子杂家，足资多识，而于刊刻年月、行格字数，语焉不详。惟张金吾《爱日精庐藏书志》、黄丕烈《士礼居题跋记》以下，近有聊城杨绍合海源阁《楹书隅录》、常熟瞿镛《铁琴铜剑楼书目》、仁和丁丙《善本书室藏书志》、归安陆心源《皕宋楼藏书志》张、瞿、丁、陆四家之目，全抄各书序跋，最足以资考据。所谓海内四大藏书家者。又有揭阳丁日昌《持静斋书目》、日本森立之《经籍访古志》。宜都杨守敬刻有《日本诗书志》、《留真谱》二书，可备参考，尽可据。此数家者，皆聚乾嘉诸老之精华，收咸丰兵燹之余烬，虽宋椠、名抄，不免一网打尽。然同时传校之本，及北方故家百年未出之书，如剑气珠光，时时腾跃。余藏子、集两部，多得之商邱宋氏、诸城刘氏。故诸家志目，虽不能供我渔猎之资，而实藏书家不可少之邮表也。至于国朝诸儒校刻善本，罕有列于目者。然孙星衍《祠堂书目》时亦载之。倪模《江上云林阁书目》、丁日昌《持静斋书目》所载渐夥。近人张文襄之洞《书目荅问》则专载时刻，便于读者购求，依类收藏，可无遗珠之憾。最要者，无论经、史、子、集，但系仿宋、元旧刻，必为古雅之书。或其书有国朝考据诸儒序跋题词，其书亦必精善。明刻仿宋、元者为上，重刻宋、元者次之。有评阅者陋，有圈点者尤陋。闵齐伋、凌濛初两家所刻朱墨套印子、集各书，亦有评语圈点，而集部尚佳。抄本有元抄、明抄之分，有蓝格、绿格、朱丝阑、乌丝阑之别。且有已校、未校之高低。元抄多薄茧，明抄多棉宣。元抄多古致，明抄多俗书。此就佣书者言之。名人手抄则一朝有一朝之字体，一时有一时之风气，明眼人自能辨之。证以书中避讳，始于某帝，终于何时，尤易辨别。金元刻本，北宋胶泥活字本，均不避讳。重刻宋本多存旧讳，则以纸墨定之。有经名人手抄、手校者，贵重尤过于宋、元。有名人收藏印记者，非当时孤本，即希见之书。此类为杨、瞿、丁、陆所未见者尚多。书摊庙集，时一遇之，是在有心人之勤于物色而已。

装潢三

书不装潢，则破叶断线，触手可厌。余每得一书，即付匠人装饰。

今日得之，今日装之，则不至积久意懒，听其丛乱。装钉不在华丽，但取坚致整齐。面纸以细纹宣纸染古铜色，内褾以云南薄皮纸，钉时书面内衬以单宣或汀贡，汀州所造竹料厚者。或洁净官堆，或仍留原书面未损者。本宜厚，不宜薄，钉以双丝线。书内破损处，觅合色旧纸补缀。上下短者，以纸衬底一层，无书处衬两层，则书装成不至有中凸上下低之病。书背逼至钉线处者，亦衬纸如之。衬纸之处钻小孔，一孔在衬纸，一孔在原书之边，以日本茧蚕纸捻条骑缝跨钉，而后外护以面纸，再加线钉。线孔占边分许，而全得力于纸捻。日久线断，而叶不散，是为保留古书之妙法。断不可用蝴蝶装及包背本。蝴蝶装如褾帖，糊多生霉而引虫伤。包背如蓝皮书，纸岂能如皮之坚韧？此不必邯郸学步者也。蝴蝶装虽出于宋，而宋本百无一二。包背本明时间有之，究非通用之品。家中存一二部以考古式，借广见闻。然必原装始可贵，若新仿之，既费匠工，又不如线装之经久，至无谓也。北方书喜包角，南方殊不相宜。包角不透风，则生虫，糊气三五年尚在，则引鼠。余北来之书，悉受其害。又北方多用纸糊布匣，南方则易含潮，用夹板夹之最妥。夹板以梓木、楠木为贵，不生虫，不走性，其质坚而轻。花梨、枣木次之，微嫌其重。其他皆不可用。二十年前，余书夹多用樟木，至今生粉虫，无一部不更换，始悔当时考究之未精。宋、元旧刻及精抄、精校，以檀木、楠木为匣袭之。匣头镌刻书名、撰人，宜于篆、隶二体。夹板系带，边孔须离边二分，其上下则准书之大小。如书长一尺，带离上下约二寸，以此类推，指示匠人遵守勿失。盖离上下过近则眉短腹长，离上下过远则头足空而不著力，此亦装钉时所宜讲求者也。装钉之后，随时书边，书名、撰人、刊刻时代不可省字，以便检寻。凡作书论行气，此为横看，一本分列有横行，数本合并有直行，虽善书者不知其诀，则不如觅梓人之工宋体字者书之，校为清朗入目也。

陈列四

编列书籍，经为一类，史为一类，子为一类，集为一类，丛书为一类，其余宋元旧刻、精校名抄别为一类。单本一二卷者，袖珍巾箱长不及五寸，大本过尺许者，以别橱庋之。单本、小本之橱，其中间以直格，宽窄不一，再间以横格，高二三寸或四五寸不等。横格皆用活板，以便随时抽放。丛书类少者，一部占一橱，多者一部占二橱、三橱不等。由上至下，以三橱为一连。橱宽工部尺一尺八寸，高二尺。每橱列书三行，合三橱一连，高六尺，并坐架一尺二寸，共七尺二寸，取阅时不至有伸手之劳。列书依撰人时代，亦以门户相聚。如十子、七子、五子、三家、四家、八家之类，皆衔接相承，则易于查阅。又如总集，有以元、明、国朝人选集唐、宋者，有以国朝人选录三代、秦、汉、魏、晋人者，仍以诗文时代为衡，不论撰人之先后。其专诗、专文，各以类从，不使凌杂。至都会郡邑之诗文总集，依省次列之。钦定之书，冠于国朝之首，大抵陈列之次不必与目录相同。诸史志尚有以类相排比者，固未尝拘拘于时代也。释、道二藏，本自有目。远西各国艺学、宗教，自明以来，连床塞屋。钱谦益《绛云楼书目》以西书为一类，《四库》则附之"杂家"、"杂学"。今中外交通箸述日众，翻译之作，家数纷歧，宜并释藏，别室储之，不复绳以四部之例。惟道家断自隋唐，次于诸子。以古之道家，非宋之道流，其习不同，其书究有别也。陈列既定，按橱编一草目，载明某书在某橱，遇有增涓随时注改。体例视正目有殊，明《文渊阁书目》盖已先为之矣。

抄补五

旧书往往多短卷，多缺叶，必觅同刻之本，影抄补全。或无同本，则取别本，觅佣书者录一底本，俟遇原本，徐图换抄，庶免残形之憾。若遇零编断册，尤宜留心，往往有多年短缺之卷，一旦珠还合浦，仍为一家眷属者。然此在明刻、国朝人所刻则有之，若宋元刻本，乃希遇之事。前人不得已而集百衲本，亦慰情聊胜于无耳。凡书经手自抄配者最佳，出自佣书之手，必再三覆校，方可无误。己抄之书，则人校之。人抄之书，则己校之。多一人寓目，必多校出二三处误字、脱字。经史更不得草率，一字千金，涓后人多少聚讼，岂非绝大功德哉？凡抄补之卷，苟其书不必影写，当依原书行格，刻一印板。所费不过千文，抄者既有范围，可以随写随校。如某行某字起，至某字止，一行抄毕，讹脱朗然。省事惜阴，覆校亦易。使抄而不校，校而不精，不如听其短缺，尚不至鱼目混珠也。佣书人未有能为唐人碑志体者，无已，取其无破体、无俗字者。破体、俗字，令校者不改不能，遍改不尽，至为眼花败兴之事，余受此厄多矣。

传录六

士生宋元以后，读书之福远过古人。生国朝乾嘉后者，尤为厚福。五代、北宋之间，经史正书鲜有刻本，非有大力者不可言收藏。既有刻本，又不能类聚一处，即有大力搜求亦非易事。古人以窥中秘、读老氏藏为荣幸者，今则有赀，一日可获数大部。国朝诸儒勤搜古书于四部之藏，十刻七八。仅宋、元、明人集未得刻尽，究为不急之书。至于日本卷子、唐抄、中原故家久藏秘笈，其为乾嘉诸儒未见之足本、不传之孤本，以及秦、晋、齐、鲁发地之古器、古物，好事者绘图释义箸为成书，既日出而不穷，亦石印之简便，居今日而言收藏，可以坐致百城，琳琅满室矣。而犹有待于传录者，盖其书或仅有抄本，不能常留，过目易忘，未存副录，校刻则有不给，久假复不近情，惟有彼此借抄，可获分身之术。传录之法，多倩佣书者，以别舍处之。以工赀计，湘省最廉。善书者一日可书五千字，凡字一千不过七八十文内外。若至百文一千，则谋者蝇集矣。故抄一书，字至十万，仅费钱七八千，较之"千金买《汉书》"、"貂裘贿侍史"，其廉为何如耶！抄写之纸以日本、高丽细茧纸为上，其纸吸墨而滑笔，但使写手轻匀，易于增色。其次中国之洁净花胚。即官堆之高者。杭连虽白，至为不佳，墨干则笔涩，墨湿则字毛，一遇积霉，或沾鼠溺，则腐碎不可触手。此余二十年所亲历，故能言其害也。

校勘七

书不校勘，不如不读。校勘之功，厥善有八：习静养心，除烦断欲，独居无俚，万虑俱消，一善也；有功古人，津逮后学，奇文独赏，疑窦忽开，二善也；日日翻检，不生潮霉，蠹鱼蛀虫，应手拂去，三善也；校成一书，传之后世，我之名字，附骥以行，四善也；中年善忘，恒苦搜索，一经手校，可阅数年，五善也；典制名物，记问日增，类事撰文，俯拾即是，六善也；长夏破睡，严冬御寒，废寝忘餐，难境易过，七善也；校书日多，源流益习，出门采访，如马识途，八善也。具此八善，较之古人临池仿帖，训愿写经，孰得孰失，殆有霄壤之异矣。顾知校书之善矣，而不得校之之法，是犹涉巨川而忘舟楫，游名山而无篮舆，终归无济而已矣。今试言其法，曰死校，曰活校。死校者，据此本以校彼本，一行几字，钩乙如其书，一点一画，照录而不改。虽有误字，必存原文。顾千里广圻、黄荛圃丕烈所刻之书是也。活校者，以群书所引改其误字，补其阙文，又或错举他刻，择善而从。别为丛书，板归一式。卢抱经文弨、孙渊如星衍所刻之书是也。斯二者，非国朝校勘家刻书之秘传，实两汉经师解经之家法。郑康成注《周礼》，取故书杜子春诸本，录其字而不改其文，此死校也。

刘向校录《中书》，多所更定；许慎撰《五经异义》，自为折衷，此活校也。其后隋陆德明撰《经典释文》，胪载异本；岳珂刻《九经三传》，抉择众长。一死校，一活校也。明乎此，不仅获校书之奇功，抑亦得箸书之捷径也已。

　　题跋八

　　凡书经校过及新得异本，必系以题跋，方为不负此书。或论其箸述之指要，或考其抄刻之源流，其派别盖有数家焉。论箸述之指要者，记叙撰人时代、仕履及其成书之年月，箸书中之大略。宋晁公武《郡斋读书志》、陈振孙《直斋书录解题》二家之目是也。辨论一书之是非与作者之得失，如吾家宋石林公《过庭录》、引见元马端临《文献通考·经籍》明王世贞《读书后》二家之书是也。王士祯《香祖笔记》七遯园居士言："金陵盛仲交家多藏书，书前后副叶上必有字，或记书所从来，或纪①他事，往往盈幅，皆有钤印。常熟赵定宇少宰阅《旧唐书》，每卷毕，必有朱字数行，或评史，或阅之日所遇某人某事，一一书之。冯具区校刻监本诸史，卷后亦然，并以入梓。前辈读书，游泳赏味处可以想见。"此语良然。然予所见刘钦谟昌家官河南督学时所刻《中州文表》，每卷亦然。予劝宋牧仲开府重刻《文表》及《梁园风雅》二书，且云："钦谟诸跋当悉刻之，以存其旧。"亦遯园先生之意。又尝观袁中郎所刻《宗镜摘录》，亦复如是。弇州先生《读书后》同此意也。其合二义以兼用之，斯则《四库全书提要》之所本也。若夫考抄刻之源流者，官监、书棚，流传有绪，毛抄、钱借，授受必详，则钱曾《读书敏求记》、何焯《义门读书记》实导其源。至孙星衍《平津馆藏书记》、《廉石居书籍题跋记》、黄丕烈《士礼居藏书题跋记》，专记宋元板之行字、新旧抄之异同，盖从钱、何二家，益畅其流，以趋于别径者也。道咸间，钱熙祚《守山阁丛书》、伍崇曜《粤雅堂丛书》，一书刻成，必附一跋，斯由《四库提要》而变其例者也。综稽众体，各有门庭，窃谓宜集诸家之长，以成一家之说。撰人仕籍见于正史传志者，不待详言，如或正史未载，则博考群籍以补之。而一书之宗旨始末，先挈其大纲，使览者不待卷终，可得其要领。其刻本之为宋为元，为仿宋为重刻宋，抄本之为影写为过录，以及收藏前人之姓名、印记，并仿《钦定天禄琳琅》之例，详稽志乘私记，述为美谈。俾前贤抱残守缺之苦心，不至书存而人泯灭。

---

　　①　"纪"字讹，当作"记"，据王士祯《香祖笔记》（上海，商务印书馆，1934）校。

吾宗鞠裳编修昌炽撰有《藏书纪要①诗》六卷②，于唐宋以来藏书家之姓名、印记搜辑靡遗。得其书读之，于斯道所资，功过半矣。

收藏九

藏书之所，宜高楼，宜宽厂③之净室，宜高墙别院，与居宅相远。室则宜近池水，引湿就下，潮不入书楼。宜四方开窗通风，兼引朝阳入室。遇东风生虫之候，闭其东窗。窗橱俱宜常开，楼居尤贵高厂④。盖天雨瓦湿，其潮气更甚于室中也。列橱之法，如宁波范氏天一阁式。《四库》之文渊阁、浙江之文澜阁，即仿为之。其屋俱空楹，以书橱排列，间作坎画形，特有间壁耳。古人以七夕曝书，其法亦未尽善。南方七月正值炎薰，烈日曝书，一嫌过于枯燥，一恐暴雨时至，骤不及防。且朝曝夕收，其热非隔宿不退，若竟收放橱内，数日热力不消。不如八、九月秋高气清，时正收敛，且有西风应节，借可杀虫。南北地气不同，是不可不辨者也。春夏之交，宜时时清理，以防潮湿。四、五月黄霉，或四时久雨不晴，则宜封闭。六、七月以后至冬尽春初，又宜厂⑤开。橱下多置雄黄石灰，可辟虫蚁。橱内多放香烈杀虫之药品，古人以芸草，今则药草多矣。肉桂、香油或嫌太贵，西洋药水药粉品多价廉，大可随时收用。食物引鼠，不可存留。灯烛字篓，引火之物，不可相近。绛云楼之炬，武英殿之灾，此太平时至可痛心之事也。阅过即时检收，以免日久散乱。非有书可以互抄之友，不轻借抄。非真同志箸书之人，不轻借阅。舟车行箧，其书无副本者，不得轻携。远客来观，一主一宾，一书童相随，仆从不得丛入藏书之室。不设寒具，不箸衣冠，清茗相训，久谈则邀入厅事。钱振笆注《义山文集》，每窃供用之书，京师书坊至今言之疾首。魏源借友人书，则裁割其应抄者，以原书见还，日久始觉。不独太伤雅道，抑亦心术不正之一端。凡此防范之严，所以去烦劳，消悔咎，正非"借书一痴，还书一痴"也。

印记十

藏书必有印记。宋本《孔子家语》以有东坡折角玉印，其书遂价重连城。吾家明文庄公箓竹堂藏书，每抄一书，钤以历官关防，至今

---

① "要"字讹，当作"事"。

② "六卷"讹，当作"七卷"。叶昌炽1913年自序云："原稿六卷，尚未定之本。"（《藏书纪事诗》，北京，北京燕山出版社，1999）

③④⑤ "厂"字讹，当作"敞"。

收藏家资以考证。名贤手泽，固足令人钦企也。然美人黔面，昔贤所讥，佛头著粪，终为不洁。曾见宋元旧刻，有为书估伪造各家印记以希善价者，有学究、市贾强作解事，以恶刻闲印钤满通卷者，此岂白璧之微瑕，实为秦火之余厄。今为言印记之法，曰去闲文，曰寻隙处。何谓去闲文？姓名表字、楼阁堂斋，于是二三印，一印四五字足矣。金石、书画、汉瓦、汉砖、古泉之类，当别为一印。今人收藏印，多有以姓字斋堂、一切藏器累累至数十字者，此亦何异于自作小传哉！余见宋元人收藏书籍、碑帖、字画，多止钤用姓名或二字别号、三字斋名，此正法也。明季山人墨客始用闲章，浸淫至于士大夫，相习而不知其俗，此最刺目之事。况印体自明文、何以后，流派滋多，二三十年不遇一作手。咸同以来，有邓石如一派，其末流为江湖游食之赍。而乾嘉时浙西六家之宗，传久成绝响，故不得工于仿汉及善松雪、文、何体，不如不印，免至名迹受污。藏家如黄丕烈"百宋一廛"、韩泰华"金石录十卷人家"，已觉体俗，何况其他乎！何谓寻隙处？凡书流传愈久者，其藏书印愈多。朱紫纵横，几无隙纸。是宜移于书眉卷尾，以免龃龉。亦或视各印之大小朱白，间别用之。小印朱文重叠，尚无不可。若白文与大印聚于一行，则令阅者生厌矣。凡书有字处，朱文白文俱不相宜。余藏抄本《续吴郡图经》、原有董文敏"戏鸿堂"朱文方印，复经长白董斋学士收藏，乃于董印上加盖"长白敷槎氏"白文方印。学士为曹子清通政寅外甥，渊源自正，而竟以特健药之痴为此倒好嬉之事，是亦未寻隙处之过。余之藏书多未钤印，盖慎之至也。

《书林清话》叙①

书籍自唐时镂版以来，至天水一朝，号为极盛。而其间分三类：曰官刻本，曰私宅本，曰坊行本。当时士大夫言藏书者，即已视为秘籍瑶函，争相宝贵。观于尤氏《遂初堂书目》，复收众本之多；岳氏刻《九经三传沿革例》，折衷各本之善，则当时之风尚，概可知矣。南宋人重北宋本，元明人重宋本，国朝收藏家并重元明本。旧刻愈稀，则近刻亦

① 此文录自宣统三年观古堂刊本《书林清话》，校本为民国九年观古堂第三次修订本《书林清话》。

贵。犹之鉴赏书画，宣和二谱多收六朝、唐人，吴氏《消夏记》、陶氏《红豆树馆书画记》兼取近代。后之视今，犹今之视昔，理固然已。往者宗人鞠裳编修昌炽，撰《藏书纪事诗》七卷，于古今藏书家，上至天潢，下至方外、坊估、淮妓，搜其遗闻佚事，详注诗中。发潜德之幽光，为先贤所未有。即使诸藏书家目录有时散逸，而姓名不至灭如，甚盛德事也。顾其书限于本例，不及刻书源流与夫校勘家掌故，是固览者所亟欲补其缺略者。吾家累代楹书，足资取证。而生平购求之所获，耳目之所接，既撰《藏书十约》，挈其大纲。其有未详者，随笔书之。积久成帙，逾十二万言，编为十卷。引用诸家目录题跋，必皆注明原书。而于吾所私藏，非诸家所阙，概不阑入。盖一人独赏之物，不如千人共见之物之足征信。非秘藏，亦非稗贩，固不欲贻人口实焉耳。二十年前，撰《四库全书板本考》一书，已成经、史、子三部，而集久未定。以《四库》箸录之诗文集，但次时代，不别条流，且有应收未收、不应收而收及禁毁销毁之功令，滥登不可，割爱不能，一掷云霄，几将覆瓿。然宋、元、明刻，约具此编；国朝汇刻仿雕，则有南皮张文襄《书目荅问》、福山王文敏懿荣补编《汇刻书目》二书，十得七八，可备参考。吾书虽废于半途，藏书家固不患无考证也。嗟乎！五十无闻，河清难俟，书种文种，存此萌芽。当今天翻地覆之时，实有秦火胡灰之厄。语同梦呓，痴类书魔，贤者闵其癖好而纠其缪误，不亦可乎！

宣统辛亥岁除，叶德辉自叙。

《广切音法》序[①]

自神珙字母之说流入中原，于是言音韵之学者无不奉为不祧之祖。盖得此审音之法，而后得定音之准也。休宁戴震断断相争，不欲以其法归原于西土。纪文达有书辨之，谓其护己而斥外，其言至公至正，绝非党伐之言。河间通人固知声音之理发于自然，无中外，无古今，必有一定之根源以相孳乳。神珙以前未有此学，不幸生于异域，使人无尊信之心，然其至理，固确乎不可易也。顾自远西互市，列国各有方音，亦各有字母，环瀛数万里，语言文字微有不同，而大要终归一致。则以其斟

---

① 此文录自宣统三年叶氏活字本《吴中叶氏族谱》。

酌一至广远至简易之音以摄其纲，因是诸字音皆为所统治。使神珙生于今日，亦必损益其所定之字母，以求适用于四方，决无拘守其成法，以为牢不可变易也。国朝小学昌明，于文字、声音、训诂三者几于家许、吕而人孙、沈。然钱大昕、段玉裁、张成孙、苗夔之于《说文》，声学也，而非音学也。顾炎武之《音学五书》、姚文田之《古音谐》，古韵学也，而亦非音学也。段之学出于戴震，戴之学出于江永，故戴所箸之《声韵考》、《声类表》诸书，上以溯江氏《古韵标准》、《四声切韵表》之源，下以为段氏、江沅诸音韵书之祖。诸儒承国学极盛之世，其言皆依据故训，不敢独出一见以离于古人，此其根柢之学而不足语音母之学也。夫天生神珙以统六朝以后之韵书，何不可复生神珙以同九州以内之方俗？

　　吾宗子诚丈曾箸《广切音法》一书，创为二十九层七十九音之等，别以韵之阴阳、声之刚柔，凡平仄二十韵、平声十六、入声四。上去则寄平声用之，其音仍分喉、舌、唇、齿，而有舌根、舌中、舌尖、齿内、齿外之不同，要必准之于喉音，无喉音则以近喉音之字代之，诚以喉为音之发源，执喉音以定群音，而后群音无不治矣。君书初出，大为俗学所骇怪，意以其背古人之成法，扫旧有之韵书，不知诸书所据者为小学声韵之一途，于音学本自无与，即神珙所见亦只发明于一时，而不足囊括乎千古。观于苍颉造字，由古文而大、小篆，而草、隶，而今楷，其于象形、指事之意，久已乖违，又何神珙之足泥乎？吾知此书出于统一语言之法必收效于将来，故虽震骇于时人，而实有功于文治。君之言曰："我书非无本者，盖本乎仁庙《钦定音韵阐微》一书而广之，非臆造也。"然则君固于此深造而自得也，吾将取其书以疏证之，是亦可以释天下之疑矣。余尝言："天下有方音无正音，有古音、今音无元音。大河以北土厚水深，其音重浊而短促；江以南山川平远，其音轻清而发扬；闽粤近海，其音侏离其他。山川愈深阻者，其音愈钩棘不通。孔孟圣贤不过齐鲁间语，《离骚》、词赋之祖，纯乎楚音，何况今之齐鲁非昔之齐鲁，今之楚亦非昔之楚，五方之交错得以糅杂之，历代之兵燹得以涤荡之，故不独今之方音非古之方音，即古之方音又岂古之正音也？"佛书入境，始称支那，宋高南渡带得一摆。俗儒习而不察，必欲绳以顾、江、戴、段之家法，岂独神珙所不知，抑亦未得君书而谛审矣！

　　癸丑夏正六月初伏，德辉序。

《佛遗教经章句》序①

释氏涅槃时撰此经以戒弟子，欲其尊重婆罗提木所持净戒，举人世应有之事，如贸易、田宅、奴婢、财宝、畜生悉委而弃之，戒斩草伐木、垦土掘地、和合汤药、占相吉凶及推步历算诸事，以为解脱之本。骤然读之，靡不群相疑骇，以为如佛言则是无生理、无世界。与其多一涅槃，何如不生之为愈。不知经言皆戒律也，即《四十二章经》戒贪、嗔、痴之疏义也。观其终篇反覆指陈，而后知此为全书纲领，非世儒所讥寂灭之谓矣。

子诚先生笃好是经，既为之注，又析其章句而栉比之。夫章句之学，汉儒治经之学也，未有章句不明而可得经旨者。姑就是经考之，如每章以汝等起义，悉本所持净戒，次第详言，先生逐章逐句疏通证明，使读者霍然领受，其有功于是经，信非肤浅也已。

夫佛氏之教，持戒为要，报应次之，持戒者为弟子传道，报应者为下愚说法，类皆布帛菽粟之言，非其他经律疏论以发明宗乘之比。窃尝论之，佛经自经晋、六朝人翻译，大畅玄风，其后面壁明心，开堂喝棒，传灯分派，语录授徒，求佛愈深而佛愈远，犹之吾儒四部之汗牛充栋，不必皆《论语》、《孝经》之遗也。吾家旧藏释藏全经，暇曾流览一过，其于安宅养生、辟地游牧、和药选日以及天文历法无不散在诸经，种种皆备。若绳以犯戒，则弟子将无一入圣之人。然则吾谓是经意旨，所以戒贪、嗔、痴者，义正有据，先生其亦深知此旨者乎！

癸丑八月中秋日，宗晚德辉序。

《陆军新书》序②

《论语》记"子之所慎，斋、战、疾"。自古圣帝明王不得已而用兵，不慎则杀机一启，所谓兵凶战危者，皆将于吾民尝试之，甚非止戈为武之义也。虽然战因起于争，慎必有其学。卫灵公问陈于孔子，孔子对于："军旅之事，未之学也。"呜呼，世岂有不学而可言战者哉！尝读

---

① ② 此文录自宣统三年叶氏活字本《吴中叶氏族谱》。

《汉书·艺文志》叙次九流十家外，以兵书、数术、方技列为三家，良以生人、杀人关系至重，故尊视其学，不与诸子同流。观其于兵书，分权谋、形势、阴阳、技巧，而后知古兵家皆有专门焉，而门各有类权谋学也、形势学也。阴阳以测天时，技巧以制器械，举无不有学也。秦、汉以后，兵学失传，凡所谓善用兵者，惟张良、魏武、诸葛武侯，明则称戚继光，然以戚所值之世较之秦、汉、三国迥乎不同，而此数人皆谓之有学者，不独圯桥授书，师承乃可信。而《魏注孙子》，武侯、南塘《兵书》简要精深，切于时用。

宗人子诚先生自幼喜兵书，慨然慕武侯、南塘之为人，求其书而不得，继入上海方言馆，穷古兵家言，又遍读新译远西诸书，感愤时事，锐意撰述，凡格致诸理，多所发明。箸书数十种，累千万言。其《陆军新书》一编，为卷六，为篇四，为图法二，盖博综古今，沟通中外而言之。其中专言战守防御之法而不及器械，以器械日出而日新，战术虽奇而必正其书也。其学也，昔求武侯、南塘之书而不得者，今乃尽为我有而益以光大之，斯诚学成而可与言战也已。夫兵家之书多出伪撰，《六韬》、《三略》不载于《汉志》，武侯《十六策》，晁公武《郡斋读书志》谓为后人依托。斯皆不得谓之学，又乌可取之言兵？然则先生是书，洵可补先民之阙佚而为习战者之指南欤？

癸丑夏正八月中秋后一日，宗晚德辉谨序。

叶德辉启事[①]

鄙人自幼生长坡子街，祖遗商号"叶公和"，生聚于此街者四世。前清光宣两朝即为本街之总理。遇有街团公事，经众议定，向由叶公和偕同新旧值年领衔对付，不自今日始也。

昨有本街护国寺正在开办铁路学校，突有富强女学校冒称该庙为曾霖生祖父国荃捐赀建造，陈请捐入该校，朦造都督出示前来。随经街团理论，呈明都督取销。而该校所称捐主曾霖生，始终匿未见面。即所称校长贝允昕，经街团公函往询，亦无一字回答。劳九芝堂店东劳勉存与贝往来，向之面质，据称初不知情，以后不管。是以街团叠次集议，持守法令，对以文明。鄙人日在乾元宫，并未曾前往探看。惟来者语言无

① 此文录自《长沙日报》，1913 年 9 月 18 日，第 5 版。

理，当面加以教训，事诚有之。

鄙人素性刚毅，而不木讷。所谓来者不逊，答者有余。然对于该学校则不知其为男为女、有僧无僧也。乃昨见该校传单，一若深知该庙底蕴，日与僧人相处者。而切实跟究曾霖生其人，又惝恍支离，用词闪铄。街团驳斥，据理而谈，乃独集矢于鄙人，目为"惯痞"。似此市井口诅，不应出之女学校，尤不应出之该主笔人。

鄙人"惯痞"，惯自前清。少年薄德，终日花天酒地。自命为护花铃，亦长为檀越主。自经中华国民全体不认之满奴瑞澂牵挂弹章，翻然改悔，清心寡欲，不履红尘。革命以后，自问无横草之功，既未尝钻充为临时革命之人，亦未尝入党为倚势欺人之事。"惯"已消灭，"痞"于何生？平生文章事业，百不如人，香奁艳体之诗，少年习染，今则无闻再过，槁木死灰。

幸告该校司文笔者，此事自来乾元宫理论。即兴诉讼，曾霖生、贝允昕乃此讼主人，否则不成诉讼。前清民间恶习，凡油伙坐拼之事，必使妇女当先。既为学校中人，不必为缩头之事。鄙人有言：土匪则逃，土司则骂。以其不足言文明也。兴学为地方要务，鄙人惟知送子侄读书，代街团理事，实无暇强为识字之人，日日与诸君斗口舌也。

箴告"箴告听者"听者。

附：坡子街保安团具禀都督呈文

具禀：

坡子街保安团董事叶公和、劳九芝、同福和、九章恒、马大生、裕恒镒、钧裕店、老公和、中西房、允昇裕、东协盛、余太华、熊元和、福芝堂、汪缦云、锦云、兴永盛、元成章、詹彦文、裕源长等为朦占公庙恳饬取消事。窃商等坡子街旧有公庙二所：一为乾元宫，现办积诚中学及丽泽高初两等小学；一为护国寺，正在开办铁路建筑学校，因学生尚未齐集，到者二三十人，致未搬入。昨奉印谕，有提捐该庙办理富强女校之示，并据郑曾传芬来敝团报告，该庙为曾姓私产，捐归富强女学校等情，而等闻之深骇。查该庙建设，历数百年，向为街团公庙，现寺额尚题"清光绪□十三年坡子街保安团重修"，众目共睹，确凭确据，且历年诸住持按季赴团请领香、油等费，其为街众公庙，不问可□，该主持不能据为私有，何外□转□占住。郑曾传芬声称曾姓私庙，何寺额署团众公，又称捐归该校，果系何人所捐，种种荒谬，无非借词朦准，肆意侵占。虽开学同属公益，然敝团铁路学校开学在即，何能以固有之公地转任占住，致敝团学校反无地点可容。按之法律公理，均有未合。现敝团铁路学校拟俟齐集，即行迁入，不得不事先呈明，为此具呈都督台前，俯赐察核，饬将该庙内富强女校名目取销，或饬另觅地点开办，实为公便。上呈三月六号奉都督批："此案前据富强女校郑曾传芬禀称，护国寺系曾霖生之祖父国荃捐赀建造，愿捐入该校作为校舍，旋被烈士祠干涉，请予保护等情，到府业经批行烈士祠董查核办理在案。兹据呈称各节，该护国寺既向为□团公庙，碑据确凿，曾姓何得据为己有？殊属不合。所有前二月二十七日朦准归入富强女校示谕，应即取销。此批。候行巡警亭查照办理。"

光复坡子街地名记①

　　湖南省城由德润门直上坡子街，商贸四五百户，为会城繁富之区。其间牌记最久者如西协盛、东协盛、劳九芝堂、詹文裕、危有乾、詹彦文等，远者二百余年，近亦百数十年。至叶公和、余太华以下，百余年、五六十年者尤不可继述。内而外府、厅、州、县，外而北京、上海、汉口、川、广、闽、浙、两江、云、贵，往来邮信，无不称曰坡子街某号某商，此商场地名断不容以一时一人之名义轻相改署者也。去年秋间，上将黄兴回湘，一二无知鄙夫，狐媚贡谀，突然改德润门为黄兴门，改坡子街为黄兴街。当时各商号抗不允从，虑者咸以军士退伍之时，恐其别引乱机，迁就寝议。当事遂以白布为地，以棉花染绿，撮成"黄兴街"三字。世俗讳绿而忌白，不知其义何居。黄兴招摇过市时，目若无睹，然则黄兴不以街名有无为荣辱，断可知矣。考西洋各国，惟美国以总统华盛顿名号称其都城。彼盖以其禅让功成，事属创举。后人思其遗爱，永矢勿谖。又以新立国，本无旧名可凭，因以人名为地名，而究之华盛顿始意不过如此也。中国禅让之事，真者尧、舜、禹，伪者新、魏、晋、宋、前后五代，而汉哀帝乃至以断袖之好，欲法尧舜禅董

---

　　①　此文录自王逸明主编《叶德辉集》，以程千帆、杨翊强《叶德辉〈光复坡子街地名记〉补注》（载《中国文化》，1996年第1期）为校本。

贤，其见于中国列史，本不足奇。即令改称，亦当改之于京城，且当属
之第一次之袁世凯氏。黄兴即有临时总统之日，已断无改都城之期，此
固可以不盖棺而论定者也。昔清世祖入关定鼎，师至顺治门，喜其语之
吉谶，后遂建号曰顺治。维多利亚，西洋美大之名花也，英主取以为
名。是皆一代尊严之君主，犹且以人合物，不闻以物合人。黄兴果为中
国伟人，于此等吮痈舐痔之细人，方且唾斥之不暇，何为庞然自大，居
之不疑如此耶？况即改名，当援顺治、英主之例，呼黄兴为坡子街，不
当改坡子街为黄兴，此亦理之易晓者也。或曰：古有明妃村、莫愁湖、
薛涛井，类皆以人名为地名，似可以相比况。不知此乃绝代佳人，后人
致慕致爱，故以当时之产地，慰万古之相思。黄兴须眉丈夫，何乃齿之
于巾帼？黄兴而司马懿也，则妇人之饰可以受之，无如其自命为豪杰
也，是岂可以妇人女子待之乎？或曰：今本省之朱张渡、宗伯师巨，一
则以宋朱张二字①讲学城南而得名，一则以明庄天合故居而立号，又何
论于黄兴？不知此陈人也，其人已死，后人追思其迹而称之。黄兴发名
于明德学堂，生长于善化金坑，是宜改明德学堂为黄兴学堂，称金坑为
黄兴坑，不当扰及坡子街也。或曰：今俗地名如鸡公坡、鸭婆桥、马王
街、牛角巷、螃蟹井之属，或为禽，或为兽，或为水族，皆可以为地
名，黄兴名街何为不可？然考鸡公鸭婆之名所由起，乃当时祝鸡放鸭者
相聚而居，故相沿以物名之。马王则营中所祀之马祖，牛角螃蟹则象其
形。黄兴人也，胡为以毛羽虫介之族相拟呼？或曰：黄兴之不可名街，
既得闻其说矣，德润门名黄兴门可乎？此境外事，余不得知。然余苏人
也，苏州有胥门焉。考之载籍，伍子胥伏属镂以死，后人哀之而名其城
门，然则不祥甚矣。黄兴年强仕②，富贵薰蒸，善颂善祷者，固当急去
之以祝其长年，而乃不谙故如此，余何问焉！或去，因并余说记之，是
为光复坡子街地名记。

答孔道会宣言书③

孔子"德配天地，道冠古今"，此八字刻于圣庙宫墙两坊，与"文
武军民人等至此下马"石碑为人人共见之物，是"道德"二字不可偏，

---

① "字"字讹，当作"子"。
② "年强仕"，校本作"年方强仕"。
③ 此文录自王逸明、李璞编著《叶德辉年谱》。

举以言孔子，明矣。老子著书，上曰《道经》，下曰《德经》，以彼犹道德共称，而仅目孔子为孔道，吾不知其义之何居。

孔子，百氏之宗。圣人，人伦之至。为生民以来所未有。凡有血气，莫不尊亲。自其没后，诸子争鸣，至于今，外教横遍。毁谤无所损，表章不为功。凡世间所谓宗孔、尊孔者，直以佛、耶小乘宗教待圣人，适自狭隘吾道之门户而已矣。

往年，康有为乘异氏之阑人，借口圣教之将亡，倡为“伪经”、“改制”之邪说，摇乱一世之人心。至今其说虽消灭无存，而中国已大受其扰害。今则王锡蕃见民主之将似，目孔子为调人，推为人道救世之小言，迁就一日之时局。将来吾道虽江河不济，而外国必窃笑支离。须知圣人之道在六经，六经之存亡不系乎君主、民主，亦不系乎科举、科学。无科举、科学之时代，孔子未见其卑。有大牢大祀之帝王，孔子亦未见其大。王锡蕃以时文试帖起家，昔则□于微言大义之空谈，因党祸而政变，今又拾其微言大义之残唾，以附会而宣言。其分部初来湖南，鄙人即笑其无谓。今斯会既已成立，会长又必举人。

窃惟革命以来，人人畏强暴之侵凌，于是抟结党会以自固。劣者附名各种党会，吸收脂膏，湖南仅一寒伧之节俭会不知吸取脂膏。黠者假国学孔道美名，高目标举。鄙人素性孤僻，不与世事相闻。昨奉贵会宣言书，其宗旨既不相合，而其文字之疵谬，亦似未经讨论而成。如云“佛曰大悲”，不知大悲为观音慈氏教，在佛氏为旁门。如云“佛教无所托而曰惟心”，不知佛之心、性不偏废。如云“佛教高大无边”，不知佛教广大而非高大。如云“孔子之道托之于天，曰‘天生德于予’，曰‘获罪于天’，曰‘天命之谓性’”，不知“天生德于予”、“获罪于天”是一“天”字，“天命之谓性”又一“天”字，其义各有不同。如云“仓颉造字，孝、文为教”，是并文而不识矣，何足知圣？考《说文解字》部首“教”下云：“上所施、下所效也。从攴，从孝。”许书部首即《仓颉篇》，并于任氏、孙氏、梁氏、陈氏、陶氏诸家所辑《仓颉篇》佚文求之，实无从“孝”、从“攴”之字，盖今之“教”字为隶、楷之变，并非造字之初文。果如来书云云，则是王安石之《字说》，陈化溪之《字义》，乃宋人不通篆、籀之言，尚不能比于《春秋元命苞》纬书之说。仓圣有灵，恐在天呼屈也。至称孔子为“吾侪之救世主，教中出冒险家”，是殆比孔子于异端，引亡命为大道，不学胡至此乎？

此书幸而不出湖南，可以欺不识字之新人物。使诋孔子之余杭章氏见之，既笑山东之无人，又笑湖南之无人。取侮招辱，是则诸君轻于下笔之过也。鄙人染濡三吴文学之祖邦，生长湖南豪杰之乡里，略有闻见，不得不一贡刍荛，并非与诸君操戈同室也。此请台安。叶德辉。

《光复军志》序①

辛亥秋八月，武昌兵变，湖南、九江新军同时响应，蔓延江西、江苏、浙江、福建，东南瓦解，朝廷震恐。粤人孙文、湘人黄兴素以革命排满之说，鼓煽海内外学堂教习学生，至是乘机入长江，鸠聚乌合之众，号革命军，据江宁立政府，一时清流衣冠之士多往从焉。

先是，上海陈其美自立为沪军都督，江南新军统制徐绍桢、江苏巡抚程德全会师攻江宁，张勋死守拒之，城陷而复者再。朝命海军、陆军合围武昌，长江首尾为官军联贯，汉阳既克复，江宁复坚守不下，胜负之数，间不容发矣。安化李君燮和，独领一军往来长江，先破吴淞，夺上海军械局，江南险要次第入掌据。诸军服其智勇，推为总司令，又欲举为都督，陈其美实阴忌之。燮和察其情，毅然谦退。及宣统逊位诏下，南北和议成，南京政府颠覆，黄兴遂为留守。陈其美思握兵为负隅计，燮和愀然忧之，谓将速列强瓜分之祸，于是首倡拱护中央之议，请自释兵柄，星夜入京为共和党领袖。于是天下皆知李君心迹之光明，非假革命排满以肆其欲者也。

夫有清起自朔方，以讨平明季流寇入主中夏，得国之正，无异汉、明。及乎末造，朝政不纲，亲贵用事，实宫政贿赂竞进，小民怨咨。即无孙、黄、陈、程发难于先，必有揭竿而起事者。革命之徒，乘其衰乱，一呼百诺，遂以成功。斯岂燮和所及料者哉！抑当考清之发祥，为古肃慎故域，虽其风俗与中原殊异，而彬彬礼乐文轨相同。二百年来，君无失德，中更发、捻之乱，卒致中兴。故排满之说不足以亡之，亡之者，倡为中央集权、收天下之兵财聚于乳臭亲贵之手者也。不然，燮和君子人也，其县籍安化，为湖南醇朴之乡。彼以诸生出亡，年仅三十，非真有赵岐、张俭之所遇党祸之酷也，亦非如张元、吴昊不得于时而思有以一逞也。而乃遁荒海岛，备历艰辛，白幡一挥，天下风靡。其事

① 此文录自王逸明、李璞编著《叶德辉年谱》。

定，勇退又独先于群雄，世多燮和之功，不知其慊然不足之忧，正其才智之有余，天特假手以覆清室而弭兵祸也。

燮和为人慷慨尚义，从之游者皆吾故旧之门生。吾为湘督构陷，兴大狱，燮和与梅中将馨、郭少将人漳吁府诵冤，事遂得解。其生平磊落光明，争人之难，大率类此。是故军兴以来，雄弁盗魁无不窃拥巨资，营田园宫室后房之乐，燮和萧然若寒素，终日闭门读书，不事征逐，又无希进之志。与宾客坐竟日，简默寡言。所为《光复军志》，则其友龚乃成孝廉咨询其逸事以撰成之，尤非燮和之本志也。孝廉以书示吾，燮和属为之序，事之始末，悉具于篇，读者宜详览焉。

甲寅夏正日短至，长沙叶德辉序。

《观古堂藏书目》序及序例①

序

余家自宋以来，世居吴中洞庭山。国姓屡易，而先世服畴食德，依松楸者数百年。十七世祖和靖山长伯昂公以元故臣，明祖屡征不起，子孙承其家教，不以入仕为荣，故终明之世，各房皆以科第显达，炫赫一时。独余荪园房世以耕读相安，丁男亦不繁衍。至国初始有登仕版者，然皆簿尉末秩，士至诸生而止。先曾祖、先祖两世皆好藏书，当乾嘉盛时，在籍著绅如王西沚光禄鸣盛、沈归愚尚书德潜皆与余家往来，园林题额，至今犹在。颓垣破壁间，每过祖庭，想见当时文采风流，日久终不泯灭也。道光季年，山中枭匪蜂起，先祖避乱，始来长沙，行囊不赀，而有楹书数巨箧，中如乡先辈昆山顾氏、元和惠氏、嘉定钱氏诸遗书以及毛晋汲古阁所刊经史残册、唐宋人诗文集，箓竹、石君二公一二旧藏，无锡宗人天来先生收藏宋少保石林公《家训》、说部等书，甲乙丹黄，琳琅照目。家君中宪公保守数十寒暑，俾余小子朝夕讽诵，略窥箸作门庭，虽无宋刻元抄，而零星短书及明刻精校摩挲手泽，阅世如新。

迨余乡举，偕计入都，日从厂肆搜访《皇清经解》中专本单行之书，颇有初印佳本。丙戌、丁亥居会城，县人袁漱六太守卧雪庐藏书大半散出，其中宋元旧椠，折阅售之德化李木斋编修。袁书多兰陵孙氏祠堂旧藏，记有南宋本《两汉书》，触目垂涎，卒为李有。后乃稍稍收拾

---

① 此文录自民国五年叶氏观古堂排印本《观古堂藏书目》。

其残本，或抄或配，日与书棚估客相亲。其时同收袁书者有王理安校官启原，守缺抱残，恒过余居，考辨真伪。己庚之际再至都门，值商邱宋氏纬萧草堂、曲阜孔氏红栏书屋两家所藏散在厂甸，余力不能全，有择其目所缺载及刻有异同者购之，如明活字本《太平御览》与万历甲辰重刻《太平御览》、《前后七子诗文》、集部康雍诸老藏校诸书，得二十箱，捆载南归。壬辰通籍，乞假田居，十余年间得善化张姓书数橱。张曾久宦山东，中有王文简池北书库、诸城刘文清、历城马国翰玉函山房故物，益以袁氏售而未尽之余，往往先得其残编，久而自相配合。上下三四世、南北三十年，由是四部之储稍为完备。庚子以后，与日人往来，时以己刻丛书易彼国影刻宋元本医书及卷子诸本，海内朋好或以家刻新书交易，至辛亥已得卷十六万有奇，以重刻计之，在二十万卷以外。平时每得一书必缀一跋，不敢侈言板片，更不敢自诩收藏。惟或纂辑一书，不至有阅世借人之苦。宋元本虽不多见，亦时有一脔之尝。居恒读《汲古阁秘本书目》注载宋元旧抄，价值多者三十两，少者三五钱，而当时有"三百六十行生意，不如卖书毛氏"之谚，使余生与并世，又岂独让红豆山庄与之对垒乎？又笑近人以百宋、丽宋相夸，至为见小，假使得一《百川学海》残册中即有数十家宋本在内，又如九行本《十三经》、大字本《十七史》、元修、明补，亦可列名百宋、丽宋。余不为此欺人语也。昔明书估叶景逵选刻《万宝诗山》，自钱牧翁《绛云楼书目》以下皆误以为宋本，明沈辨之《野竹斋韩诗外传》即通津草堂本改题，孙氏星衍误以为元本，至今相沿不悟。在钱、孙二公赏鉴名一世，而疏陋如此，则无怪陆心源尽以所藏售之日人，而日人岛田翰转以无识相轻薄也。

辛亥鼎革，避乱县南朱亭乡中，重编此目，以志一生精力之所注，分类与《四库》不同，具详凡例。儿子启倬慕请以活字排印，分贻诸从兄弟。余为缕述先世家学及生平所历之境，他日如有好事仿《黄荛翁年谱》逐日为余记所收藏，则余别有题跋诸书在，可以取证也。

乙卯夏四月大尽日，叶德辉序。

经部序例

经之类十有三，曰《易》类，曰《书》类，曰《诗》类，曰《礼》类，曰《乐》类，曰《春秋》类，曰《论语》类，曰《孝经》类，曰《尔雅》类，曰石经类，曰经解类，曰小学类，曰纬候类。

《易》教广大，注家各明一义大要，汉儒征实，魏晋以后蹈空，国朝诸儒多搜两汉之逸文，发挥古义，而空言说理者亦分道而驰。今从撰人时代叙次为一类，不复区分其派别，庶无失广大之义焉。

《书》自伪《传》行世，而两汉今、古文遂微，唐人无识，乃为伪《传》作《正义》，相沿至宋，以后久列学官，于是伏、孔、马、郑之遗经，扫荡无存矣。疑伪《传》者，始宋朱子，至明梅鷟作《尚书考异》攻伪，遂有专书。国朝阎若璩《古文尚书疏证》抉发伪迹，其义益明。王鸣盛《后案》、江声《集注音疏》去伪存真，大辟途径。孙星衍《尚书今古文注疏》、吾友皮锡瑞《今文尚书疏证》搜罗古佚，卓然完经。学者笃守数家之书，则伪《传》可废。今絜其大要，仍以撰人时代叙录焉。

《诗》则《汉志》有齐、鲁、韩三家，《毛诗》出自河间献王府中，得郑氏笺行，至今不废。三家之中，齐、鲁亡最早，韩则亡于北宋之间，故辑三家者，惟韩稍完备，又得《外传》为之羽翼，其书虽亡而亦存。今于《毛诗》之外，叙次为三家《诗》之属，以其有家可别，固异于《易》书之杂陈。

云《礼》则《周礼》、《仪礼》、《礼记》，久沿三礼之称，然记非经也，乌得而三？况大、小二《戴》并列学官，唐人作《正义》，去《大戴》而取《小戴》，褊陋甚矣。幸《大戴》完书具在，注者日多，汉学中兴，微言不绝如线。今叙次三礼外，为《大戴记》之属。其通考三礼者，为《礼》经解之属。别考五礼者，为礼书之属。

《乐》之亡久矣，《乐记》附于《礼记》，不得为经。唐以后志、目或以乐技杂厕其间，殊乖经旨。今自蔡邕《琴操》以下，录其有关雅乐及考订律吕者次为一类。其余乐工、琴史之属退入艺术。匪云复古，盖以尊经，俾览者知郑卫之分而得制作之精意。

《春秋》，《汉志》胪列众家，今存者惟《左传》、《公》、《穀》。《国语》本为外传，《国策》、《史记》作旨相同，然自班、范以后，代有史书，于是《史记》遂为诸史之冠，此势之不得不分者也。《四库》以《国语》、《策》入杂史，殊昧经史分合之原。今故叙次三传外，为《春秋》经解之属，为《国语》之属，为《国策》之属，斯条流明析，纲纪灿然矣。

《论语》，《汉志》入六艺，而以《孟子》入儒家，诚以儒者九流之一，不得侪于圣作。自宋儒四子书出，明人补刻于《开成石经》，于是孟氏之书遂别晏、荀而与思、曾同其尊贵。今以其所愿学孔叙次《论语》类，为《孟子》之属。其专注《大学》、《中庸》者仍入《礼记》，通注四子者列入经解。《孟子家语》、《徒人图法》，《汉志》亦入《论语》。今《家语》虽非《汉志》之旧，实记孔子言行、弟子遗事之文；《图法》虽已不存，而阙里文献圣贤图像之书作者接轸。故叙次为《家语》之属。《四库》以其不在诵习之列，出之儒家传记，此不明乎义例者也。

《孝经》、《尔雅》，《汉志》同为一家，而《史籀》以下诸书始称小学。《四库》以《尔雅》入小学训诂之属，未免轻重不伦。今从《汉志》，微变其例，以《孝经》为一类，《尔雅》为一类，《急就》、《说文》诸字书仍为小学，俾各从其类，而经与小学不致混同。

石经文字，《隋志》入小学，似矣然。《开成石刻》乾隆监本，煌煌巨制，讵得以小学目之？况近儒或校文字，或叙废兴，箸述众多，体例详缜，又非别立一类不能统括群书，今于诸经后叙次石经为一类。

隋唐以后，无专经之学，而经解出焉。《四库》沿《唐》、《宋志》之例，名曰"五经总义"，不知经实有六，增以《论语》、《孝经》、《尔雅》，是曰九经。五经本不足以该其全名，亦不如经解之古。今详为区别叙次，为九经佚注之属，为九经说解之属，为九经传记目录之属，为九经文字之属，为九经音义之属。

《隋志》小学以《说文》列于《字林》、《玉篇》之前，而以音注《说文》者依时代次录。国朝诸儒注解《说文》者无虑数百家，其书既多，不得不别为类聚。今于小学叙次，为训诂之属，为《说文解字》之属，为字书之属，为音韵之属，以杂体书终之。杂体云者，《千文》、《蒙求》为学僮所占毕，犹之《弟子职》本四言韵语，亦即幼仪；《急就章》为七言字书，实则蒙学。古有是例，非臆撰也。

纬候为五经之余，亦东汉经学之别子。《四库》廑存《易纬》，附于《易》类。明孙毂《古微书》附于"五经总义"，今以辑录者多叙次为一类，其无者，专书亦不复见。

史部序例

史之类十有二，曰正史类，曰编年类，曰注历类，曰霸史类，曰杂史类，曰杂传类，曰政书类，曰地理类，曰谱系类，曰簿录类，曰金石类，曰史评类。

正史类者，正统之史，非谓史之正也。马、班以下，官修私撰，屹然与经对峙焉。其文其事，有待音注而后详者，而阙则补之，繁则删之，是为音注抄补之属。年表、元号，史之大纲，是为年表、元号之属。

　　注历类者，即起居注也，其中有传记，有实录，故从梁阮孝绪《七录》之例，次为一类，不复区分其属焉。

　　编年类者，《隋志》古史之易名，而古史则对乎杂史以立体者也。《志》以《竹书》出自汲冢，而以古史目之。然自《两汉纪》后至于《元经》，作者实繁，体皆相仿，至宋司马《通鉴》上续获麟，朱子《纲目》专取笔削，同一编年之作又各分途。今叙次其与《竹书》相类者，为古史之属。义法司马者，为《通鉴》之属。继朱子而作者，为《纲目》之属。纪事本末创于宋人，为编年之变例，以踵事者多列为纪事本末之属。

　　霸史类者，偏隅割据，异乎正统之史也。宋以后志、目往往屪入杂史，其义未安，《四库》题称载记，虽本《晋书》，然彼所录，止一事一隅，此则世更数主，地号小朝，固不可同日语矣。

　　杂史类者，盖与古史相对待而为近史所不能赅括，故别为一体者也。其有义仿正史，或纪皇古，或撰新书，并以时代相从，叙次为别史之属。其有纪述名臣言行、朝野旧闻者，为纪事之属。详载典章制度，因革损益者，为掌故之属。若夫民风俗尚，琐屑杂文，既非小说之书，间补正史之略，为琐记之属。

　　杂传类者，或史无其人而补之，或史略其事而详之。今叙次，记一人者为别传之属，诸人共一书者为列传之属。

　　政书类者，一代政治之所系，后人以资考论者也。天子所出为诏令，臣工所论为奏议，旧志别为一类，不免纷歧。今叙次于首，为诏令之属，为奏议之属。职官、刑法、故事、旧仪，《隋志》各为一类，兹增损其例，为法制之属，为职官之属，为民政之属，为典礼之属，为兵制之属，为刑法之属，为考工之属，义本六官而治归一统矣。

　　地理类者，史家地理、沟洫志之流也。今叙次为总志之属，为分志之属，为水道之属，为古迹之属，为山水之属，为杂志之属，为外纪之属。

　　谱系类者，统乎帝王世系，臣民谱录而言之者也。旧以姓氏人名之作入之类书，殊为未允。年谱虽近传记，然上溯受姓之原，中列分年之事，列之谱系，斯名义符矣。

　　簿录类者，史家艺文、经籍之流也。《四库》以书籍、金石为一类，谓之目录。义难赅贯，例亦杂糅，况国朝金石之学，撰述无虑数百家，自宜析出，别为一类。至书籍板本题跋滋多，阙佚校勘成书者众，概名目录，循览多歧，今故叙次，为目录之属，为题跋之属，为考订之属。

近人书目有以题跋考证入之儒家，考订者不如此之门户分明矣。

金石类者，所以补史志之阙文，证古今地名之同异。欧、赵以降，代有专家，至国朝而极盛。今于此类叙次为目录之属，为图象之属，为文字之属，为都会郡县志之属，为考释之属，为义例之属，《四库》以言义例者入诗文评，使读者茫然无可寻绎，蔽矣。

史评类者，史家论赞之流也，宋以后志、目始立斯名。今仍取之以论史书得失者为史法之属，论一朝之治乱及一人一事之是非者为史事之属。

子部序例

子之类十有五，曰儒家类，曰道家类，曰阴阳家类，曰法家类，曰名家类，曰墨家类，曰纵横家类，曰杂家类，曰农家类，曰小说家类，曰兵书类，曰数术类，曰方伎类，曰艺术类。

儒家类者，箸书以垂诚，致主以匡时。《汉志》所陈，悉可推论。宋人阐明性理，于是有理学之书，国朝诸儒精于考据校勘，于是考亭困学之流风，其传愈远。今叙次北宋以前，上溯两汉诸家，为论撰之属。程朱以后，为理学之属。宋元以来考证经史、疏解名物者，为考据之属。以明儒书无空谈而救语录，末流之失。

道家类者，体兼儒而用则法，非《道藏》全书漫无限断者所得比而同之。今于此类，抉择稍严，亦冀览者知道之本旨云尔。

阴阳家类者，出于羲和之官，大抵祖古明堂阴阳授时之典，而渐离其宗。《汉志》所存今已并失，扬雄"撢思浑天，以作太元"，以视古阴阳之说稍殊，而颇合于治理。《汉志》本列儒家，今以《元苞》、《潜虚》、《皇极经世》诸书继续而作次为一类，俾晓然于古之阴阳与儒相出入，而非后世数术五行家所得比，论斯固足用为治矣。

法家类者，议法而不主法者也，故与刑律之类旨同而用殊。

名家类者，出于议礼之官，《汉志》叙录诸家，厪存邓析、尹文、公孙龙三子，今从《隋志补·人物志》而以《白虎通论》独断入之。

墨家类者，其学见辟于孟氏，徒人既散，书亦罕传后人。志、目强以释氏阑入，不知释近庄、列，为道之支流，非墨也。近人又有以远西景教诸书比附者，声光重学虽似出于墨，然俗异而教殊，譬之江海同源，星宿终不能引之合流也。今于诸子外别为释藏、西学二目，如阮孝绪《七录》以释、老为《外录》之例，此类不复厪列焉。至于地志、传记、音义、算法、说部体与四部相类者，仍分隶各部以备参稽。

纵横家类者，苏、张口辩，本无传书，存者惟鬼谷一家，则近于道，然后世干禄之学，实由此而萌芽，挟策逢时，弋取富贵，士风日薄，周鼎遂移，是则苏秦阶之厉也。今取《长短经》、《八面锋》之类附之，有余慨矣。

杂家类者，古之杂学，隋唐以后论说抄纂之属，亦并入焉，然类书实抄纂也，《隋志》取以附之。今叙次周秦以来下至唐宋杂编为论撰之属，明其为古杂之传。其泛论事物、考证见闻者，为纪述之属。辨别古器、品题清玩，为鉴赏之属。终以类书为类事之属。

农家类者，生民衣食之源，而帝王利用厚生之本也。《汉志》神农野老而外不及蚕桑，殆其时幽民丧乱之余，地丑而俗变，故其业不修欤？今蚕桑之利遍于东南，农田水利之书家喻户晓，故叙次为农桑之属。花木谱记、禽鱼图赞，《四库》取遂初之例别为谱录一类，殊非循名核实之义，今以花木为种植之属，禽鱼为畜牧之属，茶酒出于农业之余，旧亦入于谱录，今并叙次为饮馔之属。

小说家者，稗官野史之文人君资以化民成俗者，后世喜言神怪、风谣、俗谚，好事者往往辑录成书。今叙次为记载之属，为异闻之属。

兵书类者，《汉志》与数术、方技叙列九流十家之后，盖三者皆非诸子之学，可以归六经之支裔，为圣明之股肱也。战国兵祸之烈，诸侯皆以诡变相攻，故太公本在道家，自孙、吴箸书，遂因缘而入兵略。今从《汉志》叙次，为权谋之属，为形势之属，为阴阳之属，为技巧之属。

数术类者，明堂羲和史卜之职，所以通三才而序百物者也。今增渻《汉志》叙次，为天文之属，为历象之属，为算术之属，为时日之属，为星命之属，为龟筮之属，为杂占之属，为形法之属。历算本名历谱，同为一类，今算术为中外利用之学，述造日众，故别为之属，而仍以中西相类次，庶得知其门户之异同云。

方技类者，却病延年以重民命者也。秦焚诗书而数术方技之书日益繁衍，盖数术依附于谶纬，方技兼杂以神仙，其术为时主所好尚，其书遂附以流传。今从《汉志》叙次，为医经之属，为本草之属，为经方之属，为房中之属，为神仙之属。本草者，经方所从出，别增一属，以异于神仙之药饵焉。

艺术类者，《唐志》始有其名，《隋志》以八体六技入小学，盖本《汉志》之遗，而以《新杂漆调弦谱》、《正声技杂》等曲簿入乐，以握槊、投壶、棋势杂博入兵，此泥于《汉志》而不知变通者也。又于小说入古今艺术水饰等书，尤为戾于本义。今从《唐志》，统为艺术类，叙次为书画之属，为石刻之属，为文房之属，为杂技之属。《四库》以法帖入金石，大小不伦，今以与法书相系，故次于书画之后。

集部序例

集之类有六，曰《楚辞》类，曰别集类，曰总集类，曰诗文评类，曰词类，曰曲类。

《楚辞》类者，《风》、《雅》之变体，其离《诗》而成一家，亦犹史之离乎《春秋》，固势之不能限断者也。后世间有拟作，多列集中，惟宋高似孙《骚略》专务摹仿，秩然具体云。

别集类者，《汉志》诗赋略之滥觞，然有诗赋而无文，以文次于诸子类也。魏晋以降，诗文不分，于是专集之书，盈千累万，学者既从而选录之，又从而评论之，于是有总集类，有诗文评类。

词为诗余，导源于唐而备体于宋，以其句之无定，又谓之长短句，后人推其本事，定以牌名，北宋以来号为极盛，其制近于集而非集，故别为类焉。

曲者，词之别子，其牌名太半相同，而以利于乐人按歌。每参以方音俗语，北曲、南曲，韵判中原，杂剧传奇，体兼小说。《四库》录其谱而不著其书，是固别裁之义，兹则私家簿目，故并载焉。

经学通诰①

遵令设经学会禀巡案公署立案文

为遵令设立经学会以阐明经术、发扬国学事。窃维中国文学之祖端本于六经，而古来政教之源括囊于经训，故《诗》以道志，《书》以道事，《易》以道阴阳，《春秋》以道名分，凡圣经垂教，莫不与政治相关。而汉代宗经，治法炳然，上符三代，史称《春秋》断狱、《禹贡》治河、《三百篇》当谏书，其尤为彰明较著者。自清季鼎革，学校榛芜，弃经籍如弁髦，坠斯文于涂炭，数千年之文化，亿万众之精神，坐视沦胥，良深浩叹。

伏读大总统颁定《教育纲要·教科书类》第二条："中小学校均加读经一科，按照经书及学校程度分别讲授。"《建设类》第五条："经学

---

① 此文录自民国四年湖南省教育会活字本《经学通诰》。

院宜于大学校外独立建设，按经分科，并佐以京师图书馆，以期发明经学之精微。"第七条："提倡各省各处设立经学会以收年长宿学经生，并冀以养成中小学校经学教员及升入经学院之预备。"仰见尊经重学三令五申之至意，钦感莫名。惟湘省旧有校经堂，创自有清中叶湖南巡抚吴荣光。自光绪初元学使朱逌然筹款扩充，人才号为极盛，不独巍科甲第，著献犹存，而文章满家，几与粤之学海、越之诂经后先相望。及丁末造，当轴皮毛欧美，自知学不足以相胜，乃摧抑而铲除之，学徒散在四方，弦诵之声已绝，若不及时设一都会之所，绝学无传，大有人亡政息之惧。用是倡合同志，就省城设立经学会，网罗宿学，研究遗经，按经分科，循序渐进，上以备经学院通儒之选，下以储中小学教员之需，其会所暂假坡子街乾元宫丽泽旧学校，其经费由肇隅暂时筹措。至官府提倡之法，中央功令已有明文，理合遵拟简章，公恳按台察核立案。衣冠进谒，非无鲁国诸生；坛坫同登，尚有大学博士。敢援以文会友之义，愿储通经致用之材。谨禀湖南巡按使。

前丽泽小学校长　　刘肇隅

法制局调查员　　杨树毅

公是中学校长　　任　壬

为公恳代奏，饬学读经以重德育而扶伦纪事。窃惟中国四千年之习，尚五伦，首在立君。尼山七十子之支流群言，必先衷圣，有尧、舜、文、武之治统，而后人纪底于修明；有颜、曾、思、孟之心源，而后士风归于纯正。观于七国杨、墨之徒盛，至于禽兽无君；六朝释、老之教行，因而蛮夷猾夏。乃知汉武之黜百家、兴六艺非独鉴秦辙之覆亡，唐文之置学士、疏五经不仅救隋纲之紊乱。故自宋、元、明、清以降，虽用武，不废经，抑有君臣父子以来，即易姓无异教；整齐《廿二史》之人表，惟有褒贬阳秋；扶持四百兆之民彝，全在纲常名教。慨自辛亥革命，南北休兵，袭法、美共和之虚名，变天地尊卑之成局，神州板荡，坐视沦胥，沧海横流，骤难收拾。伏读大皇帝今年一月一日颁布《教育纲要》，于中小两学加科读经，于《论》、《孟》二书分期匀配，如纶如綍，大哉！今日之王言，似元似春，赫矣！新朝之帝训，天之斯文未丧，民固无德而称。然德辉等有说者，环球万国，欲同风一道，莫不尊重其教宗；列席五州，将觉世牖民，无非借资于学说。是故耶稣以慈善救人为福，欧罗巴域历世成高尚之风；谟罕以猛勇战死为荣，土耳其人至今称强悍之族；日本所崇仰者武士道，故举国多义侠之行；德相所传授者铁血名，故联邦富战斗之力。吾国向以忠孝大节纳民于轨物，故男以致身许国、女以守贞殉夫为美谈。圣人尝以兵食立信执政之纲维，故上以不教民战，下以战阵无勇为失德，方舆幅圆如此之广，列强耽逐如此之多，而犹拥亚州大国之名称，来友邦硕儒之倾慕者，道固有其本，信久孚于人也。今之言教育者，不曰尊孔为哲学，无专门不能研求，即曰读经伤脑筋，非幼僮所宜讽诵。试思高材毕业之后，非师非范，谁为希圣之人，中年善忘之时，为士为商，安有读经之暇？是文明先进，皆有万能之经约灌溉人心、广大中华，乃无至善之学程作新民族？吾恐人皆非圣，何有于经？君不知忠，何爱于国？非圣必至于无教化，不忠则极于废伦常，不为七国之瓜分，即蹈六朝之鼎沸。殷鉴不远，汉族奚强。今幸国体更新，圣人首出我大皇帝。钦明浚哲，为天下之一人。我孔子祖述宪章，久师表于万世，倡明经术，即在此时；模楷人伦，期之元首。德辉等于本年八月在省城乾元宫丽泽中学旧址创立经学会，订有简章，呈由前兼巡按使严批行立案，为此公恳代呈大皇帝，作人寿考、稽古放勋。饬下教育部于《教育纲要》第三条内，略事变通，初等小学读《论语》、《孝经》，取其易于记诵；高等小学读《大学》、《孟子》，以其近于文章；中学必读《尚书》，使知行政大纲，渐充其自治之能力，更读《左传》，使知外交专对，兼畅其作文之笔机。五经去《周易》，四书去《中庸》，以其精深非毕生不能探讨。《三礼》略《官仪》，《三传》略《公》、《穀》，以其典奥，非初学所得潜研。《毛诗》列于自修，《尔雅》附之博物。科举可废，典籍常新，保存国家固有之精神，主张人民中心所诚服，以孝弟忠信树百世之仪型，以礼乐诗书备四时之弦诵。行见星躔北拱，奠万年有道之丕基；圣迹西行，昭六合同伦之盛轨。谨呈湖南巡按使。

省教育会长叶德辉

经学会简章

一、本会谨遵大总统颁布《教育纲要·建设类》第七条，以研究经义、发扬国学为宗旨，定名曰"湖南省经学会"。暂设坡子街乾元宫旧丽泽中学校址，俟有相当房舍，再行迁改。

一、经学以发明义训、通知世用为本。不分汉、宋门户，亦不拘守乡里私学小派。惟遵纲要，按经分科，编辑要义，以广切磋之益。

一、本会为讲学之所，除推叶先生德辉为都讲外，无会长、干事、评议等类。

一、会友资格，务取严重，入会者须得本会二人以上之介绍书。其必品端学正及素有经学门径者，余概不得轻率介绍。

一、会讲常期，每月四次，以各学校休沐日为率，其特开大会，由都讲临时定之。

一、汉、宋经学之书，叶都讲收藏甚富，入会者可以在会所借校借阅，别定简章，务共遵守。

一、经费力从搏节，现由同人筹备，并不收取入会券金，略表高洁之意。

一、会友应守礼法，保持全会声誉，如有动违礼则，及臆造新说、渎乱经义者，公同纠察，以后来会，即不接待。

一、会章有不备不适之处，随时修正。

西汉经学派举其有书传于今者

今文：

伏生《尚书大传》

董仲舒《春秋繁露》

按：伏、董之书，均出后人辑本，然在唐以前，较近人辑佚书稍为完整，故特存此二家云。

古文：

河间献王《毛诗》、《周礼》

东汉经学派

今文：

何休《公羊》

古文：

许慎《说文》、《五经异义》

按：《说文》兼采今文说，要其学则古文也。《五经异义》虽出后人辑本，然《四库》已经著录，故取以备考云。

通学：

郑玄《毛诗篇》、《周礼注》、《仪礼注》、《礼记注》、《郑氏佚书》

按：两汉经师，皆分门户，至郑氏而集大成。有清一代为许、郑之学者，以江浙为最盛。刘逢禄、龚自珍、魏源、宋翔凤倡为今文之学，撩拾西汉残缺之文，欲与许、郑争席。至康有为、廖平之徒，肆其邪说，经学晦盲，而清社亦因之而屋焉。追原祸始，至今于龚、魏犹有余痛。昔人谓明季钟惺、谭友夏为亡国诗妖，如康、廖者亦亡国之文妖已矣。

北宋经学派

周惇①颐《太极图说》、《通书》

程颐《易传》

按：北经义，以精研性理、阐明人事为宗。观此二家之书，可知其时经学大概。虽以王安石之别创新义，苏轼之偶涉玄理，不过见深见浅，识解不同。要于性理、人事二者，不甚相出入。苏氏之学，具《两苏经解全书》；王氏之学，有《三经新义》，今仅存《周官新义》。为其学者，有龚原《周易新讲义》、陆佃《尔雅新义》、《埤雅》等书，是亦可备参考也已。

南宋经学派

朱子《易本义》、《诗集传》、《仪礼经传通解》、《四书集注》、《朱子全书》、《朱子遗书》

按：南宋经学，以朱子为大宗。三传而为王应麟，四传而为黄震，遂开有清顾、惠二氏之学。流衍至于乾嘉，号为汉学，毛奇龄逞其雄辨，时值开辟，名为宗汉，实以攻朱。风气初开，无足深较，乃纪文达旳②、戴震之徒，于其学所从出，而反唇以相讥，则亦数典忘祖之甚矣。朱子《五经》，《易》复古本；《尚书》辟伪孔；《诗》采三家；《礼》通古今；《春秋》虽无成书，所撰《通鉴纲目》意在上续"获麟"；《尚书》又有蔡沈《集传》；《乐》有蔡元定《律吕新书》。是六经通学，郑氏以后惟朱子一人。同时虽有金溪之陆九渊、永嘉之叶適、陈傅良与之异同，而有吕祖谦、张栻并轸而驰。羽翼既张，流派益远，故自元明迄于有清，即以其一家之书列之学官，令以取士。盖一学派之成立，必其人有绝大精力贯澈始终，后人立异，与之为难，虽暂晦而复明，如寒暑之相嬗。诚以学问为天下之公器，固非一二人之力所能扩张，亦非一二人之力所能推倒，吾生平颇尚汉学而独崇朱子，然非曾文正、陈澧调人之说。所谓汉、宋兼采者，则以朱子自有真实之处，在学者之探求，不在口说之争辨耳。

清经学北派

博野：

颜元

---

① "惇"字讹，当作"敦"。
② "旳"字讹，当作"昀"。

李塨《周易传注》、《诗经传注》、《李氏学乐录》

按：习斋之学，一传而为李塨，塨又受学于毛奇龄，此南学合北学之始。再传而为程廷祚，则又以南人而为北学。然如所著《晚书订疑》、《禘祫辨误》二书，绝不附和毛氏《古文尚书冤词》及《郊社禘祫问》之说，是则冰寒青胜，派同而学不同。至所著《春秋识小录》已入乾嘉考据一派，其殆学成之日乎。博野之学，初不行于南方，后二百余年，江宁戴望本其先世家学，著《颜氏学记》一书表扬之，望晚年又从陈奂受《毛诗》，从宋翔凤受《公羊》，所注《论语》即发明《公羊》之义，是又转入南学今文派矣。

曲阜：

孔广森《㢲轩所箸书》

孔广林《孔丛伯遗书》

按：广森受学于戴东原震，震为江慎修永高第，是当列于婺源派之再传。然北方为汉学者，纪文达旳①无传书，独孔氏一家为之，至马国翰而极盛，故特列为一派，以张汉帜云。

清经学南派

昆山：

顾炎武《亭林遗书》、《音学五书》、《日知录》

徐乾学炎武甥，《读礼通考》

潘耒炎武弟子，刻《亭林遗书》

按：炎武之学，出于朱子，而实事求是，遂开东南汉学之先论。有清一代儒宗，当以炎武与元和惠周惕为不祧之祖。江藩《汉学师承记》退炎武与黄宗羲居于卷末，是诚所谓蚍蜉撼大树者矣。

元和：

惠周惕《诗说》

士奇周惕子，《易说》、《礼说》、《春秋说》

栋士奇子，《易例》、《周易述》、《易汉学》、《易大义》、《易微言》、《周易本义辨证》、《古文尚书考》、《明堂大道录》、《禘说》、《左传补注》、《九经古义》

按：惠氏三世治经，至栋而益盛，吴中汉学，实惠氏一家开之。故周惕与顾炎武不独化被三吴，泽及桑梓，即天下后世亦当推为有清两巨师。栋之弟子一为江藩，著《周易述补》、《尔雅小笺》；一为余萧客，

---

① "旳"字讹，当作"昀"。

著《古经解钩沈》，皆于汉学一派有功后学者也。

婺源：

江永《周礼疑义举要》、《仪礼释例》、《仪礼释宫增注》、《礼记训义择言》、《深衣考误》、《礼书纲目》、《律吕新义》、《律吕阐微》、《春秋地理考实》、《乡党图考》、《群经补义》

戴震永弟子，《戴氏遗书》

段玉裁震弟子，《经韵楼全书》、《说文解字注》

龚自珍玉裁外孙，《尚书秦誓答问》、《春秋决事比》

龚橙自珍子，《诗本谊》

按：江氏之学，出于朱子，戴震乃操入室之戈。再传而为段玉裁，犹是古文学一派。三传而为龚自珍，又转入今文学一派。此无他，师承之严重不如汉京故学者，但随风气为转移，遂不惜背师而驰，自乱统系，南北朝以后不得有儒林，今之修史者乃犹袭用其名称，可谓大缪也已。

常州一曰阳湖派：

庄存与《周官记》、《周官说》、《周官说补》、《春秋正辞》

述祖存与从子，《尚书校逸》、《尚书说》、《毛诗考证》、《周颂口义》、《夏小正考释》、《五经小学述》、《说文古籀疏证》

刘逢禄述祖弟子，《尚书今古文集解》、《公羊何氏释例》、《公羊何氏解诂笺》、《论语述何》、《发墨守评》、《箴膏肓评》、《废疾申何》

龚自珍逢禄弟子，婺源三传，书见前

魏源逢禄弟子，《书古微》、《诗古微》

孙星衍《周易集解》、《尚书今古文马郑注》、《尚书今古文注疏》、《明堂考》、《魏三体石经考》、《孔子集语》

张惠言《茗柯全书》、《仪礼图》

成孙惠言子，《说文谐声谱》

按：常州之学，本分二派。一为今文学派，庄氏一家开之，传至龚、魏，横流极矣，然其学通天人之故，接西京之传，盖得董、贾之精微，而非如龚、魏之流于狂易，江藩《汉学师承记》不列其名与书，殆有彼哉之意乎？一为古文学派，孙星衍卓然名师，为古学之劲旅，当时与洪亮吉齐名乡里，洪所箸《左传诂》远不如孙之精深，盖洪后以史学地理名家，精神别有专用也。张惠言精研《易》、《礼》，实惠氏之旁支，昆山、吴县以外，其学派未有过于阳湖者也。

仪征：

阮元《皇清经解》、《诗书古训》、《车制图解》、《仪礼石经校勘记》、《曾子注释》、《十三经注疏校勘记》、《经籍纂诂》

仪征主持汉学，全在《经解》一书。节钺所至之处，于广州则创学海堂，于浙江则建诂经书院。两省承学之士，百年以来犹沿其余风。湘省汉学，兴起最迟，然创湘水校经堂者，则仪征弟子巡抚吴荣光也。瞽宗之祀，仪征其为先河乎！长沙王先谦《续编经解》一书，推衍宗风，网罗散佚，仪征嫡派终在湖湘，新学既兴，南风不竞矣。

高邮：

王念孙《读书杂志》、《广雅疏证》

引之念孙子，《经学述闻》、《经传释词》

按：高邮自创一派，专以形声、训诂校勘古书，于是千古沉晦不可解之文词，循其例无不涣然冰释。后来俞樾踵其后，为《群经平议》，为《诸子平议》，为《古书疑义举例》，而后四部书之讹文脱简，重门洞开，可谓周、孔之扫夫，刘、班之嫡子。曾文正《圣哲画像记》推为集小学之大成，盖犹等夷之见矣。

南雷：

黄宗羲《易学象数论》、《深衣考》、《孟子师说》

按：南雷得蕺山之传，其理学为阳明一派，然为全祖望所私淑。又万斯大兄弟受业之师，浙中经学之风，故当以宗羲为鼻祖。

四明：

万斯大《万氏经学五书》

斯同斯大弟，《石经考》

按：四明之学，为浙中汉学之先声，非毛奇龄逞其口辨，一味叫嚣之比也。少时兄弟师事南雷，得闻蕺山之绪论，平日持论，以为非通诸经不能通一经，非悟传注之失则不能通经，非以经释经则亦无由悟传注之失，至理名言，诚实事求是之义。当时并无汉学名帜，而治经之法，遂为一代宗风，不可谓非豪杰之士矣。

桐城：

方苞《望溪全集》

刘大櫆苞弟子，不传经

姚鼐大櫆弟子，《左传补注》、《公羊补注》、《穀梁补注》、《国语补注》、《九经说》

按：桐城方氏说经诸书，源出北宋，再传为姚鼐，以参合义理、考据词章为宗，桐城之学至此一变，曾文正全师之矣。

东塾：

陈澧《东塾读书记》、《汉儒通义》

按：澧为仪征再传弟子，然近世所谓汉、宋兼采一派者，至澧而始定其名，故别为派，殿于后云。

六证

一、以经证经。如以《礼》证《易》，则有张惠言《虞氏易礼》；以《春秋》证《易》，则有毛奇龄《春秋占筮书》；以《春秋》证《礼》，则有宋张大亨《春秋五礼例宗》；以《公羊》证《礼》，则有凌曙《公羊礼疏》、《公羊礼说》、陈奂《公羊逸礼考征》；以《穀梁》证《礼》，则有侯康《穀梁礼征》；以《礼》证《诗》，则有包世荣《毛诗礼征》；以《公羊》证《论语》，则有刘逢禄《论语述何》。昔人云"不通群经，不能治一经"，此解经第一要义也。

一、以史证经。司马迁受经于孔安国，故言汉学者推为古文家，不尽然也。《史记》一书，《五帝本纪》、《夏本纪》、《殷本纪》、《周本纪》可以证《尚书》、《春秋》；列国、世家可以证《尚书》，亦可证《左传》；《孔子世家》、《仲尼弟子列传》可以证《论语》；《荀孟列传》可以证《孟子》。其余前汉诸人，其《列传》中引用经文，多与今本殊异，近人缪佑①孙有《两汉书引经考》最为详洽，可以参观。《史》、《汉》以外，则《三国志》、《南》、《北史》，不独经师遗说时有异同，即其授受源流亦足以资考索。至《国语》、《国策》、《逸周书》本属经类，或与《春秋》相表里，或与《尚书》相贯通，虽纯驳不同，而参考必备，《四库全书》均入于"史部·杂史"，非知三书源流也。

一、以子证经。诸子皆六艺之支流，其学多出于七十子。周秦两汉，九流分驰，清儒往往摭其书之遗言，以发明诸经之古学。今试举其书论之，如京氏《易传》《隋书·经籍志》五行家《京易占》即此书也。为孟喜《易》义，焦赣《易林》翟云升考记为崔篆撰。为京房《易》义，《韩诗外传》为《韩诗》义，班固《列女传》为《鲁诗》义，《韩非子》、《淮南子》为《春秋左氏》义，《白虎通德论》为《春秋礼》义，《荀子》、蔡邕《独断》为《礼》义，此其彰明较著者。至《墨子》有古《尚书》，有《百国春秋》；《管子》有《周礼遗法》；《淮南子》有《九师易义》，

---

① "佑"字讹，当作"祐"。

是又在读者之善为沟通，而无所用其比较已。

一①、以汉人文赋证经。王逸《离骚注》、《蔡中郎集》有《鲁诗》义，阮元《辑三家诗》、陈寿祺《三家诗遗说考》已详举靡遗，其他两汉书中，诸人封事文赋，或释经有异义，或引经有异文，大概有清诸儒各治一经，无不贯澈源流，搜采遗佚，其书见于前续两《经解》中者，可以按目求之，即小有出入异同，亦无损其全书之例。乾嘉两朝，江浙间诸经师不得不推为经苑之功臣矣。

一、以《说文解字》证经。许为古文学，而兼采众家之言，故其书同一引经，往往先后异字，解义亦不相同。陈瑑《说文引经考证》、吴玉搢《说文引经考》、柳荣宗《说文引经考异》皆有专书，可取而细绎之也。

一、以汉碑证经。汉儒治经，最重师说，凡流传碑本，其引经与他本异者，皆家法之各殊。亡友皮锡瑞有《汉碑引经考》一书，疏证详明，真伟作也。

四知

一、当知源流。六经亡于秦，惟《易》以占筮独存，其余或出口授，或出壁藏，传自何人，授之谁氏，检《史记·儒林传》、两《汉·儒林传》、《汉书·艺文志》、《经典释文》诸书便知其详。近人毕沅箸有《通经表》、《传经表》，亦简要便于检寻，以之寻《史》、《汉》志传、《释文》诸书，尤不至虚耗光阴，竭殚究之力。外此则《三国志》列传、南、北《史·儒林传》，其间师承家法，承两汉之流风，取而读之，诸经之源流，了然于心目矣。

一、当知存亡。自两汉以后，诸经注之或存或亡，当以《四库全书提要》、阮元《四库未收书目》为之主。经一类。上溯《汉书·艺文志》、《隋书·经籍志》、新、旧《唐书·志》、《宋史·艺文志》、晁公武《郡斋读书志》、《绍兴四库编到阙书目》、陈振孙《直斋书录解题》、朱彝尊《经义考》、翁方纲《经义考补正》等书，按其部目，考其书之存亡，存者择其精者以供研求，亡者搜其佚文以存古谊大要。汉学一派，皆萃于《皇清经解》、《续皇清经解》二书；宋学一派，皆萃于《通志堂经解》、《经苑》二书。古经解散佚，为后人从他书所引辑出者，如孙堂《汉魏二十一家易注》、余萧客《古经解钩沉》、王谟《汉魏遗书钞》、经之类。

---

① 以下三条"一"字底本原缺，编者补。

马国翰《玉函山房辑佚书》经一类。皆苦心搜辑，有功古人，博观而约取之。积蓄既深，根柢益厚，毋逞毛奇龄之口辨，毋蹈王夫之之冥思，毋染龚自珍、魏源之猖狂，无效王闿运之杜撰，至廖平、康有为虚诞陋儒，托经术以祸天下，此乃亡国之妖孽，更不必与之言学矣。夫不知经之存亡，则不能脚踏实地，辨别是非，自毛、王以下，皆坐斯害。其好为臆说，以炫惑一时，正所以文其固陋之智也。

一、当知体例。何谓体例？曰注，曰疏。注之属，有传，有记，有笺，有注，有故训，有解诂，有章句，有章指，有集解。传者，传通其义也。孔颖达《诗毛传正义》。博释经义，传示后人也。又《春秋左传正义》。传通其义，如《毛诗诂训传》是也。博释经义，传示后人，如《春秋左氏传》、《公羊传》、《穀梁传》是也。记者共撰所闻，编而录之，《礼记大题正义》。其始出于七十子之徒，如《大戴礼记》、《小戴礼记》是也。一曰疏也，《说文·言部》。疏通也，《说文·疋部》。谓条录之也，《汉书·苏武传》数疏光过失注。如许慎《说文解字》、《淮南鸿烈间诂》下题汉太尉祭酒许慎记是也。笺者，表识书也，《说文·竹部》。表明己意使可识也，《诗毛传笺正义》。如《诗毛传郑氏笺》是也。诂训者，故言也，《说文·言部》。《尔雅》"释诂"、"释训"为《毛传》所从出，如《诗毛传题诂训传》是也。注者，注也。《六书》有注字，无注字，义取"灌注"之注，《说文·水部》。注义于经下，若水之注物。《仪礼郑氏注正义》。一曰解书之名。《礼记曲礼正义》。注者，著也，言为之解决，使其义著明也，《诗毛传郑氏笺正义》。如《三礼郑氏注》是也。解诂者，诂事也，言解其事意也，《后汉书·卢植传》、《三礼解诂》章怀太子注。如《公羊何休解诂》是也。章句者，章者明也，句者局也。局言者，联字以分疆；明情者，总义以包体。《文心雕龙章句》。如赵岐《孟子章句》是也。一曰"章指"，如宋本《孟子赵注》称章指是也。曲阜孔氏微波榭刻本有章指，系重刻宋本，明监毛本无。集解者，集诸家之说，记其姓名，有不安者颇为改易，如《论语何晏集解》是也。疏之属，有义疏，有正义。义疏者，引取众说，以示广闻，《论语皇侃义疏自序》。如《皇侃论语义疏》是也。正义者，正前人之疏义，奉诏更裁，定名曰正，黄承吉撰《刘孟洪左传旧疏考正序》。如孔颖达《易》、《书》、《诗》、《左传》、《礼记》正义是也。《易》有江南义疏十余家，《书》有蔡大宝、巢猗、费甝、顾彪、刘焯、刘炫，《诗》有全缓、丁胤、舒瑗、刘轨思、刘丑、刘焯、刘炫，《左传》有沈文、何苏宽、刘炫，《礼》有皇侃《义疏》、孔《正义自序》及《礼疏引》。一曰"义赞"，《唐书·孔颖达传》称《五经正义》为《五经义赞》是也。一曰"疏"，疏者通也，《说文·疋部》。兼举众说，疏通证明，黄承吉撰《刘孟淇①左传旧疏考正序》。如贾公彦《周礼》、《仪礼》是也。然合言之曰"义疏"，分言之既可曰"疏"，又可曰"义"，如皇侃《论语》、《礼记》义疏，《梁书》本传但云《论语》、《礼记》义是也。此皆就见存诸经注疏论列也。皇侃《礼记疏》，日本有唐卷子抄残本，故非逸书。《春秋左传正义孔序》称沈文何为《左传义疏》，《经典释文》则云沈为《春秋义疏》，王元规续而成，沈所著及元规所续书乃名"义略"。又《孔序》称刘炫作《左氏传义疏》，《隋书》炫本传则云，炫著《论语》、《孝经》、《春秋》、《尚书》、《毛诗》述议。《隋书·经籍志·经部》又云，《述义志》于《孝经》类，称王劭访得孔传送炫，炫因述其议疏，此"议疏"即"义疏"，犹之"述义"即"述议"。名虽殊，实则一也。至《周易》或题兼义者，阮文达《校勘记》云，并《正义》而刻之，以别于单注本。陈鳢《经籍跋文》云，他经附每节后，独《周易》总附卷末，故题为"兼义"，而不附音，盖北宋刻经，注疏皆分刻单行，至绍熙后始合刻，并附释音。世传南宋九行本《十三经注疏》，即元明诸刻所从出也。单疏今有汪士钟所刻《仪礼》、陆心源所刻《尔雅试取》二书，观之可知单疏旧式。若北宋单注，则仅存黎庶昌刻《古逸丛书》中之《尔雅郭注》，盖犹从孟蜀《石经》重刻所谓蜀大字本也。大抵注不破经，疏不破注，注或迂曲，疏必繁称博引以明之。唐宋人诸经义疏，多本六朝，而掩为己有，观邢昺《论语》，大半袭用皇侃。刘文淇欲作《易》、《书》、《诗》、《礼》、《春秋旧疏》考正，仅成《左传》一种，其子毓崧成《周易旧疏考证》、《尚书旧疏考证》二种，搜赃鞫盗，使孔、贾诸人读之，亦俯首而服谳矣。

　　一、当知真伪。子夏《易传》伪于唐张弧，今《通志堂经解》中子夏《易传》乃宋人伪作，又并非张弧书矣。关朗《易传》伪于宋阮逸，子贡《诗传》、申公《诗说》伪于明丰坊，《古文孝经孔安国传》伪于日本，此人人得知者也。《书》之伪《孔传》始于晋梅赜，宋朱子发其端，明梅鷟《古文尚书考异》、清阎若璩《古文尚书疏证》胪举证据，抉发靡遗，已成千秋定谳。毛奇龄作《古文尚书冤词》，割裂史文句读，曲为之护，殆所谓好恶拂人之性者。然有其举之，亦不必废梅赜，虽工于作伪，犹见晋以前古书，故其精理名言，能使唐人为之屈服。前清光绪十

二年王文敏懿荣奏请复《古本尚书》，以孙星衍《今古文尚书注疏》援《二十四史》附《旧唐书》、《五代史》之例，附入《十三经注疏》，事下礼部议，为户科给事中洪良品所驳，湖北学者多尊信伪《古文》，宜其有此封驳，要亦王自扰之也。《孟子孙奭疏》出于宋邵武士人之手，《朱子语录》云"蔡季通识其人"，《语录》又谓其全不似疏体，不曾解出名物制度，只绕缠赵岐之说，至岐注好用古事为比，疏多不得其根据。朱子所云，切中其失，宋时刻《十三经注疏》强以配入，其实不能肩随邢昺，又安能追踪孔、贾哉？故知一书之真伪，而后不至误入歧途，此固治经者所当分晓者矣。

五通

一、当通章句。 《后汉书·徐防传》云："《诗》、《书》、《礼》、《乐》，定自孔子；发明章句，始于子夏。"后人动轻人为章句之儒，不知章句为治经第一要义。《礼记·学记》："一年视离经辨志"，郑注："离经，断句绝也。辨志，谓别其心意所趣乡也。"疏："离经，谓离析经理，使章句断绝也。"两汉经师以章句之学名者，西汉《易》有施雠、孟喜、梁邱贺章句，《尚书》有欧阳章句、大小夏侯章句，《春秋》有公羊章句、穀梁章句，见《汉书·艺文志》。《易》有京房章句，见《隋书·经籍志》；有费直章句，见《经典释文》引《七录》。东汉《易》有刘表章句，见《隋志》、《释文》。《尚书》有桓君太常大小章句，见《后汉·桓郁传》。《礼》有庆氏章句，见《后汉书·曹褒传》；有桥居学章句，见《后汉书·桥元传》。盖章句不明，即无由通知大谊。今诸书虽已亡佚，略举例之易见者一二以明之。如《论语·述而》"子于是日哭，则不歌"。《释文》云："旧以为别章，今宜合前章。""亡而为有"，《释文》云："此旧别为章，今宜与前章合。""先进德行"以下，疏云："郑氏以合前章，皇氏别为一章。"此分章之不同也。《八佾》："君子无所争，必也射乎？"《释文》云："郑读以'必也'绝句。""揖让而升下"，《释文》云："郑注《诗·宾之初筵》引此则云'下而饮'。"《公冶长》"吾党之小子狂简"，《释文》云："郑读至'小子'绝句。""子罕子曰：'沽之哉！沽之哉！'"郑注："鲁读'沽之哉'，不重今，从古也。"敦煌石室残卷子本。此分句之不同也。略举数事可见汉人读经之法，各有师承，欲知其详，古人之书，宜考《经典释文》；今人之书，宜考翟均《周易章句证异》、吴廷华《仪礼章句》、翟灏《四书考异》、武亿《经读考异》。有此五书，章句之学，事半功倍矣。

一、当通校雠。"一夔已足"宣圣释疑，"三豕渡河"子夏辨误，圣门治学如此，何况治经夫？一字之差，谬以千里，众家之异，归往一尊，此刘向校书所以考之中古，郑玄注《礼》所以存其故书。自后陆德明《经典释文》罗列群经之异字，岳珂《九经三传沿革例》参稽各本之善长，于是有清一代之儒，兀兀穷年，人人同好。如顾炎武《九经误字》、齐召南《注疏考证》、阮文达《十三经注疏校勘记》几于搜罗尽净矣。又有王引之《经义述闻》、俞樾《群经平议》精于声音训诂之学，四通八达，几于推阐靡遗矣。然犹有未尽者，日本唐宋旧本倍于乾嘉之时，敦煌石室秘藏腾于中外之口，其中关于经学者，如《左传》昭二十七年传："夫鄢将师矫子之命，以灭三族。三族，国之良也。"日本古钞卷子本如此，今我国各本下不重"三族"字，则文句不通矣。《书·顾命》"率循大卞"，敦煌石室残叶作"率循大法"，明"卞"为"法"之残形。伪《孔传》云"率群臣循大法"，义本了然，自讹为"卞"，于是千言万语，解之不通矣。唐虞世南《北堂书抄十七》引"率循大弁"，段玉裁《尚书撰异》谓"卞"为"弁"之隶变，王鸣盛《尚书后案》谓"弁"即"冠弁"之"弁"，训"法"者，冠弁之总名。冠有法制，从寸，故训"法"。孙星衍《尚书今古文注疏》谓"卞"即"弁"省，或以"卞"为异字。此皆展转求通而不得其确解、假使早见此残本，则不至词异如此矣。或谓注疏附释文本，亦作"卞"，云卞皮彦反。是唐以前即作"卞"，陆德明所见本亦作"卞"也，不知《释文》中《尚书》已为宋开宝中所改，非陆原书，卢文弨、段玉裁已言之。略举二事可知校雠之学，尤治经者之所当用心，否则"西郊"、"四郊"，段①玉裁、顾广圻讦讼不已；"生谥"、"死谥"，何焯、方楘如辨争不休。王应麟《困学纪闻集证》六。疑狱千秋，难期定谳，岂非治经之大厄乎？

一、当通小学。古之小学，识字为先。洒扫应对，又其次也。《汉志》小学十家，自史籀以下，皆为字书。《志》云："古者八岁入小学，故《周官》保氏掌养国子，教之六书，谓象形、象事、象意、象声、转注、假借，造字之本也。"按：此六书可总为文字、声音、训诂三类，形、事，文字也。声与假借，声音也。意与转注，训诂也。知篆、隶之传变，则知文字之用宏；知假借之相资，则知声音之类广。至于训诂，渊海不外《尔雅》、《说文》。《尔雅》为《毛诗传》之根源，《说文》多古文学之遗说。今举字义之最浅近而易晓者，言之如《中庸》："仁者，人也。""义者，宜也。"《孟子》："庠者，养也；校者，教也；序者，射

---

① "叚"字讹，当作"段"。

也。"《易·说卦》："乾，健也；坤，顺也；离，丽也；坎，陷也；震，动也；巽，入也；兑，悦也；艮，止也。"① 皆取字声之同，以释其义，此训诂之本乎声出者也。《易》："乾，元亨利贞。"汉史晨《飨孔庙后碑》作"长亨利贞"，以"长"代"元"。《华山碑》作"永亨利贞"，以"永"代"元"。《彖传》"百谷草木丽乎土"，《说文·转部》"麓"下引"百谷草木麓乎地"，以"地"代"土"。《书·尧典》"钦若昊天"，《史记·五帝本纪》引作"敬顺昊天"，以"敬"代"钦"，以"顺"代"若"。"平秩东作"、"平秩南讹"、"平秩西成"引作"便程东作"、"便程南讹"、"便程西成"，以"便"代"平"，以"程"代"秩"，皆以训诂之字代经，此训诂之不本乎声出者也。若夫文字之别，有古篆，有隶书，今亦举其最简省而易晓者言之。如《论语·宪问》"有荷蒉"，《说文·草部》"蒉"下古文"𦳆"引《论语》作"有荷𦳆"，《汉武梁祠画像》标题作"何馈"。《书·大诰》"不敢替上帝命"，《魏三体石经》"敢"古作"𢽏"，篆作"𣤘"，隶作"敢"；"替"古作"暜"，篆作"暜"，隶作"替"。《左传》宣十有四年经"曹伯寿卒"，《魏三体石经》"寿"古作"𠷎"，篆作"𤊕"，隶作"寿"。古者古文也，隶者今文也，此文字之宜辨别也。声音者，以依声或同声之字互相通用，即六书之假借也。《说文·序说》"假借"云："本无其字，依声托事，令、长是也。"盖秦分郡县，始有令、长，未有令、长以前则"令"为"号令"之"令"，"长"为"长久"之"长"，既有令、长之后，则因其号令百姓，故借"令"以称之，欲其致治长久，故借"长"以称之，此一字为两字之用。如"次弟"之"弟"，即为"兄弟"之"弟"；"夫妇"之"夫"，即为"丈夫"之"夫"：所谓依声之假借也。同声字之假借为读经之假借，与造字之假借微有不同，大都两字为一字之用，如《诗·关雎》"君子好逑"，《汉书·匡衡传》引作"君子好仇"，"仇"与"逑"两字一用也；《书·吕刑》"士制百姓于刑之中"，《后汉书·梁统传》引作"于刑之衷"，"衷"与"中"两字一用也：所谓同声之假借也。亦有因形误而沿用者，如《诗·邶风》"绿衣序笺"，"绿"当为"禄"转作"绿"字之误也。《礼·檀弓》"自败于台骀始也"，注："败于台骀，晋襄四年秋也。'台'当为'壶'字之误也。"《春秋传》作"狐骀"。又有

---

① 见《易经·说卦传》（清嘉庆二十年南昌府学重刊宋本《十三经注疏》本），引文有误，原文为："乾，健也；坤，顺也；震，动也；巽，入也；坎，陷也；离，丽也；艮，止也；兑，说也。"

因声误而沿用者，《诗·小雅》"舟人之子，熊罴是裘"，笺云："'舟'当作'周'，'裘'当作'求'，声相近故也。"《周颂·臣工之什·有瞽》"应田县鼓"，笺："'田'当作'朄'。朄，小鼓，在大鼓旁①，声转字误，变而作'田'。"《礼·曲礼》"拾级聚足，郑注：'拾'当为'涉'，声之误也。"《礼运》"蒉桴而土鼓"，郑注："'蒉'读②由，声之误也。"大抵小学为经学之关键，其事为至难，吾恒欲于《尔雅》、《说文》外得一简捷之书以示人，迄不可得，无已则有阮文达《经籍籑诂》一书，再进之以刘淇《助字辨略》、王引之《经传释词》、段玉裁《说文解字注》，或有深入自得之一日乎！

一、当通大谊。班《志》云："仲尼没而微言绝，七十子丧而大义乖。"微言已绝，不可复续，汉人有为之者，如《志》载"《春秋》家"有《左氏微》、《铎氏微》、《张氏微》、《虞氏微》是也，他经无微，以微言在《春秋》也。然其书久亡，去圣日远，无端倡为怪诞之论，托于《公羊》，如康有为，其人未有不祸国家、害风俗者。故吾不言微言而言大义，大义虽乖，可以随时匡正。君不君、臣不臣、父不父、子不子是之谓乖，君君、臣臣、父父、子子是之谓不乖。汉昭帝有言"公卿大臣当用经术明于大谊"者，即此意也。《汉书·儒林传》：丁宽"作《易说》三万言，训故举大谊"，是《易》有大义也。《志·叙》"《尚书》家"云："古文读应《尔雅》，故解古今语而可知。"张晏注："尔，近也；雅，正也"，是《书》有大义也。又叙"《诗》家"云："或取《春秋》，杂③说，咸非其本义。与不得已，鲁最为近之。"是《诗》有大义也。又叙"《礼》家"云："有夫妇、父子、君臣、上下，礼义有所错。"同措。是《礼》有大义也。又叙"《春秋》家"云丘"明论本事而作传，明夫子不以空言说经"，是《春秋》有大义也。吾今举诸经大义一略言之，《易·系辞》曰："天尊地卑，乾坤定矣。卑高以陈，贵贱位矣。"《序卦》曰："有天地然后有万物，有万物然后有男女，有男女然后有夫妇，有夫妇然后有父子，有父子然后有君臣，有君臣然后有上下，有上下然后礼义有所错。"此《易》之大义也。《尚书大传》略引孔子曰：

---

① "旁"字后脱"应鞞之属"，据《毛诗正义》（清嘉庆二十年南昌府学重刊宋本《十三经注疏》本）校。

② "读"字后脱"为"，据《礼记正义》（清嘉庆二十年南昌府学重刊宋本《十三经注疏》本）校。

③ "杂"字前脱"采"字，据《汉书·艺文志》（北京，中华书局，1962）校。

《尧典》可以观美，《禹贡》可以观事，《咎繇》可以观治，《鸿①范》可以观度，'六誓'可以观义，'五诰'可以观仁，《甫刑》可以观诚②。通斯七观，《书》之大义，举矣。"此书之大义也。《论语》子曰："《诗》可以兴，可以观，可以群，可以怨，迩之事父，远之事君，多识于鸟兽草木之名。"此《诗》之大义也。《大戴礼记》哀公问孔子曰："民之所由生，礼为大。非礼无以节事天地之神明也，非礼无以辨君臣、上下、长幼之位也，非礼无以别男女、父子、兄弟之亲，昏姻、疏数之交也，君子以③之为尊敬然。然后以其所能教百姓。"此《礼》之大义也。孟子曰："世衰道微，邪说暴行有作，臣弑其君者有之，子弑其父者有之。孔子惧，作《春秋》。《春秋》，天子之事也，孔子曰：'知我者其惟《春秋》乎！罪我者其惟《春秋》乎！'"此《春秋》之大义也。非独此也，读《十巽》而后明《易》之大义，读《论》、《孟》、《左传》而后明《书》之大义，读《大》、《小序》而后明《诗》之大义，读《大戴》、《小戴礼记》而后明《周官》、《仪礼》之大义，读《孝经》、《论》、《孟》而后明《春秋》之大义，读《大戴礼·曾子》十篇而后明《孝经》之大义，大义明而后六经如日月之昭垂，治经之能事毕矣。

一、当通政事。孔子之诏伯鱼曰："不学《诗》，无以言。不学《礼》，无以立。"此为过庭时训也。又曰："诵《诗》三百，授之以政，不达；使于四方，不能专对。虽多，亦奚以为？"此为及门人训也。六经而无实用，则圣人为空作矣。《汉书·孔光传》："博士选有三科，高第为尚书，次为列史，其不道政事，以次补诸侯太傅。"④ 又《萧望之传》：昭帝时"选博士通政事补郡国守相"⑤，汉世崇经即本此意。《礼·经解》引孔子曰："入其国，其教可知也⑥。温柔敦厚，《诗》教也；疏通知远，《书》教也；广博易良，《乐》教也；洁静精微，《易》教也；恭俭庄敬，《礼》教也；属辞比事，《春秋》教也。"此六经有用之效也。战国时七雄并争，诸子异学，遭秦灭籍，六经晦盲。汉兴，高

---

① "鸿"字讹，当作"洪"。

② "诚"字讹，当作"诚"，据《尚书大传》（《四部丛刊》本）校。

③ "以"字后脱"此"字，据《大戴礼记解诂》（北京，中华书局，1983）校。

④ 见《汉书》（北京，中华书局，1962），引文有误，原文为："博士选三科，高为尚书，次为刺史，其不通政事，以久次补诸侯太傅。"

⑤ 见《汉书》，引文有误，原文为"选博士谏大夫通政事者补郡国守相"。

⑥ "也"字后脱"其为人也"，据《礼记·经解》（清嘉庆二十年南昌府学重刊宋本《十三经注疏》本）校。

祖以太牢祀孔，叔①通采古礼、酌秦法定朝仪，此据《史记》本传文。《后书》曹褒论：公叔孙通采《礼经》，通物观，救崩弊。孝文时乐人窦公献《周官·太宗伯》、《大司乐》章，汉世礼乐之兴即由于此。其后董仲舒以《春秋》决狱事，王式以三百五篇《诗》当谏书，平当以经明《禹贡》使行河，兒宽通《尚书》，以古法议决疑大狱，载在《史》、《汉》纪、传，成为美谈。至何休以《春秋》驳汉事四百余条，既非见诸施行，不过逞其辨难。王莽、王安石伪托《周礼》惑古殃民，此其人于经术本无所知，仅乃拾其鳞爪皮毛，为饰奸文过之计，其不能以一二人之私慝玷及圣经，明矣。至于诸子之学，亦未尝不可治世，如曹参以黄老家言治汉，武侯以申韩之法治蜀。要知天下初定，与民休息，不得不以清静代纷更；天下已乱，与民更始，不得不以刑法教宽厚。其效在一时，不如经术之垂久。宋赵普谓以半部《论语》佐太祖，以半部《论语》佐太宗。后世不信其人与言，比于汉京儒吏之设施，未见其全为夸诞也。

十戒

一、当戒僭妄。扬雄以《太玄》拟《易》，以《法言》拟《论语》。王通以《中说》拟《论语》，以《元经》拟《春秋》。文辞虽工，阳虎之似也，僭也。宋薛瑄书古文《训》袭取《汗简》，伪造古文。宋俞庭椿之《周礼复古编》、元丘葵之《周礼补亡》、明舒芬之《周礼定本》窜乱五官，妄补冬官。宋王柏之《书疑》、《诗疑》割裂经文，悍然非圣言，论虽辨少正之雄也，妄也。不仅此也，王充《论衡》问孔刺孟，刘知幾《史通》疑古惑经，或据寻常文则悬论孔经，或凭传疑古书妄讥圣作，王书虽为蔡邕鸿宝，刘书亦为徐坚推崇，要其信口雌黄，不免鸿文无范。至于明代季本、如《易学四同》、《易学别录》、《春秋私考》。丰坊如《古易世学》、《易辨》、《古书世学》、《鲁诗世学》、《春秋世学》。之作，动矜秘本，妄改古经，沧海横流，无异秦火，斯诚经籍之大厄矣。

一、当戒武断。朱子以《论语》"放郑声"一语，遂疑郑、卫皆淫诗，方苞以王安石行新法，遂疑《周官》有莽制，其意在厚风俗，正人心，而不觉其言之流于偏宕，况学问远不如朱子、方苞者乎！汉世《左传》家说以刘为尧后，《后汉书·贾逵传》《公羊》家说以为汉制作，此乃依托谶纬，冀本经之立学官，语虽无稽，尚非有心武断。梅赜伪《尚书孔传》，名言奥义初不悖乎圣人，犹之《诗序》出于汉人，不妨归之

① "叔"字后脱"孙"字。

于子夏。《尔雅》续于东汉，仍可系之于周公。此亦不得以武断而废之也。

一、当戒杜撰。郭公夏五存《鲁史》之旧文，不知而作信君子之，盖阙杜撰之害，吾于前已痛言之。纪文达云毛奇龄好异叛经，阎若璩讥汪琬周姥制礼，两人皆有清儒家巨子，其学问之鸿博，人犹得乘其隙漏而攻之，何况近人如王闿运、廖平、康有为，其人一味自欺欺人，而欲以臆造之空谈求胜于往哲，其能以一人之手掩天下人之目乎？是亦徒耗心力而已矣。

一、当戒割判。《汉章帝纪》建初八年诏曰："五经割判，去圣弥远。章句疑词，乖离难正。恐先师微言将遂废绝，非所以重稽古、求道真也。"[1] 是割判经句，汉中叶已倡其风。自后晋梅赜割补伪《孔传尚书》，而齐姚方兴于大航头得《舜典》"粤若稽古"以下二十八字类太康中书，乃表上之。事未施行，方兴以罪致戮。至隋开皇初购求遗典始得之。北宋余焘请移《洪范》"王省惟岁"以下八十七字于"四、五纪"一节，为台谏所弹。历朝改经之事准驳，胥听之朝廷，然其说一倡，贤如朱子，犹不免蹈其弊，如取程子之意以补《大学》，移改《礼记》之篇章，借胡宏之说以刊《孝经》，删定唐人之经注。书虽传于后世，事不餍于人心。迄于元代，胡一中谓《洪范》经传次弟紊乱，而《定正洪范》出矣；邱葵谓"冬官"一职散在"五官"，而《周官补亡》行矣。此其弊则并僭妄、武断、杜撰三者而有之。有清乾嘉诸儒，如江声《尚书集注音疏》、孙星衍《尚书今古文注疏》摭拾《史》、《汉》诸经注疏引《秦誓》之文以补马、郑《太誓》，弊正相等，不必讳言。他如卢文弨、戴震、严可均诸人校注古书，往往援据《史》、《汉》、《文选》注唐宋人类书改补本，《书》旧文尤不足以昭信守。吾尝言有清一代之儒学，扶微理坠，诚有复古之功，而信古与自信甚深，亦颇滋人口实，学者取其长而去其短，斯善矣。

一、当戒空疏。宋儒说经，明理切事，诚为有功于六经，惟其高语精微，空谈性理，为之者固以圣人之徒自命，学之者将以语录之作配天，不知性与天道不可得闻，言语高贤，岂能阻人以不窥富美。诚以罕言仁命，余力学文。《论语》开宗，教人惟在"学而时习"一语，圣人

---

[1] 见《后汉书·章帝纪》（北京，中华书局，1965），引文有误，原文为："五经剖判，去圣弥远。章句遗辞，乖疑难正。恐先师微言将遂废绝，非所以重稽古、求道真也。"

一生自勉，惟以"学而不厌"为归，学则非性理，亦非空谈穷理，尽性以至于命，此何时乎？吾于宋人说经之书，专取其切于人事者列之，所以救空疏之病也，朱学大行且五六百年，朱非不求实学者，后人安得以宋儒借口乎。

一、当戒破碎。桓谭有云：《汉书·艺文志》引谭《新论》"秦近君能说《尧典》篇目两字之说至十余万言，但说'曰若稽古'三万言。"班固《汉书·艺文志》云："博学者又不思多闻阙疑之义，而务碎义逃难，便词①巧说，破坏形体，说五字之文，至于二三万言。后进弥以驰逐，故幼童而守一艺，白首而后能言，安其所习，毁所不见，终以自蔽。此学者之大患也。"又《儒林传》赞云："自武帝②设科射策，劝以官禄。迄于元始，百有余年，传业者浸盛，支叶繁滋，一经说至百余万言，大师众至千余人，盖禄利之路然也。"《后汉书·桓郁传》云："初荣受朱普学章句四十万言，浮词繁长，多过其实。及荣入授显宗，减为二十三万言。郁复删省定成十二万言。"可见说经破碎，自汉已然。其为禄利之心与唐人尚诗赋、宋以后重制艺设科虽异，流弊则同，岂有一代经师蹈此陋习之理？然而《皇清经解》前后两编所收，犹不免有此失者，岂非习尚已久，骤不能变革乎？

一、当戒穿凿。赵宾解《易》，"箕子"为"荄滋"，本传谓其"持论巧慧"。郑玄解《尚书·顾命》"执瑁"，古"冃"似"同"，从误作"同"，训为酒杯，解"凭几洮頮面"为"澣水"，虞翻讥其违失事。因是穿凿之病，两汉相同，正不必为之深讳。宋王安石《字说》以"坡"为土之皮，"诗"为寺人之言。杨简《慈湖诗传》解"聊乐我员"，以"员"为姓。解"天子葵之"为向日之葵。元陶宗仪《国风尊经》多袭王氏《字说》之谬。小学久废，更不足以责宋人。至乾嘉诸老，好以钟鼎彝器字解经，如钱大昕、段玉裁、王筠、桂馥、孙星衍、阮元诸人，皆有信古太过之病。近世吴大澂尤酷好之，叧作《字说》，据《兮仲钟》及《追敦》"前文人"铭词，谓"前文人"即《书·大诰》"前宁人"，并诋郑注以"宁王"为"武王"之失。《字说》尤好据金石文字纠驳《说文》，以似真非真之文，据半信半疑之字，遽然推翻旧说，自诩新知，较之兰台贿改漆书，其勇于自信，不恤人言，有其过之矣。夫金石

---

① "词"字讹，当作"辞"，据《汉书·艺文志》校。
② "帝"字后脱"立五经博士，开弟子员"，据《汉书·儒林传》赞校。

之学，萌芽于汉人，许慎《说文·序》言："郡国往往于山川出彝鼎，其铭皆前代之古文。"①《汉书·艺文志》"《春秋》家"有奏事二十篇。本注云："秦时大臣奏事，及刻石名山文也。"虽然传世，信今金不如石，《鸿都石经》之万人共睹，胜于《宣和博古》之一人宝藏。存其学以为泽古之一端，未始不自成一子，若据以说经解字，则纷纷膺鼎，又谁为之辨别乎？

一、当戒傅会。汉人以灾异神输说《易》，傅会也；以《参同契》说《易》，亦傅会。六朝人以《老》、《庄》说《易》，傅会也。宋陈抟以《图》、《书》说《易》，邵子以《皇极》"数理"说《易》，亦傅会。汉人以五行灾异说《洪范》，傅会也。宋儒以《河》、《洛》说《洪范》，亦傅会。汉人以"四始五际"说《诗》，傅会也；以《春秋》杂说说《诗》，亦傅会。宋人以叶韵说《诗》，傅会也；以妙悟说《诗》，亦傅会。汉儒以《明堂阴阳》说《礼》，傅会也；以《封禅群祀》说《礼》，亦傅会。汉人以"新周故宋王鲁"为汉制作说《春秋》，傅会也；以"年月日时例"说《春秋》，亦傅会。故学无论汉、宋，惟求其实；汉无论古文、今文，宋无论为朱、为陆，惟求其是。执一偏之见，挟求胜之心，正理不足，乃不得已，而以傅会出之，此古今学者之大病也。

一、当戒攘窃。有清一代，考据之学引书，必注明出处；引旧人说，必标举姓名。此可师可法者也。诸家说经一派，以校勘与疏证二者为多，而注家甚少，即有之，大都采集前人旧注加以发明，未有掩取群言据为己有者也。自戴望注《论语》摹仿汉人，王闿运笺《礼》、补《诗》抹杀前人训诂，开著书简易之路，成末流蔑古之风，盗憎主人，祸及学术。加以自造新义，炫骇俗儒，一经流传，使人如饮狂药，吾虽乡人，不能为之曲护矣。

一、当戒党伐。刘歆有言，保残守阙，挟恐见破之私意，而无从善服义之公心，或怀妒嫉，不考情实，雷同相从，随声是非，此党同伐异之见所由来也。夫博学原须明辨，离经亦在辨志，五经然否，讨论不厌其详，假如郑玄之《箴膏肓》、《起废疾》、《发墨守》虽操戈何休之室，当之者将俯首而无异词。又如玄驳许慎《五经异义》，虽残篇断简，不

---

① 见《说文解字·序》(北京，中华书局，1963)，引文有误，原文为："郡国亦往往于山川得鼎彝，其铭即前代之古文。"

见全文，然大敌相当，输攻墨守，自非后人一知半解所能望其津涯。盖玄为东汉通经之儒，学无常师，故不主张门户。《魏志·王肃传》云："肃善贾、马之学，而不好郑氏，集《圣证论》以讥短玄，孙叔然授学郑玄之门人，驳而释之。"①《旧唐书·元行传》云："子雍规玄数十百件，守郑学者，时有中郎马昭，上书以为肃谬。诏王学之辈，占答以闻。又遣博士张融案经论诘，融等②召集，分别推处，理之是非，具《圣证论》。"是时，郑学大行，故肃嫉之，务废其学。今《圣证论》已佚，残文偶见于《礼》、《诗》疏，为多孙叔然、马昭、张融等驳释，推处之文亦多具载。肃穷无经引，即据所注伪造《家语》以实之，或引贾逵旧说，多玄不取。是肃之于郑学，全出党伐之私，吾友皮锡瑞有《圣证论疏证》一书可取以一参校也。其后隋刘炫作《左传杜预规过》以纠杜注之非，孔《疏》复左杜而右刘，不辨杜注强经就传之失，是则安其所习，毚所不见。班固之所深讥《艺文志》，沉溺所习，玩守旧文，陈元之所非是。《元》本传。况乃因门户而水火，因水火而储胥，在野则为笔舌之争，在朝则为朋党之祸。有今、古文之争立，遂以开新莽篡汉之机；有几、复社之呼号，遂以授马、阮亡明之券；有清末造康有为假托《公羊》比附时政，以致新旧相轧，邪说朋兴，亡国咎征，至今为梗。今之倡明正学，有所折衷，读者勿以为犹有异同之见也。

　　求书简明目已刻入《经解》、《经苑》诸丛书者，虽有单行善本，概不重录，以此为求书计也，非藏书计也。

　　《十三经注疏》明毛晋汲古阁刻本，乾隆四年武英殿刻本附考证，嘉庆二十三四年阮元江西刻本附校勘记。

　　按：《注疏》以南宋九行本为世所称，然为藏书家之书，非通行所易有也。明嘉靖中南京国子监本犹据旧藏宋元板片重修，万历北京国子监本则全据南监本重刻，毛刻又据北监本，讹缪极多，此顾炎武所以有《九经误字》之作也。然明监南、北二本传本渐稀，毛板于嘉庆中叶藏苏城，席氏扫叶山房印本虽多，初印绝少。乾隆四年武英殿刻本告成，

----

　　①　见《三国志·魏志》（北京，中华书局，1959），引文有误，原文为："肃善贾、马之学，而不好郑氏，采会同异，为《尚书》、《诗》、《论语》、《三礼》、《左氏》解，及撰定父朗所作《易传》，皆列于学官。其所论驳朝廷典制、郊祀、宗庙、丧纪、轻重，凡百余篇。时乐安孙叔然，受学郑玄之门，人称东州大儒。征为秘书监，不就。肃集《圣证论》以讥短玄，叔然驳而释之。"

　　②　"等"字讹，当作"登"，据《旧唐书》（北京，中华书局，1975）校。

后明刻俱废不行。嘉庆末，阮文达采集宋元明诸本校刻于江西，每经后附有校勘记，然成于幕僚之手，遗议滋多。张文达《书目畣问》谓其本最于学者有益，凡有关校勘处，旁有一圈，依圈检之，精妙全在于此。四川书坊翻刻阮本，讹谬太多，不可读，且削去其圈尤谬。明监、汲古不善，张谓阮刻多妙，亦耳食之，言阮刻为幕客校勘，当时公子福撰《雷塘盦弟子记》云："刻未完竣，公移抚河南，故有毛、监不误反以为误者。"① 然则欲求注疏善本，惟有殿本可定一尊。且阮刻板在江西，近已漫漶，不如殿本犹有初印，为人收藏，且有同治十年广州重刻也。

《通志堂经解》康熙丙辰、丁巳间纳兰成德刊本，同治十年广东盐运使署重刻本。

按：此皆汇刻宋元明人经解，字体极精，校勘不善，当时何焯已深讥之。翁方纲刻有《通志堂经解目》，在翁刻《苏斋丛书》内。详载何评，可知其得失矣。广东重刻，虽不如原刻之精，而犹易于购买。惟当日纳兰刻是书时，本其师徐乾学主持，故专崇朱子一派，凡有与朱子异者概事删除，其中精华无多，不足供治经之用。最要者为陆德明《经典释文》一书，当时据钱曾述古堂抄本刊行，逐卷多有讹误，其后卢文弨据各家校订本重刻，后附考证，自谓精细过之，然不如吾家二十五世祖石君公讳树莲者校。宋精抄为历来校勘家所推重，吾曾得县人袁芳瑛过录本，拟重刻之，公诸天下，使人得知庐山真面，非若蓬、瀛之虚渺也。

《经苑》道光乙巳年钱仪吉编、大梁书院刻本。

按：此书补《通志堂》之遗，而不拘于朱子一派，当时搜访有四十四种之多，仅刻成二十五种。嘉庆间张金吾本有续《经解》之议，拟用活字排印，事不果行，其残本多种，今为吾同年友张菊生太史元济所收，其他散见《永乐大典》中。《四库》著录，已排印入武英殿聚珍版《丛书》，福州有翻刻，亦通常易购者也。

《两苏经解》明万历焦竑刻本。

按：苏氏之学近于纵横家，故其论事之文颇为当时倾倒，至于说经，大苏则出入玄理，于经义为旁门，然其时有蜀、洛之争，竟与二程树之大敌，故王安石《新义》不行于后世，而苏氏兄弟之学至今犹有传

---

① 见《雷塘盦主弟子记》（清道光刻本），引文有误，原文为："未刻校完竣，即奉命移抚河南。校书之人，不能细心，其中错字甚多，有监本、毛本不错而今反错者。"

书，其中得失之林，固足资人考索矣。

《古经解汇函附小学汇函》同治十二年广东盐运使钟谦钧刻本，光绪间湖南共赏书局有翻刻，不善。

按：此书汇刻六朝唐宋人经解，多纳兰氏、钱氏所未收者。如龚翔麟玉玲珑阁所刻唐人《春秋》，全行收入，其他丛书所刻不经见者，大都择要重刊附刻。自大、小二徐《说文》外，若《玉篇》、《广韵》、《字书》之切要者，皆搜采靡遗，此在丛书中可谓独得骊珠者矣。

《微波榭遗书》乾隆癸巳孔继涵刻本。

按：此书板现存曲阜孔氏，虽仅数种，皆有用之书。中如《孟子赵岐注》连章指并刻，乃赵氏原书从宋本重刻者也。《五经文字》、《九经字样》二种，窜改原书，不可据。

《皇清经解》道光末年阮元编刻本。

按：阮文达督两广时，搜集有清治汉学诸经解书汇为此编，道光以前之作者尽入网罗，咸丰以后之风气遂有统系。自光绪中叶《公羊》学盛，邪说朋兴，十数年来士人已束之高阁，幸其板现存广东学海堂，传本未绝，湖南旧有重编分经刻本，可备检查。学者欲重理坠绪，此等如山如海之巨编，固不可不探讨已。

《皇清经解续篇》光绪乙酉年王先谦编刻本。

按：此书于阮刻未收及阮刻有节删者，皆赓续补全。其中多有家藏稿本，未经刻过之书。惟首列王夫之诸经与前编之首列毛奇龄诸书与全书辑佚、疏证二派不合，盖阮于奇龄本为私淑之人，王于夫之不免乡人之见，非编刻本旨也。

以上经注疏解总刻本。

《相台岳氏五经》乾隆四十八年武英殿仿宋刻本，福建、广东、四川、贵州、江南均存有刻翻本，湖南攸县龙氏刻本。

按：此为单注善本，殿本仿宋刻，极精，今不易得，龙刻则常有之。

《宋元人五经注》明经厂刻本，同治中江南、湖北官书局均有刻本，厂本、王府刻本均罕见。

按：元明以来，功令取士，专重朱学。合刻《宋元人注五经》，《易》用程《传》、朱子《本义》合刻，《书》用蔡《传》，《诗》用《集传》，《春秋》胡《传》，《礼》陈浩《集说》。明正统间首载英宗谕旨于书前，命司礼监刊行，字大悦目，至今多有传本，惟全者难得耳。至同治时，各省官书局多有重刻本，所谓《五经读本》皆此本，惟《春秋》胡《传》，易以杜《注》、林《解》，林名尧叟，宋人书甚浅略，不知何以与杜《注》合并，此必主刻者之任意牵合，毫无取义明矣。

《四书朱子集注》明经厂本，与五经并行，乾隆元年内府仿宋大字本，嘉庆辛未璜川吴志忠校刻小字本。

自元明以来，制义取士，朱氏之学乃大昌，家塾间与五经并为读本。物极必返，宋学退而汉学兴，东汉之学退而西汉之学兴，至清之末年，新学、西学杂然流行，而东隣逼居，陆、王之风炽，今之朱学盖在晦盲矣。

以上汉、宋人经注五经总刻本。

《诗毛传郑笺》三十卷附《诗谱》一卷、《音义》三卷，嘉庆甲子木渎周氏刻本。

《周礼郑注》十二卷、《礼记》一卷嘉庆，黄丕烈《士礼居丛书》仿明嘉靖本。

《礼记郑注》二十卷、《考异》二卷嘉庆丙寅张敦仁仿宋抚州本。

《仪礼郑注》十七卷、《校识》一卷嘉庆乙寅黄丕烈《士礼居丛书》仿宋本，同治九年武昌书局重刻黄本。

《春秋左传集解》三十卷道光庚子汪绍成《正谊斋丛书》本。

《公羊传解诂》十一卷嘉庆中汪中仿宋绍熙刻本，此板后归扬州官书局。

《穀梁传集解》十二卷光绪乙酉黎庶昌《古佚丛书》仿宋绍熙刻本。

《论语集解》二十卷日本文化十年重刻元正平本、黎刻《古佚丛书》本，此书日本多单刻本。

《孟子赵注》十四卷、《音义》三卷乾隆壬辰孔继涵《微波榭丛书》本。

《孝经唐明皇注》一卷同治庚午扬州官书局仿宋大字刻本、光绪辛丑杨守敬仿宋小字本。

《尔雅郭注》三卷嘉庆己未臧镛堂仿元雪窗书院刻本、嘉庆丙寅顾广圻仿明吴元恭刻本、道光甲申陈宗彝仿明景泰马亮刻本。

以上单注刻本。

《尚书正义》二十卷日本弘化丁未仿宋刻本。

《仪礼疏》五十卷道光庚寅汪士钟仿宋景德刻本。

《尔雅疏》三卷光绪十四年陆心源重刻北宋本。

以上单疏刻本。

《惠栋校宋本礼记注疏》六十卷乾隆乙卯和珅刻本。

《论语注疏》二十卷光绪丁未刘世珩仿元元贞刻本。

《尔雅注疏》九卷嘉庆汪士钟仿元泰定刻本。

以上注疏单刻善本。

《周易集解》十七卷明嘉靖十六年朱睦㮮刻本、明毛晋《津逮秘书》本、嘉庆戊寅木渎周氏刻本、同治十二年《古经解汇函》本。

《论语皇侃义疏》十卷日本宽延庚子刻本、乾隆内府刻本、乾隆五十三年鲍廷博《知不足斋丛书》刻本、《古经解汇函》本。

以上注疏别本。

《易程传》六卷、《系辞精义》二卷黎庶昌《古佚丛书》刻本。

《朱子易本义》十二卷康熙内府仿宋淳熙大字刻本、同治四年江南书局刻本。

《周易传义音训》八卷咸丰六年祝凤喈刻本。

《书集传》六卷光绪六年江苏公善堂仿宋刻本。

《书传音释》六卷、《书序》一卷同治五年吴棠望三益斋刻本。

《礼记集说》三十卷明刻九行本。

以上宋人五经注单刻本。

《古经解钩沈》三十卷余萧客撰，乾隆乙卯刻本。

《汉魏遗书钞》一百八种王谟撰，嘉庆庚申刻本。

《玉函山房辑佚经编》三百五十二种马国翰撰，光绪甲申山东官书局刻本、湖南书坊重刻大小字二本，甚劣。

按：右列三家，为搜集汉魏六朝以来诸经佚注之本，援引既富，讹谬亦多。引据时仍当查检引用之原书，庶不至于沿误也。

以上五经古佚注辑木①。

《周易述》十九卷、惠栋撰。《周易述补》四卷栋弟子江藩撰，惠书乾隆六十年卢见曾雅雨堂刻本、江书乾隆己卯自刻本。

《尚书今古文注疏》三十卷孙星衍撰，嘉庆乙亥《平津馆丛书》刻本。

《尚书集注音疏》十二卷、《经师表》一卷江声撰，乾隆五十八年自刻篆书本。

《毛诗传疏》三十卷陈奂撰，道光丙午自刻本。

《今文尚书疏证》三十卷皮锡瑞撰。

《周礼疏》八十顾卷诒让撰，光绪乙巳活字排印本。

《仪礼正义》四十卷胡培翚撰，咸丰壬子陆建瀛刻本、同治戊辰胡肇智修补本。

——————————

① "木"字讹，当作"本"。

《公羊义疏》七十六卷陈立撰，《皇清经解续编》本。

《穀梁大义述》二十卷柳兴宗撰，扬州刻本、《续经解》本。

《论语正义》二十卷刘宝楠撰，同治丙寅扬州书局刻本。

《论语古注集笺》二十卷潘维城撰，光绪七年江苏书局刻本。

《孟子正义》三十卷焦循撰，道光乙酉《雕菰楼丛书》刻本。

《孝经义疏》九卷阮福撰，道光九年《文选楼丛书》刻本。

《孝经郑注疏》二卷皮锡瑞撰，光绪乙未自刻本。

《尔雅正义》二十卷邵晋涵撰，乾隆戊申家塾刻本。

《尔雅义疏》二十卷郝懿行撰，同治四年懿行孙联薇刻《遗书》本、同治十三年湖南官书局刻本。

按：右列清儒注疏十四种，《尚书》、《论语》、《孝经》、《尔雅》各重一种，缺《礼记》、《左传》二种，光绪十五年福山王文敏懿荣奏请将清儒注疏赐列学官：《易》列李道平《纂疏》，不录惠、江《述补》；《尚书》有孙星衍《注疏》，无江声《音疏》；《论语》有刘宝楠《正义》，无潘维城《集笺》；《穀梁》列钟文杰《补注》，不录柳兴宗《大义述》；《尔雅》有郝懿行《义疏》，无邵晋涵《正义》；《周礼》孙诒让《疏》；《孝经》皮锡瑞《疏》。其时犹未刊行《礼记》、《左传》，至今尚缺，闻刘文淇有《左传正义》，未卒业，子毓崧继之，今三世矣，书犹未刊。张文襄督湖广时拟聘东南儒者为《左传义疏》，注本用洪亮吉《左传诂》，卒以政事牵扰，不克成功，自后《公羊》之说大倡，更无人治此烦难之大经矣。

《京房易传》三卷吴陆绩注，《津逮秘书》刻本。

《焦氏易林》十六卷汉焦赣撰，《津逮秘书》刻本、士礼居仿宋刻本、道光二十八年翟云升刻本。

按：《易》道广大，占验不过汉学中之一派耳。此二书《四库》著录入之"子部·术数"，持义甚正。然汉世《易》学存于今者，仅此二家尚为完书，故特举之，以待治汉《易》者有所研考云。

《太极图说》一卷、《通书》一卷宋周子撰，明刻《周濂溪集》本。

按：此二书《四库》入"子部·儒家"，其实为宗儒《易》学之祖，明刻《集》本恐不易得，李文贞光第有注本，在所刻《遗书》中，然文贞理学非深入者也。

《周易新讲义》十卷宋龚原撰，光绪己卯苏州重印《佚存丛书》本、咸丰辛酉伍崇曜《粤雅堂丛书》刻本。

按：此为王安石之学者，安石学不足道，存其书，俾知其学之流派。

《周易传注》七卷、附《周易筮考》一卷李塨撰，道光癸卯石氏刻本。

按：塨为颜习斋之学，存之以备参考。

《尚书大传》三卷汉伏生撰，卢见曾《雅雨堂丛书》本、《古经解汇函》本。

按：《尚书大传》为后人辑佚之书，《四库》列于"经部《尚书》家"之末，谓如《易乾凿度》、《春秋繁露》之属。吾谓《尚书》今文家说以伏生为老师，传文残缺不完，无从得其深旨。陈寿祺有校注定本，分为八卷，《古经解汇函》重刻之，读之可略知今文之遗说已。

《逸周书》十卷晋孔晁注，卢文弨校《抱经堂丛书》刻本。

按：此即《汉书·艺文志》"《尚书》家"之《周书》七十一篇也。宋陈振孙《直斋书录解题》称凡七十篇，《叙》一篇在卷末。京口刊本始以《序》散入诸篇，据此则今之七十篇固完书也。《隋书·经籍志》始改入"史部·杂史"，与《国语》、《国策》同类。今《四库》则改入"别史"，别于"杂史"之《国语》、《国策》，义实不安，今仍隶于《尚书》，似犹胜于伪《孔传》也。乾嘉时注者三家：一、陈逢衡《补注》二十四卷，为道光乙酉家刻本；一、丁宗洛《管笺》十六卷，为道光庚寅家刻本；一、朱石曾《集训校释》十一卷，为道光丙午家刻本。三家疏通疑滞，校正讹文，皆有功是书者也。卢刻以前有明吴琯《古今逸史》本，程荣、何允中二家《汉魏丛书》本，均以逊于卢本，故不具列。

《古文尚书考异》六卷明梅鷟撰，嘉庆甲戌《平津馆丛书》刻本、道光五年朱琳刻本。

按：《书》伪《孔传》始于梅赜，攻其伪而有成书者则为梅鷟，作者、攻者皆出一姓，奇矣。此书为阎若璩《古文尚书疏证》之前驱，阎书行而此书几有不能举其名者，故特为表章之。

《古文尚书冤词》八卷毛奇龄撰，《西河全①集》刻本。

伪《孔传》之案，书虽列于学宫，而疑谳已定。毛因阎若璩《古文尚书疏证》出，故欲与之相难，于是割裂古书，强文就我。经学之有汉

---

① "全"字讹，当作"合"。

学，固奇龄之功，而负气愤争，不求心理之安，不问是非之公，以致汉与宋相攻，汉又与汉相攻，奇龄首开其端，实不能辞其咎。世人不见其书，则不知其舞文弄法之害，故特著之，俾读者知其得失而已。

《尚书参正》三十六卷王先谦撰，光绪三十年虚受堂刻本。

《今文尚书疏证》三十卷皮锡瑞撰，光绪二十三年自刻本。

按：王、皮二书，于今、古文真伪疏证详赡，极有用之书也。

《韩诗外传》十卷汉韩婴撰，光绪乙亥吴棠望三益斋校刻本、《古经解汇函》本。

按：《外传》不过各经一种，师说非本义也。《隋志》入《诗经》，《四库》亦列入本经末。近人陈寿祺《三家诗遗说考》多据以说《韩诗》，盖亦礼失求野之意耳。此书以明通津草堂刻本为最佳，而世不恒有，有沈辨之野竹斋本，世皆以为元刻，吾细审之，即通津草堂本售之沈氏剜改本，记印行非别有一本也。通行为《汉魏丛书》本，校勘不精。惟吴氏本系合周廷寀、赵怀玉二本参校刊行，得一本而两本之精华悉具，众本之讹谬已除，无吴本则以《古经解汇函》本代之，亦买王得羊之意也。

《诗经传注》八卷李塨撰，道光甲辰裔孙李桓、李枢刻本。

颜、李为理学别派，经非老师，塨则受业毛奇龄，学亦小异。塨注经惟《易》、《诗》二种易明人事，《诗》宗《大》、《小序》，皆持论切实，异于奇龄之叫嚣。《四库》著录为《易》一种、《竟山学乐录》一种，而不列《诗注》，殆当时传本稀见与。

《毛诗礼征》十卷包世荣撰，道光七年家刻本。

《国语》二十一卷吴韦昭注，嘉庆五年士礼居仿宋本、同治五年湖北官书局翻刻士礼居本。

《国策》二十卷汉高诱注，同上。

按：此二书《汉志》入《春秋》家是也。《隋书·经籍志》改入"史部·杂史类"，《四库》因之，又改入"别史类"，不知二书固《春秋》之别子也。明刻、近刻极多，此举其善本及易于购取者。明嘉靖戊子吴门金李仿宋刻《国语》，又龚雷仿宋刻《国策》，宋鲍彪注视士礼居本尤佳，惜不多见。

《春秋繁露》十卷汉董仲舒撰，武英殿聚珍版本为戴震校本、卢文弨校《抱经堂丛书》刻本。

按：《汉书》本传董所著书有《玉杯》、《繁露》，今皆全书之篇名，

《艺文志》儒家有董仲舒百二十三篇，亦无《春秋繁露》之目，此书盖出北宋人所辑。明刻甚多，程荣《汉魏丛书》本、锡山华坚兰雪堂活字印本，世有重名。然自《永乐大典》出，全载北宋本原文，戴震为之补缺订讹，然后是书乃睹庐山真面。同时卢文弨又据戴本参校众本，重刻入《抱经堂丛书》，至今与戴本并峙。注家则有凌曙注，刻入《蜚云阁全书》。此类书于经学为附庸，近世言《公羊》学者，乃据以为枕中鸿宝，缪已。

《春秋五礼例宗》七卷宋张大亨撰，《粤雅堂丛书》刻本。

《大戴礼记》十三卷北周卢辨注，武英殿聚珍版丛书本、雅雨堂校刻本。

《仪礼经传通解》三十七卷、《续》二十九卷宋朱子撰，康熙中吕留良宝诰堂刻本、日本仿宋大字刻本。

《孔子家语》十卷魏王肃注，汲古阁仿宋刻本、光绪戊戌刘世珩仿北宋大字刻本。

《孔丛子》七卷宋宋咸注，光绪元年海宁陈氏仿宋巾箱本。

按：二书皆王肃之徒伪托前人，已详论之。《家语》有孙志祖《疏证》六卷，乾隆五十八年家刻本；又有陈士珂《疏证》十卷，光绪十七年赵尚辅《湖北丛书》刻本。孙攻其伪，陈辨其真，持论不同而考证则一，所谓彼此一是非也。二书《四库》入"子部·儒家类"，今从《汉志》，仍入《论语》家。

《孔子集语》二卷宋薛据撰，乾隆丁丑曲阜衍圣公府刻本。

《孔氏祖庭广记》十二卷金孔元措撰，光绪丁亥董金鉴重印《琳琅秘室丛书》本。

《东家杂记》二卷宋孔传撰，同上。

按：《广》、《杂》二记，为孔子家谱之最古者，读之使人深景仰之思，亦治《论语》不可不参考之书也。

《孔子集语》十七卷孙星衍、严可均同撰，嘉庆乙亥《平津馆丛书》刻本。

按：此书辑汉魏各书所引孔子之语以补薛书之不备。

《尔雅新义》二十卷宋陆佃撰，咸丰乙卯《粤雅堂丛书》刻本。

《埤雅》二十卷宋陆佃撰，康熙庚寅顾械刻本。

按：陆为王氏新学一派，说字颇穿凿，而精处仍多。

《说文解字》三十卷宋徐铉校，刻本颇多，以孙星衍《平津馆丛书》中仿宋本为最佳，汲古阁、藤花榭、椒花吟榭三刻本均逊。

《说文系传》四十卷南唐徐锴撰，道光十九年祁隽藻校宋刻本，光绪元年姚觐元重刻祁本、光绪三年吴韶生重刻祁本，乾隆壬寅汪启淑刻本不善，光绪六年江苏书局重刻祁本，无校勘记。

《说文引经考》二卷吴玉搢撰，光绪乙亥姚觐元《咫进斋丛书》刻本。

《说文引经考证》八卷陈瑑撰，同治甲戌湖北官书局刻本。

《说文引经考异》十六卷柳兴宗撰，咸丰三年刻本。

《说文古籀疏证》六卷庄述祖撰，光绪甲申潘祖荫《功顺堂丛书》刻本。

《通德遗书》六十四卷汉郑玄撰，孔广林辑，光绪壬午山东官书局刻本。

《高密遗书》十七卷汉郑玄撰，黄奭辑，道光十年自辑《汉学堂丛书》刻本。

《郑氏佚书》九十八卷汉郑玄撰，袁钧辑，光绪戊子浙江书局刻本。

《传经表》一卷、《通经表》一卷洪亮吉撰，光绪壬午亮吉曾孙用勤《北江遗书》本。

按：二《表》括《史》、《汉》、《三国》诸《儒林传》、列传及《经典释文》之要。光绪庚辰会稽章氏《式训堂丛书》亦刻之，题毕沅撰。

《经义考》三百卷朱彝尊撰，乾隆二十年马曰璐、卢见曾同校刻本，光绪间浙江官书局刻本。

《经义考补正》十二卷翁方纲撰，乾隆壬子自刻《苏斋丛书》本、光绪庚戌伍绍棠续刻《粤雅堂丛书》本。

以上经部考证书。

《史记》、《汉书》、《后汉书》、《三国志》、《南史》、《北史》明南监本、北监本、乾隆武英殿本。

《汉书·艺文志》、《隋书·经籍志》、《旧唐书·经籍志》、《新唐书·艺文志》、《宋史·艺文志》、《明史·艺文志》同上。

《宋史艺文志补》一卷卢文弨撰，《抱经堂群书拾补》之一卷。

《元史·艺文志》四卷钱大昕撰，嘉庆丙寅《士礼居丛书》刻本、光绪乙丙江苏书局刻本。

《补辽金元三史艺文志》一卷卢文弨撰，《群书拾补》之一卷，自《汉志》以下至此，有日本文政八年《八史经籍志》汇刻本。

《两汉书引经考》十卷缪佑孙撰，光绪甲申刻本。

《崇文总目》五卷、《补遗》一卷宋王尧臣等撰，嘉庆四年秦氏《汗筠斋丛书》刻本、咸丰癸丑《粤雅堂丛书》刻本。

按：此书原板尚存，光绪间归上海书估，鲍廷爵编入《后知不足斋丛书》。

《秘书省续编到四库阙书目考证》二卷德辉考证，光绪癸卯自刻本。

《郡斋读书志》二十卷宋晁公武撰，嘉庆己卯汪士钟重刻宋衢州本。

《郡斋读书志》四卷、《后志》二卷、《考异》一卷、《附志》一卷宋赵希弁《考异》、《附志》，康熙壬寅海昌陈氏刻宋袁州本。

按：此与下书《录解题》二书为宋人藏书目之仅存者，此刻先刻于袁州，黎安朝守州时令希弁就其家所藏书目参校，删其重复，撮所未有，益为《附志》而重刻之，是为袁州本。游钧守衢州，取公武门人姚绩所编传刊，是为衢州本。二本以衢本为详，故马端临《文献通考·经籍考》即据以入录。二刻俱不恒见，长沙王氏合二本为一本，取便检阅，海内通行，其实不如分刻之为善也。

《直斋书录解题》二十四卷宋陈振孙撰，武英殿聚珍版本、浙江据聚珍版重刻袖珍本、江苏官书局刻本。

按：晁、陈二家之外，有尤袤《遂初堂书目》在陶宗仪《说郛》中，《海山仙馆丛书》、《常州先哲遗书》均重刻之，以诸书不载卷数，亦多不具撰人姓名，体例不精，无关考证，故不论列。

《四库全书总目提要》二百卷纪昀奉敕撰，武英殿刻大字本、乾隆六十年谢启昆校刻本、同治十一年广东重刻谢本。

《四库未收书目》五卷阮元撰，原名《揅经室外集》，在《文选楼丛书》内《揅经室全集》中，亦附刻石印本提要后。

《汉碑征经》六卷皮锡瑞撰，光绪癸巳湖南思贤书局刻本。

按：此书搜罗汉碑之文，既博且精，后附《汉碑征纬》。金石之学本有益于经史，惟金不如石之真伪易辨，故吾取石不取金，士人生长南方，汉以前碑不多见拓本，善本亦非阮囊所得购求，读此则汉人石刻如在目前矣。

以上史部考证书。

《荀子》二十卷唐杨倞注，乾隆丙午谢墉刻本，即卢文弨《抱经堂丛书》本，其后板归江苏书坊，又在《聚珍堂十字全书》内，黎庶昌《古佚丛书》仿宋台州大字本，此二刻以前有名者为明人世德堂刻六子本，京师厂肆时见之。

《列女传》七卷、《续》一卷汉刘向撰，嘉庆丙辰顾之逵小读书堆刻本、道光五年阮氏《文选楼丛书》仿宋绘图刻本、道光丁卯汪氏振绮堂刻梁无非女士校注本、光绪甲申郝聊薇刻其祖母王圆照校注本。

按：《列女传》，《四库》入"史部·传记"，兹从《汉志》入"儒家"，刘向"《鲁诗》家"，故陈寿祺辑《三家诗遗说考》，以此《传》列入《鲁诗》。

《管子》二十四卷唐房玄龄注，明万历壬午赵用贤《管》、《韩》合刻本，光绪五年上海仿宋杨忱刻本。

《韩非子》二十卷周韩非撰，赵用贤刻本，嘉庆戊寅吴鼒校刻《韩》、《晏》合编本。

《墨子》十五卷、《目录》一卷乾隆甲辰毕沅《经训堂丛书》刻本、明嘉靖癸丑陆稳刻本最佳，世希见，宣统二年孙诒让注目用活字排印本。

按：《墨子》为异学，其中名物、训诂、制度皆与儒家不同，故吾尝言其书可校不可注，经说尤难通，因中有禹制及古《尚书》可以取证，故仍录之。

《淮南子》二十卷汉高诱注，乾隆戊申庄逵吉校刻本，亦在《聚珍堂十子全书》内。

按：《荀》、《管》、《韩》、《墨》、《淮南》，浙江书局刻《二十二子》均在其内，惟校勘不精，讹谬叠出，不过易于购取而已。

《白虎通德论》四卷汉班固撰，卢文弨《抱经堂丛书》刻本。

《独断》二卷汉蔡邕撰，同上刻本，亦在杨以增刻《中郎集》内。

《朱子遗书》十七种吕留良编，宝诰堂刻本。

《朱子全书》六十六卷康熙五十二年内府刻本。

《困学纪闻》二十卷宋王应麟撰，乾隆戊午祁门马氏刻本、翁元圻注本、万希槐集证本。

《黄氏日抄》九十六卷宋黄震撰，乾隆丁亥汪氏刻本、乾隆庚辰邹氏刻本。

按：王、黄二家，源出朱子，宋人言考据之学，精博无若此二家，有清一代之儒风，盖胚胎于此矣。

以上子部考证书。

《楚词①章句》十七卷汉王逸撰，明正德戊寅王鏊刻本。

《离骚集注》八卷、《辨证》二卷、《后语》六卷宋朱子撰，明成化吴氏刻本少见，黎庶昌《古佚丛书》仿元刻本。

《蔡中郎集》六卷、《独断》二卷汉蔡邕撰，咸丰二年杨以增海源阁仿宋刻本。

以上汉人书注文集考证书。

省教育会长宣言②

鄙人今日承诸君推举为会长。自问于教育一事，身历虽少，目验

---

① "词"字讹，当作"辞"。
② 此文录自王逸明、李璞编著《叶德辉年谱》。

甚多。

　　前清时代，鄙人以顽固守旧为一干人所攻，其时教育本无实际，大都一班少年从日本速成毕业而归，目炫于地方大吏之前，为一时糊口之计。地方大吏茫然不知教育何者为重，何项最先，但以举办学堂数多为升官发财之计，满纸奏报，无非空文。虽以兴学有名之张文襄所属，亦不能脱此陋习，更无论自桧以下矣。且其时科举、学堂，二者并立。入学堂者皆存一科举之念，以为毕业后可以赏举人，可以赐进士，即可以作某项实官。此鄙人之深所鄙夷而不欲与闻其事者也。

　　今诸君皆办学最久之人，又值科举停废已久，此等鄙俗之见，固已一扫而空，以后节节进行，自当收效甚速。鄙见目前最注重者，在实业。首先推广者，在补缺乏之升学。今城中初、高小学与中学，阶级多少不能相衔，以致学生毕业，无分升之学途，时有散归之事。城内如此，乡间可知。本属如此，外县可知。又兼政府津贴学款多寡不均，一省学堂精神遂不能一齐振作。凡此诸缺，愿与诸君协力辅助，以求完全，庶乎教育前途不至散漫无所归宿。诸君尽瘁桑梓，谅亦共表同情。

　　至前会长符先生所办诸事，本皆应办之事，且已成效昭然。假如经费有余，自应继续遵守。鄙人向来经手公事，从不推翻前人之成局，表一己之才。诸君尚有本会旧人，务望萧规曹随，同负责任。如有不尽完美之事，取决众议，共谋改良。

　　自问平生行径，豁然大公，操守尚为乡里共信。此事有三年之久，不敢恋栈，亦不敢卸肩。所以然者，鄙人素性不羁，脱然于富贵名利之域。此次会长之竞争，一则多由党见误会，彼此各有机心；一则为选举过渡时期，他人利用为投票要津，故其中生出种种幻象。须知鄙人在前清不主书院讲习，亦不曾监督学堂。湖南之校经堂，湖北之两湖、存古，数致聘书，却而不就，人所共知。即以今日选举规则相绳，亦仅有合格之处，今勉应诸君子之盛意者，一为教育界息争端，一为教育家谋实益。或有以不肖之心相待者，幸以鄙意达之。

　　鄙人与诸君素无一面之缘，即符先生，仅三四面最近之相识，可见鄙人之坦白。诸君鉴谅至深，特恐外人不知，不得不一揭示耳。此后深望诸君随时赐教，俾免陨越之虞，则今日诸君推举之心与鄙人宣示之意，或者其有后效乎。

《顾亭林先生年谱》序[①]

有清一代，经史掌故之学，莫胜于吴中。而溯源昆仑，则必以昆山顾亭林先生为初祖。先大夫平生服膺司马温公、朱子之学，次则先生。故德辉幼时，于《亭林遗书》即已熟览。其后更进以吴县惠氏父子经说古义，而后得知经学门径，转以授之诸子从子辈。至今一家之学，颇与湘中诸老先异同，推究渊源，则固秉承庭训，私淑先生之力也。先生一生事迹，具详《年谱》中。吾家所藏，为上元车持谦本。后官京曹，获灵石张穆本。张书晚出，固详于车，然张为北人，于南中先生遗闻则亦时有脱漏舛讹。德辉每欲从事校补，而牵于他书撰述，迄未有暇。今我友昆山马梅轩先生，手补其先师钱晋孚先生校本，于车、张二本多所笺疏。其他逸事琐闻，及当时先生亲故友朋，一字一文，博采钩稽，靡不详尽。至是，先生年谱乃集大成焉。先生壮遭鼎革，南北间关，始则为党禁株连，继乃为家奴构陷，卒能著书垂后，百世之下，奉为师资。综其一生行事与其身后光荣，其视温公、朱子之为人若无以异。此则世运升降，君子、小人消长之机所系也。德辉不幸，所遭之时之事复与先生同，而忽忽暮年，未有成立。曩时粗有撰著，多太平时欢娱之言，若如先生之邮亭客舍，橐笔负书，蒙难艰贞，丹铅不辍，以今况昔，滋愧良多。读是篇，不能无感于中，辄为略述所怀，以志向往。知言论世之君子，其将有以许我乎？谨序。

岁彊圉大荒落重阳日，南阳叶德辉撰。

龙启瑞《古韵通说》书后[②]

此桂林龙翰臣方伯所著《古韵通说》二十卷，其体例作旨，已详论说及诸家叙跋中，兹不复论。鄙人于声、音、韵三者之学，亦尝略涉藩篱，最不喜古音、今音之争辨，正韵、叶韵之纷纠，以为天地开辟之后，但有方音，方音即一时一地之土音，由音而成字，由字而成声。字之成声，如六书之谐声，乃其一大部属。由声而成语言，由语言而成文

法，由文法而成诗歌，于是有韵之文出焉。然其韵仍一时一地之方音而已。世历千百，五方播迁，今之方音，不独非始有文字之方音，而亦非尧、舜、禹、汤、文、武、周、孔诸圣人之方音，故音无所谓古也，且无所谓正也。无古音，无正音，又安所谓正韵、叶韵？不过为学之道，不得不准一韵书以为检束之法，不得谓某家疏、某家密，某书宽、某书严，辨论窏歔，舍田芸田，此鄙人所不为也。至于双声叠韵，不过诗文忌避之一途。其阴阳清浊之分，乃词曲乐律之规范。以之断断言小学，殆卑之无甚高论矣。

　　乾嘉以来，儒者喜治古学，往往以今为古，自欺欺人。既力辟吴才老、朱考亭《诗经》叶韵之非，而又溺于神珙字母之说。戴东原不肯降心异氏，欲用其说而避其名，纪文达以为矫枉过正，其实皆无谓之争辨也。然如鄙论，则是无音韵之学也，又将示人以不学也，乌可哉！今有一例，曰分代不分部，如三代有三代之音，晚周先秦有晚周先秦之音，汉魏有汉魏之音，六朝有六朝南北之音，三唐有三唐之音，所谓分代不分部，通其所可通，不必强通其不可通。三代之音，《易》、《书》有韵之句，《诗》之《商颂》是也，其途甚隘，不适于用。周秦之音，《诗经》、《离骚》、先秦诸子有韵之句是也。汉魏之音，汉魏之诗歌乐府是也。六朝三唐之诗，即六朝三唐之音。聚为一部，即为韵书，此与六书谐声之学，不可并为一谈。六书之谐声，皆最初之方音，三代以下韵语，则一时一地之方音。《方言》、《释名》亦然，不可执以定字声。何也？《方言》中有方音，有物名，又有俗言，《释名》分唇轻、唇重、舌腹、舌头，亦是以彼所闻之音为识字音之法，不得谓汉人之音，概可以二书为标准也。若古音之存于今者，各省各地时亦有之。文人好事，生于吴者，曰吴中某字为古音；生于越者，谓越中某字为古音。此由爱其乡土之心使然，不值通人一噱也。龙氏此书，以之为音学入门之书，亦甚简便。然必如诸叙、跋所云胜于前人，则不敢信。以鄙人分代之说为断，则前人韵书与龙氏异同可不问其是非胜负，盖治学之道固如此也。

　　吾友梁任朱君嗜学好古，为吴中汉学硕果之存。鄙人生长湖湘，秉承家学，拔茅开径，得于乡先辈顾、惠二先生遗箸为多。彼其大辂椎轮，有时或不免失之疏漏，后人循其途而变更焉，而精密焉，皆非异人之事。治学惟求其实，渐而求其通，拘墟之见，门户之争，殊可不耗心力。梁任其知此意乎？因论龙书及之。

　　时在戊午四月。

《星命真原》序①

星命之学，原于《易》数。《系辞》："大衍之数五十，其用四十有九。"孔颖达《正义》引京房曰："五十者，谓十日、十二辰、二十八宿也，凡五十。其一不用者，天之生气，将欲以虚求实，故四十九焉。"又引马季长曰："《易》有太极，北辰是也。太极生两仪，两仪生日月，日月生四时，四时生五行，五行生十二月，十二月生二十四气。北辰居位不动，其余四十九转运为用也。"今禄命家以干支遁甲推人命贫贱、富贵、寿夭，盖用此数。遁甲藏天干二十八字，即周天星宿之次，故言命不能离星，离星不能推命。

汉王充《论衡》："天施气而众星布精，天所施气，而②众星之气在其中矣。人禀气而生，含气而长，得贵则贵，得贱则贱。贵或秩有大小，富或赀有多少，皆星位尊卑大小③之所授也。"充之著书，疑孔刺孟，不苟雷同，乃独笃信星命，则知其说之有本矣。然不独充之言如是也。许慎《说文解字》包部首云："象人怀妊，巳在中④，子未成形也。元气起于子，子，人所生也。男左行三十，女右行二十，俱立于巳，而⑤为夫妇。怀妊于巳，巳为子，十月而生。男起巳至寅，女起巳至申。故男年始寅，女年始申也。"《淮南·泛论训》高诱注同。《后汉书·郑玄传》："五年春，梦孔子告之曰：'起！起！今年岁在辰，明年岁在巳。'既寤，以谶合之，知命当终。"东汉儒者无不通《易》学，即无不通命学者。盖秦燔《诗》、《书》，《易》以卜筮之书独存，传其学者，卜筮之外，厥惟星历。卜筮掌于官府，星历行于民间。星历莫精于孟喜，其说《易》本于气，而后以人事明之。唐一行《大衍历·六卦议》。喜传焦延寿，延寿传京房。京《易》以六十四卦分直二至二分三百六十日。郑玄爻辰、虞翻卦气皆出于此，不独许慎《说文解字叙》自称"《易》孟氏"也。

孟氏之学，师师相承，至魏晋而绝，而潜滋默契，流为术数家言。

---

① 此文录自民国十一年长沙叶氏刊本《郋园山居文录》。

② "而"字为衍文，据《论衡》（上海，上海人民出版社，1974）校。

③ "大小"讹，当作"高下"，据《论衡》校。

④ "中"字后脱"象"字，据《说文解字》（北京，中华书局，1963）校。

⑤ "而"字为衍文，据《说文解字》校。

《晋书·戴洋传》："太公阴谋曰：'六庚为白兽，在上为客星，在下为害气。'年与命并，必凶，当忌。"《魏书·孙绍传》："绍曾与百寮赴朝，东掖未开，守门候旦。绍于众中引吏部郎中辛雄于众外，窃谓之曰：'此中诸人寻当死尽，惟吾与卿犹享富贵。'雄甚骇愕，不测所以。未几，有河阴之难。绍善推禄命，事验甚多。知者异之。"《隋书·经籍志》"子部五行类"《杂元辰禄命》二卷，《洴河禄命》三卷注："梁有《五行禄命厄会》十卷，亡。"隋萧吉《五行大义》论人配五行，引《禄命书》云："金人刚强自用，木人多华而雅，水人开通智慧，火人自贵性急，土人忠信而直。"此所引不知何人之书，要其时禄命之学传授固自有人，惟经南北朝乱离，书多亡佚。

自唐韩愈为李虚中作墓志，称其能"以人之始生年月日所值日辰干支，相生胜衰死相旺相，鲜酌推人之寿夭、贵贱、利不利，辄先处其年时，不失一二"[1]。后世术士乃有命书之传，愈亦精其术者。其作《陆浑山火》一首云"女丁妇壬传世婚"，注家多不得其解，不知即用《五行》"书丙以女弟丁嫁壬为妻"之义。又作《三星行》云："我生之初，月宿南斗。牛奋其角，箕张其口。牛不见服箱，斗不挹酒浆。箕独有神灵，无时停播扬。"此又兼通星宫之说。又卢仝《月蚀诗》云："岁星主福禄，官爵奉董秦。"杜牧自撰墓志云："余生于角，星昴毕于角为第八宫，曰病厄宫，亦曰八杀宫，土星在焉。火星继木。星工杨晞曰：'木在张于第十一福德宫，本为福为德大君子，救于其旁，无虞也。'余曰：'自湖守不周岁迁舍人，木还福于角是矣。土、火死于角，宜哉。'"是杜亦用十二星宫推命，与李氏以干支推命吉凶者不同。

考《汉书·艺文志》历谱家云："又以探知日月五星之会，凶厄之患，吉隆之喜，其术皆出焉。此圣人知命之术也。"是确为星宫推命之先河。盖推命之术，原分三家：一五行，一五星，一纳音。五行必兼五星、纳音，独星宫、五星不及五行，而以日月五星为五行，又止以五行性情之善恶，定人命流年之古凶，人以其出于西人穆尼阁《大步真原》，谓为西洋之法，不知皆汉儒之学也。汉学以京房《易》为老师，凡五行、堪舆、建除、丛辰、历家、天文、太乙，《史记·日者列传》，占者七家。无不以京《易》为承启之枢纽。唐人阐其术，而其学渐彰。自宋儒

---

[1] 见韩愈《殿中侍御史李君墓志铭》（见《韩愈文集汇校笺注》，北京，中华书局，2010），引文有误，原文为："以人之始生年月日所直日辰支干相生胜衰死王相，斟酌推人寿夭、富贵利不利，辄先处其年时，百不失一二。"

尚空谈、造伪《易》，如阮逸伪造关朗《易传》以及《子夏易》之类皆是。
《易》学中晦。李仝、释昙莹辈出，于禄命之学知其当然，不知其所以
然。孔子曰："不知命，无以为君子。"子夏曰："死生有命，富贵在
天。"孔子五十以学《易》，子夏传《易》，授之商瞿，此圣门言命，为
汉人《易》学之师承。故卜筮者，《易》大义之所存；而星命者，《易》
微言之所托也。大义微言之不明，而后流为时日小数，岂不诬哉！

吾为是书，理汉儒之堕绪，抉《易》数之真诠。求之卦气，以探五
行消息之浅深；征之爻辰，以推列宿运行之休咎。辞有未尽者，为图以
陈之；图有难明者，为表以著之。不为无据之浮谈，不作欺人之隐语，
杂采前人命格有生卒年月可考者，一一为之证明。美恶并陈，忠奸同
录，旨在劝人安命，并非炫我先知。至近代衮衮诸公，苟非其人功业震
于寰区，文章擅乎千古，概不论列，省祸枣梨。《中庸》载孔子之言
曰："故大德必得其位，必得其禄，必得其名，必得其寿。"夫贵而得
位，富而得禄，此古今仕宦之所同，惟名与寿，必归之文学著述之
儒。《系辞》曰："乾以易知，坤以简能。易则易知，简则易从。易知
则有亲，易从则有功。有亲则可久，有功则可大。可久则贤人之德，
可大则贤人之业。易简而天下之理得矣。"世有探星命之术者，其亦
共明斯旨乎？

戊午夏五日南至，南阳叶德辉自序。

《常熟顾氏小石山房佚存书目》序①

常熟为江南名县，其士大夫喜藏书，自为一方风气。以余所知，前
明有杨五川七桧山房、赵清常脉望仙馆，储藏之富，远有师承。其后继
之者，为毛子晋汲古阁、钱牧翁绛云楼。绛云火后，余书归族子曾述古
堂，甲宋乙元，转相传授。乾嘉之际，有张月霄爱日精庐、陈子准稽瑞
楼，近今犹有瞿子雍铁琴铜剑楼。盛矣哉！以一邑之收藏，为中原之甲
秀。余友庞绚堂寺卿撰《常昭志》，至以藏书家别为列传以褒扬之，此
固他郡县所未有者也。

张、陈流风，百年未泯，迄道光中叶，有顾翠岚先生小石山房、张
海鹏照旷阁，屹然对垒，既富藏弆，尤乐刊行，虽远不如汲古镂板之

---

① 此文录自民国十一年长沙叶氏刊本《郋园山居文录》。

多，亦不至如爱日活字之误，故近百年间藏书、刻书之盛，必于顾氏、张氏首屈一指焉。顾、张板刻甫竣，即毁于火，残片售之金山钱氏，改为《守山阁丛书》。顾氏所藏，毁于咸丰庚申赭寇之劫，然京师、上海新旧书肆，犹时见其汇印马氏玲珑山馆小学诸种及己刻《小石山房》、《篆学琐箸》等书，则其精神之传远，匪一朝一夕之故矣。余恒言，藏书而不知刻书，何异骨董行客？刻书而不知藏书，亦棚铺枋肆所优为。曾何与于表彰先哲、嘉惠来学之事？常熟为藏书渊薮，汲古以后，照旷以外，兼者无闻。顾氏于绝续之交，乃能兼举并进，苟无庚申一厄，其秘册之刊布，必视汲古、照旷为多，何至一鳞片甲，致令读者时生觖望哉！

余家先世世居吴县洞庭，流寓湖湘。每喜搜访故乡文献。三十年前，得顾氏诸墨印，即已向往其人。沧桑以后，频回苏城，访里中藏书诸家，大都子姓凋落。近日获知顾君澜蛰，则翠岚先生之嫡孙也。辱荷先施，赐以家印诸刻，并出手编《小石山房佚存书目》见示，大抵掇拾于灰烬之余，保守已至三世，虽四部不备，而世间奇书秘笈，以及元明旧椠、名人手稿，手校精钞，犹有百什之存焉。顾君按目编存，撰为提要，凡一书之得失，印记之流传，数典如珍，无不原原本本。因是叹君家先德搜求之勤且备，未能如钱、毛、张、陈诸家早成书目传世，为可惜也。

夫物之成毁聚散，固有数存乎其间。即以常熟藏书家论，绛云残剩转入述古堂，乃及身不能守，折阅售之泰兴季沧苇。毛氏珍藏秘本，先拟售于吴江潘稼堂，卒以议值不合，亦归于季。毛氏墨板较之照旷，刻成而即毁散者，印行虽多，然不再传，其板尽为他姓所有；爱日旧藏，瞿氏得其十之一二，余则散之异地，半罹劫灰。顾君珍袭椟书，守先待后，使非中更寇乱，则至今与瞿氏两雄，固佳话也。瞿氏始闻寇警，即以巨舰载书，渡江而北，藏之海门，寇平载归，损失无几。然使当日无远见、无大力，则与顾氏同入坑灰，亦恒事也。此皆有数定者也。

方今日月失明，夏夷互变，神州数千年古物图籍，外人不惜巨值，连车接触，捆载而西。而中国二三老成，亦复丧其生平，拾远人之唾余，转相稗贩。此诚病入膏肓而不可施以针砭者。吾愿国之贤士故家，人人如顾君之抱守，为硕果之留遗，是固斯文一线之延，而雨粟鬼哭，灵爽所凭式也。顾君其亦怆然有感也乎？

岁在己未夏正三月下浣五日，同郡叶德辉谨序。

《岁寒居士制艺》序①

制艺之兴，离经解、古文而独立者，垂八百年。然其体实兼经解、古文之长，非融会汉唐人注疏，精熟唐宋人古文义法，未有能制胜传远者也。前明为制艺极盛时代，自成弘、正嘉、隆万、天崇，体凡四变，亦犹唐诗之有初、盛、中、晚也。其间作者无虑千家，专稿房卷，汗牛充栋，于是元灯、魁灯之说，若衣钵之相承。盖制艺与经义、古文代兴，非悬一格以求人才，人才亦无由趋于正轨。

圣清膺命，熊、刘为开国元音，二方继之，其体益臻纯正。自后诸家踵起，虽鸿才硕学，不敢肆其驰骋，逾越范围。余尝选录乾嘉两朝若纪文达、翁方纲、王鸣盛、钱大昕、王文简、阮文达、邵晋涵、吴锡麒诸公之文，裒为百篇，复取张惠言茗柯制艺拟明人诸作附之，秘之巾箱，以时讽诵。闻者或疑诸家皆一代鸿儒，所为文必摛藻扬华，标奇炫博，异乎寻常制举之文。及取而观之，则皆法律谨严，义理深邃，平日虽五车在腹，举不足以犯其笔端，而后知制艺一道，其于经史诸子，不在猎取其词藻，而在吸取其精华。譬之汉廷射策，虽董、贾未肯逞其纷纭；唐试赋诗，虽陆、韩未敢乖乎声律。况明明以经训试士，曾何有背乎圣贤之道，别挟兔园策以夸行秘书者哉！

长沙王阁学先谦屡典文衡，所获多知名士，晚乞祠禄，迭主城南、岳麓讲席，评校月卷，凡矜才藻、谱声调者，辄乙等之，而其列甲第者反不利于试事。余尝与阁学从容谈论，询以曩昔分校礼闱，典试诸名省，其衡文是否专重《四书》义，抑或重视经策，以究其长？阁学谓功令重在首场，首场重在合乎程式，向所取士如李慈铭、缪荃孙、于式枚、朱一新、梁鼎芬、柯逢时，皆负一时重名，当其时，实取决于制艺，未尝见其制艺之不工而遽信其为绩学能文之士也。迩者士盲于学，文离其经，主司不习典章。为之士者，又人人存诡遇之心，不复循于理法，此天下将乱之兆，而亦运会有以主之。今则人事沧桑，神州傺扰，追思阁学之言，不诚为先见哉！

阁学于光绪丙戌督学江苏，以经学、小学诏苏士。士之治朴学及工为制举文者，悉为阁学赏拔殆尽，昆山王严士先生即其一也。先生为

---

① 此文录自民国十一年长沙叶氏刊本《郋园山居文录》。

文，导源经训，简古有法度，独以一衿终老，不获与李、缪、于、朱、梁、柯诸人回翔禁院，扬历藩封，运会之说，诚可信耶！余自丙辰回苏，与先生论交，读其文而知其人。既幸不厕于科目，同为亡国大夫，又幸其文不遇于时，不至如今之所谓殿元、会元者，拜伪命，履贰庭，靦颜不知廉耻为何事。先生命名"岁寒"，夫亦可以见其隐矣。

居恒与先生笑谈，吾辈穷老尽气，耗一生精力于制艺之中，更阅二十年，人之见之者，必将等于三代鼎彝，按其文而索解不得者。斯稿之存，欲以待千载之知音，恐未有之事也。虽然，鼎彝之铭，阅千百年后且有薛尚功、王厚之其人，摩挲考释，以传其真。先生之文，安知不有赏音如阁学，好奇如吾辈者，反覆转录，为之墨板，以永其传者耶！夫《梁甫吟》，里谣耳，诸葛武侯讽之；王羲之《临河序》、陶靖节《闲情赋》，至文也，《昭明文选》摈之。人之所好，不必出于一途；文之可传，不必工于一体。

先生不求知言于文家巨子，独以余为可论文，出其全稿以相商榷。余不敏，何足以知文？然以一生之所历试，师友之所讲授，固尝推见其得失，而可断其传不传焉。子曰："岁寒，然后知松柏之后凋也。"先生之人如是，先生之文亦如是。后有读《岁寒》文稿者，庶几取证余言，而不以为谬乎！

岁在屠维协洽夏五，同郡叶德辉谨序。

《大鹤山人遗书》序①

余耳郑叔问舍人名，在三十年前，每于王湘绮、易实甫、陈伯弢三君处得其概略，初不识其人也。丙辰还吴，君以鬻画寓上海，彼此通声息，而未尝往来。丁巳秋中，余坐茶寮，有白发老儒，褒衣广袖，扶一蓬首婢，策杖就余坐。通姓名，道款曲，则君访余论交也。纵谈半日去。去时，余指其婢，戏语同坐曰："此姜白石小红之流，词料也。"一坐莞然。盖君久以词名著称，大江南北，几于有井水处即有柳词，而不知君固百学皆通，特为词名掩耳。越二日，君访余寓居，出所著书及词数帙，皆手书护叶，谓余曰："生平与湘人有缘，所为词序，如王、如易、如陈，皆湘人。他书非君叙不可。"意谓诸书惟余能叙之耳。余愧谢唯唯，乃未几，闻君病耗。又未几，闻君物故。于是深悔未能践言，一偿宿诺，而君家事亦无从问讯矣。

---

① 此文录自民国十一年长沙叶氏刊本《郋园山居文录》。

今年周君颂云以重赏购其书板，征叙于余。余曰："是固郑君久要之言，而未敢一日忘者也。"亟按四部及其箸书岁月次第之，凡书九种，曰《说文引群书故》二十七卷，未成，成《杨雄说故》一卷，曰《高丽永乐好太王碑释文纂考》一卷，曰《医故》二卷，曰《词原斠律》二卷，曰《冷红词》四卷，曰《樵风乐府》九卷，曰《比竹余音》四卷，曰《苕雅余集》一卷，曰《绝妙好词校释》一卷。君所著书不仅此，以贫故多未刻，刻者又板本参差，盖其剞劂之工，皆借钞于二三朋好，故板式未能画一。余尚见《清真词》校刻本，不在此内，意亦他氏助刻，板未归君欤？

君本山东驻防汉军，其先为从龙贵胄，尊公兰坡尚书巡抚河南，有政声。君年始逾冠，登光绪乙亥恩科贤书。乐吴中山水清嘉，三试都堂不利，厌京曹尘混，浮湛诸侯幕，以著述自娱。国变后，年仅六十卒，身后惟余善本书、旧拓帙及零星金石小品数囊。性爱鹤，尝蓄一鹤，见客则鼓翼舞迎阶下，因自号"大鹤山人"。今以名其遗书，从君志也。

岁在庚申日长至，南阳叶德辉叙。

与诸桥辙次笔谈^①

诸桥：高名久仰之。晚生今次欲究潇衡之胜，游历到此地。曩在北京，请柯凤孙先生得介绍。会有为言者曰，先生既去沙在苏，以是不携其书。不图今日得请谒。晚生之悦，何以过之。

叶：自丙辰年到苏州，于去年中历十月始归长沙。本拟于本月内仍赴苏过夏，因事稽留。适逢先生莅止，得接清谈，欣幸之至。鄙人承贵国学士商家相知二十余年，平时与贵国人交情亦更亲切，故贵国现时无不知有鄙人者。惜不能人人握手也。

诸桥：湖南是清末学者之渊丛。若曾文正公、王闿运、王先谦诸先生，概观之于历代儒林传中，不易多得。而今皆凋谢。此间独有先生之学深识高，固是湖南学界之幸，抑亦中国学界之幸也。敝国学徒无不知高名者。如盐谷温前已亲炙受教。晚生在沙不得久。虽然，若得领教，实为幸甚矣。

叶：鄙人学派，与湖南不同。鄙人原籍江苏苏州吴县，有清一代经学之汉学肇基于此地，即世称昆山顾炎武、吴县三惠惠周惕、惠士奇、惠

---

① 此文录自王逸明主编《叶德辉集》。

栋。是也。曾文正为古文家，王闿运为诗文家，王先谦为桐城古文家，皆非汉学家也。鄙人于三公皆不相同。二王先生相交四十年，平时相见，不谈学问。以学问不同，必起争辩也。盐谷温、松崎鹤雄知鄙人与二王先生异。盐谷从鄙人受曲学，松崎从鄙人受小学。《说文》之学。此二学为贵国向未讲求者。鄙人欲传之贵国，以存中国将绝之学，惜乎非一年二年所能卒业也。鄙人尚有阴阳五行之学。此皆曾文正、二王先生所不知者。

诸桥：先生在沙，晚生以为与二王有涉者，诚晚生寡闻之过也。三惠诸先生之著，尝读之于《皇清经解》中，不图其学有与先生之学相涉。盐谷现在东京大学以曲词闻，松崎在大连亦有令闻。先生之学东而灿有光，可谓亦盛矣。晚生未有专攻之学，但所期在溯伊洛而究洙泗。先生百家之学无不通，请问程朱之学，以读何书为阶梯？

叶：中国学问，近三百年分两派，汉学、宋学是也。汉学之中分两派，西汉、东汉是也。宋学之中，亦分两派，程朱、陆王是也。西汉王莽以前之学，为今文家。当时经师传授之本为隶书，故谓之今文。此类书皆残缺不全，只有学说，文散见诸儒书中，并无正式经本也。康有为以之乱中国，故鄙人及张之洞、章炳麟均痛斥之。王闿运即其祖师。王传之四川人廖平，廖传之康有为。今已消灭矣。东汉之学为古文家。今存之书，郑玄《三礼注》、《毛诗传笺》，许慎《说文解字》。当初所传经本，皆古篆籀文，故谓之古文。清国乾隆嘉庆以后，此学大昌，即曾文正亦为旁支。王先谦晚年亦专于此，但未精深耳。宋学以程朱为正宗，所传《五子近思录》为理学学说荟萃之书。清初陆陇其乃其嫡传也。陆最恶王阳明，凡所著书，均痛驳阳明，以为异端邪说。据鄙人所见，陆子九渊天分极高，虽与朱子不同，尚从本原上立脚。王阳明全是有心立异，学无本原。现时中国学者因贵国三百年来拜服阳明，亦靡然从风，群相附和，此最无识之事。盖人情畏难喜易，此中国人大病。今日科学不能深入，亦此病也。西汉学易，东汉学难。陆王学易，程朱学难。去难就易，无非为盗名起见，此类人何足与言学问。先生有志程朱之学，则知理学正轨。熟读《五子近思录》及周子、张子、朱子、吕子诸书，再参陆陇其所著书，则其功过半矣。

诸桥：示教详悉，深感盛意。将来只应领教。但先生所示一二有所可疑，敢质之于先生。诸疑如下。曰：康有为著《新学伪经考》，其说虽奇，不过立异，不可以为正宗，高见如何？私闻康氏之著窃之于廖平，不知其否？张之洞著《书目答问》，甚便童蒙。闻此书亦实缪荃孙之所编，不知真否？至陆陇其著，晚生只就《正谊堂丛书》读之，不知全集中可读者多不多？

叶：康有为一切学说，鄙人所驳者，多在《翼教丛编》中。此书湖南、湖北、广东、云南均已有之。乱后少见传本。张之洞书《答问》在四川学使任内，确为其门人缪荃孙代作。其中讹误甚多，鄙人有校正之本，流传在外，惜未刊行。陆陇其所著书为《三鱼堂集》，《正谊堂丛书》中多节删。

诸桥：今日拜接，所得甚多。欲请教者穷年不尽，只恐弥久烦先生，是以辞去。明日复于三井寓将拜陪。愿先生志芳名于兹，永以为纪。

《续书堂明稗类钞》序①

有明一代，文物之盛，虽不能与唐、宋接轨，然享国二百余年，其典章制度，朝野旧闻，固非金元偏霸短祚而鲜记载可稽者之比。以《四库全书》乙、丙两部考之，即多附存其目，其撰述之富，不可以缕数也。惟中叶以后，与我朝边事有涉，在两国臣民，各尊其主，不免有所抵触，故自禁毁书目颁行后，士民无知，不辨轻重，往往举胜国名人故书秘笈付之焚如。此非功令之过严，实奉行者未尝审慎，有以致之。吾尝得见禁书目中之书，有绝无忌讳及不必忌讳，而为当时地方官吏、《四库》馆臣所搜禁摈弃者，固捆载车富也。

此《明稗类钞》十六卷，为潘永因撰，皆取前明君臣朝野之事，可以垂法诫、资谈助者，分钞五十五类，类各有标目。大抵取裁于明人所记述者为多，而皆注明引用原书，不加案断，例至善也。永因箸有《宋稗类钞》三十六卷，《四库全书》著录"子部类书"类，《提要》称其书为"江少虞《事实类苑》之流，惟皆不注所出，是其一失。盖明人编辑旧闻，往往如是，永因尚沿其旧习"云云。今按：此书每条之后皆注所引书名，似《宋稗类抄》必同此例。今馆臣所见无之者，殆抄者省删，原书未必如是也。

此书仅只传抄，观其自序，成书在《宋稗类钞》之后。序云："眷怀故国，黍离麦秀之悲，未免有情，何以遣此？"又云："《宋史》不佳，故辑《宋稗》以补正史之不逮。明并不佳之史无之，凡郊庙、朝廷、君臣上下以及治忽盛衰，其巨者要者，且无从而取正。"是作者身为明遗，其著书之旨，将以备史臣之裁取，故大而庙堂掌固，小而里巷琐闻，无

---

① 此文录自民国十一年长沙叶氏刊本《郋园山居文录》。

不博览周谘，出之以矜慎。其于朱明一姓典录，稗益洵非浅鲜，而世无传本，乃不如《宋稗类钞》，人人知有其书，是固非作者箸此之始念也。

吾友俞君守己，亟谋所以流布，年荒时难，雕版不易速成，因近时风行活字印书，乃仿其制，排印如干部。吾知留心胜国野乘者，必争先快睹，家置一编，与《宋稗类钞》同为《事实类苑》之续可知也。故乐为之称引，且以塞俞君之请云。

岁在辛酉初夏芒种节，南阳叶德辉撰。

《韩诗外传疏证》序[①]

《史记·儒林传》："景帝时常山王太傅。韩生推诗人之意而为《内》、《外传》，累数万言，颇与齐鲁间殊。"[②]《汉书·艺文志》"六艺略"《诗》家，《韩故》三十六卷，《韩内传》四卷，《外传》六卷，《韩说》四十一卷，卷各不同，体亦殊异。惟合《内》、《外传》十卷相较，适与今所传《外传》卷第同。按：今本出自元至正间，海岱刘贞嘉禾郡斋所刊。其书自《隋志》以下，如新、旧《唐志》，宋官私书目，皆称《外传》十卷，无内外之分，盖唐宋以来所传之旧本固如是也。然汉人所见《外传》只六卷，唐宋人所见乃多至十卷，即令卷有分合，何至十卷之数适与四六合计之数相符？余尝疑之，固未加以考证者也。

据孔颖达《春秋正义序》云："韩婴之为《诗》，经传异处。"[③] 顾非独《韩诗》，凡三家《诗》皆然；且非独《诗》，诸经传亦莫不然。此其体与注解笺说家之专用诂训释字义者大异。诂训发明经意，依经立义，传则不尽依经立义，往往断章逆志，以他事比傅之。今《韩诗传》固其明证。若刘向所序《列女传》、《说苑》、《新序》，例亦从同。惟《毛诗》大题云："某风某篇诂训传"，似诂训与传惟《毛诗》未尝分行。然考《毛诗》，惟《巷伯》传引颜淑子事似传，余篇无之。且其诂训亦甚简古，故郑氏为之笺。《六艺论》云："注《诗》宗毛为主，毛义若隐

---

① 此文录自民国十年财政部印刷局活字本《郋园北游文存》。

② 见《史记·儒林列传》（北京，中华书局，1982），引文有误，原文为："景帝时为常山王太傅。韩生推《诗》之意而为《内》、《外传》数万言，其语颇与齐鲁间殊。"

③ 见《《春秋左传正义》序》（清嘉庆二十年南昌府学重刊宋本《十三经注疏》本），引文有误，原文为："何止丘明，《公羊》、《穀梁》及毛公、韩婴之为《诗》作传，莫不皆尔，经传异处。"

略，则更表明，如有不同，即下巳①意，使可识别也。"是郑氏正以毛义隐略作笺，兼表其异同。据此推求郑时所见《毛诗》，传已无存，故不曰"毛传"，而曰"毛义"，则诂训之辞未可使混于传也。《史记·儒林列传》："申公独以《诗》经为训以教，无传疑②，疑者则阙不传。"《汉书·儒林传》："申公独以《诗经》为训故以教，亡传，疑者则阙弗传。"《史》、《汉》传文微有异同，而意则迥别。《史传》谓"无传疑"，是读与"传信"之"传"同，谓有疑则不传。《汉书》改"无"为"亡"，是"存亡"之"亡"，"传"则"内外传"之"传"，非"传信"、"传疑"之"传"。司马贞《史记索隐》谓："申公不作《诗》传，但教授，有疑则阙耳。"师古注《汉书》于"亡传"绝句，谓口说其旨，不为解说之传，解"亡"作"无"，读"传"平声。为"传"，仄声。皆尊《汉》而抑《史》，是不善读《史》、《汉》也。《史传》但谓《申诗》不传疑，并非谓其不作传，《汉书》亦谓申传亡失其传，非如师古所谓无传。齐、鲁、韩、毛皆应有传，以《申诗》相例，毛之传或在河间献王采得时即已亡佚，不得因《汉志》载《鲁诗故》、《鲁诗说》，不载《鲁诗传》而谓《鲁诗》无传，更不得因《汉志》称《毛诗故训传》而谓诂训即传、传未亡也。夫必知《诗》家"故"与"传"之有别，而后知《内》、《外传》之无别，知《内》、《外传》之无别，而后知《韩诗》《内》、《外传》之合为十卷，确无可疑。然非有凿凿可据之证，人不之信也。

门人杨生遇夫近撰《韩诗外传疏证》十卷，大抵援据周秦两汉诸子书载重见复出之事，依类纂集，一一校其讹误，别其异同，分别其书，上四卷为《内传》，下六卷为《外传》。既取证《汉志》而有合，复据五卷首章"子夏问《关雎》何以为风始"，断为《外传》六卷之首，以本书证本书，洵为不易之论。又推其例，以治《老子》、《列子》、《文子》、《韩非》、《新序》、《说苑》、《盐铁论》诸书，殊途同归，累千万言，无一书不贯通，无一字无来历，为读古子书者多辟一门径，比于高邮王氏《读书杂志》断断订正字句之讹，其识大识小，为何若也？

大抵六经之中，《诗》无达诂，遭秦灭学，《诗》以讽诵不在竹帛而得全。汉儒弦诵之余，随撰一书，皆可起悟。《孝经》者，孔子为曾子

---

① "巳"字讹，当作"己"，据《毛诗正义》（清嘉庆二十年南昌府学重刊宋本《十三经注疏》本）引《文艺论》校。

② "传"下"疑"字为衍文，据《史记·儒林列传》校。

陈孝道，每章之末，皆引《诗》句以为证明。其例一开，故汉儒争相因袭。况《韩传》因经作则，较齐、鲁、毛三家独为完书，得遇夫发挥而光大之。吾知《韩诗》借《外传》而得传，《外传》借遇夫之疏证而益传。虽"取《春秋》宋[①]杂说，咸非其本义"，其于三家师法之传，固未有以异也。

《联绵字典》序[②]

书契之兴，因物之形而有声，因声而成字，因字而生义。义不能囿于一言一事，而后诂训作焉。诂训之中，有一字两义者，有两字一义者，有同字异义者，有异字同义者。经典所传，如《尔雅·释诂》、《释训》、《释言》三篇，许慎《说文解字》一曰某者，皆是。当周秦两汉之世，学僮所诵习、师儒所修撰，以此类书为多。今佚而不传，无从论其得失。惟就见存《四库》箸录者而论，小学一类，分为三属：曰训诂之属，曰字书之属，曰韵书之属。训诂，《尔雅》以下，《释名》、《广雅》等隶之；字书，史游《急就章》、《说文解字》以下，《玉篇》等隶之；韵书，《广韵》以下，《集韵》等隶之。有清一代，儒者于三者皆凌越李唐，或辑录佚文，或撝补古篆，或排比故训，或注疏故书。辑补则有任大椿《小学钩沈》、《字林考佚》，梁章钜《仓颉篇》；撝补则有严可均《说文翼》、庄述祖《说文古籀疏证》、吴大澂《说文古籀补》；排比则有吴玉搢《别雅》、洪亮吉《比雅》、夏味堂《拾雅》、史梦兰《叠雅》；注疏则有邵晋涵《尔雅正义》、郝懿行《尔雅义疏》、王念孙《广雅疏证》、毕沅《释名疏证》、戴震《方言疏证》、钱绎《方言笺疏》、段玉裁、桂馥、王筠《说文解字注》及《义证》、《句读》。其后阮文达撰《经籍纂诂》，尤为字书之渊薮，经义之汇归。自是学者承流向风，无有逾诸书轨范而别树一帜者。

吾友符宇澄参议竭十年之力，成《联绵字典》一书，大旨详前凡例。联绵之字，滥觞于《尔雅·释训》、《释言》。宋张有《复古编》，遂分联绵字别为一类。宇澄推广之，每部以联绵字列前，以重叠字附后，搜采浩博，引据皆古今儒先之言，循是而求，不独经典故训得其会通，

---

① "宋"字讹，当作"采"，据《汉书·艺文志》（北京，中华书局，1962）校。
② 此文录自民国十年财政部印刷局活字本《郋园北游文存》。

而文笔所资，亦取之无尽，洵儒林、文苑合为一家之巨制也。尝考文章之缘起，莫不一字二字积叠而成文句。三代以前，文体简朴，不为曼衍之辞。《尚书》载"虞廷之歌"曰："股肱喜哉！元首起哉！百工熙哉！"又曰："元首明哉！股肱良哉！庶事康哉！"又曰："元首丛脞哉！股肱惰哉！万事堕哉！"《竹书纪年》载"庆云之歌"曰："庆云烂兮，糺缦缦兮。日月光华，旦复旦兮。"其文皆以一字二字集合成句，而有自然之韵协之。当时史臣诵其功德于君者曰："放勋，钦明文思安安，允恭克让。"文与歌同，特不韵耳。推之谟、诰、训、誓，无甚相殊。至《三百篇》中，若《关雎》诗，"关关"、"窈窕"、"好逑"之类，尤不可娄数。故两汉诏令、辞赋，大抵原本《诗》、《书》雅训，取精用宏。后人读之，见其辞采斐然，而不知其无无本之学。太史公作《史记》，《五帝》、《夏》、《殷》、《周》诸本纪，多以诂训代经。此非有今古文异同，盖得行文择言之秘奥。六朝徐庾宫体出，往往比傅故事，为骈偶之文。唐宋八家派成，论者以为复古有功，而末流乃有空疏之弊。

宇澄此书，亦字书之类，而独取两字相联缀及两字相重复者，同为系属。盖痛乎今之为文者不识字义，不谐声律，俭腹盲目，嚣嚣然自命为文士者之众，欲导之归于正经，以延斯文垂绝之统，意至厚也。比于阮氏《经籍籑诂》之作，其一奇一耦，不诚近代两大字典哉！宇澄昔从吾友善化皮鹿门孝廉受《今文尚书》，湛深经术。比年与余讲学长沙，知其远有师承，殚心著述。顷来京师，时或寝食君所。观其终日凭几不倦，手自移录，平生精力殆萃于是书。余冀其刊布而传远也，故序以张之。

重印《胡石查手拓观古阁藏泉》序[①]

古泉谱存于今者，惟宋洪迈《泉志》一家。其中真赝杂糅，正伪凌乱，考据疏陋，形制讹误尤多，不得以日久摹刻失真为其书解嘲已也。然自洪氏以降，迄于朱明，嗜此学者既不概见。即偶有一二好事藏袭如刀币之类，见于名人集中诗词题咏，而无著述流播，虽藏等于未藏，亦可知其真知笃好者之难其人。而手拓成书，以饷后人者，尤不易也。

---

① 此文录自民国十年财政部印刷局活字本《郋园北游文存》。

　　夫泉币之制，可以考历代圜法之沿革，亦足觇古今国运之盛衰。故新莽二货、二刀、六泉、十布等作，制度精良，虽紫色蛙声，犹可想见其国用之丰富。而窳薄如鹅眼铤边，即正统相承，而四出蒙尘，或兆国亡之象。此固考史事者所当周知，不可以识大识小，执一偏之论者也。

　　尝考钱之缘起，本非先有定形与定名。上古人民以渔鱼、猎兽、耕种三者为生，乃各出所藏，以为交易之品，丽皮为礼，出自猎人，而后创为币制；渔人所富有者龟贝，而后宝货从之而生；农家以田器为先，而后因钱镈之式改为刀币。《仪礼·聘礼》"上介奉俪皮"①，《士冠礼》"主人酬宾，束帛俪皮"，郑注："俪皮，两鹿皮也。"许慎《说文解字·鹿部》"丽"下："《礼》丽皮纳聘，盖鹿皮也。"又《贝部》首云："海介，虫也。古者货贝而宝龟，周而有泉，至秦废贝而行钱。"又《金部》："钱，铫也，古者田器。从金，戋声。《诗》曰：'峙乃钱镈，一曰货也。'"此四字铉本无，锴《传》有。又："镈，鎒也，钟上横木，金华也。从金，尊声。一曰田器。《诗》曰：'庤乃钱镈。'"观于许、郑诸儒所称，则贝货、钱刀，亦先王顺民之性，因势利导而成，初非有一定之形之名可知也。

　　龟贝、鹿皮，久废不用，存者惟田器所遗。其源流变迁，亦可略言其故。刀者，钱之变体；币者，镈之旧形。今世所传齐刀、明字刀，盖因钱器而仿艁。镈形如钟，今俗称铲币。古田器中铲土之物，其本名为"镈"者。《尔雅·释器②》："大钟谓之'镛'，小钟谓之'镈'。"可见钟、镈同式，而名亦相蒙。其消而为圜，以刀柄有环，去刀存环，于是始谓之圜法。齐刀字有"齐之吉化"，"吉"者，"袁"之半消，"化"即"货"之本文。释者谓吉为"吉"、为"法"，皆非也。

　　乾嘉诸儒喜治金石，藏泉亦其一端。然收藏之富且精，无如嘉定瞿木夫中溶之古泉山馆，诸城刘燕庭喜海之古泉苑。继起嗜此者，咸同间有歙鲍子年康、利津李竹朋佐贤、光州胡石查羲赞。鲍撰《观古阁丛稿》，东鳞西爪，仅见一斑。李撰《古泉汇》，视鲍书加详，而说多未精确。胡氏未有述作，知者莫不缺然。

---

　　① 见《仪礼·聘礼》（清嘉庆二十年南昌府学重刊宋本《十三经注疏》本），引文有误，原文为："上介奉币，俪皮。"

　　② "器"字讹，当作"乐"，据《尔雅》（清嘉庆二十年南昌府学重刊宋本《十三经注疏》本）校。

吾友长沙方君叔章，往从厂肆购得胡氏手拓《古泉谱》四册，《宋时铁钱》四册，题曰《观古阁藏泉拓本》，盖即手拓鲍氏所藏者，于刀币异品采掇既多，下至历代元号诸钱，辨别真伪亦极精审，而皆有图无说，不复强作解人。此鲍氏藏泉真形，固余向所饥渴求之而不遇者。因怂恿方君付之印本，以为李书参考之资。其中刀币尤多，可与余昔所持论相互证。至铁钱诸品，足补《宋史·食货志》之遗闻。

余所藏颇不亚于诸贤，南宋铁钱亦称大备，故季弟默庵旧有撰述，属稿未成。异日当补缀一书，以从诸家之后。起余者商，异日更有石查其人，为之辨别源流，丛稿诸编，恐比于筚路缦缕之例，犹有未及也。

《龚定庵年谱外纪》序①

仁和龚定庵先生，以旷代逸才，负经营世宙之略，不幸浮湛郎署，为儒林文苑中人，此非其生平志愿所归往也。曩者光绪中叶，海内风尚《公羊》之学，后生晚进，莫不手先生文一编。其始发端于湖湘，浸淫及于西蜀东粤，挟其非常可怪之论，推波扬澜，极于新旧党争，而清社遂屋。论者追原祸始，颇咎先生及邵阳魏默深二人。呜呼！此亦岂先生逆亿所及者哉？先生既不幸以文儒终身，后复为世诟病，文人命厄，奚至于斯？然至今读先生所著书，未尝不想见怀抱之雄奇，于百千年世界之变迁，若烛照计数，燎如指掌，岂非浙西山川钟毓之灵，累叶椷朴，作人之化，郁而未发，特借先生一泄其奇耶？

今先生之诗、文、词，久已家藏户诵，独其出处行止，概不得详。吾友吴印臣法曹曾撰集《年谱》，于其仕宦、游览、著述，撮叙其大纲。所传佚事，则限于谱例，不能泛及。默深后贤某颇有记载，曾以活字本印行，世不多见。张君彦云徽君因有《外纪》之作，其遗闻琐事，非仅得之流传，故于知人论世之中，亦有阐扬幽潜之意，洵足为读先生文者一洗蚍蜉之陋也。

然犹有一二，为余所习闻而世不知者。少时识善化熊鹤村老人名兆熊者，颇能道先生行迹。老人为雨胪孝廉少牧之哲嗣，尝言先生状貌奇古，首顶若邱垤，两颧横高，短身急步，每过酒垆，四坐寂然，惟闻先

---

① 此文录自民国十年财政部印刷局活字本《郋园北游文存》。

生声震邻屋。在扬州客默深所，默深长身，先生服其衣衫，曳地如拖练，或天雨外出，而下衫泥湿，归则掷于帷帐间，不知为人服为己服也。终日必著靴，有时倦游归，急不待脱，以足踢之。一日晨起，失其一，遍索不得。迨先生去，仆人乃于帷顶得之。与默深谈佛经，时有争论，先生辨才无碍，默深亦为之词穷。或坐有营妓，群客相嬲扰，先生口谈西北舆地形势，舌若翻澜，坐客茫然，则执营妓絮语，见者又无不匿笑也。盖其肮脏嵚奇之概，时时流露于不自知，天生斯人，不为世用，其流风余韵，犹足兴起后人。然则印臣与彦云勇于著述，为之表章，非独先生之功臣，抑亦一朝文献所系托也已。

《说苑集证》序①

门人杨生遇夫，遍举周秦两汉诸子之书读之，而尽发其覆。或以前证后，而知后者之说引据不诬；或以后证前，而知前者之说考订可信。凡此书与彼书纪载同而文句不同，或同一事而人之姓名不同，或一事有详有略，其义各不同，随读随勘，靡不得其症结之所在。顷尝见其所撰《韩诗外传疏证》，曾为之序其首矣。近复出示所为刘向《新序》、《说苑》二书《集证》，其例稍别于《韩诗疏证》者，《集证》但采他书，胪载本文，不下己意；《疏证》则于彼此异同之处，偶涉校勘，亦间有所补正也。《新序》属草未成，先成《说苑》。

《说苑》与《新序》，《汉书·艺文志》均列之儒家"刘向所序六十七篇之内"。又有《世说》、《列女传》，《列女传》今尚存，《世说》则无遗文佚句可考。《世说》或疑为本传所载《世颂》，然各书亦未征引及之，是并不可考也。窃谓向以宗藩胄子，好学著书，《艺文志》言其当成帝时，为光禄大夫，奉诏"校经传诸子诗赋。每一书已，向辄条其篇目，撮其指意，录而奏之。会向卒，哀帝复使向子歆卒父业。歆于是总群书而奏其《七略》"。又叙《易》、《书》家，均言刘向以中古文校《易》、《书》，是向在当时博极群书，复获窥中秘所藏古本，其非乡曲小儒见闻暗陋，而喜向壁虚造、诬古惑今者之可比，固可知也。

今观诸篇所采春秋、秦汉之际诸事，证以《左氏传》、《国语》、《国

策》、《荀》、《管》、《韩》、《晏》诸子之说，莫不综见错出，一皆有可证明。向及子歆皆习《春秋》，尤好左氏。桓谭《新论》云："刘子政、子骏、伯玉三人，尤珍重《左氏》，教子孙，下至妇女，无不读诵。"[①] 本传则云："宣帝时，诏向受《穀梁春秋》，十余年，大明习。及歆校秘书，见古文《春秋左氏传》，大好之。歆以为左丘明好恶与圣人同，亲见夫子，而公羊、穀梁在七十子后，传闻之与亲见之，其详略不同。歆数以难向，向不能非间也，然犹自持其《穀梁》义。"[②] 本传与《新论》所言各殊，按之向所序《书》传，颇失实，而尤以《说苑》所引《春秋》事，可知其《左氏》学之深。盖向、歆同为《左氏》老师，桓谭同时历仕汉新，其言视本传为足信也。

夫《左氏》、《公羊》水火之争，二千年矣，近人刘逢禄氏因固信本传向、歆非难之说，遂谓《左氏》不传《春秋》，魏源、龚自珍和之，陵夷至于王闿运之徒，诞妄支离，实经学之蟊贼。今虽蕴毒已发，而国纪世教已荡焉无存。每思刺取向所序录诸书，推衍成编，以救横流之祸。今老矣，无能为矣。遇夫《集证》二书出，其有功于经学而为吾道之干城者，不诚实获我心哉！吾尤乐观《新序》之速成，以与此书相骖靳也。

《新序集证》序[③]

杨生遇夫于汉刘向《新序》、《说苑》二书，皆有所造述。先成《说苑集证》，余既为之序矣。顷复出其《新序集证》，副墨相示，谓余既序《说苑》，则此不可不一序。遇夫好学之勤，著书之勇，今日之士，诚不多见。

忆昔童子时，偕其令兄芎诒受业于余门。余于制艺外，授以《说文

---

① 见桓谭《新论》（上海，上海人民出版社，1977），引文有误，原文为："刘子政、子骏、子骏兄弟子伯玉三人，俱是通人，尤珍重《左氏》，教授子孙，下至妇女，无不读诵者。"

② 见《汉书·楚元王传》（北京，中华书局，1962），全文为："歆及向始皆治《易》，宣帝时，诏向受《穀梁春秋》，十余年，大明习。及歆校秘书，见古文《春秋左氏传》，歆大好之。时丞相尹咸以能治《左氏》，与歆共校经传。歆略从咸及丞相翟方进受，质问大义。初《左氏传》多古字古言，学者传训诂而已，及歆治《左氏》，引传文以解经，转相发明，由是章句义理备焉。歆亦湛靖有谋，父子俱好古，博见强志，过绝于人。歆以为左丘明好恶与圣人同，亲见夫子，而公羊、穀梁在七十子后，传闻之与亲见之，其详略不同。歆数以难向，向不能非间也，然犹自持其《穀梁》义。"

③ 此文录自民国十年财政部印刷局活字本《郋园北游文存》。

解字》、《汉书·艺文志》、《四库全书提要》、刘知幾《史通》，刘勰《文心雕龙》等书，令其每书下句读，日必四五纸。及门中多不如程课，惟遇夫及县人刘廉生、宝森兄弟为之。余固知他日三子之成就必在诸生上也。今宝森早夭，成《尚书大传礼征》一书，身后廉生为之刊行。廉生流徙兵间，以谋生废学，残稿盈箧，迄不能成编。惟遇夫客居京师，日治经史诸子百家，心有所获，辄笔之所读书上下两端，亦或间诂行间，朱墨杂糅，一皆可以理董。久而札移为《疏证》，为《集证》，连篇累册，不知客中之岑寂、人世之乱离。其天君泰然，固有足觇其学养者。辛酉仲夏，余重来都中。遇夫数日一过从，时挟其著书，殷殷请益，其成者必索一序，盖犹承平时在余家园问字时光景也。

　　近二十年来，异说横流，三五少年惑于俳优鄙俚之文，蛮语胡言，浸成风气，驴鸣犬吠，上下喧嚅，何处读韩陵片石，一开余颜？真有广陵将绝之慨。余尝与遇夫言，吾国古学，必待西行于远荒，久而仍还吾国，而后人人知所尊尚，诩诩然谓为借根东方。今日欲其一寓目焉，不可必也。盖吾国人之性情，以他人之耳目为耳目，即以他人之好尚为好尚，班固讥为禄利之途使然，信为吾国二千年来学人之大病，然不能涤除也。今吾国文治渐被于海西，经史诸子书多译成佉卢之文，充斥坊肆，但其于各书重见复出之处，恒不得其会通。不知吾国周秦诸书之纪载，辞尚雷同，正以古人性情坚定，笃守师承，不为外物所摇撼之故。不然，一故训而必转相因袭，一杂事而必互相传闻，古人岂以抄胥为能事哉！诚以传信、传疑，不欲妄参己说耳。

　　遇夫之治群书，皆本此意，以为之邮表。已成者若干种，而此书与《说苑》，尤其博赡详慎者。异日殊方绝俗，获其书而重译之，吾知其书今日由东而西，一转移间由西而东，吾国人必靡然从风。以人之耳目为耳目，人之好尚为好尚，古人乃阴得其助矣。遇夫诚有功典籍哉！若夫刘氏二书得失异同，已详前《说苑集证序》中，兹不复述。

《洗冤录参考》序①

　　曩时见孙渊如星衍自序祠堂藏书，合医、律为一类，以谓生人、杀

---

① 此文录自民国十年财政部印刷局活字本《郋园北游文存》。

人同一关系人命。窃讶其变乱簿录之流别，而官私出入之不分。然孙氏由刑郎外擢提刑，终身与刑法相终始，意其持论固有独见，心虽疑之，不敢非难也。迨通藉后，观政铨曹，同乡、同年多官刑部，既习闻刑律之条目，或遇推鞫命案，检验尸骨，以余喜闻新异，时时就余乐道之。余方从事孙氏所著《释人》一篇，欲为之疏证，因及沈彤《释骨》、许桩《释骨补》诸作，又泛滥于医方家书，乃知医、律虽非同源，用之者诚不可不沟通其说，以知人命之当慎重也。

宋宋慈《洗冤录》一书为检验之科律。孙氏有仿元刻本，附所刻《丛书》以行。同县王君豫恂久官刑郎，寝馈于是书最久，间以检验所得，详辨其异同，积久成书，命曰《参考》。自叙谓与医经、经脉、穴道诸图可以引申互证，又谓与西法解剖所见血管统系暗合关轮。证以孙氏所言，其于生人、杀人诚不可歧而为二矣。

虽然，人之秉赋既各不同，地隔重洋，长养亦异，五藏六腑，生死变形，苟非照胆之镜出自秦宫，则皮里阳秋，谁敢为之笔削？即如远西诸家医书所论藏府，无脾土而有甜肉，竟不知甜肉一部，本在脾土之中，甜肉即脾，于兹可悟。既以形质之异，乃武断以为无脾，此亦岂得遽信为定案耶？又如西医论男女胎孕，谓子在腹中，倒垂向下，而中国妇女受孕则端坐母腹，且有向内、向外之分。余向著有《西医论》一篇，辨驳中外人身之异同，其言可覆按也。惟杀人毒药，日出不穷，莺粟砒霜，不能概括，是则博观约取，在临时检验之精详。王君所称，余未敢有所异议。

夫刑法之有《洗冤录》，犹经方之有《铜人图》，皆吾国千数百年目睹形求所成书，经历代循吏、良医增释详订，而后流传于今日。不此之重，乃尽弃其学而学人，余窃不敢为之附和。读王君是书者，其亦可以兴起也乎。

《墨子正义》序[①]

墨子自为孟氏所辟，泯没不显者二三千年。《汉》、《隋》以下诸志目虽存其名，为之注者则不一见。今去古益远，即儒先之言，流传于士夫之家，讽诵于学子之口，其孤文奥义，犹多不得其通，何况绝学之墨

---

① 此文录自民国十年财政部印刷局活字本《郋园北游文存》。

子，宜其历汉唐二氏文治极盛之朝，而未有人涉猎及之也。

曩者乾嘉诸儒，若毕沅氏、孙星衍氏、汪中氏、王念孙氏、张惠言氏，均治此书。毕氏校注已自刊行世，称"经训堂本"是也，孙氏之说即附其中。孙撰《后叙》，称仁和卢学士抱经、大兴翁洗马覃溪共为其学，皆折衷于毕氏。汪氏《述学》中有《墨子序》及《后序》，考据墨学源流，极为精核，而无成书。张氏仅注《经说》上下篇，王氏则《读书杂志》中之一，皆非注释全文。王氏于墨书不可解之文句，一以校勘比例之法，疏通而证明之，尤足以开读者之神悟。盖墨学沉晦日久，至是乃大放光明，是固千载一时之遇矣。

近者海西格致工艺之事，与兵家攻守之具，流入中原，学者于是益重其书，知其中所言皆远西诸学所自出，不仅"尚同"、"兼爱"合于大秦景教家言，即《经上》、《经下》、《经说》上下诸篇，其文义隐晦难明者，证以重译光学、重学之说，亦似非傅会其辞。故自乾嘉以来，注是书者仅知为夏礼之所存，或又谓为释氏之初祖者，今乃知其为有用之书，一变前人之学说矣。

夫墨之与儒互相非诘，终以不胜，屈抑于中土，久乃大行其教于殊方。韩昌黎氏《读墨子》谓圣贤同指，孔必用墨，墨必用孔，意唐时或有人昌其说，而当世犹疑难之，故韩氏有此持平之论欤？虽然，自唐以来，墨书终不为人所谅，故周秦诸子书皆以宋椠为贵，《墨子》则仅附《道藏》以行，展转沿讹，多不可究诘。近世盛称明吴匏庵丛书堂抄本、嘉靖唐藩芝城活字蓝印本、嘉靖癸丑唐尧臣刻本、江藩白贲衲刻本，诸本同出一源，误夺亦无差别。又有茅坤刻本，则坊估改唐本陆隐序，易茅名而为之。日本有翻刻，宜都杨守敬极称之，洵所谓盲人道黑白者。同治初元，德清俞樾著《诸子平议》，颇及是书。光绪中，瑞安孙诒让博采诸本及众家之注，成《墨子间诂》一书，然未见唐本、茅本，仅见日本翻刻茅本残卷，而不知其为伪题。其书征引浩繁，于声音、训诂、校勘之学，笃守师承，不敢有异议也。于时先孙氏为此书者，吾湘有长沙曹耀湘、县人王闿运二氏。曹书名《笺》，王书名《注》，而皆于笺、注之体不类。曹固深于乾竺之经典，其书善谈名理，若王弼之于《老》，郭象之于《庄》，颇为王氏推重。王则说多臆造，谈言微中，殊足解颐，然于儒者实事求是之意，未有合也。

吾友湘乡陈诒仲邮参曾撰《墨子正义》一书，时则诸家之书尚未刊行。闭门造车，有时出而合辙，是固心理之所同，而非有所因袭。近则严自删削，不肯雷同。余造邮参天津寓居，出其定本见示。其搜采众说，独具别裁，精诣固多，尤以纠正前人之失为本旨，名曰《正义》，盖别于注解家之墨守旧说而本心无所适从者。

余尝持论，谓生平于三者之学不同，一为字母，一为近日出土之龟文，一为《墨子》书。三者皆无同时之人所据故书及师说互证参稽，而徒执吾人耳目所及一家之言，断断然诩为心获，其与向壁虚造相去几何？邮参二十年前习闻余论者，今出此下问，并属为序，固知《正义》之名，乃余所乐闻者。邮参以功臣子孙，自其少时即艰苦卓绝，节用爱人，是殆深于墨学者耶！宜乎持之有故，自名一家，亦自喜独有千古，为诸儒所未闻见者已。

《三秀草堂印谱》序①

甲寅在都，因长沙易寅村，识武进吴景洲内部，间出所为篆刻印章见示，虽寥寥数事，颇得秦汉人规模。余盛称之，谓宜多作，以练手腕。景洲固谓然也。顷者再来都门，招余饮其寓居，案头见所存近刻诸印，裒然成巨册，其中姓名、职官皆仿秦汉玺印章法，斋堂、别号则多本赵松雪、文三桥两家。余惊叹曰："此正法眼也，亦《广陵散》也。"

姓名、职官，嬴、刘二氏时诸体具备。斋堂、别号之类，以及间文成句，虽在古人，未有此体。顾以汉印中"宜身致前迫事毋闲封完印信"十二字印、"常毋相忘"四字印、"日有喜"三字印、"日利"二字印例之，以白文易朱文，固非绝无师法者矣。昔汉许慎氏《说文解字序》云："秦有八体，五曰摹印。"又云："亡新居摄时，有六书，五曰缪篆，所以摹印。"是刻印一事，古人郑重其职，列于八体六书。苟非有义法相承，何以与于一代典章制作之重！是岂可以向壁虚造者耶？

夫印之制，分体于卪。《说文》卪部首云："瑞信也。守邦国者，用玉卪；守都鄙者，用角卪；使山邦者，用虎卪；土邦者，用人卪；泽邦者，用龙卪；门关者，用符卪；货贿用玺卪，道路用旌卪，象三合之形。"许解本《周礼》典瑞文。郑注："玺节，今之印章也。"卪部之后，承以邑部，云："执政所持信也，从爪卪。"部中卬下云："按也。从反印。抑，俗从手。"印、抑，以相反而成义。手持者为节，爪按者为印，用则一也。印之篆再变为鸟虫书。许氏《说解序》云："亡新六书，六

---

① 此文录自民国十年财政部印刷局活字本《郋园北游文存》。

曰鸟虫书，所以书幡信也。"今流传汉印有鸟虫文者，可断其出自新莽以后，世或误识为八体中之殳书，非也。缪篆一体，本以施于刻印书幡，而当时制器之名辞，亦往往通用。世传秦汉镜铭及瓦当文字，其笔画俗消，体势在篆、隶之间者，是皆缪篆之遗。元明人释"缪"字，以为"纰缪"之"缪"，又以为"绸缪"之"缪"，实则必兼斯二义，而后其体赅备。向见明人《秦汉印统》，近人瞿中溶《古官印考》、潍县陈寿卿部郎、吴县吴愙斋尚书、归安吴平斋太守、道州何伯源孝廉诸家所印印本，职官中，大夫印文，"大夫"二字，辄消"大"字为二叠画于"夫"字之下，是纰缪也。又见程敦《秦汉瓦当文字》中，"八风寿存当"，本五字环读，而划分为四字，以"八风"二字并为一字，"寿存当"三字仍各为一字。余藏汉董贤宅砖，背有"高安侯置"四篆字，以"高安"二字合为一字，其篆法以"高"之下"冋"篆作"个"，即以"个"为"安"上之"宀"字，"置"字网头作"▨"，又似析置字为"网"、"直"二字，是皆纰缪也。而其篆体疏密相间，增消趋势，则绸缪之致，即寓其中矣。尝考《东观汉记·马援传》云："上以援为伏波将军，援上言：'臣所假伏波将军印，书犬字外向①。成皋令印，皋字为白下羊，丞印四下羊，尉印白下人、人下羊，一县长吏，印文不同，恐天下不正者多。符印所以昭信也，所宜齐同。'荐晓古文字者，事下大司空正郡国印章。奏可。"可见当时印文中字过于纰缪，失绸缪之美意，故援奏请大司空正之。不然，援自正其印可也，何为并及成皋令乎？

　　近代刻者竞称浙西六家，若金、丁、奚、黄、二陈之流，其刀法之工，洵得古人神髓。若谓其作篆能知缪篆之义，则正不然。至郑板桥、邓完白以偏师制胜，一则同时与六家对垒，一则后起与六家代兴，其始风动一时，几欲夺浙西之席，久而为通人诟病，等于自郐无讥。然视今时京师、沪渎间流行吴昌硕一派者，固犹彼善于此也。昌硕雅人，中年刻印，笃守乡贤浙学，晚景颓放，急就之作，欲求其古拙。刻后，戏以沙石砻之。传衍江湖间，工匠纨绔子群相模仿，以故粗犷破裂，导人遁入野狐禅，是固贤智之过也。而印统之一发千钧，固未有系于今日之重者矣。

---

　　① "书犬字外向"，《东观汉记·马援记》（郑州，中州古籍出版社，1987）作"书伏字，犬外向"。

景洲诸作，力求复古，非独时流恶俗一扫而空，即浙派颓波，亦将倚为中流砥柱。生今之世，文妖诗囮，充斥朝野，此人所目为雕虫小技，壮夫所不为者，夫谁起而振拔之！景洲年力强富，来日方长，吾知其异日所成就，将远出浙西诸人之上，以之箸书垂后，虽吾子行、桂未谷，一举再举，恐未有以过也。景洲勉乎哉！

《曲学概论》序①

日本文学博士盐谷温君，光宣间在长沙从余问学，先后五六年，于经史百家之书，无不购诵，一一穷其要领，而尤喜治元明剧曲。南北九宫之辨，虽限于方音殊俗，不尽能悟，而心知其意，有时为之讲授，亦颇解颐。君之尊人青山先生，以治汉学、能古文鸣于其国中。先世为文学故家，祖若父代有箸书，又主早稻田大学久，吾国青衿之士，多从之游。博士之好古励学，非独家法相承，亦其耳濡目染者皆文书之事也。曩箸《支那文学概论》一书，于吾国古今学术枝派源流，无不穿穴贯通，胪举其变迁沿革之故，于两国二千年同文之关系，尤为语长心重，能使读者感化于文字之外，而泯其猜疑。是非胸罗四部，又习于彼此政治风俗人情，未足语于斯也。

今相别十年，箸书日富，近辑所撰论曲诸作，托其友人某撮述大旨，请序于余。余非识曲者也，求之今日中原，亦久成为绝学。俗伶营伎，歌不成声，山人凫客之流，持按拍作曹邱，营营逐逐，日伺候于公卿之门，又岂足与之论曲哉？

夫曲之源，滥觞于乐府，流而为三唐之歌行七绝、唐末五代两宋之长短句。唐人旗亭画壁，赌唱黄河远上，宋人称有井水处即有柳屯田词，可见一时风尚，皆属此体。迨金元入主中夏，百官中有杂班优伶供奉，与棋画待诏并为一流。其时剧本皆雅词，本出士大夫所撰，故曲牌之调，多袭词牌，词牌又多袭唐人题目，其渊源固可寻讨也。自南曲行，乃别白之曰北曲。北曲高亢，不适于笛管之声。明魏良辅、梁伯龙点窜旧本，改为南词。二人为昆山人，世遂名为昆曲。臧晋叔刻《元人百种曲》，金陵书坊刻杂曲数十种，流播一时，于是北曲荡焉无存。虽毛晋汲古阁刻元明曲六十家中有《南西厢》、《北西厢》之分，实则北曲

---

① 此文录自民国十年财政部印刷局活字本《郋园北游文存》。

南词，非复《董西厢》之旧。吾家广庭先生箸《纳书楹曲谱》，每慨北曲之亡，亡于不知曲之明人，非苛论矣。明时又有海盐腔，出于澉浦杨氏。杨之先康惠公梓与贯云石交善，得其乐府之传，海盐遂以善歌名浙西，语详王文简《香祖笔记》引《乐郊私语》。又有弋阳腔，则昆调之变音，源出临川汤显祖。显祖所箸《四梦》传奇，负一时重名，以乡伶传之，末流遂与昆曲音调歧异，而别树一帜矣。

有清入关，定鼎燕京，沿明季遗风，自康雍至道咸二百年，朝官荐绅，群尚昆剧。《桃花扇》、《长生殿》之名本既已脍炙人口，南北同风，大内所定之《鼎峙春秋》、《三国衍义》。《忠义璇图》、《水浒传》。《升平宝筏》、《西游记》。《劝善金科》《目连传》。等编，分四时排演者，亦皆昆曲大出，出自词臣校勘。若第论南曲之盛之精，盖未有过于有清一代者。今海盐腔尚存于浙中，弋阳则自江西流入湖南北、四川。两湖又独为汉调，名为二黄。南行于皖，谓之为徽调；北行于都中，谓之为京二黄。其剧文创于元末明初之《王魁传》，于山、陕间击筑呜呜，谓之为梆子。

同光以来，昆、弋陵替，俚曲风行，余与长沙王葵园阁学、张雨珊部郎、吴县徐耕余大令三数人，在湘中为昆剧主盟，卒以违时，不得一振其绪。昔宋玉对楚王问，言："《下里》、《巴人》，国中属而和者数千人；其为《阳阿》、《薤露》，国中属而和者数百人；其为《阳春》、《白雪》，国中属而和者不过数十人；引商刻羽，杂以流徵，国中属而和者，不过数人而已。其曲弥高，其和弥寡。"古今人情何其相类若此耶！然人情厌常喜新，穷则思变，京师、长江诸省会，又渐尚昆词。即昔之以二黄、梆子著称之诸伶，亦龋齿奉心，甘为邯郸之步，是固南曲中兴之兆也。

博士著书时，若甚悼惜中原雅乐之失传者，其于今昔情势，或未深谙。虽然，南曲兴矣，而北曲终不可复。是则可为深慨者已。

重刊《八指头陀诗》序①

工诗必非高僧，余向举此以语寄禅，寄禅不服也。余告之曰："古之高僧，寒山、拾得以外，若唐之皎然、贯休，宋之九僧、参寥、石门，诗皆不工。汝独工之，其为僧果高于唐宋诸家否耶？"寄禅不能

---

①　此文录自民国十年财政部印刷局活字本《郋园北游文存》。

答也。

夫诗本至难工之事，既工诗矣，何必定为高僧？四十年来交寄禅，见其终日吟哦，喜与湖内外名士相酬唱，又善于冠盖逢迎，诗则日见其工，僧则未见其高。在戊戌以前所为诗，余作檀越，为之刊行。其后僧众推主长沙上林寺方丈，余书楹帖赠之，有"正法眼空三教论，中唐音变九僧诗"之句，亦谓其诗虽工而僧不高也。主方丈一年，徨徨仆仆，无一食顷间。偶记吴园次讽大汕之语语寄禅曰："和尚酬应杂迟，何不出家？"寄禅笑颔之，亦不能答也。久之辞席，游天童，得"袖底白生知海色，眉端清压是天痕"联句，为长沙王葵园阁学所激赏，每与余说寄禅诗，则拈此联，诵叹不已，且一再书之吟笺，以示学者。顾此联诚佳，不知阁学何以铭心不忘若此！余因言寄禅诗有魔境，一时同游，皆入其魔中。其终身为诗僧，而不能为高僧，亦以魔累之耳。

夫诗文之魔，弥久而弥大。寄禅诗既颒洞于一时，即可断其能传诵于百世。其集生前已一再镂板，海内风行，今吾友杨君晳子又举全稿刻之。晳子为王丈湘绮高第，湘绮乃最先知寄禅诗者，晳子与寄禅无深交，推湘绮之爱而爱其诗，囊橐萧然，乃节缩他费，完此心愿，余甚愧之。寄禅向举其诗全稿托余续刊，十年以来，丧乱频仍，四方逃难，心欲图而志不遂，诚恐负我故人。今幸见其成书，是为余释一重负也，故乐得而序之。

重印钱曾《述古堂影宋抄本说文系传》跋[①]

南唐徐锴《说文系传》近所传本有三：一乾隆壬寅汪启淑刻本，一乾隆甲寅马俊良《龙威秘书》巾箱刻本，一道光己亥祁寯藻刻本。汪、马本行世已久，人虽知其谬误，恨无善本代之，乾嘉诸儒亦颇援引以校徐铉本。迨祁本出，人人知汪、马之非，而益信祁本之足贵矣。

祁本出自影宋抄本，历经黄荛圃、顾千里鉴藏，其善处已详祁序及后《校勘记》中。然其本出自何人，传之谁氏，顾氏《思适斋文集》、黄氏《士礼居藏书题跋记》曾未一言及之。祁序所称"汪士铉藏宋椠残本"，则出自明赵宧光旧藏，黄氏亦经藏过。其书每半叶七行，行大字十四字，小字双行二十二字，只存《通释》第三十至末，凡十一卷，语

---

① 此文录自民国十年财政部印刷局活字本《郋园北游文存》。

详莫友芝《知见传本书目》。今汪、祁二本行字与此同，相校则互有移易，汪本讹夺亦同马本，祁刻《校勘记》时举之正。惟就三本互相勘校，祁本之善，自无可议，然不见宋刻或影宋原抄，终无以释人疑问也。

曩阅钱曾《读书敏求记》，载有此书四十卷，云："流传绝少，世罕有觏之者。当李巽岩时搜访岁久，仅得七八，阙卷误字，又无是正，何况后之学人，年代浸远，何从睹其全本？此等书应有神物呵护。留心籍氏者，莫谓述古书库中，无惊人秘笈也。"[①] 曾之推重是书，余固未敢深信。

述古藏书散后，此书归上海郁泰峰宜稼堂，郁书于同治初元半归揭阳丁禹生中丞持静斋，丁书于癸丑年散落沪市间。余在缪艺风先生坐中，有书估持来见之。余出，即尾追估人，已渺如黄鹤。顾揣其书必不出沪上也，时属张菊生同年访之，乃知果在南浔张氏。今已仿印，先以影本示余，因取汪、祁二本勘之，知其同出一源，行字皆有移改，汪本移改尤多，木部、心部，阙至数十字，燊部脱去部首字，黹、黹、臭、歆、次、尣、嵬、象等部，汪本通部俱脱，马本亦然。至祁刻《校勘记》中所举原抄及汪、马各本误处，此本并同。其汪刻异者，谛审行字，均刻后改之，如一部"工"篆下"任器"，此本"任"作"仕"，汪本作"礼"，是也。顾细按汪刻，"礼"字微偏，其为刻后校改痕迹可验也。示部"褅"篆下，"读若春麦，为褅之褅"。此本与祁本同，汪本两"褅"字均作"褅"，而"褅"字略小，其必后据铉本校改，而原见之本必作"褅"字，亦痕迹可验也。玉部"瑮"篆下"相带萦带"，汪本无此四字，此本、祁本有之，则汪本之讹夺也。"玭"篆下"玭，珠之有声者"，祁本无"者"字，《校勘记》云当依汪本作"玭，珠之有声者"，此本正有"者"字，则又知此本胜于祁所据之抄本也。略举前一二篇，以见大凡，余非别作校记，不能详也。又二十五卷，据祁刻云旧阙此卷，宋抄本以大徐所校定本补之，故祁本此卷前结衔题名，只"徐铉"一行，此本与汪、马两刻，仍题"徐锴传释、朱翱反切"两行，则所据之原本，又似与祁所见者微有不同。但铉本用孙愐切音，锴本用朱翱反

———————————
　　① 见《读书敏求记》（北京，书目文献出版社，1984），引文有误，原文为："流传绝少，世罕有觏之者。当李巽岩时搜访岁久，仅得七八，阙卷误字，又无是正，而况后之学人年代浸远，何从睹其全本乎？此等书应有神物护呵。留心籍氏者，勿谓述古书库中，无惊人秘笈也。"

切，此本虽题"朱翱反切"，书中仍用孙愐切音，则此本又不如祁刻所见原本之审慎矣。此本篆字出自抄胥，不无描写之失。然近世铉、锴二书亦已家弦户诵，昔邢子才有云："误书思之，亦是一适。"[1] 此在深通小学之儒，必不以此为病。若论此抄本之古，则在顾、黄以前，亦较顾、黄本为有来历。余诚不意二百数十年所传惊人秘笈，至今化身千亿，流布人间，论菊生同年表章之功，他日当于《说文统系图》中增一坐位矣。

广《说文统系图》说[2]

乾隆辛亥，罗两峰山人聘为桂未谷明经馥作《说文统系图》，凡八人。许慎以下，有元魏江式、北齐颜之推、唐李阳冰、南唐徐锴、北宋徐铉、南宋张有、元吾邱衍。

吴县张瘦桐舍人埙为作《记》云："许氏之学，实出于贾逵。慎之子冲，上《说文解字》于孝安之朝，乃传其书。阳冰之犹子腾集书为《说文字原》，郭忠恕书小字《说文字原》，并撰《汗简》，顾野王《玉篇》亦羽翼《说文》，皆不可不图。"

高邮王怀祖黄门念孙则云："凡传述许君之学者，皆不可缺漏。《隋书·经籍志》梁有《演说文》一卷，庾俨默注；《宋史·艺文志》有僧昙域《补说文》三十卷，及钱承志《说文正隶》三十卷；《玉海》称吴淑好篆籀，取《说文》有字义者千八百余条，撰《说文五义》三卷；又李焘有《说文五音韵谱》十二卷，及朱翱之反切，句中正、葛湍、王惟恭之同掌修校，皆不可不图。许君之学本于贾逵，贾逵本于其父徽，徽本于刘歆、涂恽、谢曼卿三人。《说文》所载有刘歆、贾逵、杜林等十余人之说，图之亦不可胜图，凡此皆不必图者也。"

福山王文敏懿荣记云："曲阜桂氏所造《说文统系图》，详见当时各家题字，言人人殊。蒙按：图缘始于《说文》，许君前断无可图，许君后非专治许书者，谊不得入，其书又当以见存目击者为断，国朝为许学者甚夥，又当以专门有心得者为断。如是则许君后止应图南唐徐铉、徐锴二人，国朝只段玉裁、王筠二人，嫡子耳孙，当承血食。若桂馥、严

---

① 见《北齐书》（北京，中华书局，1972），引文有误，原文为："误书思之，更是一适。"

② 此文录自民国十年财政部印刷局活字本《郋园北游文存》。

可均，止当为张有之附祀配食耳。许君当日为古文家，《说文》亦专重古文，引古器真品文字证《说文》，王氏筠始发之，严氏可均《说文翼》亦未成书。又近今朝鲜人朴珪寿之弟著《说文翼证》，与王氏、严氏遥合，然皆据阮吴《款识》旧文，伪器谬释，牵混拉杂。后之真通古文识真器者，当师承其意，匡正其说，便当据此图中一席也。"

辉按：诸家说多未安，张说近是，与原所图者仍为未备。文敏所议全为虚矫，不可据。"说文"二字，非许君自著之书，后序明言："孝平时征爰礼等百余人，令说文字未央廷中。"是《说文解字》之名，固有所本，安得云缘始于"说文"？许君前无可图，既云"非治许书者谊不得入"，后序所云郡国山川所出鼎彝前代古文，乃许君偶一采之，亦惟许君真识古器文乃能采之。既云"阮吴旧文，伪器谬释"，然则后之真通真识者，殆文敏自命乎！当知金石自为专门之学，不可以混许书。许书乃《仓颉》之嫡传，为汉儒确有师承之遗说。

余尝谓中国文字之始，为上古穴居巢居时代之野人，发于自然之性灵，画为记事之表帜。迨沮诵、仓颉二圣出，录其文，整齐之，或修改之。秦以前二圣之字并存，六国时诸侯异制，文字亦异形，至秦始皇时始画一。李斯乃为《仓颉》之学者，故《汉书·艺文志》叙小学云："《仓颉》七章者，秦丞相李斯所作也；《爰历》六章者，车府令赵高所作也；《博学》七章者，太史令胡母所作也。文字多取《史籀篇》，而篆体复颇异，所谓秦篆者也。[1] 闾里书师合《仓颉》、《爰历》、《博学》三篇，断六十字以为一章，凡五十五章，并为《仓颉篇》。武帝时，司马相如作《凡将篇》，无复字。元帝时，黄门令史游作《急就篇》。成帝时，匠作大将[2]李长作《元尚篇》。皆《仓颉》中正字也。《凡将》则颇有出矣。至元始中，征天下通小学者以百数，各令记字于庭中。按：此即《说文·后叙》所云'征沛爰礼等百余人，令说文字未央廷中'是也。此'记'字当是'说'字之误。扬雄取其有用者，以作《训纂篇》。"又云："《仓颉》多古字，俗师失其读。宣帝时，征齐人能正读者，张敞从受之，传至外孙之子杜林，为作训故，故并列焉。"是秦汉二代，诸官吏儒生皆是用《仓颉》字，而绝无道及沮诵者。以《仓颉》、《爰历》、《博学》合五十五章，章六十字，是时仅有字三千三百之数。除《凡将》有增出，

---

① 此句后脱"是时始造隶书矣，起于官狱多事，苟趋省易，施之于徒隶也。汉兴"，据《汉书·艺文志》（北京，中华书局，1962）校。

② "匠作大将"讹，当作"将作大匠"，据《汉书·艺文志》校。

《急就》、《元尚》皆《仓颉》正字，必仍为原数。据《说文·后叙》"扬雄采以作《训纂篇》，凡《仓颉》已下十四篇，凡五千三百四十字"，是时已增多二千四十字，至许本书，又增至九千三百五十三文，重一千一百六十三字。是虽递相增加，实同一统系。论先河之义，贾逵为许君之师，则图中不可不列。沮诵之传已绝，仅有存者，《仓颉》之遗。若无李斯、赵高、胡母敬开继于前，张敞、杜业、爰礼、扬雄、杜林诸人说解于后，许君亦无所秉承。此许君自叙所举其著书之渊源，则图中亦不可不列者也。

许《叙》又云："亡新居摄，使大司空甄丰等校文书之部，自以为应制作，颇改定古文。时有六书①：二曰奇字，即古文而异者也。"许书既采奇字为部首，是甄丰亦在所必录。世因秦始灭学，罪及李斯。赵高欺君，在奸邪之列，扬雄、甄丰等亦以从事新莽，见摈儒林。然既以统系言，非从祀庙庭，自不可因人而废斥。又许冲上安帝书云："慎前以诏书校东观，教小黄门孟生、李喜等，以文字未定，未奏上。"《后书·西南夷列传·夜郎》云："桓帝时，郡人尹珍自以生于荒裔，不知礼义，乃从汝南许慎、应奉受经书图纬，学成，还乡里教授，于是南域始有学焉。"常璩《华阳国志·南中志》："桓帝之世，毋敛人尹珍，字道珍，以生于逴裔，未渐庠序，乃远从汝南许叔重受五经，师事应世叔学图纬，通三才，还以教授，于是南域始有学焉。"据此，则许君弟子有孟生、李喜、尹珍三人，乃统系中应有之人，亦不可不列者也。若江式、颜之推以后，仅为私淑，无关统系。此如庙庭从祀之列，不得比于三千七十之徒明矣。况此七人外，固如张氏所言应增顾野王诸人，然余意许冲应列外。由私淑之人例推，若晋吕忱撰《字林》，林罕撰《字原偏傍小说》，释梦瑛撰《字原》，皆笃信许学，比于李腾、郭忠恕及《演说文》之庾俨默、《补说文》之僧昙域、撰《说文正隶》之钱承志、撰《说文五义》之吴淑、《五音韵谱》之李焘，未遑多让，何乃遗之而反羼入作反切之朱翱及上溯邈之父师与《说文》全无关涉者？是皆不明统系矣。

撰桂氏作图之意，既曰第一图，当有第二图继其后，然前图于统系未确，则后图必不如余意所欲图。顾桂君创始之功，自不可没，故特广

---

① "书"字后脱："一曰古文，孔子壁中书也。"据《说文解字》（北京，中华书局，1963）校。

其义，以作此图。至近儒为《说文》之学，自以段玉裁为首功，余若王、桂、钱、钮诸家，又在附庸之列，图之不可胜图，当仿人表之例，别为表以张其学，不必与于图也。或问余笃嗜许学，比之于段、桂诸人何如？余曰：昔桂氏本杏坛打扫夫，衍圣府中免其役，因号"复民"，余则自命为万岁里打扫夫，以从其后，不求免役，不求复民，附之图之尾，如郑板桥自称"徐青藤门下走狗"之意，或不以为僭妄也夫。

郋园字义说[①]

别号"郋园"，垂四十年，人多不知"郋"之音读，亦不知取义之意。有人询其字，余颇烦于应对，又行之日久，不欲更易。至有误书为"郇园"者，郇公以庖厨著称，是目余为饮食之徒也。是不可不一申其说，以明余志。

按：《说文解字》邑部："郋，汝南召陵里，从邑，自声。"《系传》："臣锴曰：李阳冰云即许慎所居之里。"余少时先大夫教之识字，以《十三经集字》检《说解》中字对雠，篆注其下，一生学业不入歧趋，不敢虚造，皆基于此。壮岁通籍，正同光中兴盛时，朝士崇尚朴学，人人企慕汉许叔重、郑康成二氏，援李赓芸别号"郰斋"之例，吴县潘文勤公祖荫号"郑盦"，仁和汪柳门侍郎鸣銮号"郋亭"，其他"师郰"、"师郑"之称，几遍朝野。余方温《说解》，亦趋时尚，取号"郋园"，意谓"师郰"、"师郑"，千百雷同，而仰止高山，不可无所向往，初不知汪侍郎有"郋亭"之号也。元和江建霞编修督学湘中，见余别号，诧曰："何乃与侍郎同！"编修夫人为侍郎从女弟，彼固耳熟能详也。

余秉承庭训，笃嗜小学，先以"元尚"署书斋名，又取《大戴礼》"《尔雅》以观于古"之义，名其堂为"观古堂"。其后蜀中有人刻《石经汇函》，前署"元尚居"，余耻苟同，毅然撤去其额。平生固有古泉癖好，遍索古泉书，见歙人鲍康所著古泉书曰《观古阁丛稿》，意欲避改，而拙刻《观古堂丛书》已流行于市肆，不能改也。"郋园"之号，则以庭训伊始，不欲辄废。然"园"之与"亭"，固自有别。《说解》口部："园，所以树果也，从口，袁声。"《周礼·太宰》"二曰园圃，毓草木"，郑注："树果蓏曰圃，园其樊也。"又载师"以场圃任园地"，郑注："樊

---

① 此文录自民国十年财政部印刷局活字本《郋园北游文存》。

圃谓之园。"据此，则园为圃之樊篱，其中所树皆果蓏之属，此如布帛菽粟不可须臾离也。《说解》高部："亭，民所安定也。亭有楼，从高渻，丁声。"以字义言之，亭楼不如园圃之广大。许氏囊括百家，包孕万有，安可以亭概之! 则余郋园不可易矣。

郋在春秋时属鲁地。《春秋左氏传》桓十有七年经："夏五月丙午，及齐师，战于奚。"杜注："奚，鲁地。"《公羊传》经文同，何休《解诂》不详何地。《穀梁传》经作"战于郎"，范宁《集解》亦不详何地。按："郎"为"郋"之误字，灼无可疑。钟文杰《穀梁补注》云："《左氏》、《公羊》作'奚'。张寿恭曰：'《说文》：郋，汝南召陵里，从邑，自声，读若奚。凡《说文》读若之字，皆可通假。《穀梁》盖假"郋"为"奚"。后人少识"郋"字，以其与"郎"相似，故误为"郎"耳。'"钟说是也。赵坦《春秋三传异文笺》云："《韵补》以七之韵'颐'、'宧'二字入阳部，以其有养音也。支脂之'微'、'齐'、'佳'皆哈，古音同为一部。七之韵既转入阳韵，则'齐'韵之通'唐'，亦其类也。《穀梁》'奚'作'郎'，亦方音之转。"陈立《公羊义疏》引此，按云："齐微部内字，古本不与'阳'、'唐'韵通。赵说非是。此或传写之讹，或一地二名，不必强为附合。"陈不据《说解》读若驳之，又不于二字原得之声为之考辨，未足以为确证。盖"奚"、"郋"二字，古本同音，非独《说解》音读分明，以原得之声求之，亦同为合唇音字。《说解》奚部首云："奚，大腹也，从大，繇省声。繇，古①文系。"又系部首云："细丝也，象束，丝之形，读若觊。"又自部首云："鼻也，象鼻形。"又鼻部首云："引气自畀，从自、畀"。系之音从觊，自之字同鼻，故同声通用，为六书之恒。《说解后叙》慎子冲上书称"召陵万岁里公乘草莽臣冲"，万岁又别一里，非慎故居。然同属召陵，则相去必不远。《汉书·地理志》"汝南郡县三十七，召陵其一"，师古曰："即齐桓公伐楚次于召陵者也。召读曰邵。"齐、鲁壤地相接，召陵，县名；郋与万岁，则县中里名。故杜注以奚为鲁地也。

当日郋亭之侍郎，三十年来，姓名几至泯灭，即《观古阁丛稿》，亦久肆架尘封。聚千万姓之人，欲其姓名、字号之不同，此本必无之事。小冠杜子夏固幸同有时名，司马相如、蔺相如，亦各明其本志。余前既不因汪侍郎同此别号而有所趋避，后亦不因人不识郋字而易一名

① "古"字讹，当作"籀"，据《说文解字》（北京，中华书局，1963）校。

称。《说解》以"奚"为大腹，余腹本空洞，无边孝先之便便腹笥，而有苏东坡之不合时宜。余将改为奚园矣，识者或不以归元恭之多别号相诮也夫。

《明万历丙辰进士履历》跋①

是科主考为礼部尚书兼东阁大学士崇仁吴道南、礼部尚书兼翰林院学士掌詹事府事江陵刘楚先，同考《易》六房、《书》四房、《诗》六房、《春秋》一房、《礼记》一房，所中士于我朝、胜国两姓兴亡极有关系。

庄烈御极十六年，励精图治，慨然有为，乃卒为周延儒、温体仁、杨嗣昌二三奸庸之臣所误，至于身殉社稷，此真可为痛惜者也！前后督师中，惟洪承畴畀倚最专，握兵最久，屡次克捷，卒不竟其功，其后降于我朝，手定开国洪模，为元勋第一。同一人也，先后得君之专，未之或异，而一成一败，判若两歧，人才固视国运为转移耶！南都再造，马士英、阮大铖二奸柄政，窃弄国权，卒至国破家亡，同死于大兵之手。而三人皆是科所中士，何其巧相遇合如此。士英未廷试，至下己未科登进士。明制最重科目，士不由科目进者，不能预廷推。马、阮拔茅连茹，为发轫之始。是虎而假翼，若必助此二人，以速明之亡者，岂非天哉！

其他以忤魏奄镌秩者，行取考选，本《履历》。内黄县吴焕为奄党曹钦程所参，谓其素附东林，降三级。《剥复录》。而因之罹害，则黄尊素、魏大中、李应昇、万燝同死诏狱，扬州知府刘铎论斩。见《万燝传》。始忤魏奄，继忤周延儒被害者，刘之凤在狱瘐死。因杨嗣昌构陷削籍而卒弃市者，总督三边军务郑崇俭。士大夫不幸生于明季，其性命真鸡犬之不若矣！

若殉难诸贤，在官则广西巡抚瞿式耜，大兵破桂林，被执不屈就戮死。陕西巡抚冯师孔，流贼陷西安，投井死。甘肃巡抚林日瑞，此据《明史》本传，榜名为"日焜"。李自成别将贺锦陷甘州，被执，诱以官，不从，为贼磔死。太常寺卿、江西兵备佥事彭期生，张献忠陷赣州，冠带自缢死。在籍则前两广总督沈犹龙，大兵破浦城，率乡兵力战，中矢死。前宣府巡抚张维世，李自成犯太康，佐知县魏令望拒守，城陷，抗节死。《明史》入《忠义传》。前太常寺卿宋师襄，流贼陷耀州，死。前兵

<hr>

① 此文录自民国十一年长沙叶氏刊本《郋园山居文录》。

部尚书张伯鲸，大兵破扬州，自缢死。而唐王兵部尚书兼东阁大学士朱大典，督师浙东，大兵破金华，阖门殉难。前礼部尚书、东阁大学士贺逢圣，张献忠陷武昌，投湖死，子及子妇同殉，是其死事尤烈者。曾樱知常州府，魏奄乱政时，保全东林善类，唐王立，召为吏部尚书，王驻兵延平，樱留守。大兵破福州，挈家避海外左卫，越五年，其地被兵，自经死，计六奇《明季南略》云："挈家避海外，依郑成功于左所。越五年，其地被兵，叹曰：'吾之不能死者，死有待耳。而今已矣。'遂自缢。"史臣称为循吏，核其一生治绩，洵无愧也。许誉卿始为吏科给事中，抗疏劾魏奄大逆不道，镌秩，崇祯初再起兵科给事中，疏劾奄党王永光、薛国观，不听，引去，七年起故官，劾温体仁、王应熊，《己未科进士履历》，《易》三房翰林院检讨王应能，字非熊，四川巴县人，而《明史》皆作"应熊"，不知何故。削籍，遣戍，福王时，起光禄卿，不赴，国变后为僧，久之卒，大节清操，始终如一，是足以风厉天下后世矣。

是科一甲三人，钱士升、贺逢圣、林釬用翰林，余皆外用知县，内用六部中书，未用一庶常，而钱士升入阁后，以谠论去官。贺逢圣在籍殉难。林釬为国子监司业，不循太学生陆万龄酿金建魏祠之请，为魏奄矫旨削籍，崇祯初由礼部侍郎入阁，有谨愿诚恪之称。是一甲三人，不愧廷士之冠。

此外因忤魏奄削籍者，遵化兵备副使耿如杞，以不拜魏奄祠像，为巡抚刘诏所劾论死，崇祯初复原官，巡抚山西，以军士噪饷大掠，诏逮斩西市。胡良机，天启间为御史，劾魏奄，斥为民，崇祯初起故官，巡按宣、大二镇，为宣府监视内官王坤劾罢。明季稗政，莫大于以内官监军，权在部臣之上。庄烈始诛魏奄，朝纲为之一振，卒亦为权奸宦官所荧惑，不如初政之肃清。如耿、胡二人，其祸机实伏于平日得罪内奄故也。自古亡国之祸，如汉如唐，皆由于奄竖乱政。庄烈明知之，明蹈之，何与？陈奇瑜总督山、陕、河南、湖南、四川军务，剿贼无功，委罪陕西巡抚练国事，致国事逮狱遣戍。两人是科同年进士，初以同劾魏奄，为清流推重，卒之处功名之际，则以倾轧为工。呜呼！富贵之淫人，固如是耶！

是科名贤固多，而奸壬亦不少。魏奄逆案所列名者，如戎政尚书李春烨、吏部左侍郎许崇礼、御史方大任、主事门洞开、逆案定，均削籍。见吴应箕《剥复录》。吏部文选郎中张捷芳，由部着议，光禄寺少卿曹履吉由部酌议，《剥复录》。太仆寺少卿刘徽闲居，同上。皆得志于一时，而贻臭于千古。若杨维垣劾顾大章，甘为魏奄鹰犬；庄烈即位，知魏奄将败，又劾崔呈秀以自解；南都立，夤缘阮大铖，得左副都御史；卒以太子案畏罪潜逃，为仇家杀死。此凶狡之小人，《明史》不为立传彰著其罪，而数附见其事于他人传中，毋亦失之疏漏欤？至刘余祐，官至兵部左侍郎，于圣清定鼎投降。明季科目中如此者甚多，廉耻道亡，苟非同科诸贤扶植纲常，临难死事者众，不几谓科目无人乎？

是科吾族新场派族祖二十四世讳有声者，天启五年以礼科给事中疏陈四事，忤魏奄，削籍，崇祯初召还，外转浙江副使，累官至都察院左副都御史。国变后，卒于家。公即忠节公映榴父也。公是科未廷试，至己未成进士，《明史》无传，事载《忠节公遗集·震隐公行述》。震隐，公字也。吴应箕《剥复录》诋公劾刘一燝，保阮大铖，以为奄党漏网，然周宗建亦曾劾一燝抑言路，并因王德完劾魏大中，而李逊之《三朝野纪》谓大铖初与先忠毅、即应昇。魏大中至交，后始背去，是劾一燝、保大铖皆不足异。奄焰甚炽，在天启四年，公以五年削籍，事实昭著，岂可厚诬贤者乎？

佟卜年，《明史》无传，《顾大章传》云："佟卜年之狱，大章言于刑部尚书王纪，拟流，未上，而纪被斥。侍郎杨东明署事，欲署之大辟。大章力争，忤旨，诘责，竟论卜年辟，瘐死狱中。"①

魏照乘，崇祯元年疏参奄党田吉、刘诏、单明诩、李养德、何宗圣、张文郁。见《剥复录》。十二年，礼部尚书兼东阁大学士，十五年致仕。见《庄烈本纪》。

毕自肃，崇祯元年升都察院右佥都御史，巡抚辽东，后调甘肃，七月甲申，宁夏兵变，自杀。见《庄烈本纪》。《明史》有《毕自严传》，云淄川人，官至太子太保、兵部尚书。自肃亦淄川人，似是兄弟，《自严传》未及。

帅众，天启中为御史，请减上供袍服，帝怒，廷杖，以阁臣叶向高论救，夺俸一年，见《明史·叶向高传》。据《履历》，廷试后用礼部主事，丁巳授淳安县知县，己未调金华，壬戌行取授浙江道御史，本年养病，后官至都察院左副都御史。请减上供袍服疏，当是行取授御史后所上，是亦直臣之可嘉尚者也。

---

① 见《明史》（北京，中华书局，1974），引文有误，原文为："佟卜年之狱，纪用大章言拟流卜年，未上，而纪斥。侍郎杨东明署事，欲置之大辟。大章力争，卒拟流。忤旨，诘责，竟论卜年辟，瘐死狱中。"

《明万历丙辰己未天启壬戌三科进士履历》总跋①

仁和邵伯绸太史以其令祖位西先生《明季国初二十八科进士履历跋后》见赠，起万历廿六年戊戌，迄康熙廿一年壬戌，中缺万历丙辰、己未、天启壬戌三科。余回苏后，访莫楚生观察寓斋，见其案头有明季十科进士履历，而此三科恰在其内，假归读之，乃知此三科中人，于我朝、胜国两姓兴亡，关系尤为至重。因检《明史》，按名相核，悉加品题，非敢云补先生之遗，聊以抒余怀之郁郁而已。

明制最重科目，士大夫一登进士，外而总督、巡抚，内而阁部大臣，皆可由阶而升，驯至大用。故每科进士，入登台鼎，出任疆圻，皆寻常数见事，其由特擢、特拜者，至为希见，而向用不专，反使奸邪之臣阴窃政柄。明亡之速，固有由来也。其后我朝纂修《明史》，创稿于鸿博诸臣，备顾问者皆前明遗老，其于东林党众，不无偏向之心，故列传中劾魏奄，劾周、温者，十而八九，其人平生别无表见，按其事实重见复出，大要相同，此则门户之私，不知史家体要矣。此三科《明史》有传者尤多。而当魏奄用事之时，迄周、温柄政之日，诸人已养成毛羽，一鸣惊人。其间因而罹祸至酷者，孤忠亮节，诚足以振起纲常。而其他以一论一疏触忤奄奸者，只宜附著同类要人传中，亦不至泯其志节。乃人人不能割爱，且必立传，曲为褒扬，不亦近于宽滥与？世称《明史》为良史，余于此不能无遗憾云。

壬戌上元日，南阳叶德辉。

《郘亭知见传本书目》序②

三十年前官京曹时，同朝如常熟翁师相同龢、吴县潘文勤公祖荫、顺德李若农侍郎文田、宗室伯羲祭酒盛昱、福山王文敏公懿荣、贵筑黄再彤编修国瑾，皆好藏书，讲求板本之学。其众推为领袖者，则江阴缪小山学丞荃孙。然其秘以为枕中鸿宝者，则人各抄仁和邵位西先生详注《四库全书简明目录》一书，日夕置之案头而已。于时聊城杨氏海源阁、常熟瞿氏铁琴铜剑楼、归安陆氏皕宋楼、仁和丁氏善本书室诸家书目，或未刊

①② 此文录自民国十一年长沙叶氏刊本《郋园山居文录》。

出，或未通行，邵注《简目》外，则独山莫邵亭先生《宋元旧本书经眼录》亦家有一编，与邵书相骖驷，顾皆不知先生尚有《知见传本书目》也。

先生与位西先生生同时，同为曾文正讲学之友。其平生好书之癖，亦正相同。于时文正之女舅袁漱六太守芳瑛以收藏书籍著称。余得其散出之书，中有钱牧斋《绛云楼书目》两巨帙，行间皆太守手书朱校，或曰"此书今在余所"，或曰"余有此书"，其搜访又与诸先生同志而异趋。要其流风余韵之传闻，遂为目录家别开一蹊径，故在今日道丧文敝之世，读书者日见其少，好书者犹见其多，则数先生提倡之功为不小矣。

此《目》向无刻本。宣统初元，有日本田中玉太郎以活字排印，按其语句，多先生身后事，固知为他人参校而印者，未敢擅删。然数百部之书，一时售之罄尽。旋有南浔张氏以小字排印于上海。其本甚劣，而亦风行。最后则吾友傅沅叔同年亦以活字印行，字大悦目，视田、张二本为精，然孰为正文，孰为他人语，亦不能分别厘剔也。即如书中每云"静持室"，此揭阳丁禹生中丞书斋名，其后刻书目乃名"持静斋"。今各卷"静持"均改"持静"，又改"室"为"斋"，是知其一不知其二也。中丞喜藏书，每得一书，必请先生鉴别，故《经眼录》中所载，大半丁氏所藏。余方诧先生既刻《经眼录》，何不并刻此书？近年寓苏城，获交先生从子楚生观察，出示原稿，乃知参校之语，出自观察随时标记者为多，而当时先生不急急以此《目》付刊，亦有深意。盖先生以为宋元旧刻传世日希，既已见已知，不妨详示后人，俾他日展转流传，得者益知珍袭宝贵。若宋元以外之刻本，日新月异，即竭毕生搜访之力，终恐有所漏遗，故此《目》存稿未刻者，意盖有所待也。余因询此《目》传出之由，则以一侯姓书估从观察借抄藏之，久之物故，其书散失，流入京师，于是好事者转相移抄，亦如当日之抄邵注《简目》者。然田中玉乃以活字印行，其中讹夺甚多，彼固不知原稿具在可以借校也。

先生是《目》虽与邵注同时，而见闻各别，盖邵官枢曹，居恒在北，先生则往来苏扬沪渎。值粤匪乱后，江浙间藏书散出，先生寓目颇多。南北收藏各以地限，两《目》所载正可互证参稽。今邵书已经其嗣孙伯绪太史刊行，而此《目》真本人尚未见，余亟怂恿观察付之梓人，庶与邵书并辔而驰，同为津逮来学之盛举。观察曰："诺，请为之序。"余不敢辞，谨述此《目》晚出原委，以告世之谈板本者。而余得附名简端，尤有荣幸云！

壬戌雨水，后学叶德辉谨序。

《前巷派叶巷支谱》序^①

世禄之制废而宗法亡，然犹赖有谱牒为饩羊之告朔也。自五胡乱华，人民困于兵革，于是荡析离居，不复守其田里。蚩蚩万姓之众，遂如虫如沙，一散而不能还其地著。是不独宗法亡，而谱牒亦随之亡矣。六朝唐人尚门望，重私谱，巨姓世谱，载于《隋书·经籍志》者，无虑数十家。至唐末五代之乱，凡前此所谓高门大族者，又往往迷其所自出，既断而不可复续，迄于有宋，虽以欧、苏二氏为谱法之祖，亦不能上考唐以前之世系以征信于后人，斯固事之不能强致者也。

吾族由北而南，始有丹阳、升州二支，子姓散居江淮之间，未尝与吴中相合。吾族之始，盖始于缙云，中更易代之际，其源流亦不可知。知者，惟宋节度使赠少保石林公修谱，断自本身以上五世，以南唐刑部公为始祖。公之后居苏州洞庭东山，有南北叶之别。南者居山南，少保二子棵以下旧谱各派子孙是也。北者居山北，宋谏议道卿公以下子孙是也。顾论吴中族谱，既祖刑部，则固当合南北为一族，而今仅有少保子孙者，以元明以来修谱诸公皆公后，遂若以公为不祧祖矣。

往者宣统辛亥，族人大修吴中族谱，推吾为总裁，以同远祖新安派子诚丈任编纂，咏霓丈领采访诸事，翰甫公捐巨赀，襄经费，三年而谱成，而国已易姓矣。虽无五胡唐末之兵祸，群惝惝焉，惧其勿成，而卒底于成，则固翰甫、咏霓二公之力为多焉。二公为前巷派叶巷支，其丁户之繁，与蒋湾相埒，支又逾其派之半。其人皆勤本业，务农桑，鲜服贾而远宦者，婚嫁不出里闬，故无转徙散处之虞。又时修其支谱以收合之，使少保子孙有瓜绵椒衍之庆，则固他派他支所不及者矣。

族谱成后，循其成例，别为支谱，仍以子诚丈主之。以吾方撰《家世纪闻》、《述德集》二书，考献征文，时有前谱所遗佚者，乃一一撖拾，入之谱中。是虽一支谱，而实前谱之后编，二公之有功于一族岂微也哉！昔吾山明王文恪公家谱序曰："宗法废，天下无昭穆，犹有谱牒焉。谱牒废，人忘其先，天下无孝矣。今委巷之人，三世以前，希不懵

---

① 此文录自民国十一年长沙叶氏刊本《郋园山居文录》。

焉。士也，十世以前，希不憭焉。为人之子孙，而不知其祖，为人之祖而不知其子孙，非大不幸也耶！"呜呼，何其言之沈痛也！今二公既修族谱矣，又修支谱矣，俾一族一支之人，皆知人本乎祖之义，所知不仅十世以前，即委巷之氓，亦各家置一编，不至如文恪所慨憭焉者，岂非百世之良法欤？

余幸与闻族谱之事，又获观支谱之告成，而二公方福履敷腴，精神强固，创立义庄塾学，规模廓然。其为吾族人所尸祝，其寿考期颐，以冀为一族振先绪而裕诒谋者，方未有艾。而族谱、支谱之编辑，固犹诸事之嚆矢焉尔。

《瞿文慎诗选》书后①

清霄鸾凤之音，是承平宰相风度，时危出膺艰大，可谓生不逢辰，而况依违朋党之间，苟且功名之际，误国自误，谁得而谅之？康、沈、陈、余，皆阿好之人，未足以为定论。康诗所谓于孝钦太后前举仇者，公极慎密，可决其必无此事。或者遁居海上时，公以此誉康，否则康以此诳人，死无对证，仅成一面之词，读者幸勿信其为实也。

公一生富贵基于大考，其时在阅卷大臣之列者，为善化黄恕皆侍郎，拔置一等第二名，超擢侍讲学士，出典河南试差，接任学政，以后叠司文柄，则其同年午樵尚书贵恒之力居多。尚书椒房懿戚，与公莫逆，名列御屏，固有所自至。其入赞黄扉，则仁和王文勤文韶所援引也。或谓公貌似毅皇，大考升擢时召对，孝钦感触，从此向用遂殷。此流俗之言，不可征信。乃金坛冯梦华中丞为撰神道碑，竟援以为典录，岂不谬哉！毅皇天人圣容，近有传本，公清癯鹤立，所谓俊秀书生耳，乌足以拟天庭日角之神姿？因论公诗，并及其逸事。以公一关系时局之一人，不敢随声附私，专论私交也。

张文达《退思轩诗集》书后②

光绪末造，湖南有二巨公立朝为天下属耳目者，一为善化瞿文慎公

---

① ②　此文录自民国十一年长沙叶氏刊本《郋园山居文录》。

鸿機，一为长沙张文达公百熙也。二公皆以词臣受两宫特达之知，文慎协揆坐，文达参新政，海内外品目人物者必曰瞿、张，犹之光绪中叶清流仰镜之翁、潘也。

二公为政，附和变法，尤喜汲引新进少年。余壮时，亦荷二公青垂，而心窃以为未可。大氏文达天性宽泛，时为文慎所猜疑，由其门多杂宾，授人以诋谋之隙。文慎热中富贵，与文达同其趋时尚，本非由衷，但心目较文达灵巧。然其速亡国之祸，则一也。

二公同好吟咏，文慎多深沈之思，国变后尤多离黍之感，文达则力求脱俗，终为庙堂之音。言为心声，观二公之诗，可以知二公之人矣。因览文达诗，论次之。

《天放楼诗钞》序①

吾郡属邑吴江，为诗人渊薮。自唐末皮、陆倡和，结一代诗人之局，流风歇绝五六百年，迄明季先族祖天寥公一门风雅，以能诗闻，其后横山、元礼、分斡、学山诸公，祖孙父子，继世相仍，宗风复振。有清开国，则有徐电发、潘次耕两太史，以鸿词掇②大科，联翩台阁；吴汉槎、计甫草两孝廉，领袖江湖。雍乾嘉道以来，又有王载扬、李玉渊、郭频伽、袁篦生、史仲文诸家，与沈归愚尚书、袁随园大令，朝野同声，支拄坛坫，前后逾四朝。世称吴中为文学之朝宗，经学首推吴县惠氏红豆一家、昆山亭林一老，诗则吴江一邑独擅其能。盖历五代宋元逮于朱明，山川旁③薄郁积之气，至此乃大泄其英灵，斯固运会风气，二者相须而成，而亦诸先辈衣钵亲承，讽诵不绝有以致之者也。光宣之间，新学大昌，士不知学。声律既废，钉铰成风。余数数省墓还吴，同时如④缪艺风学丞、家鞠裳侍讲，众推儒林祭酒，而皆不能诗，遑问其他后进之士！

辛壬国变，余避寇归依祖庭，卜居金阊，与家印濂法曹过从最密。一日，出示天寥公、琼章祖姑两画像卷，中有费君仲深、金君

---

① 此文录自民国十一年长沙叶氏刊本《郋园山居文录》，校本为民国十一年刊本《天放楼诗集》。

② "掇"，校本作"登"。

③ "旁"，校本作"薄"。

④ "如"，校本作"若"。

松岑各为七古一章。余一见，惊叹以为近代①安得有此雅才，亟询其籍里②，则皆吴江人，约异③日走访两君。印滦已先后为通款曲，订文字交。费君投赠五古一章，过承推誉④，引为知音。金君则出其《天放楼诗稿》，属为点定。余不工诗，而两君诗功之深，则固能道其概略。费君有《韦庐诗钞》，大氐⑤由玉溪进窥老杜，骎骎乎上掩初唐；金君诗格调近高、岑，骨气兼李、杜，卑者不失为遗山、道园。余每语人，金君诗皆千锤百炼而成，读之极妥贴，造之极艰辛。君闻之欣然，以为余知甘苦也。今海上遗黎，盛倡江西一派，生字涩句，于山谷犹未⑥得皮毛。湘中末学，剽窃⑦六朝，其端肇于湘绮、白香，诗境日穷，诗道益梗。七子空廓，钟谭纤仄，始必有人阶之厉，而后及于沦胥。此余每与金君论诗所为太息者也。近人诗，余所独嗜者，费、金二君外，则山阴俞恪士、新建夏剑丞两提学。俞君已宿草，有《觚庵诗钞》，剑丞所为《映庵诗钞》，板行日久。余拟合为《四家诗钞》，缮录待刊，以湘乱频仍，至今庋阁，未偿所愿。

今金君先仿聚珍版排印，不以余不知诗，敦促为之序引。余谓费君诗与金君诗⑧同为吴江诗家后劲，而金君兼工⑨于文，平时出入周秦诸子、语策史迁⑩，融冶而得其天全，义法不薄八家，独窥⑪其本原所自出，故其为诗与文通消息，不肯为苟同之辞。吴江山水之清嘉⑫，与太湖诸山别成一邱壑，其人文之特秀，秉受固自不同。今吴昆经学日就式微，吴江诗人乃鼎鼎如此之盛。读金君之诗，是又可观国风之隆替矣。

同郡愚弟叶德辉序，时壬戌初伏⑬。

---

① "代"，校本作"世"。
② "籍里"，校本作"里籍"。
③ "异"，校本作"翌"。
④ "誉"，校本作"许"。
⑤ "氐"，校本作"抵"。
⑥ "犹未"，校本作"并不"。
⑦ "窃"，校本作"袭"。
⑧ "费君诗与金君诗"，校本作"金君与费君诗"。
⑨ "兼工"，校本作"尤深"。
⑩ "史迁"，校本作"迁、固"。
⑪ "独窥"，校本作"独能窥"。
⑫ "嘉"，校本作"奇"。
⑬ "同郡愚弟叶德辉序，时壬戌初伏"，校本作"壬戌初伏，同郡愚弟叶德辉拜序"。

《虚受堂文集》后序①

长沙王阁学葵园太夫子，一代儒宗，年未五十，自江苏学政改组归，闭户著书，矻矻穷年，无间寒暑。时余同居会城，辱公纾尊，每撰一书，必持稿相商榷而始定著，二十余年，无日不从事文字之役。而游譧之乐，亦盛极一时。

宣统庚戌，米荒狱起，同为当事罗织，罣吏议。回忆戊戌政变，与公同持正义，触忤异己，虽幸免于祸。至是十三年，卒罢党锢，朝纲陵替，群小鸮飞，逾年而有辛亥之变，自是公遁迹山林，罕与世人相接。余则还居苏门故籍，不相见者五六年。

丁巳冬，公归道山，曾为诗挽公，略抒知己之痛，书谕儿辈往奠，询公遗著，知《后汉书集解》已脱稿付梓，而《新旧唐书合注》在上海缪艺风先生处，见《经籍》、《艺文》两志底文，托先生校补，不久先生亦物故，后遂无从问讯矣。辛酉余客都门，询公诗文集，金谓此海内争睹为快者，又闻公有自订年谱，均无从购取。公昔在湘，与湘绮先生有二王之目，身后之名，乃远出湘绮上，世之慕公者，咸以不得读公遗书为恨。知公学问文章，其感人之深，过于湘绮，固自有其本末也。

去年余由苏还湘，见儿辈案头，有公年谱及诗文集各一部，因转告嗣君石庵等，属其汇印，以答同人景仰之意，嗣君曰诺，乃并书札，合为《四种》，而以序引相属。余侍公久，辱知深，于公学行，未窥万一，何敢妄下己意，更赞一辞，惟余生得见公著述风行，楹书有托，是固衰年一快事也。故不辞谫陋，辄述其始末以为附骥之幸云。

门下晚生叶德辉，癸亥二月。

《虚受堂诗集》后序②

余田居三十余年，与长沙王阁学太夫子葵园先生过从最密。先生每誉余诗，空所倚傍，可以独树一帜，至引余和诗附入其集，其阿好甚矣！

余不喜言诗，而每闻先生论诗大旨，不主性灵，亦不主典实，欲以杜、苏、陆三家融冶一炉，而自成一家。于《三百集》中诗，十九可以

---

①② 此文录自民国十年王氏家刻本《虚受堂诗集》。

背诵，无一句遗忘，则知其所得深矣。同时与湘绮先生，并称二王，然湘绮摹拟六朝，耳目手足皆非己物，先生颇讽之。余亦附和先生，不毗湘绮也。大抵诗无论汉、魏、六朝、唐、宋，一朝有一朝之风气，一人有一人之本色，即以《三百篇》论，风、雅、颂体各不同，各国之风，亦自殊意。必悬一律，不许人轻犯，岂古人言志之义哉？

先生诗与湘绮异辙，而自有先生之真。今捐宾客已六七年，海内求其遗书，悬重金以待。若其诗文集，称者甚稀，则知世间无真知书者也。先生诗削肤存液，刻核新深，得杜之神，运苏之气，含陆之味，置之国朝集中，挺然拔秀，未有与之相似者也。世有诵先生诗者，必以余为知诗之甘苦矣，奚足为先生诗增重耶！是为序。

门下晚生叶德辉，癸亥二月。

重刊《助字辨略》序①

上古结绳纪事，饰伪萌生。黄帝史臣仓颉初造书契，依类象形，谓之字；形声相益，谓之文；箸于竹帛，谓之书。六书之中有假借，假借之义行，而后文字成为文言。文言有奇有耦，奇者为古文，重在义法；耦者为骈文，重在声律。皆非有相助之字，不能成为篇章，盖助字本假借，实字用之。曩余撰《六书古微》，于假借一类，已举其义。其未引申及于语助字者，一则余书本例为《说文解字》远流，一则刘氏此书造述在先，不欲为狗尾之续也。嘉庆中高邮王文简引之曾撰《经传释词》一书，正与此书同例，而专在疏通经义，不若此之贯穿群籍，足穷文字之变化也。窃尝论之，吾国文辞之递嬗，自皇帝讫今，阅五千余年。唐虞以前之文，引见于周秦诸子百家之书，其真伪不可辨。故孔子删《书》，断自唐虞；删《诗》，始于二《南》，诚以其文记事采风，语无虚作，克尽史氏之职，有足为后世法者。昔扬子《法言》云："虞夏之书浑浑尔，《商书》灏灏尔，《周书》噩噩尔。下周者，其书谯乎！"李轨注："下周者，秦言酷烈也。"由今观之，虞、夏、商、周、嬴秦之书，其不同如此，无非助语之所表见耳。顾余读《史记·李斯传》上书论逐客、上书对二世、上书言赵高、狱中上书，《韩非子》存韩②斯上韩王

---

① 此文录自民国长沙杨氏校刊本《助字辨略》。
② "韩"字讹，当作"李"。

书、议《存韩》，其剀切指陈，与扬子所云谯书不类。惟《秦本纪》载始皇、二世诸制令及游巡刻石，世传权量诏铭之类，文气画一，有横扫六合之概，则以庙堂典册号令天下之文，非若臣下属辞，必借语助为修饰者，亦事势然也。迨其后两汉、三国、晋、宋、六朝，风会虽有变迁，其文章语助之辞，究不能别创异文，如梵夹之译《华严》，佉卢之作旁行。不适吾人文书之用，亦以助字之在典籍，若布帛菽粟日用之具，不得一日而废者也。虽然助字既不可废，则读古书者安可不推求其义例以为撰述之门径？今惟刘氏此书能得其要领，其分类为三十而训释之例六，条分缕析，既博且精，可谓字学之尾闾，文辞之渊海，论其书之创作，高邮一席且退居后觉之人。

刘氏事迹略载钱泰吉《曝书杂记》，本书跋文康熙中叶人箸书，已与乾嘉学者沆瀣一气，知有清一代文治之盛，其所由来者远矣。是书康熙五十九年海城卢承琰校刻，传本极少，故《四库全书》未及采录，咸丰五年聊城杨河督以增重刻，今亦久未印行。门人杨芰诒之季弟季常笃嗜缥缃，既刻俞樾《古书疑义举例》成，因类及是书，重加校勘，丐芰诒索余一言以为引起。余谓此书本为考据家之作，而实足为词章笔削之资，读者日日绅绎其书，非独二者得以肆其取求，即义理之精深，亦将由此检读群书，玩索而获其益，是固不仅于助字之用得所辨析也已。

乙丑四月小满前二日，郋园叶德辉。

《于飞经》序及自传[①]

序
天地不闭，阴阳无阻。无谓天地大，无言闺阁小。闺阁无生机，则天地于以死。天地一牝牡，牝牡一天地，天地产牝牡，牝牡养化天地，岂得云闺阁一细事哉？天地等此大耳。予治黄祖《素书》有年，深有所获，特苦古言多诬诞，且其文支离莫解，遂别撰《于飞经》十卷以正之。

叶德辉自序。

自传
予，世之共目为不中方圆人也。天生予不中方圆耶？仰天之生予而

① 此文录自民国十六年六月湘灵书社再版本《于飞经》。

予自不中方圆乎？予何知哉！忆始年五龄，从塾师冯先生读，始窥《九经》。继父命予治子、史，予得天之悟，终卷了了。顾性好侮长，无论其为亲为师皆侮之。冯先生愤予谩，尝摩予顶而言曰："斯儿小时了了，长未必佳。"予深识之。迨长，予性愈不受羁束，不徒侮长而已，甚且好狎下。里人乃大交诟责，斥予为狂人。予得狂之名，狂乃益烈，乡人愈深痛恶。然予能解经，相契类敬畏，知我者不谓狂也。予既穷经，颇得其独抱，后偶于吴市，得购黄祖书数帙，遂好治房中之术，而弃经史不更道，天下人益大诽笑，詈我曰"淫夫"，乡里尤得其诽谤资。予知若辈尽非我徒，远之愈不敢稍亲，人亦远我不略通一二言。吾乃闭户治我道，稍有假我名以为市者，听之未尝略拒。吾"叶德辉"三字，遂为丛垢所，悲夫！

戏拟大菊国大总统罗雪逊位新选大总统曾运诏[①]

窃惟一姓之兴，国有与立；五德之运，贵在当王。余以凉德，总揽菊国大政，一载于兹。本期八表之清尘，乃遘四郊之多垒。田边非种，妄希鞠服之荣；篱下寄生，幻想黄袍之兆。遂使宫中无主，薰穴而求；井底称王，洒灰不去。则有《儒林外史》，乘间而阴扶马二先生；何殊草泽奸徒，僭号而拥立朱三太子。玄天龙血，战事起于无阳；紫色蛙声，余分窃其闰位。朝官铜臭，何人矜晚节之香；士女辗饥，无处觅落英之食。国几无以为国，君则诚乎不君。余滋戚焉，民无归矣。

爰乃御九华之帐，延揽群英；弹十采之丸，驱除非种。敛青霜于武库，秋色回春；邀白月于文房，夜光彻晓。差幸天心眷顾，民意讴歌，嗣统以来，当机无误。淮南汝南之华胄，版图阔而玉牒分司；铃子球子之宗藩，户籍多而金瓯永奠。敢谓八荒无事，钧衡同笙磬之音；试看万国来朝，巾帼受冕旒之拜。

兹者时当改步，岁一周天；政立共和，人三成众。幸垂裳之有托，识神器之所归。华年讵比耄期，本早有倦勤之意；逊位不颁明诏，恐难安反侧之心。当兹授受礼成，玉玺终归日角；所幸明良喜起，仙桃早识天颜。惟冀率尔有司，匡余不逮。拾遗补阙，毋图黄屋之尊荣；保泰持

---

① 此文录自民国二十一年刻本《观古堂文外集》。

盈，当建白宫之事业。从此人民寿考，源源涌遍地灵泉；何妨宫禁起居，日日作重阳佳会。退所还居北海，趁赏花而开北海之筵；悠然忽见南山，愿捧杯而献南山之颂。

戏拟大菊国新选大总统曾运答前总统罗雪逊位诏书①

伏以中黄贵胄，本九华仙子之遗；鞠部班头，列万岁太平之舞。自昔璇源笃庆，造邦女几之山；迄今银汉分流，拓地婴砣之浦。爰乃辟人间之华族，黄种南强；因而驰域外之英声，朱嬴西被。九百品之图录，分移上苑灵根；廿四番之信风，不到重阳佳节。椒聊卜其繁衍，苗裔益以荣滋。苟非国立众芳，扶黄炎之正统；何以运承土德，握赤紧于中枢？盖既有以准天极之尊，夫岂能不负后来之责？春生秋杀，佐白帝以乘权；朝饮夕飧，遍苍生而食德。岁岁赐花糕之宴，曾经近侍九霄；人人醉菊盏之醨，正值大酺五日。

然而百花世界，本难阅三秋而历九秋；纵然千叶儿孙，安能传一世以至万世？故识时务者为俊杰，遂变国体而成共和。赤伏祥符，正应卯金之位；黄流色贵，仍居戊土之宫。国基已奠乎三年，民主迭更乎四姓。迩者恭承明诏，齿及奴奴；虽然俯顺舆情，身惭枭枭。归往难追王迹，会蓝赤黄白黑之种族，来称万寿之觞；服食本出仙方，历一百二三十之期颐，不梦九龄之锡。明年此日，都成过去之黄花；应天顺人，姑且移居于紫苑。本法后王之意，敢忘前事之师？是用率我旧章，枫陛留茅茨不剪；傚予有众，藩篱防蒿艾相侵。步亦步，趋亦趋，矢拳拳服膺之念；花当花，叶当叶，表心心相印之忱。国本立而四维张，瀛海之鞠尘永净；秋气清而两仪肃，新宫之彤炜扬辉。君曰俞哉，余知勉矣。

戏拟大菊国大总统就职大赦天下令②

夫五刑之罚，本为儆奸宄之冥顽；三宥之条，特以示盛明之慈惠。是以大禹下车而泣罪，黄屋表其哀矜；成汤解网以施仁，赭衣减于系狱。听讼留甘棠遗爱，人怀召伯之贤；献囚闻采藻昭音，士颂鲁

---

① ② 此文录自民国二十一年刻本《观古堂文外集》。

侯之德。春温秋肃，体造物以成功；仁偶义宜，育群生而在宥。将欲与民以更始，必先合宙而来柔。坛筑金鸡，七尺之绛幡早树；门悬丹凤，五花之紫诰随颁。余以藐藐之躬，而领芸芸之众。灵符归于历数，賁阶早应嘉祥；大宝举自众擎，松栋虚成拱极。然而大赦乃根诸约法，上刑不滥及士夫。有仁政始见仁心，锡类之恩推食，首先亿兆；惟寿身乃能寿世，延龄之赐大酺，合遍埏垓。是用命我所司咨于有众：凡九年九月以前所犯，悉令其申停；若八旬八岁有罪之人，并宽其拘系。以故蜂媒蝶使，涉偷香窃玉之嫌；雷部风姨，逞覆雨翻云之势。苗虫桑蠰，扰及邻封；犵草蛮花，留为边患。科其众犯，实为谳法所难容；议以亭疑，尚却蠢愚之可赦。乃若天吴八面，团茶居裼褐之奇；郭索两螯，输稻恃甲兵之利。金钱小豹，潜窥鹿苑而衔花；铁锁乖龙，泛滥鸿流而害稼。或甘为黄祸，无同种异种之区；或行习左途，本似花非花之类。是则与邪蒿为伍，自外生成；亦且如滋蔓难图，有伤风化。此皆在无赦之例，岂云三尺无情；更当严非种之锄，虽有百锾不赎。治乱国，不用重典无治；新民德，非涤旧染不新。此令。

戏拟大百谷国大皇帝贺大菊国新选大总统就职国书[①]

朕惟土爰稼穑，食居八政之先；天主行生，春列四时之首。惟食也以五谷为美，故叔粟与布帛同功；惟春也以百花为荣，有草木则园林生色。芳塍画罫，丰穰预兆于良苗；时雨流膏，兑泽遍周乎凡卉。春官桃李，探花联弟子之班；旧主芙蓉，剪彩助江山之胜。斯固极游春之乐事，携柑独往听鹂；趁修禊之韶光，斗草先寻扑蝶者矣。

乃若商飙告警，天地皆秋；寒露先零，山川变色。万亩获黄云之稼，岁事成功；一林缀红雨之枝，物华改曜。于斯时也，群芳无主，牡丹之王号先除；众花谁魁，梅点之天心未复。风姨肆其恶剧，霜女助其寒威。则有水国蓼花，朱颜浴露；都梁兰叶，紫色迎霜。贮金屋之海棠，西府附庸国色；种琼楼之月桂，南台吹送天香。老少年产自秋深，座留佳士；须曼女来从梵净，位列宾卿。外此鸡冠牛鼓之群，

---

① 此文录自民国二十一年刻本《观古堂文外集》。

下逮锦带秋罗之属。莫不喁喁望治，薰丹穴以求君；昫昫怀仁，待白藏之作主。

恭逢大菊国大总统殿下，成都旧族，启石室之灵图；郫县名藩，衍银潢之别派。隐居求志，本甘为巢许之伦；侧陋明扬，适躬际唐虞之盛。乘时利见，是金色女现帝王身；久视长生，以玉天仙变庄严相。朝纲凛然秋肃，阳节待其春回。树麦滋荣，历颁小正；曲桑易服，色应中央。宫中之薰佩辟邪，固无取昌蒲捣药；庭下之草生指佞，更何烦修竹弹蕉。泽遍投醪，九日赐延龄之盏；欢胪击壤，万年称介寿之觞。

戏拟花国大总统贺大菊国大总统就职国书[①]

伏以两仪定位，坤贞象变乎玄黄；二曜重明，离丽资生乎草木。自神圣之女娲御世，而姬姜之母姓繁孳。帝王本感天而生，芝草不以无根而降贵；男女乃因物而化，茉莒讵须多子而称奇？是故鸿濛未辟以前，以逮草昧初开之后。人长倮虫之族，惟知穴处巢居；世当闭蛰之时，只有草衣卉服。凡今之所谓莺花社稷、锦绣山河。武陵桃花之源，唐昌琼花之观。莫不空空色色，浑浑茫茫。席莞苇而累蓬蒿，有山林而无园囿。则有风流天子，击羯鼓以催花；月季仙人，著蝶衣而布种。召阳春之烟景，焕文藻于江山。冬暖曹林，梅占花魁之选；春回幽谷，兰生王者之香。牡丹亦鼎足而王，擅国色天香之胜；葵藿本矢心相向，抒墨蓝金粉之奇。然而百卉芳菲，天无言而成化；万花飞舞，春有脚以相扶。迨经一叶之惊秋，遂致众芳之失驭。

钦惟大菊国大总统殿下，本九华之仙种，含五美之灵姿。应时而收万物之成功，秉气而得五方之正色。黄裳元吉，法尧舜以乘裳；鞠服尊荣，抚甸侯而绥服。时乘二九，起群阴而伏重阳；德迈五三，敛春华而归秋实。拥天册金轮之宝相，垂帘旧有朝仪；煽维多利亚之奇葩，加冕且援成例。历春夏冬而推行秋令，远来捧日之黄人；统东南北而坐镇西陲，权作飞霜之白帝。某等忝同黄种，谬附青云。所期第二共和，叶万寿无疆之颂祷；并祝大千世界，有四时不断之

---

① 此文录自民国二十一年刻本《观古堂文外集》。

芳华。

戏拟百草百木百果百药四藩部贺大菊国大总统就职表①

伏以黄龙戴舜，馆甥迎贰室之宾；赤虎兴刘，亭长践九阶之位。故世无论揖让征诛之异，天下惟有德者能居；君不分皇煌帝谛之称，圣人以得仁为守位。潜龙变化，匹夫可登九五之尊；法象昭明，王者有取一三之贯。

钦惟我大菊国大总统殿下，白华志洁，紫绥荣膺。世袭清芬，擅玉叶金枝之贵；身轻长寿，含莲华柏实之香。乘霜降而树阴威，励秋容之晚节；抱日精而舒采曜，回春意于重阳。本为隐逸之伦，抽簪散发；自爱孤芳之躅，吸露餐霞。薄富贵于浮云，长寻玉笥山中之客；视荣华如陨萚，本非金銮殿上之人。乃者国步中移，天心西顾。振商飙于上苑，万木先零；降寒露于疏林，百花无主。兰芳九畹，不逢五运之当王；梅放孤山，尚待三冬之锡命。以故散花仙女，空余两袖清风；种秫高人，相对一樽明月。亦有莲花博士，官比痿羊；芍药女郎，客如归燕。羞对素娥之照，畏逢青女之威。兹幸共托骈幈，感行路之邀樾荫；相随剑佩，趁早朝之待花迎。联三槐九棘之班，周室同颁爵禄；序一穗五松之秩，汉家自有官仪。某等谬托同根，窃惭非种。奉九围之命式，列四部之藩封。我族本王孙，或派分灵寿。或佐安期生之密实，食之九转丹成；或守长桑君之禁方。服者百年黄耇。版籍附南阳郦县，画图归西蜀成都。率土刚逢四裔来宾，鞠服无忘恭己；中原不可一日无主，黄袍合劝加身。谨奉表以闻。

郋园六十自叙②

数十年轰轰烈烈，天子不得臣，国人皆欲杀，海内诵其著述，遐荒识其姓名之叶德辉，至是而年始六十。此为第一次揭晓事，不然天下莫不知有叶某其人，而不接其丰采，不测其寿年。是必在为东方朔游戏人间，不老亦不死；蓟子训摩挲铜狄，非人亦非仙矣。人生六十曰下寿，

---

① 此文录自民国二十一年刻本《观古堂文外集》。
② 此文录自民国十二年铅印本《郋园六十自叙》。

于时戚友乡人、同年门生，向余儿子索事略，意将为诗为文，以申诵祝。儿子不能道一字，不如自叙为得其实。

然叙其事可也，受人诵祝则不可也。何以言之？六旬之人，上有年逾大耋之老母，方将学老莱子作婴儿，著五色斑斓衣，以娱吾亲，而敢侈言曰寿，失此孩提之岁月乎？此一不可也。国破家亡，主忧臣辱，余虽通籍，未一日补官，惟念二百余年列祖列宗煦育卵翼之人民，一旦改革，罹于刀兵水火之劫，而以湘中为尤惨，余独何心，乃以为寿？此二不可也。世俗祝寿之举，出自子孙，子孙为士为农，为工为商，必一事有成，或致富，或立名，借父母之寿以侈交游，为之父母者顾而乐之，亦且人云亦云，聊以快意，此虽鄙俗之事，犹有词可以解嘲。余生三子，长子杞儿最聪慧，六岁而殇，是久已无子矣。次子启倬，类有心疾，于著衣吃饭生子外，终日魂魄无所归宿，余早视为废人，待其就木。三子启慕，年逾而立，觍腼若处子，令其见宾客，局促如坐针毡。余即设一祝堂，抠衣撰杖之人且不可得，环顾诸孙，如林如笋，渐次长成。念此衰迈之年，有子且若无子，小同似祖，更属何人？后顾茫茫，寿亦何益？此三不可也。

惟余一生，本无事业可述，自孩提至于老大，所处家庭之苦境，所历人世之危途，余不一言，人且以余生长膏腴，少年科第，半生豪华歌舞，坐拥百城，天下福人，第一莫余若。而不知余一生所享受者，固无日而非艰难困苦之境也。余生于同治三年甲子正月十四日寅时，生时喜鹊盈千，绕屋翔集。先君命小名曰庆，识喜也。先世江苏吴县洞庭山人。洞庭叶姓，自宋少保石林先生启族后，代有闻人，世系家谱已详，兹不赘述。

同治十年辛未，八岁，先君送入小学，骤然脱慈母之怀，心肝若摧，日必数哭泣。平时家中往来亲眷，彬彬儒雅，霭若可亲。忽日对面黄唇黑、眼著铜匡镜、手执木界方之人，觉其支离可怪之形，有若庙偶可怖。兼之顽童八九，列坐相环，余性洁而孤，何能相耐？盖此时以为天下至苦之事，莫读书若矣。十岁读四子书毕，晚放学归，先君就所读书择《说文》所有字教之识篆文，又日课以《资治通鉴》、朱子《名臣言行录》一二翻。至十四岁，余记性犹极钝，今日所授读，明日辄忘之。先君督课至严，夏楚之威，如临汤火。至此时更以为天下至苦之事，莫读书若矣。光绪四年戊寅，十五岁，去而学贾。未三月，一夜仰卧，忽开悟，忆所读书皆了解，试为文亦颇成章段，持以质前塾师，极称誉。于是重入学，渐能为八股试帖。十七岁庚辰，读书岳麓书院，月有官师课三。师课必以居院久者前列，余卷每落后。官课余以假名应三四卷，多前列，所获膏奖颇丰，余积以购书籍。十九岁壬午，潍县曹仲铭师鸿勋补湖南学政，例有观风课，余取童卷第一，师评云："此生尚属英年，诸艺如出己作，他日当以诗文名世。"奖饰逾分，读之惭惶。此实平生第一知己也。

余于湖南无县籍，业师徐峙云先生湘潭人，介余捐二百金入学宫，归县籍。甲申县试，受知钱塘洪秋帆师锡绶，前列第七名。府试受知富平高抟九师万鹏，前列第三名。院试取入县学附生第三名，学使即曹师留任也。是年应制艺、诂经等课，受知于新淦夏芝岑师献云，获奖颇多。师官粮道，宏奖后进，真贤有师也。是冬，内子劳恭人来归。明年乙酉乡试中式举人，座主侯官陈芸敏师琇莹、福山谢南川师隽杭也。丙戌会试，报罢归。丁亥，杞儿生。家居时以应课自给，所获膏奖，足供文房之需。内子性温柔，尚俭约，又能佐中馈，得吾母欢心。惟染其家族田舍翁之风，颇厌文史，性亦阴妒，妯娌时有违言。余喜唐宋人律绝诗，以内室向南荣光甚广，抄诗习字，时在室中，倦或出游。迨晚归，则内子已将笔砚移置外室几案间，于是者数数，渐有勃谿之声。吾母素怜之，每事必责余也。是年戊子，又怀妊。冬腊余赴公车，明年己丑启倬生。余留京至庚寅夏始归。辛卯启慕生，未弥月，内子以痧症亡。余虽恸悼之，深以此后少室家儿女之累为幸。自是誓不再娶。壬辰会试，中式第九名贡士，殿试二甲，赐出身。朝考二等，以主事用，分吏部。是时湖南吏部无人者几二十年，同乡同年皆称贺，余泊然也。

旋假归，理装未竟，长沙王葵园阁学太夫子投刺枉拜，盖座主谢师庚辰会试出公房，出京时例有书介见，不意公乃先施，匆促令阍人挡之，公已排闼入。余衣冠迎见，行小门生礼毕。公坐定，盛称余会墨典重高华，有雍乾作家风范。因问余平日所读何书，治何学。余谦让弗敢对。次日急往谒，公常服出，邀余至书房，坐次语余曰："吾归田已四年，求一读书人与语不可得，今阁下归，余获一良友矣。"又坚问余于何书用功最深，余不获已，答以少承庭训，本习宋人书，以先祖楹书多江苏先哲遗书，借诂经课略知经学门径，留京三四年，居郡馆中，于习大卷白折外，案有马国翰《玉函山房丛书》，见其中引据讹漏甚多，拟取原书逐卷校补，苦于分心举业，不竟其功。公曰："此著作事也。无怪闱墨书卷之气溢于行间，是故足觇根柢矣。"又询余出处，余答以长假养亲，不再出。公曰："是也。吾在江苏学政任内，成《皇清经解续编》千余卷，因是感触吾湘经学之陋，未免见笑外人。当编辑时，仅得船山诸书及魏默深《书》、《诗古微》二种，犹未纯粹。乃以曾文正读书日记，析其读经笔记杂凑一家，而生存人如胡元仪、胡元玉所著书亦录入，盖不得已也。归田后，遂以提倡经学为己任。如阁下年力富强，任择一经为之，必远出前人上。吾观阁下会闱三艺，知必深于经学矣。今日同居一城，吾有书必就商。名山之约，定于今日。"公叠秉文衡，东南名宿尽出公门下，何图于余诱掖奖励如此？回思此三十年著作等身，皆出公提撕之力，以实平生第二知己也。

公性疏懒，不喜冠盖逢迎，余亦乐萧闲，不事声气。然关于地方利弊之事，有时必呈达地方官斟酌施行者，向止张雨珊、黄敬舆两世丈及李幼梅观察三数人与议，后葵园以余决事明快，有事必坚邀余入议，因是当道始有知余在籍者，门户日启，烦恼遂因之而生，而家庭之苦境亦因缘而起。先君为人方严慈惠，素为乡里所钦，然可欺以方，时有以讼事相干请者。余于各官履任，即亲函书，陈明不干涉词讼，请存此为合符，以辨伪托。又遍属各衙署阍人，谓有家人叶姓投帖拜者，即回绝毋上达，每节酬以茶资二千文。阍者遵余约，非余刺不传递也。先君见人泣诉，辄以为冤，以余梗命，恶余甚，因是家居不敢见先君言事。而四舍弟默安血气用事，所交多里巷游侠，诸人有不法，皆集怨舍弟一人。余力规之，不改，余每自恨不孝，无以致先君于清闲，又不能感化舍弟，稍变其气质。因思人生布衣贫贱，事事可以安闲，一为搢绅，则日日行荆棘中，举足无平地矣。

甲午以后，巡抚为义宁陈右铭中丞宝箴，学使为元和江建霞太史标，鉴于中日之役，丧师割地，倡言自强，适工部主事康有为上万言书请变法，一时海内倾动，颇韪其言。其弟子梁启超在上海创设《时务报》，阅者风靡。宝箴循其子三立之请，聘启超主讲时务学堂。有为向以其肤浅今文经说比附时事，阴行其删经乱政之邪谋，自启超来湘，益散布其师说，余独辞而辟之，时戊戌四月也。七月，葵园邀湘绅士十人上呈宝箴，请退启超，别聘主席。宝箴力右之。时学使徐仁铸为启超傀儡，怂恿兴大狱。启超以余攻去，入都谋于有为，加余与葵园阻挠新政之罪，矫旨令抚臣逮余二人正法。事正急而德宗吁请垂帘听政之旨下，余遂得保首领，而名乃大震于天下。事后平江苏舆裒辑余所驳康、梁文，益以葵园与当道往来书札，为《翼教丛编》一书，各省同时皆翻镂。书至云南，时曹师为藩司，阅之大喜，语僚属曰："叶某余在湘特拔士，今此编出，功不在孟子下矣。"噫！此何足以言功。特师以为功，则余庶不负吾师一日之知，亦差自慰矣。

自是余极韬晦，与官场谢绝往来。平康北里间，遂为余隐身之处。官场以余不可见，有事则就询二舍弟昺文。二舍弟明白晓事体，出入公署，从无所请求，地方官益重之。山阴俞廙轩中丞廉三有事谘商，辄枉书下问，余必邀诸绅联名回答。中丞知余意，以后函询诸绅，余附名而已。中丞由湘藩升巡抚，治湘十年，多惠政，与湖南某枢臣不合，调山西，旋罢去，去湘时藩库存银三百余万两。赵尔巽继任，以办学务兴学堂为辞，不实不尽，未一年，库空如洗，而时有与余及葵园相难意。余二人本自检束，无隙可乘，又司道以下多旧人，以余二人名高，颇进规讽。尔巽固巧宦，去余不可，转而联络，聘余入矿局襄事，余辞之。次年调东三省总督。继任陆元鼎仅半年，与江苏巡抚端方互调。端方至，首拜余，令舆卫直入，见则叙往日京师同官交谊。京师人海，如此交谊，亦殊泛泛，心知其虚文厚貌，强颜与周旋。端方为人好体面，工酬应，抚湘一年，借兴学搜括净尽，湘省财源之绌，实自尔巽、端方始。而造成革命，以覆清祚，亦宝箴、尔巽、端方三人有巨功焉。

端方旋奉旨为出洋考察政治五大臣之一，继者为常熟庞劬庵中丞鸿书。中丞雅契余，每赴课吏馆，道过余居，必遣人询余在家否，余恒诡以出门对。然连访三四次，不能不一见。有时询地方疾苦，则尽以告之。公纳余言，回署必有所兴革，多人所不知者。甲辰中丞六十生辰，属府县要余作骈文寿序。余久荒弃，勉成之，呈稿后，中丞曰："余固知叶某向工此体，而不轻作，余今获一瑰宝矣。"未岁，与黔抚岑尧阶中丞春蓂互调。中丞人甚廉谨，察吏严，亦晚近疆臣之贤者。抚湘五年，礼貌余与葵园特厚，每语司道曰："余在省外，闻王、叶之名，以为如何跋扈，谤者至谓其无事不干预。今相处日久，乃知二人皆正士，人言大谬不然。且叶某刚而廉，余幸其居城，俾小人有所忌惮。"盖是时朝廷历行新政，部派调查新政、监理财政等官，络绎来省会，有万不能应者，中丞则借绅议抵之。而余以愤时疾俗之心见朝使，辄有风议。中丞语司道云云，盖指此也。然自此欲求韬晦，势有不可。而四舍弟则日以屯买房屋为事，虽不强抑而奸人无所渔利，往往涉讼权争，一波未平，一波又起，余每苦劝，不听也。

庚戌米荒案起，岑抚仓皇失措，致激民变，鄂督瑞澂派员来查，岑抚革职。新抚杨文鼎，墨吏也，以扶同端方江南吞蚀振款，为端方密保升巡抚，到任假平粜名贷洋款一百二十万两，畏余与葵园持异议，阴嗾瑞澂单衔指参。余与葵园于米荒事前后皆不与闻，湘绅余肇康握两湖振粜款十七万不发，变起又假葵园名联衔，请以藩司庄赓良代岑抚。瑞澂大怒，文鼎伺隙，遂罗织余与葵园列参案。肇康以亲家瞿文慎之光庇，遂得逍遥事外。奉旨果以四舍弟事影射入余罪名，余闻之甚喜，以为此后家人或稍知敛迹，其干求先君者亦或以此少所飔扰。每语人曰："此余馨香祷祝、日夜求之而不得之事也。"久之，瑞澂知为文鼎卖，偶涉舆论，咸为余与葵园称冤。文鼎惧，谋与陕西巡抚余寿平中丞诚格互调去。中丞过鄂，瑞澂授意为余等开复，藩司郑苏堪方伯孝胥进谒，语亦同。余、郑来湘通拜，述瑞澂意相慰。余笑曰："吾辈归田之人，家居无异革职，是何足惜？窃恐不出二三年，中原官吏皆革职矣。"相与一笑而散。

是年辛亥，武昌变起，湖南响应，江西、江、浙继之，至冬而逊位诏下，余不幸言中矣。于时谭延闿为伪都督。次年壬子八月，余丁先君艰。秋间黄兴归，延闿迎至德润门，改为黄兴门，道出余故居坡子街，并改为黄兴街。余送先君殡自乡归，命扫街夫撤去之，戏作《光复坡子街记》，语多谐谑，腾笑一时，其党唐蟒愤甚，挟延闿令逮余，初拘至警厅，观者千人，劫余出，护送至某洋行。次日乘轮舶避上海，居半年。

延闿败，汤芗铭为都督，余始归。是年癸丑，苏、浙、赣、皖次第平，政府捕党人急，芗铭性残暴，专务杀人媚政府，无辜冤死者无数。适又有严限民间收回纸币之令，以致出票币各店因挤兑而倒闭者数十家，小民遍受其害。余笺书京师友人，力诋其谬。友人不慎，登之报纸，芗铭见之大恨，而杀余之心起矣。除夕发兵围余宅，余幸知几，逾垣遁。次日微服匿居洋行，乘日舶赴汉，入京控诉。芗铭闻余至京也，补劾一呈，又皆影射四舍弟以前事，窜易余名，呈中力请政府从严惩治。政府先见报纸，知其构诬，例批复之，芗铭益怒。余以案结回湘，行抵汉口，芗铭阴令其党捕余寄警厅。时吾友方叔章、欧阳惠周闻耗，飞电京师营救。易吟村在京，诣黎元洪，电令开释。是时芗铭目中安得有黎元洪，不理也。然京师至长沙营救之电已数十起，门人蔡斗南官交通，集合同部中人电尤多，而政府前后三电至严切。押余至长沙，居督署，供膳颇丰，余防其置毒，必令护兵陪食方下箸。至第三日夜初更，忽友程颂万突入，传芗铭语请出署，谓须具悔结。余曰："我无所犯，更何悔？头可断，结不具也。"颂万再三絮劝，谓公事如此，不得不尔，且有德色，贪居功之意，而不知政府已有严电令释余也，颂万匿不以告。方辨论间，胡棣华、沈克刚相继入，亦劝余略书数字备案。盖芗铭本授意三人，骗余具悔结，胡、沈知余必不允，故令颂万先言之。相持至半夜，余因书蒙政府察冤释放字一行交颂万，颂万改窜为具悔结。余知之，立电政府更正。颂万与胡、沈皆三十年故交，徒以受芗铭一二百圆豢养之恩，遂不惜以余一人声名性命供芗铭之割烹，人情之险诈，有出人意外者，是亦可以觇世变矣。

乙卯，教育会长符定一为胡元倓所攻，元倓欲举汪诒书为会长。是时将选省议会，符于会长期尚有四月未满，元倓必欲攻之去者，教长占议长资，又畏符党众，恐其因教长而得议长。符探其隐，力抗之，托余门生数人述其意，请余为会长。余心颇不慊胡、汪所为，遂允之。及投票，余果得会长，攻者惛然，诒书恨余夺其席失议长位，于余时有违言。余至会，即立誓不谋议长，语亦侵诒书。诒书同年故交，为长沙关监督，谄事芗铭，于余被捕时，儿子往叩，不为进一言，至是余盖戏之也。

是年袁世凯称帝，县人杨度在京倡筹安会。芗铭固趋时若猛鸷者，属官钱局钱葆青袖银币二千圆，要余立分会，并假讲武堂为会址。余坚却，而二三会友门生闻风鹊起，遂往会址分派干事评议诸目，推余为会长。余始终未至会，而于袁氏帝制曾无异词。清祚既倾，中原无主，唐高、宋艺果能救民水火，则逆取顺守，天下后世终得而谅之，特视其人如何耳。其时地方官有国民代表之选，余两致书代理巡按严家炽力辞，不报。及投票，余属戚友初选人弗往，开匦余仅三票，沈克刚为监选，窃他人票补之。旋袁氏败，或有劝余窃代表名者，余曰："余窃名必涉严、沈，是不可，且帝制余所主张者。昔明魏忠贤建生祠，各省巡抚以下皆列名，岂皆本人意乎？毋多事，有祸余不惧也。"时已束装回苏展先墓。至苏数日，闻芗铭独立，又数日，闻其遁走，湘省大乱，忌余者势汹汹，目余为帝制党，有欲籍没余产者。卒有人知余为芗铭、家炽所借名，事亦解。

回苏四年，至己未冬归湘省亲。时张敬尧督湘，闻余至，先枉拜，且挽留久居备顾问。见则力言："汪诒书以子弟荐事不遂，朱恩绂以赌纸币汇水被禁,因此开罪,遂鼓煽在京湘人造谣毁余。余久盼公归,今喜极,凡有教训,无不拜纳。"余见其人极爽朗,偶有陈请,果见施行,一时地方苛细杂捐,劝其停收,而皆立允,如年终抽收房捐盐斤一再加价是也。张督受言爱好,远胜芗铭。芗铭能结欢汪、朱,故其倒行逆施皆为之讳。张督反是,宜其谤讟烦兴矣。庚申四月,张督以军溃出走,延闿自为督军。无何部兵攻之去,赵某替之。时局纷扰,则不知何日可以收拾矣。

余生平以造福桑梓为志愿,三十年前事事得心应手,乡人隐受其福。改革以后,举手凿枘,不能稍一发舒其初愿。是固湘人之劫运未尽,而余之晦气有以乘之也。如上所叙,家庭之困苦如彼,人世之危险如此,而余趑趄彳亍于其间者逾三十年。至于晚景,不几无一乐事可言乎?是不然。余有三乐焉:八旬以上之老母,饮食起居如少年,环顾孙曾如云,为先君所未睹之盛,每于茶余饭后,枣糕香熟,牵衣绕膝于旁者,吾母顾而色喜,余亦色喜,其为乐一也。四舍弟一生不谨,事事累余,而鹡鸰之痛,究无时或已。今其子巘甫独能克家干蛊,好学孜孜,日率三舍弟容皆诸子为余校书刻书,诸子各守师承,读书不失家法,楹书之托,将在竹林,其为乐二也。余平生酷好聚书,又断断于板本之鉴别,所藏几二十万卷,异本重本,插架累累,《四库》应读之书既已遍读,《四库》未见之书亦随见随读。诸从子继起,益事搜采,所获秘笈,互相传抄,世业青箱,五经诒筥,书香济美,家泽延长,其为乐三也。

诸君欲为余寿,盘餐鸡黍,为余叙目前家庭之乐事,话往日阅历之艰危,是固所乐闻也。若夫诗文诵祝,歌舞喧阗,此暴富子新贵人之所同,余岂其伍乎?余必闭门拒之,勿以两足污泥涴余阶石。

> 郋园先生六十自叙文脱稿,属锡梁主校勘。校勘毕,乃掩卷而叹曰:中国家庭社会,积习相沿,盖二千余年于兹矣。曩读王充《论衡·自纪篇》,言其祖父皆任气,勇势凌人,两世避仇,徙家者数。近观曾文正家书,亦时微讽其封翁母与地方公事。因知先生所述为豪门世族之所同,特先生善于斡旋,尚不至如仲任所述之甚,然已身受其累为不小矣。先生学问淹通,性情超旷,每语锡梁云:"家居二十年,早晚著书,日中则出游,罕与家人相见。"是亦解脱尘网、善于养生之一道,宜乎年已周甲,而须发未苍。此固由于学养之深,而不尽由于秉赋过人也。锡梁获交先生已七年,每造寓

斋，必留与久谈，以文字相商榷。而逢人说项，辄谓锡梁成就他日必有以异于人。锡梁不敏，亦惟有努力进修，无负先生之责望已也。因读先生自叙，附缀书之。时壬戌三月，同里后学朱锡梁、梁任甫记。

书札

致钱康荣①

晋甫大公祖同年史席。日间枉顾，失迎为歉。久拟谒谭，日来中暑，头昏不出门者已旬日矣。昨晤李幼翁，始知阁下荣任之喜。行旌已动，竟不能作饮饯之谈。外人不知官场炎凉，理所必然，亦恃知己有以谅之耳。连日敬读先德遗著，以学人之言发经生之覆，亭林以后，世无匹伦，顶礼焚香，钦佩何极。《曝书杂记》三卷，曩从《别下斋丛书》中读过，雒诵日久，铭刻在心。《记》中叙述流别，不专主校雠，此洪北江所谓读书家之藏书，非佞宋主人所能通其消息也。宋元旧本书，诚可宝贵，而年代遥远，传世颇希。国朝至近今，大江南北，数经兵燹蹂躏。先德去乾嘉犹近，《记》中所载宋本元本亦寥寥数篇，足见近人动诩藏宋元本若干种者，皆自欺欺之，或并欲人之欺之以安于欺，为炫博矜奇之地而已。凡板片，明初本似元，明翻宋似宋，又有一种宋本明修或元板明修，自来收藏家皆提上时代，以充宋元之目，殊不知名是而实非也。先德朴实说理，为自来储家所无，读之令人增益神智不少，又于晚近人及同时人著作亦皆收录，廓清门户之见，破除骨董之习，真可谓有功六艺，泽及古人者。鄙人依仿为之，已得数十篇，皆未缮稿，他日于簿录中，虽不能上窥刘、班，或亦庶几晁、陈乎？尝读陈兰翁《塾记》，称张氏泽存堂刻《玉篇》、《广韵》不可得，窃服此老平实近人，不屑作欺人语，而先德《记》中有一条，亦言殿本聚珍字《两汉汇要》难见，此二书皆非十分难遇者，前辈语言质直如此，其心术之笃厚可以见矣。鄙人非高谈宋元本者，故于此等学术犹为敬服。昔年偕计入都，于厂肆中得《经苑》一大束，狂喜不寐。京都风气，于此类书过问者绝少，以廉值取之，实平生第一快事。见在庋中。诸书惟缺《衍石集》一种耳。《曝书杂记》平日所记为别下本及近人章氏式训堂本，南皮《书目》乃云滂喜斋有刻本，舍间所藏潘刻诸书皆全，独无此书，南皮言可信耶，抑不可信耶？居恒拟将此书与潜研翁《竹汀日记钞》合刻之，因见近时刻本颇多，故而中止。诸本有异同否？尊庋所藏诸跋尚有未尽者否？阁下家学亲承，必能得其原委，暇时若以一纸见教，受益多矣。前拟将辑佚诸书及金石小品诸作清稿呈教，时日仓骤，不得践言。俟秋凉

---

① 此文录自王逸明主编《叶德辉集》。

时，觅钞胥，再邮寄。此负家约请之法，可发一笑。王祭酒极称阁下之学行，并钦服阁下之豪快，杯茗倾谈，能使人一见如故，此盛德事也。风云借手，得为吾乡之贤父母，此真部民所共快者尔。手柬。敬叩勋安。治年小弟德辉顿首。

致叶昌炽 ①

鞠裳宗丈大人先生阁下。都门聚首年余，时叨教益，濒行趋谒未暇，怅怅至今。敬维起居曼祜，撰述多娱，至以为慰。仆自夏暑出都还吴，未及一月而家书催归甚急，冒炎热戒途，七月秒始抵湘城。归而大病，病又月余，一切人事废弛不理，日下故人皆未以一纸书借通音问，疏懒之咎，夫何可言。近来略有闲情，重寻故纸，残丛满几，头绪纷如，旧学商量，渺如隔世。昔人有言，学不日进则日退，其信然乎！建翁试事已毕，过从极欢。此君在湘三年，提倡西学，风气为之一新。考试各属，拔取亦多知名之士，而爱才如命，察吏如神，弊绝风清，实近来所未有。惟其处事轻率，泛爱而不亲仁，势利之见不免介怀，瞻循之事亦所恒有。由于天真未凿，凡事多受人欺故也。仆尝以书规之云，文学华赡则可爱，性情坦白则可敬，行止粗疏则可畏，轻诺寡信、好大喜功则可笑。又尝比之南皮尚书，亦大同而小异，彼固无以辨也。三年中书札往来，彼亦谬以仆为知己。而仆之于彼，恭维之事少，规劝之事多，彼或过而即忘，仆则友朋之谊尽矣。方其初到湘时，颇有损望之事，近则官绅士子皆知其孩气未除，故往时一切浮言，事后人亦从谅之，再迟一二年，士林必有去后之思，亦其风雅好士有不能尽泯者。平时阅其言论，如吾丈者固在畏惮之列，即如仆者，亦忝附直谅之数，仆见其性情坦白者，此其一也。在湘三年，交游极广，而亦不无滥交，又无知人之明，颇有因人受过之事。其始终维持而保护者，不过师门及同年交好二三人而已。将来到京，可以仆言质之。他日轺车再出，亦增一番阅历。师友中如仆与吾丈者知之最深，亦不必为之讳也。闻直隶新出土物有唐元和买地莂，京师厂肆想有打本，能为之物色乎？《藏书纪事诗》已刻竣，想建翁亦函告也。雨窗无寐，拉杂书此，敬叩道安。德辉顿首上笺。丁酉冬十月

---

① 此文录自王逸明主编《叶德辉集》。

廿五日灯下。

与邵阳石醉六书①

自吾弟起程后，踵寄一函，计已存览矣。时务学堂梁卓如主张《公羊》之学，以佐其改制之谬论。三尺童子，无不惑之。昔余尝从事二传之学，出入门户，颇能别其是非。

左氏与孔子同时，自异于传问之失。孔、左同时，最为近时言《公羊》学者所忌。余别有说证实之。《公羊》注家援引谶纬，以为"西狩获麟"即赤帝代周之兆，此为其学者知其不敌左氏，故假托汉制，挟天子以令诸侯。何休之徒又从而附益之，班固所谓"利禄之路然也"。《左氏》晚出，立学又迟，而西京之传，不绝如缕，苟非卓然有以自立，其不为《公羊》所夺者几希矣。譬如今日功令，以四书文取士，而一二好学深思之士，或治经，或治史，穷年累月，置干禄之事而不顾，安得不谓之志士？

汉时功令最重《公羊》，当时公卿大夫以此起家者不可胜数，而张禹、贾谊诸人乃勤恳而好《左氏》，舍篇幅短小之书，以寻绎至繁且赜之文义，其于二家长短，亦既折衷一是已。终汉之世，许、郑通儒，皆尊《左氏》，郑氏《六艺论》云："《左氏》善于礼，《公羊》善于谶。"②试起千秋学人于九原，信礼乎，抑信谶乎？郑君见何休《公羊墨守》、《左氏膏肓》、《穀梁废疾》，于是作《发墨守》、《箴膏肓》、《起废疾》，休乃见而叹曰："康成入吾室，操吾戈，以伐我乎"？使何氏之书义例果能颠扑不破，其戈何至为人所操，其室何至为人所据？今两家之书残缺无几，就辑存者推之，是非黑白，尚可立辨，非匿子疑狱也。

汉董仲舒治《公羊》，推灾异，其弟子吕步舒不知其师书，以为大愚，至下仲舒狱几死。又眭孟称，"先师董仲舒有言，虽有继体守文之君，不害圣人之受命，至欲汉帝求索贤人，禅以帝位"③。霍光恶其妖

---

① 此文录自光绪二十四年长沙叶氏刻本《郋园论学书札》。

② 见郑玄《六艺论》（北京，中华书局，1985），全文为："《左氏》善于礼，《公羊》善于谶，《穀梁》善于经。"

③ 见《汉书·眭弘传》（北京，中华书局，1962），引文有误，原文为："先师董仲舒有言，虽有继体守文之君，不害圣人之受命。汉家尧后，有传国之运。汉帝宜谁差天下，求索贤人，禅以帝位，而退自封百里，如殷、周二王后，以承顺天命。"

言惑众，大逆不道，以诛死。学如江都，其弟子愚昧如此，今之诋刘歆为国师者，独不思《公羊》家固有此一类人耶？况今之《公羊》学，又非汉之《公羊》学也。汉之《公羊》学尊汉，今之《公羊》学尊夷。改制之圣人，余知其必不出此。梁卓如人尚笃实，信其师说，则将祸我湘人。吾弟试取《左氏》、《公羊》比例而互证之，则异时发愤箸书，无难持平而得信谳。

余向来治学，不专守一师之言，教人亦不偏执一己之说，惟于二传之义，因其关系于近日之利害者巨，故有不能已于言者，岂专己守残而好为是辨难哉？大抵《公羊》之学，便于空疏，沈文起所谓书短而易习、义浅而易推者，两汉《公羊》大师均不能出此评论。近世所谓微言大义之说者，亦正坐蹈斯病。家无藏书，而欲使海内学人同安于固陋；生已盗名，而欲使天下后世共趋于欺罔。一人唱，百人和，聪颖之士，既喜其说之新奇，尤喜其学之简易，以至举国若狂，不可收拾，蚁孔溃河，溜穴倾山，能毋惧欤？

盖尝论之，日中则昃，月盈则蚀。有康雍之纯朴，而后有乾嘉之文治；有戴、段、毕、阮诸人之实事求是，而后有魏、龚诸人之嗜奇争胜；有东塾之平实，而后有新学之猖狂；有桐城、湘乡文派之格律谨严，而后有今日《时务报》文之藩篱溃裂。古今无百年不变之学，何论文字之粗迹乎？夫不通古今，不得谓之士；不识时务，不得谓之俊杰。班固欲人通万方之略，马迁讥儒者博而寡要，劳而少功，此二者当互观其通，各救其失。今之视西艺若仇雠者，一孔之儒也，借时务为干进者，猥鄙之士也。深闭固拒，问以环海各国之政教，茫然不知谓何，所谓不通万方之略者也，袭高邮王氏之颓波，理仓山主人之旧业，所谓博而寡要，劳而少功者也。

吾弟具有通识，年来习闻诸名流之议论，于学之有益于己者，当博观而约取之；于学之有用于世者，当兼收而并蓄之。用夏变夷，则必入穴以探虎；援儒入墨，则将买椟以还珠。《公羊》之学，以之治经，尚多流弊，以之比附时事，是更启人悖逆之萌。昔桓谭有言："《公羊》依经立传，弥失其本事。"① 说经而至失其本事，七十子之大义固如此乎？离去本事又数万里，今之学果古之学乎？其书空言改制，有害于道；其

_____

① 见《新论》（上海，上海人民出版社，1977），引文有误，原文为："又有齐人公羊高，缘经文作传，弥离其本事矣。"

学谬于圣人，不切于用。余非如沈文起之肆口愤争，而实见其学之不能自立，故据理以斥之也。

若以《孟子》为《公羊》羽翼，其说更泛滥无宗。战国之世，荀、孟并称，荀之为人有儒行，其书亦朴致深微，在诸子之上。孟子识力甚高，而立言不无偏激。荀子以"性恶"一语，召后儒之讥弹。孟子一生师尊仲尼，遂代圣统。不知性有善有恶，犹天有灾有祥。儒者立论，正人心，昭法戒，讳言性恶之旨，同于鄙斥符瑞之旨，此圣贤之微意也。孟子之书，北宋诸贤犹疑之刺之。迨理学之帜张而道统之传立，孟子以距杨、墨有功，宋儒自任为辟异端，其尊孟子，非尊《孟子》也。而荀子乃以李斯灭学之故，为苏氏所诋谋。乌乎，冤矣！天下事果如苏氏之论，则冉求附益季氏，亦将苛断孔子之教不善。有是理乎？此知人所以贵乎论世也。

此书作于丁酉十一月中，为斯事辨难之始，故存之。石生天姿绝高，文尤奇伟，从余游数年，经史百家之学，皆能发抒心得。是岁，同人推为学堂首选，余惧其为所鼓煽，习于无父无君之议，因作书诫约之。抑洪水，驱猛兽，士夫固有责也。

致熊希龄[①]

秉三仁兄同年大人阁下。醉六，灵兼主人欲送至上海学堂，弟初意不以为然，犹谓一人之见也。据昨日席间论，阁下未以为可。梁、李二君亦未以为可。然则旧党与新党，说到人情天理，固无有不合者也。初灵兼送醉六至舍间读书，弟见其才智开拓，性情笃实，故先教之以读《资治通鉴》及一切经世有用之书。其时阁下身无公事，时相过从。其一日千里，阁下固及见之。弟尝以昔人言"小时了了，大未必佳"之言为有至理，又习见。许老八少称神童，长无表见，又宋文起、梁赓陶先后夭折，故颇不以学使拔取幼童为然。至于醉六则不然，其家之父兄世务耕读，积累颇深。又见自来小孩子非轻浮即放诞，而醉六天姿既敏，志趣尤奇。尝见其行箧中日记，推许其乡先达江忠烈之为人，甚能得其深至之处。故因材以教育，颇有所成。弟本专为考订之学，而未尝以之教醉六，则弟固绝无门户之见者也。今年醉六住学署数月，名为读书，

---

①　此文录自王逸明主编《叶德辉集》。

而实无所事，幸其根底深厚，学不进不退，故亦置之不辩。灵兼每次欲送其入时务学堂，弟持以为不可，非不可时务也。一事不知，儒者之耻。时局如此，尚欲三尺童子坐以待毙，虽至愚至陋，计不出此。盖深悉灵兼之至隐，欲遍开校隽额，大送人情，故暗中以此相抵拦，使灵兼无间可入。而不意其有携往上海之举也。弟初晤卓如兄，即告以醉六之可造就，并告醉六，欲其往见梁先生。弟爱才之深，育才之切，固非人所及知者。开去校经缺，亦复何惜。惟其父兄乃乡下人，以为失此校经，即无进取之路，将来返里，必一怒而不令其再来，则此才亦可惜矣。阁下拔起边隅，设非师友之力，何有今日？为今之计，只可听其开校经之缺，再为设法补入，或时务学堂添设学长加五金，高明以为如何？又衡州刘生，年与醉六相等，来舍三数次，其人既沈默，相尤方面大耳，闻灵兼并欲送至上海，盖亦因留署数月之久，无校经缺可补，意中对伊不住，故有此举。灵兼神妙，后来事可想而知。弟以为到不得了时，送伊轮船费十余元了结，再书一函，不荐于弟，即荐于阁下，此一定之事，不如免费周旋，预先截留为要。此两生均已食饩矣，留其在学堂，通晓万方之略，周知天下之情，毫不累于考试，亦不累于章句。又其人沈默寡言，亦不至长浮嚣之气。间世英杰，固运会所钟，至于寻常各督抚，如其乡人刘武慎、陈桂阳一流，则固师友之力也。弟亦尝谓此两生，欲其不为刘江南，不为江忠烈，只欲其为刘、陈二人。至于胡、曾一流，则已有人为之矣。此事为旧学改新学之机，惟阁下图之。此叩，撰安。年小弟叶德辉顿首。丁酉十二月初一日。

致石陶钧①

醉六老弟如晤。顷见老弟《平等会章程》，开宗言"平应平之等，不应平不当平之等"，固知老弟有为而言。通章议论亦多与鄙人平日所论者相合。惟会非美名，不如立学，立学尤不如不立名目，与二三知好讲求切磋之为得也。民胞物与，圣人有平等之心而无平等之礼。平等下不说心，仍与诸君无异。老弟好学深思，鄙人之所深喜，处此晦盲否塞之日而不为苟同，可谓能自树立者。然有心不同，仍落人后。昨有倡经济报邀鄙人入会者，鄙人见之，拆舌而不敢答。经济，谈何容易？亦岂

---

① 录自原件（藏于湖南博物馆）。

可以托之空谈？学问由积累而成，今日之所见，异日即不同。三数月间，议论已尽，又蹈《时务报》之下场。鄙人断不倒此架也。人见鄙人《〈輶轩今语〉评》出，以为鄙人与新学为难，则固非知鄙人者。徒以人情喜新，巧言破道，若无一人将此心此理揭开大说，则人心之陷溺将日以深，况出之于利禄之途耶？今日见南皮制军书致东海学使一函，力辨《湘学报》之谬。谈者以为南皮不当于此小事争辨。夫学术为人心风俗之所系，岂得谓之"小事"？此正居上位之责，然则南皮公固当世之有心人矣。学章，古人亦有之，不怪老弟言之不是，但须再求斟酌，以期美善。《孔子纪年》，近于好怪。"平等"二字，文义不完。悠悠之口，本无定评。人以小孩目老弟，鄙人不敢也。伏乞暂勿分送，俟鄙人更定。如何？手此。即颂撰祉。小兄德辉顿首。

与刘先端、黄郁文两生书①

前日过访，见几案间有康有为《孔子改制考》，两弟必检读一过，其中可行不可行，世固有知者。余有恒言，《公羊》改制，且不能行于汉，何论今日？若辈一哄之市，真可悯笑者也。康有为平日慨然以孔教自任，其门下士持论，至欲仿礼拜堂仪注拜孔子庙。此等猥鄙之事，楚鬼越祀则有之，岂可施之于大成至圣之前乎？且中人孩提入塾，无不设一孔子位，朝夕礼揖，至于成人，但求不悖于人伦，以对越孔子在天之灵。处则为孝子，出则为忠臣，虽不祀孔子，孔子亦岂汝咎！若以施之于乡愚，则孔庙不能投杯筊，而乡愚不顾也。若以施之于妇人女子，则孔庙不能求子息，而妇女不顾也。夫中国淫祀多矣，其所以若存若亡者，以禁例森严，不敢为惑世诬民之事耳。西人一天主、一耶稣，教会之名，至盈千万，此其结会相仇，兵连祸续，西人未尝不痛恨之。

康有为隐以改复原教之路得自命，欲删定六经，而先作《伪经考》，欲搅乱朝政，而又作《改制考》。其貌则孔也，其心则夷也。乘此国家多事之时，使其徒党四出，遍谋天下膏腴之馆而据之。朝传一电报曰："康有为赏五品卿衔，游历各国，主持弭兵会。"夕传一电报曰："湘抚陈宝箴入军机，黄遵宪督办铁路大臣。"招摇撞骗，彰彰在人耳目。其前电至时务学堂也，同年友汪诵年编修为余言之，余笑曰："此康谣耳，

不足信。"数日往询,其弟子梁启超则言之怞怩。梁固笃信康教,终身不欲背其师,而亦不能为其师讳。其平日困踬名场,故诋时文尤力。通籍后,朝考卷不列高等者,卷为李约农侍郎签摘,同阅卷者或为请托,李持不可。后康有为刻朝考卷以辱李,李则举其在都钻营张荫桓之事遍告于人,此湘粤京朝官所共知者。其初至都门也,余友吴雁舟太守时官编修,为之延誉。盖吴喜禅宗,康有为与之机牙相合。旋其《新学伪经考》奉旨禁毁,吴犹为之太息,异学之惑人如此。余与吴文字之好甚深,屡得闻其持议。中原士大夫不求实际,厌常喜新,积五六年,遂成今日之变局。虎兕出柙,谁之咎与?

当此举国瞑眩之时,两弟尤宜立定脚根,自占于不败之地。从古以巧成者,必以巧败。周公恐惧流言,王莽谦恭下士,此二语最为流俗所称道,亦足以发人深省者也。天姿高明之人,无书不可读,张子逃墨归儒,遂为千古佳话。若守一书而即为所迷惑,听两议而又为之调停,其人必进退无据,非独不能为君子,亦且不能为小人。如余邑易生者,始则为合种通教之说,以迎合长官,后作《湘学报》,又谓西教与西政无涉,以盖前愆,可谓无耻之甚。再历三四年,风气又变,渠欲图一馆局安身而不可得矣。

梁启超持论,痛诋时文,比于女子缠足之害,而又潜往会试,此真无可解于人口者。闻其都中告人,谓父命之往。夫父命之会试,父命之作时文也。不知其父有是命而痛诋之,是谓大愚;知其父有是命而故痛诋之,是谓不孝。闻康有为之应试也,则曰奉母命。师弟沆瀣一气,绝世奇谈。以至不肖之时文,加之其父母,而己居清高之名。吾知其平日之申民权为无君,而不知其今日之应试为有父也。

康有为之公车上书,诋西以耶稣纪年为无正统,而其徒众又欲发大清统号,以孔子纪年。无论其言行之不相顾也,即言与言亦不相顾,何其谬也。超回、迈赐之名遍于吴楚,《公羊》、《孟子》之教横于湖湘,蒙马以虎皮,沐猴而冠带,中无所有,徒窃其声音笑貌,以鼓煽三尺之童子,而乃夸大其辞曰:"异日出任时艰,皆学堂十六龄之子。"颜之厚矣,得非丧心之尤乎?

且夫西人之胜我者,轮船也,枪炮也,制造也,非回也、赐也、公羊也、孟子也。所学非所用,夫子自道也。天津水师学堂、上海方言馆、福建船政局,粤逆平定后,即陆续创开,主之者皆一时名臣大僚,三十年来,人材寥落。岂今日十六龄之子异于往日十六龄之子?亦岂今日之一二江湖名士异于往日之名臣大僚？然则人材与学堂，截然两橛，概可知矣。然则学堂与书院弊之一律，又可知矣。

余固不欲两弟为博学能文之人，但欲两弟为谨言慎行之人，居恒少发议论，少上条陈，凡盗虚声、骗馆地之举，一切不可习染。若以余言为过激，请以质之两弟之父兄及乡里之长者。总之，立身行己，当为终身计，不当为目前计。世局有变更，天理人心之公无变更，谓天下皆愚人而己独智者，适以自愚而已。至若学问一途，不必有门户，不得无主宰。尝告人曰，胸中当分间格，某书庋某格，毫不可乱，迨取用时，择其善者用之，是为读书良法。区唐界宋不可，舍己芸人尤不可也。余详去岁与醉六书，两弟取阅之，可以与此互证。少年血气未定，无所适从，中年以后，读书与更事既多，而后知余言之为长久之策也。

刘、黄两生将入时务学堂，作书诫之。

与南学会皮鹿门孝廉书①

昨读世兄大箸《醒世歌》，词浅而意明，语长而心重，想见我公庭训时，具有维持桑梓之苦心，远虑近图，良足钦佩。近世时务之士，必欲破夷夏之防，合中外之教，此则鄙见断断不能苟同者。《春秋》大同之说，吾邑王代丰《公羊例表》言之，此论发于二十年以前。今日万口雷同，变本加厉，至谓地球列国环峙，并无夷夏之防。又谓春秋时之吴楚，即今日之江苏、两湖，是当日之夷狄，即今日之中国。此论似是而实非，久欲一辨，而苦无暇晷。昨读世兄歌辞，有"若把地球来参详，中国并不在中央。地球本是浑圆物，谁居中央谁四傍"① 等句，敢以管见所及，一明其是非，乞公详辨焉。

夫《春秋》之所谓夷狄者，以其异于尧、舜、禹、汤、文、武、周公之教也。今世之所谓夷狄者，则有黑、白、红、棕之别，而种类异也。《春秋》之教，谓"夷而进于中国则中国之"②，正欲其进而同教耳。今日之吴楚，教化同矣，种类亦一，自不得谓之夷狄。圣清为古肃

---

①　此文录自光绪二十四年长沙叶氏刻本《郋园论学书札》。

①　见皮嘉祐《醒世歌》（载《湘报》，第 27 号），引文有误，原文为："若把地图来参详，中国并不在中央。地球本是浑圆物，谁是中央谁四旁。"

②　见《韩昌黎全集·原道》（上海，世界书局，1935），全文为："孔子之作《春秋》也，诸侯用夷礼则夷之，进于中国则中国之。"

慎氏之区，同种同教，三代已然，亦不得谓之夷狄。国初吕留良之徒狂吠无知，殆不足辨。日本岛居，本中国遗种，其国政教风俗，一视他人为转移，时唐时宋，时中时西，迁乔入谷，若不自主，而中原士大夫未尝鄙夷之也。

地球圆物，不能指一地以为中，但合东西南北考之，南北极不相通，则论中外当视东西矣。亚州居地球之东南，中国适居东南之中。无中外，独无东西乎？四时之序先春夏，五行之位首东南，此中西人士所共明，非中国以人为外也。五色黄属土，土居中央，西人辨中人为黄种，土耳其亦黄种，即突厥徙居于此。是天地开辟之初，隐与中人以中位。西人笑中国自大，何不以此理晓之？若以国之强弱大小定中外夷夏之局，则春秋时周德衰矣，何以存天王之名？鲁之弱小，远于吴楚，何以孔子曰我鲁？此理易明，无烦剖辨。

尧、舜、禹、汤、文、武之教，周公成之，孔子大之。三代以下，异教之为圣教渐灭者，不可殚述。即以文字论，佛法盛于六朝，而其梵夹之经典，反借中文而后传；辽金元人凭陵宋室，可谓至极，迄今三国国书不存一字。此第圣人糟粕中之糟粕而已，潜移默运，扫荡异教于不觉，何论旁行诘屈之书乎？故借保护圣教为名以合外教者，巧言也。考耶苏教旨，较天主为近人情，故得行于泰西文教之国。孔子之与耶苏，孰得孰失，西国通儒犹且能辨之，将来西教即行于东方，亦不过释、老而已，何必为孔教过虑，并中西为一谈乎？孔教者，人心之所系也；士大夫者，又孔教之所系也。今日当官之人但求朝廷无事，于教案之事，实为不得已而为。小民无知，以为抑中而尊西，始而骇然，断而哗然，终且嚣然，嚣然不已，而仇杀相寻。此天发杀机，虽圣人复生，不能以微词弭此奇祸。是则有心人所不忍闻见者也。

鄙见以为，劝诫士民，当以佛、老相喻，谓其无碍于天地之宽，不当谓其教力大于孔子，激人以攻击之口。中国服圣人之泽久矣，虽不识字之农夫、牧竖、妇人、幼子，无不有孔子二字横于胸臆间。盖圣人之教，先之以人伦，而以神道辅其不及。耶苏之教，先慑之以鬼神，而又专主一祀，抑伦理于后。其间次第浅深，地球开通之时，自有定论，鄙人何必于举世波靡之中，徒肆舌战乎？

及门中有以中西政教利害相质者，鄙论以为，中国政宽而教实，西国政实而教虚。又论五常之性，以为中国本之于仁信，而以礼实之；西国本之以义智，而亦以礼贯之。礼者，圣人之教，人心之所同也。孔教何患不行于西国哉？

数日前，同邑易生有《中国以弱为强论》，为通教合种之说，同邑之士群起而攻之。有来告者，鄙人告以易生所论并非出于本心，乃袭时务议论中之残唾，参以癸巳年《申报》宋存礼所上合肥相国书，识者当鄙其学之陋，不当讶其论之新。此生本无所知，不过急于求名，冀耸一时之闻听。若举邑与之相持，是快其意也。合种一说，譬如鸡鹜同塓，不相雌雄；犬豕共途，不相牝牡。人性灵于鸟兽，此言亦不足为厉阶。闻者乃一笑而起，鄙人可谓谈笑而却兵戎矣。

《湘报》箸录之论，公论为最博通，而断断于耶苏传教之辨，言多必失，故或为道路所讥评。世兄歌词，亦有闻而议之者。鄙人于公文字之好，不可谓不深，虽其间学有异同，而一得之愚，或亦公所未及。天下事凡张皇太过者，则溃败愈速。今日时务，张皇之过也。鄙人尝持一议以告天下曰：维中西，莫如理政教。政何以理？曰求实。教何以理？亦曰求实。实则无空谈之病，而人心一矣。

近日制科亦将有所变更，时文久为通人所诟病，通人多不能时文，高才博学坐是困于场屋，而揣摩之士乃捷足得之。然易之以策论，其弊等耳。不见今日之试卷，满纸只有起点、压力、热力等字乎？同一空谈，何不顾溺人之笑？武科改试枪炮，持枪持炮之武生，即能御敌乎？国有征调，武生能实兵额乎？中国之事，无不误于空谈。不求立学，徒以策论易时文；不求考工，徒以枪炮易弓马。法则变矣，其如弊之未去何？

今以湘事论，勿问其他。讲学托名于开民智，伸民权，则试问今日之民，谁肯居于不智？又试问不智之民，何必更伸其权？况所讲之学，为康有为之学乎？夫康有为《改制》、《伪经》，其狂悖骇俗，与吾邑易生同，而其袭人之说以为己说，亦复相类。通核所箸之书，武断是其本色，凡有所伪，大抵不出旧人及国朝人之书，特各书散而难稽，彼乃汇而为一耳。六经既伪，人不知书，异教起而乘其虚，岂非孔子之大祸？居恒与友人戏谈云："宁可以魏忠贤配享孔庭，使奸人知特豚之足贵，断不可以康有为搅乱时政，使四境闻鸡犬之不安。其言即有可采，其人必不可用。"苏氏之《辨奸》曰："凡事不近人情，鲜不为奸慝。"[1] 康

---

[1]　见苏洵《嘉祐集·辨奸论》（上海，商务印书馆，1937），引文有误，原文为："凡事之不近人情者，鲜不为大奸慝，竖刁、易牙、开方是也。"

有为殆其人与？

鄙人旧籍吴中，行将彷徉乎具区之间，长为渔人以没世。若运丁阳九，则黄冠道服，埋骨包山。此间地无五金之矿，境僻不足以通商，耽耽虎视者，或弃而不顾焉。敬谢故人，勉事圣君，毋以为念。

答南学会皮孝廉书①

顷奉手书，敬悉尊指。前函胪举近日之议公谤公者，将以觇公去就之心，破公依违之见。言之过激，不觉杂以诙谐，然本意无他，不过欲公之去而已。否则以十年文字之交，无故而操戈同室，此亦何为者耶？宋人讲学，感慨时事则有之，未有牵扯合儒墨、不顾伦理者。公之景况，鄙人知之；鄙人之景况，人亦知之。与公相难，决非争馆，事关公论，亦非争名。若谓湘人无乡谊，好自相攻击，鄙人以为此正湘人至公至大之处。中兴戡乱之臣，曾文正与左文襄不合矣，左文襄又与郭侍郎不合矣，此三公者皆当世之大贤君子，而处事持论，各不相侔，和而不同，古人之义。必欲私党横行，同乡援引，而后谓之有乡谊，此事鄙人断不敢出，请以俟之后贤。此下节删数语。

公之学问，兼能汉、宋，鄙人之学问，则并汉、宋而亦忘之。亭林、船山之世，汉学之帜未张，论世而后知人，不必横生议论。圣教之大，不在君母②平等，舍旧图新，在实事，不在空谈，口说流传，语气之抑扬，言词之出入。诚哉是言！然大旨既乖，则其咎不在抑扬，亦不在出入也。救焚拯溺，非登屋呼号、临水鼓噪所能毕事。若仅以笔舌号于众，曰："我之毛发焦矣，我之手足濡矣。"以此济人，是不如从井之为愈。公何所见之迂乎？来谕又谓："今人要人一事不办，坐以待毙。"鄙人既不敢谓湘中无办事之人，亦更不敢自居于待毙之子。公等所办之事何事，请一一示知。若以讲论为办事，则鄙人甘居于少见多怪之列，公不必进而教之。鄙人前函谓："从公说者乱也，诅公说者亦乱也，是谓之开民乱。"所谓乱者，争乱之谓也。公不按上下文气，执一语以责人，并牵及汉、宋学家攻击之词，多方而援之敌，非鄙人之所谓敌也。

《时务报》初出一二册，见者耳目一新，非独湘人爱之，天下之人

---

① 此文录自光绪二十四年长沙叶氏刻本《郎园论学书札》。

② "母"字讹，当作"民"。

爱之。迨其后阅时既久，讪笑朝政，呵斥前贤，非独湘人恶之，天下之
人恶之。《湘学报》外间指摘者，大抵吾邑易生之类，初尚未及其余。
《湘报》谬论既多，宜乎召人攻击。人人皆有君父，岂得谓之文人相轻？
公误矣，误矣！汉学家谓明亡于讲学者，盖谓国家危急之时，一二贤者
当实心实政，共济时艰，岂有号召生徒，纷纷辨论，长浮嚣之气，开挟
制之风，如明季诸君子之所为者？芝房先生服膺宋学，为此仇报之词。
平心论之，明亡于讲学，则竟亡矣；洪逆起于汉学，洪逆实不知考据，
天父天兄之说，非平等者乎？公思之，当亦哑然失笑耳。鄙人评词，梨
州条下原有"儒者立言不慎，则害随之矣"二句，非专诋梨州也。

又谓拙箸诋《公羊》，诋《孟子》，则是公读拙箸不明，欲横被以毁
经之罪。不知"公羊"下尚有"家"字，又有"之学"、"之徒"等字，
何曾为诋《公羊》？"孟子"下尚有小注，乃朱子所已言，何曾为诋《孟
子》？又经学《公羊》条下小注亦云《三传》皆尊圣人，岂复自相矛盾？
鄙人畏人之攻，则断不敢宣布。公有恒言，学不辨不明，但相约不辨，
至无父无君，当北面而执弟子之礼。苟以东海师门持公庭拜爵、私室受
恩之说进，则鄙人将掩耳不而不闻。

公今行矣，举世亦谁与辨者？禹入裸国而同裸，惟禹则然。公之德
似不如禹，则何如被服儒者不裸之为得乎？鄙人重公爱公，故激公，激
公以激其行，则又何必再辨？独惜平等之说，为公乔梓蛇足，此则真不
必宣布者矣。

近世士大夫每谓尊汉学、斥宋学自纪文达倡之，考《四库全书提
要》一书，为论为汉为宋，其学之有流弊者，类皆一一辨别其是非。而
其立词，则曰讲学家，又曰其末流如何，皆沿班《志》、《隋书》、《崇文
总目》之例，其于汉学亦然，并不斥其初祖。乾嘉以后之人读《提要》
不通，致有河间尊汉抑宋之论说。不谓通识如公，其视拙作，亦蹈斯
病。若发此寻隙，则是非不辨而自明。虽有起而攻者，不过王肃之攻
郑，陆子之攻朱而已。何足论哉！何足论哉！

附南学会皮孝廉书

拜读手书，并惠大箸，不以弟为不可教，而再谆谆诲所不及，
且感且愧。顾区区之衷，似有未谅，而用流欲人之言以相訾謷。敢
略陈其愚，惟公察焉。

汉、宋之儒，讲学规模不同，汉儒所讲皆经学，问答皆弟子；
宋儒所讲兼及时事，不皆经学，问答不皆弟子，观《郑志》及朱陆

之书可见。学会讲学，是宋人规模，只可讲大义，不可讲训诂。弟所学本兼汉、宋，服膺亭林、船山之书，素主变法之论。今讲已十余次，所说非一端，其大旨在发明圣教之太①，开通汉、宋门户之见，次则变法开智，破除守旧拘挛之习，如是而已。登堂说法，即录付报馆，非但不能如著书字字斟酌，并不足以言文。其语气之抑扬，言词之出入，自不免有过当之处。言多必失，诚如前谕。然口说只能如此，听者勿以辞害意可也。

讲学为人诟病久矣，百年以来，不闻此事，少见多怪，无论是不是，必举国哗然。弟明知之而不避者，以时急如救焚拯溺，即焦毛发，濡手足，所不辞也。文人相轻，自古已然。湘人无乡谊，好自相攻击。见《时务报》则誉之，见《湘学报》则毁之。《湘报》訾议尤甚。湘人结习，本不足怪，至于联语丑诋，更属无赖所为。此下节删数句。呼我为马，应之为马；呼我为牛，应之为牛。牛皮马皮，有何辨焉？鹿泉办事之人，未尝开口，而人亦诋之。然则诋人者并非必因所讲不是，不过要人一事不办，坐以待毙而已。

太平洋不安澜，公既已知之矣，犹曰天下无事，窃所未喻。以南学会为开民乱，此汉学家谓明亡于讲学之旧说。孙芝房先生尝反其说，以洪逆之乱为汉学所致矣，明果亡于良知，洪逆果起于汉学耶？

大箸因恶康氏之学，并迁怒于古人，诋《孟子》，诋《公羊》，诋梨洲《建都》启二百年后洪秀全都金陵之逆志。将来二百年后，更有洪秀全出，可援梨洲之例，坐弟开乱之罪。惟公与弟必不能亲睹二百年后事而断斯狱也。奉春建策，留侯演成，如公所言，亦可以为启千八百年李自成都关中之逆志。然欤，否欤？以公之学识闳通，作书攻人，未能尽其蕴，而多可乘之隙，殆一时激论，未及深思耶？前劝公勿刊行，未蒙采纳，恐逼人太甚，人将反戈攻公。王凤洲谓汤生标涂吾文，异日必有标涂汤生之文者，此势所必至也。

弟与康未谋面，徐、梁到此始见，皆无深交。与公文字交已十年，爱公甚于徐、梁，又两承公忠告之言，敢仍贡其一得之愚，劝此勿宣布。若宣布未广，或再收回更定，何如？弟讲义已刊行，有误无从追正。公书尚可设法，愿公平心而细审之。将有江右之行，

---

① "太"字讹，当作"大"。

本不欲久居此。禹入裸国而同裸，公既居此，欲不同裸，得乎？行色匆匆，未及面磬所怀，俟归再当奉教。手复，即请撰安。

与戴宣翘校官书①

日间晤谈甚快，所论儒墨道之旨，极为精透，但鄙人所见在出入分合，执事所见在源流正变，义当并行，无须辨论。今日学术溃裂，甚矣。战国之世，患在杨、墨，孟子辟之。八代以降，患在佛、老，韩子、朱子辟之。今日之世，患在摩西，无人辟之，且从而魑之，以至异说横流，谬论蜂午，衣冠世族，廉耻道亡。我生不辰，吾为此惧，岂有丝毫意气于其间哉。

夫人心争胜，自古已然，异教之水火，不必论矣，即以儒家论。荀子非孟，宋人则尊孟而驳荀；朱子疵韩，后人又谓朱子争道统。至于朱子之学，宜乎无病，而陆子攻之。陆既攻朱，朱子之徒又复攻陆。人言汉学家今古文之学好争，不知宋学家朱陆之学更争。

元明以后，宋学之盛，已数百年。国初巨儒，如顾亭林、阎百诗诸先生，其初皆出于宋学，而兼为训诂考订之事，遂为汉学之胚胎。汉学之名，古无有也，倡之者三惠，成之者江慎修、戴东原。然此数君者，皆未化宋学之迹也。余藏有戴氏《诗经补注》原稿，采宋人说最多，《遗书》及《学海堂》皆删去。迨乎王、钱、孙、段之伦，二王三孔之族，精研文字，穿贯两京，汉学之帜，由是纵横上下，通于百年。

顾当极盛之时，已伏就衰之理。其时若刘申受之于《公羊》，陈恭甫之于《尚书大传》，凌晓楼之于《春秋繁露》，宋于庭之于《论语》，渐为西京之学。魏默深、龚定庵、戴子高继之，毅然破乾嘉之门面，自成一军。今日恢刘宋之统者，湘绮楼也；振高邮之绪者，俞曲园也。东塾似接亭林之传，而实非亭林之正脉。亭林之世无汉、宋，则有意兼通汉、宋者，不得谓之师法亭林。东塾之学本出仪征，何以微变其旨？盖由乾嘉诸儒晚年亦侵宋学故也。戴东原之《原善》、孙渊如之论②《先天卦位③》、仪征之《释心》、《释性》，皆明避宋学之途，暗守宋学之席。学既有变，争亦无已。由实入虚易，由虚入实难。有汉学之攘宋，

---

① 此文录自光绪二十四年长沙叶氏刻本《郋园论学书札》。
② “论”字为衍文。
③ “位”字后脱“辨”字。

必有西汉之攘东汉，吾恐异日必更有以战国诸子之学攘西汉者矣。学旨不明，学术将晦，开门揖盗，可不虑乎？

夫不读东京诸儒传注之全经，而读后人掇拾之残经；不读文完义足之内传，而读断章取义之外传。其心非尽灭全经，以入于异氏之室，必犹有不能息喙者。观于《毛诗》本出西京，亦谓西京无此学派，则其意固非主张西京可知。其端开于魏默深，晚病风魔，虽由于好佛，佛亦岂可好者？其死而因毁《毛诗》也者，则言者无罪；其死而非毁《毛诗》也者，则闻者足戒。当其撰《海国图志》也，抵排异端，不遗余力，只以前后易辙，是非改观，虚憍之气积于中，知人之失，而不知己之失，晚节末路，人羞称之。

康有为何足以言学？一二徒党，攀援朝贵，簧鼓无学之人，其门徒之寓上海者，恒称其师为孔墨合为一人。有人言："孔者孔方兄，墨者墨西哥。"闻者无不笑之。迹其平生，无一日一时不奔走呼号于天下，既不容于乡里，又不齿于京师，其流毒独吾湘受之，此则鄙人争所必争，而不仅在于学术矣。湘人尚志节，粤人尚忠义，地本接壤，风气多同，唇齿之依，当在异日，而断非一二浮薄少年所能联属，此可据理以断者。

鹿门在汉学中所谓章句之儒，性情尤为敦厚，入裸国而同裸，无怪其然。鄙人爱之重之，是以必欲去之。古人云："近朱者赤，近墨者黑。"居恒持以笑鹿门，谓其"近朱子则赤，近墨子则黑"。执事闻之，得无赧然乎？

答人书[1]

远辱赐书，谬承奖誉，寸心惶悚，感佩难名。今日之时局，法诚弊矣，士不知学，民不知兵。百里之外，风俗不通；九州以内，地利未尽。制造兴，则仕途多无数冗员；报馆成，则士林多一番浮议。学堂如林，仍蹈书院之积习；武备虽改，犹袭洋操之旧文。凡泰西之善政，一入中国，则无不百病丛生。故鄙人素不言变法，而只言去弊，弊之既去，则法不变而自变矣。若谓去弊非易，则变法亦岂易乎？

孔子改制，乃《公羊》后学之言。颜渊问为邦，折衷四代；子张问

---

[1] 此文录自光绪二十四年长沙叶氏刻本《郋园论学书札》。

十世，推知继周。圣贤坐论一堂，犹是各言其志，时务之士岂得援以借口？况三月大治，不闻改周之文；一变至道，无非复鲁之旧。经文虽可缘饰，圣亦岂得诬附耶？凡人有自私自利之心，不足与议国事；人具若明若暗之识，不足与论民权。

日本维新，初亦为旧党所沮，卒之器械精，人心一，奋兴东亚，平视西球，良以地狭民雄，风同道一，转移之速，遂如大力者负之以趋。此非天之所兴，实以其国政教，自来因袭于他人，故变之易为力耳。中国自同光以来，亦颇采用西艺，要非全不变法者。何以中东一战，遽此奇变？则以军械不备，上下离心故也。今人动言日本变法，骤致富强，不知日本幸遇我恤兵爱民之中国耳。向使以区区三岛，抗行于穷兵黩武俄、法之间，吾知成败之数，且有不可逆睹矣。又使中国虽败，而陆战持久，终不言和，则胜负兵家之常，亦不知鹿死谁手矣。

夫强领逼处，势利之口，亦乌足凭？甲申之役，法败而中胜，则中国进于文明；甲午之役，中溃而日兴，则中国沦于半教。驴鸣狗吠，讵曰知时；蚕食鲸吞，无非肉弱。非我族类，仇视宜然。独怪今之谈时务者，若祖若父本中土之臣民，若子若孙皆神明之嫡脉，而亦幸灾乐祸，人云亦云，问之此心，天良胡在？更可笑者，笔舌掉罄，自称支那；初哉首基，必曰起点。不思支那乃释氏之称唐土，起点乃舌人之解算文。论其语则翻译而成词，按其文则拼音而得字。非文非质，不中不西，东施效颦，得毋为邻女窃笑耶？今人言儒分为二，一曰儒家，一曰非儒家。此即西书格致家金类非金类、流质非流质之陋习。不知彼之所云，因其与本物相反，故别之曰非。而其文则中国翻译之语，非西文如此也。九流有分于儒者，有合于儒者，有与儒相反者，有与儒相成者，概曰非儒家，岂足尽之耶？鄙人评语之作，乃不得已而然。

湘学肇于鬻熊，成于三闾。宋则濂溪为道学之宗，明则船山抱高蹈之节。迨乎乾嘉以后，吴越经学之盛，几于南北同宗。湘人乃笃守其乡风，怀抱其忠义。经世之作，开风气之先；讲学之儒，奏戡乱之绩。流风广衍，本不以考据为能。近日无知之夫，乃欲依附康门，表章异学。似此无父无君之学，天下之人皆得而攻之，又奚怪鄙人之摇唇鼓舌乎？闻其徒众在学堂时，恒以微言大义之说，高自标举。尝考康有为之学出于蜀人廖平，而廖平为湘绮楼下楼弟子。湘绮尝言，廖平深思而不好学。渊源所自，咸有闻知。乃或因其流毒而转咎湘人，则是李斯灭学，罪坠荀卿；庄生毁经，狱归子夏。揆之情理，夫岂其然？

三传互有短长，前人论之详矣。至以专门而论，则湘绮实上接胡、董真传，观其所为传笺，并不拘守任城之例，遗经独抱，自有千秋。此鄙人至公至允之评，后世必有读其书而知其人者。刘申受之于《公羊》，初亦自成宗派，只以门户太过，斥班伪左，祸成于墨守，害切于坑灰，覆瓿不足以蔽辜，操戈奚足以泄愤？此药中之乌附，食品之醯醢，非止如古人所讥卖饼家也。南皮制军向来推宗《左传》，而尤重洪氏《左传诂》一书。洪书拾服贾之遗，持论绝不攻击《公》、《穀》，人服其疏证之闳博，余服其学养之深醇。孔氏《公羊通义》一书，界画不如刘书之分明，而大旨在采《左》、《穀》之长，以纠本传之失。南皮制军表章之者，所以救《公羊》末流之弊耳。鄙人评语成于仓卒，就事论事，自不能畅所欲言。惟语语持平，却可覆按。

通经贵于致用，读书贵于知要。及门之士，尝有所闻，康有为之徒，至欲举天下之学问，一扫而空，以肆其言佛言天之毒，则其兴今文，崇孔氏，皆假托之词，心迹不如此也。鄙人一日在湘，一日必拒之，赴汤蹈火，有所不顾。来谕外似谦柔，内怀恫喝。蜃楼海市，吾见亦多，虽无风教之权，实有匹夫之责。孔子居乡恶原壤，出仕诛闻人。凡有害于风俗人心者，不能禁鄙人之不言也。来书奉缴，毋或贻羞。

与段伯猷茂才书[①]

近日学堂渐次廓清，人心亦已安靖，凡平日惑于梁启超之邪说者，从此可以觉悟。此在湘人，固有万不可已之责也。

吾邑有某生，投一匿名书函至居宅，大旨表章南海，趋注宛平。因其蠢然无知，付之一笑，初不知其为谁氏之子也。昨有以刻稿见示者，始得识其姓名。适有人自校经书院来，言讲堂墙壁粘贴此函，执事见之，立时揭去。执事以为彼之毁我也，鄙见以为不然。天下事必有真识力，而后有真是非，亦必有大学问，而后有大文章。今日士习游惰，目不知书，是以邪说横流，人人丧魂夺魄。清班如宛平，贵介如浏阳，耳目旁皇，犹且随波逐流，又何论碌碌余子乎？

彼函乃其党拉杂而成，意某生尚不至昏愦若此。彼其言曰："南海先生，二千年来未有之绝学。"此等声口，殊不类邑人之言。譬如鸲鹆

---

① 此文录自光绪二十四年长沙叶氏刻本《郋园论学书札》。

调舌，初只能自呼其名，其他姓李姓张，不必尽识，此可揣情而得者
也。执事于彼函固未深思，彼言《輶轩今语》本于康有为之《桂学答
问》，此不过极言宛平之无学，与鄙人并无所损。彼方疑宛平亦康门弟
子耳，所谓坐井观天，岂复知井外之事？自云不求进取，而阿谀献媚，
是何居心？彼欲得一高等以食饩，亦何必费此九牛二虎之力哉？尝笑唐
才常、毕永年、蔡钟濬诸子竭力阿附康、梁，康、梁且唾弃不顾。京师
特保经济之数子者，皆寂然无颂声。陶毅、危素，人人得而鄙夷之，此
非天理之公，而亦人情之正。彼函反复剖辩，无非为彼护法，稍能识字
之人，固知其用心之所在。唯吾邑之士，犹有不知其陋者，因为执事约
略陈之。

　　彼言口说即在传记之中，则是口说借传记而存，得失重轻，较然明
白。《公羊》、《戴记》，皆汉儒之传，口说所遗，不知几历年世，其间见
深见浅，读者正宜分别观之。彼何以信四五传之口说，而斥孔子同时之
传记？刘歆伪造，已为彼党常谈，今姑不具论。但《公羊》、《礼记》、
《春秋繁露》皆系汉人杂纂之书，彼乃奉为孔氏真命脉，几何不为刘歆
所窃笑耶？

　　三世之说，曰所见，曰所闻，曰所传闻。传有明文，屡自申其义
例，何休衍为据乱、升平、太平。虽《公羊》家旧说流传，不为无本，
然只可谓经师家法，不得谓圣作精神。春秋之世，何曾一日太平？圣人
作《春秋》以垂法后人，岂以此高深要眇之谈，使读者迷惑其本旨？果
如此类议论，则是六经之精意，同于文士之神思。于义则高，于世何
补？此大谬不然者也。

　　《传》云："内其国而外诸夏，内诸夏而外夷狄。"中外夷夏之界，
至明且严。又云："王者欲一乎天下，曷为以内外之辞言之，言自近者
始也。"① 此言治天下之次弟本末，语意显明。何休推至太平世，远近大
小若一，以为圣人用心尤深，亦谓圣人大道为公，望夷狄之治，无异望
诸夏之治，而内外华夏四者何尝不分别言之？彼不深究传文，而死读注
字，是彼于传注尚未了然，何足语于经义乎？

　　《礼运》一篇，言世运之转环，大同之世，盗贼不作，是以外户不
闭，无一语及《春秋》，更无一语及夷夏。圣人望治之意，六经皆可会

---

　　① 见《春秋公羊传》（清嘉庆二十年南昌府学重刊宋本《十三经注疏》本），引文有误，
原文为："王者欲一乎天下，曷为以外内之词言之，言自近者始也。"

通，断不能武断。小康为升平，大同为太平，此好学深思，所以贵乎心知其意也。此非余一人之言也。嘉善钟文烝曰："如郑君说《礼运》天地为本，至于四灵为畜，以为《春秋》始于元，终于麟，包之，则固非《礼运》之本旨。且十二公皆有元，诸史书亦莫不有元矣。"人读死书，彼之持论，可谓读活书者耶？

《周礼》一书，于民间之事，巨细必举，管子得其大略，遂以治齐。康门因其为古文，一概诬为刘歆之作，意在毁歆，不知转以誉歆。鄙人尝言，一部《西政》书，可惜为古文掣肘，真彼觖事也。某生于康、梁之门，泥首至地，何以忽背其师承？若假托于持平之论，则《左传》风俗，逐卷可稽。近人林伯桐有《左传风俗考》一书。彼何以于三传中仅知康门之《公羊》，岂彼于五经尚未卒读，而止读《輶轩今语》耶？

儒教非创于孔子，而成于孔子。《说文》："儒，柔也。术士之称。从人，需声。"造字之先，亦不必以儒为贵。《周礼·太宰》"儒以道得民"，又《大司徒》"四曰联师儒"，则儒之立教，必自周公时始矣。鄙人因《周礼》、《说文》皆康门所目为伪书，故不援引，而引《论语》。儒教果为孔子所立，岂及身及门即分君子、小人两党？此可按经文而思其理者。马融以明道训君子，以矜名训小人，与《汉志》之意相合。鄙人据以发近人之锢病，明吾教之真传，彼乃断章摘句而求之，其读死书与皮鹿门等耳。然卤莽读鄙人之书可也，卤莽读孔氏之书不可也；支离背鄙人之旨可也，支离背康门之旨不可也。士既不求自立，拜佛则拜一尊，时东时西，莫衷一是。所谓既不能为君子，又不能为小人，得毋龟兹王所谓非驴非马者耶？黄梨州《明夷待访录》其《建都篇》，《海山仙馆》本有之，别有顾氏《小石山房》本删去。盖其时禁网犹密，忌讳必多，此读书者所以宜通考据，搜辑古书者所以宜通目录。彼既胸无尺寸之书，宜乎不足语此。

亭林无子，有命在天，古人如此者，不可胜数。默深病狂，由于丧心，其病发于本原，确有至理。鄙人非论因果报应，不过欲人引为丧心之戒而已。龚定庵从刘申受受学，平生经史论说，大抵根据三世之义为多，而又沈溺于内典之中，知其入而不知其出，故学术诡僻，不足以教人。今之自命深通三教者，又定庵之重佁。其他依草附木之人，更可置之不议不论矣。

十三经中，《书》有伪传，《孟子》有伪疏，治学之士皆知其详。顾《书》之伪传，阎、惠以后已如铁案之不可动摇，后之护经者犹且百计弥缝，恐其废坠，何况两京诸儒传注之书乎？凡事当持公道，不必人云亦云。如某生者，能读康门之书，胡不进而读古人之书？迨至读书愈博，见理愈明，而后可云通经，可云致用。较之仰鼻息于道途之人，其利害损益，必有能辨之者。仅以化质论，则鄙人尚可化一颜习斋，恐彼并不能化一康有为也。

《公羊》家以《论语》证《春秋》，始于何休之传注，近儒如刘申受、宋于庭、戴子高竭力开通，几于《论语》、《春秋》可以存一废一。而民主之说，本经无之，传注亦无之，不知某生所读何本？殆误以马可之书，而记为幼时所诵习之《论语》耶？若其羡生人之富贵，撷彼教之糟粕，胸怀委鄙，言者心声。今康有为叠次被人纠参，许尚书、文御史两疏状其钻营龌龊之形，如画如话。似此无耻之鄙夫，依其门墙，亦复有何光宠？执事若识某生，当劝其归家读书，自成其士君子之行。热中奔走，前路茫然，在康门视之如蝼蚁之微，在鄙人视之如蚍蜉之小。

曾记有一少年，自命为新学党人，鄙人靠以汝并无学，何有于新？彼亦非人，何有于党？如某生者，妄思攀附宛平，毋亦有类于此。嗟乎，青衿佻达，城阙蒙羞，曲学阿世，古今一辙。吾愿举国上下之人，孜孜向学，而后是非之界得明，学问之途日广也。

　　此书为厘正学术而作，故于某生隐其姓名。读此而不知向学者，是真麻木不仁矣。

与俞恪士观察书[1]

昨日函件，谅已察入。顷见官电录上谕，裁汰冗员，删并各衙门官守。薄海臣民，无不颂圣明之乾断，冯郭有知，荣于方干赐第矣。曩闻葵园先生言，近日新政若早行于中日讲和之后，至今必粗具成效，外人不敢轻视，胶州、旅大之患，可以隐消。今又以康、梁之故，使天下哗然不敢言新，恐终难收自强之效。盖忧时之君子，未有不知法之宜变者，惟是朝廷不言，而草茅言之，未免近于乱政。南皮制军《劝学篇》且逊顺其词，即康、梁亦必托于孔子改制，而后大畅其说。此亦中国君权至尊之效也。

人之攻康、梁者，大都攻其民权、平等、改制耳。鄙人以为康、梁

---

① 此文录自光绪二十四年长沙叶氏刻本《郋园论学书札》。

之谬，尤在于合种通教诸说。梁所箸《孟子界说》有进种改良之语，《春秋界说》九论世界之迁变，隐援西人《创世记》之词，反复推衍。此等异端邪说，实有害于风俗人心，苟非博观彼教《新》、《旧》之书，几不知康、梁用心之所在。近日三五少年，逞其狂谈，悍然蔑视名教而不顾，推原祸始，即在《界说》诸条，第《界说》亦有所因，乃至变本加厉。

西人言全体学者喜格致脑气筋之理，彼言脑气筋之灵之细，惟黄、白二种相同，其余棕、黑、红种皆所不及。其论性之善恶，又有本于父母之性之说。彼言种之善者灵者，不可与恶者蠢者合。译者衍为进种改良，已失其本旨，康、梁乃倡为合种保种之说，几若数千百万中国之赤子无一可以留种者，岂非瘈犬狂吠乎？

通教亦四士之常谈。花之安尝云："中士深闭固拒，于异氏之书一概加以诬谤。"故其所箸《性理论说》多引儒书，而尤喜引朱子，彼以为能通我教也。然自彼通之，谓之用夏变夷；自我通之，谓之开门揖盗。此中界限，持之不可不坚。彼谈时务者，乃敢昌言于众曰："通教以保教。"抑何丧心乃尔也。中西异教，近今不无强弱之分。《劝学篇》言"保国即以保教，国强而教自存"①，此激励士夫之词，其实孔教之存亡并不系此。

大抵地球之世，君主兴则孔教昌，民主兴则耶教盛。迩来泰西立国，民主之制居多。摩西立诫，以敬天、孝亲、爱人为宗，希腊、天主、耶稣三教本之。其于忠君爱国，无明约也。彼书偶亦有之，乃其教士得见儒书以后所增，非彼经原文如此也。故俄罗斯、英吉利之乱民，时时倡民主之议，所以然者，敬天、孝亲、爱人之理，中西所同，独忠君为孔教特立之义，西教不及知也。如其易民主而为君主，则必劝忠而后可以息民。于时孔教之昌明，必有胜于今日之日者。西俗合众公主之法，由于无君臣之伦。其无君臣，由于无父子。其无父子，由于无夫妇。其无夫妇，由于女权过重，妻可去夫，夫不得出妻，阴阳反常，为人情之大不顺。故路得之创复原教，因循英主去后之意而得大行。异日孔子之教，安知不因申君臣之义而亦大行乎？

尝闻天主教士之言曰："天主是天，孔子是人。"意固抑孔而尊天。

---

① 见张之洞《劝学篇·同心》（桂林，广西师范大学出版社，2008），引文有误，原文为："保国、保教、保种，合为一心，是谓同心。保种必先保教，保教必先保国……然舍保国外，安有所谓保教、保种之术哉？"

不知孔子敬天，而所敬非天主也。又闻耶稣教士之言曰："孔子是圣人，耶稣是善人。"此则持平之论，毫无损于耶稣也。尝考耶稣之书，其切于人事处，颇胜于释氏之空谈。惟因灵魂不朽之说，而以天堂、地狱为贤智说法，则不如释氏之以天堂、地狱为愚民说法者，使人深信而不惑，宜乎为格致学家所攻击，而无以自解也。方今泰西格致之学日进，西教亦因之而式微。然耶稣所辖之地视天主稍多，则以天主多不近人情故耳。观于耶苏所辖之广，不益见将来孔教所辖之广哉。

至于衣冠服色，能否画一，则不可知。顾世宙日进于文明，则人情日趋于简易，衮冕之烦重，且变为大清之冠裳，则自今以后之文章，何不可以臆断。惟是谈时务者，以为变法必变服，则又昧本之谈。日本改效西装，且贻西人以口实。堂堂中华，秉礼之国，何必袭彼族之皮毛？况中国欲图自强，断非振兴制造不可，若舍此不顾，非独易服色不能强，即不缠足亦岂能强也？又有蒿目时艰者，见民教之不安，以为异言异服之炫目，改从西制，则教士之入内地者，可以与百姓相安，此尤一隅之见也。今之教士居中国者，要皆长衣辫发，与中服同，而碧眼紫须，虽三尺童子皆能识别。而谓改从西服，得以杂处无分，斯亦必无是理矣。

湘中去冬初开学堂，士绅亦颇踊跃，惟鄙人以梁之师承太谬，遇事不肯与闻。适有宛平督学来湘，亦逆知其流毒必甚。今岁正月，得见梁代宛平所作《牖轩今语》，主张康教，不遗余力，并引陆子静"四方各有圣人"一语，默推西方之人。不思陆氏此语，即惑于异氏之学之深。学使为风教之官，岂可以之垂训？其尤谬者，以孔子之作《春秋》，比西士之作公法，骎骎乎以通教之意明诏学人，诚不知其出身何途，甘为彼教之奴隶。鄙人虽以师门之故，亦断不能含默无言，否则月旦乡评，交相讥刺，不目为耶氏之奴隶，或目为康党之门人，则鄙人将见外于乡人，而终身不能言学矣。评语之作，亦乌能已乎？

要之，中原士夫人人知学，则可以不攻康、梁；湘中子弟人人能学，则可以不作评语。知我罪我，听之天下之人。若夫一世之仇雠，一身之利害，则固未遑计及也。

答罗敬则大令书①

顷奉手教，钦佩无似，固知学有渊源之儒，其识力必远超乎流俗

① 此文录自光绪二十四年长沙叶氏刻本《郋园论学书札》。

也。九江先生，平日未见其箸述，但因后世儒术无效，并疑《论语》为失圣心。此等高远之谈，其流弊必至非圣无法而后已。拙箸既已刊行，实无辞可以回护。

至东塾先生，人品学术，不愧一代儒宗。然学旨各有所成，何必强人就我？前月节庵太史曾有书达王大司成，言及此事，鄙人复函，自述私见，大约言学问之道可通而不可同，亦读书心得如斯，并非敢立门户。河间箸书，乃权衡汉、宋之得失，非调停汉、宋之异同。官书与私议不同，是在好学深思之人心知其意可耳。鄙人有言，许、郑之长在通贯经义，程、朱之长在敦行践履。狗曲墨守之见，与言心言性之辞，皆汉、宋学之纷歧，吾辈所当力戒。

又平生志趣所向往，在东汉、北宋诸贤之间，故贱性亢直磊落，亦颇近之。士生今日，凡古今人物学业，师法众多，取精用宏，又似不仅汉、宋两学。拙箸大旨，本无矫同立异之心。我公亲炙陈门，自应昌明师说，且品学如东塾先生其人，又岂可不笃守其家法？惟是鄙人生长湖湘，先辈如王湘潭、郭湘阴，一时号为学者所宗，鄙人亦未尝依附。所谓士各有志，学各有宗，通识如公，久亦必能见谅也。来札谨什袭而藏，以志良友之厚爱，而此心亦不可不白于学友之前。伏乞鉴谅勿罪。

附罗大令来书

昨承手谕，暨《翼教丛编》，穷一昼夜读之，粗得崖略，大旨以黜康学、翼孔教为主。方康逆未败时，上有奥援，下结死党，气焰薰灼，举国若狂。公等不为势怵，不为祸动，独抒正论，力扫卮言，真可谓铁中铮铮者矣，钦佩何似。

大箸《正界篇》有株连康师朱某语。案朱名次琦，字子襄，世所称九江先生者也。先生英襟命世，古道照颜，儒林宗仰，人无异论。若因康逆，并归狱其师，彼陈相、吴起、李斯诸人，寻厥渊源，咎将谁属？斤利者越理而横断，弟窃以为过矣。

来谕又以弟曾侍东塾师末席，略言讲学宗旨，彼此微有不同，舍田芸田，诚如尊旨。然弟侧闻先师绪论，谓门户一开，遂启洛蜀之祸。东塾学出仪征，实为河间再传弟子。消融门户之见，为汉、宋作调人，其说自河间倡之，《四库提要·经部总叙》可覆按也。近日南皮尚书又有调和新旧学党之论，弟学识谫陋，未敢下一断语，质之于公，未知何如？

与罗敬则大令书①

枉过失迎，趋谒相左，积怀莫白，结想为劳。自台旆莅湘以来，屡得接窥风旨，情词悱恻，气象温和，蔼然仁人之言，粹然儒者之貌，统歌雅化，不日当泽被湖湘，文学子游，固非寻常风尘之吏所当同日语也。

鄙人少承庭训，习诵温公《资治通鉴》、朱子《名臣言行录》二书，生平学术，略有本原，大都用力于此二书者最久。自登乡荐，此游京师，于是日与日下知名之士文酒过从，又时至厂肆，遍取国朝儒先之书读之，遂得通知训诂考订之学。其时《东塾先生遗书》尤为士大夫所推重，鄙人亦购置一册，朝夕研求，觉其书平实贯通，无乾嘉诸君嚣陵气习。始知盛名之下，公道在人，众口交推，良非虚溢。及读《汉儒通议》一书，于此心始有未洽。盖以性与天道，圣门且不可得闻，此事本非汉儒所究心，何必为之分门别类。常言宋人性理之说，亦一时风气使然，高明者与释氏离合，在毫发之间，卑陋者乃以语录空谈，导天下之人以不学。故鄙人于宋学之书独重朱子，于朱子之学尤重实践。全书之中，于小学一类颇有体验，其他读书之法，亦一一守其大纲，惟疑经非传之言，不敢引申而推衍，此生平治汉、宋学之始末也。

明季诸儒宗理学者多尚陆、王，国朝诸儒则多法程、朱，读陆清献、张清恪诸家之书，其主持门户，亦颇嫌其太过。然宋学而仅言性命，则周、程、张氏亦将流于异端。朱子知其弊之所由来，故救之以主敬，辅之以读书。博观宋人之书，方知朱子之学不独与陆氏异，亦与周、程、张子有异也。鄙人最服膺朱子之学，最畏居理学之名，平生言行之际，大德不逾，尝言吟风弄月之时，须具有仁民爱物之量，此方是圣门第一等业、天下第一流人物。讲学而如楚囚相对，岂复有生人之乐哉？

近世汉、宋争角，胶扰百年，其始积重于戴东原，其继横决于江郑堂。江所箸《汉学师承记》、《宋学渊源记》二书，左右异同，有乖箸书体要。方植之不平既甚，乃作《汉学商兑》攻之。自后无知之

夫，斥汉学为左道异端，又或比之于洪水猛兽，湘中老宿沿袭此等谬论者尤多。不思六经皆汉儒所传，章句训诂，师承可据，名物制度，去古未远，后人才智即出于汉人之上，能废其章句之本，而别求一孔门之真迹乎？

鄙人前书言许、郑之长在贯通经义，程、朱之长在敦行践履，持此以治汉、宋两学，又何有于门户，且何畏于党祸？来书述东塾之言，以为门户一开，即启蜀洛之祸。鄙人所见，则又不然。夫程氏、苏氏之学所造各有浅深，要皆不失为君子，特程谨而苏肆。苏门一派，其末流必至于溃撤藩篱。然北宋之祸不始于蜀，亦不始于洛，乃始于不蜀不洛之王安石也。讲学、立朝，却是二事，设使程氏、苏氏之徒即行道于当世，其勋业岂遽能与韩、范诸公抗衡？体用兼备之儒，古今能有几人耶？

国朝宋学之盛在康雍两朝，汉学之盛在乾嘉两朝，道咸以来则互相消长，笔舌交哄之事则诚有之，初亦无所谓党祸。凡古之所谓党祸，大都小人倾陷君子之所为。我朝主德清明，可决其必无是事。近日康、梁邪说显欲立新旧党之名，其人大都不学无耻之流，无论谬妄轻浮，不足以张羽翼，即令其幸窃一日之柄，亦必自相残贼，不能有成。南皮《劝学篇》似犹未见及此。鄙人尝云，凡事有调停之见，必无是非之心。今之调和汉、宋，与夫为新旧解纷者，譬如两造比邻而居，终日阋墙，决无休息之理，况乃引之同居共爨，其有不日寻征讨者耶？

鄙人遨游江海，垂二十年，所见陈门诸贤，类皆平正笃实、谨守师承之人，四教之善，于此可知。惟学旨始终不能苟同，亦不欲自弃其心得。曩者拙箸《〈輶轩今语〉评》出，湘中言陈学者亦或议及序文，故答友人书中屡次发明鄙意。后晤沈子培比部，亦颇不以鄙论为然。其实拙箸于陈学并无诋諆之词，故纸具存，可覆按也。面谈未罄，拉杂书此，质之左右，伏乞垂鉴。

明　教[①]

泰西之教，魏源《海国图志》考之未详，又不见其《旧约》书，亦

---

① 此文录自光绪二十四年长沙叶氏刻本《郋园论学书札》，校本为光绪二十四年刻本《翼教丛编》。

为未备。近人宋育仁《采风记》合《旧约》、《新约》二书辟之，可谓有功名教矣。但其所载《旧约》书，与余所见者又别一译本。盖中西文字既异，教旨又屡有变更，或一书而译者不同，是未可定，至尊奉十字，则《新》、《旧》固无异词，而其说之两歧，亦始终不能合辙。予尝反复推求，而知其教之不能自立也。

夫中土教之最古者为巫，迨黄帝正名百物，进草昧而文明，于是尧舜继之，以无为为治，道教始萌芽于此矣。老子箸书上下篇，言道德之意，道家宗之，故后世称道教者必曰黄老。老氏之学，一变而为儒，再变而为法，其入夷狄而为浮屠也。又变而为释，释教盛于身毒，即今之印度也。今西域、海西诸教，若回回，若天方，若天主，若耶稣，又本释氏之支流余裔，各以其一鳞一爪，纵横于五大洲之间。盖天下古今之教，未有大于道教者。孔子问礼于老聃，见于马迁《史记》，《庄子》亦屡言之。汉人如王符《潜夫论》、应劭《风俗通》亦云孔子师老聃，武梁祠石刻画像有《孔子见老子图》，是孔子之学出于老氏，言本有征。昌黎《原道》辟之，乃干城吾道之言，非不见汉人书者也。不思青出于蓝，冰寒于水，问官郯子，窃比老彭，惟其学无常师，愈以见孔子之大，此亦何必为孔子讳哉？

当孔子之世，而隐与之若敌者，则有墨子。墨子亦出于道家，周之太史史角因鲁惠公问郊庙之礼，天子命之往而其学传焉。《吕览·当染》篇纪其事。史角与老聃同时，又同典礼，渊源授受，可得而言。至其末流水火，墨则非儒，孟亦辟墨，卒之理胜者立，理绌者微，此孟子之书所以进而同于六艺也。

孔教为天理人心之至公，将来必大行于东西文明之国，而其精意所构，则有以辉光而日新。伦理为中西所同，血气尊亲，施及蛮貊，好生恶杀，人心之本然。孔子志在《春秋》，以救一世之乱逆；行在《孝经》，以立万世之纪纲。复有《论语》一书，综百王之大法，传其教者如曾子、如子夏、如孟子，皆身通六艺之学，心究万变之情，凡人心所欲言者，莫不于数千百年以前言之。殆彼苍默知有今日之时局，而先以战国造其端。人之持异教也愈坚，则人之护圣教也愈力。西人之言曰争自存，理固然也。

泰西之教之盛，无如天主、耶稣，其教蔓延于五洲，又浸淫及于亚洲之内。先识之士谓孔子之教将寝息百年而再兴，再兴之日，则诸教皆为所混一。余则以为不然。夫观孔教之废兴，当观乎人心之利害，彼教之消长，名义之虚实，推行之难易，而后百年内外之局，得于今日断之。今五洲民户，中国号有四百兆，众矣。此四百兆者，男女老幼，人人意中有一孔子，虽有刀兵水旱之劫，以去其三百兆之众，而所遗之百兆，非以无形之孔教治之，则篡弑相寻，天下且成为虚器，何有于君主、民主、君民共主也者？况今日西教之中有所谓卜斯迭尼教者，其人多世家贵胄，以忠孝节义为宗，以尚俭弭杀为戒。又有剖而司登教者，倡君为民首之说，以纠平等之非。天主、耶稣之教，西国未之从者十之二三。自卜斯迭尼教兴，而人心靡然向风，实为通孔教之渐。剖而司登教虽未盛行，而言之成理，至今亦与诸教会并立。至其国之言格致学者，又往往与两教相抵牾。此实彼教之隐忧，而孔氏之先路矣。此利害之说也。

　　天主立教，本于摩西，《摩西十诫》，尚不悖于大道。天主离其宗，而益之以虚幻，《旧约》书中所载无稽之言，不一而足。其传于中土最早者，如《天学初函》中之《西学凡》、《天主实义》、《七克》、《畸人十篇》等书，皆经中人润色，而其旨总不逾于释氏。《西学凡》及南怀仁《坤舆图说》后皆附《景教碑》，是彼族亦自知其学之所自来，亟思借以自重。今乃诋释氏为偶像，毋亦数典而忘祖耶？考《景教碑》文，一则曰"三一妙身"，一则曰"匠成万物"，一则曰"判十字以定四方"，一则曰"印持十字"，一则曰"七时礼赞"，一则曰"七日追荐"①，一则曰"不畜臧获"，一则曰"不聚货财"，皆确为天主教之宗旨。其碑额刻十字，以云绕之。又教士有出家不娶之例，亦沙门之遗。及耶稣之徒变其说，以为耶稣钉死于十字架，死而复生，此欲神怪其词，以新一时之耳目，愈久而愈失其宗，竟不知十字为何义。《马可福音》言，耶稣使其徒背负十字架以行，此即十字军之缘起。而又云耶稣钉死于此，可谓请公入瓮矣。余见彼教所佩之楕圆铜牌，最初者图圣若瑟像，若瑟即约瑟之转音，是为彼族迁埃及之祖，其父雅各则受神传言者也。又有图玛利亚母手抱耶稣太子，母子各持念珠，珠下缀十字架者。又有面图耶稣受洗，背图三矢交格者。又有面图耶稣，背图十字架，若今之地球架者。至今日兵士所佩，则一铜十字架，上图耶稣被钉之状。饮水而不知源，变本而又加厉，则其教之鄙陋，在西士亦明知其非，而思所以易一颠扑不破之义，以固其说。宋育仁谓其《旧书》文多俚野，不欲异教人见

---

　　① 见《景教流行中国碑颂并序》，引文有误，原文为"七日一荐"。石碑现藏于西安碑林博物馆。

之，亦未必尽然。特以新教盛则旧教衰，故《旧约》亦因之而废耳。此消长之说也。

溯其初，十字之义亦如中文之一画开天已耳。一者数之始，十者数之终，《说文解字》曰："十，数之具也。一为东西，丨为南北，则中央四方备矣。"造字之圣人，岂预为彼教说法哉？盖地之全体，古人亦已前知，地球之交线，即十字之理，《大戴礼·易本命》所谓"凡地东西为纬，南北为经"是也。神农①《十言之教》曰："乾、坤、震、巽、坎、离、兑、艮、消息。"八卦之位居四方，消息所以立体，则中央也。黄帝之臣大桡造甲子，先造十干，甲乙位东方，丙丁位南方，庚辛位西方，壬癸位北方，戊己位中宫。孔子之说"士"也，曰"推十合一"。《元命苞》之释"土"也，曰"立十加一"。中国立教造字之先，无不因四方中央起义，亦无不准十字起义。牟子《理惑论》云："老子手握十文，足蹈二五。"② 释氏袭其文，以为宝相。《大宝积经》言佛身有卍字文，慧琳《一切经音义》云："梵云室哩末瑳二合，唐云吉祥相也。有云万字者，谬说也。"③《华严经·花④藏世界品》之一，慧琳《音义》"泖"下云："梵书万字。""卍"下云："室利靺瑳，此云吉祥海云。"夫所谓"室利靺瑳"，即前经之"室哩末瑳"，梵之本音也。所谓"吉祥海云"，唐之译义也。《景教碑》额之十字绕五云，即卍字之变体，以中文画之则成十矣。西教窃释氏之单文，释氏又窃中土之单文，乃彼于其义则日变日非，徒托于鬼神以行其术。而中国则自立教之君、造字之臣，未尝断断于一字之义，儒柔其民。此虚实之说也。

自来中国之士，攻彼教者失之诬，尊彼教者失之媚，故谓西人无伦理者浅儒也，谓西教胜孔教者缪种也。果其有伦理，则必有孔教，观于中人不读孔氏之书而知有孔子，视彼以鬼神役其民者，功效又何如耶？凡天下之教不立于中正则不能久且大。道教至今微矣，三宝乃其至精之言，施之今日，真同刍狗。彼其教能治民简之世，不能治民繁之世；能治民愚之世，不能治民智之世。其实用在礼，儒家得之，所以宰六合而

---

① "神农"讹，当作"伏羲"，据《春秋左传正义》（清嘉庆二十年南昌府学重刊宋本《十三经注疏》本）定公四年孔颖达疏"伏羲作十言之教"校。

② 见牟子《理惑论》（日本 1637 年活字印本），原文为："老子手把十文，足蹈二五。"

③ 见慧琳《一切经音义》（台北，大通书局，1970），引文有误，原文为："梵云室哩二合末瑳，仓何反，唐云吉祥助也。有云万字者，谬说也。"

④ "花"字讹，当作"华"。

有余；其流弊在柔，释氏得之，所以卫一教而不足。西人自言一切政教源于印度，而反柔为刚，遂能雄视宇宙。然以最尊之十字立教，而前后屡变其词；以最强之兵力行教，而不能胁西国以尽从其教。孔教行之三千年，未尝以兵力从事。此难易之说也。

知斯四者，则孔不必悲，教不必保。忠信笃敬，可以达于殊方；魑魅罔两，可以消于白昼。汉制虽改而不改，民权不伸而得伸，由乱世而升平，而太平。托于悲悯者，夫亦可以息喙矣。

西医论①

西人之传教于中国也，非通商者也。通商之士，壹其心以营利，不能分其力以传教。所谓传教者，多医士耳。尝执西人之书而考之，耶苏神迹，大抵疗病之事居多，西人得其传，乃挟其术以遨游于五大洲。刀圭奏效，群颂之曰回春；膏馥沾人，咸称之曰甘露。其引人入教也，煦煦为仁，孑孑为义，浸润肤愬渐积而入于人心。此吾中国不能不预防者也。

夫彼之嚣嚣然炫耀于中人者，谓黄帝之《内经》不足凭，神农之《本草》不足信，五藏不剖验则部居不明，肌理不析解则肯箸①不见。而中人之神其术者，至欲以父母之遗体，百年之性命，委之于非和非缓之人。乌乎！可哀也已。不思生死异气，瞬息万端，以尸变之形骸，证生前之脉理。质非土木，既圬雕之不灵；气非日星，岂推算之能准？黄白红棕之种，秉赋各殊；东西南北之人，胚胎亦异。而乃以金石克伐之性，施之苦病垂死之身，是犹持烛于风檐，当车以螳背。泰山压卵，一发千钧，人命至重，胡为若此？其谬一也。

西人之论胞胎也，谓儿在母腹，其足向天，其头向地，孕胎则一正一倒，形若转圜，绘之为图，箸之于说，此固凭于目验者也。中国则自生民以来，男女向背，端坐腹中，或有四乳孪生，则上下左右，文质弟兄，口耳相传，孳生不已，此亦凭于目验者也。是知华夷之界，即在先天人禽之分，争于交构，即此可划中外之局，穷性命之源。彼乃不思种类之非，强持蠡管之见，宜夫草木之性，臭味不投，四圣之传，茫昧无

---

① 此文录自光绪二十四年长沙叶氏刻本《郋园论学书札》。
① "箸"字讹，当作"綮"。

识。使其术遍行于内地，其药尝试于同胞，则赤子何辜，黄种将绝。其谬二也。

夫骨中之脂曰髓，骨间之黄汁曰骱，文见于许书。此西医黄白髓之说也。三年瞕合而能言，《说苑》、《家语》均作"腮合"。《说文》："瞕，目童子精也。""腮"本作"囟"，云："头会脑盖也。""囟"为部首字，下部次"思"、次"心"，即脑司觉悟之理。目童子精，即西医书中所谓眼之水房也。十六情通而能化语，详于《大戴礼记》，此西医脑气筋之理也。《释名》言"肺气勃郁"，即肺经呼吸之滥觞。道书言"神守元关"，即灵魂藏脑之缘起。五藏易性，《书》家之古文，而郑康成驳之。四肢按摩，房中之秘术，而葛稚川述之。此书中土之旧闻，彰彰见于载籍者也。西医不究其来历，不问其是非，一得自矜，百吠相应。无识之士，诧为创闻，逐臭之夫，奉为金鉴，开门揖盗，拼命箸书。其谬三也。

昔吾闻李壬叟之言矣，其言曰："西人疗疾，不尽可从。男之目疾，女之胎产，尤不可轻试。"壬叟固深于西学者也，微词见意，岂无所见而云然乎？又见曾惠敏之嗣子矣，因患腹疾，西医为之剖洗，其后创口溃裂，卒至于死。惠敏亦深于西学者也，以彼信医士之诚，爱其子之切，始则推心而置腹，卒乃剥肤以噬脐，可不为炯戒乎？论者徒见其一手一足之烈，忘其人山人海之冤。通商则奉其脂膏，而国脉因之日促；就医则涂其肝胆，而人心因之日亡。其谬四也。

至其药丸、药散、药水、药酒之类，大抵峻克之品十居八九。青矾、白矾、大黄、黄连，触目而皆是；桂皮、樟脑，铁水、铁绣，应手而入选。芋薯均涩气之物，反以为易于消化；牛羊非常服之味，乃以为食之补益。彼盖以㖔乳之陋俗，例我火食之华风。计余生平所目睹，有饮牛羊汁而绝粒者矣，有服安神水而陨命者矣。元气本亏，金丹何补；屠躯欲化，玉水无功。彼蚩蚩者，犹复如羊豕之就割烹，沐猴之图三四，执迷不返，饮药而狂。其谬五也。

特是中土庸医，杀人多矣；太医设官，成法弊矣。将举天下之人，养之以甘草、茯苓，而守其委心任运之旨乎？抑将举天下之人，投之以附子、姜桂，而张其扶阳抑阴之教乎？是又不然。夫黄帝以来，圣贤继作；长沙以降，箸录宏多。远则如陶隐居之博洽多闻，近则如叶天士之神明独步，若任以医师之职，宽其仕进之途，则师授弟传，日新月异。譬之宋立画院，而李、刘、马、夏，遂号名家；明重时文，而金、陈、章、罗，允推圣手。而况事关乎身心性命，功参乎位育中和，岂无伟人以振绝学？

是故欲抵异氏之学，必设医士之科；欲推救世之心，必明复古之义。针灸之法，虽废不废者，表章而倡导之；支解之术，以暴易暴者，扫除而涤荡之。君子犹远庖厨，岂人命不如禽兽？基督喜言神鬼，岂无恒又作巫医？吾愿今之士大夫，懔然于发肤之不可毁伤，而岩墙之不可久立也。

嗟乎！举世滔滔，天听聩聩，既异一教以乱人之耳目，复授一技以张彼之爪牙。医院林立，埒于福音之堂；蜡样横陈，多于铜人之位。血飞肉薄，火热水深，人寿几何，不死为剧。昔杨光先有言："宁使今日诅余为妒口，毋使异日奉我为前知。"是则余立说之旨也夫。

致俞廉三[①]

……日昨得见胡鼎臣方伯，垂询整顿学校之事。据云，公因康、梁谋逆，士林胁从者众，思将《学政全书》中《训饬士子》一门与卧碑并刻，颁发各学官。典至重也，意至善也。辉谓此本百数十年士林共习之书，今日附逆诸生，岂皆不曾寓目者？只以康、梁学术陷溺人心。当其煽乱朝野之时，廷臣疆臣搢绅士林无不受其蛊惑，而后生小子儇薄少年，其被毒尤甚。所以然者，其根荄皆托于自强，而继之以维新。中国为西人轻侮久矣，忠义之士无所措手，于是一二寡学无识之枢臣，好名立异之疆吏，奉为大师，以酿成今日之祸。彼之赴市曹蹈火者，方且自命为日本、义大利之义侠，不自知其为谋逆也。故论今日教士之法，惟有将"新旧顺逆"四字剖析明白，使士林咸晓然于逆党之所为，无所谓义，亦无所谓侠，则病根可以划除，而后士习可返于纯朴。辉昔致书友人云，朝廷应行之政，不得谓之新；吾人应守之学，不得谓之旧。又云，皇上奉慈宫以孝治天下，臣民效之谓之顺。康、梁假托新政，以言乱天下，臣民和之谓之逆。如此则界划清晰，而保国、保皇等会名目不能夺我视听矣。夫维新，美名也，逆党攘之以掩乱迹。守旧，习闻也，迂腐持之以攻异己。辉昔周旋其际，灼见居间之人，非深闭固距，即见卑识陋，致使血气之士返于枯寂，文学之子流为会匪。此在当日主持两家之人，亦未必知有今日之贻害也。辉自戊戌攻散学会之后，凡与友朋

---

① 此文录自王逸明主编《叶德辉集》。

书札，从不涉及"新旧"二字，诚以彼等之所为乃逆也，非新也。吾辈之所争，乃顺也，非旧也。天下岂有无父之国？离间两宫，何谓保皇？妄希民主，何谓保国？且日本变法，其党多赤心为国之人，中国戊戌政变一事，如谭嗣同、杨深秀、林旭之流，其平日皆甘心为乱臣逆子，该逆党岂得假借以倾动海内，约连外部。今据唐才常兄弟及各犯亲供，亦自认逆谋不讳，然则彼所谓保国、保皇之旨，果安在耶？今各学士子见闻狭陋，自戊戌至今，尚有不知康、梁宗旨所在者，惟有将戊戌上谕及各报纪载康、梁逆迹编纂成书，益之以湖南北各宪署公牍刊布，各州县各学于月课奖赏之外加奖此书，庶人人得知其谋逆情形，并非维新，并非保国，并非保皇，似与照例颁发书籍较为切用。是否有当，乞候钧裁施行，不胜祷企之至。……

　　附俞廉三复函

　　顷承手示，批郤导窾，词严义正。昔人谓韩文公攘斥佛、老，功不在禹下。若足下之攻散学会，复殷然佐弟等以教士之法，此其功又岂在文公下哉？新旧顺逆，经足下剖析，至明至当，可谓迷津之宝筏，迷人之木铎。惜前此之崇尚新学者，见不及此也。尊旨将康逆乱政始末及康党谋逆情形编纂成书，颁发各书院，俾士林知所警惕，诚为近日急务。弟公事冗繁，无暇详检，仍求足下以教士之苦心，成辑书之盛业。一俟铅椠告竣，即为刊发，想足下必不以为烦也。谨将近日奏牍各件并逆据名单送呈备查。倘别有所需，乞示知再检。手此。复请著安。

致吴庆坻[①]

　　子丈年伯大人钧鉴。试事竣后，亟思谒聆训言。因闻人言福体违和，久未见客，遂中止。湘中自去岁天水茌位，主张邪说，十习人心，败坏不可收拾。幸前有柯凤翁维持于先，继有公抵排于后，扶斯文于将坠，回既倒之狂澜，此非独吾道之干城，抑亦湘人之私幸矣。此次轺临首郡，朴学之士赏拔一空，就佴所深知者三人。一湘潭取列优等之附生刘镛，邃于史学，撰有《俪苑》一书，多至数百卷，其书如《李史》、《古事比》之例，而征引浩博，十倍过之，且兼有考订，非徒益于词章。

---

　　① 此文录自王逸明主编《叶德辉集》。

前有标目,仿《蒙求》四字句分类叶韵,最便童子记诵,通人亦易检寻。又尝言《南》、《北史》谬误甚多,往往以二人问訚之文并为一人之语,以及人名、地名错乱,事文前后矛盾,以八史及《通志》所刻校之,可成《南北史刊误》一书。其读书有心得类如此。惟长年糊口四方,不能整理清本,若得调入校经堂肄业,俾得从容闲暇,其成就当不止此。一长沙取进第一新生杨树达,在侄门下多年,经学乃其专长,文笔高朗,无考据家纠缠繁冗之习。闻其试卷公击节叹赏,足见风胡、伯乐,世间正不患无知己也。一善化取进新生雷悦,与其兄雷恺有二难之目。治经本有师承,精研小学。摹印尤得秦汉之遗,有《铁耕斋印谱》行世,与沅陵拔贡丁可钧先后齐名。丁有《馈石斋印谱》。两人为侄刻者极多,兹合订二册进呈裁鉴。此事自浙西丁、黄、金、蒋、陈、奚六家之后,久失宗传,丁、雷拔帜湘中,起承绝学,复古如公,固应储为药笼中物也。雷生兼工绘事,师法南田,得其秀雅。昔阮文达在浙中创建诂经精舍,陈曼生独以篆刻、花卉二事成名,至今片石寸缣珍同拱璧。湘人喜谈文章经济,斯事皆薄视不为,窃以为乾嘉太平文物声名事事俱臻美备,诸生中艺事如陈曼生之流,何不可于国史传中分据一席。今雷生幸登大匠之门,觊得弦诵有资,成名固自易易。现闻校经悬缺,多未补入,三生已为公所识拔,可否调补,令其发名成业,伏候钧裁。三生有著书试卷可核,非侄私誉也。专叩福安。年愚侄叶德辉顿首拜。

再致吴庆坻①

毅丈年伯大人钧鉴。新年两次谒贺,未得一亲榘范,怅恨无似。去年收到瞿忠宣公遗像,乃顾见龙所绘,王奉常题赞,携以求题,以未赏见仍带归。此近年铭心绝品,不可不令公一瞻仰也。其像与顾氏所刻名贤画像毫发无异,但顾刻面有痘花,此无之耳。又得陈定生枯木竹石一幅,上有五松书屋印记,知为孙氏平津馆旧藏。陈工绘事,各画史画传均未载记,吴次尾《楼山堂集》中有《陈定生所藏名人书画扇记》,称其精于鉴别,寝馈日久,自能摹仿,亦情理之常。如国初顾亭林、惠红豆两先生之画倪派,苟无画幅传世,又谁从而知之

---

① 此文录自王逸明主编《叶德辉集》。

也。长沙杨宣猷之弟宣治、杨树穀之弟树续，求转恳以兄之游学官费抵拨其弟，据其自称尚可通融合例，侄乃学外人，不知其详，以原名呈览，乞钧裁焉。专此，敬叩福安。年愚侄叶德辉顿首。戊申正月廿八日。

与缪荃孙^①

筱翁太夫子大人钧鉴。夏间奉读钧谕，并承赐《云自在龛丛书》各种，匆匆复谢，未尽所言。近惟杖履优游，名山养望，经神学海，后进尊师，如辉忝附再传，尤无日不神驰坛席也。近日冬余，督工将旧刻各书刷印，有《观古堂汇刻》书，乃辑录零星小品，易刻易校之书，中多前贤藏书目录，此生平所笃好者也。又有《观古堂所箸书》，则搜辑古逸子集，附之日记，日久成卷，凡前人所已辑已刻者，亦未及取校，我行我法，不羞雷同也。此外单刻如吴荷屋《辛丑消夏记》、宋本《南岳总胜集》、明人《古今书刻》、宋人《七国象棋局》、《投壶新格》、《谱双》、《打马图经》、《除红谱》、王次回《疑雨集》、自纂《觉迷要录》，因板片不一，先后单行。见钧著《艺风堂书目》中列元本《画像三教源流搜神大全》，又吾家《石林燕语》，拟借重刊，能相假固佳，否则烦影写一校寄湘，写资若干，示定遵缴。元本《画象搜神大全》与《绘图列女》可称双绝，《石林燕语》则青箱秘书，虽有胡氏活字本，传世甚稀，即通行亦不如再校再刻之妙。四十无闻，有负师门期望，惟此种结习，差幸沆瀣相同，知公必乐于陶成耳。《南岳集》及《七国象棋局》等书各二部，乞分其一于陈善余校官，恕未具柬。专此，恭叩钧安。门下晚生叶德辉顿首。丙午冬月朔日。

再与缪荃孙^②

筱丈太夫子大人钧鉴。日昨邮局寄到赐谕，并《石林燕语考异》一部祗领，敬悉种切。伏维福履康强，斗山望重，吴楚遥隔，仰企时深。

---

① ② 此文录自王逸明主编《叶德辉集》。

辉平生学旨，颇有异于湘人。由于衣钵再传，如亲指授，故刻书、校书二事，自谓能习公之传，不谓奖誉频频，谦怀善下，辱书再四，引与同方，若得亲炙门墙，其成就当不止此，今已无闻，则又辉之不幸也。湘中此事，无可共语者。葵园老人终是古文家，可以言文章著述，而不可言考订校勘。南皮相思相望，彼此十余年；前岁匆匆寓鄂，数接光仪，然谈文论史，多经济家言，此伟人有用之学，非吾辈占毕之儒所能窥其蕴抱。空山明月，所思古人，海内比邻，想惟公与贱子耳。《石林燕语考异》已付手民缮刊，惟求将汪氏辨书及早录副寄赐，俾此书于琳琅本外自树一帜，不独辉有附骥之荣，宗贤有知，九原亦尚欢忭也。《菉竹堂书目》家藏亦无真本，似应仍于陆乐茝宋楼求之，求得早为刊行，大是快事。大箸《金文最补》亟思快读，如蒙赐睹，当即属工校刊，湘中刻资较金陵、江浙价廉，惟板式行格，拟用公《艺风堂集》旧样，以昭划一，公谓如何？专此鸣谢，并叩福安。门下晚生叶德辉顿首。丁未四月廿五日。《王荆公集》辉藏亦止明刻本，无佳刻也。

三与缪荃孙[①]

艺风太夫子大人钧鉴。秋间旅鄂，时聆训言，惜冰相匆匆北行，未得长侍文宴，怅恨奚如。辉回湘仍苦痔患，闭户校书，尚有清兴。二三飞凫人日持书画卷轴登门求售，尽有佳品可以购藏。夏间成《消夏百一诗》，乃题画扇之作。自鄂归，假学务公所活字板印之。寻追古人，见吴次尾《楼山堂集》中有陈定生《藏画扇记》，所得亦正相当。活板印出无多，现已分赠殆尽，已属手民写刻，来春必能成书。《石林燕语》自胡氏活字板印后，久无传书，赖公不惜借橱，从此流布海内，大德何敢忘也。惟汪应辰《辨》一书，公欲刻则早刻之，否则仍求借辉汇刻，以成完璧。陶斋尚书刻《半山集》之事有头绪否？辉有明仿宋本绝精，又得何义门先生校误，此种书不得不珍爱，道远却不欲借，如何校之？《石林燕语》呈上二部。专此恭叩钧安。门下晚生叶德辉顿首。丁未腊月十八日。

---

① 此文录自王逸明主编《叶德辉集》。

四与缪荃孙①

艺风太夫子大人钧鉴。本月十八日，有书上陶斋，附寄新刻《石林燕语》二部，并信一件，由谭潞生太守带呈。昨奉谕书，敬悉道履安康，林泉高逸，忻慰之至。学堂讲席本极尊严，谋者乃以州县缺相当，与者亦以为人情物，大是可笑。总之，斯文遭厄而已。前闻召入礼馆，知公必不行。吾辈如守节之孀妇，已过五旬，若再改嫁，贞节碑坊岂不怕雷打耶。辉刻书之志，幸不辱衣钵之传，独惜学堂既兴，二三手民粗通文理，亦考入学班，短衣横行天下，以致此业高手日稀，今岁刻成仅只《石林燕语》一书，将来刻书无人，大是可忧之事。《石林燕语辨》一本、《三教搜神大全》均一一收到。辉未刻《避暑录话》，正欲觅此书刻之。来谕索此书何也？不知家调翁校本海内尚有传本否？函便示知。专复，恭叩福安。门下晚生叶德辉顿首。丁未腊月二十一日。

五与缪荃孙②

艺风太夫子大人钧座。前奉谕，并《石林燕语辨》、《三教搜神大全》二书，当由邮局覆谢。又由陶斋尚书处转呈新刻《石林燕语考异》二册，想年内均能到也。有一事欲质疑于公者，宗室伯羲祭酒所藏明抄《儒学警悟》，其中《石林燕语辨》一书，是否只有《辨正》，如寄来抄本云云，亦或并《燕语》原书录之，抄本删去？既经付刻，不得不一考原委，尚乞进而教之，以示遵守。汪《辨》多于《考异》三数倍，以刻《燕语》论，自应以汪《辨》为正，而以《考异》附之。惜其书晚出，竟为《考异》夺统，是则传书之有幸有不幸耳。石林公书，辉只刻《岩下放言》及《燕语》二种，公前索《避暑录话》当是误记。检公《藏书记》无此书目，世间所行为毛子晋《津逮秘书》中本，未必精善，而近亦难得，能得佳本刻之，固美举也。专此，恭叩福安。门下晚生叶德辉顿首。丁未腊月小年。

---

① ② 　此文录自王逸明主编《叶德辉集》。

六 与缪荃孙^①

　　艺风太夫子大人钧座。上元灯节接到人日赐谕，知去年邮寄书函均经收览。献岁发春，敬承起居万福，杖履优游，远道驰思，曷胜快慰。浙中陆宋楼藏书尽归海外。岛田彦桢撰《源流考》，曾以一份见寄，书中涉及贱子与公，尚未下一断语，若存翁、纯伯父子，真所谓一生不值矣。岛田少年劬学，可敬可畏。闻日本友人言，其求书行境兼有伯羲祭酒、杨惺翁之长，屡言渠若来湘，凡秘书珍物切勿令其假借。想其在彼国，人皆畏之，不独中人箸书皆办海防也。《石林燕语考异》有误字，尚乞条录寄示，以便遵改。汪《辨》已付手民写样，刻成不知何日。《三教搜神大全》当是明人据元刻画像，《搜神》前后集略有增入，而未十分改样，虽明刻，实佳书，已觅善绘者影写。总之，无刻工大是累事耳。承询"飞凫人"三字出处，见于王弇州书画跋，谓买卖书画人。弇州所本则不记矣。辉藏法书名画多有剧迹，此事只能独赏，真赝字画，口不能言。山阴中丞眼力稳于匋斋尚书，此辉所深知者。国朝经师顾亭林、惠红豆两先生均工云林山水，载籍无闻，辉皆有其真迹，此亦足备掌故之事。去年得明以来书画扇面百余幅，作《消夏百一诗》纪之。寄《燕语考异》时，一时检寻无书，顷寻得二本，寄呈鉴定，活字本系急就章，已写本动刻矣。专此，恭叩福安，门下晚生叶德辉顿首。戊申正月二十日。

七 与缪荃孙^②

　　艺风太夫子大人钧鉴。前由邮局寄覆一函，计已早邀钧览矣。《石林诗话》，辉有《百川学海》本，拟以为主本，而以汲古本及楙花庵本校录异同于下刻之。好在楙花庵本所引宋人各种书，舍间均有藏本。平生刻书，雅不愿刻近人已刻之本，故前此求借旧抄旧校也。但《避暑录话》现行以汲古本为稍旧，若不得他本，自尚以汲古本校正重刻，然楙花庵本亦不可不取以一校，有便仍求公赐借也。《建康集》，舍间所藏家石君先生仿写宋本，中缺七篇，据《吹网录》称，从朱述之所藏宋本抄出，刻有补遗，而今槑花庵本并无补遗，此七篇亦所不解，公能为我物色乎？去年刻《石林燕语》，今年重校，附校勘十余叶，检寄四部，并《燕语辨》四部、诗二本呈上。《三教搜神大全》刻出样本十许叶，似不失真。专此，并叩福安。门下晚生叶德辉顿首。戊申十一月十四日。

八　与缪荃孙①

艺风太夫子大人钧座。前月寄上新校刻《石林燕语》及《燕语辨》、《岩下放言》等书，系因便寄督辕文案王君运长转交，迄今王君与公皆无回示，甚念甚念。《三教搜神大全》已刻一半，明春必能成功。《石林诗话》槑花庵本以《渔隐丛话》、《诗人玉屑》校改原书，虽经载明来历，辉不谓然，现已别作一例，以《渔隐丛话》、《诗人玉屑》低一格，附逐条之后，似较有眉目，不过刻资加一倍而已。《避暑录话》，辉处无槑花庵本，辉只有《津逮秘书》本。公既有之，何不见寄一校。辉校书颇速，孤本亦决不久留也。明年举行鸿博制科，蒿庵所保之人已可笑，其他可知。辉恐牵连受玷，已有书上贵阳、沔阳、常熟、山阴诸公，请其免保。同乡之袁、陈，辉素冷之，彼搜索枯肠亦闹不到头上，故未办防堵也。冰相主持大计，深可钦佩，公通问否？专此，上叩福安。门下晚生叶德辉顿首。戊申嘉平十九日。

九　与缪荃孙②

艺风太夫子大人钧鉴。昨奉谕示，知去年寄呈各书，迟至今正始达，带书者乃展转托一回南京之缎客，本欲其投书王翊钧转达于公，彼看文理不明，竟未照书行事，又迟缓至今，大是可笑。然书未遗失，固幸事也。谕云当交《避暑录话》及新刻两种，此时却未来投，仅此一事，或不至于错误，但可决其迟缓如故也。《三教源流搜神大全》一书刻已将竣，愈刻愈精，颇觉有兴。谕又云，有一后辈不知贻汾姓汤，告以汤贞愍，仍不解，又以苏玉局为妇人名，而星夜入都求荐鸿博，得毋灵素先生否？以神情揣之，惟此君乃相似。谕中又于明翻宋《百川学

---

① ②　此文录自王逸明主编《叶德辉集》。

海》旁注"华氏摆印"四字，此岂锡山堂活字板耶？《石林诗话》校出清本，尚未付刻，能影写一份见寄否？湘中佣书人每字一千工资七十文，江南价即倍加。《诗话》字数有限，亦不为费，倘公垫用，遵示奉还。尚拟刻《建康集》中缺七篇，惟常熟瞿氏《铁琴铜剑楼藏本书目》云有之，公能一介绍抄出否？托觅《常州先哲遗书》，自当留心物色。辉有桑梓敬恭之义，尤当助成大功，但现开之目各书则未见耳。翊运来函，言公盛德谦光，时叻教诲。陶翁亦待以上宾，知己之感，难以语言罄。惟见兼盐署一差，主人似有不歉于中之意，颇思陶翁于近署中委以兼差，以便辞去盐署之事，公便中曷亦为之道地乎？率复不尽，即叩福安。门下晚生叶德辉顿首。己酉二月初三日。

十 与缪荃孙①

艺风太夫子大人钧鉴。正月尽，奉到谕书，知去年寄呈各书，至今正始达。适黄左翁有江南之行，托带覆书，闻轮船浅搁岳州，尚未开行，计前信到必迟，必劳公悬盼，而承赐《河南志》、《刑统赋》、《竹汀日记》及惠借《避暑录话》顷始接到，快慰之至。《避暑录话》中引旧钞本今皆无传，又无他善本胜于此者，将来只好照刻而已。平日不刻近人已刻校本，今将破例矣。公前后赐书惟《云自在龛》系全册，而《藕香零拾》中有《牛羊日历》、《东观奏记》、《玉牒初草》、《伪齐录》、《寓庵集》、《还山遗录》、《寿昌乘》、《泸州志》、《菊潭集》、《苏颍滨年谱》、《孙渊如年谱》、《曾公遗录》、《东园尺牍》十三种，是否有目无书，抑系刻而未印？辉处无之。其别行之《诗品》、《荀子考异》、《茅亭客话》，前年由袁幼安观察交来。余若《南史精语》、《经义模范》、《作义矜式》、《四六金针》，辉处亦无之，并求检赐所缺以上各种，俾成完册。辉平生以朋友书籍为性命，每思有大人先生长年筹二三千金款，尽刻古今卷帙稍繁、传本极少之书，流布天下，湘中竟无此人。惟以己之力量，见卷帙少者刻之，每岁花消数百金，成此小小局面。如同乡之盛宫保其人，固今日希见施主也。今年见余尧衢法参言一事，极可笑，云去岁冰相保举提学司，首开公名，其次则辉，拟草旋又圈删，无论事之有无，不足为辉与公知己。辉归田时，年未三十，前程万里，决然舍之。公乞祠

---

① 此文录自王逸明主编《叶德辉集》。

禄，正五十岁，今则所谓老翁何所求之时，其无所希冀，海内共晓，以道员用之提学，使冰相即欲相待，岂公与辉所以自待哉？尧衢，功名中人，意若有所羡，又有所惜。辉尝言，世间人日日在地狱中打浑，安得有观世音、目犍连时时逢人点化。辉和桧门先生观剧诗《邯郸梦》云"毕竟梦中还扰攘，几人酣睡学陈抟"。似见道之言否？专复，上叩福安。门下晚生叶德辉顿首。己酉二月初六日。

十一 与缪荃孙①

艺风太夫子大人钧座。今年俗冗，未得肃笺，时叩起居，惶歉无似。伏惟名山望重，福履康缓，如祝为慰。辉于春间编撰宋赵忠定汝愚。《周王别录》八卷，半年始成。忠定为韩侂胄所窜，薨于衡州。自宋以来，长沙有庙，近日灵显异常，士女祈祷，络绎于道。故辉辑其遗事，非仅表扬忠节，亦乡邦掌故，不可不知也。因而遍检宋以来四部书，并辑出家石林公《遗事》三卷，均拟明春付刊。承假《石林诗话》、《避暑录话》，均已刻成，惟开刷须俟明正，以年忙无日也。《三教源流搜神大全》书已印出，久欲并原本、新印者寄上，苦邮局百端挑剔，不合格式，当托南京缎客带呈，庶乎省手脚耳。石林《春秋》传、谳、考三种，《礼记解》亦从卫湜《礼记集说》辑出。拟放后缓刻，最急者《石林奏议》及《建康集》二种，《奏议》将以陆氏皕宋楼所刻宋本重雕。《建康集》家藏为黄氏千顷堂旧藏即后有家石君跋者。明钞本，第三卷缺《书李弼告后》以下，至《续养生论》上中下，共七篇，海内藏书家惟瞿氏《铁琴铜剑楼书目》所载者有此缺文七篇，公能为辉展转抄得之，世世子孙感且不朽矣。又赵忠定有奏议数十篇，采入《历代名臣奏议》，辉所藏为张天如删本，读公《艺风堂书目》，知有明经厂刻足本，求公抄录见寄，并求速。辉此时暂录张天如本，殊不洽心。表章先贤，海内同志无几，不得不琐渎于公，知必以孺子为可教也。葵园太夫子箸书、刻书，与辉合志而不同方，平生性情孤介，不与中原士大夫联声气之交，师门再传，自以得公衣钵为幸，心香所祝，他人不知也。南皮骑箕，浭阳罢镇，一时文章之道暗然无光，此二公虽不能上望毕、阮，然并此而无之，则读书种子几乎绝矣，可不长叹息乎。辉于二公未得一分束修，未得一分润

---

① 此文录自王逸明主编《叶德辉集》。

笔，事后毁者、惜者，皆有恩怨之词，辉则公论也。专此，上叩福安。门下晚生叶德辉顿首拜。己酉十二月初三日。《牛羊日历》、《东观奏记》、《玉牒初草》、《伪齐录》、《寿昌乘》、《寓庵集》、《宋太宗实录》、《菊潭集》、《苏颍滨年谱》、《孙渊如年谱》、《曾公遗录》、《辽东行部志》、《真赏斋赋》，右各书公未见赐，如有白纸未装订者求赐一份，无则已装订者亦好。

十二 与缪荃孙①

艺风太夫子大人钧鉴。三月初奉到覆谕，并排印信稿，已代送葵园、荃台诸公处。适值省城大乱，扰攘半月之久。随又闹参案，湘祸之奇，千古未有。事乱之际，葵园老人与辉闭门不敢出外，诸绅慌乱，以一省无主，窃名电请易抚，并未窃辉名。一概不知。孔、杨孔，乙酉同年。杨，无聊人。随同乡庄心老方伯，步行解散乱民，有功不赏，乃遭此祸，犹有是非颠倒之迹。至于辉以租谷未售，而获咎被连，竟不可解。且人人皆知辉兄弟四房，租谷不能由辉主持出售，况即尽售，区区之谷，不足省城三日之粮，而必加以罪名，是殆气运所致。葵园老人与辉七八年来一意刻书，不理外事，无聊湘绅，窃名言事，年年有之。呈明窃名，当道不信，且谓不关紧要，卒有今日之事，是可哀已。公前被御史纠弹，更无枝节，较之我辈，真天上人矣。辉有求商于公者，湘省除葵园读书外，实无可与言者，久欲请归原籍，不知有无成案可查。同县同年惟王捍郑太守一人，他则鲜有知名者，洞庭西山亲戚极多，仕途极少。鞠裳编修，同宗而非同县。王胜之提学，同年亦不同县。此事有何办法，目前是否可行？事出之后，已电湖南京官，言辉乃半吴半楚之人，不足为湘省之玷，请其不必公呈，同诸绅一例申办，盖回籍之志久决矣。遭此飞祸，固有公论，然恐以后湘省有事再牵及之。异日扁舟往来吴楚间，何等逍遥自在乎。《避暑录话》已经印出。《玉涧杂书》系《说郛》中删本，姑且刻附于后，奉上三部，并原本四部，至祈检收。即叩福安。门下晚生叶德辉顿首。《赵汝愚奏疏》求留意。

---

① 此文录自王逸明主编《叶德辉集》。

十三 与缪荃孙^①

艺文太夫子大人钧座。昨奉谕示，并赵忠定奏议抄本。按张天如删本目，尚缺二十六篇，兹将缺目别纸抄呈钧览，乞再为查抄，并乞速就。张本卷数门类全与经厂本同，当不至十分歧异，将来抄全，拟以忠定历官先后排次，体例即仿李绛论事集，附刻别录之后，仍是史部传记体也。辉于庆元党禁之事，始终本末，考之极详，故于今日身历之境，处之泰然，平生语言谐谑，自是招祸之由，而一生养生之妙诀，亦全恃乎此。葵园老人、静皆同年，事前不免失之惶急，事后不免失之牢骚，葵园却得。徒为他人开味之物料，不如辉之顽皮，所谓煮不烂也。有书告黄伯雨同年，已奏调来湘署提学使。言此次党锢，在人为拔去眼中丁，在我为割断是非根，了却一重公案。又有一说，庄生毁孔子，孔子第一知己是庄生。黄祖杀祢衡，祢衡第一知己是黄祖。公闻之当莞尔也。专复，并叩福安。门下晚生叶德辉顿首拜。庚戌五月二十日。近日自号曰编氓矣。

再。葵园老人前有书寄金桂翁，属向公处探问收到否。便中乞示复。承注问此次之事，于生计有影响否，却无影响。自言生平有三不怕，不怕革职，不怕穷，不怕死。今已革职，已半死，只尚未穷耳。为富不仁，为仁不富，究竟不能自主。命开可刻之宋元书目，一时不知从何处说起，稍迟当写出。公书辉缺各种，前有目小帙五六种。求赐，不知尚记录否？辉再拜。

十四 与缪荃孙^②

艺风太夫子大人钧鉴。前月续上一书，并求补抄赵忠定奏议二十六篇，有目附内，计此时已邀览记矣。湘祸始末，各处朋友皆有书来讯，但以辉自租自售，被论为冤，不知与岑抚不和及与杨巩互相党援，二者尤为不实。岑抚之所忌，固自有人，而无恶于我辈，事后辉有书抵之。因问讯者多，故以活字排印，便于示本省人，寄远方朋友，得者一览而知事之架诬，但求无愧我心，何必上书讼冤也。承公先后分赐之书，尚

---

① ② 此文录自王逸明主编《叶德辉集》。

有零星小帙未补入者，别纸抄目呈入，求按目再赐，若有未装订之草本尤佳。前此皆杭连印。近日编辑石林公《遗事》，一时未能成功，又思急刻石林《礼记解》，以刻行缺工，迁延未遂。自去年以来，石印活字板大行，刻工四散，有入学堂为甲班学生者，学生之成效当有可观。惜我辈刻书，一时掣肘耳。赵奏总求速抄，地下忠魂当亦同深盼祷也。专肃，上叩福安。门下晚生叶德辉顿首。庚戌六月初一日。

十五 与缪荃孙[①]

艺风太夫子大人钧鉴。元宵节后，葵园太夫子交示钧谕，捧读一过，如亲提训。伏惟献岁发春，福履康健，至慰至快。去年秋末，曾一奉书帐下，叩讯起居，时有谕来，云已将北上，故迟迟至今，数月不得消息。近知到馆，一切胜常。朋友之乐，无过都门，图书之富，无如秘阁，此二者当胜于江南。然新气冲天，读书种子将绝矣，公将如之何？谕示寥寥数言，写尽京师一时人物十余年来风气，读之令人冷笑不止。想此光景不独京师，天下皆同也。辉去年自秋至冬，时时有病，今春尚未十分安痊，自笑不遭狗咬便遇病魔，亦是二十年来太快活之报，心甚安之。《赵忠定别录》八卷、《奏议》四卷均已刻成，正在刷印，迟当寄呈。长日无事，亦时向旧书摊寻找旧书，虽无旧刻，时有精本可以重收，曾收得严冬友《归求草堂诗》七卷，自南巡献赋始，至官内阁止，似是全本，卷帙无多，只有一小厚本。又《秋山纪行诗》二卷，在七卷外。则其手书之稿，间有涂改，尤可宝贵。近金陵刻其《金阙攀松集》、《玉井寨莲集》二种，惜不得合一处刻之。公前赐丛刻书中少《牛羊日历》一卷、《东观奏记》三卷、宋宁宗《玉牒初草》二卷、《伪齐录》一卷、《真赏斋赋》一卷，屡有书求公补赐一份未得，中有一次寄到《经义模范》三本，《作义矜式》、《四六金针》二小种，则所问非所答，殆因事忙误检付耶？此次京师行箧如有副本，仍求将数种寄湘，以便快睹。时时欲北行一游，苦无题目。请交管束，不如充军爽快。又无法可犯，奈何！奈何！葵园太夫子今年正月十六日为其嗣贤完婚，曾一见面，畅谭两时，自后遂未一晤。此老面尚丰腴，心境未必十分开宕。当道惟吴子修年伯以师门之故，往来甚亲，而图书馆之二百金竟为赵藩台

---

① 此文录自王逸明主编《叶德辉集》。

裁去，亦无如何。且近因学堂借铜元机器为实业学堂试验之物，抚台已允行，藩台坚持不可，外又有新党夹攻，久告病状，自云将投劾去位，果能如愿，却是快事。汪荃台同年近亦来湘入抚幕，自辉思之，不如当老太爷之高雅。即葵园求嗣得嗣，颇为添累，亦不如以书为后之爽利，均可怪者也。专复，上叩福安。门下晚生叶德辉顿首拜。辛亥二月廿六日。

十六　与缪荃孙①

艺风太夫子大人钧鉴。上海相左，怅恨无极。公回宁后，遥想福履康绥，盈庭纳吉，如祝为慰。辉回苏扫墓，在林屋二日，在郡城五日。十余年不见之家鞠裳编修，四五年不见之陆方伯、左廉访两同年，一日奉访均值，可云快活。鞠裳古貌古心，议论风采更旧于湘中之王、孔，而得逃于睡猩之口，苏人福分大于湘人，此辉所以必欲请归原籍也。据鞠裳云，于彼亦将开战，因避之得免。卖国世家正恐二三文人言其祖宗三代之事，故必急急以收拾士流为快，大约其命意如此，不然又何恶于鞠裳耶。辉因族人修谱，寻出石林公治生家训要略十余条拟附刻《石林家训》之后，其中有一条云"无家教之族，不可与为婚姻，娶妇不可，嫁女亦不可。虽吾惩往失，痛心之言"云云。当为与章子厚联姻而失悔。此种家训，调笙先生竟未见，盖载在浙谱，不在苏谱也。石林公有《卜算子》佚词一首，或从京师友人借抄之，载于《全芳备祖》。公有其书，求抄寄，以便附刻词后。即叩福安。门下晚生叶德辉顿首。辛亥六月十二日。前四舍弟入都，有书上公，此时想已见舍弟矣。

十七　与缪荃孙②

艺风太夫子大人钧鉴。接四舍弟家信，知公久已还朝，并蒙赐撰，款洽逾恒，感谢感谢。伏惟晚福日增，箸书足乐，蓬莱老藏，一身兼之，健羡无已。辉于四月回苏省墓，适族人修谱，遂领其事。先世自石林先生寓苏，其二子一讳桯、一讳栋者，卜居洞庭，子孙遂聚族于此，至今将八百年。明自文庄以下至文敏子孙，栋公后也。吴西先生讳初春，

---

①②　此文录自王逸明主编《叶德辉集》。

《明史》有传。下至定湖横山先生，讳长杨，乾隆词科。下至元礼、名舒崇。学山、名舒璐。忠节公，讳映榴，王文简友。下至说学，名凤毛。分徙吴江，或占籍上海，皆樏公后也。辉则与藏书家之石君、林宗两先生同为一支，世居洞庭东西山，亦樏公后也。族谱创修于石林公，明文庄再修，至康熙三修，则文敏父子、横山、忠节皆倡议纂次者，故寒族之谱皆嫡派子孙之能文者调筌先生为白沙支，亦樏公后，今为三十一世。赓续而修，真不愧家乘之目。惟当时如文敏兄弟、石君兄弟、横山叔侄，侄即舒崇，字元礼者，与王文简友善。人皆生存，未得载其事实，至今二百余年，幸有故书可以编纂家传。拟先成东山叶氏世德传，仿前人《琬琰碑传集》之例，但列旧文，不加删订，男女墓志、碑铭、别传之属，已及百人，他姓恐无此大观也。前有书托公查《全芳备祖》中石林佚词《卜算子》一首，京师多藏书家，借抄当易。以现刻《石林词》已毕，急欲印行也。《石林家训》亦已刻成，正在印订，不久有书寄京，严冬友诗并写样付刻，成书当在秋间。葵园老人于六月底往江苏就医，至今未返，七月初一日为其生辰，为之致祝者作诗文以待，岂葵老恶嚣，欲借此躲过耶？手肃，恭叩福安。门下晚生叶德辉顿首拜。辛亥闰六月立秋。

　　再。书完后，适葵园太夫子来舍，持公信告之，为之叹惋。葵老心绪不佳，晚景尤多拂意。去岁遭噬之后，闭门谢客，不见一人，即辉与孔静皆同年，乃从前三数日一见者，近亦必间月一见，或两月不见。余尧衢去年之事即彼酿之，而嫁祸葵老。一班俗人、学会中儿辈新人，乘此机会图开复，筹学款，凡可利己不惜损人者，悍然不顾为之，湘事大概可知矣。刻书似可消日，而近日刻工亦少，刻书不出，小事亦如此不能如意。辉只刻出《石林词》一种，《石林家训》一种须节后开印，严冬友诗，叶数不多。正写样付刊。又叩。此纸阅后付丙。

十八　与缪荃孙①

　　艺风太夫子大人钧座。三年以来，国变家难，天刑人祸，惨痛之事，不幸遭于一时，固知罪逆深重，罚及五伦，已矣，无可言，亦不能言也。去年有南京嫖褙客来湘，得公消息，知侨寓上海，但不记里

---

　　① 此文录自王逸明主编《叶德辉集》。

号，无从递书。先君讣音均由黄伯雨同年汇交。沈子培、子封昆仲，诸公有见面者，求索一联、一诗，不必箸于竹帛，以笺录示，当即付刊。沈爰苍、余寿平诸同年，庞劬老、梁节翁、郑苏堪、李梅庵诸公皆已分到。先君一生德业，其详行实中。湘中老宿名下哀挽之作，已积成帙，先后录付刻工。他处远至者，张菊生同年作一诔章，金甸丞太守作四挽诗，余则同乡京朝遗老之归田者。墓志托日本能文友为之，便于纪中朝年号。墓志则湘阴郭焯莹所撰。筠仙先生之二公子，博学能文，有名湘省。本欲求公赐一家传，以兵乱音问不通，顷读谕书，觉老境凄清，闻之不乐，更不敢有所渎请。然终冀公心绪安定，暇一为之，他年附于文集中，留有三吴志乘，则九泉光被，不孝之罪亦得百身可赎矣，求公记录之。湘省乱后，焦、陈皆熟人，皆入洪会，久不通来往。新军将领、报馆主笔，皆有知交间接，故无人侵犯。近自宋教仁被刺，湘乱余孽，倡言独立，兵柄已落此辈之手，旧时统兵，或解散，或出镇，以致若辈横行，谭延闿俯首听命。数月以来，累有谣言，欲与辉及葵园先生为难，近已从鄙人发露。数日前，有军事厅传票，辉为唐才质控告，云在前清刻有《觉迷要录》一书，系佐湘抚俞廉三杀戮彼党证据。幸得避匿洋行，全家受惊不小，现由日本领事行文诘问。家中书籍，托图书馆名义保护。城中街团、商会、学界、报馆，群起鼓噪，更有共和、民主、统一、超然各党，正欲借一大题倾覆彼党，此辈必反羞成怒，铤而走险。辉恐酿成巨祸，贻害地方，正在出面调停，特不知有本初手如柔荑之本领否？前年托抄先少保石林公《建康集》中阙篇七篇，尚有《书李氏告后》两篇未抄，以彼时托抄，未将题目开出，故尔脱漏。此集如为公物，仍求代抄此二篇见寄。久欲付刻，迟迟至今，湘中刻匠，乱后无一人存，今日刻书亦大难事，盖虽有力，无人承揽也。恭叩福安。门下晚生叶德辉顿首。旧历四月二十六日。

十九　与缪荃孙[①]

　　艺风太夫子大人钧鉴。前日快聆训诲，又读未见书，喜极。卢熊《苏州府志》、王鏊《姑苏志》逐一检读，王不如卢远甚，书古一日则好

---

①　此文录自王逸明主编《叶德辉集》。

十倍，此何理也？抑岂吾辈好古之人有所偏主耶？往者轻视州郡志书，近十年内考查乡贤事实，乃知不见于正史者，全赖方志存其人。明嘉靖、万历以上诸郡县志书多有善者，惜日暮途远，不能遍收矣。王《志》三函二十四本，卢《志》十二本，《百宋一廛书录》一本，并缴上。金时刻书人姓名千祈见赐。敬叩福安。门下晚生叶德辉顿首。十五日后即移居新马路眉寿里四十八号洞庭叶。

二十　与缪荃孙[①]

　　艺风太夫子大人钧鉴。昨奉谕书，并《平水书铺考》一纸，均读悉。较辉所采，多书轩陈氏、李子文、张谦三条。辉书分宋、金、元、明四朝，每朝刊三纲，曰官刻本，曰私宅本，曰坊行本。于明刻则变其例，官本不全记，以有南监《经籍考》、《古今书刻》二书详载，并有行本，故不重赘。宅刻、坊刻并为一类，以书堂斋馆分类录之。而提出精刻，如东雅堂、鳲鸣馆，以及吴元恭、涂桢之类，别为一篇。藩本亦提出为一篇。其中最有趣者，分别陈起、陈思所刻书之题字，余勤有堂余仁仲、余靖安之非一人，《万室诗山》之为明书坊叶景逵所刻，自来收藏家误为宋本，刘氏翠岩精舍至明犹存，若此者皆收藏家向不分辨者。其他一板而展转递售，如勤有堂之李杜诗板，一转售于叶广勤日新堂，即景逵之父，犹在元时。又转售于金台汪谅，皆于蛛丝鸟迹中考得之，惜酷暑不能誊出清稿呈教也。日内又搁起理谱事，居房不甚大，却正路。初来佃一野鸡胡同，冤枉去定洋二十元，可笑之至。手此，恭叩福安。门下晚生叶德辉顿首。癸丑夏正中元日。

二十一　与缪荃孙[②]

　　艺风太夫子大人钧鉴。前有两函复公，想已早登记室。岁月流星，忽焉腊尽。今年客游半载，竟未刻成一书，实为恨事。《书林清话》自谓可传之作。久已脱稿，苦于无刻工。近日编撰《家世纪闻》一书，分事纪、正史不录。文纪诗词附人。二类，皆录前贤记载及诗文之作，与先祖辈有关涉者。舍间藏国朝人诗文集颇多，足资搜讨。惟曹倦圃《静惕

---

　　①②　此文录自王逸明主编《叶德辉集》。

堂集》中与横山公唱酬之作甚多，辉藏本缺二十二至二十五四卷，中有
与横山公诗二首，不知公有此书否？如有此书，祈于此四卷中录出，余
卷则不必也。《士礼居藏书跋》抄出六篇，系从家藏旧本书录出，别纸
抄呈。其余见于前人题跋，及近人丁、陆两家书目，只抄一目，公令佣
书人按目抄之可也。从前潘文勤、江建霞两次搜刻，不注明出自谁家藏
书，实为可惜。邓秋枚活字印本所续补者亦然。辉往年于潘、江两刻本
上批注来源去路，及近藏何人，凡士礼居藏书授受源流，可以一览而
悉。此事本不难，在公尤不难耳。丁氏持静斋书中亦有跋五六篇，能致
之否？手此，并叩福安。门下晚生叶德辉顿首。癸丑腊八日。

二十二 与缪荃孙①

艺风太夫子大人钧鉴。久未函候起居，时以为歉。正月底因事来
京，因商务与汤芟铭大闹。首晤柯凤翁，云久不与公等通音问，但彼此知
踪迹而已。凤翁人尚强健，惟《元史》必四千金始能成功。寒士如何措
办，恐须仿杨惺翁办法，进呈闻以《水经注稿》进呈。大总统刻之矣。许
久始晤董绥经、吴印翁相请同席。吴印臣、陈士可、傅沆叔诸人。江叔海
则因易实甫相请，同席见之。彼此通拜，均未再见。沆叔有宋板《方
言》，真惊人秘笈。卢、戴校刻此书，均未见宋版原本。何幸吾辈于及
身见之。据云已交陶子麟影刊。但恨改双边为单边，失其真面。然辉谓
此犹小事，但彼讹误，或笔画小误，未及校勘，或勘而不尽，则可虑
也。辉在京不能久居，拟回湘旬日，即来上海。因族间谱事尚有三卷未
完。一卷为艺文书目，一卷为杂志，一卷为叙录，均非辉亲理不能妥善
也。《朱子同年录》、《文信国登科录》是乾隆活字本。均即回家清来，以
便呈公校刻。到京买书不多，宋版不敢过问，然亦无关考据者。买一
抄本《辽史拾遗》，似与刻本稍有详略，后有杨复吉补三卷，刻本及
库本无之。辉旧藏《四库》馆底本，曾一校对刻本，亦殊有节删。大
约其中有与清事关系者均删去之，此亦一重公案也。又得劳季言补校
《洪文敏集》，此未刻过，可以带回湘刻之。闻士可言，清史馆已聘赵
次山作馆长，岂《宋史》必特托克托而后能修耶？初闻东海保荐旧人
有王葵园及凤翁为总裁之说，此因王有《东华录》，柯有《新元史》，

① 此文录自王逸明主编《叶德辉集》。

成效昭然，似足以餍人望，何为其计不行，是可怪也。湘事甚糟，一误于茶陵，再误于凤凰，真省运不好，无可救药，只好避之。余容面罄，即叩福安。门下晚生德辉顿首。夏正二月二十二日。不久到沪，公不必作复矣。

二十三 与缪荃孙[①]

艺风太夫子大人钧鉴。前月杪奉读钧札，即托日本邮局寓笺肃复，想已早邀钧鉴矣。乱党与辉为难，近已平复。此本又是一班革命人革其命，彼享其成。省城有一护国寺，在坡子街，此街是舍间店号开设处。为烈士祠。即夺曾文正祠以祀死鬼者。首士伙通女国民强占开学，被辉驱逐之。其间多浏阳、醴陵人，皆此次军事厅暴动之同乡，屡次嗾使他人借端控诉辉不法事，辉动以一纸诅之而了。盖天下强固无如辉者，故彼乃出此下劣之手段以尝试之。辉正利其尝试，有以张吾威也。得此一举而后，辉乡居之德望，人心之诚服，外交之敏速，一一饱领之而去。彼托谭组安言和，辉亦以和应之。军事厅知众怒之难犯，外交之棘手，于是大出安民告示，以留饭碗，此皆新人物之肉体，前此暴戾之气消灭于疆场，留此余毒尚复为殃作祟，正不知何日再见天日也。辉节后拟为上海之游，亦防之之意。此辈大发财源，坐拥纸币、妓妾，畏辉决裂亦坐在此。不思出湖南一步也。拉杂笑谈，以免垂念。即叩福安。门下晚生叶德辉顿首。癸丑夏正五月初一日。

二十四 与缪荃孙[②]

艺风太夫子大人钧座。去年九月回湘，屡有函禀函丈，公有来谕，均经拜收。惟九月以后，因为先君谋窆宭，时在乡间，偶一来城，见湘督所为，无异土匪时代，渠亦寄声罗致，辉恐迹涉嫌疑，远而避之，本出有意。自后寄函京友，初不料为报馆登闻，祸患之来，遂因于此。友朋咸以危行言逊相戒，公与止相爱之尤深。辉读书养气，何止十年，亦岂全不知世事者？惟此事不可以去年唐蟒为祟之事相比例，盖去年之于湘督，本有意破其蒙蔽政府盘踞湘省之机谋，故时时挑战，使发露其野

①② 此文录自王逸明主编《叶德辉集》。

心，辉亦时有以防之，决不至为所捕获。至于湘督，本无关涉，偶然函论时政，乃今日之所谓言论自由，初不料其动杀人之心，亦不知其有弹劾之举，年终发难，骤不及防。及来京师，乃知湘督并未呈请，全是自作威福。因函呈总统府剖辨是非，当蒙电令解释，因即束装出京，拟来上海结束谱事，行抵汉口，又被湘督令侦探缉拿，及到湖南，则营救之电一日数起，其中尚有素昧平生者，至京始拜识之。其时大总统亦叠电令其不得草率，遂得释回。固知公等必见报章，亦必悬念，故电达止相，请其转达诸至好。旋又赴京避之，恐其再有无赖之举。在京已及两月，除拜电救诸人外，常见者止夏咏芝同年、汪荃台同年、柯凤孙谱兄三数人。吴印臣、江叔海不常见。暇则日至琉璃厂，恐人疑辉有所营求也。厂肆时有宋元本书，较之往年在京，似乎时有所见，殆是旗门散出以易米者，惜乎一落书行之手，则贵不可言。辉亦惟有过门大嚼，不敢染指也。朱子、信国两《登科录》本已携入行笥，到汉口被湘督一闹，又带归家。至京则仓卒成行，未带片纸只字，不久仍到上海，可长闻教也。世叔已晤，命当遵催。率复草劣，乞恕，即叩福安。门下晚生叶德辉顿首。甲寅夏正五月十一日。

二十五　与缪荃孙①

　　艺风太夫子大人钧鉴。出京时曾上一书，云回湘日期，计早邀电览矣。辉连年遭土匪官寇之扰，此次得刘幼翁来湘巡按，始得安居。然商业摧残，不动之产已破损六七，仅有房租供日用，如谢绝人事，亦尚不失为富人。惟买书、刻书，则须临时筹办，不能有活支也。每念大清疆土已付他人，区区我辈之民，安有覆巢之完卵。然则今日城郭归来，固不幸中之大幸矣。友朋均咎辉以文贾祸，辉殊不谓然。去年四月，作文戏侮谭延闿、唐蟒，本出有心，亦事事先有防备，一经决裂，不久北兵即来。九月归家，汤芗铭即有意张罗。辉以其国民党人时东时西，必如土匪之反覆，坚卧拒之，已拂其意。适有书论地方财政，致书京官，一登报章，彼即大怒，夜半发兵捕捉，幸得脱逃。盖其土匪之性至此不得不爆发。辉方以为先见之明，幸不与之交涉，何为归咎于文字乎？廿年不到京城，乘此一闹，两次北上，既获晤久不见之朋友，又得买久欲买

---

　　①　此文录自王逸明主编《叶德辉集》。

之旧书，且作诗百余篇，居然又成一卷。桓魋匡人，固大有功于孔子者也。葵园僻居乡间，在长沙调讼巷，将指以干与公事。对于尧衢，则查铁路账。亦正在寻衅，适幼丹来，遂兴败而止。其豺狼虎豹之性，固时时欲有所发动，不仅辉事已也。葵园近已移居楜梨，长沙乡名。去城十五里，尚未通信。新印出先世石林公《礼记解》四卷、《老子解》二卷、《观古堂诗录》一本，因友人来沪，托其带呈。去年托抄《梁有誉诗集》，不知抄成否？费资若干，当遵缴。此叩福安。门下晚生叶德辉顿首。甲寅夏正九月初四日。

致章士钊①

……弟闭门著书，《乾隆诗坛点将录诗征》久已属稿。自乾隆丙辰始，至道光丙申止，百年之间，国运之盛衰，人才之消长，以及诗派之变迁一二，采录甚详，包括甚富。此书成，自谓又一必传之作。盖原书本出游戏，易于流传，今加之以国故，辅之以选诗，使作者面目精神人人可以想像，岂非极有趣味之书乎？往年收藏有清一代诗文集颇多，本储为清史之用，年华虚度，事已无成，此特其绪余，亦尚存史例也。……叶德辉。长沙苏家巷。十二月二十日。

附章士钊记

乱世无文人立足之地，此中外古今一例。焕彬先生行辈甚老，世或以为不在人间矣，而仍穷途著述如是，特出此函表之，亦欲使之留心文化者略为警动耳。士钊。

二十六与缪荃孙②

艺风太夫子大人钧鉴。顷奉谕书，论湘人学问，乃平心公道之语，湘中入儒林、文苑者，先辈本无多人，一省人物尚不如辉一家，非夸诞也。当时葵园老人刻《皇清经解续编》，采王船山、曾文正之书，辉即以为不可。乡党之见不化，不足以示大公。光宣达官：讲学仅南皮，用人仅项城，无此狭隘之事。葵老儒家，自不可与二公比论。近日程子大选三家诗，时代不同，诗格亦异。陶园诗痕迹未化，苍老不如道州，才气不如邵阳，各自流传，亦不愧为作者。合而选之，殊为蛇足。子大能看书

---

① ② 此文录自王逸明主编《叶德辉集》。

而不读书，少年有乌衣之风，又兼江湖之习。中年官湖北，与名士往来，加以官气幕气，一身兼收。辉三十年故交，但觉人之不坏，不能知其味也，而葵老甚爱之。湘省南维，气钟衡岳，火星暴烈，大者致中兴之功，小者为革命之鬼。辉家祖墓尚在省龙，与岳龙别为一支，与葵老祖坟同一脉，即洞庭山。先茔亦水木星结成。将来子孙无赫赫之功，亦不致有破家之子，此可断定者也。此次修史，柯凤翁曾以赵公明意张罗，辉随却之。一则此公在湘养成革命，一则不知文学何能屈宋衙官。即以史例论，辉以为清朝有儒学无儒林，儒林绝于《南》、《北史》，唐以下不能为此名。阮文达以理学为上卷，经学为下卷，辉殊不谓然，今修史因之。辉如在局，必力争改变，是又一刘知幾也。道学亦党锢之别名，今成理学一派，辉亦别有论说。以为汤、陆尚在大列传，张杨园、陆桴亭尚入隐逸。顾亭林、李二曲同为前明逸民，而亦不能混入一传。李二曲受圣祖褒嘉，于隐逸则相宜，于逸民则有愧。亭林开有清二百余年之经学，然不以为逸民，而以为儒林，不足以遂其初志也。辉往时劝公不应聘，劝凤翁勿帮忙，亦重二公之意，今书成尚无期，又不必论矣。手复，恭叩福安。门下晚生叶德辉顿首。二曹未往访，上海亦不思来，以暑故也。

二十七 与缪荃孙[①]

艺风太夫子大人钧鉴。顷奉谕示，并《天寥年谱》、《甲行日注》四本，拜谢拜谢。八月中秋前，同族人到吴江访得天寥公撰西方庵、圆通庵二碑，石刻完好，文系骈体，纯用内典。简栖、子安外，久无此作。已雇工人往拓，拓出即奉呈。现在敝族惟汾湖一派，尚多文士秀才，天寥、横山二公之流泽孔长，可欣慕也。次则上海之新场。忠节公映榴一支。至赫赫最盛之昆山郡城，文庄至文敏以下吴西公初春支。今已式微，无一读书种，然有二三商贸中人，与之谈先世，尚能陈述祖德，无寻常市井气也。辉一派为元和靖山长讳颙者之后，非宋之颙。所谓茅园派者也。此派人极少，除寒家一小支外，则仅扬州一支，故人丁占谱极少。大约房派丁多者，即不发秀，发贵、发富者亦然。此天下言风水者共同之理，殆即盈亏之数欤？横山公《己畦集》已将刻出，待印。送板人由永

① 此文录自王逸明主编《叶德辉集》。

州至长沙，中途遇游勇抢去行李并底稿文集前五卷。幸此间本家尚有副本，正在抄写付湘补刻，此亦大可笑事。横山公尚有《上宋荔裳书》，诋其舅太爷王芝兰十六罪状，文极痛快淋漓，其底稿在一族人处，已借抄之。想见此老刚正不阿，不仅见之《汪文摘谬》也。辉藏有明文庄公盛。全集三十卷，中缺《水东稿诗》前二卷，《蓉竹堂诗稿》四、五、六卷，共五卷。不知藏书尚有全本可配否？乞公留意物色，亦吴中文献也。有族人云，温州博古斋即刻《永嘉丛书》经手者。刻书极精，价比苏廉。族人名昭敦，字咏霓，浙江实缺知县，资升道班，去年在湖南财政厅当科长，今已回，学问甚好，非风尘俗吏。据云温州刻书价现今尚与湖南相等，每字一千不过洋一元。曾见朱彊翁、赵学南兄，以为欲长刻书不如公共要博古斋承领。一较湖北近便，一较苏州价廉，省刻资，多刻书，似非吝啬也。二曹兄弟但见君直两面，叔彦所居终闹不明，当徐以相访。菊裳先生日内拟走访，然此时又天雨，一雨即闷人，兴致索然矣。手此，敬叩福安。门下晚生叶德辉顿首。丙辰十月朔。

二十八 与缪荃孙[①]

艺风太夫子大人钧鉴。正月奉书，并由贵纪带呈杭大宗《订讹类编》一册，两旬未得谕书。此书付刊时，似宜另抄副本交样人，仍留原本，以免写者手污及揉擦之害。往年辉刻抄本书，因省此手脚，致原本弄坏，故特以相告也。刘府刻书甚多，但现存宋本经书注本尚多，何不劝其重刻。所刻单疏惜未照宋本原式。如仿岳刻九经三传之例，据一本以众本异同校勘，而微变其例，载于经文本句之下，将来流传别成一善本，亦足传于不朽。辛亥以前，与葵园老人议，以湖南书局公财为之，事未举行而乱作，今书局板多散亡，留此书局虚名，犹为土匪干馆，可笑也。又《初学记》宋本大异于明刻，有资亦应重刊之，书及今不刻，鱼目混珠，遂成千秋定鼎矣。皕宋楼本虽售之日本，然闻严铁桥校本江浙间尚有过录者，何不一访求之。又公藏明本《三国志演义》，亦似可以仿刻。此书如一回一题，则犹古式也。刘府刻《天寥年谱》求代购一部，价尚不贵，以舍侄家信中索取，拟以家藏抄本对校再付刊也。辉自

---

① 　此文录自王逸明主编《叶德辉集》。

去冬十一二月，两足疼瘃，不良于行。今正冻解，皮如蛇蜕。此等严寒天气，闻之苏人云，二三十年中所无。据舍间家信，湘省亦如此。天下将乱，地气自南而北，此则地气自北而南，岂天下将治耶？真梦想矣。辉本月恐尚不能至上海，拟闰月初间前来，稍作盘桓，回湘住一两月，仍回苏。住苏亦甚相安，丙舍松楸，固依依可念也。《士礼居题跋》开刻否？注明采录藏书志目原书，乃最要也。专此，此叩福安。门下晚生叶德辉顿首。丁巳二月初五日。

二十九　与缪荃孙①

艺风太夫子大人钧鉴。今日奉到钧覆，并《天寥年谱》，知杭大宗《订讹类编》已交刘府，今年当可刻成。此书在辉处二十余年，谋欲付刻久矣。因十余年来刻先祖辈书不了局，一切应刻之书皆搁起。即如《百川书志》，乃舍去家集匀出时间刻成，以其书《四库》未收，三百年来未刻，辉不刻之，则冤沉海底，永无见天日之日矣。海内如我公，有功于古人，有益于来者，真五百年名世挺生。如伯夼、梧生、子培，皆牧翁、述古之流，癖性可怪，而古人被其冤死者多矣。葵园老人刻书必附以己注，老人毕竟是桐城派。注又未必高，甚或以其族人王先慎、门下苏厚庵之注参入，其人均不知注古书之法，纯乎俞曲园之应课材料。辉屡与争之，不信也。故辉所刻所著，皆不曾有二王先生序。二王老前辈亦甚知己，而终不能强合其学派也。三十六卷之《三国演义》如无人刻，辉当设法刻之。《审是集》是否真本？往年公所云湖州估人转售京师之《审是集》，问之老书坊估人，云是《公是集》改题，以刘过改苏过，元明以来即如此。此亦书林大蠹也。辉于石林公遗书均搜刻告成，惟《春秋》三种未刻，以《考》有武英殿聚珍本，《传》有通志堂本，《谳》无善本，阁本非原书，陆诚斋所藏却是原书，而又售于日本，一时不及兼刻以此。居苏只翻书不方便，余无所不便。乾嘉时，苏城到处皆藏书，今无一家，可哀也。手腕自去冬至今犹冻僵，亦由写字太多。书此草率，乞恕。并叩福安。门下晚生叶德辉顿首。丁巳二月初七日。

---

① 此文录自王逸明主编《叶德辉集》。

致刘承幹①

翰怡仁兄大人阁下。在沪厚扰郁香，并承赐佳刻各种，醉酒饱德，感何可言。弟通籍近三十年，田居之日居其大半，平生以流通古籍为志事。先世本洞庭地著，故家学庭训，确守吴越先正遗规。丧乱以来，连年逃离四方，靡所定处。去年还居吴下，幸将先祖辈石林少保以下子孙著作陆续缮刊。湘中手民较廉，然非数千元不了，鼎革之际，损失颇多，欲如往日挥金如泥，刻书如抄写，此乐不可复得。视阁下今日所处之地，真天下福人矣。家天寥公年谱，弟正在校勘，石林公为吴中六世祖，天寥公廿四世。拟附《午梦堂全集》之后。天寥公幼寄养于袁了凡先生家，故长名绍袁，以明不忘其惠。其名绍颙者，乃公之从弟，同榜进士，官至大理卿。二公吴郡沧浪亭均画像，并非一人，请阁下暂饬梓人改刻，他日更有请教之处也。手谢，并颂箸安。弟叶德辉顿首。丁巳夏正七月初八日。

三十与缪荃孙②

在沪厚扰，不久回苏。同席李审翁曾来寓枉谈，以新著诗文集见惠，并索拙刻各书，一时无以应。因湘省濒年丧乱，家藏板片久未印行，印出新箸新刻之书，又不敷应酬故也。近见刘翰怡兄出宋绍兴四库编列《阙书目》，乃徐星伯从《永乐大典》辑出者。据云北京钱念劬参政寄来，属其传刻。此书辉已刻过，且系原本，加以考证。辑本虽偶有按语，似不及拙刻之详，已属翰兄请示我公，或刻或不刻也。近又有人为人叙书，称子培为尚书。此张勋时代之名称，出自张勋，固属伪诏，果其出自皇上，则主忧臣辱，此不可以辛亥、壬子之人例。当死难京城，岂有背负尚书官衔而逃命上海者。前此复辟，请归政之首衔二人，一则电报窃名，一则亡命逃走，遗老架子可谓倒塌尽矣。尝言今日遗老皆亡国大夫，断无再作中兴功臣之理。今之新人，动曰爱国，而日寻干戈。今之旧人，动曰复辟，而日谋金钱。中国之不亡，亦天幸矣。请告若庵世叔，以鄙论为如何？辉居苏清闲著书，较在湘为安乐。惟家藏书籍为

---

①② 此文录自王逸明主编《叶德辉集》。

儿辈把持，不能运苏，偶思检寻，极不顺手。欲移居上海，又落入野鸡遗老窠中，心实有所不愿。日来时与陆廉翁往来，此人浑浑噩噩，与何诗翁相同，二人画派亦老成典型，心服其品学也。有函致王雪老，因忘其门牌号数，故求公饬送。手龟墨冻，草禀不恭，即叩福安。门下晚生叶德辉顿首。丁巳腊八日。

三十一 与缪荃孙①

艺风太夫子大人钧鉴。前奉书，承赐复，祗悉种切。旋得王雪老书，乃论校勘《淮南子》事。辉每恨周秦两汉诸子，如《吕氏春秋》、《淮南子》皆无人翻宋元本为一恨事。又《说苑》北宋本亦无人翻板，均不知何以好刻书之人从来不理。雪老校本固必应刊行，若宋本存在，亦可劝人刊之。辉为家集占多工资，恐一时不能及此。葵园主持湖南书局十余年，与辉持论相左，其所刻书必加以自注，又杂以本家及门人之注，注者往往不知门径，以意为之，且又不据古本，但据时本，校所不当校，注所不必注，灾梨祸枣，而天下人人恭维，可见世界只有读类书之人，无读注书之人也。辛亥以后，诸子板片在官书局者多毁，人皆惜之，辉以为不足惜也。近作挽此公诗八章，学派始终异同，而二十余年乡居，惟吾二人，大有关系。湘潭王、叶，长沙王、叶，又张、王、叶、孔四大劣绅，今只辉称孤道寡矣，思之惘然。诗呈斧削，便祈示与葵园有涉者。专叩福安。门下晚生叶德辉顿首拜。丁巳十二月十五日。

再致刘承幹②

翰怡仁兄大人左右。屡扰郁香，又承叠赐秘笈，客居无以图报，惟有铭感在心。伻来奉书并收到票银壹仟两无误。长沙刻书价廉工美，弟与王葵园老人三十年教养生聚，至于今日，力不能支，弃之可惜。如尊府有书分刻，工费可托商务印书馆拨交。并不预支、拖欠，但先给写价，亦甚微。校勘之事，弟可兼顾，即儿子从子辈亦优为之也。贵造略一推查，大富而兼清贵，一望而知，非独富也。三十六岁以后一流无

---

① ② 此文录自王逸明主编《叶德辉集》。

间，前此时得时失。二十五年大好之运，信为难得之贵格也。丁酉一命，诚有疵颣，然年月长生，学堂应生贵子。客中命书不备，容回苏细查，必有以报命也。手复，即颂撰安。愚弟叶德辉顿首拜。戊午三月初十日。

三致刘承幹①

翰怡仁兄大人阁下。两奉惠书，知寄上《石林遗书》、梁山舟先生墨迹均已察收。书辞褒饰逾恒，为之惭悚。杭董甫先生《订讹类编》，以浙人著作归之于浙人，又刻之于浙人，此平生之心愿，梁迹亦然。弟平生得古人之书，但属孤本，必为之刊传。宋元旧抄秘本，或借或赠，绝无成心，师友中惟艺风、葵园二老雅有同志。葵园捐馆，艺风成硕果矣。所望于阁下者来日方长，此区区不足云投报也。尚有吴颖芳《吹幽录》稿本，似是考乐律之事。在湖南王姓手中，索价甚贵，乃清本，非手迹，藏者以为古董，索价千元，万无办法。弟累与交涉不成，然则书之传不传诚有幸有不幸矣。柯本《史记》已函问家中，令其设法寄来。惟四房舍侄来苏，弟询其此书在原架否，据云未见，恐频年丧乱，书架迁移，失其位置，则不免又需时日矣。舍侄带来各书中有王鸣韶《鹤溪文钞》四卷，尚系手稿未刻者，王西泜先生之弟也。此颂撰安。弟叶德辉顿首。戊午三月二十三日。

致夏敬观②

剑丞仁兄世先生执事。顷得台生书，并附台札，谨悉一切。惟赐书及《四部丛刊目录》未寄来，以弟前有书与台生，约初十日以外复来上海也。然近有湖南文债三起，须逐日了之，故台生之约遂不能践，迟到上海，再谒教也。儿子书来云报去年一年所刻书，先祖辈诗文集如横山公《己畦集》、镜泓公《分干诗钞》、讳舒璐，《国朝别裁集》、《江苏诗征》、《松陵诗征》皆选其诗。学山公《学山诗集》讳舒颖，徐釚《本事诗》、沈选《别裁集》、《松陵诗征》、《江苏诗征》皆以未见全集为恨。均一一刻成，《午梦堂全集》亦刻其半。书目刻有《潜采堂宋元人集目》、

_____

① ②　此文录自王逸明主编《叶德辉集》。

《求古居宋元本书目》，黄丕烈《百宋一廛》外之宋本八九十种。页数甚少。原本《石林燕语辨》、即《儒学警悟》本。拙作《观画百咏》、《六书古微》、《书林清话》亦校改完竣，惟纸张太贵，一时不能开印，殊为恨事。此事非弟亲回湖南一行不可。然和议梗塞，归湘畏惹是非，恐五月前无书出也。儿辈从子辈在湖南大收古董旧书，古董以射利，旧书备收藏，甚有善本。每收一批书，即来信详报，故得知之。近日寄来一仇卷绝佳，大可充洋庄。又得明成化《甫里集》、正统本《曾南丰稿》、永乐蓝格抄本《神僧传》、嘉靖本《杨仲弘集》，为汲古本所自出，得此乃知汲古刊本之谬。其他康雍乾嘉精仿宋刻亦多，有与弟重复者，有为弟未收者。然书虽好，价亦不廉，明本每过百元，近人精刻亦未有十元以外者。读书人少，买书人多，可以觇一时之风气矣。贵造已交台生转呈，闻已察入。星命之学，许、郑皆精。弟尝言占卜为《易经》之大义，星命为易学之微言，骤然闻此言，似乎奇谈，不知两汉《易》家老师无不精命学，其中有理有数。理者，据五行生克之常。数者，据纳音子母之变。弟精其理而尚未精其数，非其数不能精，盖其中一定法门，千头万绪，不能一一熟记也。所论贵造已往之事有验，则以后之事必灵。曾言《云麓漫抄》十三卷《支干吉凶神图表》讹误极多，别下斋本、吴绣谷抄本、吴拜经抄本皆以讹传讹，诸家不通星命故也。不能勘正，惟弟一一能校改之。他日《漫抄》如刊入《四部丛刊》，则不得不以弟校本为绝作矣。手此，敬颂侍祜。世小弟叶德辉顿首。己未三月上巳。

再致夏敬观[①]

　　剑丞吾兄世先生执事。顷奉复书，知《默记》已校过，何其速也！贵造四柱生旺，本文星之秀，亦长寿之征。六十二岁走印地过于太旺，老年人不宜走旺运，犹之少壮人不宜走衰运，此阴阳之至理，非术数之事也。然以为必有凶险则不尽然，惟七十二岁交甲运，亦为枭神之运，损害寿星，则断断不能逃过。沧桑变幻，因果循环，公欲看穿牛皮，弟亦雅有此志。惟弟自推命运，亦不过古稀之年，贱命甲子、丙寅、丙辰、庚寅。盖与贵造同以丙火日主遇枭神，七十五交甲运。其不利一也。寒家

───────────

　　① 　此文录自王逸明主编《叶德辉集》。

自宋石林先生由浙迁苏，后《宋史》本传亦定为吴县人，然其卒也仍归葬湖州弁山，至今分房轮祭墓下。子孙科名文学之盛，或言风水使然，或言当时饥馑，民间遗弃小儿为人收养法宜取认，以致人不收养，公奏请给券，不得认取，于是全活甚众。元明清三朝遂箸为律令，不独惠及一时，而且泽及万世。其后族裔繁盛，果报之说，宜有可凭，弟固深信有此理也。寒家族谱皆历代祖辈箸作家撰修，故体例谨严，非他姓谱可及。宋以前本由叶县发源之地仕宦，南朝五代之乱，谱系散失，今之所本，乃石林公初修，断自公本身六世。其一世讳逵，仕南唐刑尚，事迹无考。百卷本《石林集》，钱牧翁书目尚有之。此书若存，更不知吾家有多少掌故。二世讳参。三世讳清臣，《宋史》有传。四世讳淳，与苏东坡同年。五世讳助，即石林公之父，夫人晁氏，晁无咎之女兄弟。凡北宋名臣文人集中，无不有与数公唱酬之作，弟皆辑出。凡与族祖辈文字交际者，编入《祖庭典录》。分事录、诗录、文录三类。其先人诗文集不传者，于宋以来总集、说部、诗话、石刻等辑出，编为《述德集》。流传者则从他人选本及郡县志所载，无论存佚，从而录之，以明子孙不妄选祖宗诗文之义。至于传记碑志，皆从宋元明清国史、历代郡县志书、名人文集采辑，名为《南阳碑传集》。故敝族谱牒无一自撰之私传，通部体例几如一部考据书。居恒与子侄辈闲谈，吾家家世不如阙里，而文章箸述倍蓰之。自宋至今，与浙族通而绝不攀援借重，如水心、文康诸公，皆有世系可考。东南文学世家，恐不能有二姓也。辱承垂问，故一详言之。忆弱冠受知尊公，以远大相期许，遭时多故，不获有所建白，以报师门，犹幸铅椠半生，沆瀣相近，然于尊公未有一文一字可以表扬，此诚疚心事也。有暇拟作《五师咏》，一尊公，一洪公锡绥，县试师。一高公万鹏，府试师。一曹公鸿勋，院试师。一谢公隽杭。乡试师。副考，正考陈公，其他会试朝殿皆泛常，亦少认拜也。尊公受知最奇，恐诗未能达其意也。《云麓漫抄》校定后寄奉。手此，并叩侍安。世小弟叶德辉顿首。己未三月二十日。

三致夏敬观①

剑丞仁兄世先生执事。昨夜局散回寓，接得本家印濂书，云有山左之行，欲图一聚。今晨驰归，明日小有天之乐不可复得矣。《四部丛刊》

① 此文录自王逸明主编《叶德辉集》。

之举，有功前籍，津逮后人，诚如例言"愿有似乎石仓，奢更甚于南皮"。弟有一得之愚，得此佳题，乐得发舒素志。经用明九行本，既非古本，又非善本，则不如用武英殿本，与《廿四史》同途。古人用中秘书校外书，当王者贵，以定一尊，即所以斩断葛藤也。否则汇集单注宋本、翻宋本，亦是一种办法。揆《丛刊》之意，一则存古，一取有用，意甚善也。然其不完不备之处尚多，又有骈拇赘疣可以裁省者，弟当逐一笺明，再呈鉴定。惟《拟目》乞再寄二分，以便寄回湘中，令其查考敝藏各种。弟向劝各洋书店，汇印善本周秦两汉诸子及唐宋名家诗文，今并涉及经史，更为煌煌巨观矣。匆具，未罄，余容面谈。谭、袁见时致谢。此颂撰安。世小弟叶德辉顿首。己未立夏日。

四致刘承幹①

翰怡仁兄大人阁下。久未通问，驰系良深。春间回湘月余，至前月底来沪，去年押白册一款以至逾期，思之惭悚。此次回湘，略将家事整理，刻工一概遣散，以后刻书即作包工，然亦无心及此矣。湘省银源枯竭，此次回湘筹得三千金，尚是七搜八括，勉强成事，故人到而银未到，大约本月半前后一切首尾皆可了清。家藏旧本各书以汉口拨船洋关查验，翻箱倒箧，不能全行带来，二三名抄已借商务印书馆摆印。己不能刻，借人刻之，但使古人之书得传，便觉问心无愧。远如绛云之火，近如皕宋之散，岂不使古人冤沉海底哉？弟此后刻书由渐而进，先刻祖辈诗文箸作，再刻吴中乡先辈遗书，如天不丧斯，一切孤本、名人校本仍可次第刊行。但湘省为南北相争枢纽，又自讧如四川、陕西，恐长此终古，则乱无已时耳。湘省乱后，时有旧本书，大半为舍侄辈所得，此则差可幸之事，惜不能带至沪也。手此，敬颂撰安。愚弟叶德辉顿首。己未立夏。

四致夏敬观②

剑丞仁兄世先生执事。昨日覆书，想已早登典记矣。《四部丛刊目》一再细读。以浩如烟海之簿籍，择尤提要，成此鸿编，《百川学海》无此

①②　此文录自王逸明主编《叶德辉集》。

规模,《永乐大典》逊其精要。其中各书采集善本,一在存古,一在信今,以校勘兼赏鉴之长,以表章寓嘉惠之意。季札闻乐而叹观止,娄护传食而得侯鲭,此书一成,信为空前绝后之作。惟其中有待商榷者,如《十三经注疏》,宋元旧本难得完全,则不如援刘向校《七略》用中文、班昭续《汉书》采观藏之例,概用武英殿本以定一尊。况《十三经》明九行本,远不如十行本犹有宋元板片之存留,则何如与《廿四史》同用殿本,归于一辙乎?其余采录之书,或用旧本,或用校刻本,或用注释本,出入进退,未免纷歧。鄙见每种书三本兼采,先列旧刻原本,次列校刊本,无校刊则笺注本。旧刻以存原书真面,校注以便读者研求。无如为卷帙篇幅所拘,二者不可兼得,惟有存旧本去校注本,俾读者先得有用之书,再别求参考之书。卢抱经校刻《抱经堂丛书》,孙渊如为毕制军校刻《经训堂丛书》,往往援据他书校改本文,致令阅者五色纷迷,引者失所依据。虽或注明出处,终不如顾千里、黄尧圃翻雕宋元明本之精。孙氏晚年自刻《岱南阁丛书》,全用宋元旧本,则是学随年进,亦顾、黄他山之功也。是目采用孙校、卢校诸本,犹待推敲。鄙意非不善孙、卢,亦欲取法乎上耳。目中善本一定不可移易者,上皆用朱圈识别之。其中鄙见未合及敝处所藏、他人所藏胜于目载之本者,再于原目批注外,请为执事一详论之。《韩诗外传》用明通津草堂本,《大戴礼记》用明袁氏嘉趣堂翻宋本,《方言》用近翻宋大字本,《释名》用明昌梈翻宋陈氏书棚本,《尚书大传》用陈寿祺校注本,《春秋繁露》用凌曙注本,《经典释文》用卢文弨考证抱经堂刊本。鄙意《方言》宋刻原本在北京,傅沅叔同年许,可以向其借印,更觉精神。宋刻上下双栏,梓人写样本改作单线,此虽小疵,于宋元刻界限极有分别。《尚书大传》宜用《四库》著录之扬州本。四卷,补遗一卷。浙江文澜有之,今改图书馆,其书固在。《春秋繁露》,好古则宜用明华坚兰雪堂活字本,适用则宜于武英殿聚珍本。华本多脱误,殿本校最精。《春秋繁露》本无可注,凌注况并不佳,可以不取。《经典释文》卢校多窜改,先石君公校抄宋本最为乾嘉诸儒所推崇,余有此本,系以宋本校于通志堂本之上,一点一画,笔笔临摹。又有惠定宇、段懋堂、江郑堂、江艮庭、丁小疋诸人校语,亦间有卢校,盖历经乾嘉诸人转录手校,字迹虽极清朗,校刻不易成功。中缺《老》、《庄》二种,无阙经义,拟取卢校补之,于照印最相宜。此书再印,却不必迁就卢本。《说文系传》除祁刻外别无旧本,然宜访一最初印者再印,初印中部首"而已",与孙氏平津馆仿刻之宋本同。毛刻初印亦必"而"字,今作"中和也",盖刻成后校改。试取现存刻本验之,"和"字稍小,又偏左,明系校改痕迹,即汪启淑刻本亦然,盖均为毛校所误也。至段注可以不录。段注之病与毛校同，誉者谓其博大精深，诋者谓其专横武断。盖其窜易旧文，字句出入，铉本原书"不狂"，为"狂"，勇于自信，其蔽也愎。故书有证，物理无穷，彼或不知，辄以臆断，其蔽也愚。声音假借，知其习见而昧于希闻，稍涉奥深便难解释，其蔽也陋。段注之外，并称桂、王。桂侣类书，王乃学究。桂涉泛滥，未乱旧文。与其段、王，毋宁取桂。盖既刻一书，务使学人同趋于正轨而不误于歧途，此平生刻书之宗旨也。史部《竹书纪年》，平津馆本不如明范钦天一阁刻《二十种奇书》本。又汉荀悦《汉纪》、晋袁崧《后汉纪》，此为编年纪事之祖，断乎不可缺少。《逸周书》，常熟瞿氏有元刊本，胜于明章氏刻本。《列女传》，阮氏翻宋绘图本固佳，然不如元大德绘图楷书刻本为罕见。余有此本，图绘极精，字体似钟太傅，疑出松雪翁手笔。取阮本较之，与宋刻本无异。孙氏《平津馆藏书题跋记》有此本，误以为明刻本，盖因其中窜入明人一条也。钱大昕《元史·艺文志》载有此书，盖即此本也。《吴越春秋》，徐氏翻元刊本不如用明翻元本。余有两本。一本有木牌记，为万历丙戌武林冯念祖仿元徐天祐注本。一本为万历辛丑杨尔曾刻本，似即冯本换刻牌记，疑冯氏原板后归于杨者也。《越绝书》拟用明刊本，未知何本？明嘉靖有两刻本，一嘉靖二十六年刘恒刻本，一嘉靖三十三年张佳胤刻本，二本皆出宋本，然不如用明翻元本，与上《吴越春秋》成合璧也。两嘉靖本及明翻元本余皆有之。明翻元本板式、行格、字数与《吴越春秋》同，盖一时所刻也。子部，《孔丛子》拟用陈刻七卷本，不如明翻宋七卷巾箱本。瞿《目》有之。《新语》拟用明初刊本，当是弘治李仲阳刻本，此本虽源出宋本，中多烂板缺文，不如范氏天一阁本或胡维新《两京遗编》本。余皆有之，胡不如范之佳。《盐铁论》，张敦仁刊本不如明涂祯仿宋九行本。张刻十行本所据，为明人重刻涂祯本。涂祯原本乃仿宋张监税宅本。九行十八字，非十行也。余有此本。又有一九行本，字体圆活，不似涂本方板，盖万历中重刻涂本也。《新序》，明嘉靖翻宋本不如近蒋氏铁华馆仿宋小字本。《说苑》，何良俊刊本不如元刊小字本，丁《志》有此本，当在江南图书馆。或《新序》、《说苑》同用何良俊本。《潜夫论》，汪继培笺，湖海楼本不如明正德初翻宋本。瞿《目》、丁《志》皆有之。《申鉴》，明黄省曾注，文始堂刊本不如明正德仿宋刻本。瞿《目》、丁《志》皆有之。《中论》拟用万历刊本，不如明弘治黄纹刊本。瞿《目》有之，丁《目》有黄尧圃藏抄本，亦出此。《六韬》、《三略》、《尉缭子》，明刘寅直解本不佳，且皆伪书，可以不采。《六韬》伪而近古，《道藏》本不易得，平津馆校刻入丛书，瞿《目》有影宋抄本，实远胜平津馆本。《管子》拟用明刊本，明刊最佳者为赵用贤《管韩》合刻本，然不如光绪间上海仿刻宋杨忱本。《商子》拟用吴西岩校本，不如范氏天一阁本，余有此本。次或孙冯翼刻《问经堂丛书》本。《齐民要术》向无宋元旧本，渐西村舍本出自毛晋《津逮秘书》，不如径用毛本。瞿《目》有陈子准校宋残本，缺后四卷，无宋本可校，今罗叔蕴影宋残本不知可以参校否？若合校为一本，则为此书重见天日矣。医书《难经》后宜《脉经》，或用明嘉靖翻宋嘉定本，光绪末年湖北重翻。或用明成化翻元泰定本。两本余皆有之。《金匮要略》徐彬注本不如吴勉学刻《古今医统》本。《周髀算经》、《九章算术》，天算仅此二种，未知何取。窃谓算学在今日为专门之学，戴震校刻十书，原不止此二种。如志在存古，则十书当并录存。如学在专门，则并此二种可以不采。《鹖子》、《慎子》本非完书，又非古本，无关考证，可以删除。《尸子》以任兆麟《心斋十种》本为最古，其本出自元大德任仁发抄本，次则孙冯翼《问经堂丛书》本，湖海楼本逊此二本。《颜氏家训》，赵曦明注，抱经堂本源出宋本，较之卢校他种校改多者，尚为存真，故鲍氏《知不足斋丛书》亦用此本。《意林》周广业注本，注即是校，何取骈枝，不如武英殿本补以蒋光煦《斠补隅录》中六卷补遗本。此书之前宜增唐魏徵《群书治要》，魏书有日本原刻本，又有杨墨林《连筠簃丛书》本。余皆有之。《西京杂记》明时与《三辅黄图》合刊，谓之《秦汉图记》，抱经堂校改窜补，不如明嘉靖唐氏刻本、万历郭子章本。余皆有之。《穆天子传》平津馆本不如明范氏天一阁本。《法苑珠林》蒋氏燕园刊本不如与《弘明集》、《弘明广集》一律用支那本。即万历中武林径山寺所刻经典之一，余有。《列子》湖海楼本不如蒋氏铁华馆仿宋小字本。《抱朴子内外篇》平津馆本不如明鲁藩刻本丁《志》有之。及明正德《道藏》本。京师白云观闻有此书。集部，《张燕公集》后宜增张九龄《曲江集》，明韶州刻本。李长吉后宜增《李文饶集》。丁《志》有明袁州刻本。《玉溪诗文》有注本不如无注本，诗有钱牧斋评校抄本，余有此本，早年上海以珂罗板套印。文有朱长孺编写旧抄本。瞿《目》有此本。《孙可之集》，明正德刊本固佳，然明人多与刘蜕《文泉子》合刻，正德本有孙无刘，不如天启吴馡合刻本或崇祯闵齐伋合刻本。余皆有之。《皮子文数》，《笠泽丛书》有文无诗。陆宜增《甫里集》，余有成化本。皮、陆倡和有《松陵集》。瞿《目》有弘治壬戌刻本，余有汲古阁本，不佳。宋人《山谷全集》拟用明刊本，未知何本，不如嘉靖徐岱、乔迁校刻本。瞿《目》有之。《山谷集》后宜增秦观《淮海集》。丁《志》有嘉靖己亥高邮刻本，余有万历戊午李之藻刻本。《石湖诗集》秀野草堂本不如明弘治金兰馆活字本。瞿《目》、丁《志》皆有之。《水心集》前宜增陈傅良《止斋集》，余有明弘治乙丑张璏刻本。《鹤山大全集》前宜增真文忠公《西山集》。以上所增，皆两人一时齐名，录一阙一，未免挂漏。元明人集除大家在所必录，余或孤本、校本、精抄本，借以流传古书，未为不可。若寻常单刻近刻，如宜稼堂之《剡源集》、嘉庆刻《雁门集》、乾隆刻《九灵山房集》、康熙刻《贝清江诗文集》、金檀注《高青青集》，均非希见之本，又非必用之书，似可不取。唐人集，见于席刻《百家唐诗》者，如《韦苏州集》、韩偓《香奁集》之类亦然。《李义山诗》亦在《百家》内。《雁门集》却不可少，嘉庆中裔孙龙光注本不如元至正丁丑吴郡干文本。瞿《目》有之，丁《志》有抄成化甲辰吴郡张习刻本，亦从此出。《铁崖乐府》、《乐府补》拟用旧抄本，不如明成化已丑重刻元本。余有此本。明人《高青青集》亦不可少，金檀注本不如康熙中竹素园刻无注本。余有此本。张叔未通卷评校圈点，字半行楷，朱墨两笔，书眉行间皆满。《王阳明集》，康熙癸丑俞氏编刻本，不如明崇祯乙亥施邦曜刻三编本。余有此本，分经济七卷、理学四卷、文章四卷。王渔洋《菁华录》，惠栋训纂本不如林佶写刻本，林佶当时并写陈廷敬《午亭文编》、汪琬《尧峰文钞诗钞》，今止录尧峰一家，不免令人觖望，不如以林写三种初印者合印较为完全。《述学》粤雅堂本不如其子喜孙刻《遗书》本。《遗书》中小字本系元体字，扬州书局有翻刻本。又一小字本系宋体字，行格字数与元体字本同。余皆有之。如重印，宜用宋体字本，方有别趣。《增修诗话总龟》月窗道人本增窜谬妄，非原本之旧。前年缪小老得一旧抄本，较刻本窜乱处少，然以其非全出宋本，故拟刻未行。不如何文焕《历代诗话》，可分可合。词曲只录钦定两谱，不足包括源流。昔人云词山曲海，本难遍校，鄙见以为宜择取三五大家及有名总集为全书之殿。词如北宋之欧、苏、秦、黄，南宋之范、周、姜、陆已附本集，无庸复举外，余如柳永《乐章集》、丁《志》有梅禹金藏抄本三卷，若得传印，真词集之瑰宝。周邦彦《清真集》、桂林王鹏运仿宋巾箱刻本。张孝祥《于湖长短句》、瞿《目》有影宋抄本。辛弃疾《稼轩词》、王鹏运仿元信州刻本。王沂孙《碧山乐府》、余有明文氏玉磬山房抄本，毛氏汲古阁、鲍氏知不足斋旧藏，前后图记灿烂，中皆秦敦夫校补，批满书眉，鲍氏刻入丛书，全未依据，不知何故。吴文英《梦窗词》、周密《草窗词》、通行汲古阁本未善，有旧本则印，无旧本不印。张炎《山中白云词》。康熙中仁和龚翔麟刻《浙西六家词》附刻本、雍正中上海曹炳曾刻本，两本俱佳，任择其一。总集则《花间集》、王鹏运借聊城杨氏海源阁鄂州宋刻本重刊。《花庵词选》、《草堂诗余》。汲古阁本外未见旧本。词韵则《菉斐轩词林韵释》。余有影宋本，近人兰陵徐氏仿宋刻本。曲则传奇杂剧《四库》不收，然总集散套如《乐府新编》、《阳春白雪》前后集、丁《志》有元刊小字本，如在江南图书馆，借印最佳，否则兰陵徐氏翻本亦佳。《朝野新声太平乐府》，瞿《目》有元刊本，《四库存目》中有残缺。撷元曲之精华，印入亦不占篇幅。曲韵则《中原音韵》。瞿《目》有元刊本，余有明刊本。《太和正音谱》。丁《志》有影写明洪武刻本。于是大而经史，小而词曲，荟萃一集，蔚为大观，则《四部丛刊》之名称，不至有见首不见尾之恨。兹事本属创例，讨论不厌其详。在议始者，未尝存牟利之心。在参校者，不可无惜名之见。既费巨本，当具别裁。若使草率图成，未免负此盛举。舍间藏本不惜借痴，友人收藏亦当竭力介绍。每恨前人仿宋元旧刻，字句总有参差，兹则千万化身，不失庐山真面。今人动以千金购求宋本，兹则聚无数名刊善本，费不过四五百元，宜乎家置一编，留兹种子，合之为四部，散之各一书。若能采及刍荛，则真毫发无遗恨也。惟《十三经注疏校勘记》着手颇难。当阮文达刻南昌学本时，宋刻注疏，元补明修，已是难凑。今则海内藏书故家如瞿、杨、丁、陆四家，丁无宋本注疏，陆书售之日本，瞿、杨所得亦不完全。自昔陆德明作《经典释文》，止列注音；岳珂作《经传沿革例》，但考经注；阮氏兼及疏义，固已独为其难。今若稗贩阮书，难免不相沿误。尝取家藏旧本以校阮记，所引往往时有异同，盖阮记属草于门生幕宾，并未亲加校阅，又所据十行本明时修补甚多，认为宋元，殊为失实。瞿《目》有十行宋本，其校记纠正阮记《周易》、《左传》二经各有百数十条，其他更可知矣。当光绪末年，鄙人与长沙王益吾阁学本有刻经之议，改革以后，兵乱相乘，忽忽十年，遂成画饼。河清人寿，后顾茫茫。今菊生同年与执事等具此弘愿，鄙人惟有馨香祷祝，企其成功而已。所望勿惮其难，勿求其速，假以岁月，合此浮图。执事欲看穿世界结果，不如看到此事结果为大乐也。尚有绪论，来沪面述。手此，敬颂撰安。世愚弟叶德辉顿首拜。己未四月十四日。

再，以上所论采用各书，先尽弟家藏所有者，由弟寄书家中，按目查检，或装运上海，或就近由湖南贵分馆用照片照出汇寄上海，均可商量。次尽江南图书馆，馆书多出丁氏，执事曾言已经商妥借印，则当尽其所采而悉印之。而后再以瞿《目》所有足额，闻瞿书亦微有损失，目中所列十亡其一二。然其主人其贤，借人印抄并不吝惜，家中常有抄手应朋友之请求，抄价并不昂贵。惟条例书不出门，然却方便。徐积徐《随庵丛编》所刻宋本诸书，大半从其影模，苏州交通图书馆借印钱景之《离骚集传》、李咸用《披沙集》，均先用照片向其家借照出，再以上料连史印行。以吾辈与之论交，何遽不如坊友？各书定妥之后，再出目录，注明板片，登之布告，使人先睹书目，知其书皆世不经见之书，方可畅行利市。凡宋元板原书尚在，宁用原书印行。乾嘉诸儒最善仿刻宋元，然书多一次翻雕，即多一次讹误，虽顾千里、黄尧圃、孙渊如、汪容甫、严铁桥诸人在所不免，何况近日！前曾与执事言，宜有利诱之法。此非市井之谓，假使其书印出不行，岂独赔本，亦大扫兴。舍间藏书，一书必有无数刻本。每得一本，必取前所藏本一一校勘，故各书得失异同皆了然于心目。拙箸《书林清话》即言此事，惜正在校改错字，未得印出奉正于左右也。辉再拜。

五致刘承幹①

翰怡吾兄执事。前月奉书，以白册逾期辱荷见谅，心感无既。弟春初回湘收束刻厂，本欲稍待略理家产，适张敬尧为湘人攻击，遍搜耆旧为之出电挽留，弟以无关系之人无故为之张罗，必为人所指目，故居停未旬日，悄然而去，亦悄然而来。其时以一十八万纸币汇洋贰千五百元，零数先来，仅供旅用，其贰千元本四月半期必到，无端排日风起，商市只增一惊惶。近数年外货日居八成，一经抵排，消场顿止。弟不亲日，何恶于学生？特以私人论，则亦束手无法耳。尊处一项，一面在此设法，一面仍恐再须往湘一行，总之失期不失信，决不以信义之事归于市井之交。缪小老固居间之人，吾辈交情亦有文字之感，特此重恳稍缓须臾，幸勿函问小老，以失言于左右，更不愿失言于中人也。千祈鉴察，此颂撰安。弟德辉顿首。己未五月初八日。

五致夏敬观②

剑丞仁兄世先生执事。昨奉书，诵悉。《珞琭子》板式样纸并收到。连日接菊翁、星翁书，于《四部丛刊》又有变更，以沈乙庵建议以往经、史、子三部未收国朝人书，集部多收国朝人书，于全书体例不合。又有经、史、子录书太少之说。质之艺风老人，亦以为然，故拟删却近人诸集，增多宋金元人集，或兼采北、南宋词家专集。此弟当初原议亦

---

① ②　此文录自王逸明主编《叶德辉集》。

如此，惟有两说须待折衷。一则为流通古书起见，不得不有利市之心，利市则流通，不利市则不流通，此一定之理，鄙人亦早论及之。但利市之法在投人所好，近二三十年，国朝人诗文集几欲凌驾宋元。人之求之者，得甲失乙，每恨不全。今则类聚一编，触手皆备，其为人所必购，自不待言。究竟中国读书之士好词章者多，务实学者少，此原目于经、史、子三部采录少而集部采录多，近人集采录尤多，此即公等心理之同然，而亦弟明知与经、史、子采录之例不合而难于割爱者也。一则经有汉、宋门户，其书汗牛充栋，收不胜收，前改例言，已经详说。史则一朝人物必待异代始能撰修，制度典章之书，亦非二三册所能详尽。子部十家三略释氏，其稍古雅者已经尽收，其他与学术流别有关系者实已寥寥。且此三部不如集部之流行。集部录及国朝人，兼有学派可以考证。盖经、史、子三部不能出前朝人范围，诗文则百态翻新，国朝已别为风气。以诗论有唐派有宋派，宋派之中有浙派有江西派，浙派之中又分竹垞、樊榭、随园而三，而汤西涯亦为浙派之别子。以文论有桐城派有阳湖派。东西各国于有清一代文学已公论为可研究之学问，而中国尚古学者固多欲备其书，即新学中咬文嚼字之人亦多不惜重赀以购求诸家诗文各集。今既萃于一部，正可借此引动全书消市，特恐去此，于体例则合，于消售转不合，此当审慎再三而始可定局者也。定局之后，则应增入之书，经、史、子仍无多。集则去席刻《唐人百家》，已经菊翁增入多种，弟加入书上人、颜鲁公两集。司空表圣，菊翁加诗，弟加文。更拟加金元人集，滏水、淳南、湛然、陵川、雪楼、石田、圭斋。删去《钦定词谱》，加入北宋、南宋词家单集，耆卿、子野、于湖、清真、稼轩、草窗、梦窗、漱玉、断肠，总集《花间》、《草堂》、《中兴》、《乐府雅词》、《绝妙好词》等。已详覆星翁书。经部可加者，唐李鼎祚《周易集解》、《论语皇侃义疏》、当觅日本旧本，武英殿本、知不足斋本均不善。皇侃本每章分段，与邢疏不同，日本重刻竟依邢本改易章段，中国刻本从之。黎莼斋星使得皇侃旧本，依式写录，咨送总理衙门，请其进呈，总理衙门搁置不理，今不知犹在否。余藏日本宽延中刻本，亦改本也。杜预《春秋释例》、《七经孟子考文补遗》。小学加王应麟《急就章注》。史部《水经注》已加入，余惟《霸史》一类有数部可加，前覆星翁书举常璩《华阳国志》、崔鸿《十六国春秋》、马会《南唐书》、陆游《南唐书》。今再思传记应加者《孔氏祖庭广记》、《东家杂记》二种，此为圣教所重，前目漏列，今当补之。子则释家可加《五灯会元》，此彼教入中国后宗派所分，学者不可不知也。来书拟加各书，似觉泛滥。《四部丛刊》之举，固为流通古书，苦于不能不预核成本，鄙意以为，只宜取有用之书，兼及宋元明本，不能因有宋元明本遍印不急之书。经部《急就章注》已议加，礼书、乐书考证极陋极疏，久为汉学家所唾弃。《广雅》于训诂无补，《经义》有善本则加，无则不必加。郑《志》辑本书，例所不录。《尚书大传》辑自宋以前，与《春秋繁露》等不在此例。《元和郡县志》、《大唐西域记》，关于地理不录，例言已明。《唐六典》、《唐律疏议》，此典章沿革之书，无所适用。《名臣碑传琬琰集》、《皇明琬琰集》、《元名臣》可略，重大人物多见正史，此为赘旒。《独断》是否在《蔡中郎集》中，恐有重复。《古今注》、《博物志》之类，家数太多，收一二种不完不备，毋宁割弃，以免滥竽。《翻译名义》以释佛经，既无佛经，无所取义。《云笈七签》本释家《弘明集》之例，然征引不如《弘明集》之典博，不足为是编重轻。拟加之唐人集已详覆菊翁书，拟加之宋人集如《伐檀集》，本附《山谷集》而行，《山谷集》是否附及？然未附及亦不必加。《濂溪集》出自掇拾之余，附录太多，喧宾夺主。释参寥、胡文恭、石徂徕、李盱江、祖龙学、晁鸡肋、傅忠肃、邹道乡、陈简斋、薛浪语、谢幼槃、谢叠山、谢皋羽，元人集如余忠宣、刘静修，诗文非名大家，理学亦属依附。二谢忠节之士，更不见重于诗文。明人集惟开国时诸家足以自立，前后七子摹唐拟古，浮响太多，袁、徐、钟、谭，衰世之音，虽风靡一时，无裨诗教。牧翁排击七子，推重长沙，第长沙亦台阁文章，未能拔帜立帜。升庵、弇州二公向服其鸿博，却不爱其诗文，其集皆大卷长编，势难入录。总集如《明文衡》、《明文海》似是网罗宏富矣，非明文之全。《文衡》选自程篁墩，偏重道统，《文海》选自黄梨洲父子，意在征文考献，不在选文，比于《文粹》、《文鉴》二书，未免繁重，故弟主用《明文在》，转觉简练菁华。弟于《四库》集部之书十阅八九，从前搜采先祖辈友朋诗文交际，于宋金元明人集，几于遍读遍翻。大概名家诗文，其得失略有主宰，目录版本犹其绪余，惟阁下相知甚深，而菊翁、星翁相信太过，故不惮往复推详。若不限赀本，遍印古书，乃吾人之大愿，如势有不能何，现在拟定之目，似不必多所更张。所宜审慎者，删去国朝人集，是否无碍于消行，此则题中应有之义耳。议论愈久则愈纷。传古是一事，利市又是一事，二者万无两得之理，请执事与菊翁、星翁商定，究竟近年来何种书行消，一决从违，正不必人人作主也。莫楚翁有书，似不允借，据云亲见馆人在南京照书，是拆散原书粘于墙壁照之，弟云真宋本书皆不如此办法，渠尚在疑似也。专复，敬颂侍安。世小弟叶德辉顿首。己未又七月廿一日。

再启者，左台生来书云，阁下欲编一诗文总集，为学堂用者。与之合办，诚为美事，惟阁下诗境甚高，则选诗必难从俗。鄙意便于教科之诗，即《唐诗三百首》亦嫌过高，惟照《三百首续编》之手眼推广言之，应可行耳。选文又是一法，虽略高格不妨。多选人物政治，引之读史，为有用之学。昨日匆匆未谈及，俟下次一叙。弟欲搜集《诗坛点将录》中人诗集作一总选，一百零八人已得七八十人，其次列四十一人已得二十人。即陪选。其目在台生处，属其送阅，为弟采访。又《王西庐家书》一本，中有谈吴西平、王石谷、钱遵王、季沧苇逸事，亦极有趣，暂可借看。此时正在装订，装订之后再奉赠一部，并赠菊翁、星翁也。又有王渔洋与其门人汪洪庆手书十五通，专论刻《新安二布衣集》之事，亦付影印。缪艺风已抄副刻入其小本巾箱丛书中。弟尚藏有李南涧与周书昌永年。手札卷子，专论刻《贷园丛书》事，《丛书》中有一书，此卷即有一信。并拟付印，但未寄来，此次回湘必携入行箧。再，苏州有莫楚生观察，为莫郘亭之侄孙，颇有善本书，如有可用者，当为代借，此君亦儒雅慷慨人也。再颂侍福。辉再拜。

六致夏敬观[①]

剑丞仁兄世先生执事。十七日回苏，清理文债，预备回湘一行。上午有书寄菊生同年，并将孙星翁委跋《绛云楼书目》一本、明嘉靖本白文《李义山诗集》二本、影宋本《珞珿子注疏》一本一封附呈。《四部丛刊》中唐宋人诗集苟非明以前人旧注，概从割弃，以免占去纸料，妨碍他书，已与星翁商托，决计如此办理矣。大武委作诸件题跋已撰成，重来沪上带交或有妥便先寄，乞先致意。归来细将尊校各书再三校读，细针密缕，跋文尤极雅驯，黄荛圃、顾千里有此精心，无此妙笔，是可断其必不朽矣。每与台生谈，世家大族得科第之子孙易，得箸作之子孙难。回忆吾师在湘时，为风雅主盟，爱才如命。不才未遇，即受特知。其他赖宏奖以成名者，不可缕数。今之食报，宜在吾兄。白首通家，安得而不狂喜。台生天资极敏，恒劝其留心箸述，以增门户之光，彼固谓然，而终日无伏案之时，亦可惜也。尊校各书已邮寄彼处，读之或感而

----

① 此文录自王逸明主编《叶德辉集》。

兴起，亦未可知也。下午邮局送到《江南图书馆书目》两部，一书商务馆代夏寄，一书夏寄，想系重复，然既拜而受之，拟以其一分寄从子。生儿不象，而诸从子五六人皆如龙如虎，颇慰晚境。先君之为人，名不及朱雨老而实则过之，世泽不可知，而目前二三代书香已可断其不绝矣，然无一能为诗者，可见诗人之更难。先石君公校《经典释文》何人过录本，臧从何处临校，是当一考。弟缺《老》、《庄》借此得以补之，真大快事。将来《四部丛刊》宁省他书，卢校除陈东塾、俞曲园恭维外，无人不议其非。陈、俞皆考试才，非考据才也。不能不印此书矣。手复，敬颂撰安。世小弟叶德辉顿首。旧历己未七月廿二日。

七致夏敬观①

剑丞仁兄世先生阁下。廿日奉上一书，已承回示，所论办法仍有异同。此次印行《四部丛刊》，总求中外通行，雅俗共赏。弟以局外人，自不如馆中经理人于书之行消不行消别有经效，弟所以不敢附和，亦不敢主张者此也。来示拟删《宋诗存》、《钦定词曲》二谱，弟所从同，若并《宋诗钞》、《元诗选》、《历朝诗集》去之，弟意万不可删。又恐减色，盖此三集所以代宋元明三朝选本，非若唐诗有《才调》、金诗有《中州》，可以不要后人补选也。唐人选唐诗八种旧本即不能全，《才调集》之外，《中兴间气》、《河岳英灵》两种似尚有旧刻，拟加之《西昆酬倡集》。以下断不必加。《唐诗鼓吹》、《瀛奎律髓》、《乾坤清气集》，选手不高，亦非人人意中所欲读之集。词曲类不加单集，只加总集，鄙见亦同。经部只加《急就篇》甚妥，史部加《通鉴纪事本末》则又可以不必，决不加。盖纪事本末一类不止此书，有头无尾，令人莫解。唐僧诗宜加全，若仅贯休一种，不如不加。宋僧参寥、石门齐称，因有宋本而印参寥，无善本而不印石门，未免令读者触望。元人集，清容不如湛然，以袁桷名不及耶律楚材，又袁有宜稼堂善本，耶律无善本也。元人总集不录《河汾》，即不必入《谷音》，此二书本配享，并非必要之书也。《明文衡》、《文海》鄙意始终不主张，与其刻此占纸张之近人书，固不如匀出纸张多印古书。明人文如宋、刘、唐、归外可取者少，其诗亦然，总集一《明文在》足以了之，以其所采精也。傅沅叔同年借来各

① 此文录自王逸明主编《叶德辉集》。

书，《山海经》、叶水心、元次山是善本，活字本曹集不善，或取其别
致，亦不妨取之。孔天胤刻书甚多，《两京杂记》未见过，管、韩合刻
亦须取近仿宋刻两种一校，如草率则不如近刻仿宋两种较有用。庚、徐
是否全有？若止庚集，又不如原目两种矣。经此次商定之后，大约可以
排总目。集中弟所不忘者《古文苑》、《续古文苑》二种，限于纸叶难
加，究可惜也。此颂撰安。星翁、菊翁均此致意。世小弟叶德辉顿首。又七
月廿五日往瞿府看书，准如来约在节后，弟回湘亦在此时。

八致夏敬观①

剑丞仁兄世大人阁下。今日奉到台函，祗悉种切。《宋诗钞》、《元诗
选》、《列朝诗集》，此在总集中取其能博取一朝之全，可以动买书者之兴
致，非论其选之精不精也。比如《中州集》之类，不仅选诗，亦可全明诗学之流
别。况《元诗选》商务印书馆已印行，《列朝诗集》邓秋枚亦早印出，弟
非不知其重复，以其人人欲得，又嫌单买价贵，列入此集，使人得占便
宜，亦引消之一助。阁下诗家，乃重视《西昆》、《唐诗鼓吹》、《瀛奎律
髓》、《乾坤清气集》，弟断乎不能苟同。《西昆》犹属诗宗，《唐诗鼓吹》、
《瀛奎律髓》、《乾坤清气集》乃三家村头巾气之书，阁下以欲配为一朝选
家，顾乃牵就列入，思虑周密，无如不能增色也。宋人集诗文佳者极多，
拟补诸家，鄙意亦无不合，惟以占多叶数而删宋元明三大诗钞，恐得不
足以偿失。唐僧三人不占篇幅，但得傅沅叔有宋本可借，亦落得为之。
和尚诗、妇人诗最为人所爱看，故鄙意不独加入僧诗，并欲加入妇女诗
一二家也。宋僧参寥以蒋孟蘋有宋本而加，乃以无宋本之石门而不加，
是印宋本非印书，于理未洽。石门，弟有明支那本，如不印参寥；石门
自不必印，如印参寥，则石门断不能不印，两僧同为北宋诗家，然石门
胜于参寥，岂有录其次而不录其上者之理。《明文衡》只有篁墩以前诸人，
无篁墩以后人，非明文之全体。《明文在》虽常见，选既精严，又为明代
全部，然明文究无关紧要，弟如此说，不必如此行也。唐人选唐诗《中
兴间气》、《河岳英灵》、《国秀》、《才调》各具手眼，又系唐人古书，故弟
主张加入。若《唐诗鼓吹》以下，弟不主张加入，不独非古，而且俗也。
又傅沅叔云，《易林》黄氏士礼居本固佳，然其底本有注，自陆敕先校时

---

① 此文录自王逸明主编《叶德辉集》。

删去，自后不得见其全，现在北京图书馆有四卷，袁抱存有十二卷，共十六卷，已经配全。此事请函问沅叔，如有其书，则是人间孤本，虽新配书亦可印。此言甚确，沅叔为弟作明马璘刻本《易林》跋亦曾言之。庾、徐二集当是白文，如此凑巧，两处合一，岂非《四部丛刊》走运气乎？又原目史部有《陆宣公奏议》，后印本脱去。此为历朝文人所佩服之书，万不可少者，若因奏议不能全列，则用《翰苑集》入集部。又阳湖古文应加张茗柯，前月批及。如桐城之方、姚，若茗柯与《述学》，乃古文之精金良玉也。手复，敬颂撰安。世小弟叶德辉顿首。己未又七月廿八日。

九致夏敬观①

剑丞仁兄世先生执事。初九日到苏，即有书禀张、孙二君并阁下，计早邀台览矣。向傅沅叔同年借唐三僧集及李木翁之宋本《说文》并明刻《山海经》缺叶信，已于初十日发去，但望其非托空谈，则就近即在北京照印，如宋本《孟子》之例，似亦简捷。最可喜者，瞿良士竟格外相助，蒋、刘亦闻风而来，从此可以选腈择肥，供吾人饱嚼，岂非大快之事哉？鄙意各书目下作一篇短小提要，说明所以采用此本之故，原书有跋者，则其文更缩短，但于末云余详某人跋。印本有六七分定妥，即将目例排印百分或二百分，先寄日本分布。彼国图书馆办理得法，不似中国之无经费无办法，其书必能多消。富人好藏书壮门面者亦不少。西文翻译者则多寄于美国，德、法次之，英颇市井，恐不尚也。拙著《六书古微》，前年驻湘之德领事、天主教堂之法牧师售去百余部，次则日本门生带归国者，英、美人则无之。美人好文，特在长沙人少耳。以是知德、法之好中国书过于英、美，且过于日本也。其中所采唐人集有三五卷小种，或其书无旧刻名抄，即可删去，有时再加。唐人集有诗文者，皆宜诗文并采。《颜真卿集》一定加，宋有文信国，唐岂可无颜鲁公乎？至《林和靖集》，无宋本则不必印，前已屡言之，以明以下本实见笑。林在诗家本非要集，若以人重，则魏野亦高士，其《东观集》亦宜并采矣。《剡源集》宜稼堂本不足贵，曾在古书流通处见有明刻大字本，中有新钞配，即据宜稼堂本抄配。张菊生同年来书云，近得万历本，岂即

此本乎？此本固未尽善也。至选诗选文之法，昨日函中略谈。有《乾嘉诗坛点将录》在台生所，上着一圈者，弟有其书，余乞为我搜访。莫楚生观察现在上海，家中颇有旧书，俟归时往探。此颂撰安。世小弟叶德辉顿首。己未闰七月十一日。宋有姜白石，不可无严沧浪，前目未采。

致瞿启甲①

良士仁兄大人阁下。珂乡揽胜，得奉教言，既饫郁芳，尤资眼福。别后舟车行役，寝食不忘，如阁下清福园林，正不知几生修到也。此次《四部丛刊》之印，发端于鄙人，而玉成于阁下，吾辈本非股东之例，不过借用商馆机石，流传世间未见之奇书。张君菊生，同年至交，志同道合，复得缪艺风老人、傅沅叔、张季直、沈子培三同年各出所藏，为之襄助。弟藏书远在湘省，舟运殊不放心，故先尽诸公之藏，而以弟藏本为拾遗补缺之用。今得阁下慨然许荆州之借，宝山实不空还。书目条例，撰自弟一人，如有未安，尚祈斧削。来月往湘一行，不久仍回苏寓。明年著书，即称吴郡，复我邦族，乃素志也。专谢。并颂撰安。弟叶德辉顿首。己未八月二十一日。

再启者。此次《四部丛刊》中各书，大都海内外应用之书籍，其余异书秘笈不能尽登。以尊府所藏，实可为《士礼居》、《古逸》两丛书之续。弟所藏宋元明本，匡栏小、卷帙少者已刊成《丽廔丛书》。近十年以刊印先祖辈遗书，如石林、文庄、文敏、天寥、横山、分幹诸集，先其所急。于拟影刊之籍，一概辍工。如此次选入《四部丛刊》中书，即拟刻中之十之三四。若其他可印者，子部术数家尤多，凡《四库》从《永乐大典》辑出之本，弟颇有原本可以翻雕。如合两家所藏刊一丛书，必在《士礼》、《古逸》之上。湘省刻工价廉艺美，弟所刊仿宋元诸本，海东西皆风行，缪筱老及杨惺翁极称，湖北陶子龄殊不知湘刻之廉而精也。至金石拓本，自以新法影印为工，闻商务印书馆之例，股东印书格外有优先权，尊藏金石拓本如须印行，似不防假手张菊生同年，一切便利也。弟辉再拜。

---

① 此文录自王逸明主编《叶德辉集》。

与舒贻上论星命书①

命理原出《易》数，五行生于八卦，纳音出于《河图》、《洛书》。圣人五十以学《易》，又曰："五十而知天命。"此天命即《中庸》"天命之谓性"之"命"。性者，五行之性。郑玄注："天命，谓天所命生人者也，是谓性命。木神则仁，金神则义，火神则礼，水神则信，土神则知，按：当云水神则知，土神则信，此疑传写之讹。《孝经说》曰：'性者，生之质。命，人所禀受，度也。'"此郑注即说命理。《后汉书》郑本传云："五年春，梦孔子告之曰：'起！起！今年岁在辰，来年岁在巳。'既寤，以谶合之，知命当终。其年六月卒，年七十四。"本传又云："师事第五元，先始通京氏《易》。"郑《易》主爻辰分野，宜其精于星命之学。圣门《易》学传于子夏，故汉《易》皆以子夏为老师。《论语》："子夏曰：'死生有命，富贵在天。'"此命理出于《易》数之确证。

鄙人向治汉学，见毛西河、胡朏明及惠氏父子之书，力驳《河》、《洛》之书为道家伪造，初亦信之不疑。及读江慎修《河洛精蕴》一书，发明《河》、《洛》体用，乃悟汉学诸老先专为门户之见，窃疑《河》、《洛》之数，事事皆有先验，何至两汉绝无师传？徐而悟及，此学经三国时兵事纷争，师儒凋谢，至典午一统之后，士大夫崇尚清谈，喜治老庄之学。王、韩以空疏无学之人治《易》，不独此等秘密之绝学未见其书，即汉儒所传卦气爻辰亦绝不知考究意。其书为道家私相授受，至北宋仍还之儒家。故其学虽中断失传，以唐李鼎祚《周易集解》所引六朝旧注微言奥义，亦复时有踪迹可寻。汉学家必欲武断，谓造自北宋初人，此万不可执为信谳者也。

命理之书，以隋萧吉《五行大义》为最古，次则唐李虚中《命书》，其书载《永乐大典》中。《四库全书》开馆时，编检诸臣从《大典》辑出，同时又辑出《珞琭子三命消息赋》注二家，一为宋释昙莹注，一为宋徐子平注，而与鄙人所藏影宋写本卷帙不同。鄙人藏本，一为《新雕注疏珞琭子三命消息赋》三卷，附李燕《阴阳三命》二卷，注者宋人李仝，疏者则宋人东方明；一为《新编四家注解经进珞琭子三命消息赋》六卷，四家者，王廷光、李仝、释昙莹、徐子平。《珞琭子》本系托名，

---

① 此文录自民国十年财政部印刷局活字本《郋园北游文存》。

其书似出北宋人伪托。又有《新刊秘诀三命指迷赋》一卷，宋岳珂补注。又有宋廖中撰《五行精纪》三十四卷，此为明人万民育《三命通会》所从出。

今世《三命通会》所引唐宋人旧说，均注明出处，亦复异说纷纭，有可取者，有不可取者。鄙人分别辨证，著有《星命真原》一书。其中以林开"五命胎月"之说为最不可通。人固同以十月而生，然有不足十月者，亦有满过十月者。必人人限以十月，止推某月为受胎之日，此可断其必无此理也。又如"甲"、"辛"等字为悬针，"丙"、"丁"等字为平头，"乙"、"巳"等字为曲脚，一概谓之凶杀，殊为望文生义，不知造字之本形。鄙人初以为出自《三命通会》，乃明人流俗之谈，后检《五行精纪》引古命书先有此说，诚不知宋明人之不识字，何以鄙陋如斯？又如戊土寄生于寅，又谓长生于巳，又谓长生于午，又谓长生于申，皆无一定之说。此皆有待于吾人订正，而不可泥守前人一先生之言者。

至若星野内盘，尤为紧要。五行家但取干支相断，虽十准七八，要不可不证之以星盘。既谓之星命，安得离星野而谈命乎？分野之说，前人多驳之，鄙人有辨证，载所著《星命真原》中。汉王充《论衡》，一代奇文，非孔刺孟，议论不为苟同，独酷信禄命家言，累牍连篇，不嫌辞费，且深信人生富贵贫贱之大小由于所禀之星气清浊高卑，可见汉儒于星命，亦有专门。故虽矫然独异之王充，亦不能不笃信其学也。

唐宋人推命多取纳音，其法年月并重是也。不取纳甲之法，以月弦月满、日月相会，推人受日月精光之浅深，此本七政十二宫推命之先河。《汉书·艺文志》历谱家云："历谱者，序四时之位，正分至之节，会日月五星之辰，以考寒暑生杀之实。又以探知五星日月之会，凶厄之患，吉隆之喜，其术皆出焉。此圣人知命之术也。"所载书名，有《日月宿历》、《传周五星行度》等书。知星盘之术，出于刘汉时代。畴人四散，而后流入外夷。释藏有《文殊菩萨所说善恶吉凶宿曜经》[①] 及《七曜攘灾决》内载星盘，与明以来所传命书，一一符合。明洪武十六年官译《回回天文书》所载十二宫亦正相同，内载星盘，即本之释氏，可知其术由汉时转入印度，又由印度入回回，又由回回还入中

---

① "《文殊菩萨所说善恶吉凶宿曜经》"讹，当作"《文殊师利菩萨及诸仙所说吉凶时日善恶宿曜经》"。

国。西洋人穆尼阁所著《天步真原》一书，即用其法推命。其流传有绪，如蛛丝马迹之可寻。嘉道间，其术盛行，今通其术，无不奇验，观无锡倪荣桂《西法命盘》、《禄命要览》，上元温葆琛《春树斋丛说》诸家之书，可以得其要领矣。

阁下既笃好此事，不可仅涉藩篱。孔子曰："不知命，无以为君子。"吾辈并非以此求荣，乃欲以此安命，深而求之，可以一切皆空，虽学佛无难矣。

再与舒贻上论星命书[①]

前书论星命出于《易》数，已将命书源流一一详举矣。见示某种小报，载有《八字辨惑》一篇，力驳命理之不可信。阅未终幅，即已一笑置之，勉强阅完，亦无足供吾人辨论之声价。中国各种学问，皆有各种来原，岂能由一知半解之人，恃其如流如簧之巧言，即可抹倒千古者？鄙人前书言星命出于《易》数，又言出于圣门，两汉儒者如京房、翼奉、郑玄、许慎、虞翻诸人，其注《易》论五行之遗文，皆可集合推求，为星命家之确证。即诸人所占国家灾异及己身生死，亦皆史有明文，非仅王充《论衡》中数篇专门学也。某所为《八字辨惑》，不暇逐段逐句琐琐与之争是非，姑摘其大概言之。

如谓夏商周秦汉岁首名不相同，八字岁上一柱即不能定。此自就三统定历而言。孔子曰"行夏之时"，是三统经圣人折衷，而后以建寅为岁首。圣人因学《易》而知天命，寅为人统。命者，人所禀于天地，论命必遵人统，一言可以了之。《易》之言曰："有天地然后有万物，有万物然后有男女。"子者，天初开；丑者，地初辟。必待寅有男女，而后有命可论。男女统谓之人，为二气五行所生物种之灵秀。建岁亦必始于寅，故论命独验于人，此理也，非数也。数从理出，故星命遂成一家言，非独星命，龟蓍动植死枯之物，亦可前知。堪舆形法阴阳之书，同此占验。《汉》、《隋》艺文、经籍二志所列术数一家书目，几欲倍于儒书。苟非有所凭依，何为学徒如此之盛，学派流传如此之久耶？

其言地球向日为昼，背日为夜，日干只能就地方而言，不能全球一

---

① 此文录自民国十年财政部印刷局活字本《郋园北游文存》。

律。不知日绕地球，一日一小周天，是分昼夜；一年一大周天，是分寒暑。此正吾人一身所得太阳力之用，所以星命虽重八字四柱，而尤重在日时，正不必合全球以概一隅，亦万无合全球以论一隅一人之事之理。《辨惑》而为此空泛无际无著之论，知星命者固无所用其置词，不知星命者，更不知其意之所在矣。

其言日行有迟速，即不能有定时，譬如吉林在北京之东，北京日在正午十二时，吉林已在下午二时，其余新疆各省，皆不同。不知此类推测未准之处，近人命书如倪荣桂、温葆琛诸家均已考证精密，不烦重言，即古星命名家如唐李虚中、宋释昙莹亦深知其理，故其断命，当时以为神奇。中国未有钟表以前，皆以土圭测景、铜壶滴漏为准，则滴漏只能定十二时之大概，诚不如土圭测景之得真正时辰。今世通行之日规徽盘，盖即本其遗制而加以精密。日规背下一版，详载节气，分排二行，为二十四格。其法以二分二至昼夜长短相类推，如在立春节中测日景正中，则将其背针移指立春节一格，如在立秋节测日景正中，则将其背针移指秋节一格，其他节气皆同。节气既有一定之时，于是日之出寅出卯入酉入戌亦有一定之时。彼言新历有平时，又谓京城以午炮定日午，此皆隔膜之谈，亦前人谈命者所未闻未见也。日月五星二十八宿之行天，本有一定轨道，在人固有仪器以测之。日之偏东偏西，月之或弦或望，五星二十八宿之或进或退，或迟或速，星命家在所必考，谁是以午炮平时论命者？一地有一地之日午，日规虽系成法，易地用之则不同，以日午表见于日规中线者，亦易地而不同也。乡农无钟表，无日规，其辨别时辰，或指一物，或指一树以定日之早暮，大致亦无差谬。夜则以鸡初鸣、再鸣、三鸣定时刻，犹且视滴漏为真，何况通都大邑，人人知以日规正午定钟表时间，又何不准之有耶？

至谓干支为一种名辞，于人身绝无关系，此真不读书不识字之浮谈。凡文书中成立一种名辞，必就其物之本质、本性立一义，造一字以指定之，并非无来无历而泛泛加以徽号也。如甲乙本为木，故木即以甲乙名之；丙丁本为火，故火即以丙丁名之；戊己本为土，故土即以戊己名之；庚辛本为金，故金即以庚辛名之；壬癸本为水，故水即以壬癸名之。其本质与本性如是，而名与字乃因其实义而生焉。即吉、凶、神、杀诸名称，亦岂真有其人其物主司其事？不过五行清秀之气凝聚一处，则谓之吉神；五行恶浊之气凝聚一处，则谓之凶神。西人书记十二宫，以子为宝瓶，丑为摩羯，寅为人马之类，亦因其气之凝聚成象而后有以名之。论气与论质，性虽有异同，其名缘物生，理固一也。"摩羯"即韩文公所谓"命宫坐磨蝎"之"磨蝎"，译音相同，而字画差异。此法出于西域，流入印度，转入回回，又转入中国。文公既有此语，则在唐时必已风行。近人尊崇西学，出之西人之口，则奉若神明；出自吾国之书，则谓之迷性。何其自轻自贱，视吾身不值一钱耶？须知造字之始，十干本象人身，《说文解字》云："甲象人头，乙象人颈，丙象人肩，丁象人心，戊象人胁，己象人腹，庚象人脐，辛象人股，壬象人胫，癸象人足。"据《人身图说》，人之成胎，自鼻始，既而成头，成颈，成身，成藏府，成四支。西人合信氏《妇婴新论》所绘逐月胎形诸图，亦正如此。以四时五行相生之序相例，春木生夏火，夏火生中央土，中央土生秋金，秋金生冬水，冬水又生春木，生生不已，而后成此循环不死之乾坤。

　　盖天地开辟之初，一气而已矣。以气生水，故水为五行之始，亦为五行之终。人身以肾为水，为生子之根原。《素问》男女皆有天癸，即此水也。天地阴阳由水而生，人亦由水而生。五行为人形之本初，人形即五行之结体，是二是一，故干支与人相始终，何得谓为无关系耶？《易·系辞》："天一，地二；天三，地四；天五，地六；天七，地八；天九，地十。"又曰："天数五，地数五，五位相得而各有合。"《书·洪范》："一、五行：一曰水，二曰火，三曰木，四曰金，五曰土。"孔颖达《正义》曰："《易·系辞》曰：'天一，地二；天三，地四；天五，地六；天七，地八；天九，地十。'此即是五行生成之数。天一生水，地二生火，天三生木，地四生金，天五生土，此其生数也。如此，则阳无匹，阴无耦，故地六成水，天七成火，地八成木，天九成金，地十成土，于是阴阳各有匹耦，而物得成焉，故谓之成数也。"按唐李鼎祚《周易集解·系辞》注引侯果曰："天一甲，地二乙；天三丙，地四丁；天五戊，地六己；天七庚，地八辛；天九壬，地十癸。是即十干化气也。天一甲，地六己，故甲己合化；地二乙，天七庚，故乙庚合化；天三丙，地八辛，故丙辛合化；地四丁，天九壬，故丁壬合化；天五戊，地十癸，故戊癸合化。始而一行，自为夫妻，甲阳乙阴相匹耦，丙阳丁阴相匹耦，戊阳己阴相匹耦，庚阳辛阴相匹耦，壬阳癸阴相匹耦。此《系辞》所云'五位相得而各有合'者也。"萧吉《五行大义》引《五行书》云："甲为青，己为绿；丙为赤，辛为红；庚为白，乙为缥；壬为黑，丁为紫；戊为黄，癸为骊黄。此皆夫为本色，妻为杂色也。"人少之时，同姓为婚。同姓为婚，生类不繁，于是终以五行，互相夫妻。甲娶己为妻，而甲己合化；乙适庚为夫，而乙庚合化；丙娶辛为妻，而丙辛合化；丁适壬为夫，而丁壬合化；戊娶癸为妻，而戊癸合化。此异姓为婚，乃夫妇之正义。《易》曰："有男女然后有夫妇，有夫妇然后有父子。"男女同姓也，夫妇异姓也。譬之医家用药，以君臣佐使调剂其偏倚，如西人化学以各种原子化合而成物质，其理一也。推之六十花甲，化为六十种类，五行亦此理也。夫既知五行始于水矣，当知水中伏有微阳即为火，水火交媾而成土，由土生金，由金生水，由水生木，木又生火。此先天生物之数。今星命书以火土同生于寅，水土同墓于辰，固亦有所本矣。

某报所载《辨惑》，全未读中国经子之书，于西人之书亦未流览，其无所知识，好为虚伪之辨，诚不足与语五行造化之奇。彼既不识五行，自然不信干支之配合。今试再言干支之理。干之有支，所以配合而成六十花甲，六十花甲即成六十纳音。《汉书·律历志》论律吕相生，所谓"律娶妻而吕生子"者，如淳注律娶妻，"黄钟生林钟"；吕生子，"林钟生太簇"是也。知律吕相生之故，而后知地支六合之由来。《周礼·春官》"太师掌六律六同，以合阴阳之声"，郑玄注："以合阴阳之声者，声之阴阳各有合。黄钟，子之气也，十一月建焉，而辰在星纪。大吕，丑之气也，十二月建焉，而辰在玄枵。太簇，寅之气也，正月建焉，而辰在娵訾。应钟，亥之气也，十月建焉，而辰在析木。姑洗，辰之气也，三月建焉，而辰在大梁。南吕，酉之气也，八月建焉，而辰在寿星。蕤宾，午之气也，五月建焉，而辰在鹑首。林钟，未之气也，六月建焉，而辰在鹑大①。夷则，申之气也，七月建焉，而辰在鹑尾。中吕，巳之气也，四月建焉，而辰在实沈。无射，戌之气也，九月建焉，而辰在大火。夹钟，卯之气也，二月建焉，而辰在降娄。辰与建交错贸处，如表里然，是其合也。其相生，则以阴阳六体为之。黄钟，初九也，下生林钟之初六，林钟又上生太簇之九二，太簇又下生南吕之六二，南吕又上生姑洗之九三，姑洗又下生应钟之六三，应钟又上生蕤宾之九四，蕤宾又下生大吕之六四，大

---

① "大"字讹，当作"火"，据《周礼》（清嘉庆二十年南昌府学重刊宋本《十三经注疏》本）校。

吕又上生夷则之九五，夷则又下生夹钟之六五，夹钟又上生无射之上九，无射又下生中吕之上六。按：《周礼注》无'射下生中吕'，'下'误'上'。兹据《汉书·律历志》校正。同位者象夫妻，异位者象子母，所谓'律娶妻而吕生子'也。"

唐瞿昙悉达《开元占经》引《分野略例》云："自婺女八度至危十五度，于辰在子，为玄枵。自南斗十二度至婺女七度，于辰在丑，为星纪。自尾十度至南斗十一度，于辰在寅，为析木。自危十六度至奎四度，于辰在亥，为娵訾。自轸十二度至氐四度，于辰在辰，为寿星。自胃七度至毕十一度，于辰在酉，为大梁。自东井十六度至柳八度，于辰在未，为鹑首。自柳九度至张十七度，于辰在午，为鹑火。自毕十二度至井十五度，于辰在申，为实沈。自张十八度至轸十一度，于辰在巳，为鹑尾。自亢八度至尾九度，于辰在卯，为大火。自奎五度至胃六度，于辰在戌，为降娄。"按：此六合者，以十二月斗杓所指之辰合以日月十二月行次之位，萧吉《五行大义》云："十一月，斗建在子，日月会于星纪之次，星纪，丑也，故子与丑合。十二月，斗建在丑，日月会于玄枵之次，玄枵，子也，故丑与子合。正月，斗建在寅，日月会于娵訾之次，娵訾，亥也，故寅与亥合。十月，斗建在亥，日月会于析木之次，析木，寅也，故亥与寅合。二月，斗建在卯，日月会于降娄之次，降娄，戌也，故卯与戌合。九月，斗建在戌①，日月会于大火之次，大火，卯也，故戌与卯合。三月，斗建在辰，日月会于大梁之次，大梁，酉也，故辰与酉合。八月，斗建在酉，日月会于寿星之次，寿星，辰也，故酉与辰合。四月，斗建在巳，日月会于实沈之次，实沈，申也，故巳与申合。七月，斗建在申，日月会于鹑尾之次，鹑尾，巳也，故申与巳合。五月，斗建在午，日月会于鹑首之次，鹑首，未也，故午与未合。六月，斗建在未，日月会于鹑火之次，鹑火，午也，故未与午合。"汉《古诗为焦仲卿妻作》："视历复开书，便利此日间。六合正相应，良吉三十日。今已二十七，卿可去成婚。"是六合之名称，在汉时已习闻于里俗之口。行本五，何以合则六？午未日月之合，非五行所应有。自余子丑合成土，寅亥合成木，卯戌合成火，辰酉合成金，巳申合成水，此与天干甲己合之例本自相同。凡物不合不化，不化则不生子，故干支化成花甲，推为六六三百六十日而成岁，再推六

---

① "戌"字讹，当作"戌"，据《五行大义》（日本刻《佚存丛书》本）校。

六三百六十岁而成元。就十二月而论，十二律吕还相为宫，以一生六，故一年有七十二候。

汉儒以坎、离、震、兑四卦司一年二分二至，以六十卦司一月六候，是之谓卦气。其气应律吕而成纳音，纳音始于乾，与纳甲之法同。乾，金方也，金有声，故曰"纳音"。唐宋人论命，重纳音，鄙人亦重纳音，往往见朋友中八字四柱或不佳，而一生顺利；或八字四柱极美，而一生所遇多乖违。固由行运与本命之相差，及其星宫所值之吉凶诸曜相反，而实纳音五行之有异同，如甲子乙丑，海中金，则甲乙不以木论矣；丙午丁未，天河水，则丙丁不以火论矣；戊辰己巳，大林木，则戊己不以土论矣；庚午辛未，路傍土，则庚辛不以金论矣；壬申癸酉，剑锋金，则壬癸不以水论矣。此二气五行之变化，邃于《易》学之儒者，皆能言之，何以一言命理，则谓之迷性，岂不谬哉？

至同一年、月、日、时生人，而富贵贫贱殊异，此自星野所分之气，人人不同。古人以天上星纪十二次，下配十二州。以地球全形论之，又似其说迂曲。不知天左旋地右转，天地终古不离动，则在天经行之日月五星二十八宿亦丽天而不离动。地球正面可以十二次十二州画分，地球背面亦可以十二之数别立一名义画分。试以人之居屋相况：如东、西、南、北四方及东北、西北、东南、西南四隅，各有户牖，由户牖视其院中之花木，东屋视此花木在此，西屋视此花木亦在此，推而至于南北至于东北、西北、东南、西南，视此花木亦在此。此理浅而易明，不待明于天算者而后知之也。又同一年、月、日、时生人，前六十年花甲必有此人，后六十年花甲亦必有此人，未必其富贵贫贱一一符合，此乃关于三元中之气化，气化有厚薄、清浊、深浅之殊，一元中有一造化，故上元甲子、中元甲子、下元甲子，世界治乱，迥然不同，何况人物，岂可一律而论？

又或命应富而终贫，命应贵而终贱，不独四柱无验，即纳音、纳甲亦不验，此又何也？古礼不云乎："士之子恒为士，工之子恒为工，商之子恒为商。"《礼》又不云乎："良弓之子，必学为箕；良冶之子，必学为裘。"① 以类相生，则式谷相似。又有一极浅之譬喻，如蛟龙生于大海，鳅鳝生于污泥，松柏茂于深山，芦苇生于浅水，其所凭借不同，

---

① 见《礼记》（清嘉庆二十年南昌府学重刊宋本《十三经注疏》本），引文有误，原文为："良冶之子，必学为裘；良弓之子，必学为箕。"

故其发施各异。西人推命，论月气，论三代祖父母，正合此义。此所谓传遗性，而即天命之谓性也。

顾谓蛟龙世为蛟龙，鳅鳝世为鳅鳝，松柏世为松柏，芦苇世为芦苇，则正不然。鹰化为鸠，爵入大水为蛤，腐草为萤，橘逾淮而北为枳，此天然之化也。松柏合种而成枞，桃杏合种而成柰，此人事之化也。天化为文明进化之自然，人化为教育迁善之结局。故安命者圣贤，孔子曰"不知命，无以为君子"是也；造命者君相，孔子曰"知其不可为而为之"是也。阁下天姿高敏，当多读儒书，多读古子、子平、神峰之作。知其当然，不知其所以然，归而求之，有余师矣。

三与舒贻上论星命书[①]

前奉两书，论星历之源流，亦既详且尽矣。然平日所条问者，随问随答，或事过易于遗忘，今复纂括成篇，一一陈于座右，庶几久阅有悟，触类而引伸之。异日《日者传》中有吾辈姓名叙列其间，亦足为国史中发异采也。

前问：三合之说，不知始于何书？按《黄帝内经·六微旨大论》六十八："帝曰：'六气应五行之变何如？'岐伯曰：'位有终始，气有初中，上下不同，求亦异也。'帝曰：'求之奈何？'岐伯曰：'天气始于甲，地气始于子，子甲相合，命曰岁立，谨候其时，气可与期。'王冰注：'子甲相合，命曰岁立，则甲子岁也。谨候水刻早晏，则六气悉可与期尔。'帝曰：'愿闻其岁六气始终早晏何如？'岐伯曰：'甲子之岁，初之气天数始于水下一刻，常起于平明寅初一刻艮中之南也。宋高保衡、林亿等《新校正》云："按戊辰、壬申、丙子、庚辰、甲申、戊子、壬辰、丙申、庚子、甲辰、戊申、壬子、丙辰、庚申岁同，此所谓辰申子岁气会同阴阳法，以是为三合。"终于八十七刻半；子正之中夜之半也。外十二刻半入二气之初，诸余刻同入也。二之气，始于八十七刻六分，子中之左也。终于七十五刻；戌后之四刻也。外二十五刻入次三气之初率。三之气，始于七十六刻，亥初之一刻。终于六十二刻半；酉正之中也。外三十七刻半差入后。四之气，始于六十二刻六分，酉中之北。终于五十刻；未后之四刻也。外五十刻差入后。五之气，始于五十一刻，申初之一刻。终于三十七刻半；午正之中昼之半也。外六十二

---

① 此文录自民国十年财政部印刷局活字本《郋园北游文存》。

刻半差入后。六之气，始于三十七刻六分，午中之南。终于二十五刻。辰正之后四刻，外七十五刻差入后。所谓初六，天之数也。天地之数，二十四气乃大会而同，故命此曰初六天数也。乙丑岁，初之气天数始于二十六刻，巳初之一刻。《新校正》云："按己巳、癸酉、丁丑、辛巳、乙酉、己丑、癸巳、丁酉、辛丑、乙巳、己酉、癸丑、丁巳、辛酉岁同，此所谓巳酉丑岁气会同也。"终于一十二刻半；卯正之中。二之气，始于一十二刻六分，卯中之南。终于水下百刻；丑后之四刻。三之气，始于一刻，又寅初之一刻。终于八十七刻半；子正之中。四之气，始于八十七刻六分，子中正东。终于七十五刻；戌后之四刻。五之气，始于七十六刻，亥初之一刻。终于六十二刻半；酉正之中。六之气，始于六十二刻六分，酉中之北。终于五十刻。未后之四刻。所谓六二，天之数也。一六为初六，二六为六二，名次也。丙寅岁，初之气天数始于五十一刻，申初之一刻。新校正云："按庚午、甲戌、戊寅、壬午、丙戌、庚寅、甲午、戊戌、壬寅、丙午、庚戌、甲寅、戊午、壬戌岁同，此所谓寅午戌岁气会同。"终于三十七刻半；午正之中。二之气，始于三十七刻六分，午中之西。终于二十五刻；辰后之四刻。三之气，始于二十六刻，巳初之一刻。终于一十二刻半；卯正之中。四之气，始于一十二刻六分，卯中之南。终于水下百刻；丑后之四刻。五之气，始于一刻，寅初之一刻。终于八十七刻半；子正之中。六之气，始于八十七刻六分，子中之左。终于七十五刻。戌后之四刻。所谓六三，天之数也。丁卯岁，初之气天数始于七十六刻，亥初之一刻。《新校正》云："按辛未、乙亥、己卯、癸未、丁亥、辛卯、乙未、己亥、癸卯、丁未、辛亥、乙卯、己未、癸亥岁同，此所谓亥卯未岁气会同。终于六十二刻半；酉正之中。二之气，始于六十二刻六分，酉中之北。终于五十刻；未后之四刻。三之气，始于五十一刻，申初之二刻。终于三十七刻半；午正之中。四之气，始于三十七刻六分，午中之西。终于二十五；辰后之四刻。五之气，始于二十六刻，巳初之一刻。终于一十二刻半；卯正之中。六之气，始于一十二刻六分，卯中之南。终于水下百刻。丑后之四刻。所谓六四，天之数也。次戊辰岁，初之气复始于一刻，常常如是无已，周而复始。'始于甲子年，终于癸亥岁，常以四岁为一小周，一十五周为一大周，以辰命岁，则气可与期。帝曰：'愿闻其岁候何如?'岐伯曰：'日行一周，天气始于一刻；甲子岁也。日行再周，天气始于二十六刻；乙丑岁也。日行三周，天气始于五十一刻；丙寅岁也。日行四周，天气始于七十六刻；丁卯岁也。日行五周，天气复始于一刻。戊辰岁也。余五十五岁，循环周而复始也。所谓一纪也。法以四年为一纪，循环不已，余三岁一会同，故有三合也。是故寅午戌岁气会同，卯未亥岁气会同，辰申子岁气会同，巳酉丑岁气会同，终而复始。'"阴阳法以是为三合者，缘其气会同也，不尔，则各在一方，义无由合。

又《淮南子·天文训》："凡日，甲刚乙柔，丙刚丁柔，以至于癸。木生于亥，壮于卯，死于未，三辰皆木也；火生于寅，壮于午，死于戌，三辰皆火也；土生于午，壮于戌，死于寅，三辰皆土也；金生于巳，壮于酉，死于丑，三辰皆金也；水生于申，壮于子，死于辰，三辰皆水也。故五胜生一，壮五终九，五九四十五，故神四十五日而一徙，以三应五，故八徙而岁终。"又《汉书·翼奉传》："上封事曰：'臣闻之于师，治道要务，在知下之邪正。知下之术，在于六情十二律而已。北方之情好也，好行贪狼，申子主之。孟康曰："北方水，水生于申，盛于子。水性触地而行，触物而润，多所好，故多好则贪而无厌，故为贪狼也。"东方之情怒也，怒行阴贼，亥卯主之。孟康曰："东方木，木生于亥，盛于卯。木性受水气而生，贯地而出，故为怒。以阴气贼害土，故为阴贼也。"贪狼必待阴贼而后动，阴贼必待贪狼而后用，二阴并行，是以王者忌子卯也。《礼经》避之，《春秋》讳焉。李奇曰："北方阴也，卯又阴贼，故为二阴。王者忌之，不举乐。《春秋》、《礼记》说皆同。贾氏说桀以乙卯亡，纣以甲子丧，恶以为戒。"张晏曰："子刑卯，卯刑子，相刑之日，故以为忌。而云夏以乙卯亡，殷以甲子亡，不推汤、武以兴，此说非也。"师古曰："儒者以为子卯夏、殷亡日，大失之矣。何儒亮以为学者，虽驳云，只取夏、殷亡日，不论殷、周之兴，以为大失，不博考其义。且天人之际，其理相符，有德者昌，无德者亡，以桀、纣之暴虐，又遇恶日，其理必亡；以汤、武之德，固先天而天不违，所谓德能消殃矣，岂殃能消德哉！"南方之情恶也，恶行廉贞，寅午主之。孟康曰："南方火，火生于寅，盛于午。火性炎猛，无所加受，故为恶。其气精专整严，故为廉贞。"西方之情喜也，喜行宽大，巳酉主之。孟康曰："西方金，金生于巳，盛于酉。金之为物，喜以利刃加于万物，故为喜。利刃所加，无不宽大，故曰宽大也。"二阳并行，是以王者吉午酉也。《诗》曰："吉日庚午。"师古曰："《小雅》，吉日之诗也。其诗曰：'吉日庚午，既差我马。'言以庚午之吉日，简择车马以出田也。"上方之情乐也，乐行奸邪，辰未主之。孟康曰："上方谓北与东也，阳气所萌生，故为上。辰，穷水也；未，穷木也。"《翼氏风角》曰："木落归本，水流归末，故木利在亥，水利在辰，盛衰各得其所，故乐也。水穷则无隙不入，木上出，穷则旁行，故为奸邪。"下方之情哀也，哀行公正，戌丑主之。孟康曰："下方谓南与西也，阴气所萌，故为下。戌，穷火也；丑，穷金也。"《翼氏风角》曰："金刚火强，各归其乡。故火刑于午，金刑于酉。酉、午，金火之盛也。盛时而受刑，至穷无所归，故曰哀也。火性无所私，金性方刚，故曰公正。"辰未属阴，戌丑属阳，万物各以其类应。'"又《京房易积算法》曰：京传之下卷。"寅中有生火，亥中有生木，巳中有生金，申中有生水，戌中有死火，未中有死木，丑中有死金，辰中有死水，土兼于中。"唐杜佑《通典》四十四引魏高堂隆议腊用日曰："王者各以其行之盛而祖，以春终而腊。水始于申，盛于子，终于辰，故水行之君，以子祖，以辰腊；火始于寅，盛于午，终于戌，故火行之君，以午祖，以戌腊；木始于亥，盛于卯，终于未，故木行之君，以卯祖，以未腊；金始于巳，盛于酉，终于丑，故金行之君，以酉祖，以丑腊；土始于未，盛于戌，终于辰，故土行之君，以戌祖，以辰腊。"按：以上皆三合之说，见于东汉以前诸书，而非术士所私造者也。

又问：三刑之说，义不得详。按：宋赵彦卫《云麓漫抄》十三《干支吉凶神图表》："寅刑巳，巳刑申，申刑寅，为恃势刑；丑刑戌，戌刑未，未刑丑，为无恩刑；子刑卯，卯刑子，为无礼刑；亥刑亥，辰刑辰，午刑午，酉刑酉，为自刑。"隋萧吉《五行大义》引翼氏曰："东方性仁情怒，怒行阴贼主之；南方性礼情恶，恶行廉贞主之；下方性信情哀，哀行公正主之；西方性义情喜，喜行宽大主之；北方性智情好，好行贪狼主之；上方性恶情乐，乐行奸邪主之。"贪狼主求索财物，既云贪狼，理然求须，阴贼主于劫盗，此亦不疑。廉贞主上客迁召，寅为阳始，午为阳盛，故称上客，既有廉贞之性，理自召任高迁。宽大主酒食庆善，宽大多所容纳，故有善庆，善庆必置酒食。奸邪主疾病淫淫，欺欺①故因邪恶而生，邪恶必生疾病。公正主执仇诤谏，正故能争，公故能执仇雠也。情好者，水生申盛子，水性触地而行，触物而润，多所好，故为好，多所好则贪无厌，故为贪狼，申子主之。情怒者，木生亥盛卯，性受水气而生，贯地而出，故为怒，卯木生于子，水与卯还自相刑，亥又自刑，是以阴气相贼，故为阴贼，亥卯主之。贪狼必得阴贼而后动，阴贼必得贪狼而后用，二阴并行，是以王者忌于子卯相刑之日也。情恶者，火生寅盛午，火性炎猛，无所容受，故为恶，其气清明精曜，以礼自整，故为廉贞，寅午主之。情喜者，金生巳盛酉，金为宝物，见之者喜，又喜以利刃加于万物，故喜，利刃所加，无不宽广，为

---

① "淫淫，欺欺"讹，当作"淫欺，淫欺"，据《五行大义》（日本刻《佚存丛书》本）校。

器则多容受，故为宽大，巳酉主之。二阳并行，是以王者吉于午酉之日。情乐者，谓北与东。阳气所萌生，故为上，亦主中央，辰为水穷也，木落归本，水流归末，故木刑在未，水刑在辰，盛衰各得其所，故乐，水穷则无隙不入，木上出穷则旁行为斜，故为奸邪，辰未主之①。哀者，谓南与西，阴气所萌生，故为下，戌穷火也，丑穷金也，金刚火强，各归其乡，故火刑在午，金刑在酉，金火之盛而被自刑，至穷无所归，故曰哀，火性无私，金性刚断，故曰公正。戌丑主之。"又曰："木落归本，故亥卯未木之位，刑在北方，亥自刑，卯刑在子，未刑在丑。水流向末，故申子辰水之位，刑在东方，申刑在寅，子刑在卯，辰自刑。金刚火强，各归其乡，故巳酉丑金之位，刑在西方。巳刑在申，酉自刑，丑刑在戌。寅午戌火之位，刑在南方，寅刑在巳，午自刑，戌刑在未。"此与上翼奉上封事及孟康注引《翼氏风角》文义同，是三刑之说，亦出于汉儒。其义五行盛满则刑，实阴阳倚伏之理，非仅数术已也。

前问"六亲"之名，亦仅言大概，而未著其来历。按：《易·系辞下》曰："爻有等，故曰物。"晋干宝注："等，群也。爻中之义，群物交集，五星四气，六亲九族，福德刑杀，众形万类，皆来发于爻，故总谓之物也。"干宝之学出于京房，六亲之名于此已定。京房《易传·乾卦传》曰："水配位为福德"，陆绩注："甲子水是乾之子孙。""木入金乡居宝贝"，陆绩注："甲寅木是乾之财。""土临内象为父母"，陆绩注："甲辰土是乾之父母。""火来四上嫌相敌"，陆绩注："壬午火是乾之官鬼。""金入金乡木渐微"，陆绩注："壬申金同位伤木。"又《京房易积算法》曰：即《传》之下卷。"孔子《易》云：'《易》，八卦鬼为系爻，财为制爻，天地为义爻。'"陆绩注："天地即父母也。""福德为宝爻"，陆绩注："福德即子孙也。""同气为专爻"，陆绩注："兄弟爻也。"《抱朴子》引《灵宝经》"干支②上生下曰宝日"，原注："甲午乙巳是也。""下生上曰义日"，原注："壬申癸酉是也。""上克下曰制日"，原注："戊子己亥是也。""下克上曰伐日"，原注："甲申乙酉是也。""上下同曰专日。"《淮南子·天文训》："甲乙寅卯，木也；丙丁巳午，火也；戊己四季，土也；庚辛申酉，金也；壬癸亥子，水也。水生木，木生火，

①　"之"字后脱"情"字，据《五行大义》（日本刻《佚存丛书》本）校。
②　"干支"讹，当作"支干"，据《抱朴子》（上海，上海古籍出版社，1990）校。

火生土，土生金，金生水。子生母，曰义；母生子，曰保。子母相得曰专，母胜子曰制，子胜母曰困。以胜击杀，胜而无报。以专从事而有功。以义行理，名立而不堕。以保畜养，万物蕃昌。以困举事，破灭死亡。"以上皆汉人所谓"六亲"，京房《易传》尤与今星命家微妙相合。乾为金，以水为福德，是子孙也；以木为宝贝，是妻财也；以土为父母，是生我之印绥也；以火为官鬼，是克我之官杀也；以同位为兄弟，是比劫分财也。曰金入金乡木渐微，兄弟多则财少，更为明白易晓之理。其他散见于《易经》汉晋人注者，虽不能一一具备，亦可约略言之。《象》曰："比之匪人，不亦伤乎？"干宝注："六三乙卯，坤之鬼吏。在比之家，有土之君也。周为木德，卯为木辰，同姓之国也。爻失其位，辰体阴贼，管、蔡之象也。比建万国，唯去此人。故曰'比之匪人'，不亦伤王政也。"干宝以乙卯为坤鬼，是克土之官杀也，以管、蔡本同姓，是比肩之匪人也。《小畜》九五象曰："有孚挛如，不独富也。"《九家注》："有信，下三爻也。体巽，故挛如。如谓接连其邻，邻谓四也。五以四阴作财，与下三阳共之，故曰'不独富也。'"按：卦体本六四，辛未土，乃制爻也，故为财。九家以六四为九五之财，又有三阳来共，是劫夺此财，故不独富也。《随》初九："官有渝，贞吉。出门交有功。"《九家注》："渝，变也，谓阳来居初，德正为震。震为子，得土之位，故曰官也。阴阳出门，相与交通，阴往之上，亦不失正，故曰贞吉而交有功。"按：随为否上之初，初柔升上，是乾之上九居坤初，为震坤之初六，升乾上而兑也。震初庚子水，得坤初乙未土之位，故曰"官有渝"。水以土为官鬼，官鬼变则吉也。上本阴位，故阴往之，阴亦不失正。此以官为子，以子为官，亦出于卦象之明证也。今星家谈命先分六亲，抑知六亲名义其由来之古欤？

前问十二禽之属，亦非流俗所传之讹。汉王充《论衡》："寅，木也，其禽虎也；戌，土也，其禽犬也。丑未亦土也，丑禽牛，未禽羊也。木胜土，故犬与牛羊为虎所服也。亥，水也，其禽豕也；巳，火也，其禽蛇也。子亦水也，其禽鼠也；午亦火也，其禽马也。水胜火，故豕食蛇；火为水所害，故马食鼠菡而腹胀。"又云："酉，鸡也；卯，兔也；申，猴也。东方，木也，其星苍龙也；西方，金也，其星白虎也；南方，火也，其星朱鸟也；北方，水也，其星玄武也。天有四星之精，降生四兽之体，以四兽验之，以十二辰之禽效之。"充为此解甚详，然不仅充之书如是也。许慎《说文解字》巳部首："巳为蛇，象形。"亥

部首重文："布，古文亥为豕。"申部首："七月阴气成，体自申束，从
臼，自持也。"此"臼"即爪部为古文𦥑之𦥑，象两母猴相对形，是申
为猴也。《礼·月令》："季冬之月，出土牛以送寒气。"郑注："丑为牛，
可牵止也。"《诗·小雅·彤弓之什》："吉日庚午，既差我马。"孔疏：
"午日者，盖于辰午为马故也。"此皆十二禽属之说，散见汉儒书中，其
非伪造灼然可睹也。其后演为三十六禽，详萧吉《五行大义》引《六壬
式经法》，其例以一禽分朝、昼、暮三候，如子为鼠、为燕、为伏翼，
丑为牛、为鳖、为蟹，寅为虎、为豹、为狸，卯为兔、为狐、为貉，辰
为龙、为蛟、为鱼，巳为蛇、为鳝、为蚯蚓，午为马、为鹿、为獐，未
为羊、为豣、为麛，申为猴、为猿、为玃，酉为鸡、为雉、为乌，戌为
狗、为豺、为狼，亥为豕、为豚、为貐。尝试推其源流，亦出于《易》
象中孚"豚鱼吉"。郑氏注曰："三辰为亥、为豕，爻失正，故变而从
小，名言豚耳。四辰在丑，丑为鳖蟹。鳖蟹，鱼之微者，爻得正，故变
而从大，名言鱼耳。"虽仅此一见，其为汉时已有之说，固不待言。晋
葛洪《抱朴子·内篇·登涉》云："山中寅日，有自称虞吏者，虎也；
称当路君者，狼也；称令长者，老狸也。卯日，称丈人者，兔也；称东
王父者，麛也；称西王母者，鹿也。辰日，称雨师者，龙也；称河伯
者，鱼也；称无肠公子者，蟹也。巳日，称寡人者，社中蛇也；称时君
者，龟也。午日，称三公者，马也；称仙人者，老树也。未日，称主人
者，羊也；称吏者，獐也。申日，称人君者，猴也；称九卿者，猿也。
酉日，称将军者，鸡也；称捕贼者，雉也。戌日，称人姓字者，犬也；
称成阳公者，狐也。亥日，称妇人者，金玉也；称神君者，猪也。子
日，称社君者，鼠也；称神人者，伏翼也。丑日，称书生者，牛也。但
知其物名，不为害也。"此皆演禽中物，知其说必有根据，而不可目为
无稽之言。即二十八宿如尾火虎、箕水豹为寅属，房日兔、氐土貉、心
月狐为卯属，元金龙、角木蛟为辰属，翼火蛇、轸水蚓为巳属，星日
马、张月鹿、柳土獐为午属，鬼金羊、井木豣为未属，参水猿、觜火猴
为申属，昴日鸡、胃土雉、毕月乌为酉属，娄金狗、奎水狼为戌属，室
火猪、壁水貐为亥属，虚日鼠、危月燕、女土蝠为子属，牛金牛、斗木
獬为丑属，亦本于十二禽之变化，而不出于三十六禽之中。宫各二禽，
惟子午卯酉中气得三，盖为星度所限，然其在天成象，在地成形，理无
二致也。是禽属之说，不可目为虚诬也。

　　总之，星命之吉凶，不外理数，理数不外乎《河》、《洛》九宫，而

皆归于《易》象。郑康成注《易》，以爻辰推十二月律吕之应二十八宿
之值，其原出《易纬·乾凿度》、《春秋纬·元命包①》。虞仲翔以卦气
推日月纳甲之盈虚，以知阴阳之消息，其原亦出《易纬·乾凿度》，而
实与魏伯阳《参同契》之旨相符合。《易》之洁净精微，本无施不可，
而况言命乃其微言之所托乎？纳音、纳甲，皆非图表不明，今姑从略，
异日当举其全以详告也。

四与舒贻上论星命书②

纳音、纳甲图表，非一时所能写出，以客中无画墨线及墨圈之器
具，须回苏后暇时为之。至预推未来节气与月朔日辰，自有秘诀，别纸
写之，奉上一览。但岁差、里差之法，今比昔精，是在用之者有所折
衷矣。

前第一书论五行之性，据《礼记·中庸》"天命之谓性"，郑注：
"木神则仁，金神则义，火神则礼，水神则信，土神则知。"鄙人按语
谓："当云'水神则知，土神则信'，此疑传写之讹。"然孔颖达《正义》
本注疏云："木神则仁者，皇氏云东方春，春主施生，仁亦主施生。云
金神则义者，秋为金，金主严杀，义亦果敢断决也。云火神则礼者，夏
为火，火主照物而有分别，礼亦主分别。云水神则信者，冬为水，水主
闭藏，充实不虚，水有内明，不欺于物，信亦不虚诈也。云土神则知
者，金、木、水、火、土无所不载，土所含义者多，知亦所含者众，故
云土神则知。"孔引皇氏，盖皇侃旧疏，是六朝人所见郑注《中庸》，本
为水信、土知，疏者例不破注，故亦从而引申之。按：郑义本《易纬·
乾凿度》云："孔子曰：八卦之序成立，则五气变形，故人生而应八卦
之体，得五气以为五常：仁、义、礼、智、信是也。夫万物始出于震，
震，东方之卦也，阳气始生，受形之道也，故东方为仁。成于离，离，
南方之卦也，阳得正于上，阴得正于下，尊卑之象，定礼之序也，故南
方为礼。人于兑，兑，西方之卦也，阴用事，而万物得其宜，义之理
也，故西方为义。渐于坎，坎，北方之卦也，阴气形盛阴，按：此'阴'
字疑衍。阳气含闭，信之类也，故北方为信。夫四方之义，皆统于中央，

故乾、坤、艮、巽，位在四维中央，所以绳四方行也，智之决也，故中央为智。故道兴于仁，立于礼，理于义，定于信，成于智。五者，道德之分，天人之际也。"

然同一纬书，而义有互异。《易纬·乾坤凿度》云："运五行先水，次木，生火，次土及金。木仁，火礼，土信，水智，金义。"又《万名经》曰："水土兼智信，木火兼仁惠，五事天性，训成人伦。"萧吉《五行大义》三引《春秋元命苞》云："肝仁，肺义，心礼，肾智，脾信。肝所以仁者何？肝，木之精，仁者好生，东方者阳也，万物始生，故肝象木，色青而有柔。肺所以义者何？肺，金之精，义者能断，西方杀成万物，故肺象金，色白而有刚。心所以礼者何？心，火之精，南方尊阳在上，卑阴在下，礼有尊卑，故心象火，色赤而光。肾所以智者何？肾，水之精，智者进而不止，无所疑惑，水亦进而不惑，故肾象水，色黑水阴，故肾双。脾所以信者何？脾，土之精，土主信，任养万物为之象，生物无所私，信之至也，故脾象土，色黄。"此纬与纬说之同异。其他汉儒说五行性者，亦多与郑氏违反。《汉书·翼奉传》"观性目[①]历"注，张晏曰："性谓五行也，历谓日也。"晋灼曰："翼氏五性，肝性静，静行仁，甲己主之；心性躁，躁行礼，丙辛主之；脾性力，力行信，戊癸主之；肺性坚，坚行义，乙庚主之；肾性智，智行敬，丁壬主之。"晋灼引翼氏，盖《风角占》之文。班固《汉书·天文志》："岁星曰东方春木，于人五常，仁也；荧惑曰南方夏火，礼也；太白曰西方秋金，义也；辰星曰北方冬水，知也；填星曰中央季夏土，信也。"又《白虎通德论·性情》："五藏：肝仁、肺义、心礼、肾智、脾信也。肝所以仁者何？肝，木之精也，仁者好生，东方者阳也，万物始生，故肝象木，色青而有枝叶。肺所以义者何？肺者，金之精，义者断决，西方亦金，成万物也，故肺象金，色白也。心所以为礼何？心，火之精也，南方尊阳在上，卑阴在下，礼有尊卑，故心象火，色赤而锐也。肾所以智何？肾者，水之精，智者进而不止，无所疑惑，水亦进而不惑，北方水，故肾色黑，水阴，故肾双。脾所以信何？脾者，土之精也，土尚任养万物为之象，生物无所私，信之至也，故脾象土色，黄也。"唐瞿昙悉达《开元占经》引《洪范五行传》曰："岁星者，于五常为仁，恩德孝慈。荧惑于五常为礼，辨上下之节。太白于五常为义，主动得宜。辰

---

① "目"字讹，当作"以"，据《汉书·翼奉传》（北京，中华书局，1962）校。

星于五常为智，乱权贪道。'道'疑'盗'之声近讹。填星于五常为信，言行不二。"此汉儒诸家与郑义之同异。

然又有与诸儒说及郑义同异者。董仲舒《春秋繁露·五行相生》篇云："东方者木，农之本。司农尚仁，亲人南亩之中，观民垦草发淄，耕种五谷，积蓄有余，家给人足，仓库充实，司马实谷。司马，本朝也；本朝者，火也。故曰木生火。南方者，火也。本朝司马尚智，上知天文，其形兆未见，其萌芽未生，昭然独见存亡之机、得失之要、治乱之源。天下既宁以安。君官者，司营也，司营者，土也，故曰火生土。中央者^①，君官也。司营尚信，应天因时之化，威武强御以成。大理者，司徒也，司徒者，金也，故曰土生金。西方者金，大理，司徒也，司徒尚义，伐有罪，讨不义，是以百姓附亲，边境安宁，寇贼不发，邑无讼狱则亲安。执法者，司寇也，司寇者，水也，故曰金生水。北方者水，执法^②，司寇也。司寇尚礼，君臣有位，长幼有序，朝廷有爵，乡党以齿，百工维时以执器械，器械既成，以给司农。司农者，田官也，田官者木，故曰水生木。"按董氏以火为智，以水为礼，说既与诸家不同，于郑义亦不合。此则各本师说，就五行之所用，而持论稍歧，实则五行之体仍无异也。

若三十六禽载于《六壬式经法》者，原文讹误甚多，鄙人据二十八宿之物以改之，列宿缺其八，则据葛洪《抱朴子》及《五行大义》原引之《本生经》与《禽变》诸书又一云某者改之。如卯之为兔、为貉、为狐，此列宿之精，而《式经法》原文云："朝为猬，昼为兔，暮为貉。一云朝为狐。"《生经》云："暮为貉。"猬、貉皆不类，乃明有"一云朝为狐"是也。而取猬不取狐，是不可不据改者一。未之为羊、为犴、为獐，原文："朝为羊，昼为鹰，暮为雁。"《本生经》云："暮为老木。"鹰、雁皆不类。按："鹰"为"獐"之形讹，"雁"则"犴"之声误。列宿有犴无雁，《抱朴》有獐无鹰，是不可不据改者一。申之为猴、为猿、为玃，原文："朝为猫，昼为猿，暮为猴。一云旦为羊。猫、羊皆不类。"按：羊涉上文未属羊而讹，猫盖玃之破损字。《说文解字》犬部："玃，母猴也，从犬，矍声。"《尔雅》："玃父善顾玃持人也。"是不可不据者一。酉之为鸡、为雉、为鸟，此亦列宿之精，原文："朝为雉，昼

---

① "者"字后脱"土"字，据《春秋繁露》（北京，中华书局，2011）校。
② "法"字后脱"者"字，据《春秋繁露》校。

为鸡，暮为马。一云朝为鸡，暮为死石。"《禽变》云："暮为死土。"
《本生经》云："暮为鸢。"按：《抱朴》亦作鸡、雉、乌。 "马"者，
"乌"之讹误。《五行大义》既引《式经》如前文，而后又申其义，曰：
"酉为鸡、雉、乌者，酉为金，威武之用。鸡有五德，以武为先，见敌
必斗，是其本性。《说题辞》云：按：此《春秋纬》。'鸡为积阳，南方之
象。火阳精物炎上，故阳出则鸡鸣，以类感也。'《考异邮》云：按：此
亦《春秋纬》。'鸡火畜，鸣近寅，寅阳，有生火，喜故鸣。'武事必有号
令，故在西方。巽为鸡，亦为号令。辰巳并与酉合，故在酉。雉是火
鸟，为武之威。《方伎传》云：'太白扬光，则鸡鸣，荧惑流耀，则雉
惊。'《易通卦验》云：'雉者，是阳，雄鸣则雌应，阳唱阴和之义。'当
时则雉，亦号令之义。乌者，阴之禽，而居日中。《元命苞》云：此亦
《春秋纬》。'乌在日中，象阳怀阴也。'以其在日中得阳气，故仁而能返
哺。在酉者，春时日临兑，酉是二八之月①，日所入处，取其终也，故
并配酉。"据此，则鸡、雉、"乌"三者，"乌"本不误。今《五行大义》
出自日本传抄，以形近误"马"，是不可不据改者一。亥之为豕、为豚、
为貐，此亦列宿之精。原文："朝为豕，昼为獾，暮为猪。一云旦为生
木，昼为豕，暮为蛭蝓。一云旦为狁，昼为貙。一云暮为朽木。"貙、
獾、蛭蝓皆不类。按："豕"、"豚"之分，见于《易·中孚》。郑注：
"爻辰，貐则著于列宿。"是不可不据改者一。惟列宿之斗木獬，明人池
本理撰《禽星易见》一卷，以"斗牛獬"为"斗牛蟹"，谓其性最弱，
静而安闲，非"獬豸"之"獬"。《四库全书总目提要》称其足订星家之
讹异。不知"丑之为蟹"亦出《易·中孚》郑注爻辰，其说在池氏之
先，尤可信也。

　　夫万物之生，同本一气，气之凝聚而成象，象之交媾而成形，人虽
万物之灵，而实五虫之秀。《孔子家语·执辔》云："羽虫三百有六十，
而凤为之长；毛虫三百有六十，而麟为之长；甲虫三百有六十，而龟为
之长；鳞虫三百有六十，而龙为之长；倮虫三百有六十，而人为之长。"
又云："天一，地二，人三，三三如九，九九八十一。一主日，日数十，
故人十月而生。八九七十二，偶以从奇，奇主辰，辰为月，月主马，故
马十二月而生。七九六十三，三主斗，斗主狗，故狗三月而生。六九五
十四，四主时，时主豕，故豕四月而生。五九四十五，五为音，音主

---

　　① "月"字讹，当作"门"，据《五行大义》（日本刻《佚存丛书》本）校。

猿，故猿五月而生。四九三十六，六为律，律主鹿，故鹿六月而生。三九二十七，七主星，星主虎，故虎七月而生。二九一十八，八主风，风为虫，故虫八月而生。其余各从其类矣。"《家语》虽出王肃窜改，而多有孔门师弟问答微言，且此已见《淮南子》书，则非王肃所能伪造。《执辔》又云："子夏问于孔子曰：'商闻《易》之生人及万物鸟兽昆虫，各有奇偶，气分不同。而凡人莫知其情，唯达德者能原其本焉。'"是人之与物，只气分不同，自造物视之，其为虫一也。然则属禽十二演为三十六，皆有气分深浅之递变。《家语》"天一、地二、人三"，是天、地、人相生之数。《老子》曰："一生二，二生三，三生万物。"是天、地、人、物相生之数。得气之纯者为人，得气之杂者为禽，凡气由杂而纯，命属之禽，故星家谓之本命无辰，即《家语》之所谓原本者是也。

今人读《易》象，如乾为马、坤为牛、震为龙、巽为鸡、坎为豕、离为雉、艮为狗、兑为羊之类，而未尝致疑，乃于本命所属多所辨难，此同一本于《易》象，出之经文则随口读过，出之注家、杂家书之类则失其信心，此所谓知二五而不知十也。大氐吾国阴阳五行之学，原于《易》象，传于圣门，两汉三国时儒林经师皆习见习闻，且为人人共相通晓之学。其流为谶纬符命，虽不免间有后人附会羼杂，要不得谓非前知之哲人。自魏晋尚清谈，而师传遂绝；自宋元崇道学，而载籍日亡。鄙人思欲起而振之，使及门中皆知此事不足为神奇，而后无所谓为秘密。试观两汉三国儒林、方术诸传，有一不本诸占筮而指陈易了者乎？是固足以关非命者之口矣。

致王秉恩[1]

雪澄先生兄长阁下。久不到上海，晤莫楚翁，云康健如恒，著述不辍，良深忻慰。今年夏间，友人约往北京，住半年之久，日惟与人推命。当道要人皆如木槿昙花，无三五年长久之局者，世乱固未已也。拙箸《星命真原》一书，穿穴郑、虞二家《易》书，探源《河》、《洛》，旁参印度、回回之术，更证以西人谈命之书，自谓为古今绝学。宋人先天后天八卦之说，最为汉学家所诋諆，弟所见五行书日多，乃悟六朝以

---

[1] 此文录自王逸明主编《叶德辉集》。

前先天后天之数多与宋人相合，特未有先后天名目，故人不知之耳。汉学家专己之言，固未可墨守也。柯凤孙向以此书称于北京，曾与之畅谈，及推论当代要人命造，谓弟学通天人，又谓弟学贯中西，颇不敢存嗛嗛之意。近一门生以所藏姜怡亭金器拓本四册托售，一时无主，因一一笺释之，楚翁谓宜付之石印，无此巨赀，惟有云烟而已。此颂撰安。小弟叶德辉顿首。辛酉十二月十二日。

与瞿良士借印四部宋元善本书启[①]

前托缪小老由尊处代抄《珞琭子赋》二种，抄赀已交小老转缴，此时计已早登记室矣。属推贵造，身财两旺，为大富之格，行运流年，别详奉教。

自昔江左为人文荟萃之区，珂乡为历代藏书之府，执事椠书世守，今之鲁殿灵光。昔人有言，坐拥百城，南面王无以易，此乃洞天之清禄，岂同世俗之浮云？侧闻贵邑人士佥称执事流通古籍，有朱竹垞、曹倦圃之遗风。时晤徐积馀观察，云其《随庵丛编》仿宋刻诸书大半影摹出于尊藏，为之叹羡不置。又见交通图书馆影印唐李推官《披沙集》、宋钱杲之《离骚集传》两种，皆本邺架之储，传古人不敝之精神，开书林方便之条例，此当如顾嗣立刻《元诗选》，夜夜有古衣冠拜于床下者也。

弟数年前与张鞠生同年倡为《四部丛刊》之议，欲合四部最要最善之本，聚于一编。合二人之藏，不敌尊处一鳞片羽。屡思援朱竹垞、钱湘灵、黄俞邰、周雪客征刻唐宋人秘本书之例，借重大名，列于公启。以时局扰攘，执事又以议员在京，江海阻修，无缘通问，道傍筑室，三年于兹。今春重来海上，晤鞠生同年，再申前议，袖出拟印各种书目，商酌去取异同。弟一一为之覆勘，颇有增淆，惟乞邻之举，则视执事一言为重轻。如蒙雅意玉成，则借嫏嬛二酉之奇珍，以续《警悟》、《百川》之巨制，执事洵无愧于竹垞、湘灵诸老，弟等亦获如俞邰、雪客追逐后尘，岂非盛美之业哉！

鞠生同年创设商务印书馆逾二十年，印行学堂教科书，利过校印古书倍蓰。今亟亟与弟图画及此者，诚以黄流绛云之厄，千古读书者所痛

---

① 此文录自民国十一年长沙叶氏刊本《郋园山居文录》。

心。今幸吾辈百里声闻，同方同术，又得执事琳琅满室，如取如携，故敢谬作呓谈，冀获偿兹宏愿。他日书成之后，自应精装副本全部，以供行秘之需。至影印之法，绝不拆散原书，但以玻璃版逐叶影翻，毫无手污爪破之患。惟检查稍嫌繁琐，拟恳执事代延一诚信可依之书记，借重指挥，月俸若干，由弟等按月致送。斯事体大，非多文好古，而无钱牧翁、黄荛翁之侫癖如执事者，不能合此浮图。

见在南京图书馆当事诸君，惠许借瓻，各处闻风，皆欲先睹为快。所幸执事不耻伍呛，相与乐观厥成，则非独后学获此津梁，抑亦古人藏山传人之素志也。海虞山川清淑，久欲偕鞠生同年裹粮来游，倘得借窥秘藏，则诚三生有幸矣。

与张鞠生同年论借印《四部丛刊》书①

连日晤谈极快，回苏后即将致瞿良士书封寄，并寄《四部丛刊目录》一本，亦经弟校改一过者，书稿别录奉览。今日海内藏书家，固以江南之瞿、山左之杨为南北两大国，然其他藏书之人所藏亦有出于二家之外者。此次汇印，板本则取异不取同，征求则就近不就远。一则利在保留古本，一则利在易借荆州。盖必如此，始足达吾辈流通古书之素心，而其途亦较有归宿也。

经书决用单注本。瞿《目》有宋刊本《周易》十卷、宋刊巾箱本《毛诗》二十卷、宋淳熙阮仲猷本《春秋经传集解》三十卷、宋余仁仲本《春秋公羊经传解诂》十二卷、影宋相台岳氏《孝经》一卷、宋刊本《尔雅》三卷，凡六种。其纂图互注诸经及宋刊残本，均不适用。《穀梁传》有余仁仲本残本六卷，似可取黎刻《古逸丛书》本补之。《孟子》宋本既向北京内府借影，则弟前恨孔、韩两刻失宋本原式不能配入者，今已成为全璧矣。惟"三礼"、《论语》颇难遇。瞿《目》有《周礼》无《仪礼》、《礼记》。《周礼》一为纂图互注本，一为残宋本，均不可用。《礼记》傅沅叔同年得天一阁藏宋阮仲猷本，可以向其借印。《周礼》弟有明嘉靖两刻本，一仿宋相台岳氏本，一重刻宋相台岳氏本，二本行格字数同，八行十七字。惟仿刻本字体端劲似颜书，重刻本字体方板近俗耳。《仪礼》弟有明嘉靖中徐氏翻宋本，行格字数与岳本同，但不附

---

① 此文录自民国十一年长沙叶氏刊本《郋园山居文录》。

"释音"为异。《论语》弟有日本文化十年覆元正平本，即《古逸丛书》之祖本，为顾涧薲旧藏。此皆可以配入，虽为明刻、外藩刻，固不下宋本一等也。《孝经》别有宋小字本，极精，杨守敬《留真谱》全刻之，亦可重印。

子部《鬼谷子》用秦氏石研斋本，但石研斋有两本：一、乾隆己卯刻《道藏》本，用宋体字；一、嘉庆十年刻述古堂影宋本，用元体字。元体字本常见，拟用宋体字本。

集部唐《骆宾王集》原用石研斋本，不如用丁《志》所载之元刊本。江南图书馆藏书，当有之。元人集范、揭、虞、杨为四大家，目中止有虞、揭二家，范、杨似当补入。《范集》，瞿《目》、丁《志》均有元刊本。《杨仲弘集》弟有明嘉靖丙辰刻本。此皆远胜汲古阁刻元人四家也。又前长沙书客带来之《韩诗外传》，非通津草堂本，即非野竹斋本，前此恍惚看过，频日记忆，灼知其非矣，此亦嘉靖时刻，但视通津、野竹优劣如何，则须取两本比勘方明晓也。《文心雕龙》刻入《两京遗编》，曾为《四库存目》所讥，然其刻本前人甚贵重之。孙祠《书目》载有影写本二、三种，则其刻本希见可知矣。弟家藏五六种，中有《新语》，取校天一阁本，并无异同。天一阁本乃范钦之子所刊，不在《二十种奇书》之内。《二十种》刻于嘉靖年间，此则万历年间所刻者，而《两京遗编》刻于万历十年，略先于范刻，惟范刻字体较《两京遗编》端整，故《丛刊目》中取范刻也。

与日本白岩龙平借印宋本书启①

前奉日历九月十四日谕书，旋即裁复，计已早邀典签矣。弟居苏四年，往时撰述未完之书，其卷帙少者均已缮稿，陆续刊成。敝国重阳节时，将往长沙一行，以购纸印书等事，非弟躬亲料理不可。湘境虽未定一，省会尚属平安，儿辈来书，总以缓归为辞，盖深恐蹈癸丑、甲寅之危境也。弟年来收视返听，未尝轻发一言，归湘亦不过暂居二三月，短或三五旬，息交绝游，不至与武人相接触也。

今年春间，弟与商务印书馆股东张鞠生倡印《四部丛刊》一书，凡十三经、二十四史、周秦、两汉诸子、历朝名人诗文集，都四百种，为

---

① 此文录自民国十一年长沙叶氏刊本《郋园山居文录》。

书三千本，所收皆宋元旧刻，次亦明刻、精校、名抄。凡南北藏书家秘
笈琳琅，皆允借印。现已印成数十种，特将《凡例》、《目录》寄呈。

惟经部小学类《说文解字》中国所存宋刻本，向藏浙江陆心源家，
今其书尽售于岩崎氏静嘉堂，闻主人已物故，其子能守楹书，然珍袭而
阂于家，不如流布而公诸世。阁下在贵国素负清望，又与敝国人士文字
交深，倘得借重鼎言，相假印照，则数百年之善本，可成千万化身，当
亦岩崎与陆氏在天之灵所握手欢笑者也。印照之法，以贵国为最精良，
需资若干，自应见示筹备。若阁下及贵国好古之士能印照千部，或五六
百部，不独两国文学之士购取争先，即法、美诸邦近来研究汉文者，正
恨不得门径，此书一出，海内外当不胫而驰。彼时弟即据以重印入《四
部丛刊》。两国各一板权，更见推行之广远。

岩崎氏往年由岛田翰君通问，借抄借印，交际颇殷。今两君久西
归，舍阁下无因媒介。前年松崎鹤雄君归国，道出上海，即以此书原委
相告，属其留意，劝贵国好学而有力者借之影出，以广流传。松崎来
书，从未道及，想与岩崎家隔绝，无从探问也。中国自唐以来散佚之
书，赖贵国保存仍还中国者，残篇整卷，沾溉无穷。况此书之去吾国不
及廿年，虽不敢存完璧归赵之心，而不免异书借荆之想。阁下文字之
好，素有同心，有暇恳向岩崎后贤商借，助弟成功，则敝国老宿后生同
拜阁下之惠矣。

前云日历十月来敝国，先至北京，后至上海，不知能一巡长沙否？
若在夏时十月、十一月之间，弟或犹未还苏。三年阔别，亟思一叙积
怀，正不知辎车何时戾止也。

与日本松崎鹤雄论文字源流书[①]

前书问中国书画南宗、北宗之别，未及详答。画之南北分派，具详
拙箸《观画绝句》一书，书则拟著一书而未之就。家藏古碑帖甚夥，无
目录可稽。苏寓乏书，尤费记忆，今且为阁下一详论之。

中国文字，胚胎于结绳，权舆于画卦。《世本》云黄帝史臣沮诵、
仓颉作字。不知此二人者，止修改文字，未尝创造文字。拙著《六书古
微》已论著其义矣。真、即正楷书。草未出，只有篆、隶通行；篆、隶

---

① 此文录自民国十一年长沙叶氏刊本《郋园山居文录》。

未出，只有古籀通行；古籀未出，只有结绳记事通行。而二者通行之中，亦分甲乙。如行古籀之时，则以古为甲，籀为乙；如行篆、隶之时，则以篆为甲，隶为乙。犹之今日通行真、草之时，以真为甲、草为乙是也。许慎《说文解字序》云：“亡新居摄，时有六书，四曰佐书，即秦隶书。”盖汉时以篆为甲，隶为乙，佐即辅佐之义，所以辅佐篆书者也。其时经师有古文、今文之学，古文孔壁古籀，今文隶书。然同一古文，孔壁古文与钟鼎古文不同；近时所出陶器、龟兆之古文又不同。同一籀文，《说文》所引之籀文与石鼓所传之籀文不同；同一小篆，有李斯、赵高、胡母敬、程邈之不同；《说文序》：“秦始皇帝初兼天下，丞相李斯作《仓颉篇》，中车令赵高作《爰历篇》，太史令胡母敬作《博学篇》，皆取史籀大篆，或颇省改，所谓小篆者也。”又云：“亡新居摄，时有六书，三曰篆书，即小篆，秦始皇帝使下杜人程邈所作也。”今按：李斯篆存于今者，惟泰山及绎山刻石。泰山所存仅九字，石质驳落，不得其笔势；峄山为宋人重摹，更不可据以为真迹。惟世传秦权量、诏版确为李斯真迹。赵高、胡母敬久不传，程邈首创隶书，世不得见，然秦瓦中“维天降灵，延元万年，天下康宁”十二字，“兰池宫当”四字，其体与权量、诏版不同，当是程邈一派。缘瓦当本缪篆，其结体局促，足当小篆之目。同一隶体，有芝英、夏承碑体书。蔡邕、《熹平石经》残字。皇象吴《天玺纪功碑》，世称《天发神谶碑》，余尝断此碑为八分隶书，因其用笔有八分篆体也。皇象以前应有此体，故自来以八分为隶书，其同时之《国山碑》亦然。但《国山》笔圆、《天玺》笔方为异。之不同，又有钟繇今隶、世传法帖中，钟繇书如《力命》、《宣示》、《戎辂》、《荐季直表》皆是钟繇今隶。庾元威散隶即草隶。之不同。亦如同一草书，有章草、汉章帝草书谓之章草，载《淳化阁帖》。又有《急就章》明翻宋石刻本。元赵孟頫摹《急就章》在《三希堂法帖》内，可以考其体势。二王晋王羲之、献之父子书，刻《淳化阁帖》、《澄心堂帖》。之不同；同一楷法，有北魏、隋唐之不同。北魏、隋唐碑今尚多。

　　且不仅此也。古文于孔壁、钟鼎外，有奇字古文、奇字古文，余断为周末七国时之文。《说文序》云诸侯力政，不统于王，分为七国，文字异形是也。其文存于今者，惟古刀币中可见其大概。古币如齐刀之即墨、安阳，赵币之晋阳、安阳、平阳、中都、西都、汤邑、魏币之皮氏、高阳，韩币之屯留、郎子，燕币之涿皆是也。此等古刀币，多两汉、六朝仿铸，为瘞钱之用，然非出于臆造。汗简古文。此即孔壁古文，中分刀刻、漆书二种。刀刻者，笔锋锥锐，宋郭忠恕《汗简》所载虽不可尽据，要自有真者，可以悟刀刻之利。漆书即科斗文，漆性凝聚，书于竹上，不能流走，成科斗形。《后汉书·杜林传》：“于西州得漆书《古文尚书》。”《晋书·束皙传》：“太康元年，汲郡人发冢，得竹书数十车。”皆简编科斗文字杂写经史。篆文于小篆外，又有八体之摹印、虫书，摹印即王莽时六书中之缪篆，虫书即六书中之虫鸟书，所以书幡信。其界乎篆、隶之间者，有八体中之署书、殳书，署书以榜宫殿名，殳书则刻于兵器。南唐徐锴《说文解字系传》曰："书于殳也，殳体八觚，随其势而书之。"余谓此专就"殳"字生义，其实古兵器铭字皆用此体。如阮文达《钟鼎彝器款识》"芊子之觡戈"，吴大澂《说文古籀补》所引宋公佐戈、平阳戈、师归戈、高阳三剑、庀阳矛、武敢矛诸物遗字，皆殳书也。摹印一体，至今所传，秦汉玺印尤多。桂馥《缪篆分韵》五卷、《补遗》一卷，专辑秦汉玺印遗字。其印谱则以吴云《两罍轩秦汉玺印册》、吴大澂《十六金符斋印册》、《重编百家姓印册》为大观。所以谓之"缪篆"者，鄙意以为取于"绸缪"、"纰缪"二义。绸缪者，以其屈曲填密；纰缪者，以其俗省随意。顾其中亦分二派。官造之印，多绸缪；私造之印，多纰缪。外此如镜铭，如瓦当，并为缪篆之支流。缪篆皆随器之方圆大小配合成文，即以印论，二字、三字或四字、五字，虽同一姓，或同一印字，章字，或印上章上增之字，章法各印不同。殳书亦偶见于汉印中，又不独刻之兵器。惟刻符与署书不知何似，然署书为榜扁，《说文》册部："扁，署也，从户册。户册者，署门户之文也。"竹部："篇，书也。一曰关西谓榜曰篇。从竹，扁声。"网部："署，部署，有所网属，从网者声。"按：古宫殿及官署题榜，别为一体。当是隶之变形。余疑汉碑中题额或其一种。此上古三代迄于秦汉之世，学在北方，本无所谓南派也。

自今隶、古隶各树一帜，于是北碑、南帖隐伏其根荄。北碑开山于汉末三国诸碑，如《谷朗碑》、《受禅表》已大变汉法。屡变至六朝，其体乃定。南帖导河于章草，钟隶一变至二王，其式始完。北碑今以郑道昭石刻为集大成，南帖本以王羲之《兰亭序》、王献之《洛神赋》为正法眼。其间为南北枢纽者，则为华阳真逸之《瘗鹤铭》。此就人人所习见所共知者论之。其他变迁移换，多见六朝隋唐碑及宋元以来名人集中碑帖题跋，其中蛛丝马迹，无不一一可寻。若仅考包世臣《艺舟双楫》一书，固不能得其究竟也。包世臣《艺舟双楫》为论文、论书之作，故名"双楫"。今康有为《广艺舟双楫》，专论书，不论文，乃蒙其称，不通，可笑。碑体至宋而微，至元而绝。宋之苏、黄、米、蔡为北宋四大家，惟苏轼《表忠观碑》、蔡襄《万安桥铭》旧说北宋四家本为蔡京，后人恶其人，去之，易以蔡襄。余谓蔡京书侧媚之体，不足与于大雅。原称"四家"，襄当在内。犹有唐人矩矱。若黄庭坚、米芾乃帖体，非碑体也。元之赵孟頫初学北海，唐李邕。极碑法之能，中年以后，临摹晋人，体势一变，至今言碑学者，仅许其为半碑，是可惜已。自后《兰亭》、《阁帖》执耳主盟。终明之季，虽董文敏其昌。负书圣之名，于碑法实未梦见。有清一代，百学复古，惟书法一道陷于禄利之境，虽豪杰不得不随朝廷风气为转移。康熙好董书，故其时朝野上下皆尚董体；乾隆好松雪，故一时书家巨子皆染赵风；道光学颜书，迄于同光，颜体几为帝王家学。当乾嘉时，各书家至今为海内推重者，若刘墉、翁方纲、成哲亲王、梁同书、王文治、钱澧，寸缣片楮，珍若琳琅。刘书先董后颜，翁则一生学唐碑，终以欧阳询小楷《千文》为归宿。成邸早年学赵，晚年学欧，颇饶风采。梁出董，王出赵，钱①颜，均一朝所尚也。诸家惟翁有碑法，余皆帖耳。道州何绍基断断于北碑、南帖之辨，其自为书也，探源《黑女》，而寝馈于颜书之《浯溪》，永州《大唐中兴颂》。家庙小字，则《麻姑坛记》，草书则《争坐位稿》，又工篆、隶，篆从《石阙》变化，隶则《张迁》，家居客中，无日不临此碑。余所见以皮纸钉成册者，已至三百数十通。今日在东亚独享盛名，而不能争碑中一席。故论有清二百年书学，未见其能跨宋元而上之，则碑学之失传久矣。

夫中国文字，由古文而大篆，而小篆，而隶、草，递变递降，至于今体，失文字之本，趋艺术之途，而矫其弊者，如江声以篆文写《尚书集注音疏》、《释名疏证》，是以秦篆代汉隶；吴大澂以古文写《孝经》、《论语》，是以钟鼎代壁书。侣穆失伦，衣冠异代，求古戾古，见晒通人，是亦不可以已乎！

吾国自宋元以后，言篆、隶、碑、帖之书，见于《四库》所箸录、《四库》未箸录者，实未有一撮要之书。金石目录自宋欧阳修、《集古录》。赵明诚《金石录》。以后，相沿体例，只记碑目，或录原文，纵有题跋之词，不详书体之用。帖则《兰亭》、《淳化》，聚讼千年，焉有闲人更考他帖！《说文》自为小学，元明作者皆在漆室之中，乾嘉诸儒有廓清之功，大道康庄，使后人不至有误入歧途之虑。故四者之中，惟小学为有用，亦惟小学为难精。若夫隶、草、碑、帖，南北源流，桂馥《晚学集》言翁正三欲其撰成一书，迄未起草，仅阮文达元《揅经室集》中《北碑南帖论》略见大凡，而吴荣光《帖镜》一书，世亦莫之见也。意者其有待于鄙人论定乎？

答松崎鹤雄问钟鼎彝器文字书②

钟鼎彝器文字，余三十年前从京师厂肆得乾嘉以来收藏家拓本最多。

---

① "钱"字后脱"出"字。
② 此文录自民国十一年长沙叶氏刊本《郋园山居文录》。

当时一拓本字多者不过京钞十千，合京外钱一千文；字少者以束论，一束或十余片，或二十、三十片，皆一二字至七八字、十余字、廿余字不等。一束或七八千文，或十余千，合京外钱七八百文、一千余文耳。其时潍县陈寿卿部郎、吴县潘文勤藏器最多。陈之毛公鼎、潘之盂鼎字最多，名最著。而每一拓本，黄纸拓者值京平松江钱壹两，白纸拓者值京平松江银壹两五钱，或二两。今日一纸价直十数倍，深悔当时随得随散，至今无一纸之存留。盖余当时颇不信钟鼎文字，以其自宋宣和以后伪造者多，如吕大防《考古图》、王黼《博古图》所载三代法器，不应文字多半雷同，而薛尚功、王厚之、王俅之流虽称好事，且著书，问其何以为夏、为商、为周，彼亦未有确据也。且金器铭文见于经典者，《周礼·考工记》：桌氏为量，其铭曰："时文思索，允臻其极。嘉量既成，以观四国。永启厥后，兹器为则。"《礼记·大学》载汤之盘铭曰："苟日新，日日新，又日新。"《左传》昭公七年宋正考父鼎铭曰："一命而偻，再命而伛，三命而俯，循墙而走，亦莫余敢侮。饘于是，粥于是，以糊余口。"其铭全不与今所传钟鼎文字相类。惟《礼记·祭统》孔悝鼎铭曰："六月丁亥，公假于太庙。公曰：'叔舅！乃祖庄叔，左右成公。成公乃命庄叔，随难于汉阳，即宫于宗周，奔走无射，启右献公。献公乃命成叔，纂乃祖服。乃考文叔，兴旧耆欲，率作庆士，躬恤卫国。其勤公家，夙夜不懈。民咸曰休哉！'公曰：'叔舅，予汝铭，若纂乃考服。'悝拜稽首，曰：'对扬以辟之，勤大命，施于烝彝鼎。'"又《汉书·张敞传》："美阳得鼎，献之。张敞好古文字，按鼎铭勒而上议，曰：今鼎出于岐东，中有刻书，曰：'王命尸臣，官此栒邑，赐尔鸾旗、黼黻、瑚戈。'尸臣拜手稽首曰：敢对扬天子丕显休命。"其文颇与今所传钟鼎文近似，或者疑后人伪造钟鼎，即摹仿此类铭而推衍之。故三代有尚忠、尚质、尚文之不同，而其器铭反如出一手。此其说近理，实无以非难之。

考钟鼎铭字，始见于汉许慎《说文解字》，其自序云："郡国往往于山川得鼎彝，其铭即前代之古文，虽叵复见远流，其详可得略说也。而世人大共非，訾以为好奇者也。"盖其时惟许君笃好此等铭字，不顾世人非訾，故其序云云。实则《说解》中所录重文，既未分别何者为鼎彝铭，更何从知其为某代，致使后世赝鼎日出，无由得一比例可以证明，是则不能为许君谅者已。

夫汉世去古未远，而钟鼎流传极少，故人人诧以为奇。观于《汉书·吾邱寿王传》载，武帝时，汾阴出宝鼎，群臣皆上寿贺，曰陛下得周鼎，吾邱寿王独曰非周鼎。上召而问之，对曰，天子有德，宝鼎自出，此天所以与汉，乃汉鼎，非周鼎也。《东观汉记·郑众传》："庐江献鼎，诏郑众，问：齐桓公柏寝台见何书？《春秋左氏传》有鼎事几？众对状，除郎中。"是知当世钟鼎出世者甚稀，而识钟鼎文字者亦少，故吾邱寿王、郑众辈皆为天子所褒嘉。

若在宋宣和中，则吕大防、王黻所见已多，奚足为异！此余向所疑宋以后钟鼎多伪器与或者同者也。近世如张文襄之洞、李侍郎文田亦皆不信。文襄与潘文勤往来，于其攀古楼藏器亦间为之释文，而终身疑信参半，此亲为余言者。夫彼之不信钟鼎真为古器者，同一有"宣和仿造"四字横梗于胸中，又以为三代之器，不应文字体格相同，篆文亦无区别，且其铭文往往讹夺，或颠倒错误，既为一朝法物，不应如此草率铸成，此其说是也。

然余以为，钟鼎诸器出于东周列国时为多，其为夏、为商、为周，本由编撰金器人所臆定，其相沿无所分辨，亦固其宜。至其铭词，大半述先人之功、纪君赐之物，事多相类，所赐复同，其文不必有所异同，亦如今日内阁所拟诰命之文，人人可以通用也。其他宗庙之器，则曰"用孝享"；家用之器，则曰"永保用"。舍此本无他文可以参用，固不得以其诸器一律而疑之。况近世出土之巨器，如毛公鼎、散氏盘、齐侯罍、盂鼎之类，动至数百字，文辞古奥，几于谟诰之文，此亦谁得而造者？故余三十年前所不信者，三十年后乃渐信之。

惟王菉友辄引以证许书，吴恁斋又据以纠许误，此则余所不敢附和。盖钟鼎自钟鼎，《说文》自《说文》，《说文》虽采鼎彝古文，鼎彝终不可以混乱《说解》。何也？钟鼎本不尽真器，其文出于后人所释，人各一说，又无古书以相证明，此固各为一家之书，离之则两美，合之则两伤，而不必为之强作调人者也。《说文》本李斯小篆之学，钟鼎多列国文字，安得融为一冶，致使笃信许书者益诋诼钟鼎彝器全出伪造而一概灭杀耶？

与日本后藤朝太郎论古篆书[①]

苏城枉顾，快接清晖，别后怀思，匪可言喻。前询中国文字古篆流别，苦于时晷太促，又兼重译难通，指画笔谈，不能详尽。去后意有未慊，敢为阁下一条举之。

---

① 此文录自民国十一年长沙叶氏刊本《郋园山居文录》。

　　吾国文字之学，惟许慎《说文解字》岿然为东汉之完书，其中说解多仓颉旧闻，兼采周秦诸子、两汉经师之古谊。《世本》云黄帝史臣沮诵、仓颉二人作字。今乃独称仓颉者，以秦汉以来习之者众也。周末通行者为古文、大篆两种，各国复有私造之字杂出其间。至秦，乃统一之。《说文解字序》云："七国文字异形，秦始皇帝初兼天下，丞相李斯乃奏同之，罢其不与秦文合者。斯作《仓颉篇》，中车令赵高作《爰历篇》，太史令胡母敬作《博学篇》，皆取史籀大篆，或颇省改，所谓小篆者也。"① 按序云云，可见秦以前文字之纷乱。然序中论次秦时作者，独斯以《仓颉》名篇，亦可见同时赵、胡二家，其字义必不尽守《仓颉》之旧，惟斯守其义，故当时即以《仓颉》原名称之。古人著书不题书名，如《史记》本止称《太史公书》，《急就章》则取章首二字为书名是也。是则李斯为发明《仓颉》之第一人矣。且其时程邈亦作篆书，亦名小篆。《说文序》云："亡新居摄，时有六书，三曰篆书，即小篆，秦始皇帝使下杜人程邈所作也。"是秦时李、赵、胡三人外，尚有程邈一家，世但知邈作隶书，不知其兼作小篆。鄙意窃疑程之小篆必近隶书，意者八分之名，或即滥觞于此。

　　汉兴，张苍、萧何诸人起自刀笔，不谙古文，《仓颉》之传几乎中断。孝宣时，召通《仓颉》读者，张敞从受之。凉州刺史杜业、沛人爰礼、讲学大夫秦近亦能言之。孝平时，征礼等百余人，令说文字未央庭中，以礼为小学元士。黄门侍郎扬雄采以作《训纂篇》，凡《仓颉》已下十四篇，凡五千三百四十字。盖自秦李斯至此二百余年，师传不绝如缕，乃得扬雄集其大成，是扬雄为发明《仓颉》之第二人矣。

　　《序》又云："亡新居摄，使大司空甄丰等校文书之部，自以为应制作，颇改定古文。时有六书：一曰古文，孔子壁中书也。二曰奇字，即古文而异者也。三曰篆书，即小篆，秦始皇帝使下杜人程邈所作也。四曰佐书，即秦隶书。五曰缪篆，所以摹印也。六曰鸟虫书，所以书幡信也。"然则今之《说文》九千余字，重文千余字，视扬雄《训纂》已倍之，固由博采通人为增多之一证，而亡新改定之六种，亦必尽厕其中。观于部首，有古文，有籀文，有古文奇字，则其部首已非李斯所据《仓

---

　　① 见《说文解字·序》（北京，中华书局，1963），引文有误，原文为："七国田畴异亩，年涂异轨，律令异法，衣冠异制，言语异声，文字异形。秦始皇初兼天下，丞相李斯乃奏同之，罢其不与秦文合者，斯作《仓颉篇》，中车府令赵高作《爰历篇》，太史令胡母敬作《博学篇》，皆取史籀大篆，或谓省改，所谓小篆者也。"

颉》之原篇可知。然由其《说文解字》名书之义论之，则似有取于未央廷中说文字之例。彼张敝、杜业、爰礼、秦近皆专门为《仓颉》学者，许氏字虽增多，必不背其师说，是则许慎为发明《仓颉》之第三人矣。《序》又云："郡国亦往往于山川得鼎彝，其铭即前代之古文，皆自相似。"是古文已有其二，顾孔壁之外，何者为钟鼎，不可得而识别也。矧其时出土之钟鼎甚稀，书中采摭必十分审慎，非若宋《宣和博古图》所收之泛滥，薛尚功《钟鼎彝器款识法帖》所载之改移。今人动以近日所见之新器以补许氏之遗，如严可均之《说文翼》、庄述祖《说文古籀疏证》、吴大澂《说文古籀补》诸书，即令采摭博而审定精，不过扬雄、许慎之重俶别子已耳，曾何裨于故书万一哉？

至近日出土之竹简、龟骨、兽骨卜兆所刻文字，学者惊骇，以为真三代之遗文。罗振玉撰有专书，以张大之。一时言小学者，喜其于钟鼎之外，又获一种古文。于是赏奇析疑，互相训释。无论此等动植之物不如金石之坚久，而传写滋讹，几何不如汲冢书中《穆天子传》之文，虽郭璞有所不识乎！夫文字全在训释，训释必求之同时之古书以相比证，否则取相类之文辞句法互相参稽。今以断简残篇、零畸破裂之枯骨，文句既不完备，刀刻易失真形，存其物未始不可为博物之资，正不必强不知以为知，蹈杨慎释《岣嵝碑》、邹汉勋释《红崖碑》之笑柄也！鄙人著有《说文解字故训》一书，专辑《三仓》、《尔雅》、两汉经传训诂，周秦诸子古事古义，引列各字之下，俾读者字字得其来历，不为毛晋校本、段玉裁注本所欺。凡一切钟鼎彝器之文，概不阑入，庶几许书条例如日月之重光，《仓颉》制作之精神，不为佉卢神珙异域之野言所侵夺，此鄙人著书之大义也。

吾国自南宋逮明清之交，五百余年小学沈晦，至乾嘉乃大明。贵国篆学从前亦为无根据之钟鼎文所迷惑，今又笃好此不成部属之物，以为可以比踪埃及、腊丁之文明，此鄙人所不敢附于同志者也。阁下于钟鼎文字讨论有年，此等学问吾国在北宋时即已发明，如元祐间吕大防修《考古图》，宣和间王黼撰《博古图》，绍兴中又续修《考古图》，皆官书也。其时士大夫私相风尚，著有专书，除薛尚功《法帖》外，有王俅《啸堂集古录》、王厚之《复斋钟鼎款识》等书，至今谈金石学者奉为初祖。近代自阮文达元《积古斋钟鼎彝器款识》成书后，继之者吴荣光、吴云、吴式芬、潘祖荫、吴大澂诸家，均以藏器释文摹刻行世，而文人学子罕引为诂经说字之助，反加以玩物丧志之讥，岂非以其真赝难分，不如《尔雅》、《说文》之有师承可考耶？阁下于此事用力至深，自无半途辍业之理，然不妨分其心以治《说文》，其妙绪引人，更胜此百倍也。

与吴景州论刻印书①

回苏后，于冬月秒奉读是月廿五日手书，久未裁复。因在京半年之久，书籍丛乱，清理须时，又兼冬至有事先茔，致京友来书均阁置未复。吾辈疏于应酬，其平生不能做官，亦正坐此。恃在知爱，定邀鉴原。在京所作文字多篇，闻尚未曾印出，为阁下所撰印谱序携归苏沪，颇为人所传抄。可见今日留心此道者，固自有人。秦汉一灯，不至成《广陵散》也。

有清印派，亦经四五变，陵夷至于今日。若京师、上海所模仿之吴昌硕一派，狰狞鬼怪，大为人心世道之忧，亡国之音，何止闻乐而作也。国初承朱明余习，皆文何之滥觞，无论朱文白文、外圆内方，得以锥画沙之妙高者，气象肃穆，如见包龙图、海忠介一流人正色立朝不苟言笑，汪启淑飞鸿延年堂所辑名家诸印，可以略见一班。后人追论品题，目之曰"徽派"。此派不善学之，流入俗工，如木偶陶人，索然无丝毫生气。

至乾嘉时，金冬心、丁钝丁之流倡言复古，力崇秦汉，黄小松、奚铁生、蒋山堂、陈曼生复羽翼之，世称"浙西六家"，于是有浙派之目。苍老盘薄，首推金、丁，余则温莹而多侧媚之笔，且各有习气，转不知继起之赵次闲、钱叔盖，尚觉平正无疵。金、丁同时，有郑板桥，于徽、浙二派外别树一帜。其长处能知以隶为篆，虽不能从秦汉取径，而天姿高敏，颇能掩其野战之锋。此派学者甚稀，亦以学之而仅得其皮毛，终不为人所容悦，则不如趋时而为浙西一派，犹易于沽名觅食也。

于时北方则有曲阜桂未谷，虽无印谱传世，亦未知当时曾为何人捉刀，但以流传字迹所钤印章证之，结构方严，用笔亦极浑朴，比之浙派，实为堂堂正正之师。若以秦汉律之，亦难许其升堂入室也。桂撰有《缪篆分韵》一书，专辑秦汉玺印文字。其平生所见古印，大概已采掇靡遗，而亦有从他刻本印谱集录者。然其著书之旨，究未知其云何。以为辑此为刻印者之导师，俾其守此模范，则一印有一印之章法，一字有

---

① 此文录自民国十一年长沙叶氏刊本《郋园山居文录》。

一字之比邻，刻于甲印者，不能移于乙印，其进退揖让，必临时相其字势为之，或三字画分四格，或五字画分六格，或繁笔从减，或减笔从繁，知者以为绸缪，不知者以为纰缪，此岂可从千百秦汉玺印中集字以成一印者哉？以为缪篆向无专书，辑此以网罗散佚，然缪篆不止见于玺印，如汉洗汉镜、秦汉瓦当文、汉砖，其文隶省而篆笔者，皆缪篆之属。其字随各器物以取势，疏密相间，增渻随人，有两字省并一字者，有一字笔画多而占两字格位者，此当据原式模印，岂分析其字，隶之各韵，存其字而不知其篆之缪者所可了事哉？推桂氏以缪篆为摹印，乃由误解《说文叙》"缪篆所以摹印也"一语所致。《叙》云"缪篆所以摹印也"者，乃承上"秦书有八体"、"五曰摹印"之文诠释其辞。秦书至新莽居摄，改为六书，于是以摹印为缪篆，在秦书摹印与大篆、小篆、刻符、虫书、署书、殳书、隶书并称，则摹印自有一种篆法，初无缪篆之名。两汉诸经老师笃好古文，其民间通行者概用隶书，隶书不适于款识，故别有半篆半隶一种缪篆辅佐其间。而当时摹印者，即通用此种篆字，故曰"缪篆所以摹印也"，非谓缪篆为摹印而作，即奉为专门摹印之用也。桂固精于小学，又工篆、隶书，而此书实为赘作。

浙派之后，道咸间有邓完白者，为时推崇，谓之邓派。在作者一生精力注于篆、隶两书，出其绪余，亦足推倒一世。故其时包慎伯、何子贞诸名流皆相引重。其后杨濠叟自称私淑，推为近代一人，故其印派亦盛行四五十年。多见秦汉印章者，终未肯许其为印人正轨。

大氐一代印人，多至数百，而流传于世为人称述者，数百人中仅二三十人。观周亮工、汪启淑正、续两《印人传》所载，如恒河沙数，姓名大半蔑如。尝见旧本书籍碑帖及古今字画收藏家印记，往往有超出诸家之上者，惜不得其主名，令人徒致慨慕。近世士大夫，弟所见惟潍县陈寿卿郎部、吴县吴窓斋中丞所用姓名印章，真入秦人之室。其斋名别号，虽朱文小篆，亦于赵松雪、文衡山二家外别出新型。朱文精美，本无过于赵文，此乃古劲过之，由两家以富于收藏著闻，其门客耳目所濡染者，本无俗品淆乱其心思，又得能者指导其旁，自必神与古会也。外此则吴平斋、赵捴叔亦自雅驯，可与道古。赵印皆己作，知其得力于秦汉甚深，惜乎存世无多，未有辑录成谱者。前序论古，补此以论今，奉复左右。

叶德辉年谱简编①

同治三年　甲子　1864 年　出生

正月十四日寅时，德辉生于长沙坡子街。叶德辉，小名庆，谱名襡辉，字凤梧，号焕彬，又号奂彬、焕份、直山，又取所居郋园为号②，学者尊称为郋园先生。尝署成相道人、空灵鱼隐、朱亭山民、编氓等。藏书处名丽廔，藏书画处名双梅影盦，藏金石处名周情孔思室，藏泉处名归货斋。著书处原名元尚斋，后因成都王秉恩有同名之元尚居，改为观古堂。

德辉父浚兰本年二十六岁，母马氏本年二十四岁，德辉为长子。

同治四年　乙丑　1865 年　一岁③

同治五年　丙寅　1866 年　二岁

九月十七日，二弟德耀生。二十三日，叔父庭兰卒，无后，父令德耀出嗣为继。

同治六年　丁卯　1867 年　三岁

同治七年　戊辰　1868 年　四岁

从冯姓塾师读。

同治八年　己巳　1869 年　五岁

七月二十一日，三弟德炯生。

---

① 本年谱简编无引注处，皆转引自王逸明、李璞编著《叶德辉年谱》之相关条目。
② 取"郋园"之义，德辉自有解说，见叶德辉《郋园字义说》，本书已收录。
③ 本年谱简编年龄皆按周岁计算。

同治九年　庚午　1870 年　六岁

父浚兰教其识字，母马氏教其读《三字经》、《千字文》、《百家姓》。读毕。

同治十年　辛未　1871 年　七岁

入私塾，从长沙徐棻园先生学。因恋慈母，不喜私塾环境，日数哭泣，以为天下至苦之事，莫读书若。① 德耀五岁，同入私塾。

同治十一年　壬申　1872 年　八岁

从徐棻园先生学，读毕《孝经》，接读《诗经》。

同治十二年　癸酉　1873 年　九岁

从徐棻园先生学，与德耀同学，读毕四子书、《诗经》、《书经》，接读《易经》。每日放学后，父浚兰教其读《资治通鉴》、《名臣言行录》、《说文解字》，至十六岁始毕。

同治十三年　甲戌　1874 年　十岁

从湘阴黄敦堂先生学。读毕《易经》。接读《礼记》，下午兼读《尔雅》。又读毕《唐诗三百首》选本，接读《千家诗选》节删本。

光绪元年　乙亥　1875 年　十一岁

从浏阳焦璧莹先生学。读毕《礼记》、《尔雅》，接读《春秋左氏传》，下午兼读《公羊传》。父浚兰令其每日抄记典故一二条，得以记忆大量著文材料。

二月十九日，四弟德煌生。

光绪二年　丙子　1876 年　十二岁

从长沙陈春楼先生学，与德炯同入学，读毕《公羊传》，接读《穀梁传》。开始学作时文与六韵试帖诗。

光绪三年　丁丑　1877 年　十三岁

从陈春楼先生学。读毕《春秋左氏传》、《穀梁传》，接读《周礼》。

---

① 参见叶德辉：《郋园六十自叙》。

遭父亲体罚，仍厌学。更以为天下至苦之事，莫读书若。①

光绪四年　戊寅　1878 年　十四岁

从善化唐馥田先生学。正月，弃学入店习商贾。一夜仰卧时忽然开悟，忆起所学诸书，作文也颇成章句。持之以质前塾师，极称誉。三月，重入学，渐能为八股试帖。② 读毕《周礼》，接读吴廷华《仪礼章句》。至此时，读毕十三经。

光绪五年　己卯　1879 年　十五岁

从宁乡刘荔田先生学。始作律赋，作八韵诗。

光绪六年　庚辰　1880 年　十六岁

从宁乡刘暖堂先生学。始学作古文。入岳麓书院读，所获膏奖颇丰，积以购书籍。③

光绪七年　辛巳　1881 年　十七岁

从宁乡刘树瑚先生读于岳麓书院。刘先生教其学时文当"取法乎上"，德辉颇受其益。

光绪八年　壬午　1882 年　十八岁

从宁乡崔识生先生学解经文字。崔先生教其读段玉裁《说文解字注》等书，渐通训诂之学。遍发乃祖绍业所遗藏书读之，始治汉学。

此年潍县曹鸿勋督学湖南，例有观风课。取德辉内府童卷第一。评曰："此生尚属英年，诸艺如出己作，他日当以诗文名世。"德辉认为平生第一知己。

此年见孙星衍《问字堂集》有《释人》篇，取许珊林梿所刻沈果堂彤《释骨》一篇，相互校证，为之疏证，一月而毕。二十年后，始校补付刊为《释人疏证》。

光绪九年　癸未　1883 年　十九岁

拟回江苏吴县原籍童试，从湘潭徐子筠先生学。约本年，经徐先生

---

①②③　参见叶德辉：《郋园六十自叙》。

介绍，捐金二百，得湘潭县民籍，获县试资格。①

光绪十年　甲申　1884 年　二十岁

二月，应湘潭县试，知县洪锡绥拔置前列第七。五月，应府试，知府高万鹏拔置前列第三，传见之日，独受高万鹏嘉奖，并告以"读书人不可蹈轻佻习气"之语。院试，以附生第三名取入湘潭县学，学使即为曹鸿勋。②是年，应制艺、诂经等课，亦获奖颇多。十一月，夫人劳氏来归。劳氏为长沙九芝堂经理劳祖庆次女。劳氏生于同治二年十一月九日，长德辉一岁。

光绪十一年　乙酉　1885 年　二十一岁

移居粮道衙门东口南门正街。仿经注集解之例，以治《说文》之学。约此年，始拾湖南藏书大家袁芳瑛漱六卧雪庐藏书之遗。八月，应湖南乡试，中式第五十九名举人。正考官为侯官陈琇莹，副考官为福山谢隽杭，同考官有岳麓书院山长徐棻、宁乡知县景天相。湘潭赵启霖、长沙孔宪教同榜中举。

光绪十二年　丙戌　1886 年　二十二岁

一月，月初离开长沙，月底到达京师。三月，参加会试，报罢。③曾往隆福寺、琉璃厂一带淘书，与书商辩论通志堂刻《三礼图》初印、后印之别，书商服之。④ 于京，为燕伶所倾倒。⑤ 六月，归长沙。此年，袁芳瑛漱六卧雪庐藏书大量散出，德辉陆续收得数十种。其余得卧雪庐藏书者有缪荃孙、曾纪纲、李木斋等。

光绪十三年　丁亥　1887 年　二十三岁

六月十九日，长子启先生，五岁殇。于官学应课所获膏奖，已够文房之需。因劳氏颇厌文史，亦阴妒姒娌，时有违言，夫妻渐生勃豀。⑥

光绪十四年　戊子　1888 年　二十四岁

在长沙，同县诗僧寄禅和尚邀德辉往碧湖诗社，王闿运、郭嵩焘递

①②③　参见叶德辉：《郋园六十自叙》。
④　参见叶德辉：《〈钦定天禄琳琅书目〉跋》，收录于《郋园读书志》。
⑤　参见叶德辉：《〈曲中九友诗〉后序》。本书已收录。
⑥　参见叶德辉：《郋园六十自叙》。

相主盟。德辉偶赴而不入社。冬腊，赴公车。① 卧雪庐藏书继续散出，
遇有索值颇贵者，则借阅抄录。②

光绪十五年　己丑　1889年　二十五岁

一月二十七日，抵京，住南城椿树上三条七号长沙会馆。七月启倬
生于长沙。于京与琉璃厂会文斋主人何厚甫相契。于京，再次为燕伶所
倾倒。③ 时商丘宋荦纬萧草堂、曲阜孔继涵红榈书屋藏书散出，德辉稍
拾其遗，明年捆载回长沙。

光绪十六年　庚寅　1890年　二十六岁

二月，试礼闱不第。四月，南归。五月，抵家。时安化罗文僖绕典
家中散出法书名画，多为湘潭江西盐商萧姓贱价买去，德辉亦有所获。
每得一书画，必识数语，于是有《郋园书画题跋记》四卷、《寓目记》
三卷之作，稿存未刊。十一月，往湖南安化县江南坪茶行联系贸易。时
湖南一省，以贩运安化红茶至俄国出售，后皆成巨富。其中尤以德辉与
余金声、朱昌琳三人为巨擘。④

光绪十七年　辛卯　1891年　二十七岁

六月十九日，子启慕生。七月七日，夫人劳氏因痧症卒，时年二十
八。葬于善化南城外烂泥冲金庭山。后德辉不复续弦纳妾。八月，德辉
妻劳氏从弟劳鼎勋中湖南乡试解元，鼎勋为劳家与德辉最亲近者。本
年，湘潭刘肇隅兄弟从德辉学，称弟子。

光绪十八年　壬辰　1892年　二十八岁

一月或以后，叶氏出版书之第一种《鬻子》二卷发刊。三月，参加
会试。此科总裁为翁同龢、祁世长。九日，第一场，入第十五房，房师
为徐仁铸，会试朱卷《子曰君子矜而不争群而不党子曰君子不以言举人
不以人废言》、《斯礼也达乎诸侯大夫及士庶人》、《井田九百亩其中为公

---

① 参见叶德辉：《郋园六十自叙》。
② 参见叶德辉：《〈说文解字〉跋》，收录于《郋园读书志》。
③ 参见叶德辉：《〈曲中九友诗〉后序》。
④ 参见《贩安化茶致富》，见刘声木：《苌楚斋随笔续笔三笔四笔五笔》，445页，北京，
中华书局，1998。

田八家皆私百亩同养公田》，试帖诗《赋得柳拂旌旗露未干得春字》见存。四月，榜发，中式第九名贡士。保和殿复试，一等第六十一名。二十一日，殿试。二十五日，传胪。得二甲第九十五名，赐进士出身。同榜者有林颐山、屠奇、夏孙桐、唐文治、张元济、蔡元培、赵启霖、宝熙、耆龄等。二十八日，朝考二等，以主事用，分吏部。是时湖南吏部无人者，几二十年。① 签分吏部验封司行走，兼文选司行走。因恶部胥辱慢新到任的曹官，怒批其颊。约五月，长子启先殇。约六月，以乞养回籍。于京为官时，因喜孙星衍《释人》，欲为疏证，多向同乡同年官刑部者往还请教，泛览医方家书。七月，至上海，以四十银元购得章寿康藏钱大昕潜揅堂抄本《中兴馆阁录》。八月，至武昌。旋回长沙。于长沙得王先谦提撕，因先谦为谢隽杭房师，故德辉尊称太老师，引为平生第二知己。② 先谦后有诗赠德辉曰："珍重牙琴山水契，要从千古证兰言。"③通过先谦介绍，长沙名流张祖同、黄自元、孔宪教、李辅耀等与德辉订交。十一月二十二日，皮锡瑞往叶宅拜访德辉，不晤。④

本年，湘潭蔡传奎从德辉学，入室称弟子。约本年或之后，德辉对《四库全书》所据版本发生兴趣，陆续有《四库全书板本考》之作。

光绪十九年 癸巳 1893 年 二十九岁

在长沙。时吴大澂为湖南巡抚，与德辉相契，常于文燕邀请德辉共赏所藏字画古器。⑤ 德辉与吴幕陆恢交好，并与何维朴、周铣诒相往来。九月九日，拜访皮锡瑞，为叶、皮二人交往之始，初见即相契。⑥虽至戊戌变法期间相互稍有龃龉，后又往还如初。八月十五日，德辉辑刊之《郭氏玄中记》二卷发刊。

光绪二十年 甲午 1894 年 三十岁

一月八日，德辉与皮锡瑞、刘巨等人到王先谦宅邸，同游蓉园。⑦夏，应李智俦之邀，为编校《崇惠堂丛书》本《阮氏三家诗补遗》并作《叙》。九月二十三日，拜访皮锡瑞。⑧ 十月，居家养病，摘各家书目、

---

① ② 参见叶德辉：《郋园六十自叙》。

③ 王先谦：《次韵叶焕彬二首》，见《葵园四种》，629 页。

④ 参见皮锡瑞：《师伏堂日记》，本日条。

⑤ 参见《郋园学行记》。

⑥⑦⑧ 参见皮锡瑞：《师伏堂日记》，本日条。

序跋、日记等信息，录于黄丕烈《士礼居藏书题跋记》的相关条目上方。十一月六日，皮锡瑞访德辉，谈及时事，痛切于丁立钧等人联名弹劾李鸿章事。[①] 十二日，江标接任湖南学政，标为吴学后劲，亦好版本目录之学，与德辉相交，德辉尝助其刊刻书目。十二月二十九日，有诗《奉题江郑堂先生募梓图》，并书于扇，赠江标。

刘肇隅投于德辉门下，入室称弟子。

光绪二十一年　乙未　1895 年　三十一岁

一月九日，访王闿运，闿运评之曰："噪妄殊甚，湘潭派无此村野童生派"，此为两人纷争见诸笔端之始。[②] 三月一日，上谕吴大澂仍回任湖南巡抚。七月二十四日，陈宝箴以直隶布政使迁湖南巡抚，宝箴子三立为德辉旧识。九月，德辉助江标刊刻《持静斋宋元抄本书目》。十月，江标续刊黄丕烈《士礼居藏书题跋记》，德辉为主校勘，当月刊成，标赠以红印本。十二月十九日，长沙书贾李强之求售一单旧书，德辉出大钱四千枚购入数种。同日，长子梓儿入蒙塾。本年，结交篆刻家丁可钧。

父浚兰聘长沙、苏州两地名匠修缮长沙福禄宫戏台。此前浚兰已在长沙坡子街开设染坊。约本年，又于湘潭十六总正街开设染坊分店。本年，弟子刘肇隅县试获第一名，府试获第二名，院试，或第一名，名声大噪。

本年，《山海经图赞》二卷、《尔雅图赞》一卷、《淮南鸿烈间诂》二卷、《沈下贤集》十二卷、《持静斋宋元抄本书目》一卷发刊。

光绪二十二年　丙申　1896 年　三十二岁

年初，与皮锡瑞游。三月初，至南京，寓居章华宅。四日，至钟山书院西院拜谒缪荃孙，称太老师。荃孙称德辉为"熟于目录之学，所见亦博，近时之英隽"，自此，荃孙与德辉相契。[③] 居南京数日，与蒯光典、张謇、陈庆年相交。五月，游杭州。六月，抵京师，寓居宣武城南浏阳会馆。此次进京，疑其有意复官。据德辉晚年回忆，或有意入会典

---

① 参见皮锡瑞：《师伏堂日记》，本日条。
② 参见王闿运：《湘绮楼日记》，本日条。
③ 参见缪荃孙：《艺风老人日记》，本日条。

馆，后因善化萧文昭获荐未果。① 七月初，以瞿镛《铁琴铜剑楼藏书目》与陆心源藏书题跋对照，研读黄丕烈《士礼居藏书题跋记》。八月七日，拜访叶昌炽。② 于京，仍喜爱观剧。③ 于京，与上海姚文栋比邻而居，得知日本藏有皇侃《论语义疏》。于京，在隆福寺、琉璃厂等处购得多种古钱币。

光绪二十三年　丁酉　1897 年　三十三岁

一月，仍寓居京师浏阳会馆。于京，因购书事与盛昱发生龃龉。五月，辑晋吏部尚书山涛事迹及其文章，编为《山公启事》。六月上旬，离京南归。七月，有家书催还乡。三日，夜泊湘阴。本月底，至长沙。病月余。八月，德辉托杜本崇寻访郑珍遗著。二十八日，时务学堂招生考试。本月，熊希龄担任时务学堂总理，邀请谭嗣同、黄遵宪参与其事，遵宪推荐梁启超来任中文总教习。④ 十月二十日，梁启超等从上海至长沙，应聘中文总教习之席。启超初到长沙时，受各派人物广泛欢迎，德辉亦常与之相交。二十五日，发信至叶昌炽，言及江标在湘"过从极欢"。再助江标刊刻《铁琴铜剑楼藏宋元本书目》。十一月六日，时务学堂开学。梁启超批评古文经学，宣传康有为学说，使得王先谦等旧派学者不满。湖南无人能与启超抗衡，唯德辉勇力抗之。二十五日，江标卸任，徐仁铸接任。三十日，江建霞与德辉争石陶钧、刘焕辰两学生，为王先谦与易顺鼎所调解。⑤ 此时，两学生正在德辉家进学。长沙学子从德辉学者甚多。

本年，《瓯钵罗室书画过目考》四卷（附《卷首》一卷、《附》一卷）、《铁琴铜剑楼藏宋元本书目》四卷发刊。

光绪二十四年　戊戌　1898 年　三十四岁

一月，在长沙。二月一日，徐仁铸署名之《輶轩今语》发表于《湘学报》第三十册。约本月底，德辉作《〈輶轩今语〉评》，依照《輶轩今语》一经学、二史学、三诸子学、四宋学顺序，逐条驳斥，后编入《翼

---

① 参见《郋园学行记》。
② 参见叶昌炽：《缘督庐日记》，本日条。
③ 参见叶德辉：《〈曲中九友诗〉后序》。
④ 参见叶德辉：《郋园六十自叙》。
⑤ 参见皮锡瑞：《师伏堂日记》，本日条。此处"刘焕辰"本作"刘莲生"，据王逸明考证而改。

教丛编》卷四。三月，单行本《〈輶轩今语〉评》由长沙思贤书局刊印出版。四月七日，写就《明教》、《西医论》两文。十五日，德辉等旧派学者聚集于长沙府学堂祷告孔子，宣布驱逐南学会宝庆分会负责人樊锥出长沙。本月，编定《明辨录》，由长沙思贤书局刊印出版。五月二十二日，德辉与王先谦等联名呈递《湘绅公呈》于湘抚陈宝箴，请辞退梁启超。① 七月，写就《正界篇》、《〈长兴学记〉驳义》、《〈读西学书法〉书后》。初秋，作《非〈幼学通议〉》。约七月，作《与段伯猷茂才书》。以上诸篇后均收入《翼教丛编》。八月十一日，康有为以阻挠新政之罪，矫旨陈宝箴，意图逮捕德辉与王先谦。宝箴矜而未动。十三日，变法失败，事遂止，王先谦以德辉有匡救之功，乃至后来说："康所行所学，惟奂彬知其深，而先谦不及知。"② 约月底，德辉集湘省内外驳康、梁诸文，假苏舆之名编为《翼教丛编》，初刊本由长沙思贤书局刊刻，甫出，武昌官书局即为翻刻，他省亦多有流播。

本年，《阮氏三家诗补遗》三卷、《明辨录》、《〈輶轩今语〉评》、《翼教丛编》六卷、《郋园论学书札》、《义乌朱氏论学遗札》一卷、《八指头陀诗集》十卷（《补遗》一卷）发刊。

光绪二十五年　己亥　1899 年　三十五岁

二月十日，张之洞致电湖南巡抚俞廉三，商请德辉前往两湖书院执教，德辉不就。五月，德辉与朱益濬、易顺鼎、李祥霖诗酒聚会，每由长沙湘剧名角陪侍，共作诗百首，编为《昆仑集》。冬，上海《同文沪报》揭德辉妹德芳嫁杭州盐商朱光照，至朱家发觉光照已有妻在先，返湘哭诉事。德辉讼于湘抚俞廉三，后令德芳长居湘中，其争乃息。③

约本年，王先谦、叶德辉出资，以太和、泰益两班为基础，组成湘剧春台班，德辉主其事，剧班逐渐兴旺。本年，长沙杨孝秩令子树谷、树达从德辉学。德辉以《说文解字》、《四库全书总目提要》二书授之。后树达学业有成，被人视为传德辉衣钵者。

本年，《昆仑集》一卷（《续》、《附》、《释文》各一卷）、《唐女郎鱼

---

① 参见《秉正逐邪》，载《申报》，1898 年 11 月 12 日。
② 王先谦：《赠叶德辉焕彬》，见《葵园四种》，625～626 页。另参见王先谦：《王先谦自定年谱》，本年条，收录于《葵园四种》，744～745 页。
③ 参见汪康年：《汪穰卿笔记》。另参见李伯元：《南亭笔记》卷十五。

玄机诗》一卷（《附录》一卷）《汉律辑证》六卷发刊。

光绪二十六年　庚子　1900 年　三十六岁

五月十七日，侄启勋生。及长，继承德辉版本目录学，成就较大。十月，致信俞廉三，言及将上年有关上谕及各报记载康、梁逆迹汇编成书事。此书即是《觉迷要录》，并作《叙》。本年，湘潭朱德裳与易宗夔、曹典植等提倡新学新政。德辉与王先谦、蔡与循等抵制。德裳、宗夔等撰印《湘潭县人士驱逐叶德辉檄》。本年，有旨驱逐传教士，德辉劝俞廉三勿张贴，又嘱湘潭知县保送传教士出境，由是事后湘潭未派赔款。本年，瞿鸿禨语王先谦，劝德辉出山，先谦阻，德辉以先谦为知己。①

本年，《典礼质疑》六卷、《桐华阁词抄》二卷、《山公启事》一卷（附《山公佚事》）发刊。

光绪二十七年　辛丑　1901 年　三十七岁

十一月，于去岁十月编成之《觉迷要录》再补充资料，故此书牌记署"光绪辛丑冬孟编撰"。本年，俞廉三召集湖南官绅商议摊派庚子赔款之事，德辉持议不可。②

本年，《瑞应图记》一卷、《古泉杂咏》四卷发刊。

光绪二十八年　壬寅　1902 年　三十八岁

一月，在长沙。夏，得痔病两月。董理旧稿《释人疏证》。九月十五日，二弟德耀病逝于家，德耀好导引之术，得年三十七岁。③ 约十月，德辉因江南筹款逾额获张之洞奏赏四品卿衔。约十月，德辉任两湖赈粜米捐局总稽查。叶家于湘潭县广置田产，年收租两千担谷以上。本年，王先谦所辑之《骈文类纂》由思贤书局刊刻，德辉出力颇多。④

本年，《天文本单经论语校勘记》一卷、《孟子刘熙注附刘熙事迹考》一卷、《傅子》三卷、《傅玄集》三卷、《南雍志经籍考》、《绛云楼书目补遗》一卷、《静惕堂宋元人集书目》二卷、《释人疏证》二卷、《说文段注校三种》、《巴陵人物志》十五卷、《结一庐书目》四卷发刊。

---

①② 参见《郋园学行记》。
③ 参见叶德辉：《二弟炳文事略》。
④ 参见《郋园学行记》。

本年开始，德辉将所刊著书汇集为丛书。本年汇集发售《观古堂汇刻书》、《观古堂所著书》、《观古堂书目丛刻》等三种丛书。

光绪二十九年　癸卯　1903 年　三十九岁

三月，赵尔巽接替俞廉三任湖南巡抚，尔巽到任后，常与德辉、王先谦相龃龉。① 约四月，日本白岩龙平至长沙创办湖南汽船会社，德辉相助甚多。② 十月，德辉自得自日本僧人水野梅晓的《医心方》中辑出四种佚书，即《素女经》、《玉房秘诀》、《玉房指要》、《洞玄子》。

本年，《素女经》一卷、《玉房秘诀》一卷（附《玉房指要》、《洞玄子》）、《宋秘书省续编到四库阙书目》二卷、《古今夏时表》一卷（附《易通卦验节候校文》）、《华阳陶隐居内传》三卷、《华阳陶隐居集》二卷、《万卷堂书目》四卷、《金陵百咏》一卷、《嘉禾百咏》一卷、《曝书亭删余词》一卷（附《原稿目》、《校勘记》各一卷）、《读书法汇》一卷发刊。

光绪三十年　甲辰　1904 年　四十岁

约二月，收到由白岩龙平转交之日本友人永井久一郎的信及诗集等。约六月，杨树达考取湖南省院试第一，德辉致信学政吴庆坻，推荐树达与刘铺、雷悦三人入校经书院。约本年，德辉等开辟长沙孚嘉巷宜春园为春台班演出专门场地。宜春园仿自北京广德楼戏园而建。长沙剧场售票自此始。本年，湘粤士绅有与美国合兴公司争议废除粤汉铁路协议善后事，德辉有"改约不废约"之建言，不见用。③

本年，《岩下放言》三卷、《昆仑皕咏集》二卷、《竹庵庵传抄书目》一卷、《辑蔡氏月令章句》四卷、《馈石斋印谱》、《铁耕斋印谱》发刊。

光绪三十一年　乙巳　1905 年　四十一岁

二月三日，《春秋地名异文考》竣稿。三月一日，侄启发生。五月，德辉所辑《觉迷要录》由长沙思贤书局刊印。六月，金蓉镜评阅校经堂例行考试，荐刘肇隅第一，德辉与蓉镜订交。九月，德辉至武昌，寓居花园山。襄赞张之洞开办支郡师范学堂之创议。十月，返长沙。本年，

---

① 参见叶德辉：《郋园六十自叙》。
② 参见盐谷温：《先师叶郋园先生追悼记》。
③ 参见《郋园学行记》。

粤汉铁路建设权赎回，设局委道员总办，德辉有"水太清则无鱼"之建言。① 本年，德辉庇护日本僧人水野梅晓，使之得以驻锡长沙。②

本年，《觉迷要录》四卷、《辛丑消夏记》五卷、《疑雨集》四卷、《桐华阁文集》十二卷、《佛说四十二章经注》一卷发刊。《桐华阁丛书》全部刊成，开始发售。

光绪三十二年　丙午　1906 年　四十二岁

闰四月二十日，致信吴庆坻，言及刘肇隅、何德璜留学事，托庆坻代为照料。约六月，庞鸿书为其六十岁寿辰征骈文序于德辉，序成，鸿书视为瑰宝。八月，岑春蓂代替庞鸿书任湖南巡抚，礼待德辉。本年，叶家起新宅于苏家巷。

本年，《古今书刻》二卷、《南岳总胜集》三卷、《古局象棋图》一卷、《投壶新格》一卷、《谱双》五卷（《附录》一卷）、《打马图经》一卷、《除红谱》一卷发刊。

光绪三十三年　丁未　1907 年　四十三岁

一月，由于湖南留日学生多有流入革命党者，德辉与王先谦等联名致电奉天，责问张鹤龄滥选匪人。③ 二月二十一日，当日《申报》发文以湖南铁路事责德辉等人。④ 五月，四弟德煌购得若干明清画家所绘扇面。德辉为之抉择，各系小诗并画家小传，一月时间，写成《消夏百一诗》。七月，往武昌。张之洞将入京，电召缪荃孙赴鄂充当存古学堂教务长，德辉亦参与其事，日与缪荃孙、程颂万等往还。八月，晤杨守敬。下旬，归长沙。居洪家井。本月，假湖南学务公所发排《消夏百一诗》，铅字印刷若干部。本年，长沙新设湖南学务公所，王先谦任首任议长，谭延闿任参议，德辉与之过从甚密，文酒燕会无虚日。本年，初编本《双梅景闇丛书》汇印发行，谭延闿为题书面。

本年，《木皮散人鼓词》一卷、《万古愁曲》一卷、《乾嘉诗坛点将录》一卷、《东林点将录》、《佛说十八泥犁经》一卷、《佛说鬼问目莲

---

① 参见《郋园学行记》。
② 参见盐谷温：《先师叶郋园先生追悼记》。
③ 参见《湘绅电责张提学·长沙》，载《申报》，1907 年 2 月 23 日。
④ 参见《湖南铁路近状汇志·长沙》、《坐分红利，何须入股?》，载《申报》，1907 年 4 月 3 日。

经》一卷、《饿鬼报应经》一卷、《佛说杂藏经》一卷发刊。本年，汇刻《丽廔丛书》，汇印《双梅影闇丛书》，再次汇印《观古堂所著书》两集。

光绪三十四年 戊申 1908年 四十四岁

约一月初，至上海。三月，回苏州洞庭山展墓。路过江宁，与缪荃孙谈及《盐铁论》版本问题，两家意见不合。访端方于江宁节署。五月，返长沙。八日，发表致督抚的电告，反对湘路新总理朱绅。[1] 八月上旬，归长沙。约此时，得金蓉镜资助，发刊《元朝秘史》。十二月十九日，致信缪荃孙，言及朝议明年举行鸿博制科，令大员举荐人才事，德辉上书陈夔龙、端方等，请其免保。约本年，长沙、善化全体二百五十四街团团总推德辉为长善街团总团总。

本年，《石林燕语》十卷、《消夏百一诗》二卷、《素女方》一卷、《元朝秘史》十卷（《续》二卷）、《尔雅补注》四卷、《宋忠定赵周王别录》八卷、《征刻唐宋秘本书目》一卷、《曲中九友诗》一卷、《板桥杂记》三卷、《吴门画舫录》一卷、《桧门观剧绝句》一卷（《和作》二卷）、《石林燕语辨》十卷、《石林诗话》三卷（《拾遗》、《附录》、《拾遗补》、《附录补》各一卷）发刊。

宣统元年 己酉 1909年 四十五岁

九月十八日，日本宇野哲人来长沙，稍后访德辉。秋，日本盐谷温得水野梅晓介绍，拜德辉为师，住于叶宅，专研中国戏曲。[2] 至1912年八月，盐谷温始归。本年，德辉与王先谦共理湖南官方刻书资源。

本年，《三教源流搜神大全》七卷、《礼记解》四卷、《玉涧杂书》一卷、《避暑录话》二卷、《老子解》二卷发刊。

宣统二年 庚戌 1910年 四十六岁

三月，三日至九日，长沙爆发抢米风潮。后由中外军队联手镇压，事态稍缓。五日，王先谦等致电湖广总督瑞澂，要求以庄庚良代替岑春蓂任湖南巡抚。德辉与此事无关。新任巡抚杨文鼎到任后，怂恿瑞澂参

---

① 参见《叶德辉反对湘路新总理电·湖南》（含《致鄂督陈筱帅电》、《致北京张中堂电》、《致南京端□帅电》），载《申报》，1908年6月6日。

② 参见盐谷温：《先师叶郋园先生追悼记》。

奏王先谦、叶德辉、孔宪教、杨巩等挟私酿乱，请予惩处。① 四月十九
日，朝廷批复瑞澂奏折②，王先谦、孔宪教降五级调用，德辉、杨巩革
去功名，交地方官严加管束。孔宪教、德辉、杨巩均有辩诬书。③ 五月
初，致信缪荃孙，有言托荃孙助其归吴籍事，未果。本年，日本松崎鹤
雄来长沙，从德辉学文字学，时住叶宅，前后九年。同时从王闿运学
《汉书》。本年，街团公推德辉领火宫殿事务。组建同春班，是为史上最
大湘剧团体。德辉自任同春班和同春园总负责人，经营有方。德辉等人
发起重修赵汝愚衣冠墓，并为撰碑文。

本年，《宋赵忠定奏议》四卷发刊。

宣统三年　辛亥　1911 年　四十七岁

一月十六日，王先谦子兴祖完婚；德辉到贺。年初起，整理誊抄历
年校勘《书目答问》笔记。约四月，至苏州西山镇林屋扫祖墓，领修族
谱事。五月，在苏州，晤叶昌炽等旧友。中旬，再至苏州西山镇林屋，
旋往上海。闰六月二十八日，四弟德煌卒于京师。八月，作《题少保公
像》，始志其祖为宋叶梦得。约此时，瑞澂嘱余诚格为德辉开复，郑孝
胥也转述瑞意。月底，因长沙响应武昌起义，德辉只身逃往湘潭南部之
朱亭镇。编其南逃途中所作诗为《南游集》。十月三日，编本年九月九
日以后所作诗为《朱亭集》。约十一月底，归长沙。盐谷温曾建议其往
日本，德辉不允。十二月底，编本年十月三日以后所作诗为《岁寒集》。
本年，德辉参与创办湘鄂印刷公司。

本年，《瓯钵罗室书画过目考》、《燕兰小谱》五卷、《海沤小谱》一
卷、《重刊足本乾嘉诗坛点将录》一卷、《石林家训》一卷、《石林治生
家训要略》一卷、《建康集》八卷、《石林遗事》三卷（《附录》一卷）、
《石林词》一卷、《游艺卮言》二卷、《藏书十约》一卷、《吴中叶氏族
谱》六十六卷（附《卷末》一卷）发刊。

民国元年　壬子　1912 年　四十八岁

六月一日，编本年上半年诗作为《书空集》。八月十九日，父浚兰

---

① 参见《湘省乱事近报·长沙》，载《申报》，1910 年 5 月 1 日。叶德辉《郋园六十自
叙》亦有记载。杨文鼎怂恿瑞澂电，即《湘抚杨致瑞督电》，载《申报》，1910 年 5 月 20 号。
② 此"上谕"载《申报》，1910 年 5 月 29 日。
③ 参见《湘绅旧党之余焰复炽·北京》，载《申报》，1910 年 6 月 30 日。

卒于长沙，德辉此时在上海，月底，回长沙。发讣告至沈瑜庆、余诚格、庞鸿书、梁鼎芬、郑孝胥、李瑞清、金蓉镜、沈曾植、沈曾桐等，征求祭奠诗词。张元济为作诔章，金蓉镜有挽诗，郭焯莹为撰墓志铭，德辉汇为哀册。十月二十六日，孙运修生。十一月，父浚兰入葬。本年，创办丽泽小学，自任校长。为丁艰，将同春班交予李芝云等三十一位艺人打理。

本年，《严东有诗集》十卷发刊。将陆续刊印之叶梦得著作汇为《石林遗书》。

民国二年　癸丑　1913 年　四十九岁

一月底至二月初，唐群英等怂恿曾霖生将坡子街护国寺捐给富强女校，得到都督谭延闿应允。德辉率领坡子街保安团值年以护国寺地权在街团为由拒绝。[①] 德辉撰文登报拒绝在坡子街护国寺开办女校。[②] 四月初，德辉自乡间送父殡归，命撤去坡子街新置路牌，写成《光复坡子街地名记》散发。四月十一日，遭唐蟒派人逮捕，旋即得以逃脱，至日清轮船公司码头，乘船逃亡上海。[③] 约十五日，到达上海。二十八日，《申报》发文评论德辉事。[④] 五月，结识族人叶振宗，常与振宗和叶恭绰相商先德著作事。约七月，在上海，日与缪荃孙借抄校书，又参与超社、淞社活动。九月底，德辉回长沙，此时汤芗铭署理湖南都督，有意罗致德辉，拒之。约十二月，德辉致信在京湘人杨度、李肖聃等，揭露芗铭禁止民间发行纸币、吞噬地方资产等事，由肖聃将信发于报上。芗铭甚怒。二十八日夜至长沙叶宅欲捕之，德辉潜逃，匿于松崎鹤雄寓所。[⑤]

本年，《观古堂诗录》发刊。

民国三年　甲寅　1914 年　五十岁

一月初，乘船离长沙，至汉口，旋至京。约本月，梁启超请李肖聃代笔致书王先谦，称已与德辉修好。三月，德辉以事稍解，南返。十二

---

① 参见叶德辉：《坡子街保安团具禀都督呈文》，载《长沙日报》，1913 年 3 月 18、19 日。本书已收录。

② 参见叶德辉：《叶德辉启事》，载《长沙日报》，1913 年 9 月 18 日。本书已收录。

③ 参见叶德辉：《郋园六十自叙》。

④ 参见《叶德辉之旧怨新潮·都是文章嫁祸》，载《申报》，1913 年 6 月 2 日。

⑤ 参见《叶德辉文字贾祸》，载《申报》，1914 年 2 月 12 日。

日，在汉口为汤芗铭手下逮捕。约下旬，押至长沙，拘在都督府。得在京湘人着力营救，获释。① 德辉获释后，再赴京呈控汤芗铭。② 蒙难期间，王闿运颇营救德辉。③ 约下旬，长沙商绅仿效上海外商成立商团，推德辉为团总。约月底，再赴京，拜谢为之出力者。④ 于京，晤董康。闰五月，由李肖聃陪同，探望章炳麟，相互称誉。约六月，国史馆筹备处成立，柯劭忞邀德辉入，婉拒。⑤ 九月，回长沙。

本年，撰《癸丑蒙难记》一卷，编在京诗作为《于京集》。

本年，《天地阴阳交欢大乐赋》一卷、《青楼集》一卷发刊。本年底或明年初，《吴中叶氏族谱》刊成。重编《双梅影闇丛书》印本发行。

民国四年　乙卯　1915 年　五十一岁

约三月，当选湖南教育会会长。四月，因北京政府与日签订《二十一条》，长沙爆发排日风潮，德辉曾组织学生游行，又被推为长沙排日会会长，捐出自家部分房屋设为长沙排日会总部，时人目为有侠义之风。八月，在长沙发起成立经学会，自任会长。约下旬，汤芗铭于长沙组建筹安会湖南分会，推德辉为会长。⑥ 九月十二日，汤芗铭召开湖南国民大会，指定德辉为"硕学通儒"代表。约此时，弟子蔡传奎代笔，德辉具名，建议增加读经课。所著《经学通诰》印行，被指定为教科书。十二月九日，德辉以教育会长领衔湖南绅要致电北京政府，请君主立宪。次年，德辉帅乡绅电拒湘矿督办。⑦

本年，《经学通诰》六卷、《百川书志》二十卷、《汪文摘谬》一卷、《观古堂藏书目》四卷刊行。

民国五年　丙辰　1916 年　五十二岁

四月底，至苏州，此后常住苏州⑧，与陆恢、朱锡梁等吴中学人交

---

① 参见《叶德辉被捕续闻》，载《申报》，1914 年 4 月 24 日。
② 参见《郋园学行记》。
③ 参见《专电·北京电》，载《申报》，1914 年 4 月 19 日。
④ 参见《专电·北京电》，载《申报》，1914 年 5 月 8 日。
⑤ 参见《郋园学行记》。
⑥ 参见《筹安声中之湖南观》，载《申报》，1915 年 9 月 11 日。
⑦ 参见《湘绅又电拒陶思澄》，载《申报》，1915 年 10 月 4 日。
⑧ 有报道称德辉走苏州是因原为筹安会要角，现潜逃。参见《湘垣近事》，载《申报》，1916 年 7 月 24 日。

往。约五月，启倬在长沙整理德辉历年题跋，编订《郋园读书志》。①
九月二十四日，王闿运卒，德辉有挽联。本年，编本年诗为《还吴集·
丙辰》。

本年，《通历》十二卷、《六书古微》十卷发刊。本年起，陆续发刊
丛书《午梦堂全集》。

民国六年　丁巳　1917 年　五十三岁

九月，吴县俞守己出版《艺苑留真》第一集，内容为德辉收藏历代
书画及题跋，此后陆续出第二、三集。十二月，始知王先谦去世，有挽
诗，并迁子侄往祭，询其遗书。本年，编在苏沪诗作为《还吴集·丁巳》。

本年，《观画百咏》四卷、《疏香阁遗录》四卷、《己畦文集》二十
卷（《诗集》十卷、《残余诗稿》一卷、《原诗》四卷）、《秦云撷英小谱》
一卷、重刊《六书古微》发刊。

民国七年　戊午　1918 年　五十四岁

七月，吴湖帆访德辉于苏州，明日，德辉回访。约此时，日本后藤
朝太郎来访。编本年诗作为《还吴集·戊午》。

本年，《修辞鉴衡》二卷、《求古居宋本书目》一卷、《分干诗抄》
四卷发刊。

民国八年　己未　1919 年　五十五岁

一月，《郋园读书志》编竣。春，德辉到上海，时张元济、夏敬观
等始有出版《四部丛刊》之议。四月，德辉始参与《四部丛刊》之事，
德辉力主重版本，取利市，为张元济采纳。七月，回苏州。八月，德辉
偕张元济、孙毓修赴常熟铁琴铜剑楼观书，并与瞿启甲洽谈影印《四部
丛刊》事。约十月中旬，回长沙。时张敬尧督湘，与德辉相契，德辉曾
为其湘政辩护。于京，在北京组织"旅京湘事维持会"。十一月一日，
缪荃孙卒，时德辉在长沙。编本年诗作为《还吴集·己未》。

本年，《晋唐楷帖》、《佳趣堂书目》、《学山诗稿》十卷、《金虏海陵
王荒淫》一卷发刊。再印《观古堂汇刻书》两集。再次汇印《观古堂书
目丛刻》。

---

① 参见刘肇隅：《〈郋园读书志〉序》。

民国九年　庚申　1920 年　五十六岁

一月，在长沙。十月，返苏州。编本年诗作为《还吴集·庚申》。本年，有张敬尧保举德辉为湖南省长一事，德辉拒之。①

本年，《书林清话》十卷、《别刻结一庐书目》一卷发刊。

民国十年　辛酉　1921 年　五十七岁

一月，在长沙。四月，至北京。于京，德辉曾为京城要人算命，传闻甚广。九月，编本年诗文为《郋园北游文存》。于京，编本年诗作为《北征集》。十月，至上海，与张元济商印《四部丛刊》。

本年，《郋园北游文存》一卷、《孝慈堂书目》四卷发刊。

民国十一年　壬戌　1922 年　五十八岁

一月，在苏州，撰《郋园六十自叙》。二月，回长沙，编本年诗作为《浮湘集》。约六月中旬，德辉口述此前学行大端，命杨树谷等门生记录，成《郋园学行记》。

本年，《郋园山居文录》二卷发刊。《午梦堂全集》大部刊竣。

民国十二年　癸亥　1923 年　五十九岁

约二月底，盐谷温女儿盐谷悦子访德辉，德辉为其学位论文作序。② 本年，因演员不和，同春班业务逐渐惨淡。本年，德辉上反对罢省长一电，以"江苏旅沪公民"署名。③ 本年，德辉当选之长沙总会会董资格被质疑。④

本年，《郋园六十自叙》一卷、《唐四名家集》、《说文读若字考》七卷（附《说文读同字考》、《同声假借字考》二卷）发刊。

民国十三年　甲子　1924 年　六十岁

二月，在长沙。因主张湖南取消省宪，依附北京政府⑤，为湖南省

---

① 参见《湘省长之更易说》，载《申报》，1920 年 3 月 5 日。

② 参见盐谷温：《先师叶郋园先生追悼记》。

③ 参见《反对请罢省长之两电》，载《申报》，1923 年 1 月 31 日。

④ 参见《湘总会商选举之经过·长沙通信》，载《申报》，1923 年 12 月 9 日。

⑤ 参见《叶德辉主张毁宪之反响·省议会咨请拿办并禁各报登载传单》，载长沙《大公报》，1924 年 3 月 25 日。

议会决议请令警察厅以破坏宪法罪逮捕①。后逮捕令未下。② 三十日，母马氏去世。③ 四月七日，为母送殡。长沙各界要人俱往执绋。五月，致信赵恒惕，以坡子街总值年身份，上书抗议省城扩路强拆事。

民国十四年　乙丑　1925 年　六十一岁

约一月，修订《经学通诰》，于攻康有为内容皆删除，而攻王闿运如故。六月十一日，至天津。约十七日，至北京。于京，与桥川时雄相交。八月，《于飞经》出版。本年，《星命真原》竣稿。

民国十五年　丙寅　1926 年　六十二岁

年初，在长沙。三月，至汉口，曾晤杨圻。八月二十六日日本田冈正树、野村柳洲来访。次日，德辉回访。九月十八日，唐生智生日，时在湖北前线，德辉径自前往道贺。

民国十六年　丁卯　1927 年　六十三岁

一月，在长沙。春，于郋园会见陈子展，相谈甚欢。曾计划访问日本，因故未行。三月七日，晚七时，于家中被捕，押送至长沙县公署，家人倾力营救，未果。三月十日，下午四时，遇难。长沙同善堂为之收敛。遇难后，中外学者为之作挽联、诔词，甚至有长沙某商人之妻为德辉服斩衰④。亦有大量批判德辉之文章发表⑤。松崎鹤雄发表《叶德辉传略》，盐谷温刊行《叶郋园先生追悼录》，金天翮作《叶奂彬先生传》。次年十一月十七日，德辉葬于长沙南乡烂泥冲金庭江苏公墓。

---

① 参见《湘议会请拿办叶德辉》，载《申报》，1924 年 3 月 31 日。
② 参见《昨日省议会对于叶德辉之轩波》，载长沙《大公报》，1924 年 3 月 28 日。
③ 参见《叶氏昨日之大出丧》，载长沙《大公报》，1924 年 5 月 11 日。
④ 参见《某女子口中之叶德辉篠石》，载《申报》，1927 年 6 月 18 日。
⑤ 例如《长沙市民之大示威》中有"国人皆曰可杀之叶德辉"之句，载《申报》，1927 年 4 月 25 日。

中国近代思想家文库

方东树、唐鉴卷	黄爱平、吴杰 编
包世臣卷	刘平、郑大华 主编
林则徐卷	杨国桢 编
姚莹卷	施立业 编
龚自珍卷	樊克政 编
魏源卷	夏剑钦 编
冯桂芬卷	熊月之 编
曾国藩卷	董丛林 编
左宗棠卷	杨东梁 编
洪秀全、洪仁玕卷	夏春涛 编
郭嵩焘卷	熊月之 编
王韬卷	海青 编
张之洞卷	吴剑杰 编
薛福成卷	马忠文、任青 编
经元善卷	朱浒 编
沈家本卷	李欣荣 编
马相伯卷	李天纲 编
王先谦、叶德辉卷	王维江、李骛哲、黄田 编
郑观应卷	任智勇、戴圆 编
马建忠、邵作舟、陈虬卷	薛玉琴、徐子超、陆烨 编
黄遵宪卷	陈铮 编
皮锡瑞卷	吴仰湘 编
廖平卷	蒙默、蒙怀敬 编
严复卷	黄克武 编
夏震武卷	王波 编
陈炽卷	张登德 编
汤寿潜卷	汪林茂 编
辜鸿铭卷	黄兴涛 编

图书在版编目（CIP）数据

中国近代思想家文库. 王先谦 叶德辉卷/王维江，李骜哲，黄田编. —北京：
中国人民大学出版社，2015.1
　　ISBN 978-7-300-20640-0

　　Ⅰ．①中… Ⅱ．①王… ②李… ③黄… Ⅲ．①思想史-研究-中国-近代②王先
谦（1842～1917)-思想评论③叶德辉（1864～1927)-思想评论 Ⅳ．①B250.5

　　中国版本图书馆 CIP 数据核字（2015）第 015926 号

中国近代思想家文库
王先谦 叶德辉卷
王维江　李骜哲　黄田　编
Wang Xianqian Ye Dehui Juan

出版发行	中国人民大学出版社	
社　　址	北京中关村大街 31 号	**邮政编码**　100080
电　　话	010－62511242（总编室）	010－62511770（质管部）
	010　82501766（邮购部）	010－62514148（门市部）
	010－62515195（发行公司）	010－62515275（盗版举报）
网　　址	http://www.crup.com.cn	
经　　销	新华书店	
印　　刷	涿州市星河印刷有限公司	
开　　本	720 mm×1000 mm　1/16	**版　　次**　2015 年 3 月第 1 版
印　　张	40.75 插页 1	**印　　次**　2024 年 7 月第 3 次印刷
字　　数	651 000	**定　　价**　141.00 元